송자대전

한국고전번역원 한국문집번역총서

송자대전 5

宋子大全

송시열 지음
宋時烈

박대현 옮김
허 벽
김정기

일러두기

1. 이 책《송자대전》은《국역 송자대전》(1981~1988)의 미번역 부분을 포함하여 수정·번역한 완역서이다.《국역 송자대전》의 역자와 그 약력은 책 말미에 소개하였다.
2. 이 책의 번역 대본은 한국고전번역원에서 간행한 한국문집총간 108~116집 소재《송자대전(宋子大全)》으로 하였다. 번역 대본의 원문 텍스트와 원문 이미지는 한국고전종합DB(http://db.itkc.or.kr)에서 확인할 수 있다.
3. 역주는 내용이 간단하면 간주(間註)로, 길면 각주(脚註)로 처리하였다.
4. 한자는 필요한 경우 이해를 돕기 위하여 넣었으며, 운문(韻文)은 원문을 병기하였다.
5. 원문의 오류를 수정하였거나 오류가 의심되는 경우, 교감 자료와 중요한 자구(字句)에서 차이가 있는 경우에는 그 내용을 각주로 밝혔다.
6. '한글 맞춤법'의 용법과 다르거나 새로 만든 문장 부호는 다음과 같다.

「　」: '　' 안의 재인용을 나타낼 때 사용한다.

『　』: 「　」 안의 재인용을 나타낼 때 사용한다.

…… : 원문의 '云云'을 처리할 때, 각주에서 긴 인용문을 처리할 때, 각주의 표제어가 네 어절 이상일 경우 생략되는 말을 처리할 때 사용한다.

- - : 본문에서 소자(小字) 원문 주(註)의 처음과 끝에 사용한다.

□ : 원문의 글자가 빠진 빈 난을 표기하거나 '결락과 판독 불가 글자에 대한 지침'에 따라 번역할 때 사용한다.

▨ : 훼손 등으로 인해 판독이 불가능한 원문을 표기할 때 사용한다.

차례

송자대전 제18권

소차 疏箚

송자대전 제19권

소 疏

송자대전 제20권

소疏

송자대전 제21권

소 疏

계사 啓辭

송자대전 제22권

서계 書啓

송자대전 제23권

서계 書啓

송자대전 제24권

서계 書啓

송자대전 제25권

송자대전 제26권

헌의 獻議

송자대전

제18권

소차
疏箚

종묘의 휘호를 바로잡기를 청하는 차자 계해년(1683, 숙종9) 3월 19일

請釐正宗廟徽號箚 癸亥三月十九日

삼가 아룁니다. 신은 치사(致仕)를 윤허받은 지 벌써 여러 날이 되었으니, 은혜를 입고 감격하여 보답할 바를 모르겠습니다. 다만 신은 예전부터 앓아 오던 질병이 갈수록 더욱 심해져서 아직까지 나아가 사은(謝恩)하지 못하고 있으니, 무례하고 불공(不恭)한 죄는 죽음으로도 어찌 속죄할 수 있겠습니까. 밤낮 두려워서 몸 둘 곳이 없습니다만 성상의 도량은 하늘처럼 포용하시기에 긍휼히 살펴 주시리라 생각하며 이로써 자신을 위로할 뿐입니다.

신이 종묘(宗廟)의 일로 일찍이 아뢰고 싶은 것이 있으나 미처 아뢰지 못하였으니, 우선 병이 조금 나아지기를 기다렸다가 면대(面對)하여 진달하려고 했기 때문입니다. 지금 병세가 이와 같아 다시 더 기다릴 수 없으므로 감히 별단에 써서 올립니다. 아, 종묘의 휘호(徽號)는 얼마나 중대한 일입니까. 한 글자와 한 획이라도 우물쭈물 구차스럽게 하여 착오된 상태로 놓아둘 수 있겠습니까. 삼가 바라건대, 속히 예관(禮官)으로 하여금 대신과 의논하여 실록(實錄)을 자세히 고증하여 사실대로 바로잡게 하신다면 매우 다행이겠습니다.

별단 別單

열성(列聖)의 휘호가 위판(位版)과 축문(祝文) 사이에 서로 어긋난 곳과 착오된 곳입니다.

위판 : 승인순성 신의왕태후(承仁順聖神懿王太后)

태(太) 자는 삭제하여 축문처럼 해야 할 듯합니다. 삼가 바라건대 성상께서 살펴 주소서.

축문 : 승인순성 신의왕후 한씨(承仁順聖神懿王后韓氏)

축문에 이미 왕비의 성씨를 썼는데, 위판에만 어찌 쓰지 않았습니까? 만약 위(位)마다 위판을 고쳐 쓰기가 몹시 어렵기 때문이라면 차라리 축문 중에도 성씨를 쓰지 말아서 위판과 다른 점이 없도록 하는 것이 마땅합니다. 삼가 바라건대 성상께서 살펴 주소서.

위판 : 순원현경 신덕왕후(順元顯敬神德王后)

축문 : 순원현경 신덕왕후 강씨(順元顯敬神德王后康氏)

효소소순소헌(孝昭昭順昭獻)은 신덕왕후가 승하한 뒤 태조 병자년(1396, 태조5)에 올린 존호(尊號)입니다.-실록에 나온다.- 이러한 곳은 아마도 추가로 기입해야 하지 않겠습니까? 그렇다면 이하 열위(列位) 중에 이와 같은 곳도 일체 헤아려서 증손(增損)해야 할 듯합니다. 삼가 바라건대 성상께서 살펴 주소서.

위판 : 유명증시공정 정종 의문장무온인순효대왕(有明贈諡恭靖定宗懿文莊武溫仁順孝大王)

축문 : 정종 공정 의문장무온인순효대왕(定宗恭靖懿文莊武溫仁順孝大王)

온인공용순효(溫仁恭勇順孝)에 대해서는 경자년(1420, 세종2) 예조의 계사(啓辭)에 "순효대왕(順孝大王)은 전에 온인공용순효라 칭하였습니다. 지금 황제께서 공정(恭靖)이라는 시호(諡號)를 내렸으니, 공(恭) 자를 아울러 쓰는 것은 마땅치 않습니다. 공용(恭勇) 2자는 삭제하고 공정온인순효대왕(恭靖溫仁順孝大王)이라고만 칭하소서."라고 하니, 윤허하였습니다.-실록에 나온다.- 인문공예(仁文恭睿)는 상왕(上王)으로 계실 때, 태종 경진년(1400, 태종 즉위년)에 올린 존호입니다.-《공정지(恭靖誌)》와 실록에 나온다.-

위판 : 원경왕태후(元敬王太后)

태(太) 자가 삭제되어야 하는 것은 이미 위에서 논하였습니다. 또 휘호 4자가 전혀 없어 더욱 온당치 못하니, 추가로 써넣어야 할 듯합니다. 삼가 바라건대 성상께서 살펴 주소서.

축문 : 창덕소열 원경왕후 민씨(彰德昭烈元敬王后閔氏)

창덕소열(彰德昭烈)은 대비로 계실 때, 세종 무술년(1418, 세종 즉위년)에 올린 존호입니다.-《원경지(元敬誌)》와 실록에 나온다.- 후덕(厚德)은 대비로 계실 때, 세종 무술년에 올린 존호입니다.-《원경지》에 나온다.-

위판 : 소헌왕후(昭憲王后)

축문 : 선인제성 소헌왕후 심씨(宣仁齊聖昭憲王后沈氏)

선인제성(宣仁齊聖)은 문종 임신년(1452, 문종2)에 첨가하여 올린 존호입니다.-실록에 나온다.-

위판 : 유명증시혜장 세조 승천체도열문영무지덕융공성신명예흠숙인효대왕(有明贈諡惠莊世祖承天體道烈文英武至德隆功聖神明睿欽肅仁孝大王)

축문 : 세조 혜장 승천체도열문영무지덕융공성신명예흠숙인효대왕(世祖惠莊承天體道烈文英武至德隆功聖神明睿欽肅仁孝大王)

실록에 "예종이 즉위하여 존호를 올릴 때 특별히 의숙(懿肅) 2자를 인효(仁孝) 위에 첨가하였다."라고 하였습니다. 그러나 위판과 축문에는 모두 흠숙(欽肅)으로 쓰여 있습니다.

위판 : 자성흠인경덕선열명순원숙휘신혜의신헌 정희왕후(慈聖欽仁景德宣烈明順元淑徽愼惠懿神憲貞熹王后)

축문 : 자성흠인경덕선열명순원숙휘신혜의신헌 정희왕후 윤씨(慈聖欽仁景德宣烈明順元淑徽愼惠懿神憲貞熹王后尹氏)

명순원숙휘신혜의(明順元淑徽愼惠懿) 8자를 줄여서 명숙휘의(明淑徽懿) 4자로 만들었습니다.-실록에 나온다.- 혜의(惠懿)의 혜(惠) 자는 실록의 한 곳에는 제(齊) 자로 쓰여 있습니다.

위판 : 휘숙명의 소혜왕후(徽淑明懿昭惠王后)

축문 : 휘숙명의 소혜왕후 한씨(徽淑明懿昭惠王后韓氏)

인수(仁粹)는 성종이 즉위하여 대비로 모실 적에 올린 존호이고,-《정희지(貞熹誌)》와 실록에 나온다.- 자숙(慈淑)은 연산군 때 올린 휘호입니다.-실록에 나온다.-

위판 : 소휘제숙 안순왕후(昭徽齊淑安順王后)

축문 : 소휘제숙 안순왕후 한씨(昭徽齊淑安順王后韓氏)

소휘제숙(昭徽齊淑)은 승하한 뒤에 시호를 안순(安順)으로 올리고 휘호를 소휘제숙으로 올렸습니다. 인하여 대신들에게 수의(收

議)하였더니, 신호(新號)를 칭하지 말고 그대로 인혜명의(仁惠明懿) 4자를 칭하자고 하였습니다.-실록에 나온다.- 인혜(仁惠)는 대비로 계실 때 성종이 올린 존호이고,-《정희지》와 실록에 나온다.- 명의(明懿)는 연산군 때 올린 휘호입니다.-실록에 나온다. 명(明)자는 실록의 한 곳에는 소(昭) 자로 쓰여 있다.-

위판 : 유명증시강정 성종 인문헌무흠성공효대왕(有明贈諡康靖成宗仁文獻武欽聖恭孝大王)

축문 : 성종 강정 인문헌무흠성공효대왕(成宗康靖仁文獻武欽聖恭孝大王)

헌무(獻武)의 헌(獻) 자는 실록과 시책(諡冊), 애책(哀冊), 연산군 때 예조의 계사 중에는 모두 헌(憲) 자로 쓰여 있습니다.

위판 : 공혜왕후(恭惠王后)

축문 : 휘의신숙 공혜왕후 한씨(徽懿愼肅恭惠王后韓氏)

휘의신숙(徽懿愼肅)은 부묘(祔廟)할 때 존호를 더 올린 것입니다.

위판 : 소의흠숙 정현왕후(昭懿欽淑貞顯王后)

축문 : 소의흠숙 정현왕후 윤씨(昭懿欽淑貞顯王后尹氏)

흠숙(欽淑)의 숙(淑) 자는 실록의 한 곳에는 숙(肅) 자로 쓰여 있습니다. 자순(慈順)은 대비로 계실 때 연산군이 올린 것입니다.-《정현지(貞顯誌)》에 나온다.-

위판 : 장경왕후(章敬王后)

축문 : 선소의숙 장경왕후 윤씨(宣昭懿淑章敬王后尹氏)

선소의숙(宣昭懿淑).-출처(出處)가 없다.- 숙신명혜(淑愼明惠)는 초상(初喪) 때 시호를 올린 뒤에 첨가하여 올린 휘호를 더 올린 것입니다.-《장경지(章敬誌)》와 실록에 나온다.-

위판 : 유명증시소경 선조 정륜입극성덕홍렬지성대의격천희운현문의무성예달효대왕(有明贈謚昭敬宣祖正倫立極盛德洪烈至誠大義格天熙運顯文毅武聖睿達孝大王)

축문 : 선조 소경 정륜입극성덕홍렬지성대의격천희운현문의무성예달효대왕(宣祖昭敬正倫立極盛德洪烈至誠大義格天熙運顯文毅武聖睿達孝大王)

성예(聖睿)의 예(睿) 자는 실록의 한 곳에는 경(敬) 자로 쓰여 있습니다. 계통광헌응도융조(啓統光憲凝道隆祚)는 광해군 병진년(1616, 광해군8)에 종계(宗系)를 변무(辨誣)하여 대업(大業)을 일으켰다는 것으로 추후에 올린 존호입니다.-실록에 나온다.-

신이 삼가 생각건대, 존호를 올리는 것은 고례(古禮)가 아닙니다. 그러나 본조(本朝)는 세조대왕 때부터 비로소 시작되었고, 선조대왕 때에 이르러 또 대호(大號)를 올렸으나 당시 조정의 의론은 감히 고증할 수 없습니다. 그러나 이미 신하가 임금에게 이러한 대호를 올려서 숭봉(崇奉)의 의식을 극진히 하는 것이 그만둘 수 없는 일이라고 한다면 태조대왕 같은 분은 나라를 세우고 통서(統緖)를 전하셨으니, 그 성대하고 위대한 공렬(功烈)이 과연 어떠하였습니까. 그런데도 태조대왕을 극진히 숭봉하는 방도가 도리어 세조와 선조보다 못하니, 세조와 선조의 겸손하고 효성스러운 마음이 사당을 오르내리는 즈음에 편안하실지 모르겠습니다. 그러나 이미 올린 것을 추후에 고칠 수 없다면 차라리 태조대왕에게 존호를 추가하여 세조와 선조의 효심을 편안하게 해 드리는 것이 마땅하지 않겠습니까. 다만 이 일은 체모가 매우 중대하여 신이 감히 단정적으로 말할 수가 없으니, 삼가 바라건대 특별히 예관(禮官)으로 하여금 조정 신하들과 의논하여 가부를 정하게 한 다음 결정하신다면 매우 다행이겠습니다.

박세채를 만류하기를 청하는 차자 계해년(1683, 숙종9) 3월 22일

請留朴世采箚 癸亥三月二十二日

삼가 아룁니다. 신은 죽음이 다가와서 병을 앓던 중에 이조 참의 박세채(朴世采)로부터 떠난다는 편지를 받아 보고는 경악을 금치 못하여 대궐에 이르러 청대(請對)해서 그 곡절을 아뢰고 또 그를 지성으로 불러 돌아오게 하시기를 간절히 청하고 싶었습니다. 그래서 죽음을 무릅쓰고 엉금엉금 기어가다가 중간에도 못 미쳐 기운이 다 끊어질 듯하여 부득이 중지하였으니, 아, 이 또한 시운에 관계된 것이라 하겠습니다.

신은 박세채와 붕우 사이일 뿐만 아니라 다시 인척의 친분[1]이 있기에 그 가행(家行)의 아름다움을 익히 알고 있어 그가 출사하여 세도(世道)를 담당하는 것은 실로 종묘사직과 백성의 다행이라고 여겼습니다. 박세채 또한 정성을 다하여 보답하려고 자신이 아는 것은 모두 말하고 말은 남김없이 다 하였으므로 사림(士林)이 서로 경하하여 "세도가 거의 회복될 것이다."라고 하였습니다. 그러나 이번에 불행히도 그의 마음에 편치 않은 일이 있어 갑자기 고향으로 돌아갔으니, 아, 이는 무슨 광경이란 말입니까. 박세채는 산림에 은둔하려는 선비가 아니고, 실로 대가(大家) 세족(世族)으로서 덕도 갖추고 재주도 갖추어 나라 사람의 본보기가 되는 사람입니다. 부디 바라건대 전하께서는 이미 나가 버려

1 인척의 친분 : 송시열의 손자 송순석(宋淳錫)이 박세채의 딸과 혼인하였다.

서 다시 머물게 할 수 없다고 여기지 마시고 특별히 근시(近侍)를 보내어 성상의 뜻이 어떠한지를 일깨워 주고 또 성상께서 뉘우치는 단서를 보여 주신다면 박세채가 어찌 떠나려는 마음을 돌리지 않을 수 있겠습니까.

이른바 뉘우치는 단서란 그가 진언한 말을 믿고 시행하는 것입니다. 그의 말을 믿고 시행하지 못한다면 비록 대간(臺諫)의 두 가지 일이 없었더라도 오래 머물기 어렵다는 마음을 참으로 가졌을 것이니, 이는 박세채의 상소에서 그 은미한 뜻을 대략 볼 수 있습니다. 그렇다면 대간의 두 가지 일은 바로 박세채에게 떠나갈 수 있는 조그마한 명분거리가 아니겠습니까. 이 점은 밝은 성상께서 아시지 않을 수 없습니다. 신은 길옆에 머물며 마음이 창황하여 아뢰는 말에 조리가 없으니, 삼가 바라건대 헤아려서 용서해 주소서.

희정당에서 올린 주차 1 계해년(1683, 숙종9) 3월

熙政堂奏箚一 癸亥三月

삼가 아룁니다. 신이 박세채(朴世采)의 상소를 통하여 보건대, 그가 떠나간 이유는 실로 김익훈(金益勳)[2]의 일 때문이니, 저 김익훈은 이전부터 비방을 많이 받아 오던 사람이라서 오늘 비방을 받아도 괴이할 것이 없습니다. 역옥(逆獄) 때의 일은 갑자기 전익대(全翊戴)[3]의 말을 들었던 것이니, 그 처리가 잘못된 것은 진실로 대신(大臣)이 말한 바[4]와 같습니다. 그러나 그의 마음을 따져 보면 다른 이유가 없는데도

2 김익훈(金益勳) : 1619~1689. 본관은 광산(光山), 자는 무숙(懋叔)이다. 사계(沙溪) 김장생(金長生)의 손자이고 참판 김반(金槃)의 아들이다. 1680년 복창군(福昌君), 복선군(福善君), 복평군(福平君) 등이 허견(許堅)과 반역을 꾀한다는 고변으로 경신대출척(庚申大黜陟)에 적극 참여하여 김석주(金錫胄)와 함께 남인들을 몰아내는 데 주도적인 역할을 하였고, 그 공으로 보사 공신(保社功臣) 2등에 녹훈되고 광남군(光南君)에 봉해졌다.

3 전익대(全翊戴) : 남인 유명견(柳命堅)의 척족으로, 1682년에 서인 김석주, 김익훈의 사주를 받은 김환(金煥)으로부터 유명견, 허새(許璽), 허영(許瑛) 등의 남인이 모반을 도모한다고 허위로 고변하도록 위협받았으나 거부하다가 투옥되었다. 그 뒤 옥중에서 계속적인 위협을 받아 마침내 반역 음모를 허위로 고발하여 옥사(獄事)가 벌어졌으나 결국 무고임이 밝혀져 주살되었다. 이 사건을 계기로 김익훈의 처벌 문제를 둘러싸고 노론, 소론 간의 의견이 대립되어 당쟁이 더욱 치열해졌다.

4 대신(大臣)이 말한 바 : 《송자대전수차(宋子大全隨箚)》 권2에 "대신은 노봉(老峯) 즉 민정중(閔鼎重)을 가리킨다. 대개 진압하려는 마음이 앞섰기 때문에 너무 급하게 발각되도록 해서 역적들을 많이 빠져나가게 한 것은 죄가 없지 않다고 하여 광남(光南)을 삭출(削黜)하기를 청하였다."라고 하였다.

지금 복주(伏誅)된 전익대에 견주어 함께 언급하기까지 하니 매우 놀랍습니다. 이 때문에 박세채가 깊이 참작해서 처리하여 진정시키려고 김만중(金萬重) 등 여러 사람과 마음을 합하여 함께 일한 것이니, 이는 실로 크게 공정하고 중도에 맞는 마음입니다. 대간으로 있는 자들이 처음에는 서로 믿고 서로 응낙하는 듯했으나 끝내 후회를 면치 못하여 참작해서 처리한 뒤에는 이전에 했던 말을 돌아보지 않았으니, 대저 박세채가 속아서 매우 면목이 없게 되었습니다. 그가 이것을 끌어다가 떠나갈 단서로 삼은 것은 진실로 인정상 누구나 옳게 여길 일이거늘, 박세채가 떠나가는 것을 지나치다고 하는 이유를 신은 알지 못하겠습니다.

이민서(李敏敍)를 영원히 버려서는 안 된다[5]는 것은 온 조정의 공론입니다. 박세채가 한가한 부서에 주의(注擬)한 것은 단지 공적인 면만 보고 사적인 면을 보지 않은 것이니, 무슨 죄가 있겠습니까. 그러나 탄핵이 갑자기 발의되니, 박세채가 비록 떠나고 싶지 않더라고 떠나지 않을 수 있겠습니까. 박세채가 떠나가는 것을 지나치다고 하는 이유를 신은 알지 못하겠습니다. 전하께서 이와 같이 예우하고 박세채가 이와 같이 자임(自任)하는데도 지금 낭패하고 전복되어 창황히 떠나가게 되니, 무릇 눈과 귀가 있는 사람이라면 누군들 의심하여 수상히 여기지 않겠습니까.

5 이민서(李敏敍)를……된다 : 《송자대전수차》 권2에 "이공(李公)이 과시(科試)를 주관할 때 그의 조카 이정명(李鼎命)이 반제(泮製)에서 장원하였다. 소인배들이 그가 사심을 부렸다는 이유로 그를 파직하고 이정명을 파방하기를 논하였으나 공론은 모두 이공이 실제 법을 범한 것이 없고 대간이 너무 심하다고 하였다."라고 하였다.

신은 노쇠하고 병들어 본래 머물러 있기가 마땅하지 않지만 단지 말로 다 할 수 없는 천재(天災)와 시변(時變)으로 인하여 대소(大小)가 두려워하여 아침저녁도 보전하지 못할 상황이기 때문에 신이 차마 성급하게 돌아가지 못하고 때때로 박세채와 국사를 논의하여 조금이라도 보탬이 있기를 바랐더니, 지금 그가 떠나가서 다시 가망이 없게 되었습니다. 박세채가 있을 때에 가부를 논의해 보면 서로 같지 않은 것이 없었습니다. 지금 좋은 일로 떠나가지 못했으니, 박세채가 탄핵을 받은 것은 바로 신이 탄핵을 받은 것입니다. 어찌 신과 무관한 일로 볼 수 있겠습니까.

옛사람이 이르기를 "군자는 나아감을 함께하지 않고 물러남을 함께하며, 소인은 나아감을 함께하고 물러남을 함께하지 않는다."라고 하였으니, 신이 평소 자신에게 기대한 것은 비록 말할 거리도 못 되지만 실로 소인이 되는 것은 달갑게 여기지 않았습니다. 삼가 바라건대 신의 심정을 살피시어 곧바로 돌아가는 것을 죄로 삼지 마소서.

희정당에서 올린 주차 2

熙政堂奏箚二

삼가 아룁니다. 신이 종묘의 예법을 망녕되이 논한 뒤로 밤낮 두려워서 몸 둘 곳이 없으니, 신은 그저 죄를 뉘우치기에도 겨를이 없어야 합니다. 그러나 또 생각건대, 당초에 간략하게 말씀을 올림으로써 조정의 의론이 일치되지 못하게 하였으니, 이 또한 신의 죄입니다. 이제 여러 의론에 따라 그 설을 다 갖추어 말씀드리겠습니다.

지금 신하들이 널리 당송(唐宋) 때의 고사(古事)를 인용하여 말하니, 신처럼 식견이 어두운 사람은 이해하기가 어렵습니다. 그러나 예서(禮書)에 "예법은 적은 것을 귀하게 여기는 경우도 있고, 많은 것을 귀하게 여기는 경우도 있다."[6]라고 하였으니, 많고 적은 것에는 각각 마땅한 바가 있는 것입니다. 그러나 명(明)나라와 본조(本朝)의 휘호(徽號)로 말한다면 분명 많은 것을 귀하게 여겼습니다. 많은 것을 귀하게 여기면서 지금 세조와 선조의 휘호 자수(字數)가 도리어 태조보다 많으니, 주자(朱子)가 말한 "손자는 조부로 인하여 굽히게 된다."[7]라는

6 예법은……있다 : 《독례통고(讀禮通考)》 권23에 "예법은 많은 것을 귀하게 여기는 경우도 있고, 적은 것을 귀하게 여기는 경우도 있고, 높은 것을 귀하게 여기는 경우도 있고, 낮은 것을 귀하게 여기는 경우도 있으니, 오직 걸맞게 할 뿐이다. 그렇지 않으면 본말이 일정하지 않아 멀리까지 시행되지 못할 것이다."라고 하였다.

7 손자는……된다 : 한유(韓愈)의 〈체협의(禘祫義)〉에 "조부는 손자로 인하여 높아지고 손자는 조부로 인하여 굽히게 되는 것이니, 신도(神道)에서 강구해 보면 어찌 인정과 동떨어진 것이겠는가."라고 하였다.

의리로 볼 때 어떠하겠습니까. 무엇보다 옥당에서 올린 설이 명백하고도 근거가 있습니다.

그러나 위판(位版)에 적힌 것으로 살펴보면, 존호와 시호의 배열이 어긋나서 정제되지 않았고[8] 게다가 또 적힌 여덟 자 중 넉 자는 존호이니, 시호는 단지 넉 자뿐입니다. 그렇다면 열성(列聖)의 시호는 모두 여덟 자인데도 태조의 시호는 넉 자뿐이니, 열성의 제위(諸位)가 도리어 태조보다 더 높아 모두 태조에게 미안해하는 바가 있을 것입니다. 또 공자(孔子)가 "나는 주(周)나라의 예를 따르겠다."[9]라고 한 뜻으로 보면, 명나라에서 시행한 것도 이미 더 올리는 것을 예법으로 삼고 있습니다. 오늘날에 와서 이 법을 버리고 쓰지 않으니, 진실로 크게 상심하고 탄식할 바가 있는 것입니다. 이 한 가지 일만 그러할 뿐 아니라 인심(人心)으로 헤아려 보더라도 모두 유추할 수 있으니, 이 점은 오늘날의 군신과 상하가 모두 몰라서는 안 됩니다.

또 정자(程子)가 시호를 논하면서 "그 실상에 합당하지 않는 것은 올바른 것이 아니다."라고 하였습니다. 우리 태조께서 나라를 세우고 통서(統緖)를 전하여 지금 300년에 이르도록 국가가 공고히 유지된

8 존호와……않았고 : 존호는 생전에 부여하는 칭호이고, 시호는 사후에 부여하는 칭호이다. 태조가 상왕으로 있을 때 '계운신무(啓運神武)'라는 존호를 올렸고, 승하하고 나서 '지인성문(至仁聖文)'이라는 시호를 올렸는데, 위판에는 '지인계운성문신무(至仁啓運聖文神武)'로 되어 있다. 《國朝寶鑑 卷46 肅宗朝6》

9 나는……따르겠다 : 공자가 말하기를 "내가 하(夏)나라의 예를 말할 수 있으나 그 후손인 기(杞)나라가 그것을 증명해 주지 못하며, 내가 은(殷)나라의 예를 배웠는데 그 후손인 송(宋)나라가 있기는 하다. 내가 주나라의 예를 배웠는데 지금 이것을 쓰고 있으니, 나는 주나라의 예를 따르겠다."라고 하였다. 《中庸章句 第28章》

것은 실로 위화도 회군을 토대로 한 것이니, 그 대의(大義)가 해와 별처럼 빛납니다. 지금 존호와 시호에 모두 이런 뜻이 없으니, 신은 매양 이를 만족스럽지 않게 여겼습니다. 그러므로 신은 '소의정륜(昭義正倫)' 등의 글자를 추가하여 올린다면 이미 정자의 뜻에 합치할 것이고, 세조와 선조의 혼령을 위로하여 위축되거나 미안한 마음이 없게 하는 것도 오로지 여기에 달려 있다고 생각합니다. 그래서 지난번에 감히 만번의 죽음을 무릅쓰고 말씀드렸던 것입니다. 그러나 망녕되이 논한 죄는 실로 신에게 있으니, 황공한 마음을 견디지 못하겠습니다.

희정당에서 올린 주차 3

熙政堂奏箚三

삼가 아룁니다. 신은 갑인년(1674, 현종15) 이후로 마음에 몹시 통한(痛恨)한 바가 있어 한번 아뢰고 싶었으나 감히 하지 못한 것이 있습니다. 지금 신의 질병이 이와 같으니, 끝내 아뢰지 못하고 죽을까 두려워서 부득불 죽음을 무릅쓰고 아룁니다.

풍수가의 설은 모르는 사람의 입장에서 말한다면 막연한 듯하나 이치가 들어 있지 않은 것이 없으니, 어찌 하늘을 상대한 땅에만 홀로 이치가 없겠습니까. 주 부자(朱夫子)는 지극히 깊고 미세한 것까지 막힘없이 통달하였기 때문에 산릉(山陵)을 논의한 글에 "선영(先塋)의 곁에 자주 토목 공사를 일으켜서 선조의 영령을 놀라게 하는 것 또한 재변(災變)을 일으킬 수 있다."라고 하였습니다. 선영의 곁에 토목 공사를 일으켜서 선조의 영령을 놀라게 하는 것도 오히려 재변을 발생시킬 수 있거늘, 더구나 영역(塋域)을 이장할 적에 영령이 놀라는 것이야 어찌 말로 다 할 수 있겠습니까.

그러나 사가(私家)의 장례는 형편에 따라 간략하게 행하기 때문에 이장할 적에 크게 힘을 들이지 않아서 사자(死者)의 체백(體魄)이 크게 놀라지 않지만 사대부들이 이장한 뒤에는 환란이 없는 경우가 드뭅니다. 제왕의 장례는 온 나라의 힘을 다하여 그 역사(役事)를 완벽하게 해서 천만년 동안 공고히 전하도록 계획하기 때문에 이장할 때 드는 힘의 다과(多寡)와 사용하는 기구의 날카로움을 알 수 있으니, 이와 같다면 묘역을 진동시켜 영령을 놀라게 하는 것을 어찌 말로 다 할 수 있겠습니까. 재변을 일으키게 될 것은 말을 기다리지 않아도 알 수 있습니다.

삼가 생각건대, 우리 태조대왕께서 나라를 세운 처음에 승려 무학(無學)과 친히 수장(壽藏)을 마련해 두었으니, 바로 건원릉(健元陵)입니다. 태조대왕께서는 "자손이 이어서 장사 지낼 수 있는 등성이가 12곳이나 되니, 내가 이로 인하여 근심을 잊겠다."라고 하셨기 때문에 그 맨 서쪽 한 줄기 고개를 망우리(忘憂里)라고 이름하였으니, 그렇다면 이곳이 길지임을 알 수 있습니다. 효종대왕이 승하하셨을 때 신하들이 다투어 길지를 잘 가려서 장지로 삼으려고 하였기 때문에 지술(地術)에 통달한 고(故) 판서 윤강(尹絳), 고 참판 유계(兪棨), 지금의 지부사(知府事) 이상진(李尙眞)이 이곳저곳을 돌아다니며 그 심사(心思)와 목력(目力)을 다하여 구(舊) 영릉(寧陵)을 최고의 길지로 정하였습니다. 그 당시 신도 윤강 등이 탑전(榻前)에서 의논하는 것을 함께 들었습니다. 장례를 치르고 나서는 모두 만세토록 길이 편안하리라 여겼으나 불행히도 석물에 약간의 틈이 생겼습니다. 이는 석공들의 기술이 좋지 않아 생긴 일에 불과하니, 묘지의 길흉과 무슨 관계가 있겠습니까. 그러나 뜻밖에 흉인 이익수(李翼秀)가 이정(李楨), 이남(李柟)의 사주를 받아 감히 흉소(凶疏)를 올려 성고(聖考 현종)의 마음을 흔들어 놓았습니다. 저 흉소에 이미 "널길에 물이 고였다."라고 하였으니, 성고의 효성에 어찌 크게 상심하고 깜짝 놀라지 않을 수 있겠습니까. 마침내 이장하지 않을 수 없게 된 것입니다.

그 당시 이익수 등의 정상(情狀)은 지금 경기 감사 이선(李選)의 상소에 남김없이 자세히 기록되어 있습니다. 생각건대 그 상소가 아직도 보존되어 있을 것이니 한번 가져다 보시면 알 수 있을 것입니다.

역사를 시작하였을 때, 신이 당시 총호사(摠護使)로서 지금의 판부사인 김수흥(金壽興)과 지금의 영의정인 김수항(金壽恒) 등과 함께 삼가 퇴광(退壙) 앞에 엎드려 널길을 파헤치는 역사를 보았는데, 그 파헤치는 소리가 벽력같이 울렸기 때문에 신은 곧바로 뛰어 내려가서 몸으로 막고 싶은 심정이었습니다. 신은 진실로 이러한 마음이 있었습니다만 끝내 그렇게 하지 못하였으니, 신의 죄가 지극히 큽니다. 그러므로 간략히 이 한 장의 상소로 자신을 탄핵하는 것이니, 이는 실로 진심에서 나온 말이고 감히 거짓으로 아뢰는 것이 아닙니다.

그 이듬해 갑인년(1674)에 우리 인선대비(仁宣大妃)와 현종대왕께서 연이어 승하하시자 풍수가들은 모두 "능묘를 옮겼기 때문이다."라고 하였습니다. 풍수가의 말은 모두 다 믿을 수는 없지만 주자의 설로 상고해 보면 징험이 있어 속이기가 어렵다고 할 만합니다. 과연 이와 같다면 이익수는 일국(一國)의 신하들이 하늘 아래에 함께 살 수 없는 큰 원수인 것입니다.

기억하건대, 과거 인조 때 청운군(靑雲君) 심명세(沈命世)가 풍수가의 말을 믿고 상소하여 "목릉(穆陵)에 물이 고였다."라고 하였으나 널길을 파헤쳐 보니 물이 고여 있지 않았습니다. 그 당시 조정의 의론은 심명세의 처벌을 청하면서 안율(按律)을 청하기까지 하였습니다. 그러나 인조대왕께서 "망녕되이 산릉을 논한 것은 참으로 죄가 있으나 그 정상은 용서할 만하다."라고 하시며 간략히 가벼운 처벌을 내렸습니다. 심명세는 진실로 다른 마음이 없었고 또 목릉을 이장한 뒤에 길하기만 하고 흉한 일이 없었는데도 당시 조정의 의론이 오히려 또 이와 같았던 것은 참으로 선왕의 유해(遺骸)를 까닭 없이 움직였기 때문입니다.

지금 이익수는 흉측한 마음을 품고서 사류(士類)를 해치려고 감히 능침을 매개물로 삼았으니, 그 무도하고 패역한 죄는 천지 사이에 용납될 수가 없습니다. 그런데도 지금까지 조정의 신하들은 한마디 말도 없이 잠잠하기만 하니, 신은 적이 통탄스럽게 여깁니다. 당시의 널길에 길한 징후만 있고 해로운 정상이 없었던 것은 김수홍이 올린 전후의 장계와 여러 신하가 연명으로 올린 장계에 하나하나 상세하게 갖추어져 있으니, 만약 전하께서 열람해 보시면 실상을 알 수 있을 것입니다. 삼가 바라건대 전하께서는 이선의 소본(疏本)과 김수홍의 전후 장계를 모두 가져다가 친히 자세히 열람하고 조처하소서.

병 때문에 소명에 달려가지 못하여 대죄하는 차자 계해년 (1683, 숙종9) 3월

病未赴召待罪箚 癸亥三月

삼가 아룁니다. 신이 어제 벼슬을 그만두는 문제를 마무리 지으려고 죽음을 무릅쓰고 대궐에 나아갔습니다. 인하여 사대(賜對)의 은혜를 받았으나 시간이 자못 지체되어 앓던 병이 갑자기 극심해져서 겨우 우소(寓所)로 돌아와 밤새도록 신음하고 괴로워하다가 현재는 쇠잔한 목숨이 잠시도 연장되지 못할 지경이 되었습니다. 때마침 이때에 입시(入侍)하라는 명을 들었으나 일어나서 움직일 가망이 전혀 없어 끝내 하교하신 뜻을 어기게 되었기에 황공한 마음으로 처벌을 기다립니다.

벼슬을 그만두는 일에 관한 하교 중에 지나친 말씀을 없애 주기를 청하고서 초름 및 상록을 사양하는 차자 계해년(1683, 숙종9) 3월

乞刪去致仕教文中過當語仍辭稍廩及常祿箚 癸亥三月

삼가 아뢰옵니다. 신은 질병이 점점 깊어져서 죽음이 날로 닥쳐오건만 벼슬을 그만두게 하시는 큰 은혜는 오래도록 결말이 나지 않고 있습니다. 만약 다시 시일을 끌다가 죽어 버리기라도 한다면 눈을 감을 수 없을 것이니, 이것이 신이 두려워하는 바입니다. 그러므로 그저께 죽음을 무릅쓰고 사은(謝恩)하러 달려갔다가 인하여 사대(賜對)의 은혜를 입어 조금이나마 신의 심정을 토로하였습니다. 이로부터 다시 유감이 없어졌으니, 신이 이보다 더 다행으로 여기는 것이 있겠습니까.

다만 신이 받은 교서에 감당할 수 없거나 실정에 맞지 않는 어구가 많이 있으니, 비록 글을 짓는 신하가 화려하게 윤색하는 것은 옛날부터 이와 같았다고 하더라도 신의 황공하고 부끄러운 마음에는 이른바 "부끄러워서 땅을 뚫고 들어가고 싶다."라는 속담이 오히려 느슨한 말이 됩니다. 신이 밤새도록 잠들지 못하며 땀이 흘러 등을 적시니, 이는 빈말이 아닙니다.

옛날 송(宋)나라 신종(神宗) 때 한기(韓琦)를 군(郡)에 제수하는 고문(誥文)에 "곤의(袞衣)를 입고서 돌아오기를 기다린다."라는 말이 있었는데, 한기는 고문의 말이 너무 지나쳐서 외직을 편안히 여길 수 없다며 고쳐 주기를 청하였습니다. 대저 한기의 덕망은 온 세상을 덮을 정도였지만 오히려 머뭇거리며 물러나 피하였고 그 지키는 외임 또한 감히 스스로 편안할 수 없었으니, 더구나 이 교서 중의 지나친 말씀은 어찌 단지 곤의 운운한 것에 불과하겠습니까. 삼가 바라건대 밝은 성상께서는 신의 마음을 헤아려 특별히 없애고 고치도록 명하여 남들에게 비웃음을 사지 않게 해 주신다면 몹시 다행이겠습니다.

또 신은 이미 벼슬을 그만두게 하시는 은혜를 입었으니 초름(稍廩 상례로 내리는 녹봉)은 또한 마땅히 거두어들여야 하는데도 방금 듣건대 대신이 아뢰어 상례(常例)를 따르기를 청하였다고 합니다. 신은 이전부터 일도 없이 녹을 먹는 것은 의리가 아니라고 늘 생각해 왔습니다. 더구나 오늘의 경우로 말하자면 그 일의 체모가 이전보다 더욱 남다른 데이겠습니까. 삼가 바라건대 밝은 성상께서는 아울러 살피어 속히 거두어들이는 명을 내려서 신의 분수를 편안하게 해 주소서.

또 2월과 3월 두 달간에 상록(常祿)을 맡은 창관(倉官)이 왕명으로 상록을 실어 왔으나 신이 끝내 감히 받지 못하고 여염집에 보관해 두었는데, 이번 달이 끝나 갑니다. 지금 백성들이 굶주림으로 구렁에 뒹굴고 있는 날에 쓸모없는 곳에 내려 주는 것은 또한 몹시 마땅한 바가 아니니, 삼가 바라건대 속히 해당 조(曹)로 하여금 도로 실어 가게 명하소서. 마음에 편치 않은 바가 있어 이처럼 자질구레한 일을 외람되이 성상께 아뢰게 되니, 더욱 두려운 마음이 더합니다.

태묘에 휘호를 추상할 것을 청하는 상소 계해년(1683, 숙종9) 4월

請追上徽號於太廟疏 癸亥四月

삼가 아룁니다. 인류가 생겨난 이후로 공자(孔子)보다 더한 성인(聖人)은 없고,[10] 공자의 공은 《춘추(春秋)》를 지은 것보다 더 큰 것이 없습니다. 그리고 《춘추》의 대의는 주(周)나라 왕실을 높이는 것보다 더 큰 것이 없으니, 이 의리가 밝아지면 임금은 임금답고 신하는 신하답고 부모는 부모답고 자식은 자식답고 남편은 남편답고 아내는 아내다워져서 삼강(三綱)이 밝아지고 구법(九法)이 행해질 것입니다.

그러므로 맹자(孟子)는 공자가 《춘추》를 지은 것을 우(禹) 임금과 주공(周公)의 공로에 이어서 서술하였고[11] 또 "공자는 요순(堯舜)보다 훨씬 더 훌륭하다."[12]라고 찬미한 자공(子貢)의 말을 인용하였던 것입니다. 아, 요순의 도는 하늘과 그 크기가 같은데도 공자가 훨씬 더 훌륭하다고 하였으니, 이는 일의 공(功)을 가지고 말한 것입니다.[13]

10 인류가……없고 : 자공이 말하기를 "생민이 있은 이래로 공자와 같은 분은 계시지 않았다."라고 하였다. 《孟子 公孫丑上》

11 맹자(孟子)는……서술하였고 : 맹자가 말하기를 "옛날 우 임금이 홍수를 억제하자 천하가 평안해졌고, 주공이 이적을 겸병하고 맹수를 몰아내자 백성이 편안하였고, 공자가 《춘추》를 완성하시자 난신적자들이 두려워하였다."라고 하였다. 《孟子 滕文公下》

12 공자는……훌륭하다 : 재아(宰我)가 말하기를 "내가 부자를 관찰하건대 요순보다 훨씬 더 훌륭하시다."라고 하였다. 《孟子 公孫丑上》 재아의 말을 자공의 말로 잘못 인용한 듯하다.

《춘추》의 의리에 뚜렷이 빛나는 것이 수십 가지이지만 그중에 주나라 왕실을 높이는 대의가 가장 크니, 이 이상은 성인도 혹 모를 수 있습니다. 이 때문에 천리(天理)가 밝아지고 인심(人心)이 바르게 되어 난신적자(亂臣賊子)가 두려워하니, 공자의 공로가 크다고 한 것이 미덥지 않습니까.

삼가 생각건대, 우리 태조대왕은 하늘이 낸 성지(聖智)를 지닌 분으로 -원문 1자 결락- 밝은 지혜를 발하여 인(仁)으로 난폭한 것을 대신할 즈음에 명분으로 내세운 것은 춘추대의였습니다. 이 때문에 천리에 호응하고 인심에 순응하여 손바닥을 뒤집듯이, 병에 담긴 물을 거꾸로 쏟듯이 쉽게 왕업을 이루었던 것입니다. 그러므로 고(故) 급제(及第) 성삼문(成三問)이 태조의 공덕을 칭송하기를 "대의가 해와 별보다도 더 밝다."라고 하였고, 고 문정공(文正公) 김상헌(金尙憲)이 이런 내용을 인조대왕에게 정밀하고도 절실하게 아뢰었던 것은 천지에 세워 놓아도 어긋나지 않고 백세 뒤의 성인을 기다려도 의심하지 않기 때문이니, 이는 어찌 군부를 편애하는 마음이 있어서 한 말이겠습니까. 또 듣건대 《예기(禮記)》에 "나라의 풍속이 사치스러우면 검소함으로 모범을 보인다."라고 하였으니, 검소한 덕은 하루라도 폐할 수 없고, 분명 나라의 풍속이 사치한 때에는 더더욱 폐할 수 없습니다.

성인이 시세(時勢)를 살펴서 의(義)를 제정할 때에는 각각 그 방도가 있으니, 지금 세상에 보여야 할 것은 과연 어떤 방도이겠습니까.

13 공자가……것입니다 : 정자(程子)가 말하기를 "성인을 말하면 다르지 않고 사공(事功)은 다름이 있으니, 공자가 요순보다 낫다는 것은 사공을 말한 것이다."라고 하였다. 《孟子集註 公孫丑上》

옛날 우리 선조대왕이 망극한 임진왜란을 만났을 때에 유신(儒臣) 정경세(鄭經世)의 의론에 따라 경연(經筵)에서 《춘추》를 강론하여 복수의 대의를 밝혔으니, 먼저 해야 할 일이 무엇인지를 알았다고 할 만합니다. 만약 성지가 백왕(百王) 중에서 크게 뛰어난 분이 아니라면 어찌 이렇게 할 수 있었겠습니까. 일은 지극히 작지만 관계되는 바는 지극히 크니, 하물며 중대한 종묘(宗廟)에서 이 대의를 크게 밝힌다면 비록 종이나 하인 같은 천한 자라도 알지 못하는 사람이 있겠습니까. 아, 왕실을 높이는 이 대의는 진실로 이른바 천경(天經)과 지위(地緯)로, 하루도 없어서는 안 될 것입니다.

옛날 주자(朱子)의 부친 주송(朱松)이 일찍이 말하기를 "부자와 군신은 천지의 대경(大經)이기 때문에 천지 사이에 피할 수 없으니, 이는 마치 사람이 원기 속에서 먹고 쉬고 호흡하는데 숨이 한번 이어지지 않으면 이치상 반드시 죽음에 이르게 되는 것과 같다. 이 때문에 예로부터 성현이 법을 세우고 교훈을 드리워서 그 사이에 유지하고 방비하는 일을 하루라도 소홀히 하거나 잊은 적이 없었다."라고 하였습니다. 주자가 일찍이 이 설을 드러내어 밝혀서 송(宋)나라가 남도(南渡)[14]한 때에 하나의 대의를 세웠으니, 아, 공자가 《춘추》를 지은 뜻이 어찌 우연한 일이며, 맹자가 이를 미루어 세 성인의 공을 계승하려고 한다는 말[15]이 어찌 공연히 큰소리만 쳐서 과장한 것이겠으며, 주 부자(朱夫

14 송(宋)나라가 남도(南渡) : 송나라 8대 임금 휘종(徽宗)과 9대 임금 흠종(欽宗)이 금(金)나라로 붙잡혀 가자, 10대 임금 고종(高宗)이 양자강을 건너 남으로 내려가 지금의 절강성(浙江省) 항현(杭縣) 임안(臨安)에 도읍한 일을 말한다.

15 맹자가……말 : 맹자가 말하기를 "내 또한 인심을 바로잡아 사설(邪說)을 종식시키며 잘못된 행실을 막으며 음탕한 말을 추방하여 세 성인을 계승하려고 하는 것이다."

子)가 공맹(孔孟)을 계승하여 이러한 말을 한 것이 어찌 자신의 부친을 편애하여 그 훈계를 드러내어 밝히려는 것이겠습니까. 진실로 이 이치가 밝아지지 않으면 인도(人道)가 금수의 지경에 들어가고 중국이 이적(夷狄)에 빠져들게 되기 때문입니다. 그러므로 신이 종묘에 일이 있는 때를 인해서 전하께 아뢰는 것입니다.

아, 공자, 맹자, 주자 세 분 성현의 일은 오히려 이미 먼 옛날의 일이지만, 아, 우리 인조대왕께서 매양 후원(後園)에서 눈물을 흘리시며 성절(聖節)에 만세를 불렀던 것은 무슨 뜻이겠습니까. 효종대왕에 이르러서는 어묵동정(語默動靜)의 하나하나가 모두 춘추대의가 아닌 것이 없었으니, 이것이 어찌 태조대왕의 뜻과 일을 계술(繼述)한 것이 아니겠습니까.

아, 신이 자신이 매우 노쇠한 것과 남들이 크게 비난하는 것도 헤아리지[16] 않고 이미 떠났다가 다시 돌아온 것은 진실로 무슨 마음에서이겠습니까. 다만 들어와서 성상께 이 대의에 대해 아뢰려는 것이니, 진실로 바라건대 전하께서는 한결같이 공자, 맹자, 주자의 마음을 자신의 마음으로 삼고 또한 우리 태조, 인조, 효종의 마음을 자신의 마음으로 삼으소서. 더구나 옛말에 "주상이 현명하고 성스러운데도 덕이 널리 펼쳐지지 않는 것은 유사(有司)의 죄이다."[17]라고 하였으니, 이러한 도

라고 하였다. 《孟子 滕文公下》 세 성인은 우 임금, 주공, 공자이다.

16 헤아리지 : 대본에는 '諒'으로 되어 있다. 두주에 근거하여 '量'으로 바로잡아 번역하였다.

17 주상이……죄이다 : 사마천(司馬遷)이 말하기를 "선비가 어질고 능한데도 등용하지 않는 것은 임금의 수치이고, 주상이 현명하고 성스러운데도 덕이 널리 펼쳐지지 않는 것은 유사의 잘못이다."라고 하였다. 《史記 太史公自序》

리에 어찌 고금의 다름이 있겠습니까. 신은 성상께서 그 일을 중히 여겨서 다시 조정의 신하들에게 회의하도록 하셨다는 말을 들었기 때문에 감히 번거롭게 아뢰는 죄를 잊고 다시 속내를 다 쏟아 충의(忠義)를 바치려는 마음을 다한 것이니, 밝은 성상께서는 헤아려서 용서하소서. 신은 간절하고 황공한 마음을 견디지 못하겠습니다.

동협에서 여강으로 향할 때 사정을 진달하는 상소 계해년(1683, 숙종9) 5월

自東峽向驪江時陳情疏 癸亥五月

삼가 아룁니다. 신은 외람되이 성은을 입어 이미 한가한 몸이 되었기 때문에 나가기도 이미 쉽고 들어오는 데에도 어려움이 없으니, 스스로 생각건대 우유자적(優遊自適)하여 혐의되거나 구애된 바가 없습니다. 이 때문에 신이 그저께 더위를 무릅쓰고 출발하여 철원(鐵原) 땅에 도착하였습니다. 그곳에서 저보(邸報) 중에 대간(臺諫)들이 인피(引避)[18]한 말을 보았는데, 체통(體統)이라는 두 글자로 대신(大臣)을 몰아붙이는 데에 힘을 남기지 않았습니다. 신은 '대신이 말한 체통이란 어떤 것이기에 이처럼 분분하게 하는가.'라고 생각하였습니다. 영평(永平)에 이르러 그 곡절을 상세히 들은 뒤에야 비로소 체통이란 말은 실로 신의 입에서 나온 것임을 알았으니, 황공하고 부끄러워서 스스로 몸 둘 곳이 없습니다.

대개 삼사(三司)가 청대(請對)하던 날에 대신들은 '전날 탑전(榻前)에서 김환(金煥) 등을 참작하여 처리한 일로 지금 대간의 비판을 받는

18 대간(臺諫)들이 인피(引避) : 《송자대전수차(宋子大全隨箚)》 권2에 "선생이 문곡(文谷) 김수항과 함께 입시하였을 때, 대간이 허새(許壐)와 허영(許瑛)의 옥사(獄事)로 김수항을 능멸하니, 선생이 나와서 노봉(老峯) 민정중에게 말하기를 '이 일은 체통을 크게 손상하는 처사이다.'라고 하였다. 민공(閔公)이 드디어 들어가서 선생의 말을 주상께 아뢰니, 이에 대사간 유상운(柳尙運)과 정언 이동욱(李東郁)이 연이어 인피하면서 그 말을 비판하였다."라고 하였다.

것이다.'라고 여겨서 인책한 것입니다. 만일 대신들의 의견이 전일과 달라진 것이 있다면 대간이 아뢴 것을 옳게 여겨서 따르기를 청해야 하겠지만, 만일 그렇지 않고 오히려 전의 의견을 고집하여 그 참작해서 처리한 일로 대간의 공박을 크게 받고 있다고 여겼다면, 감히 대간을 그르다고 하지 못하고 스스로 인책하는 것이 바로 사리에 당연한 일이며 또한 대론(臺論)을 중히 여기는 처신입니다. 그런데 대간이 대신의 인책을 그르다고 여기며 또 자신의 의견에 동조하지 않는 것을 깊이 배척하고 있습니다.

사람은 각각 자신만의 마음을 갖고 있으니, 다그쳐서 말하게 하는 것은 미천한 사서인(士庶人)에게도 할 수 없거늘 하물며 대신에게 할 수 있겠습니까. 대신들의 처사가 옳지 못하였다면 그때 삼사가 함께 들어가서 상의한 뒤에 탄핵하더라도 불가할 것이 없지만, 침범하고 다그쳐서 기필코 말하게까지 하는 것은 크게 체통을 해치는 일입니다. 신의 망녕된 뜻이 이와 같기 때문에 마침 좌의정 민정중(閔鼎重)을 여관에서 만났을 때, 먼저 "영상(領相) 김수항(金壽恒)의 아량은 남의 말을 용납할 수 있으니 진정시켜 무마할 것이다."라고 하고, 또 이어서 "대간으로 말하면 체통을 손상시킬까 두렵다."라고 하였습니다. 뜻밖에 민정중이 신의 성명(姓名)을 거론하며 전하께 아뢲으로써 대간들이 인피하는 사태를 야기하였으니, 대간이 한 말은 통쾌하고도 준절(峻絶)하여 사람으로 하여금 넋을 잃게 하였습니다.

신은 늙고 병들어 정신이 혼매하여 시의(時宜)를 알지 못하거늘 벼슬을 그만두고 한가히 지내는 몸으로 망녕되이 대간의 시비를 논하여 조정의 의론에 죄를 얻게 되었습니다. 그런데도 귀가 매우 어두워 이런 사실을 전혀 듣지 못하고 감히 서울로 향하고 있었으니, 듣는 사람들이 반드시 비웃고 노여워할 것입니다.

또 한 가지 드릴 말씀이 있으니, 감히 대략 아뢰지 않을 수 없습니다. 신이 듣건대 참의(參議) 이상(李翔)이 정랑 서한주(徐漢柱)를 천거했다가 구설에 올라 서울을 떠났다고 합니다. 서한주는 근실하고 질박한 사람으로 일찍이 고(故) 문효공(文孝公) 조익(趙翼)의 문하에서 수학하여 학술과 행의(行義)가 매우 훌륭합니다. 그래서 지난날 간신들이 권세를 부릴 때에 감히 지척(指斥)하지 못할 곳을 지척하기도 하였습니다. 또 저들이 과장(科場)의 책문(策問) 제목을 감히 여후(呂后)와 무후(武后) 등의 말로 내걸자, 응시생이던 서한주가 "이 제목은 채확(蔡確)이 읊은 학증산(郝甑山) 시(詩)[19]를 보는 것 같아 그 뜻이 너무도 분명하니, 오늘날 신하로서 어찌 차마 대책(對策)을 지을 수 있겠는가."라고 하고 드디어 붓을 놓고 나왔습니다. 그때 식견이 있는 선비들 또한 대책을 짓지 않고 나온 이가 많았습니다. 이 때문에 간도(奸徒)들이 매우 분노하여 시사(時事)를 비방한 것이라고 무고하여 잡아다가 국문할 때 장하(杖下)에서 거의 죽을 뻔하였으나 다행히 성상께서 살펴 주신 덕분에 목숨을 보전할 수 있었습니다. 만약 간도들이 복주(伏誅)된 뒤에 공의(公議)가 시행되었다면 서한주는 의당 포상을 받아야 하는데도 지금 천거된 수령직도 윤허하지 않고 끝내 천거한 사람으로 하여금 서울을 떠나게 하셨으니, 오늘날의 호오(好惡)는 알 수 없는

19 채확(蔡確)이……시(詩) : 송(宋)나라 사람 채확이 거개정(車蓋亭)에 올라 당(唐)나라 때 무후의 즉위를 반대하다 죽음을 당한 학처준(郝處俊)의 충절(忠節)을 애도하고 무후를 당시 송 고종(宋高宗)의 비(妃)인 선인황후(宣仁皇后)에 비겨 읊은 시를 말한다.

점이 있습니다.

옛날 위섬지(魏掞之)가 일을 논하다가 쫓겨났거늘, 주자(朱子)가 마침 소명(召命)을 받았으나 조정에 들어가지 않았습니다.[20] 신은 이상과 매양 서한주의 현명함을 칭찬하였는데 지금 일이 이렇게 되었습니다. 신은 단지 대간이 아뢴 일을 망녕되이 말한 죄가 있을 뿐만 아니라 또 이 한 가지 일 또한 뒷걸음칠 단서가 되기 때문에 수레를 돌려 동쪽으로 돌아갑니다. 그러나 현재 천재(天災)와 시변(時變)은 조석 간에 우려할 만한 일이 있을 것이기 때문에 감히 서울을 멀리 떠나지 못하고 단지 근기 지방에서 배회하려고 합니다. 그러나 승지와 사관이 돌아갈 적에 외람되이 조정으로 돌아가겠다고 대답하였다가 오래전부터 생각해 온 계획이 갑자기 바뀌어 스스로 성상을 속이고 저버리는 죄에 빠지게 되었습니다. 사정과 형세는 비록 이러하지만 범한 죄는 지극히 중대하여 여차(旅次)에 거적을 깔고 공손히 엄중한 처벌을 기다립니다. 신은 두렵고 황송한 마음을 견디지 못하겠습니다.

20 위섬지(魏掞之)가……않았습니다 : 당시 왕 상서(汪尙書)가 주희(朱熹)에게 글을 보내어 "원리(元履)를 보고 거취를 결정하지 말라."라고 하니, 주희는 "원리를 보고 거취를 결정하는 것이 아니라 제공들이 원리를 대하는 것을 보고 거취를 결정하겠다."라고 대답하였다. 《晦庵集 卷24 答汪尙書書》 원리는 위섬지의 자(字)이다.

사정을 진달하고서 유신일의 일을 논하는 상소 계해년(1683, 숙종9) 5월

陳情仍論兪信一事疏 癸亥五月

삼가 아룁니다. 신은 이미 길을 돌려 조정으로 돌아가겠다고 승지와 사관이 돌아갈 때에 대답하였으니, 비록 정적(情迹)은 몹시 불편하더라도 진실로 어리석음을 무릅쓰고 대궐에 들어가서 성상을 뵙고 진심을 한번 전달한 뒤에 물러나야 마땅할 것입니다. 그러나 중로(中路)에서 방황하며 아홉 번 생각하고 열 번 생각하며 나아가려다 도로 물러나기를 반복하다가 끝내 물러나고 말았으니, 은혜를 잊고 덕을 저버린 것은 우선 놓아두고 논하지 않더라도 속이고 식언(食言)한 죄는 어찌 말로 다 할 수 있겠습니까. 대저 사람은 자기와 동등한 이들 이하에게도 감히 그 말을 실천하지 않아서는 안 되거늘, 하물며 존귀한 군부에게 감히 실행하지 않는다면 그 죄는 응당 어떠하겠습니까. 이 때문에 근일 이래로 잠자다가도 놀라고 꿈속에서도 경악하며 마음이 타들어가고 정신이 흩어져서 차라리 갑자기 죽어 지각이 없어지기를 바라지만 그렇게 할 수도 없습니다. 그러나 이것이 어찌 신이 원하는 것이겠습니까. 분명 만부득이한 까닭이 있기 때문이지만 감히 입을 열어 말할 수 없으니, 옛날에 이른바 "억울해도 누구에게 말할 수가 없다."라는 말은 참으로 소신을 이르는 것입니다.

예전에 신이 서울에 있을 때, 신이 서울을 떠나지 않는다는 이유로 편지를 보내어 꾸짖는 사람이 몇이나 되는지 모를 정도였고, 조금 의리를 아는 미천한 하리(下吏)까지도 찾아와서 떠나가기를 권하였으니,

이는 벗들이 함께 아는 사실입니다. 신이 동쪽으로 길을 떠나게 되어서는 다시 되돌아올까 염려하여 편지를 보내어 미리 막은 사람이 또한 많았습니다만 신이 어찌 차마 전하를 저버리고 몽매하게 길을 바꾸겠습니까. 대간(臺諫)이 인피(引避)하는 일에 미쳐 신의 걸음이 서울과 가까워지게 되어서는 신을 아끼는 사람 중에 신이 귀가 먹고 눈이 멀어 어두운 길을 쉬지 않고 가는 것을 딱하게 여기는 이들이 한량없이 많았으니, 이것을 통하여 의리의 소재와 공의(公議)의 엄함은 귀천이나 노소의 구분이 없다는 사실을 분명하게 알았습니다. 의리가 이미 이와 같고 공의가 또 이와 같기 때문에 신은 '전하에게 죄를 얻으면 그래도 혹 늙은 것을 딱하게 여겨서 용서해 주시겠지만 의리와 공의에 죄를 얻는다면 동해의 물을 쏟아붓더라도 씻어 낼 수 있겠는가.'라고 생각했습니다. 소신이 오늘 전하를 저버린 것은 실은 이런 생각에서 나왔지만, 신이 감히 한두 가지 사정을 진달하지 못한 까닭에 전후로 내리신 비망기는 더욱 간절하고 지성스러웠으니, 신이 받들어 읽을 때마다 턱까지 흘러내리는 눈물을 금할 수 없습니다.

신의 정세(情勢)는 끝내 감히 말씀드릴 수 없고 감히 명을 받들 수 없는 의리는 신이 이미 마음에 맹세한 바이니, 삼가 바라건대 전하께서 애련하게 여기고 살피어 신으로 하여금 우유자적(優遊自適)하며 여생을 보내게 해 주신다면, 이는 실로 자애로운 성상께서 시종 살려 주는 지극한 뜻일 것입니다.

유신일(兪信一)의 일[21]을 말씀드리자면, 신은 더욱 크게 불안한 바

21 유신일(兪信一)의 일 : 《송자대전(宋子大全)》 부록 권9 〈연보(年譜)〉에 "심지어 유신일이란 자는 버젓이 비루한 언사로 선생을 비방하였다."라고 하였다. 당시 장흥고

가 있습니다. 신은 유신일보다 조금 나이가 많아 외람되이 그의 아버지 유창(兪瑒)과 교분이 얕지 않았습니다. 신의 생각으로는 신에게 불선(不善)한 일이 있으면 사적으로 신에게 충고해 주어야지 여러 사람이 있는 가운데에서 꾸짖어서는 안 됩니다. 그러므로 신은 개인적으로 생각건대 유신일에게 반드시 이러한 일이 없었을 것이라고 여깁니다. 과연 이러한 일이 있었더라도 이는 여러 사람의 공론을 따른 것에 불과할 뿐이니, 또한 공의가 널리 똑같음을 볼 수 있습니다. 그런데 그에게 무슨 죄가 있다고 사판(仕版)에서 삭적(削籍)하는 형률을 적용한단 말입니까. 대저 허실은 막론하더라도 소신이 혹 서울에 들어오지 않았더라면 응당 이러한 일은 없었을 것이니, 옛날 이른바 "부질없이 선량한 사람만 더럽힌다."라는 말은 바로 신을 이르는 것이어서 마음속으로 스스로 슬퍼합니다.

신이 이에 또한 느낀 바가 있습니다. 옛날 송(宋)나라 효종황제의 조서에 "종처럼 꾸짖고 돼지처럼 질타한다."라는 말이 있었습니다. 주자(朱子)가 이를 보고 스스로 "눈물이 흘러내릴 뻔하여 밤새도록 잠을 이루지 못하다가 날이 새기 전에 불을 밝히고 글을 짓는다."라고 하며 사명(詞命)을 맡은 신하를 꾸짖었습니다.[22] 지금 유신일에게 실제 그런

봉사(長興庫奉事)로 있던 유신일이 여러 사람이 있는 데서 하인을 나무라며 "네가 하는 짓이 꼭 송시열과 다를 것이 없다."라고 하였다가 사헌부의 탄핵을 받아 사판에서 삭적되는 중벌을 받았다. 《肅宗實錄 9年 5月 16日》

22 송(宋)나라……꾸짖었습니다 : 주희(朱熹)가 유공(劉珙)에게 보낸 편지에 "삼가 11월 5일의 조서를 읽어 보니, 몹시도 대신을 종처럼 꾸짖고 관원들을 돼지처럼 보았습니다. 이것이 형의 붓으로 기록한 것입니까. 당시에 어찌 조금이라도 간언하지 않은 것입니까. 이 조서를 보고부터는 사흘 내내 잠을 자고 밥을 먹어도 편안하지 않았으니,

일이 있었다 하더라도 대신(臺臣)은 또한 버려두고 논하지 않아 일시의 선자(善者)를 보전해 주어야 합니다. 그러나 그렇게 하지 않고 사실 여부를 논하지도 않은 채 이 한 토막의 말이 세상에 떠돌게 하였으니, 아마도 주자의 법문(法門)이 아닌 듯합니다.

신이 방금 대간의 논란을 야기하고도 다시 이런 말을 하는 것이 큰 죄가 되는 줄을 잘 알고 있습니다만 이 세상을 위하여 대략 언급하였습니다. 이 또한 늙고 망녕된 소치이니, 삼가 바라건대 성상께서는 헤아려 용서해 주소서. 신은 너무나도 두렵고 떨리는 마음을 견디지 못하겠습니다.

이에 관한 곡절은 한마디 말로 다하기 어렵습니다."라고 하였다. 《晦庵集 別集 卷1 劉共甫》 사명을 맡은 신하는 유공을 가리킨다. 당시 유공이 한림학사로 있다가 조서가 내린 뒤에 추밀부사(樞密副使)에 제수되었다.

여강에서 남쪽으로 돌아갈 때 사정을 진달하고 겸하여 월름을 사양하는 상소 계해년(1683, 숙종9) 5월 27일

自驪江南歸時陳情兼辭月廩疏 癸亥五月二十七日

삼가 아룁니다. 신이 비록 교외로부터 둘러서 이곳으로 왔지만 처음에 먹었던 마음은 여론이 조금 가라앉기를 기다렸다가 대궐로 달려가서 사정을 대략 아뢴 뒤에 영원히 궁궐을 하직하고 물러나 초야에서 목숨을 마쳐서 다시 유감이 없도록 하려는 것이었습니다. 가만히 듣건대, 조정의 의론이 더욱 격렬해져 성균관의 유생(儒生)들에게까지 또한 논쟁이 번져 가서 진신(搢紳)들이 대부분 편안하기 어렵게 되었다고 합니다. 신과 서찰을 주고받은 사람들은 모두 깊이 사랑하는 마음에서 주고받은 것이고 단연코 다른 뜻이 없는데도 지금 듣건대 모두 관련된 사람으로 취급당하니, 신이 무슨 면목으로 사람들을 대할 수 있겠습니까. 단지 깊은 산중으로 돌아가서 문을 닫고 허물을 반성함으로써 공론에 사죄해야 마땅합니다.

또 삼가 듣건대, 참의 박세채(朴世采)가 소를 올려 신에게 내리신 벼슬을 그만두게 하는 명을 거두어들이기를 청하였다고 하니, 신은 놀랍고 의아한 마음을 견디지 못하겠습니다. 대저 밝은 성상께서 옛일을 살피고 경전을 상고하여 예법으로 신하를 대우하시니, 임금과 신하 사이에 명분이 바르고 이치가 마땅하건만 도학과 식견을 지닌 박세채가 성급히 이러한 말을 한단 말입니까. 신은 본래 근기 지방에서 배회하다가 다시 도성에 들어가기를 도모한다는 비방을 받았으니, 지금 만약 조금이라도 지체한다면 그 말에 꼭 부합하게 됩니다. 더욱 두려운 마음이 절실하여 속히 행장을 꾸려 곧바로 고향으로 돌아왔으니, 아, 이것이 어찌 신의 본마음이겠습니까. 진실로 부득이한 사정에서 나온 것입니다.

신은 본래 속마음을 모두 아뢰려고 하였으나 곧이어 혹 망발을 하여 분란을 더할까 두려운 마음이 들었기 때문에 끝내 다시 침묵하고 단지 눈과 귀를 닫고 있는 것입니다. 신이 밝은 성상을 속이고 저버린 것이 한두 번에 그치지 않으니, 그 죄는 만번 죽어도 마땅합니다. 상소문을 지으면서 마음이 떨리고 애가 타며 아울러 눈물이 흘러내려 말할 바를 모르겠습니다. 신은 너무도 황공한 마음으로 죄를 기다립니다.

상소문이 이루어진 뒤에 삼가 호조에서 계하(啓下)받아 보낸 관문(關文)을 보니, 다시 월름을 지급하라는 명이 있었습니다. 대저 일도 없이 녹을 먹는 것은 맹자가 "감히 하지 못한다."[23]라고 하였기 때문에 신이 서울에 있을 때에도 대략 견딜 만한 형편이면 간혹 받지 않은 적이 있었습니다. 지금은 이미 물러나서 돌아왔으니 또 서울에 있을 때와는 처지가 현격히 다릅니다. 더구나 지금 보리와 밀을 수확하여 신이 따로 호구(糊口)할 거리가 있으며 또 아침에도 먹지 못하고 저녁에도 먹지 못하여 문밖을 나가지 못하는 것에 견줄 정도는 아니니, 삼가 바라건대 자애로운 성상께서는 잘 양찰하여 속히 내린 명을 거두어 신의 분수를 편안하게 해 주시면 몹시 다행이겠습니다.

23 감히 하지 못한다 : 만장(萬章)이 말하기를 "구휼해 주면 받고 하사해 주면 받지 않는 것은 어째서입니까?"라고 하니, 맹자가 말하기를 "감히 하지 못하는 것이다."라고 하였다. 《孟子 萬章下》

《주자대전봉사주차차의(朱子大全封事奏箚箚疑)》를 바치면서 올리는 차자 계해년(1683, 숙종9) 6월 28일

進朱子封事奏箚箚疑箚 癸亥六月二十八日

삼가 아룁니다. 공조 참판 박세채(朴世采)가 일찍이 탑전(榻前)에서 주자(朱子)의 봉사(封事)와 주차(奏箚)를 볼 것과 겸하여 소신(小臣)이 의심난 곳을 기록한 《차의(箚疑)》를 가져다가 참고할 것을 청하니, 성상께서 특별히 허락하셨습니다.

신이 삼가 생각건대, 주자의 학문은 위로 요순(堯舜)과 공맹(孔孟)을 계승하여 일언일구(一言一句)도 지극한 중정(中正)으로 천리(天理)를 밝히고 성학(聖學)을 개도하는 관건이 아닌 것이 없습니다. 봉사와 주차에 이르러서는 또 정충(精忠)이 간절하고 성의(誠意)가 감발하여 반드시 그릇된 마음을 바로잡고 임금을 바르게 하며 백성을 보호하고 나라를 안정시키는 것을 마음으로 삼았고, 현사(賢邪)를 분변하고 기강(紀綱)을 진작시키며 군정(軍政)을 닦고 외적의 침입을 막는 것도 그 사이에 종횡으로 논하였으니, 체(體)와 용(用)이 구비되고 이(理)와 사(事)가 포괄된 것이 마치 일자(一字)를 그은 듯이 뚜렷하고 손바닥을 가리키듯이 분명하며 천근(淺近)한 소리(小利)에 묶이지 않고 오활한 공언(空言)에 빠지지 않았습니다. 참으로 이른바 "삼왕(三王)에 상고해 보아도 어긋나지 않으며 천지에 세워도 어그러지지 않는다."라는 것으로, 끝없는 후세의 성인을 기다려도 의심이 없을 것입니다.

애석합니다. 효종(孝宗) 또한 송(宋)나라의 어진 임금이었으나 주자의 이 봉사와 주차를 기뻐하기만 할 뿐 실마리를 찾아보려 하지 않았고 따르기만 할 뿐 고치지 않음[24]으로써 정성을 다하여 가르침을 올린 충성을 끝내 공효가 없게 하였으니, 옛사람이 말한 "도를 길이 천하에 쓸모없는 것으로 만들었다."[25]라는 것과 같아 참으로 개탄할 만합니다.

삼가 생각건대 우리 전하께서는 천자(天資)가 순미(純美)하고 성학이 고명하여 심신을 해치거나 정사를 병들게 하는 성색(聲色), 재화(財貨), 유람, 사냥, 유희 등의 일은 비슷한 것조차 하지 않으시니, 덕업(德業)이 날로 일어나고 치효(治效)가 날로 드러나야 마땅하거늘 어찌하여 조정(朝政)이 날로 문란해지고 건강(乾綱)이 날로 무너진단 말입니까. 백성은 아래에서 피곤하고 하늘은 위에서 노하여 국가가 위태로워질 조짐을 어리석고 지혜로운 사람을 막론하고 모두 말하고 있으니, 이는 반드시 그 까닭이 있으나 신은 알지 못하겠습니다.

대저 위태로워지고 어지러워지는 단서가 한두 가지가 아니지만 오직 성인(聖人)의 도만이 구제할 수 있습니다. 전하께서 자주 경연에 나오셔서 강론하는 것이 모두 경전의 가르침인데 경전은 문자가 간략하고 의리가 은미하여 정신을 기울여 사색해야 하기 때문에 싫어지는

24 기뻐하기만……않음 : 공자가 말하기를 "바르게 일러 주는 말을 따르지 않을 수 있겠는가. 잘못을 고치는 것이 귀중하다. 완곡하게 일러 주는 말을 기뻐하지 않을 수 있겠는가. 그 실마리를 찾는 것이 귀중하다. 기뻐하기만 하고 실마리를 찾지 않으며 따르기만 하고 잘못을 고치지 않는다면 나도 그를 어떻게 할 수 없다."라고 하였다. 《論語 子罕》

25 도를……만들었다 : 주희(朱熹)가 말하기를 "내가 일찍이 당시 제현의 논(論)을 차례로 고찰하여 지극히 타당한 것을 찾아보았더니, 오직 구산 양씨(龜山楊氏)가 '안과 밖을 분리하고 마음과 자취를 나눔으로써 도를 길이 세상에 쓸모없는 것으로 만들었고, 경세(經世)하는 일을 모두 사사로운 지혜로 천착하게 하였다.'라고 지적한 말이 가장 근사하였다."라고 하였다. 《晦庵集 卷70 讀兩陳諫議遺墨》

마음이 생기기 쉽습니다. 그러므로 깊은 뜻을 음미하기도 전에 벌써 절로 하품이 나고 졸음이 오니, 그래서야 어찌 경전의 가르침이 육미(肉味)가 입을 즐겁게 하듯이 마음을 감동시키고 기쁘게 할 수 있겠습니까.

이 주자의 글은 환하고 시원하며 명백하고 곡진하여 전혀 난삽하거나 험한 모습이 없기 때문에 의리가 깊어질수록 글이 더욱 통창하고 이치가 치밀할수록 말이 더욱 통달하여 사람으로 하여금 읽을수록 흥미진진하여 오히려 쉽게 끝나 버릴까 걱정하게 하고 읊조리는 사이에 자신도 모르게 석연히 뜻이 맞아 뛸 듯이 신명이 일어나게 됩니다. 그렇다면 박세채가 청한 것은 요점을 알았다고 할 만하고 급히 전하를 잘 인도하였다고 할 만합니다.

신이 또 삼가 생각건대, 본조(本朝)가 나라를 세운 것은 조광윤(趙匡胤)이 세운 송나라와 똑같기 때문에 그 말류의 폐단 또한 서로 비슷합니다. 국세(國勢)가 선량하고 유약한 것도 비슷하고, 인심이 투박하고 나태한 것도 비슷하고, 기강이 떨쳐지지 않는 것도 비슷하고, 선과 악이 서로 다투는 것도 비슷하고, 이서(吏胥)가 탐욕스럽고 방종한 것도 비슷하고, 호강(豪强)이 방자하고 난폭한 것도 비슷합니다. 주자가 당시에 이런 상황을 눈으로 보고 구제할 방도를 생각하였기 때문에 그 말이 매우 통절(痛切)하고 정치(精緻)하여 그 병통에 딱 들어맞는 약석이었습니다. 오늘날 우리나라의 병통을 치료하려면 이 약석을 버리고 어떻게 하겠습니까.

전(傳)에 "후왕(後王)을 본받는 것은 어째서인가. 세대가 가깝기 때문이다."라고 하였습니다. 옛 성현이 비록 많지만 오늘날에 주자보다 가까운 분이 없으니, 가까운 것을 보고 본받으면 법을 취하기가 쉽습니다. 삼가 바라건대 밝은 성상께서는 이에 잠심(潛心)하고 익숙히 반복하며 싫어하거나 게을리하지 말고 마음에 체득하고 일에서 증험하소서. 그래서 종일토록 엄숙히 하여 다른 학설에 현혹되지 않기를 주자가 날마다 경연에 있으면서 임금과 수작한 것처럼 하신다면, 학문이 날로 진보되고 덕이 날로 일어날 것이니, 조정을 바로잡고 백성을 편안하게 하는 일은 말할 필요도 없게 될 것입니다.

그러나 그중에 또한 선후와 완급의 차이가 없을 수 없으니, 신의 생각에 봉사는 가릴 것이 없지만 주차에 이르러서는 행궁 편전(行宮便殿) 제이차(第二箚)인 〈논성학차(論聖學箚)〉를 가장 먼저 읽어야 하고, 〈계미수공(癸未垂拱)〉 제일차(第一箚)・제이차(第二箚), 〈신축연화(辛丑延和)〉 제일차・제이차, 〈무신연화(戊申延和)〉 제오차(第五箚), 〈걸진덕차(乞進德箚)〉 등을 모두 순서대로 숙독한 뒤에 그 나머지를 읽어야 합니다.

인하여 기억하건대 경인년(1650, 효종1)에 신이 주차 중에 가장 절실한 몇 편을 정서하여 올린 적이 있습니다. 그때 효종대왕께서는 매우 감탄하며 깊이 음미하고 가슴에 새기며 그 글을 늦게 보게 된 것을 아쉽게 여기셨습니다. 그 뒤 어떤 사람이 《논성학차(論聖學箚)》를 한 책자로 만들어 올리니, 즉시 경연의 신하에게 하교하기를 "혹 주자의 설에 어긋난 것은 없는가."라고 하셨습니다. 이에 효종께서 참으로 아셨고 돈독히 좋아하셨던 것을 알 수 있습니다.

오늘날 전하의 마음이 어찌 성조(聖祖 효종)의 마음과 다르겠습니까. 지금 신이 가지고 있는 《차의》는 감히 주석의 체제를 본뜬 것이 아니고 평소 읽어 나갈 때에 막히는 부분이 있으면 그때마다 손수 기록하여 권질을 이루었다가 벗들과 강론하고 질의한 것일 뿐입니다. 지금 박세채는 혹 음의(音義)와 구두(句讀) 사이에 도움이 있으리라고 여겼기 때문에 대략 그 점을 취하여 이렇게 청한 것입니다. 그러므로 감히 한 책자를 정서하여 삼가 현(縣)과 도(道)를 통하여 차자(箚子)와 함께 올리니, 가만히 생각건대 목동의 말이라도 채택하시는 성대한 덕에 도움이 없지는 않을 것입니다.

그러나 박세채와 이상(李翔) 등을 한가할 때 자주 입시하게 하신다면 또한 이 《차의》는 참고하실 필요도 없을 것입니다. 윤증(尹拯) 같은 사람은 학문에 연원이 있고 또 축적한 공부가 많으니, 만약 경연에 두신다면 반드시 크게 도움이 될 것입니다. 그러나 그의 뜻은 빼앗기가 어려워서 헛되이 초야에서 늙고 있으니, 몹시 애석합니다. 신의 생각으로는 굳이 직명(職名)으로 구속하지 말고 송나라 때 이천(伊川)의 고사(故事)처럼 단지 포의(布衣)로서 부르신다면, 이미 혐의나 구애가 없어 굳이 하나의 절개만 굳게 지키지는 않을 것입니다. 또 전(前) 도사(都事) 권상하(權尙夏)는 학술이 정명(精明)한 데다가 더욱 주자의 글에 힘을 다하였으니, 또한 강독에 참여시킬 만합니다.

이 밖에 도덕과 학술이 있는 사람을 널리 찾아내어 작록으로 구속하지 말고 신하를 벗 삼는 도리를 다하신다면, 성학을 밝히고 성치(聖治)를 돕는 데에 필시 밝은 공효가 있을 것입니다. 진실로 이렇게 하신다면 신이 비록 산골짜기에서 말라 죽을지라도 영광스럽게 여겨서 전혀 한이 없을 것입니다. 신은 크나큰 바람을 견디지 못하겠습니다.

차자에 구함(具銜)하는 것은 조정의 규례가 전혀 아니지만 지금 신이 외방에 있는 관계로 감히 구서하지 않을 수 없으니, 성상께서 살펴 주시기를 삼가 바랍니다.

박태유의 상소가 있은 뒤에 대죄하는 상소[26] 계해년(1683, 숙종9) 윤6월 19일

朴泰維疏後待罪疏 癸亥閏六月十九日

삼가 아룁니다. 신이 어제 차자의 비답을 통하여 외람되이 소지(召旨)를 받들고는 삼가 한 통의 소(疏)를 지어 그동안 범한 죄를 나열하고 겸하여 늙고 병들어 함부로 나아갈 수 없는 정상을 아뢰니다. 그중에 가장 큰 것은 신을 대로(大老)라고 일컬은 것이니, 진실로 놀라움과 부끄러움을 견디지 못하겠기에 속히 삭제해 주기를 청합니다. 유신일(兪信一)의 거리끼지 않는 말[27]은 끝내 법관의 심문을 받게 될 것이고, 이선(李選)의 신을 위한 충정은 남들의 끝없는 꾸짖음을 받게 될 것입니다.

상소가 막 완성되었을 때에 마침 듣건대 대신(臺臣)이 글을 올려 신이 망녕되이 휘호(徽號)를 논한 일을 준엄하게 지척(指斥)하면서 이에 이견이 없는 자들은 신에게 영합한 것이라고 하였으니, 신이 듣고는 놀라움을 견디지 못하겠습니다. 신이 당초에 논한 것은 단지 밝은 성상께서 한번 잘 다스리시는 때를 만났으나 《춘추(春秋)》의 의리가 민멸되고 어두워져서 다시 통분을 참고 원한을 머금은 채로 절박하여

26 박태유(朴泰維)의……상소 : 《송자대전(宋子大全)》 부록 권9 〈연보(年譜)〉에 "지평 박태유가 상소하여 태조(太祖)의 묘호를 추존하여 올린 일을 준엄하게 지척하자, 선생이 그 말을 듣고 놀라서 소를 올려 허물을 인책하고 죄를 청하였다."라고 하였다.

27 유신일(兪信一)의……말 : 63쪽 주21 참조.

어쩔 수 없이 때를 기다린다는 말을 하며 천하의 법을 보존하려는 사람이 없고, 또 조부는 손자로 인하여 높아지고 손자는 조부로 인하여 굽히게 되는 의리[28] 또한 오늘날 어그러졌기 때문에 신이 망녕되이 언급한 것입니다. 밝은 성상께서 이를 잘못이라 여기지 않아 따라서 시행하신 것이거늘 지금 대신이 논한 바가 이와 같습니다.

옛날 주자(朱子)가 송조(宋朝)의 묘의(廟儀)[29]가 잘못되자 통한을 이기지 못하고 말하기를 "내가 죽으려고 해도 죽지 못하게 하는구나." 라고 하였으니, 대저 국가의 대사로는 종묘보다 큰 것이 없으므로 그 예법을 잃어버리면 인정과 천리가 도리어 어그러지기 때문에 주자의 말이 이와 같았던 것입니다. 그렇다면 지금 신이 지은 죄가 어찌 천지 사이에 용납될 수 있겠습니까.

또 예법을 그르쳐서 권력을 잡는다는 것은 신이 이전부터 지은 본래의 죄입니다. 속담에 말하기를 "활에 다친 새는 굽은 나무만 보아도 놀라고, 더위 먹은 소는 밤을 환히 밝히는 달만 보아도 숨을 헐떡인다." 라고 하였으니, 신의 두렵고 위태한 마음은 이에 더욱 심해집니다. 또 생각건대 대신이 당초에 하후승(夏侯勝)[30]처럼 극언하여 논박하지 않다가 성대한 의식이 이미 이루어지고 난 뒤에 그 잘못을 논하였으니,

28 조부는……의리 : 43쪽 주7 참조.

29 묘의(廟儀) : 종묘에 관한 의례(儀禮)를 말한다.

30 하후승(夏侯勝) : 한(漢)나라의 학자로, 자는 장공(長公)이다. 선제(宣帝)가 무제(武帝)의 묘악(廟樂)을 만들고자 조서를 내리니, 하후승은 선제에게 "무제는 비록 사이(四夷)를 물리치고 국경을 넓힌 공은 있으나 병사를 많이 죽이고 백성의 재물을 고갈시키는 등 백성에게 혜택을 주지 못하였으니, 묘악을 만드는 것은 옳지 못합니다." 라고 하였다. 이에 하옥되었다가 나중에 사면되었다. 《漢書 夏侯勝傳》

주자가 말한 "단지 위령(威靈)으로 하여금 내쳐질까 의심하여 방황하고 머뭇거리며 돌아갈 곳을 모르게 한다."라는 데 불행하게도 가까울 것입니다. 만일 신이 애초에 망녕된 의론이 없었다면 오늘 어찌 이러한 일이 있겠습니까. 이것이 또 신이 죄를 뉘우치며 죽고 싶은 까닭입니다.

또 대신은 비록 오늘이라도 응당 곧바로 신의 죄를 청하여 신명과 사람의 마음을 시원스레 풀어 주어야 하거늘, 무엇 때문에 단지 그 의론을 조정에만 퍼뜨리고 성상께는 아뢰지 않아 속죄하기 어려운 신의 죄로 하여금 오래도록 형벌을 피하게 한단 말입니까. 가만히 듣건대 조정 사이에 한창 이 일로 인하여 분위기가 흉흉하다고 하니, 신은 속히 형조에 달려가서 감단(勘斷)을 기다려야 하지만 신은 늙고 병들어 죽음이 눈앞에 닥쳤기 때문에 마음처럼 길에 오르지 못하고 사차(私次)에 거적을 깔고 공손히 엄중한 처벌을 기다립니다.

도성을 나갈 때에 돌아가기를 아뢰는 차자 계해년(1683, 숙종 9) 11월 9일

出城時告歸箚 癸亥十一月九日

삼가 아뢰니다. 황종(黃鍾)이 한번 움직이자 풀뿌리가 모두 봄빛을 띤 이때에 성상의 체후가 평상을 회복하여 백성들이 손뼉 치며 기뻐하고 있습니다. 신이 이러한 때에 특별히 사대(賜對)의 은혜를 입어 가만히 용안을 우러러보니, 성상의 광채가 평상시와 같아 신의 마음은 거의 미칠 듯이 기뻤습니다. 그리고 자애로운 성상께서 두 번 세 번이나 천신(賤臣)을 애써 만류하셨지만 끝내 명을 받들지 못했던 것은 그 뜻이 따로 있었습니다. 신은 질병이 위독하고 괴로워서 아침저녁을 장담하기 어려우니, 만약 도성 안에서 갑자기 먼저 죽게 되면 도성에 가득한 상서로운 화기(和氣)를 손상할까 두렵기 때문에 감히 잠시도 머물지 못하고 속히 도성 밖으로 나가는 것입니다. 다시 차자를 통하여 성상의 문후를 여쭙고 떠나서 보잘것없는 노신(老臣)이 영원히 대궐을 하직하고자 하니, 이때에는 견마지성(犬馬之誠)으로도 어떻게 할 수 없는 점이 있습니다. 삼가 원하건대 "병은 조금 나았을 때에 더 심해진다."[31]라는 깊은 경계를 더욱 생각하여 끝없는 복과 경사를 누리소서.

아, 지금 이 종전에 없던 경사는 조종(祖宗)께서 덕을 쌓은 것에 대한 보답일 뿐만 아니라 또한 밝은 성상께서 백성을 사랑하여 천심(天

31 병은……심해진다 : 《설원(說苑)》 〈경신(敬愼)〉에 "관원은 지위가 성취되는 데에서 게을러지고, 병은 조금 낫는 데에서 심해진다."라고 하였다.

心)에 부합하였기 때문에 이루어진 것이니, 이 이치는 분명하여 진실로 속일 수 없습니다. 삼가 원하건대 백성을 부지런히 보살피려는 마음을 더욱 생각하여 한결같이 백성을 보호하며 왕 노릇 하는 일[32]에 힘써서 이것을 생각해도 여기에 있고 이를 놓아두어도 여기에 있도록 하신다면 몹시 다행이겠습니다. 신은 성상을 바라보며 너무나도 간절하고 황공한 마음을 견디지 못하여 삼가 죽음을 무릅쓰고 아뢰겠습니다.

32 백성을 보호하며……일 : 제 선왕(齊宣王)이 맹자에게 "덕이 어떠하면 왕 노릇 할 수 있습니까?"라고 묻자, 맹자가 답하기를 "백성을 보호하며 왕 노릇 하면 막을 자가 없습니다."라고 하였다. 《孟子 梁惠王上》

상전을 사양하는 상소 계해년(1683, 숙종9) 11월

辭賞典疏 癸亥十一月

삼가 아룁니다. 신이 가만히 듣건대 성상의 체후가 평상을 회복한 뒤에 속히 상전(賞典)을 시행하여 소신에게도 시약(侍藥)한 제신(諸臣)과 나란히 사급(賜給)하는 은전을 내리셨다고 하니, 신은 부끄럽고 황공하여 오래도록 더욱 발을 움츠리며 몸 둘 곳을 모르겠습니다. 저 시약한 제신이야 진실로 수고한 바가 있습니다. 그러나 임금이 병이 나면 신하가 약을 마련하는 것은 본래 일반적인 예법이기 때문에 제신이 모두 감히 받아들일 수 없어 혹은 탑전(榻前)에서 사양하고 혹은 소장으로 사양하자, 밝은 성상께서 신하를 내 몸처럼 여기는 은덕으로 자못 그들의 청을 윤허하셨습니다. 신처럼 멀리 밖에 있는 신하는 은혜를 받을 이치가 전혀 없습니다. 만일 한번 달려가서 문후를 여쭌 것을 두고 작은 수고가 있다고 한다면 신과 함께 달려가서 문후한 이들이 진실로 한두 사람이 아닐 것이고, 또 신의 경우는 성상을 알현하던 때에 있었던 일입니다. 세 차례나 면전에서 만류하는 일이 있었고 또 귀향길에 올랐을 때에 승지를 거듭 보내어 하교하신 뜻이 더욱 간절하였으나 신은 끝내 감히 명을 따르지 못하였으니, 죄가 진실로 크거늘 상전과 무슨 상관이 있겠습니다. 용서를 받더라도 오히려 분수에 넘치거늘 무슨 명분으로 상전을 받겠습니까. 옛날에 한 번 찡그리고 한 번 웃는 것조차 아낀 일[33]이 있었습니다. 이는 비록 전국 시대의 일이기

33 옛날에……일 : 임금이 상벌을 신중히 행하는 것을 말한다. 전국 시대 때 한 소후

는 하지만 진실로 이치가 담겨 있으니, 삼가 바라건대 밝은 성상께서는 이러한 사리를 양찰하여 속히 내린 명을 거두어들여서 오래도록 사람들의 이목을 놀라게 하지 않으신다면 매우 다행이겠습니다.

(韓昭侯)가 해진 바지를 잘 간직하라고 명하자, 모시는 자가 "임금께서는 또한 인자하지 못하십니다. 어찌 좌우의 신하에게 주지 않고 간직하라고 하십니까."라고 하니, 소후가 말하기를 "내가 들으니 '밝은 임금은 한 번 찡그리고 한 번 웃는 것도 아낀다.'라고 하였다. 지금 이 바지가 어찌 다만 찡그리고 웃는 정도이겠느냐. 나는 반드시 공이 있는 자를 기다려서 주려고 한다."라고 하였다. 《資治通鑑 卷2 周紀2 顯王18年》

명성대비[34]의 지문을 지어 올리는 일을 사양하고 겸하여 하사하신 말을 사양하는 차자 갑자년(1684, 숙종10) 1월

辭明聖大妃誌文撰進兼辭錫馬箚 甲子正月

삼가 아룁니다. 신은 질병이 위독하여 스스로 가망이 없다고 여겼으나 성상께서 긍휼히 여겨서 누차 의약을 내려 주시는 은혜를 입어 대략 살아날 길을 찾게 되었습니다. 그러나 천지와 같은 은혜에 보답할 길이 없어 병석에 누워서 단지 감읍할 뿐입니다.

지문(誌文)을 지어 올리라는 명은 탑전(榻前)에서 세 번이나 사양하였지만 성상의 유시(諭示)가 더욱 간절하시어 신은 황공하고 두려운 마음으로 묵묵히 물러 나왔더니, 이번에 도감 낭청(都監郎廳)이 행장(行狀) 한 통을 받들고 멀리서 와서 신에게 주었습니다. 신은 정신이 소모되고 심식(心識)이 혼매하여 보통의 문자일지라도 앞에서 적은 내용을 뒤에서 잊어버려 모양을 이루지 못하고 있습니다. 더구나 우리 성모(聖母)의 아름다운 행실과 지극한 덕을 어찌 만에 하나라도 형용할 수 있겠습니까. 천지의 덕을 묘사해 내는 것을 옛날부터 망녕된 짓이라고 하였습니다. 삼가 생각건대 이 지문은 일의 체모가 지극히 크기 때문에 반드시 재능이 특별하고 학행이 뛰어난 사람이 붓을 잡아 문장을 지은 뒤라야 규격과 문법이 찬연하고 조리와 계통이 어지럽지 않아 후세 사람들이 징험하고 믿을 수 있게 될 것입니다. 지금 문학의 신하와 유종(儒宗)의 문사(文師)가 안과 밖에 즐비하니, 참으로 이

34 명성대비(明聖大妃) : 현종(顯宗)의 비(妃) 김씨(金氏, 1642~1683)이다.

일을 맡겨서 자성(慈聖)의 덕을 기려 기록하게 해서 성상의 효성에 걸맞게 할 만합니다. 천하고 비루한 신은 자신을 매우 분명히 알고 있으니, 설령 은혜로운 대우를 탐내어 억지로 지문을 지어 낸다 하더라도 난잡하고 어그러져 문장의 체재를 잃게 될 뿐만 아니라 또한 사실이 누락되고 실상과 어긋나서 진선진미함이 부족할 것이니, 이와 같다면 단지 신의 죄만 속죄하기 어려울 뿐이 아닐 것입니다. 삼가 바라건대 밝은 성상께서는 이러한 사정을 양찰하여 적합한 사람에게 다시 맡기신다면 매우 다행이겠습니다.

또 신이 가만히 듣건대 전하께서 말을 하사하는 명을 내리셨다고 하니, 신은 그 까닭을 알지 못하여 송구하고 두려워서 몸 둘 곳이 없습니다. 신의 생각에 장차 지문을 짓는 작은 공이 있을 것이므로 미리 보답하는 것이라면, 신이 비록 뻔뻔히 얼굴을 들고 그 일을 해내더라도 그 거칠고 졸렬한 문장은 정히 옛사람이 기롱했던 한 수레에 실린 무〔蘿蔔〕 값어치[35]에 불과할 것입니다. 그렇다면 취사(取捨)에 관한 조정의 의론이 아직 정해지지 않았는데 신이 어찌 감히 지레 먼저 함부로 받을 수 있겠습니까. 만약 옛사람이 자류마(紫騮馬)와 보검과 궤장을 보낸 뜻[36]에서 나왔다면 전하의 입장에서는 비록 예법에 맞게 재물을

35 옛사람이……값어치 : 송(宋)나라 황정견(黃庭堅)은 조정지(趙挺之)를 경시하였다. 조정지가 말하기를 "우리 향중(鄕中)은 윤필(潤筆)을 가장 중시하여 한번 지문이 이루어지면 태평거(太平車)에 실어서 예물을 보낸다."라고 하니, 황정견이 말하기를 "생각건대 모두 무, 외, 부추일 것이다."라고 하였다. 《宋名臣言行錄 續集 卷1》

36 옛사람이……뜻 : 후한(後漢)의 채옹(蔡邕)은 글을 짓고 받은 예물이 수만금에 이르렀다고 한다. 두보(杜甫)의 시 〈증비서감강하이공옹(贈祕書監江夏李公邕)〉에 "자류마에 검과 안석까지 보내와서, 예물을 취하는 데에 빈 날이 없네.〔紫騮隨劍几, 義取無

사용하셨을지라도 신으로서는 몹시 부끄럽고 황공하여 땀이 흘러 등을 가득 적실 뿐만이 아닙니다. 더구나 우리 성모의 유교(遺敎)는 한결같이 절약하고 검약하여 재물을 손상하지 않으려는 성대한 마음에서 나왔거늘 지금 신이 망녕되이 받는다면 어찌 유지(遺旨)에 어긋나지 않겠습니까. 삼가 바라건대 밝은 성상께서는 신의 부끄럽고 황공한 마음을 헤아리고 작은 물건도 아끼신 자성의 뜻을 살펴 내린 명을 아울러 거두어들여서 신의 마음을 편안하게 해 주신다면 매우 다행이겠습니다.

虛歲.〕"라고 하였다.《杜詩詳註 卷16》

지문을 지어 올리고서 사정을 진달하여 돌아가기를 아뢰는 차자 갑자년(1684, 숙종10) 1월 15일

撰進誌文仍陳情告歸箚 甲子正月十五日

삼가 아룁니다. 신이 아침저녁으로 죽음을 기다리며 교외에 나가 엎드려 있느라 지문(誌文)을 지어 올리라는 명을 오래도록 우물에 빠진 듯이 잊고 있었으니, 신의 죄는 만번 죽어도 마땅합니다. 어제 비로소 도성에 들어가서 감히 지문을 찬술하였으나 정신이 소진되고 필력이 쇠퇴하여 성덕(盛德)을 만에 하나도 형용할 수 없지만 감히 죽음을 무릅쓰고 적어 올리지 않을 수 없습니다. 지문 가운데에 혹 행장에 없는 내용이 있으니, 이는 또한 반드시 대신과 중신에게 질정하여 조금의 의심도 없는지를 살펴본 것입니다. 그런 뒤에 감히 등재하여 밝은 성상의 재량을 기다립니다.

신에게는 또한 절박한 사정(私情)이 있습니다. 신의 조카가 두창(痘瘡)에 계모를 잃고 그도 이로 인하여 이 병에 걸렸는데, 지금 듣건대 그의 증세가 매우 위독하다고 합니다. 옛날 제오륜(第五倫)이 조카의 병에 열 번 일어났다가 편안히 잠들자[37] 정자(程子)가 오히려 비판한

37 제오륜(第五倫)이……잠들자 : 제오륜은 후한 광무제(後漢光武帝) 때의 명신이다. 어떤 사람이 제오륜에게 "공도 사심(私心)이 있습니까?"라고 묻자, 제오륜이 대답하기를 "내 형의 아들이 일찍이 병이 들어서는 내가 하룻밤에 열 번을 일어났으나 돌아와서 편안히 잠을 잤고, 내 자식이 병이 들어서는 비록 살펴보지는 않았으나 밤새도록 잠을 자지 못하였으니, 이와 같은 것을 어찌 사심이 없다고 말할 수 있겠는가."라고 하였다.《後漢書 第五倫列傳》

바[38]가 있었습니다. 지금 신은 몸이 먼 지역에 있어 열 번 일어나는 일 또한 할 수 없고, 신의 아들 또한 길가에서 병들어 누워 있으나 또한 구제할 수 없으니, 정리(情理)가 절박하여 돌아갈 길을 대략 찾지 않을 수 없습니다. 혹여 행운을 만나 모두 병마에서 벗어나게 되면 마땅히 흠위(廞衛)[39]하는 날 다시 교외의 반열에 나아가 신하로서 송장(送葬)하는 예법을 펼칠 수 있을 것입니다.

차본(箚本 차자)이 겨우 이루어졌을 때에 사대(賜對)하는 은혜를 입어 면전에서 간절히 만류하시니, 신은 진실로 황감하여 몸 둘 바를 모르겠습니다. 신의 정세(情勢)는 진실로 차자에서 아뢴 바와 같으니, 삼가 바라건대 특별히 긍휼히 생각해 주소서.

38 정자(程子)가……바 : 정자가 말하기를 "열 번 일어난 것과 일어나지 않은 것은 곧 사(私)이다. 부자가 사랑하는 것은 본래 공(公)이지만, 어떤 의도를 붙여서 행하면 곧 사가 되는 것이다."라고 하였다. 《二程遺書 卷18》

39 흠위(廞衛) : 국상(國喪)의 장례 행렬에 쓰던 여러 가지 도구이다. 여기서는 현종의 비 명성왕후(明聖王后) 김씨(金氏)의 장례를 말한다.

송자대전

제19권

소 疏

수원에 이르러 올린 사정을 진달하는 상소 갑자년(1684, 숙종 10) 1월

到水原陳情疏 甲子正月

삼가 아룁니다. 신이 성지(聖旨)를 어긴 죄는 만번 죽어 마땅합니다. 그런데 뜻밖에도 자애로운 성상께서 한결같이 너그럽게 용서하고 다시 승지를 보내어 타이르시는 뜻이 자상하니, 신이 목석이 아닌데 어찌 감읍하지 않겠습니까. 신은 밤새 배회하면서 몸 둘 바를 몰랐습니다. 신의 사정(私情)이 참으로 절박하여 지금 감히 다시 번거롭게 아뢰지는 못하오나, 다만 얼마 전부터 마음이 멍멍하여 사람을 만나는 것이 부끄럽고 두려울 때도 있습니다.

신이 지난겨울 다시 도성 문을 들어왔던 것은 질병이 모두 없어지고 근력이 아직 강하기 때문이 아니라 단지 신의 보잘것없는 정성에 스스로 그만둘 수 없는 바가 있고, 또한 이미 임금의 큰 은혜를 입어 길이 방외(方外)의 신하가 되어 유유자적하는 몸이라 진퇴에 혐의가 없었기 때문입니다. 그런데 생각지도 않게 지난번 대신(大臣)이 명을 받들어 복상(卜相)할 때 신을 첫머리에 썼으니, 대체 어찌하여 이토록 헤아리지 못한단 말입니까. 옛날에 늙어서 벼슬을 사양하고 물러나 곧바로 후회한 자가 조당(朝堂)에서 펄쩍 뜀으로써 아직 쓸 만함을 과시하였다가 마침내 천추(千秋)에 비루한 인물로 지탄을 받았는데, 이와 같이 큰 웃음거리가 될 꼬리표가 바로 신의 몸에 붙을 줄을 어찌 생각이나 하였겠습니까. 평소 분수를 지킴에 대해서는 말할 것이 없다 하더라도 신의 몸으로 쓸모없이 숫자만 채우려 하지 않는 것은 본시 마음에 간직하던 바이므로, 이 일이 있고부터는 등에 땀이 흐르고 거의 얼굴을 들 수 없었습니다. 당초에는 다만 여저(旅邸)에 엎드려 있으면서 흠위(廞衛)[1]하는 날을 기다리고자 하였으나 지금은 잠시도 지체할 수 없어서 밤중에 도성을 나와 새벽어둠을 무릅쓰고 한강을 건넜습니다. 신의 편협함이야 참으로 비웃음거리가 되겠지만 사람들이 찬찬히 사정을 따져 본다면 심하게 죄를 책하지는 않을 것입니다. 바라건대 성명(聖明)께서 굽어살펴, 명을 어기고 마음대로 행동한 죄를 조금이라도 너그럽게 보아주소서. 신은 지극히 황송하고 두려운 마음을 감당하지 못하겠습니다.

1 흠위(廞衛) : 임금이나 왕후의 장례 행렬에 쓰는 기구로, 여기서는 현종의 비 명성왕후(明聖王后) 김씨(金氏)의 장례를 의미한다.

진위하고서 월름을 사양하는 상소 갑자년(1684, 숙종10) 4월 16일

進慰仍辭月廩疏 甲子四月十六日

삼가 아룁니다. 어느덧 세월이 흘러 인산(因山 명성왕후(明聖王后)의 장례)이 끝났으니, 우러러 생각건대 성효(聖孝)가 미칠 데가 없어 애모(哀慕)하는 마음이 더욱 새로울 것입니다. 신은 늙고 병든 탓으로, 흠위(歆衛)가 길에 오르던 날 달려가 통곡하지도 못하고 또 엄려(嚴廬)에서 울부짖으실 적에 위로해 드리지도 못하여 분의(分義)를 모두 폐하였으니, 차라리 죽는 것만 못합니다. 부디 전하께서 위로는 종묘(宗廟)의 중한 책임을 생각하고 아래로는 신민(臣民)들의 근심과 사랑을 생각하여, 예(禮)에 따라 변화에 순응하여 하늘에 계신 성모(聖母)의 혼령을 위로하신다면 더없는 다행이겠습니다.

삼가 생각건대 신하가 임금을 섬김에는 한결같이 의(義)를 주로 하니 의에 온당치 못한 점이 있으면 그것이 미세하다 하여 그대로 지나칠 수는 없으며, 임금도 아랫사람을 내 몸처럼 여기는 것을 인(仁)으로 삼아 자신이 원치 않는 것을 강압적으로 요구하지 않습니다. 그러므로 아랫사람은 의를 잃지 않고 윗사람은 인을 손상하지 않으니, 이것이 옛날의 도(道)입니다. 기억하건대 과거 효묘(孝廟) 때 신이 외람되이 소명(召命)에 따랐으나, 변변찮은 신이 밝은 조정에 오래 머물러서도 안 되고 감히 함부로 상록(常祿)을 받을 수도 없다고 스스로 생각하였습니다. 그러므로 효묘께서 받지 않아도 좋다고 허락하고 특별히 주급(周急)이라는 명목으로 물품을 하사하셨습니다. 상록과 주급은 모두 국용(國用)에서 지출되나 호칭이 다르고 다과(多寡)도 다르니 의에 있어서 조금은 편안했습니다.

지금 신은 다행히 성은을 입어 이미 치사(致仕)를 윤허받고 조정의 사적(仕籍)에서 이름이 빠졌으니 바로 한가로운 백성입니다. 옛날 주공(周公)이 치사할 때 농사일을 밝히겠다고 말했습니다. 주공은 왕실의 지친(至親)으로서 큰 공로가 있는데도 농사일을 밝히겠다고 말했으니, 치사한 사람은 스스로의 힘으로 농사지어 먹는 것이 바로 올바른 도리입니다. 주자(朱子)가 사관(祠官)이 되었을 때 "사관은 일 없이 녹(祿)만 타 먹는 벼슬이니 본디 의리에 편치 못하다."라고 하였습니다.[2] 무릇 사관은 일은 없다 하더라도 직명(職名)은 있었습니다. 그런데도 주자의 말이 오히려 이와 같았는데, 더구나 신의 경우에는 이미 직명도 없이 단지 봉조하(奉朝賀)라는 호칭만을 가지고 궁벽한 산골에 병들어 누워 있으면서 조하(朝賀)도 제대로 받들지 못하고 흠위의 큰 예(禮)에도 달려가지 못했으니 명실(名實)의 어긋남이 또한 너무 심합니다.

그런데도 도신(道臣)이 은명(恩命)에 따라 매달 상록처럼 늠료(廩料)를 가져다주니, 그 불안한 마음은 일 없는 사관의 녹에 견줄 바가 아닙니다. 신이 지난해 이전에 때때로 경저(京邸)에 와도 오래 머물

2 주자(朱子)가……하였습니다 : 사관은 송대(宋代)에 설치하였던 봉사직(奉祀職)으로, 실직(實職)을 그만두는 사람으로 하여금 도교 궁관(道敎宮觀)을 맡되 실제의 업무는 보지 않고 직명만 지닌 채 관료의 봉록을 받게 하였다. 《주자연보(朱子年譜)》에 따르면, 주희(朱熹)는 56세 때인 순희(淳熙) 12년(1185) 4월에 화주(華州) 운대관 사관(雲臺觀祠官)에 임명되었다. 여기에 인용된 주희의 말은 《회암집(晦庵集)》 권46 〈답첨원선(答詹元善)〉에 나온다.

생각이 없어서 서추(西樞 중추부(中樞府))의 봉록도 오히려 먹지 않고 환납(還納)했는데, 그때는 해당 조(曹)에서 억지로 주려고 하지 않았으므로 사사로운 의리가 대략 지켜졌습니다. 하지만 향리에서는 그렇지 않았습니다. 지난해에 관리가 "조정의 명령이 지극히 준엄해서 감히 도로 싣고 갈 수 없습니다."라고 하면서 억지로 문밖에다 두고 가 버렸으므로, 신은 어쩔 수 없어서 마침내 지금의 대사성(大司成) 이수언(李秀彦)과 상의해서 사창(社倉)으로 돌려보냈습니다. 대저 사창은 조정에서 설치하여 주린 백성들을 진구(賑救)하는 곳이니 그렇다면 사창도 역시 공해(公廨)이기 때문이었습니다. 이때에는 신이 여전히 서추의 직명을 갖고 있었지만 시골에 와 있었기 때문에 의리상 함부로 받을 수 없어서, 이처럼 완곡하게 돌려서 불의를 면하였습니다. 그러나 직절(直截)한 도리로 말한다면 신의 처사에 여전히 후련하지 못한 점이 있기 때문에, 그때에 사람들의 말이 조금은 있었습니다.

금년 봄 신이 서교(西郊)에서 대궐을 지나 고향으로 돌아와서는, 도신이 매달 늠료를 보내 주어 신의 불안한 마음이 전보다 더했습니다. 그러나 신의 사양하고 받는 소절(小節)로써 감히 상중(喪中)에 계시는 성상을 번거롭게 해 드릴 수 없기에 아무 말도 하지 않고 받았지만 신이 은혜를 믿고 염치를 잊은 죄는 깨끗이 벗어나기 어려웠습니다. 이미 지난 일은 고칠 수 없으나 앞으로의 일은 고칠 수 있으니, 삼가 바라건대 성명(聖明)께서는 굽어살펴 빨리 명을 거두어 천신(賤臣)의 분수를 편하게 해 주소서.

또 삼가 생각건대 이 일은 실상 민폐에도 관계됩니다. 신이 사는 고을은 물력(物力)이 조잔(凋殘)하여 늠급(廩給)에 관계되는 모든 것을 먼 고을에 분정(分定)해서 향소(鄕所)와 색리(色吏) 들이 감독하여 운반해 오는 실정이라 인마(人馬)의 수고로움을 이루 말할 수 없습니다. 신은 평소 시국(時局)에 도움을 주지 못할망정 백성들에게 해를 끼치지 않으려고 마음먹었는데 지금 상황이 바로 이와 같으니 신이 이에 더욱 번민합니다.

옛날 송(宋)나라의 왕 문정(王文正 왕단(王旦))은 임금이 하사품을 내릴 적마다 뜰아래에다 놓은 다음 눈을 감고서 탄식하기를 "백성들의 피땀을 어째서 이렇게 많이 주신단 말인가." 하였는데, 더구나 지금 백성들이 궁핍하고 재정이 고갈된 때에 실어 나르는 폐단까지 함께 있는 데이겠습니까. 만약 왕 문정이 이런 일을 당했다면 의당 눈을 감고 탄식하는 데에만 그치지 않았을 것입니다. 전하께서는 신이 가난하고 병들었다 해서 이처럼 위로하고 돌보아 주는 은혜를 베풀지만, 폐단이 이 지경에 이른다는 것을 어찌 아시겠습니까. 이 한 가지 일만 해도 의리로 헤아려 보건대 너무 불안한 데다 민력(民力)을 살펴보면 폐가 되는 것이 더욱 많으니, 삼가 바라건대 자애로운 성상께서는 이 점을 아울러 살펴 주소서. 신은 인산의 일이 끝나기를 고대하여 급히 이렇게 간절하게 진달하니 전하께서 혹시라도 번거롭게 해 드린 죄를 용서하고 월름을 중지하라는 명을 급히 내리신다면, 신의 사사로운 의리에 그치지 않고 민폐도 어느 정도 없앨 수 있을 것입니다. 신은 지극히 절실하고 간절한 마음을 감당할 수 없습니다.

월름을 거듭 사양하는 상소 갑자년(1684, 숙종10) 4월 24일

申辭月廩疏 甲子四月二十四日

삼가 아룁니다. 신이 벼슬에서 물러나 죽어 가는 몸으로 성상의 귀를 번거롭게 하면서 월름(月廩)의 은명(恩命)을 거두어 주시기를 바랐으나, 이내 간곡하게 타이르는 비답을 내려 주면서 신더러 올라오라고 하교하셨습니다. 신처럼 흠이 많고 비천한 사람은 비록 한창나이라도 감히 깨끗한 조정을 더럽힐 수 없는데, 하물며 지금 이처럼 쇠약하여 반쯤이나 저승문에 들어간 때이겠습니까. 비록 이익을 노리고 의리를 잊어서 조정 끄트머리에 끼어 있고자 한들, 신의 정신과 근력으로는 스스로 힘을 쓸 가망이 전혀 없습니다. 일월(日月) 같은 밝은 빛도 간혹 비추지 못하는 곳이 있어서 이런 도저히 받들 수 없는 명을 내리셨으니, 단지 두려움과 당혹스러움만 더하여 몸 둘 바를 알지 못하겠습니다.

또 이 월름은 전하께서 위로하고 돌보아 주는 지극한 뜻으로 명하신 것임을 본디 잘 알고 있으니 신이 어찌 전하의 뜻을 우러러 받들어서 향리(鄕里) 사람들에게 자랑하고 싶지 않겠습니까마는, 실로 의리에 온당치 못하다고 여겨서 지난번의 소(疏)에서 아뢰었던 것입니다. 더구나 맹자(孟子)가 "일정한 직책이 없이 임금으로부터 하사받는 것을 불공(不恭)하다고 여긴다."[3]라고 하였으니, 대저 인신(人臣)으로서 불

3 일정한……여긴다 : 맹자가 "관문을 지키며 목탁을 치는 자도 모두 일정한 직책이 있어서 윗사람에게 녹을 먹으니, 일정한 직책이 없으면서 위에서 하사받는 것을 불공하다고 여긴다."라고 말한 데서 인용한 것이다. 《孟子 萬章下》

공한 죄를 지었다면 그 밖에 또 무슨 말을 하겠습니까. 그렇지만 이것은 오히려 성현의 가르침을 가지고 말한 것이고, 신이 듣고 본 것으로는 본조(本朝)의 신하들로서 조금이라도 염치가 있는 사람이면 모두 송서(送西)된 사람에게 주는 녹(祿)을 받지 않고 "일이 없으면서 녹을 먹을 수는 없다."라고 하였으니, 이것은 주자(朱子)가 사관(祠官)의 녹을 편안히 여기지 않았던 뜻[4]을 들었기 때문입니다.

신이 비록 불초하기는 해도 구차하고 비천함을 무릅쓰는 사람으로 자처하는 지경에 이르지는 않았습니다만, 월름을 사양하는 신의 하찮은 의리는 애당초 여러 차례 천청(天聽)을 번거롭게 해 드릴 만한 것이 못 됩니다. 그러나 이 일이 민폐에 관계되는 것이 이루 다 말할 수 없이 크다고 생각하여 신이 일찍이 이 일을 소 가운데서 대략 진술하고 그 번거롭고 외람된 자잘한 일들은 상신(相臣)에게 보낸 편지 가운데 따로 자세히 썼으니, 혹시라도 어전(御前)에서 송조(宋朝)의 고사(故事)에 따라 일일이 아뢰었다면 자애로운 성상께서 반드시 놀라 급히 신의 청을 윤허하셨을 것입니다.

또 지금 보릿가을이 이미 이르러 여염(閭閻)이 조금은 지탱할 수 있으니, 신이 비록 가난하지만 절대 조석을 굶는 데 이르지는 않을 것입니다. 무릇 인신이 임금에게서 하사를 받을 때, 한 번 사양하고 두 번 사양하고서도 허락을 얻지 못하면 그대로 받고 마는 경우가 있지만, 지금 신은 비록 만번 죽음을 당하더라도 허락을 얻지 못하면 사양

4 주자(朱子)가……뜻 : 주희(朱熹)가 실제의 업무가 없는 사관으로 있으면서 관료의 봉록을 받는 것을 부끄럽게 여긴 것을 말한다. 이 내용이 《회암집(晦庵集)》 권46 〈답첨원선(答詹元善)〉에 나온다.

하기를 그치지 않겠다고 마음속으로 생각하고 있습니다. 초야의 쓸모없고 병든 몸이 여러 차례 천청을 번거롭게 하는 것이 어찌 옳겠습니까만, 자애로운 성상께서 늘 불쌍히 여겨 주시는 지극한 뜻 역시 어찌 늙은 신을 이렇게 만들고자 하는 것이겠습니까.

삼가 바라건대 성명께서 신의 이 말이 진실한 마음에서 나온 것으로 성상을 속이려는 것이 아님을 살피고 급히 명을 거두어, 다 죽어 가는 이 잔약한 목숨을 편안히 해 주시면 더없는 다행이겠습니다. 신은 황공하고 간절한 마음을 감당하지 못하겠습니다.

상전을 사양하는 상소 갑자년(1684, 숙종10) 4월 30일

辭賞典疏 甲子四月三十日

삼가 아룁니다. 신이 방금 전에 월름(月廩)의 일을 가지고 외람되이 절박한 심정을 아뢰어 우러러 천청(天聽)을 번거롭게 하였는데, 지금 도신(道臣)이 곧바로 월름의 명을 중지한다는 성상의 유지(有旨)를 전해 주었습니다. 신은 죽을 때가 가까운 병을 앓고 있는 중에도 감동과 기쁨이 지극하여 거의 눈물을 흘릴 뻔했습니다. 성상께서 아랫사람의 사정을 이토록 곡진히 헤아리시니, 이대로 해 나간다면 신하 중에 그 누가 고민이 있는데도 아뢰지 않겠습니까.

신이 여기에 다시 천청을 더럽힐 일이 있습니다. 삼가 듣건대 신이 명성왕후(明聖王后)의 지문(誌文)을 지었다 하여 신하들을 논상(論賞)하는 데에 다시 주제넘게 끼었다고 합니다. 신은 쇠약하고 우둔한 사람으로 외람되이 모천화일(摸天畫日)[5]의 책임을 맡고서, 일찍이 성모(聖母)의 덕과 선을 만분의 일도 찬양하지 못하여 매번 스스로 돌아볼 때 참으로 속죄할 길이 없습니다. 이는 분명히 옛사람이 말한 "유사(有司)의 잘못"[6]이라는 것인데, 자애로운 성상께서 관대하여 비록 내버리지는 않으셨지만 어찌 털끝만큼이라도 이런 은수(恩數)가 가당하겠

5 모천화일(摸天畫日) : 하늘을 모사하고 해를 그린다는 뜻으로, 제왕의 업적이나 덕을 기술하는 것을 말한다. 여기서는 명성왕후의 묘지문(墓誌文) 짓는 일을 가리킨다.

6 유사(有司)의 잘못 : 사마천(司馬遷)이 "선비가 현능한데 등용하지 못하면 나라의 수치이고, 주상이 총명하고 덕이 높은데 덕이 널리 알려지지 않으면 유사의 잘못이다." 라고 하였다. 《史記 太史公自序》

습니까. 더구나 신은 이미 당초에 내구마(內廏馬)를 내리시는 은전을 받았으니, 함부로 상을 겹쳐 받아서 그 죄를 더 무겁게 하는 것은 더욱 온당치 않습니다. 또 생각건대 앞서 함부로 상을 받고서 뒤에 또 사양하지 않는다면 이것은 참으로 천장부(賤丈夫)의 농단(壟斷)하는 술책[7] 이니, 또한 어떻게 다른 사람의 비방에 대해 스스로 해명하겠습니까. 바라건대 자애로운 성상께서는 미천한 신의 간절한 청이 꾸며서 하는 말이 아님을 굽어살피고, 신에게 안마(鞍馬)를 주라는 명을 거두어, 곧 죽으려 하는 신의 마음을 편안하게 해 주시면 더없는 다행이겠습니다. 신이 시골의 미천한 몸으로 한 달에 세 번이나 천청을 번거롭게 하였으니, 죄가 만번 죽어 마땅합니다. 신은 두렵고 황송하며 간절히 바라는 마음을 감당하지 못하겠습니다.

7 천장부(賤丈夫)의 농단(壟斷)하는 술책 : 《맹자》 〈공손추 하(公孫丑下)〉에 있는 "한 천장부가 반드시 농단을 찾아 올라가 좌우로 바라보면서 시장의 이익을 독차지하자, 사람들이 모두 천하게 여겼다."라는 구절에서 인용한 말이다.

병으로 소명에 나가지 못하고 대죄하는 상소 갑자년(1684, 숙종10) 11월

病未赴召待罪疏 甲子十一月

삼가 아룁니다. 신이 늦게 손자를 보았으나 포대기를 채 떼기도 전에 그 어미가 갑자기 죽고 그 아비는 병이 들어 허약하였습니다. 신은 그 아이가 우는 것을 불쌍히 여겨, 고생스럽게 안아 주고 먹여 주며 곤궁한 중에도 애써 돌보아서 겨우 장성하기에 이르렀습니다.[8] 그러니 비록 명칭은 조손간이지만 실제로는 모자간과 같습니다.

불행히도 지금 잠깐 서로 떠나 있는 중에 그 아이가 갑자기 죽을병에 걸려[9] 급한 연락이 연달아 오고 거의 죽어 간다는 기별이 왔습니다. 이치에 어두운 신이 마음이 무너져 내려 저도 깨닫지 못하는 사이에 서둘러 길을 나섰다가 마침 눈보라를 만나 몸이 얼어붙고 추위에 벌벌 떨어서 묵은 병이 갑자기 심해지고 새 병이 더해져 죽을 지경이 되어서야 겨우 도착하였습니다. 이렇게 하여 늙은 할아비의 정은 조금 풀었습니다만 병을 삼가는 도리는 지키지 못하였으니, 마음속으로 후회하여도 이미 어쩔 수가 없습니다.

삼가 천지를 인자하게 돌보시는 자애로운 성상께서 황공하게도 의

8 신이……이르렀습니다 : 손자 송회석(宋晦錫, 1658~1688)에 대한 이야기로, 손자에 대한 송시열의 사랑과 연민은 송시열이 직접 쓴 〈제오손회석묘표(第五孫晦錫墓表)〉에 잘 나타나 있다.

9 아이가……걸려 : 송회석이 이때 갑자기 심한 담질(痰疾)에 걸렸고, 5년 동안 이 병을 앓다가 31세에 결국 세상을 떠났다.

약(醫藥)의 은명(恩命)을 내려 주어, 신으로 하여금 마른 버드나무에 움이 트고 추운 골짜기에 봄이 오듯 돌아올 수 있게 하셨습니다. 그리고 곧바로 다시 승지를 보내어 병중에 신을 만나 보려는 뜻을 유시(諭示)하셨으므로, 신이 비로소 성상의 체후가 편찮으신 줄을 잘 알게 되었습니다. 신은 먼 외지에서 그 소식을 받들고서 놀라고 걱정하는 마음이 갑절로 간절하니 곧 대궐에 나아가 문안을 올려 조금이나마 견마(犬馬)의 정성을 펴야 마땅하지만, 이 쇠잔하여 죽을 때가 다 된 목숨으로는 전혀 올라갈 상황이 못 되어 움직이려 하다가 도로 그만두고 아직도 여기에 엎드려 있습니다.

아, 신이 이미 자손의 병에는 근력을 헤아리지 않고 망녕되이 수백 리 밖까지 갔으면서 이제 군부(君父)의 병환에는 도리어 사생(死生)을 헤아려서 6, 7사(舍)[10] 사이에서 머뭇거려 경중(輕重)이 뒤바뀌고 의리를 전부 잃었으니, 슬픈 한이 가슴을 메워 죽어도 눈을 감지 못하겠습니다. "병중에 생각한다."라는 하교를 세 번이나 거듭하시니, 참으로 주체할 수 없이 흐르는 눈물로 옷깃을 적십니다. 신은 이미 은혜를 저버렸으니, 어찌 감히 죄에서 벗어날 수 있겠습니까. 길가에 엎드려 삼가 견책이 내리기를 기다릴 뿐입니다. 신은 하늘을 바라보고 성상을 우러르는 간절하고 황공한 마음을 감당하지 못하겠습니다.

10 사(舍) : 30리의 행정(行程)을 말한다.

인조조의 시종에 대한 은전을 사양하는 상소 갑자년(1684, 숙종10) 12월

辭仁祖朝侍從恩典疏 甲子十二月

삼가 아룁니다. 성모(聖母)의 연상(練祥) 기일이 겨우 며칠밖에 남지 않았으니, 생각건대 상중(喪中)의 효심에 다시 더욱 망극하실 것입니다. 신은 근기(近畿)에 시름겹게 머물면서 손자에 대한 늙은이의 정 때문에 슬퍼하고 있습니다. 지금 자애하는 마음을 차마 끊을 수 없어 서둘러 길을 나섰다가 병이 더 심해져서 길가에 움츠리고 엎드려 몸을 뒤척이며 신음하고 있으니, 곡반(哭班)에 나아가 조금이나마 신자(臣子)의 정례(情禮)를 펴는 도리도 행하지 못할 것 같습니다. 신하 된 자로서 이와 같으니, 죽느니만 못합니다.

신이 지난번 길을 가던 도중에 경기 감사의 장문(狀文)을 보고서, 성명께서 인조조(仁祖朝)의 시종(侍從)이라 하여 신에게 식물(食物)을 지급하라고 명하셨다는 것을 알았습니다. 신은 외람되이 그때 당치 않은 은총을 입어 시종의 반열에 끼었으나 스스로 분수에 맞지 않는다 여기고 감히 나아가지 않아서 헛되이 조정의 사적(仕籍)에 이름만 올렸으니, 비록 직명(職名)을 사면해 주기를 청한 건녕(建寧)의 고사(古事)[11]를 감히 본받지는 못하였지만 부끄러움을 느끼고 비방을 두려워

11 직명(職名)을……고사(古事) : 주희(朱熹)가 자신의 나이와 건강을 이유로 그때까지 갖고 있던 대제(待制)의 직명을 사면해 주기를 간곡히 청한 여러 개의 신성장(申省狀)과 차자(箚子)가 《회암집(晦庵集)》 권23에 실려 있다. 건녕은 당시 주희가 거주하던 건녕부(建寧府)를 말한다.

하는 마음은 지금까지도 절실합니다. 더구나 지금 40년이라는 오랜 세월이 흘렀는데도 함부로 옛 신하의 이름에 끼어 은전과 영예를 탐낸다면, 이 어찌 사리(事理)를 속속들이 밝히는 정사(政事)에 누를 끼치는 일이 아니겠습니까. 만약 이렇게 된다면 당시에 신이 영광스러운 명예를 도둑질한 죄가 신이 죽을 때에 더욱 환히 드러날 것이니, 신은 이에 두려워합니다.

바라건대 자애로운 성상께서 신의 사정을 굽어살피고 내린 명을 거두어들여 신의 분수를 편안하게 해 주신다면 더없는 다행이겠습니다. 신은 지극히 황공하고 두려운 마음을 감당하지 못하겠습니다.

사학에서 머물기를 청한 뒤에 남쪽 고향으로 돌아가며 사정을 진달하는 상소 갑자년(1684, 숙종10) 12월

四學請留後南歸陳情疏 甲子十二月

삼가 아룁니다. 신이 6일 탑전(榻前)에서 직접 “서울에 머물고 싶지 않으면 모름지기 서울 근교에 머물면서 수시로 조정에 들어오도록 하라.”라는 성상의 하교를 받들었고, 배사(拜辭)하고 물러나 길에 오른 뒤에도 거듭 명을 받았습니다. 신이 생각건대 수시로 조정에 들어가 뵙는 것이 정례(情禮)상 당연하지만, 신의 근력으로는 전혀 억지로 할 수 없는 형편입니다. 그러나 성궁(聖躬)께서 큰 병을 앓고 난 뒤 남은 증세가 아직 다 없어지지 않은 이때에 차마 서울을 멀리 떠날 수 없기에, 교외에 엎드려 성상의 안후(安候)에 대한 비사(批辭)를 전해 들으면서[12] 이해를 넘길 것을 기약했습니다.

요즘 삼가 듣건대 사학 유생(四學儒生)들이 소(疏)를 올려 천신(賤臣)을 머물게 하기를 청하고, 또 치사(致仕)를 윤허한 것을 잘못이라 했다고 합니다. 대저 신의 평소 행실은 본디 불선(不善)한 것이 많고 또 무엇보다도 염치를 잊고 이익을 탐하였다고 남에게 의심을 받은 것이 많았습니다. 이 때문에 “서울 근교를 배회하면서 형세를 엿본다.”

12 교외에……들으면서 : 송시열이 12월 6일에 입대(入對)하여 서울에 머물기를 사양하고 물러 나온 뒤에도 숙종이 7일과 9일에 번갈아 사관과 송시열의 손자 송주석(宋疇錫)을 보내어 남쪽으로 떠나지 말기를 당부하였고, 송시열도 바로 고향으로 가지 않고 며칠 동안 광주(廣州)에 머물렀다. 《宋子大全 附錄 卷10 年譜》

라는 것이 지난날 신에게 붙은 죄명이었습니다. 그런 말이 일단 나오고 나서는 지금까지 그 죄명에서 벗어나기가 어려우니, 이야말로 성인이 몸을 하류(下流)에 두지 말라고 경계[13]하신 이유입니다.

신이 어제 서울 동쪽 근교에 이른 것은 실로 어미 소가 송아지를 핥아 주는 사정(私情)[14] 때문이지 다른 뜻은 없었습니다. 그런데도 비방하는 사람들은 "저 사람이 정승의 자리가 비어 있는 것을 보고 바라는 마음이 있어서 온 것이다."라고 했습니다. 조금 있자 신의 이름이 과연 복상(卜相)의 첫머리에 올랐으니, 이는 비방하는 말이 거짓이 아니라 참말로 증명된 것입니다. 신은 부끄러움을 견딜 수 없어 물러나 달아나고 싶은 마음이 간절했으나 정세(情勢)에 얽매여 끝내 결단을 내리지 못하였습니다.

그런데 지금 사학(四學)의 상소가 또 이러하고 그 가운데는 평소 친하게 지내던 사람도 끼었으니, 누군들 신이 관계한 일이 아니라고 하겠습니까. 속담에 이른바 쥐구멍이라도 찾아 들어가고 싶다는 것이 현재 신의 심정입니다. 대저 신은 흠이 산처럼 많은데도 열성(列聖)의 후한 대우를 받은 것이 이미 큰 죄인데, 지금 사학에서 올린 소는 신의 처지는 전혀 생각지 않고 또 남에게 비방하기 좋은 구실을 만들어 준 격이니, 신이 자공(子貢)에게 말솜씨를 빌린다 한들 어찌 스스로 해명

13 성인이……경계 : 평소 나쁜 행실이 많으면 모든 악명(惡名)이 자신에게로 몰려온다는 경계이다. 《논어》 〈자장(子張)〉에 "자공이 '주(紂)의 불선이 이토록 심하지는 않았을 것이다. 이 때문에 군자는 하류에 처하기를 싫어하는 것이니, 하류에 처하면 모든 악이 자신에게로 돌아온다.'라고 했다." 하였다.

14 어미……사정(私情) : 이때 송시열은 손자 송회석(宋晦錫)이 지평(砥平) 처가에서 병이 위중하다는 소식을 듣고 지평으로 갔다. 《宋子大全 附錄 卷10 年譜》

할 수 있겠습니까. 신이 참외밭에서 신발을 고쳐 신고 오얏나무 밑에서 갓끈을 고쳐 맨다는 혐의를 피하지 않고 즉시 돌아갈 결단을 내리지 못하여 이처럼 곤란한 처지를 자초했으니, 후회한들 무슨 소용이 있겠습니까.

신이 어제저녁에 이 말을 들은 뒤 밤새 잠을 이루지 못하고 새벽이 되자마자 서둘러 행장을 꾸려 급히 남쪽 길로 향하니, 신의 편협한 마음이 거의 펴지는 것 같았습니다. 그러나 생각건대 전후 내리신 성상의 하교가 간절하기 그지없는데도, 신이 죽음을 무릅쓰고 근교에 머물면서 면대하여 분부하신 뜻에 부응하고자 했던 당초의 마음을 끝내 저버리게 되어 신의 죄가 만번 죽어 마땅하니 다시 무슨 말을 하겠습니까. 옛날 자기 임금을 멀리 떠났던 사람[15]은 돌아올 날짜가 정해져 있었는데도, 오히려 〈출사표(出師表)〉에서 "표문(表文)을 대하니 눈물이 흘러 아뢸 바를 알지 못하겠습니다."라고 하였습니다. 신은 이제 돌아가면 시골에서 죽어 영원히 성안(聖顔)을 못 뵐 것이니, 신의 이 마음이 응당 또 어떠하겠습니까.

삼가 바라건대 전하께서는 성학(聖學)에 더욱 힘써 어진 사람을 가까이하고 간사한 사람을 멀리하여 종묘와 사직을 편히 하신다면 더없는 다행이겠습니다. 신은 황공하여 떨고 두려워하며 죄주시기를 기다리는 마음을 감당할 수 없습니다.

15 옛날……사람 : 촉(蜀)나라의 제갈량(諸葛亮)을 가리킨다.

문원공의 유고를 올리고서 사우의 무고를 변론하고 또 손자 주석이 전리로 돌아가 글을 읽도록 윤허해 주기를 청하는 상소 을축년(1685, 숙종11) 9월 30일

進文元公遺稿仍辨師友之誣又乞許孫疇錫歸田讀書疏 乙丑九月三十日

삼가 아룁니다. 신은 늙고 병들어 거의 죽게 되었으므로 만사가 끝난 상태입니다. 삼가 듣건대 성명(聖明)께서 일찍이 옥당(玉堂)에 명하여 신의 망사(亡師) 문원공(文元公) 김장생(金長生)의 유고(遺稿)를 들이라 하셨다고 합니다.[16] 윤음(綸音)이 한번 내리매 선비들이 기뻐하면서 "우리 성상께서 문원공을 밝게 드러내고 그의 설(說)을 시행하시려는가 보다."라고 했습니다. 과연 이 말대로라면 참으로 천재일우(千載一遇)의 기회입니다. 대저 선비를 높이고 도(道)를 중하게 여기는 것은 제왕의 성대한 법도인데도 고금에 매우 드물어서 볼 수가 없었는데, 천신(賤臣)이 늙어서도 죽지 않고 있다가 직접 그것을 보게 되었으니 이 얼마나 다행한 일입니까.

신의 스승은 평생 경전(經傳)에 잠심(潛心)하여 실천을 돈독히 할

16 성명(聖明)께서……합니다 : 윤증(尹拯)이 부친 윤선거(尹宣擧)가 병자호란 때 강화도에서 죽지 않은 의리를 변론한 글을 사국(史局)으로 보내면서 율곡 이이가 입산한 사실을 들먹이자, 이것이 선정(先正)을 모독한 것이라고 하여 조야(朝野)에 큰 논란이 일어났다. 이 와중에 장령 홍수주(洪受疇)가 상소하여 윤증을 변호하면서 사계(沙溪) 김장생의 말을 끌어다가 이이의 잘못을 지적하자, 송시열을 비롯하여 윤증을 반대하는 대신들이 이에 대해 격렬히 성토하였고, 이에 숙종이 김장생의 유고를 교감하여 올리라고 명하였다. 《宋子大全 附錄 卷10 年譜》

뿐 저술을 좋아하지 않았으나 그 가운데 세교(世教)에 관계될 만한 것으로서 경전의 뜻을 발명(發明)한 것이 편록(編錄)에 많이 보이며, 그중에 이미 책으로 만들어 간행하여 공관(公館)에 보관한 것은 벌써 진어(進御)되었으리라 생각합니다. 《가례집람(家禮輯覽)》 여섯 책은 신이 교정하여 새로이 판각(板刻)에 들어갔으니, 이 책들은 도신(道臣)이 당연히 찍어서 올릴 것입니다. 그 밖에 없애서는 안 될 소장(疏章)과 자잘한 단편도 상당히 많습니다.

신이 명을 들은 뒤 글을 모으고 편집하여 잘못된 곳을 정정하고 중복된 곳을 삭제하니, 전체가 1만 자쯤 되었습니다. 이것을 《근사록석의(近思錄釋疑)》와 함께 신중하게 선사(繕寫)하여 신의 손자인 검열 송주석(宋疇錫)을 시켜 합문(閤門)에 진상합니다. 아, 오늘날 이런 일을 어디에서 찾겠습니까. 오늘날뿐만이 아니라 전고(前古)에 찾아보아도 짝하여 비길 만한 일이 드물 것입니다. 선사(先師)의 학문은 사서(四書)와 육경(六經) 외에 한결같이 낙민(洛閩)[17]의 제서(諸書)를 위주로 하여, 단지 읽고 해설할 뿐만이 아니라 반드시 몸에 쌓아 덕행(德行)을 이루고 밖으로 행하여 사업(事業)을 이루는 것을 임무로 삼았기 때문에,[18] 행동에 떳떳함이 있을 뿐 아니라 말에도 진실함이 있으니, 비록

17 낙민(洛閩) : 정호(程顥)와 정이(程頤) 형제는 낙양(洛陽) 사람이고, 주희(朱熹)는 지금의 복건성(福建省)인 민중(閩中)에서 수학했기 때문에 이르는 말로, 정주학(程朱學)을 가리킨다.

18 몸에……때문에 : 주돈이(周敦頤)의 《통서(通書)》 〈누편(陋篇)〉에 "성인의 도를 귀로 듣고 마음속에 간직하여 그것을 몸에 쌓아 두면 덕행이 되고, 밖으로 행하면 사업이 된다. 저 문사(文辭)만을 일삼는 사람은 비루하다."라는 말이 나온다. 《근사록(近思錄)》 〈위학(爲學)〉에도 실려 있다.

자잘한 단편에 나타난 것이라 하더라도 모두 순수하게 한결같이 정도(正道)에서 나왔다고 할 수 있습니다.

인조반정(仁祖反正) 때 좌명 공신(佐命功臣) 중에 많은 사람이 친구와 문생(門生)이기 때문에 수천 마디에 달하는 편지를 써서 그들을 가르쳤는데, 이것을 신하들이 진어하자 인조께서 크게 칭찬하여 부를 뜻을 자주 밝히셨으니, 이 한 통의 편지를 보시면 선사가 간직한 바와 배운 바를 대략 알 수 있을 것입니다. 그 가운데 폐주(廢主 광해군(光海君))를 보전하려는 한 조항은 더욱 말하기 어려운 것이었습니다. 예부터 혁명에 의해 폐위된 임금치고 탈 없이 지낸 사람은 없었습니다. 광해주(光海主)가 폐위된 뒤에도 인조께서 보살핀 은혜가 지극하였으나, 유효립(柳孝立)이 역모를 꾸밀 때에 마침내 "3일에 복위(復位)시키고 받들어 상왕(上王)으로 삼는다."라는 말이 나왔으니,[19] 광해의 위태로움이 어떠하였겠습니까. 그러나 광해를 처치하자는 말이 끝내 최명길(崔鳴吉)이나 장유(張維) 등 여러 신하의 입에서 나오지 않은 것은 모두 인조의 성덕(盛德)과 지인(至仁)의 소치이나 역시 선사가 신하들을 경계하고 인도한 공효이기도 하니, 어진 사람이 국가에 이처럼 유익한 것입니다. 전하께서는 여기에서 어진 이의 일단(一端)을 살피소서.

신이 이 유고를 진정(進呈)하고서도 선사가 당한 무함을 씻지 않는다면, 이것은 신이 다만 선사를 저버리는 것일 뿐만이 아니라 실로

19 유효립(柳孝立)이……나왔으니 : 인조반정으로 인해 제천(堤川)에 유배되어 있던 유효립이 몰락한 대북(大北)의 잔당들과 제휴하여 광해군을 상왕으로 모시고 선조의 다섯째 아들인 인성군(仁城君) 이공(李珙)을 임금으로 추대하려는 음모를 꾸민 사건을 말한다. 《仁祖實錄 6年 1月 3日》

전하의 덕 있는 이를 높이고 어진 이를 좋아하는 뜻을 저버리는 것입니다. 듣건대 근래 헌신(憲臣 홍수주(洪受疇))이 소(疏)를 올려 이이(李珥)가 머리를 깎았다는 설을 제기하면서 김장생을 끌어다 입증했다고 합니다. 신도 고(故) 문충공(文忠公) 장유의 문집에 고 지사(知事) 조위한(趙緯韓)의 말을 기록한 것을 보았습니다. 그 말에 과연 신의 스승이 운운했다고 하였으나, 신은 이에 대해 늘 의아해하지 않을 수 없었습니다. 장유는 바로 김장생의 고제(高弟)인데, 어찌 조위한의 말을 듣고 김장생을 위하여 그것이 거짓임을 통변(痛辨)하지 않은 채 단지 이이를 위해서 변명만 하였겠습니까. 그가 이이를 위해서 변명한 말도 명쾌하지 못하므로 신은 근원을 거슬러 올라가서 이이의 실제 행적을 진달하겠습니다. 그리하면 김장생이 받은 무고는 변론하지 않아도 저절로 밝혀질 것입니다.

생각건대 문성공(文成公) 이이는 타고난 자질이 지극히 고명하여 나이 겨우 5, 6세에 이미 학문하는 방법을 알았습니다. 10세가 되어서는 경서(經書)를 다 통달하고서 말하기를 "성인(聖人)의 도(道)가 이뿐이란 말인가." 하고, 이에 불로(佛老 불가와 도가)의 책들을 두루 열람하였는데, 그중에서도 가장 좋아한 것이 《능엄경(楞嚴經)》 한 책입니다. 이것은 그 내용이 안으로는 심성(心性)을 설명한 것이 십분 정미(精微)하고 밖으로는 천지(天地)의 이치를 자세히 분석한 것이 지극히 굉활(宏闊)하기 때문이니, 이이같이 고명한 사람이 아니고는 어린 나이에 어떻게 이해할 수 있겠으며 또 어떻게 음미할 수 있었겠습니까. 그가 스스로 자책하는 소에서 "어린 나이에 도를 구하였다.", "마침내 석교(釋教)에 빠졌다."라고 말한 것[20]이 바로 이 일입니다.

그가 산에 들어갈 때가 되어서는 또 유도(儒道)를 선(禪)에 맞추려

하였으니, 친구들에게 이별을 알리는 편지에 대략 말하기를,

"기(氣)는 사람들이 다 같이 받은 것이나 이를 잘 배양하면 기가 마음의 부림을 받게 되지만 잘 배양하지 못하면 마음이 기의 부림을 받게 된다. 기가 마음의 부림을 받게 되면 일신(一身)에 주재하는 바가 있어서 성현도 될 수 있지만 마음이 기의 부림을 받게 되면 칠정(七情)을 통솔할 수 없어서 어리석거나 미친 사람이 되는 것을 면하기 어렵다. 옛사람 가운데 기를 잘 배양한 사람이 있으니, 맹자(孟子)가 바로 그분이다. 이치를 궁구하고 성품을 극진히 하는 데 뜻을 둔 사람이 이것을 버리고 어디서 찾겠는가. 공자(孔子)께서 말씀하시기를 '지혜로운 사람은 물을 좋아하고 어진 사람은 산을 좋아한다.' 하였는데, 산과 물을 좋아하는 것은 물이 흐르는 것과 산이 높이 솟은 것만을 취한 것이 아니라 동(動)과 정(靜)의 본체(本體)를 취한 것이다. 그러므로 어진 이와 지혜로운 이가 기를 잘 배양하려 하면 산과 물을 버리고 어디서 찾겠는가."

하였습니다.

풍악(楓嶽 금강산(金剛山))에 들어갔을 때 중들이 불경을 설(說)하면서 서로 다르게 하는 말이 많았는데, 이이가 "이곳은 아무의 말이 옳고, 이곳은 아무의 말이 그르다."라고 하니, 이에 중들이 놀라 탄복하지 않은 사람이 없었습니다. 일찍이 깊고 고요한 곳에 가서 조용히 앉아

20 그가……것 : 이이가 1568년(선조1)에 올린 〈사부교리소(辭副校理疏)〉에 "어린 나이에 도를 구하였으나 학문은 방향을 알지 못하였고, 제자백가를 두루 보았으나 정해진 바가 없었습니다. 태어날 때가 좋지 못하여 어머니를 일찍 여의고 망녕된 것으로 슬픔을 잊기 위해 마침내 불교에 빠졌습니다."라고 하였다. 《栗谷全書 卷3》

정신을 집중하고 생각하던 끝에 문득 선지(禪旨)가 그르다는 것을 깨닫고서 말하기를 "이것은 별달리 기묘한 것은 없고, 단지 이 마음이 달려 나가는 길을 끊고 정신을 집중시켜 정묘(精妙)하고 허명(虛明)한 경지로 나아가려는 것이니, 체용(體用)이 일원(一源)이라는 성현의 뜻과 다른 점이 있다." 하고, 마침내 포기하고 돌아와서 성인의 학문에 전심하였습니다. 대체로 그가 산으로 들어갔다고 하는 것은 이와 같은데 지나지 않으니, 이는 모두 간행된 글에 나와 있어서 살펴보아 알 수 있는 것입니다.

머리를 깎았다는 말은 지극히 무망(誣罔)하니, 과연 이런 일이 있었다면 이이의 문집에 실려 있는 노숙(老宿)과의 문답에서 노숙이 어째서 "조대(措大)[21]는 속유(俗儒)가 아닐세."라고 하였겠으며, 임억령(林億齡)의 시집에 또 어째서 "이생 이(李生珥)와 산을 유람하였다."라고 하였겠습니까. 설령 이이에게 실제로 이런 일이 있었다 하더라도 제자인 김장생의 입장에서 그것을 증명했을 리가 없는데, 하물며 전혀 이런 일이 없는 데이겠습니까.

옛날에 섭공(葉公)이 "우리 고장에 몸가짐을 정직하게 하는 사람이 있는데, 아버지가 양(羊)을 훔치자 아들이 그것을 증언하였습니다."라고 하자, 공자께서 "우리 고장의 정직한 사람은 그와 달라서 아버지는 자식을 위해 숨겨 주고 자식은 아버지를 위해 숨겨 주니 정직이 그 속에 있다."라고 하셨으니, 만약 김장생이 과연 그런 말을 했다면 아버지가 양을 훔친 것을 증언한 자와 무엇이 다르겠습니까. 그런데도 헌신이 말하기를 "김장생은 학식이 고명하다."라고 하였으니, 이것이 과연

21 조대(措大) : 뜻을 이루지 못한 가난한 선비로, 이이를 가리킨다.

말이 되겠으며, 과연 의리가 되겠습니까.

조위한이 한 말은 김장생을 무함한 것이 아니고 수작(酬酢)할 때 잘못 듣고서 잘못 말한 데 불과합니다. 일찍이 훈재(勳宰 이귀(李貴))가 선사와 전례(典禮)에 대해 의논하고 나서 그 말을 주달(奏達)할 적에 그 본지(本旨)에 어긋나게 아뢴 일[22]이 있었는데, 지금 조위한이 전한 말도 이런 부류가 아니겠습니까. 또 장유가 말한 "엄해서 감히 묻지 못했다."라는 것도 그렇지 않은 점이 있습니다. 신이 고 참찬(參贊) 송준길(宋浚吉)과 김장생의 말을 함께 들었는데, 그때에 "일찍이 변형(變形 머리 깎는 것)의 여부에 대해 은미하게 율곡(栗谷)에게 여쭈어 보았더니, 답하기를 '비록 변형은 하지 않았다 하더라도 마음이 빠졌으니, 그것이 무슨 도움이 되겠는가.' 하였다."라고 하였습니다. 율곡이란 바로 이이의 별호(別號)입니다. 비록 절절히 해명하지는 않았으나 머리를 깎지 않은 실상은 절로 드러났으니, 참으로 이것이 이이의 기상(氣象)인 것입니다.

또 헌신이 장유의 설을 인용하면서 "머리를 깎은 것은 대수롭지 않은 행적이라 분변할 것도 못 되기에 김장생도 그렇게 말하였다."라고 하였는데, 만약 그렇다면 어째서 또 "제신(諸臣)이 머리를 깎지 않은 실상을 갖추어 진달했다."라고 한 것입니까. 제신이 머리를 깎지 않은 실상을 갖추어 진달했는데도 김장생만이 그렇게 말했다고 한 것은 또한

22 본지(本旨)에……일 : 이귀가 원종(元宗)을 추숭(追崇)하는 일에 대해 임금에게 아뢰기를 "추숭하자는 의론은 김장생도 지당하다고 했습니다."라고 하였다. 그러나 김장생은 예경(禮經)에 의거하여 끝까지 이를 반대했는데도 이귀가 이렇게 사실과 어긋나게 아뢰었던 것이다. 《宋子大全隨箚 卷2》

유독 무슨 마음에서입니까. 신은 삼가 김장생을 위해서 원통하게 여깁니다. 고명한 제자가 그것을 증명하였으면 이이가 머리를 깎았다는 사실은 마침내 변명할 수가 없게 될 것이니, 이이가 당한 무망이 어찌 이다지도 심합니까. 또 대수롭지 않은 행적이라 말하기를 어렵게 여기지 않는다면, 생각건대 그렇지 않은 점이 있습니다. 옛날 주자(朱子)는 젊어서 중 도겸(道謙)을 스승으로 섬겼지만, 자신의 친구 가운데 머리 깎으려는 사람이 있었을 때 그를 매우 엄하게 책한 것은 물론 그것을 막지 않은 친구까지 아울러 배척했으니,[23] 과연 고명한 김장생이 또 이런 일을 했다면 이는 주문(朱門 주자 문하)의 죄인이니 어떻게 적전(嫡傳)이라고 할 수 있겠습니까.

옛적에 "벼슬을 잃으면 빨리 가난해져야 하고, 죽어서는 빨리 썩어야 한다."라는 말을 증자(曾子)가 직접 부자(夫子 공자)에게 들었는데도 유자(有子)는 여전히 믿지 않았습니다. 증자가 또 "내가 자유(子游)와 같이 들었다."라고 하였으나, 유자는 그래도 "그렇다면 부자께서 어떤 일 때문에 말씀하셨을 것이다."라고 하였습니다.[24] 대저 말을 듣는 방법은 오직 그 의리(義理)가 어떤가를 살펴야 하는 것입니다. 증자와 자유가 직접 부자에게 들었는데도 이치에 부당하면 유자는 오히려 이와

23 친구……배척했으니 : 주희가 안자견(顔子堅)에게 답한 편지에서 "몸과 털은 부모에게 받은 것인데 이를 염두에 두지 않고 천륜(天倫)을 무너뜨리고 의관(衣冠)을 찢어 버리고 이적(夷狄)을 따르려 한다."라고 하며 내쳤다. 또 "현도(顯道)는 친구로서 이를 말리지 않았으니 벗의 도리를 잃었고, 절부(節夫)도 오히려 도와주었으니 군자가 사람을 사랑하는 본의가 아니다."라고 하였다. 《晦庵集 卷55》

24 옛적에……하였습니다 : 전해 들은 말은 다를 수 있다는 뜻으로 쓴 것이다. 이 이야기는 《예기(禮記)》 〈단궁 상(檀弓上)〉에 나온다.

같이 하였는데, 지금 장유는 갑자기 조위한에게 한마디 듣고서는 문자에 기록하여 오늘날 구실을 만들었으니, 어찌 안타까운 일이 아니겠습니까. 을해년(1575, 선조8)[25] 이래로 한쪽 사람들의 장소(章疏)에서 비록 이이를 심하게 비방하고 무함하기는 하였으나 머리를 깎았다는 설은 감히 함부로 말하지 못하였는데, 어찌 성묘(聖廟)에 배향[26]된 뒤에 다시 이 일을 제기하여 패려함을 더하리라고 생각했겠습니까.

저 "망녕된 것으로 슬픔을 잊는 것〔以妄塞悲〕"[27]은 선가(禪家)에서도 대수롭지 않은 행적으로 여겨 귀하게 여기지 않는데 이이가 이 말을 인용하여 스스로 탄핵한 것은, 고명했기 때문에 빠져들었다고 스스로 말하기를 꺼려하였고 또한 감히 호연지기(浩然之氣)를 기르기 위해서였다고 스스로 말할 수도 없어서였으니, 이것이 바로 이른바 인신(人臣)이 자신을 책망하는 데는 지나치게 하는 것을 꺼리지 않는다는 것입니다. 그런데 지금 헌신의 말은 헐뜯는 듯도 하고 찬양하는 듯도 하여 종잡을 수 없으나, 그가 널리 인용한 제설(諸說)은 모두가 허황한 것입니다.

이천(伊川 정이(程頤))이 명도(明道 정호(程顥))의 행장(行狀)을 쓰면서 실제로 "석로(釋老 불가와 도가)에 출입하였다."라고 말하고서 곧바로 "돌이켜서 육경(六經)을 탐구하여 서물(庶物)을 밝히고 인륜(人

25 을해년 : 1575년에 김효원(金孝元)과 심의겸(沈義謙) 간의 알력을 계기로 사림이 동인과 서인으로 갈라진 이른바 을해붕당(乙亥朋黨)을 가리킨다.

26 성묘(聖廟)에 배향 : 이이와 성혼(成渾)이 1682년(숙종8)에 문묘에 배향된 것을 말한다.

27 망녕된……것 : 불법(佛法)에 의지하여 슬픔을 잊는다는 뜻으로, 한유(韓愈)의 〈조무시어소화불문(弔武侍御所畫佛文)〉에 이 말이 나온다.

倫)을 살폈다."라고 하였으니, 이것이 과연 석로에 출입한 것만을 말한 것이겠습니까. 주자가 횡거(橫渠 장재(張載))의 찬(贊)을 지으면서 횡거가 불로에서 나와서 정도로 돌아온 것을 밝혔으니, 이것이 과연 지금 사람이 이이가 입산(入山)한 일만 말하고 유교(儒教)로 돌아온 실상을 말하지 않는 것과 같습니까. 그리고 명도가 일찍이 왕안석(王安石)이 설치한 관직에 벼슬한 적이 있는데 이천이 이를 옳지 않게 여겨 행장에서 빼 버렸습니다. 마음으로 옳지 않게 여기면 덮어 두고 말하지 않는 것이 바로 친한 이를 위해 숨기고 어진 이를 위해 숨기는 의리이니, 불선(不善)한 일을 드러내고서 그것을 높이는 것이라고 말하는 것은 들어 보지 못했습니다. 그런데 지금 헌신이 그 사실은 규명하지 않은 채 장황하게 속이고 꾸짖어 온 세상을 위협하려 하니, 또한 괴이하지 않습니까.

헌신이 끌어들인 송시영(宋時瑩)은 바로 신의 종형(從兄)입니다. 송시영이 제일 먼저 이이를 문묘(文廟)에 종사(從祀)하자는 제안을 하였는데, 그의 첫 번째 상소에는 단지 이이의 학문과 도덕의 순수함만을 거론했을 뿐입니다. 채진후(蔡振後) 등이 이이가 입산한 일을 거론하여 욕하고 헐뜯자 송시영 등이 두 번째 상소에서 마침내 이이가 젊을 때 비록 선(禪)에 물들었던 잘못이 있으나 곧바로 잘못임을 깨닫고 정도로 돌아왔다고 했으니, 어찌 시배(時輩)가 잘못이 있다고만 말한 것과 같겠습니까. 지금 그 소본(疏本)이 세상에 간행되어 있으니, 어찌 속일 수 있겠습니까.

왕년에 지금의 영의정 김수항(金壽恒)이 제생(諸生)으로 있을 때 유직(柳稷)의 무고(誣告)[28]를 변론하고자 신에게 소(疏)를 지어 달라고 부탁했습니다. 그때 신이 쓴 내용이 송시영의 소의 내용과 한결같았는데, 잘못이 될 게 없다는 뜻을 변론하여 밝힌 것은 또한 더욱 자세하였습니다. 지난번 성균관 재임(齋任)의 통문(通文) 가운데 바로 송시영과 신의 소를 인용하면서 "단지 그 잘못만을 말한 시론(時論)과 같다."라고 하였습니다. 이것이 어찌 신등이 말을 명백하게 하지 않고 뜻을 분명히 하지 않았기 때문이 아니겠습니까.

대개 같지 않은 말을 이끌어다가 억지로 같은 말로 만드는 것이 실로 지금 세상의 큰 병통이거니와, 보통 말이라도 안 될 일인데 더구나 성조(聖祖 선조)의 친필이겠습니까. 대개 성조께서 이이의 소에 대한 비답(批答)에 호걸스러운 선비라 하셨는데, 바로 정자(程子), 장자(張子), 주자 이 세 분을 가리켜 말한 것입니다. 성조께서 이와 같이 존중하셨으니, 과연 헌신의 말처럼 곧바로 잘못이라고 배척한 것입니까. 그 이른바 조그만 잘못은 말에 짐작할 것이 있다는 뜻이 아니겠습니까. 그런데도 이제 마음대로 끌어내려서 자기의 설과 같게 하려 하니, 기탄 없는 짓이라고 하겠습니다.

대저 이이의 잘못만을 거론하고 이이가 정도로 돌아온 실상은 거론하지 않은 것은 채진후와 유직 등의 설이고, 이이의 유년 시절에 있었던 조그만 잘못은 잘못이라 하기에 부족하다는 것은 신등의 설이며, 채진후와 유직 등의 말과 같이 하면서도 억지로 신등의 말을 저들의 말에 합치려는 것은 시배의 설이니, 이것이 바로 주자가 말한 "나는

28 유직(柳㮨)의 무고(誣告) : 1650년(효종1)에 이이와 성혼을 문묘에 배향하려 하자 경상도의 진사 유직을 소두(疏頭)로 하여 900여 인이 반대 상소를 올렸는데, 그 상소에서 이이에 대해서는 "천륜을 끊고 불가로 도망하여 숨었다."라고 비난하고, 성혼에 대해서는 "나라의 후한 은혜를 입고도 임금이 파천(播遷)하던 날 달려오지 않았다."라고 비난한 것을 말한다. 《孝宗實錄 1年 2月 22日》

같고자 하나 저들이 스스로 달리한다."라는 것입니다. 이 설을 주장하는 것만으로도 충분히 자기들의 설을 펴 세상을 놀라게 할 만한데, 또 기어이 머리를 깎았다는 설을 거론하여 이이를 무함하면서 저들이 굳이 "이것은 우리의 말이 아니라 바로 장유의 말이다."라고 하였습니다. 장유가 기록한 것은 진실로 신중히 생각하고 명백히 분변하지 못하여 그런 것입니다. 그러나 어찌 일찍이 헌신이 말한 것과 같이 김장생이 자기 스승의 아주 큰 허물을 말하면서도 조심하거나 어려워하지 않았다고 말한 적이 있었습니까. 대저 군자는 남의 선함을 들으면 칭찬해 주고 허물을 들으면 그것을 살핍니다. 보통 사람에게도 그러한데 하물며 자기 스승의 허물을 드러내면서도 조심하고 어려워하지 않았다면, 이런 사람이 어떤 사람인지 모르겠습니다. 신은 삼가 원통하게 여기는 바입니다.

이제 헌신이 처음에는 이이를 높이지 않았고 뒤에는 김장생에게 공격을 돌렸는데, 그 말이 황당하고 종잡을 수 없습니다. 헌신이 만약 "이이는 실제로 머리를 깎지 않았는데 김장생이 머리를 깎았다고 했다."라고 하였다면 이는 불측한 사람이고, 만약 혹시라도 "실제로 머리를 깎았기 때문에 김장생이 사실대로 말한 것이다."라고 하였다면 그 말뜻은 불손하지만 말을 높였다 낮췄다 하면서 천청(天聽)을 어지럽히는 것에 비하면 그래도 꾸밈이 없고 진실한 편입니다. 그런데 지금은 그렇지가 않으니, 이이가 머리를 깎았다고 여기는 듯하면서 또 머리를 깎지 않은 것처럼 말하고, 김장생이 스승을 무고하였다고 여기는 듯하면서 또 스승을 무고하지 않은 것처럼 말합니다. 또 주자가 지은 횡거에 대한 찬[29]을 인용하여 그 뜻을 억지로 끌어다 붙여서 여러 사람의 눈을 가리려 하니 이것이 어찌 관중역문(關中役文)의 폐단[30]일 뿐이겠습니까.

옛날 이천은 범조우(范祖禹)의 직계 스승이 아닌데도 이천이 무고를 받았을 때 범조우가 즉시 사리에 의거하여 변론하지 않아서 주자가 오히려 이를 꾸짖었습니다.[31] 지금 신은 김장생과의 사이가 서로 부자(父子)와 같으므로 머리를 들어 한번 아뢰고자 하지 않은 것은 아닙니다. 그러나 곧 생각건대 나랏일의 위급함이 바로 누란(累卵)의 위기 같은데 시배가 이 시비(是非)를 하나의 큰일로 삼아 이리저리 격발시키면서 위망(危亡)이 날로 가까워지는 것을 알지 못하니 참으로 괴이한 일이라 하겠습니다. 이런 상황에서 신이 만약 다시 한마디 해서 스승의 원통함을 아뢴다면 틀림없이 논란이 한층 더 심해져서 하늘을 뒤덮고야 말 것이므로 입을 다물고 참아 오늘에 이르렀으니, 신은 진실로 범조우의 죄인입니다.

오늘에 이르러서는 신의 병이 날로 깊어 가고 겸하여 자식으로 인한 고통[32]이 겹쳐 멋대로 울부짖고 있으니, 죽을 날이 얼마 남지 않았습니

29 주자가……찬 : 주희가 지은 〈육선생화상찬〉에 있는 횡거에 대한 찬을 가리킨다. 여기에 "젊어서는 병법을 좋아하였고 만년에는 불교와 노장으로 도피하였다."라는 말이 나온다.

30 관중역문(關中役文)의 폐단 : 고경(古經)의 내용을 자의(自意)로 해석하는 폐단을 말한다. 북송(北宋) 때의 학자 장재는 관중에 살았는데, 그의 제자들이 경문을 제멋대로 해석하자, 정자가 이렇게 평하였다. 《朱書箚疑》

31 이천은……꾸짖었습니다 : 정이가 범조우의 직계 스승은 아니지만 끝내 정이를 위해 사리로 변론하였다. 그러나 그 일은 9년 뒤에 한 일이기 때문에 주희가 즉시 하지 않았다고 꾸짖은 것이다. 《晦庵集 卷35 答呂伯恭論淵源錄》

32 자식으로 인한 고통 : 윤단(尹摶)에게 출가한 송시열의 막내딸이 이해 8월에 세상을 떠난 일을 말한다. 《宋子大全 附錄 年譜 卷10》

다. 이런데도 끝내 한마디도 하지 않고 죽는다면 지하에 가서도 길이 눈을 감지 못할 것이므로 이 유고를 올리면서 간략한 변명을 아뢰니, 바라건대 성명께서는 어진 마음으로 굽어살펴 신이 다른 사람과 서로 따지려 한다고 여기지 마소서.

신이 이미 스승의 무고는 변명하였으나 붕우도 인륜의 하나입니다. 신이 고 생원(生員) 김익겸(金益兼)과는 성이 다른 형제나 같습니다. 병자년(1636, 인조14) 오랑캐들이 참호(僭號)하던 때에 김익겸이 달려와서 신을 보고 눈물을 흘리며 "내가 어찌 머리를 풀어 헤치고 옷깃을 왼쪽으로 여미겠는가. 바다에 빠져 죽겠다는 노중련(魯仲連)[33]을 본받지 못한다면 산에 들어가 말라 죽을지언정 맹세코 오랑캐가 되지는 않겠다."라고 하였는데, 그 뒤 강도(江都)의 변(變)이 있자 과연 말대로 실천했습니다.[34] 그 밖에 권순장(權順長)과 이돈오(李敦吾) 2인도 모두 지사(志士)로서 같이 절의를 세웠으니 일월과 그 빛을 다툴 만합니다. 그런데 지금 어떤 자가 "반드시 죽어야 할 의리가 없었다.〔無必死之義〕"라는 말을 하여[35] 김익겸 등이 세운 절의를 덮어서 드러나지 못하

33 노중련(魯仲連) : 전국 시대 제(齊)나라의 고사(高士)이다. 위(魏)의 신원연(新垣衍)이 진(秦)나라 왕을 황제로 받들어 진의 침략을 막으려 하자, 노중련은 차라리 동해에 빠져 죽을지언정 결코 그런 일을 할 수 없다고 했다. 뒤에 전단(田單)이 임금에게 말하여 벼슬을 내리려 하자 바닷가로 달아나 은거하여 일생을 마쳤다. 《史記 魯仲連列傳》

34 강도(江都)의……실천했습니다 : 1637년 병자호란 때 강화도가 청(淸)나라 군사에게 함락되었다. 이때 김상용(金尙容), 김익겸, 권순장 등과 윤선거의 아내 이씨(李氏), 이정귀(李廷龜)의 아내 권씨(權氏) 등이 자살하여 국가와 가문의 명예를 위해 절개를 지켰다.

35 어떤……하여 : 어떤 자는 윤증을 가리킨다. 인용된 말은 윤증이 자신의 부친 윤선

게 하려 합니다.

무릇 절의가 밝아지면 집안과 나라가 부지되고 절의가 어두워지면 세도(世道)가 따라서 무너지는 것입니다. 그러므로 선유(先儒)들이 조조(曹操)가 한(漢)나라를 빼앗지 못한 일을 두고 당고(黨錮)로 형을 받고 죽은 선비들의 썩은 뼈에 그 공을 돌린 것입니다. 선묘조(宣廟朝) 때 어떤 사람이 〈배절의론(排節義論)〉[36]을 지었는데, 선묘께서 이를 학궁(學宮)에 게시하도록 하였습니다. 또 주자는 송(宋)나라가 남쪽으로 내려온 뒤에 태어났지만 조금이라도 절의가 있는 사람이 있으면 표창하지 않은 적이 없었습니다. 그리하여 성이 당씨(唐氏)인 위사(衛士)와 오대산(五臺山)의 중 진보(眞寶)가 오랑캐를 따르지 않고 죽은 일[37]에 이르기까지 또한 모두 기록을 남겨 그 사실들이 매몰될까 염려하였으니, 성현이 이토록 절의를 귀히 여겼습니다.

거가 병자호란 때 강화도가 함락되었지만 순국하지 않았던 일을 해명하기 위하여 사국(史局)에 보낸 글에 들어 있다.

36 배절의론(排節義論) : 정여립(鄭汝立)의 모반 사건에 연루되어 죽은 호남(湖南)의 저명한 학자 정개청(鄭介淸)의 〈동한절의진송청담설(東漢節義晉宋淸談說)〉을 가리킨다. 본래는 절의라는 것이 후대에 변질되어 실속이 없어진 채 허명만 남게 되었다는 내용의 글인데, 서인 측에서 이 글의 내용이 절의를 배격한 것이라고 매도하면서 〈배절의론〉으로 불리게 되었다.

37 성이……일 : 《송사(宋史)》에 위사 당기(唐琦)가 자기의 원수(元帥)인 이업(李鄴)이 금(金)에 항복하자 분함을 참지 못해 기왓장으로 저격했으나 뜻을 이루지 못하고 피살당한 일과 오대산의 중 진보가 정강(靖康)의 난리 때 승도(僧徒)를 모아 무예를 익힌 다음 관군(官軍)을 도와 적을 막다가 적장에게 생포되어 피살당한 일이 나와 있는데, 주희의 글에 이 두 사람의 일이 언급되어 있다. 《晦庵集 卷88 龍圖閣直學士吳公神道碑, 卷98 奉使直秘閣朱公行狀》

지금 김익겸 등이 억압을 받는 것 역시 세도에 다행이 아닙니다. 김익겸은 인경왕후(仁敬王后 숙종의 비 김씨)의 조부이기 때문에 말하는 사람들이 "혐의스러워 감히 쟁송(爭訟)하지 못한다."라고 하는데, 그렇다면 한나라의 두무(竇武)가 어째서 당고의 세 군자로 불렸겠습니까.[38] 세상 사람들의 식견이 이렇게 비루하니 통탄을 금할 수 없습니다. 신의 이 말에 대해 모르는 자들은 반드시 비방하는 것으로 여기겠지만 신이 깊이 우려하는 것은 실로 세도가 소멸되는 데 있으니, 전하께서는 굽어살펴 유념하소서.

신은 또 만번 죽음을 무릅쓰고 간절히 바라는 것이 있습니다. 지난번 말한 손자 송주석은 실상 배운 것이 없는 범재(凡才)입니다. 애초 과거에 응시해서 벼슬을 구한 것은 단지 집은 가난하고 부모는 늙어서 불효의 죄를 면하고자 해서일 뿐인데, 뜻밖에도 조정에서 요직에 잘못 임명하였습니다.[39] 옛날 당 대종(唐代宗)이 배복(裴復)을 능하다 여겨 조정으로 불러들여 한림(翰林)에 임명하려 하자, 그의 아버지 배규(裴虯)가 소를 올려 면직해 주기를 청하면서 "학문을 끝마치도록 기다려 주시기 바랍니다."라고 하였습니다. 그 뒤 그 어머니가 죽자 대종이 사람을 보내어 조문하고, "내가 배복을 기용하여 천하 사람들을 면려하고자

38 한나라의……불렸겠습니까 : 후한(後漢)의 대장군 두무가 이응(李膺), 진번(陳蕃)과 더불어 정권을 농단하는 환관들을 탄핵하였다가 도리어 당인(黨人)으로 지목되어 종신 금고형을 당한 사실이 있는데, 여기서는 두무가 후한 환제(後漢桓帝)의 장인이자 두 태후(竇太后)의 부친으로 황실의 인척임을 강조한 것이다. 《後漢書 黨錮列傳》

39 과거에……임명하였습니다 : 송시열의 손자 송주석은 1683년 증광시(增廣試)에 응시하여 을과(乙科)로 급제하고, 1684년 10월에 예문관 검열(藝文館檢閱)에 임명되었다.

한다."라고 전하게 하였습니다. 배복은 재망(才望)이 이러했는데도 그 아버지가 오히려 간절히 면직을 빌었습니다. 우리 인묘조(仁廟朝) 때 충무공(忠武公) 이수일(李守一)의 아들 고 상신(相臣) 이완(李浣)이 평안 병사(平安兵使)에 임명되었을 적에 이완은 그곳이 사지(死地)라는 것을 혐의하여 감히 면직해 주기를 청하지 못하였는데, 이수일이 소를 올려 간절히 청하기를 "나랏일을 그르칠까 우려됩니다."라고 하였습니다.[40] 이는 실로 공적인 마음에서 나온 것이기 때문에 스스로도 혐의하지 않고 사람들도 그르다고 여기지 않았습니다.

지금 송주석은 못난 재주로 외람되이 벼슬자리에 있으면서 깨끗한 조정에 누를 끼치고 있습니다. 더구나 우둔하고도 소탈해서 시세(時勢)에 합당치 못한데도 외람되이 벼슬길을 더럽히고 있으니, 이는 반드시 재앙을 부르게 될 일이라 신은 매양 크게 걱정하고 두려워하여 침식(寢食)마저 불안합니다. 이런데도 끝내 전하께 아뢰지 않는다면 배규와 이수일의 죄인이 될 뿐만 아니라 신 스스로 자식을 사랑하는 천리를 외면하는 것이고, 또 생각을 다 말씀드리지 않으면 이 또한 전하를 저버리는 것입니다.

삼가 바라건대 자애로운 성상께서는 이 말이 진심에서 나온 것임을 굽어살펴 특별히 고향으로 돌아가도록 윤허하소서. 혹 한 마리 잔약한 역마(驛馬)를 주셔서 그로 하여금 글을 읽어 향방을 알게 하고 성명의

40 충무공(忠武公)……하였습니다 : 이완이 평안 병사에 임명되자, 부친 이수일이 옛날 조(趙)나라의 장수에 임명된 조괄(趙括)의 어머니가 아들이 병법에 미숙하다고 하며 왕에게 임명을 철회하게 한 사례를 들어 상소하여 이완을 면직해 주기를 청하였다. 《仁祖實錄 9年 6月 25日》

조정에 큰 잘못을 저지르지 않게 하신다면, 이는 실로 문왕(文王)께서 인재를 배양한 성심(聖心)이고 또한 성인이 기국(器局)에 따라 사람을 부리는 일단일 것입니다. 신의 간절히 바라는 마음을 말로 다 할 수 없습니다.

성덕을 진계하고서 홍수주의 찬벌을 논하는 상소 을축년(1685, 숙종11) 12월
陳戒聖德仍論洪受疇竄罰疏 乙丑十二月

삼가 아룁니다. 《예기(禮記)》에 "25개월의 삼년상이 사마(駟馬)가 문틈을 지나듯 빨리 지난다."라고 하였으니, 이제 성모(聖母 명성왕후(明聖王后))의 삼년상이 훌쩍 지나 담제일(禫祭日)도 1개월 남짓 남았습니다. 생각건대 끝없는 성상의 효심을 어찌할 수 없어 슬피 울부짖으며 사모한 나머지 스스로 몸에 병이 생기는 줄도 깨닫지 못하실 것이니, 그렇게 하면 하늘에 계신 성모의 영령이 어찌 아득한 저승에서 걱정하지 않으시겠습니까. 삼가 바라건대 성명께서 예경(禮經)의 순변(順變)의 가르침[41]을 유념하고 성인의 경정(徑情)의 경계[42]를 본받아, 위로는 열성(列聖)의 후손을 사랑하는 뜻을 위로하고 아래로는 신민(臣民)의 간절히 기원하는 정성에 따르신다면 더없는 다행이겠습니다.

신이 그때 한 가닥 숨이 붙어 있었으니, 기어가서 정례(情禮)를 펴고 인하여 성궁(聖躬)의 안부를 묻고 돌아올 수 있었다면 전하를 향한

41 순변(順變)의 가르침 : 《예기》 〈단궁 하(檀弓下)〉에 "어버이의 상례는 가장 애통한 것이지만, 그 슬픔을 조절하는 것은 변화에 순응하기 위해서이다.〔喪禮哀戚之至也, 節哀順變也.〕"라는 말이 나온다.

42 경정(徑情)의 경계 : 《논어》 〈팔일(八佾)〉 제4장에 "예는 사치하기보다는 검소하여야 하고, 상은 형식적으로 잘 치르기보다는 차라리 슬퍼하여야 한다."라고 하였는데, 양씨(楊氏)의 주에서 "상은 감정을 그대로 나타내어 곧바로 행할 수 없어서 최마와 곡용의 수를 만들었다.〔喪不可以徑情而直行, 爲之衰麻哭踊之數.〕"라고 하였다.

견마(犬馬)의 마음이 전부 녹아 없어지는 지경에 이르지는 않았을 것입니다. 그런데 불행하게도 신의 오래 묵은 병이 추위를 만나 더욱 심해져서 거의 죽을 지경에 이르러 끝내 길을 나서지 못하였으니, 가슴에 맺힌 슬픔과 한을 진실로 마음속에서 달랠 길이 없습니다.

인하여 생각건대 전하께서 상(喪)을 당한 슬픔이 오래 지속되고 남은 애통이 간절하여 스스로 거상(居喪)을 극진히 행하신 것이 모두 신민을 감동시켰으니, 진실로 지덕(至德)이요 요도(要道)라 하겠습니다. 그러나 부모를 섬기는 지극한 도(道)를 논한다면 또 다른 것이 있습니다. 공자(孔子)께서 대순(大舜)의 효(孝)를 일컬으면서, 덕으로 성인이 된 것을 으뜸으로 치고 종묘에서 제향을 받고 자손을 보전한 것을 다음으로 치셨습니다. 대개 덕으로 성인이 되면 종묘에서 제향을 받고 자손이 보전되는 것은 그 공효 가운데 한 가지일 뿐이니, 굳이 말할 거리가 못 됩니다. 성인이 성인 되는 이유는 일상생활에 끊임없이 힘쓰는 데 불과한 것입니다. 그러므로 성탕(成湯)이 본성을 회복하여 성인에 이른 것은 오직 성색(聲色)을 가까이하지 않고 재물을 증식하지 않으며, 의(義)로 일을 처리하고 예(禮)로 마음을 절제하며, 간언(諫言)을 따라 어기지 않고 허물을 고치는 데 주저하지 않으며, 다른 사람에게 모든 능력을 갖추기를 요구하지 않고 자신을 검속(檢束)할 때는 못 미치는 것처럼 하였기 때문일 뿐입니다. 또 무왕(武王)이 본성을 회복하여 성인이 된 것은 공경이 게으름을 이기고 의가 욕심을 이겨야 한다는 단서(丹書)[43]의 글을 두렵게 여기고, 물러나서 술잔과 그릇

43 단서(丹書) : 주(周)나라 무왕이 즉위할 때 강태공(姜太公)이 올린 경계의 말을 기록한 것으로 《대대례(大戴禮)》의 〈무왕천조(武王踐阼)〉에 실려 있다.

과 칼 등에도 모두 명(銘)을 새겨 자신을 경계하고 반성하였기 때문입니다. 이것은 모두 일상생활의 사소한 일에 공력을 들여서 "참되게 쌓아 가며 오랫동안 노력하는 경지"[44]에까지 이르면, 이 일들이 합쳐지고 극대화되어 성인의 규모와 본체가 홀연히 자신에게 있게 되는 것입니다. 대체로 요약해서 말하면 이것은 인욕(人慾)의 사심(私心)을 버리고 천리(天理)의 공의(公義)를 따르는 것에 불과합니다.

듣건대 근일 진언(進言)하는 사람들이 모두 전하께서 사심을 버리고 공의를 따르지 못하신다고 말한다고 하니, 신하들이 전하께서 간직하신 마음을 들여다볼 수가 없어서 함부로 미루어 짐작한 것이 아닌지 모르겠습니다. 만일 그렇지 않고 정사(政事)에 나타난 실상이 오히려 남들의 비방을 불러올 수밖에 없다면, 아무도 보지 않는 은미한 곳에서의 공부가 부족하다는 것을 알 수 있습니다. 그렇다면 이것은 성인이 되는 도로 볼 때 뒤로 물러가면서 앞으로 나가기를 도모하는 것이 아니겠습니까.

또 삼가 듣건대 맹자(孟子)가 "어질면 영화롭고 어질지 못하면 치욕스럽다. 그런데 지금 치욕을 싫어하면서 불인(不仁)에 처하니 이는 마치 습기를 싫어하면서 축축한 아래쪽에 거하는 것과 같다."라고 하였다 합니다. 지난번에 조가(朝家)가 겪은 일은 영화로운 것이 아니었습니다. 맹자는 전국 시대(戰國時代)에 살았지만 당시 임금에게 진언한 말은 백성을 보호하라는 것에 불과하였습니다. 지금 목전의 일로 말하

44 참되게……경지 : 《순자(荀子)》 〈권학(勸學)〉에 "참되게 쌓아 가며 오래도록 노력하면 학문의 길에 들어서게 되는데, 학문이란 죽음에 이른 뒤에야 그만두는 것이다."라는 구절에 나오는 말이다.

면, 수령(守令)으로 있는 모든 사람들이 조정의 명을 두려워하여 춥고 배고픈 백성들을 때려 가면서 부채(負債)를 독촉하여 징수하고 있으니, 이는 백성을 보호하는 것이 아닙니다.

대저 호강(豪强)한 자와 이서(吏胥)가 세력을 믿고 영(令)을 어기면서 죄가 씻기기를 바라는 것은 참으로 가증스러운 일이거니와 헐벗고 굶주린 빈천한 백성들은 진실로 차마 볼 수가 없을 지경입니다. 수령들도 어찌 매질을 하고 싶겠습니까. 그러면서도 하는 것은 참으로 부득이해서이니, 수령들로 하여금 이와 같이 하게 하는 것은 인(仁)을 행하는 것이 아니고 백성을 보호하는 것이 아닙니다. 지금 이런 일들로 국세의 약화를 자초하면서도 위태로움과 치욕스러움을 면하려 한다면 어찌 어렵지 않겠습니까. 진실로 바라건대 전하께서는 본심의 위태롭고 미약함을 잘 살피고 정령(政令)의 잘잘못을 깊이 성찰하여, 항상 마음에 보존하는 것과 정령으로 발하는 것이 본연의 인애(仁愛)를 벗어나지 않게 하신다면, 성학(聖學)은 날로 진보되고 성덕(聖德)은 날로 새로워져서 참으로 성인이 되고 끝내는 대순의 효에 이르게 될 것입니다. 신이 감히 성심(聖心)이 애통한 때에 외람되이 하찮은 정성을 진달합니다.

또 신이 생각하는 것이 있어 이 기회에 죽음을 무릅쓰고 다 말씀드리겠습니다. 근래에 홍수주(洪受疇)를 귀양 보내신 것은 진실로 경박하고 일 만들어 내기 좋아하는 자를 미워하는 습관에서 나온 것이지 오로지 어진 이를 높이고 도를 호위하려는 뜻에서 연유한 것은 아니었습니다. 그런 데다 홍수주의 말이 전인(前人)을 빙자하기는 했으나 반드시 무함하고 욕보이려는 마음에서 나온 것은 아닌데, 먼 변방으로 귀양 보내는 율(律)을 적용한 것은 너무 지나치지 않습니까. 북변(北邊)은

추운 날이 많은 데다 금년은 더욱 심하니, 만일 눈 속에서 얼어 죽게 된다면 어찌 측은하고 애처롭지 않겠습니까.

옛날 양 혜왕(梁惠王)이 적국에 당한 치욕을 한번 깨끗이 씻을 방법을 물었을 적에 맹자는 형벌을 줄이고 세금을 가볍게 하라고 대답하였습니다. 그리고 문성공(文成公) 이이(李珥)는 허봉(許篈) 등이 자신을 공격하다가 멀리 쫓겨날 적에 급히 문간공(文簡公) 성혼(成渾)과 상의하여 형벌을 너그럽게 해 주기를 청하였습니다. 대저 허봉 등이 범한 죄는 단지 홍수주의 죄 정도일 뿐이 아니었는데도 이이와 성혼은 오히려 이와 같이 하였습니다. 또 당론(黨論)을 척결할 계책을 논할 적에는 이이가 "경박하고 일 만들기 좋아하는 사람은 내치고 기용하지 않을 뿐입니다."라고 하였으니, 이는 진실로 처벌이 중도를 벗어나 인정(仁政)에 누가 될까 염려해서였습니다. 전하께서 이제 이이와 성혼의 도학(道學)을 숭상하고 장려하시기 때문에 감히 이것으로 말씀드리니, 역시 이로써 전하께서 호령을 발하여 시행하는 것이 오로지 한결같이 대중지정(大中至正)한 성인의 법도에서 나오기를 바라는 것입니다.

신이 근래 좋지 못한 소식[45]으로 인하여 늙은 부모의 마음이 비탄에 젖어 병이 갑자기 더쳤으므로 사람들은 신이 반드시 죽을 것이라고 했습니다만 실로 자주 의약(醫藥)을 내려 주신 은혜에 힘입어 지금까지 목숨이 붙어 있으니, 성은이 망극하여 항상 깊이 감읍하매 급히 전(箋)을 올려 사은(謝恩)해야 마땅합니다. 그러나 단지 정력이 너무 쇠약할 뿐만 아니라, 또한 은혜로운 비답을 내릴 적마다 승지나 사관을 보내시는 것이 외람되어 감당하기 어려운 데다 이것이 한 도에 숙식

45 근래……소식 : 송시열의 막내딸이 이해 8월에 세상을 떠난 일을 말한다.

비용으로 폐를 끼치는 것이 작지 않으므로 오랫동안 주저해 왔습니다. 이제 상례(祥禮 삼년상)가 지난 지 이미 여러 날이 지났는데도 회포를 품은 채 머뭇거리고 있는 것 또한 이 때문입니다. 지금은 한 해가 다 끝나 가고 신이 죽을 날도 머지않았기에 죽을힘을 다해 아뢰자니 말에 조리가 없고 뜻도 난잡합니다. 삼가 바라건대 전하께서는 어진 마음으로 용서하시기 바랍니다. 신은 실로 두려운 마음을 견딜 수 없습니다.

봉조하의 칭호를 삭제하고 아울러 물품을 보내는 은례를 환수하기를 빌고서 《차의》를 간행하라는 명을 중지해 주기를 청하는 상소 병인년(1686, 숙종12) 4월

乞削奉朝賀之號竝收惠養恩例仍請寢箚疑刊布之命疏 丙寅四月

삼가 아뢰니다. 삼년상을 끝내고 부묘(祔廟)하는 의식을 곧 거행하게 되었으니 슬픔과 경사가 한꺼번에 겹쳐 만백성도 함께 슬퍼하고 기뻐합니다. 신은 늙고 병들어 쇠잔한 나머지 죽을 날이 임박했으므로 경하하고 위로하는 정성을 조금도 펴지 못하니, 은의(恩義)를 저버린 죄를 피하기 어렵습니다. 신은 진작 글을 올려 스스로 조그만 정성이나마 드러냈어야 합니다만 기력이 없어지고 정신이 혼미하여 끝내 스스로의 힘으로 할 수 없으니, 자신을 반성하매 부끄럽고 두려워 눈물만 흘릴 뿐입니다.

봉조하(奉朝賀)의 직명(職名)이 아직 사적(仕籍)에 실려 있으나 예(禮)가 행해지지 않고 일이 어지럽혀져서 그 실(實)이 어그러졌으니, 바라건대 삭적(削籍)을 명하고 아울러 물품을 보내는 은례(恩例 은혜로 특별히 주는 일)도 환수하여 신으로 하여금 분수대로 죽게 해 주소서. 옛날 송(宋)나라 때의 사관(祠官)은 직책을 가졌는데도 주자(朱子)가 오히려 일 없이 녹을 먹는 것을 온당치 않다고 여겼는데,[46] 하물며 신은 온전히 한가한 백성이 되어 시골에 묻혀 사는 데야 더 말할 것이 있겠습니까.

46 송(宋)나라……여겼는데 : 90쪽 주2 참조.

지난번 쌀과 베를 하사하신 것은 주(周)나라의 성대한 법도이기는 합니다만 주나라에서 100세가 된 노인을 물은 것[47]은 실로 그 사람의 행실이 본받을 만하고 말이 청하여 들을 만하였기 때문입니다. 그러므로 그들을 서로(庶老)[48]라고 부르고 그 사실을 기록하여 돈사(惇史)[49]로 삼았던 것입니다. 지금 신은 움직이면 번번이 옛 법도에 어긋나고 말을 하면 반드시 법언(法言)에 어긋납니다. 이런데도 오래 이 세상에 살아서 세도(世道)에 수치만 될 뿐이라 전하의 보살핌이 융숭할수록 죄는 더욱 깊어지니, 주야로 근심하고 두려워하면서도 참으로 어떻게 벗어날지를 모르겠습니다. 신의 이 말씀은 실로 본심에서 나온 것이니, 부디 헤아려 주소서.

신은 또 고민되는 일이 있습니다. 신이 어려서부터 주자(朱子)의 책을 읽어 글자를 쓴 뜻과 말을 한 뜻의 대강은 알고 있으나 의리(義理)의 설(說)에 대해서는 의혹되는 것이 많았습니다. 그리하여 책을 읽어 가는 도중에 뜻이 막히는 곳을 감히 기록하여 사우(師友)들에게 질의하였으니, 이것은 감히 외람되이 주석(註釋)의 범례(凡例)에 견준 것

47 주나라에서……것 : 《예기(禮記)》 〈왕제(王制)〉에 "천자가 제후를 접견하고 100세가 된 노인이 있는지를 묻고 찾아가서 만나 본다."라는 말이 나온다.

48 서로(庶老) : 사(士)로서 은퇴한 노인을 가리키는 듯하다. 《예기》 〈왕제〉에 "주인(周人)은 국로(國老)를 동교(東膠)에서 봉양하고 서로를 우상(虞庠)에서 봉양하는데, 우상은 국도(國都)의 서교(西郊)에 있다."라고 하였다.

49 돈사(惇史) : 노인의 돈후한 덕행을 기록한 것이다. 《예기》 〈내칙(內則)〉에 "무릇 양로(養老) 제도는 이러하다. 오제(五帝)는 노인을 본받았고, 삼왕(三王)은 걸언(乞言) 제도를 두었다. 오제는 노인을 본받고 그 기체(氣體)를 봉양할 뿐 걸언하지는 않았는데, 훌륭한 점이 있으면 기록하여 돈사로 삼았다."라고 하였다.

이 아니었습니다. 지난해 형조 판서 이사명(李師命)이 호남(湖南)에 관찰사(觀察使)로 나갔을 때 이《차의(箚疑)》를 가져다 간행하려 하여, 신이 편지를 보내어 중지시키기를 서너 차례 한 뒤에야 그만두었습니다. 일찍이 주자가 당시 재상이 자기의 주설(註說)을 간행하려는 것을 중지시킨 것은 시세(時勢)가 좋지 못하였을 뿐 아니라 혹 미진한 점이 있어 배우는 사람을 그르칠까 두려워하였기 때문입니다.

지금 신이《주서절요(朱書節要)》에 대해서는 전적으로 선정신(先正臣) 이황(李滉)의 주해(註解)를 위주로 했습니다. 그러나 혹 의심스러운 데가 있으면 어쩔 수 없이 대략 의심스러워하는 뜻을 드러내었으니, 이것도 이미 교만한 죄를 범한 것입니다. 혹시라도 원래 의심스러운 것이 아닌데 망녕되이 의심스럽다고 하였다면, 그 오류를 범한 죄를 어찌 다 헤아릴 수 있겠습니까. 신은 이를 두려워하여 지금 벗들과 더불어 끊임없이 고치고 다듬으면서 안목을 갖춘 사람의 취사(取捨)를 기다리고 있습니다. 그런데 뜻밖에 경악(經幄)의 대신이 위로 전하께 아뢰어 간행하여 반포하라는 명이 내렸으니, 신은 그 말을 듣고서 매우 놀라고 사문(斯文)에 죄를 얻게 될 것 같아 침식(寢食)마저 편안치 못합니다. 엎드려 바라건대 급히 명을 거두어 문(文)을 숭상하고 교화를 일으키는 치세에 조금이라도 흠이 나지 않게 하소서.

신은 이미 미천한 백성이 되었으니 감히 이런 등등의 일로 천청(天聽)을 번거롭게 할 수 없는 처지이나 생각한 바를 감히 천지와 부모 같은 군부 앞에 말씀드리지 않을 수 없습니다. 성명(聖明)께서 굽어살펴 헤아려 주시면 다행이겠습니다. 신은 황공하고 두려운 마음을 견딜 수 없습니다.

대죄하면서 다시 《차의》를 간행하지 말기를 청하는 상소

병인년(1686, 숙종12) 윤4월 24일

待罪復請勿刊布箚疑疏 丙寅閏四月二十四日

삼가 아룁니다. 지난번 성상께서 명하여 신이 가진 《주자대전차의(朱子大全箚疑)》의 초본(草本)을 가져오게 하셨습니다. 신은 이 책을 신이 편차하기는 했지만 그 근본은 모두 선정(先正)들의 말이니 명을 받들어 이를 진정(進呈)하더라도 죄가 없을 것이라고 생각하였고, 마침 초본이 신의 집에 있지 않아서 사관을 초본이 있는 곳으로 보냈습니다.

지금 듣건대 물의(物議)가 흉흉하여, 신이 왕명을 받고 온 사관을 마음대로 부린 것과 왕인(王人)이 명을 어기고 다른 곳으로 간 것이 모두 죄가 된다고 하고, 또 사적으로 초본을 내주어 보낸 것도 죄가 된다고 합니다. 서로 친하게 지내는 대신(臺臣)과 시종신(侍從臣)까지 신에게 편지를 보내어 규계하고 책려하여 스스로 해명하도록 권고하면서 이렇게 한 전례가 있느냐고 물었습니다. 전례가 있는지 없는지에 대해 신처럼 고루한 사람이 어떻게 알 수 있겠습니까마는, 다만 신이 일찍이 본 바로는 사관이 왕래할 적에 혹 먼 길로 돌아서 자기의 부모를 만나 보고 갔을 경우 조정에서 관대하게 보아주어 질책하지 않았습니다.

신의 어리석은 생각으로 '지금 사관이 이미 책을 가지고 오라는 명을 받았으니, 책이 있는 곳으로 가서 가지고 가 복명(復命)해도 문제 되지 않을 듯하다.'라고 여겨서 신이 감히 초본이 있는 곳으로 보내어 그 사관이 감히 가서 가져온 것이니, 이것이 어찌 사관의 죄이겠습니까.

더구나 저 초본을 내준 사람은 왕명을 받은 신하가 문 앞에 와서 달라고 하는데, 무슨 말로 감히 거절할 수 있겠습니까. 죄는 실로 신에게 있는 것이요 저 두 신하는 억울하게 죄책을 당하는 것이니, 신의 지극한 두려움이 이에 더욱 심합니다. 신이 늙고 병들어 정신이 혼미한 탓으로 망녕되이 국법을 범하여 다른 사람까지 연루시켰으니, 엎드려 바라건대 성명(聖明)께서는 급히 유사(有司)에게 명하여 신이 지은 죄를 다스려서 물의에 답하신다면 더없는 다행이겠습니다.

인하여 생각건대, 이 책이 이황(李滉)의 《주서기의(朱書記疑)》를 위주로 했지만 원래 인본(印本)이 없어서 전사(傳寫)하는 과정에서 어긋나고 잘못된 곳이 매우 많았기 때문에 신이 어긋난 곳에 수정을 가하지 않을 수 없었으나 그 수정한 것 역시 어떻게 착오가 없다고 보장할 수 있겠습니까. 그 밖에는 또한 평소 스승에게서 들은 것을 적어 놓았다가 편집하였습니다만 기사(記事)의 착오는 이미 정자(程子) 문하의 제자(諸子)에서부터 있었으니,[50] 그렇다면 신처럼 지식이 우매하고 글재주가 졸렬한 사람으로서야 그 본뜻을 잃은 부분이 틀림없이 많을 것입니다. 진실로 그 본뜻을 잃었다면 사문(斯文)에 죄를 지을 뿐만 아니라 사문(師門)에 누를 끼침이 또 어떠하겠습니까.

신은 이를 두려워하여 지난해 도신(道臣)이 이것을 간행하려고 할 적에 신이 힘을 다해 만류하여 중지시켰습니다. 지금은 황공스럽게도 성명께서 찾으시니 감히 올리지 않을 수 없으나 관계되는 일이 작지 않으므로 위와 같이 진달합니다. 엎드려 바라건대 성명께서는 간행하

50 기사(記事)의……있었으니 : 주희가 "정자의 문인들이 기록한 것에도 잘못이 없을 수 없었다."라고 하였다. 《晦庵集 卷40 答何叔京》

여 배포하라는 명을 급히 환수하여 신의 죄가 끝내 씻기 어려운 지경에 이르지 않게 해 주시면 더없는 다행이겠습니다. 신은 황공스럽게 죄를 기다리는 마음을 견딜 수 없습니다.

대의를 논하고서 윤증의 일을 진달하는 상소 정묘년(1687, 숙종13) 1월 28일

論大義仍陳尹拯事疏 丁卯正月二十八日

삼가 아룁니다. 일기(一氣)가 돌고 돌아서 다시 정월이 돌아왔습니다. 성인(聖人)이 때를 만나 덕업(德業)이 날로 새로워지시니, 신처럼 하찮은 사람은 단지 숭화(嵩華)의 축원[51]을 간절히 할 뿐입니다. 그런데 천만뜻밖에 근시(近侍)가 멀리 와서 유지(諭旨)를 전하므로 신이 병들어 죽어 가는 상황을 대략 써서 돌아가는 근시에게 주어 아뢰게 하였는데, 근시가 돌아간 지 하루도 안 되어 곧바로 다시 올 줄은 미처 생각지 못했습니다.

그동안 내리신 전교(傳敎)가 온화하여 급히 현자를 구해 도움을 청하시는 성의(誠意)가 있었으나, 신같이 비루하고 못난 사람이 어떻게 털끝만큼인들 감당할 수가 있겠습니까. 지금 신의 나이가 80세를 넘어 90세를 바라보고 있습니다. 예(禮)에 의하면 이 나이를 7세의 도(悼)[52]와 같이 보아서 죄가 있어도 형(刑)을 가하지 않으니, 도(悼)란 불쌍히 여기고 사랑한다는 뜻입니다.

비록 신의 늙고 쇠약함이 이런 지경에 이르지 않았다 하더라도 앞뒤 모든 행동에 잘못이 아닌 것이 없으니, 어찌 이를 무릅쓰고 대궐 문에

51 숭화(嵩華)의 축원 : 신민(臣民)이 제왕의 수복(壽福)을 비는 것을 말한다.

52 7세의 도(悼) : 《예기(禮記)》 〈곡례 상(曲禮上)〉에 "8, 9십 세를 질(耋)이라 하고 7세를 도라 한다. 도와 질은 죄가 있어도 형벌을 가하지 않는다."라고 하였다.

들어가서 하릴없이 "어사대의 까마귀와 연못가의 봉황"이라는 기롱을 자초하겠습니까.[53] 엎드려 성상의 하교를 읽으니 "은둔하려 한다.", "몸을 더럽힐까 두려워하는 듯하다."라는 등의 말씀이 있었습니다. 아, 신이 어찌 감히 그런 마음을 가졌겠습니까. 신의 실상을 혹시라도 전하께서 살펴보신다면 틀림없이 불쌍히 여기기에 겨를이 없을 것이니, 바라건대 자애로운 성상께서는 어진 마음으로 용서하여 신으로 하여금 편안한 마음으로 죽을 수 있게 하소서.

신이 일찍이 열성(列聖)께서 뜻하셨던 일을 한번 전하 앞에 진달하여 계술(繼述)의 도를 아뢰고 싶었으나, 이는 오랜 시간 아뢰어도 끝낼 수 없고 또 들으시기에 번거로울 것이므로 감히 하지 못하였습니다. 마침 듣건대 전하께서 경연(經筵)에 나아가 탄식하면서 만력황제(萬曆皇帝 명 신종(明神宗))의 성덕(盛德)에 대해 언급하셨다 하니, 이것이 바로 〈비풍(匪風)〉과 〈하천(下泉)〉이 변풍(變風)의 끝에 있어 혼란이 극에 이르면 다스려지기를 생각하는 도리가 아니겠습니까.[54] 공자께서

53 어사대의……자초하겠습니까 : 송나라의 증공량(曾公亮)은 중서성(中書省)에 재직하며 오랫동안 권력을 쥐고 있었는데, 이에 이복규(李復圭)가 "늙은 봉황새 연못가에서 웅크린 채 떠나지 않고, 굶주린 까마귀는 어사대 위에서 입 다문 채 울지 않네.〔老鳳池邊蹲不去, 飢烏臺上噤無聲.〕"라는 시를 지어 기롱하자, 증공량이 어쩔 수 없이 관직을 사양하였다.《三朝名臣言行錄 卷6 曾公亮》 늙은 봉황새는 늙은 재상을, 굶주린 까마귀는 직책을 제대로 수행하지 못하는 어사대의 관리를 가리키는바, 중서성이 봉황지(鳳凰池) 옆에 있어 봉각(鳳閣)이라 칭하고 어사대를 오대(烏臺)라 칭하기 때문에 이렇게 비유하여 조롱한 것이다. 여기서는 송시열이 자신이 다시 조정에 들어가면 이처럼 조롱을 당할 것이라고 한 것이다.

54 이것이……아니겠습니까 : 〈비풍〉과 〈하천〉은《시경》의 편명이며, 변풍은 치세(治世)에 지어졌다는 정풍(正風)에 대가 되는 말로, 왕도 정치가 쇠한 뒤 지어진 시라는

《시(詩)》를 편차하신 뜻을 오늘에 증험할 수 있으니 비록 불구의 몸을 가진 사람일지라도 죽음을 무릅쓰고 일어나 기운이 다할 때까지 달려 나갈 것인데, 하물며 신같이 미천한 자가 일찍이 효묘(孝廟 효종)의 너그럽고도 은밀한 부탁을 받았으니 어찌 피눈물을 흘리면서 우러러 성지(聖志)에 만분의 일이나마 보답하려 하지 않겠습니까. 그러나 늙은 소와 같은 신에게 채찍질을 한들 무슨 소용이 있겠습니까. 다만 생각건대 그날 경연에 입시했던 신하가 잠깐 사이에 고사(故事)를 다 이야기하지 못했을 것 같기에 신이 그중 한두 가지를 진달하겠습니다.

은사(殷師)[55]가 동쪽으로 오면서부터 우리나라 사람들이 황극(皇極)의 도(道)[56]를 들을 수 있었고, 고려 말엽에 이르러서는 정몽주(鄭夢周)가 나와 중국의 문화를 가지고 미개한 풍속을 변화시켜 대의(大義)가 밝게 드러났으며, 우리 태조대왕(太祖大王)에 이르러서는 더욱 존주(尊周)의 의(義)를 주창하여 온화낙맥(溫禾洛麥)의 일을 감히 가까이하지 않아서[57] 우리나라 사람들이 오랑캐가 되는 것을 면할 수 있

뜻이다. 〈비풍〉과 〈하천〉 두 편의 내용은 모두 치세를 그리워하는 것인데, 이것을 변풍의 끝에 배열한 이유는 천도가 순환하는 것이어서 변란이 극에 도달하면 바로잡힌다는 뜻을 나타낸 것이라고 한다. 송시열 역시 청(淸)나라가 중국을 지배하고 있는 당시 상황을 변란의 극치로 보고 이런 상황이 곧 바로잡힐 것으로 여긴 듯하다.

55 은사(殷師) : 은(殷)나라 태사(太師)였던 기자(箕子)로, 주(周)나라 무왕(武王) 때 조선에 봉해져서 백성을 예의(禮義)로 가르쳤다고 한다. 《資治通鑑綱目 卷21 漢紀13》

56 황극(皇極)의 도(道) : 세상을 다스리는 준칙으로서, 대중지정(大中至正)의 도리를 뜻한다.

57 온화낙맥(溫禾洛麥)의……않아서 : 태조가 명(明)나라를 존중하여 함부로 대하지 않았다는 뜻이다. 온화낙맥은 제후국이 방자하여 종주국을 능멸하는 것을 말하는데, 《춘추좌씨전(春秋左氏傳)》 은공(隱公) 3년 4월 조에 "정(鄭)나라 채족(祭足)이 군사

었습니다. 이로부터 본조(本朝)의 열성께서 대대로 충정(忠貞)을 독실하게 지켰고, 이에 따라 황제께서 돌보아 주시어 중국 안의 나라와 같은 대우를 받아서 하사품이 풍성하였습니다.

임진왜란 때에는 팔도(八道)가 왜적의 발굽에 짓밟혀 승여(乘輿)가 갈 곳이 없어 내부(內附)할 계책을 결정하여 곧 압록강을 건널 때가 임박하였고, 온 나라의 생령(生靈)은 모두 어육(魚肉)이 되었습니다. 다행히도 황제께서 크게 노하여 천하의 군대를 동원하고 천하의 재물을 다 기울여 천위(天威)를 떨치신 덕분에 흉악한 왜적들이 패퇴하여 국명(國命)이 가까스로 이어질 수 있었습니다. 그러나 적병이 이에 영남(嶺南)의 변방에 웅거하여 기회를 노려 수시로 출몰하였으니, 우리가 비록 생취교훈(生聚敎訓)[58]을 하려고 하여도 어찌 할 수 있었겠습니까.

정유년(1597, 선조30)에 이르러 흉적의 칼날이 다시 날뛰었으니, 외롭게 남은 우리나라 백성이 어떻게 적에게 대항할 수 있었겠습니까. 그리하여 국가의 멸망을 만에 하나라도 피할 수가 없었는데, 다시 황제께서 마음 아파하고 불쌍하게 여겨 재차 대병(大兵)을 출동시켜 흉적

를 거느리고 와서 왕읍(王邑)인 온(溫) 땅의 보리를 빼앗아 갔고, 또 가을에는 낙양(洛陽)의 벼를 빼앗아 갔다."라고 한 데서 나온 말로, 원래는 온맥낙화(溫麥洛禾)이다.

58 생취교훈(生聚敎訓) : 인구를 증가시키고 재물을 비축하며 백성을 가르치고 훈련하여 원수의 나라에 충분히 복수할 정도로 부강하게 만드는 것을 말한다. 춘추 시대 오(吳)나라 부차(夫差)가 월(越)나라 구천(句踐)을 부초(夫椒)에서 크게 이기고 나서, 이 기회에 항복을 받아야 한다는 오원(伍員)의 충고에도 불구하고 월나라 왕의 화의(和議)를 받아들이자, 오원이 "월나라가 10년 동안 인구를 번식시키고 재물을 비축하며 10년 동안 인민들을 가르치고 훈련한다면, 앞으로 20년쯤 뒤에는 오나라가 완전히 망하고 말 것이다.〔越十年生聚, 十年敎訓, 二十年之外, 吳其爲沼乎!〕"라고 한 데서 나온 말이다. 《春秋左氏傳 哀公元年》

의 칼날을 쓸어 내어 주시는 은혜를 입은 뒤에, 하늘이 맑아지고 땅이 안정되어 종묘사직이 편안하고 생민이 다시 살아나게 되었으니, 무릇 우리나라의 털끝 하나 초목 하나도 황제의 은덕이 젖어 들지 않은 것이 없었습니다.

그리하여 당시에는 아무리 무지한 상놈이라 하더라도 누구나 "나의 피와 살이 누가 내려 준 피와 살인가."라고 하면서 모두 감격하여 눈물을 흘리며 죽음으로 보답하려고 생각하였는데, 하물며 우리 선묘(宣廟)의 충심(忠心)과 성의(聖意)로서 그 얼마나 은덕에 감사하며 보답할 방도를 생각하셨겠습니까. 그러므로 명(明)나라가 있는 서쪽을 등지고 앉으신 적이 없고, '재조번방(再造藩邦)'이라는 네 글자를 크게 써서 사모하는 정성을 나타내셨습니다.

광해조(光海朝)에 이르러 강홍립(姜弘立)과 김경서(金景瑞)가 심하(深河)에서 오랑캐에게 항복할 때 밀지(密旨)[59]가 있었다고 하니, 그때 만약 김응하(金應河)가 전사(戰死)하여 황제의 포장(褒奬)을 받은 일이 없었다면 무엇으로 천하에다 해명할 수 있었겠습니까. 인목대비(仁穆大妃)께서 광해군의 죄상을 열거할 때에 밀지에 관한 일이 하나의 큰 죄목(罪目)이 되었으니, 인조반정의 거사가 더욱 천하에 광채가 났습니다.

불행히도 정묘년(1627, 인조5)의 변란 때 사세(事勢)가 위급해졌으므로 드디어 오랑캐와 화친을 하였는데, 그때에 만약 윤황(尹煌)과 윤형지(尹衡志)[60] 등의 신하들이 없었다면 또한 황조(皇朝 명나라)에

59 밀지(密旨) : 광해군이 강홍립 등을 명나라에 보낼 때 사태를 보아 향배(向背)를 결정하라는 밀지를 내렸다고 한다. 《癸亥靖社錄 四月 冊封奏請文》

해명할 길이 없었을 것입니다. 화친이 성립된 뒤에 즉시 주문(奏文)을 갖추어 천조(天朝 명나라)에 사죄하니, 황제께서는 불쌍히 여겨 도리어 가장(嘉奬)하는 조서(詔書)를 내리셨습니다. 그러나 조공(朝貢)하는 해로(海路)를 바꾸게 되어서는 돌보고 우대하는 뜻이 확 달라져 우리나라 사람들이 이때부터 다시는 황화(皇華)의 아름다움을 보지 못하게 되었으나, 또 불손한 말이 광해의 입에서 나왔으므로 강화(講和)를 주장한 여러 신하가 스스로 변명하지 못하였습니다. 그러나 인묘(仁廟)께서는 특지(特旨)로 강화를 배척한 유생(儒生) 윤명은(尹鳴殷)에게 관직을 제수하였으니, 성의(聖意)가 어떠하였는지를 알 수 있습니다.

그때 난리를 피해 온 모문룡(毛文龍)이 가도(椵島)에 와서 웅거하면서 끝없이 요구하고 또 우리나라를 명나라 조정에다 온갖 방법으로 참소했으나, 인묘께서는 왕인(王人)이라 여겨 시종 변함없이 성의로 대우하셨습니다. 왕인이 가도에서 살해당하자,[61] 인묘께서는 급히 군대를 정돈하여 토죄(討罪)하려고 천조에 주문(奏聞)했으니, 아, 인묘의 천조에 대한 충성과 순종은 지극하다고 이를 만합니다. 그 뒤 10년간 오랑캐들의 공갈이 갈수록 더욱 심해지자 인묘께서는 항상 국력이 약하여 떨치지 못함을 탄식하시면서 "차라리 나라가 망할지언정 의(義)는 죽음으로 지켜야 한다."라고 하였으니, 성지(聖志)가 이토록 확고하였습니다.

60 윤황(尹煌)과 윤형지(尹衡志) : 정묘호란 때 화친을 반대한 사람들이다. 윤황은 김상헌(金尙憲), 정온(鄭蘊)이 청나라의 군영으로 잡혀가자 대신 잡혀가기를 자청했다.

61 왕인이 가도에서 살해당하자 : 가도의 부장(副將) 유흥치(劉興治)가 청나라에 투항하려고 모문룡의 뒤를 이어 가도를 지키던 진계성(陳繼盛)을 죽였다. 《仁祖實錄 8年 4月 19日》

또 불행하게도 병자년(1636, 인조14)과 정축년(1637)의 난리[62]에는 계책이 궁하고 힘이 모자라 어쩔 수 없이 권도(權道)[63]를 행하였으니, 아, 이 일을 어떻게 차마 말하겠습니까. 그 위급한 때를 당해서 생사가 한순간에 달려 있었는데도 인묘께서는 오히려 신하들을 거느리고 정월 초하루에 망궐례(望闕禮)를 행하였으니, 이때 군신 상하가 서로 바라보면서 피눈물을 닦았습니다. 청(淸)나라와 강화를 이루고 서울로 돌아올 때 상께서 말 위에 앉아 목 놓아 통곡하시니, 동양위(東陽尉) 신익성(申翊聖)이 "이 마음이면 충분히 수치를 씻고 중흥(中興)할 수 있습니다."라고 하였습니다. 이때부터 성절(聖節)을 만날 때마다 상께서 사적으로 후원(後苑)에서 은밀히 성례(誠禮)를 거행하고 북쪽을 바라보며 비통해하면서 빗줄기 같은 눈물을 흘리셨습니다. 그리고 일찍이 《시경》을 읽다가 "화락한 군자여, 천자의 나라를 지키도다.〔樂只君子 殿天子之邦〕"라는 대목에 이르러서는 오열하며 비탄에 젖어 제대로 소리를 내지 못하셨고, 연신(筵臣)들도 울먹이며 물러 나오지 않은 사람이 없었습니다.

금주(錦州)의 싸움[64]이 있을 적에 문정공(文正公) 김상헌(金尙憲)이

62 병자년과 정축년의 난리 : 1636년에 청 태종(淸太宗)의 침입으로 일어난 우리나라와 청나라 사이의 싸움으로, 병자년에 시작하여 이듬해인 정축년에 끝났으므로 이와 같이 말한 것이다.

63 권도(權道) : 임시방편이라는 뜻으로, 여기서는 부득이 청나라에 항복한 일을 말한다.

64 금주(錦州)의 싸움 : 1638년 청나라는 우리나라에 병마(兵馬) 5000을 요구하므로 우리나라에서는 유림(柳琳)을 보내었는데, 청나라에서는 이들을 데리고 금주와 순주(順州)를 침범했으나 명나라의 장군 조대수(祖大壽)에게 격퇴당했다.

소를 올려 간하자, 성상께서 더욱 마음 아파하며 살고 싶지 않으신 것 같았습니다. 홍익한(洪翼漢) 등 삼학사(三學士)[65]와 권순장(權順長) 등 삼유생(三儒生)[66]의 죽음과 포수(砲手) 이사룡(李士龍)의 죽음은 또한 춘추대의(春秋大義)를 빛내기에 충분했습니다. 그 뒤 우리 조정에서 은밀히 독보(獨步)[67]를 명나라의 군문(軍門)에 보냈고, 개주(蓋州)의 싸움[68] 때는 고(故) 상신(相臣) 이완(李浣)과 임경업(林慶業)이 사람을 시켜 물길로 은밀히 명나라 장군에게 통보하여 중국 조정에 이 사실을 전달하게 하였으니, 중국 조정의 사람들이 더욱 우리 조정의 심사(心事)를 알게 되었던 것입니다.

효종대왕에 이르러서는 성심(聖心)이 이 대의(大義)에 청천백일처럼 환하게 밝으셨으므로, 처음 즉위하셨을 때 제일 먼저 문정공(김상헌)을 맞이하여 높이고 예우하셨으며, 또 상신 이경여(李敬輿)의 소에

65 삼학사(三學士) : 병자호란 때 청나라와의 화의를 반대하다가 인조가 항복한 뒤에 심양(瀋陽)으로 끌려가 처형당한 홍익한, 윤집(尹集), 오달제(吳達濟)를 가리킨다.

66 삼유생(三儒生) : 이 글의 뒷부분에 나오는 권순장, 김익겸, 이돈오를 가리키는 듯하다. 이들은 모두 강화도가 청나라 군대에 함락될 때 순국하였다. 권순장과 김익겸은 대신 김상용(金尙容)이 자결할 때 같이 순국하여 그 행적이 분명하나, 이돈오는 송시열의 제자인 최신(崔愼)의 《학암집(鶴庵集)》 권4 〈화양문견록(華陽聞見錄) 속록(續錄)〉에 그가 강화도에서 순국한 사실이 나와 있을 뿐, 자세한 행적은 전하지 않는다.

67 독보(獨步) : 우리나라의 중으로, 명나라의 도독(都督) 심세괴(沈世魁)의 휘하에 있다가 뒤에는 좌도독(左都督) 홍승주(洪承疇)에게 가서 청나라의 정세를 정탐하는 등 많은 공로를 세웠다. 뒤에 귀국해서는 모함에 의해 울산(蔚山)에 유배되었다.

68 개주(蓋州)의 싸움 : 1640년에 이완이 청나라의 요청에 의해 부득이 명나라를 공격할 목적으로 장군 임경업과 함께 전함(戰艦)을 거느리고 대릉하(大凌河), 석성도(石城島), 등주(登州) 등지를 거쳐서 개주에 이르러 명나라 군대와 대전한 일을 말한다.

답하기를 "지극한 아픔이 마음속에 있는데 날은 저물어 가고 갈 길은 멀다."라고 하셨습니다. 또 지금의 판부사(判府事) 민정중(閔鼎重)을 사대(賜對)하여 강개하게 일을 논하면서 거의 눈물을 흘리기까지 하셨으니, 이는 일념 일사(一念一事)가 모두 이 일에 있지 않은 것이 없었기 때문입니다. 만약 하늘이 성수(聖壽)를 더 빌려주었더라면 중국을 깨끗이 청소하지는 못할망정 관문(關門)을 닫고 조약(條約)을 끊는 것은 넉넉히 하셨을 것입니다. 우리 선대왕(先大王 현종)에 이르러서는 수성(守成)을 위주로 하셨으나, 이사룡의 아들을 포록(褒錄)하고 강효원(姜孝元)의 아들과 손자를 속량(贖良)한 것을 보면, 성의(聖意)가 어디에 있었는지 알 수 있습니다.

대저 신종황제(神宗皇帝)의 깊은 인애와 높은 의리가 이같이 지극했는데도 우리 조정은 나라도 작고 힘이 약한 데다 신하 가운데 제갈량(諸葛亮)과 이강(李綱)[69] 같은 충성과 지혜를 지닌 사람이 없어 죽을힘을 다해 보답할 수가 없었습니다. 보답할 수 없었을 뿐만이 아니라 도리어 덕을 원수로 갚는 일까지 있었으니, 온 나라의 신민이 무슨 면목으로 천지 사이에 설 수 있겠습니까. 이로부터 가뭄과 홍수, 일식과 지진이 없는 해가 없고 무지개가 태양을 꿰는 변괴가 달마다 발생했으니, 대저 천리(天理)가 없어지고 민이(民彝)가 무너지면 어떻게 천심(天心)을 누릴 수 있겠습니까.

옛날에 호원(胡元 오랑캐 원(元)나라)이 중국에 들어가 주인 노릇을

69 제갈량(諸葛亮)과 이강(李綱) : 제갈량은 촉한(蜀漢) 유비(劉備)의 충신이고, 이강은 송 고종(宋高宗) 때의 정승으로 내치(內治)와 외변(外邊)의 경비를 강화하여 금나라에 점령된 옛 영토의 회복을 도모한 충신이다.

하면서, 비린내 나고 살육을 즐기는 종족으로 요순(堯舜)과 문무(文武)의 강토를 더럽혔으니, 이야말로 천지의 대변(大變)이고 고금(古今)에 없는 역덕(逆德)이었습니다. 이 때문에 그 당시 하늘에서 내린 재변이 이루 기록할 수 없을 정도였습니다. 지금 이 추악한 오랑캐의 그 사나운 본성이 호원보다도 더 심한데, 이들이 오래도록 신주(神州 중국 땅)를 차지하고 있으니, 하늘이 미워하여 내리는 위엄이 어찌 극도에 이르지 않을 수 있겠습니까. 듣기로는 변이(變異)의 참혹함이 호원 때보다 더 심하다고 하는데, 우리가 그들과 성식(聲息)을 서로 통하였으니, 그 여파가 이르는 것은 괴이할 것이 없습니다. 그렇다면 어떻게 해야 되겠습니까? 우리는 이렇게 나라가 작고 힘이 약하니, 오직 "통분을 참고 원한을 품는 것이 절박하여 그칠 수 없다.〔忍痛含冤 迫不得已〕"[70]라는 마음을 가슴속에 간직하여, 편안함만 누리고자 하는 생각을 짐독(鴆毒)처럼 경계하고 검속하여 부지런히 하는 실덕(實德)을 이루며, 한결같이 우리 백성을 보호하고 힘써 선(善)을 행하는 것을 급선무로 삼아 우리의 힘을 축적하여 저들에게 틈이 생길 때를 기다린다면, 하늘이 어쩌면 우리의 소원을 이루어 줄 것입니다.

병자년과 정축년 이후 지금까지 50년이 지나 그때 살았던 사람이 이미 늙어 죽기에 이르렀으니, 황조(皇朝)가 있다는 것을 모르는 사람이 많습니다. 허형(許衡)[71]의 학문과 행실로도 오히려 송(宋)나라 황제

70 통분을……없다 : 송나라가 금나라의 침략을 받아 양자강(揚子江) 이남으로 쫓겨가게 된 것을 통탄하며 복수해야 한다는 뜻으로 말한 것이다. 주희가 금(金)나라에 복수할 것을 생각하지 않고 강화를 주장하는 사람들에 대해 비판하면서 한 말의 일부이다.《晦庵集 卷24 與陳侍郎書》

71 허형(許衡) : 원대(元代)의 인물로 학문에 정통했고 특히 정주학(程朱學)을 신봉

가 정통(正統)이라는 것을 모르고 호원을 좇아서 섬겼는데, 하물며 동쪽 끝에 있는 우리나라이겠습니까. 그러나 하늘에서 부여받은 본성은 같지 않은 사람이 없으니, 오늘날 사람들이 만약 자기들의 조선(祖先)이 신종황제의 은덕을 받아 그 몸이 보전되었다는 것을 생각한다면, 감사하게 여기며 보답하고자 하는 마음이 뭉클하게 일어날 것입니다.

지금 전하께서는 하늘이 내신 성덕(聖德)으로서, 힘쓰시는 것이 천성을 다하고 인륜을 다하는 일이니, 지금 경연에서 하신 말씀이 어찌 천리가 밝아지고 인심이 바루어지는 하나의 큰 관건이 아니겠습니까. 그러나 한갓 마음만 먹고 있을 뿐 그 일을 행하지 않으면 이는 "그저 선하기만 한 것으로는 정치를 하기에 부족하다.〔徒善不足以爲政〕"라는 것이니, 헛된 명목이 실제의 화(禍)가 되는 것 또한 두려운 일입니다. 삼가 바라건대 전하께서는 선조(宣祖)의 필동(必東)의 주문(奏文)[72]을 외시고 인묘(仁廟)께서 북쪽을 향해 공수(拱手)하신 정성을 본받으면서, 성지(聖志)를 더욱 가다듬고 성학(聖學)에 더욱 힘쓰며 인정(仁政)을 더욱 닦고 무비(武備)를 더욱 갖추어, 우리 성조(聖祖)께서 뜻한 일을 계술(繼述)하소서.

또 신이 인책하며 대죄(待罪)하기를 간절히 바라면서도 오랫동안 감히 하지 못한 일이 있습니다. 지금 헌신(憲臣)이 아뢴 일 때문에

했다. 학자이고 한족(漢族)이면서 원나라에 벼슬한 것 때문에 학자들 사이에 논란이 많았다.

72 필동(必東)의 주문(奏文) : 선조가 중국에 보낸 〈피무변명주(被誣辨明奏)〉를 말하는데, 여기에 "일편단심 북신을 향하는 정성은 만번 굽이쳐도 반드시 동으로 흐르는 물과 같습니다.〔惟其一心拱北之誠, 有似萬折必東之水.〕"라는 말이 들어 있다. 이 주문은 이정귀(李廷龜)가 지었다. 《月沙集 卷22》

조정의 의론이 더욱 분열되었는데, 이것은 윤증(尹拯)이 스승을 배반했다는 설(說) 때문입니다. 그 시초를 거슬러 올라가면 사실은 신에게서 연유된 것이니 신은 더없이 황공스럽습니다만, 죽음을 무릅쓰고 그 내용을 대략 진달하지 않을 수 없습니다. 신은 젊을 때 문원공(文元公) 김장생(金長生)을 스승으로 모시면서 그의 설을 들었는데, "맹자(孟子)의 공(功)은 참으로 우(禹) 임금에게 뒤지지 않지만 주자(朱子)의 공은 맹자보다 더 뛰어났을 수도 있으니, 주자가 아니었으면 요(堯), 순(舜), 주공(周公), 공자(孔子)의 도(道)가 천하 후세에 밝아질 수 없었기 때문이다."라고 하였습니다. 신이 삼가 생각건대 이 말은 백세 뒤의 성인을 기다려 질정해도 의혹이 없는 말입니다.

대개 황조의 학문은 오로지 육상산(陸象山)[73]의 학문을 숭상하고 있었습니다만, 우리나라는 문충공(文忠公) 정몽주(鄭夢周)가 주자의 학문을 존신(尊信)하면서부터 본조에서 유현(儒賢)이 배출되기에 이르기까지 이를 흠모하고 높이고 따르며 익히지 않은 이가 없었으며, 문순공(文純公) 이황(李滉)과 문성공(文成公) 이이(李珥)는 더욱 뛰어나서, 분명히 알고 독실히 신봉하기를 참으로 칠십제자(七十弟子)가 공자를 신복(信服)한 것처럼 하였습니다.

그런데 불행히도 나쁜 기운이 모인 윤휴(尹鑴)란 자가 이때에 나타나서 애초부터 이황과 이이의 설을 배척하였으나, 문간공(文簡公) 성혼(成渾)은 거론하지 않았습니다. 그가 자신의 설을 지어서 신에게

73 육상산(陸象山) : 상산은 육구연(陸九淵)의 호이다. 주희와 동시대의 인물로서 덕성(德性)을 존중하며 인성(人性)은 선하다는 일원설(一元說)을 주장하여 주희와 대치하였다.

보내왔는데 신이 매우 놀라 꾸짖었더니, 그는 하늘을 우러러 웃으면서 신이 어떻게 그것을 알겠느냐고 하였습니다. 신은 윤휴와 척분(戚分)이 멀지 않은 데다[74] 그가 유학(儒學)에 뜻을 둔 것을 기뻐하여, 처음에 매우 친애하여 항상 서로 어울려 지내고 또 사우(師友) 간에 그를 칭찬했더니, 문경공(文敬公) 김집(金集)이 말하기를 "그의 아비 윤효전(尹孝全)이 처음에는 영명이 있었으나 끝내는 소인이 되어 군부(君父)의 동기(同氣)를 해치고 녹훈(錄勳)되었으니,[75] 지금 반드시 그 끝이 어떤가를 보아야 한다." 하였습니다.

윤휴는 과연 편파적이고 지나친 언행을 멋대로 하여 기탄없이 주자를 헐뜯기에 이르렀으니, 주자의 주석(註釋)을 옳지 않다 하여 자기의 의견으로 바꾼 데다 《중용》에 있어서는 장구(章句)를 다 쓸어 없애고 자기 마음대로 새 주(註)를 지어 그의 제자들을 가르쳤습니다. 또 그가 끝내는 설을 지어 자신을 공자에 견주고 염구(冉求)를 주자에 해당시키기까지 하였으니,[76] 그 시종일관 사리에 어긋남이 이 지경에 이르렀

74 신은……데다 : 송시열의 외조모 정씨(鄭氏)가 윤휴의 할아버지 윤희손(尹喜孫)과 이종 남매 사이이다.

75 군부(君父)의……녹훈(錄勳)되었으니 : 윤효전은 광해군의 뜻을 받들어 임해군(臨海君)을 무고(誣告)하였으며, 녹훈되어 대원군(帶原君)에 봉해졌다.

76 자신을……하였으니 : 송나라 때 광종(光宗)이 질환이 있어서 상주(喪主) 노릇을 제대로 하지 못하자 조여우(趙汝愚)가 영종(寧宗)을 옹립하여 즉위시켰는데, 주희가 영종의 부름을 받고 조정에 나갔다. 이를 두고 윤휴는 영종이 찬탈했다고 하면서 영종과 조여우를 극도로 배척하였고, 주희가 뒤늦게 관직을 사퇴한 것도 영종이 찬탈하였기 때문에 신하 노릇을 하고 싶지 않아서였다고 논하였다. 《白湖集 卷23 晦庵辭官說, 禪繼說》 송시열은 윤휴의 이 글이 주희가 영종 재위 시에 관직에 나아간 것을 비꼬아 말한 것으로 공자가 염구를 나무란 일과 같은 맥락이라고 생각하여 비판한 것이다.

습니다. 대저 주자의 도는 해가 하늘에 떠 있는 것과 같으니 비록 윤휴 같은 자 천만 명이 나와서 헐뜯는다 해도 어찌 털끝만큼인들 그 빛을 흐리게 할 수 있겠습니까. 그러나 그것이 세도(世道)에 끼친 해악은 심하였으니, 위로는 대신(大臣)부터 아래로 포의(布衣)까지 바람에 쓸리어 "윤휴의 학문이 주자보다 훌륭하다."라고 하면서 그 글을 전하고 기록하여 서로 꾀고 유인하지 않은 이가 없었습니다.

그 한때의 이른바 고명하다는 사람들이 거기에 심히 중독되었으나 윤증의 아비 윤선거(尹宣擧)는 그중에서도 심한 자이니, 신은 다른 사람은 꾸짖을 필요도 없다고 생각합니다. 윤선거로 말하면 문간공(성혼)의 외손이라 그 가정의 학문이 반드시 올발랐을 것인데도 지금 이와 같으므로, 이를 본받아 윤휴에게 빠져든 사람이 이루 셀 수 없이 많으니, 이것은 바로 고영(顧榮)과 하순(賀循)이 진(晉)나라로 귀순하자 강동(江東) 사람들이 모두 마음을 돌렸던 것[77]과 같습니다.

신이 스스로를 헤아리지 못하고 처음에는 자신을 돌보지 않으면서 윤휴를 배척하였고, 지금에 와서는 또 윤휴는 버려두고 윤선거를 배척하였으니, 신의 성내고 다투는 기질로 볼 때 언어가 중도를 벗어난 것이 어찌 과격한 정도일 뿐이었겠습니까. 심지어 "윤휴는 곧 사문(斯文)의 난신적자(亂臣賊子)이고, 공(公 윤선거)은 바로 그의 당여(黨與)로서 주자를 배반한 사람이다. 《춘추(春秋)》의 법에 난신적자를 다스

77 고영(顧榮)과……것 : 고영과 하순은 모두 진(晉)나라 때 명망이 있었던 사람이다. 동진(東晉)의 원제(元帝) 사마예(司馬睿)는 명망이 가벼워 오인(吳人)이 따르지 않자 왕도(王導)의 말에 따라 고영과 하순을 초빙하니 강동의 인심이 돌아왔다. 《晉書 元帝本紀》

리려면 반드시 먼저 그 당여부터 다스렸으니, 왕자(王者)가 일어나면 공은 의당 윤휴보다 먼저 형벌을 받게 될 것이다."라고 말하기까지 하였습니다. 무릇 신이 말한 것이 이와 같을 뿐만이 아니고 혹 일에 따라서는 비루한 말로 꾸짖기도 했습니다. 신은 여기서 또 성의는 넉넉히 하고 말은 부족하게 하라는 고훈(古訓)[78]을 위배했으니, 그 아들 된 자가 어떻게 가슴이 무너지고 미어지지 않았겠습니까. 윤증이 신에게 보낸 글에 "통한이 사무친다."라고 한 말이 바로 그의 진심일 것입니다.

주자가 일찍이 동래(東萊 여조겸(呂祖謙))와 여씨(呂氏) 가학(家學)의 부정(不正)을 논하다가, 말을 돌려서 또 "그 이야기는 그만두고 기탄없이 말할 수 있는 다른 일을 논하는 것이 낫겠다."라고 하였으니, 자손을 대하여 그 선조의 학문을 논하는 것은 주자 같은 분도 오히려 불안하게 여겼습니다. 그러니 저 윤증 부자의 처신이 의당 어떠하였겠습니까. 그런데도 신이 감히 어리석고 비루하고 못난 주제에 망녕된 말이 이에 이르렀으니, 조용히 아무 탈이 없기를 바랄 수 있겠습니까. 더구나 윤증이 남에게 신을 비방한 내용은 모두 사실이요 거짓말이 아니니, 이야말로 성인(聖人)이 말한 "정직한 것으로 원망을 갚는다.〔以直報怨〕"라는 것입니다. 또 신을 비방한 편지에도 때로 좋은 말이 있었으니, 대저 왕도(王道)의 왕 자와 의리(義理)의 의 자가 신의 몸에 어찌 털끝만큼인들 비슷한 것이 있겠습니까. 이것은 윤증이 신을 지나치게 허여한 것으로, 신이 감히 감당하지 못할 말이라고 할 수 있습니

78 성의는……고훈(古訓) : 정자(程子)가 "착한 일을 하도록 권면하는 도(道)는 반드시 성의는 넉넉히 하고 말은 부족하게 해야만 남에게도 유익하고 나에게도 욕(辱)이 없다."라고 한 것을 말한다.

다. 그 뒤 신에게 보낸 편지에서도 여전히 신을 선생이라고 일컫고 스스로 문인(門人)이라 일컬었으니, 어찌 그가 신을 배반했다고 말할 수 있겠으며, 또 스승이라는 이름이 어찌 사람마다 감당할 수 있는 것이겠습니까.

한유(韓愈)가 "스승은 도를 전해 주고, 공부를 가르쳐 주고, 의심을 풀어 주는 사람이다."라고 하였는데, 신은 이 세 가지에 대해 무엇 하나 비슷한 것이 없습니다. 또 《예기(禮記)》에 "기문(記問)의 학(學)[79]은 남의 스승이 되기에 부족하다."라고 하였으니, 신은 기문조차도 말할 만한 것이 없는데 더구나 감히 사도(師道)로 자처하여 사람들의 냉소를 자초하겠습니까. 또 신과 윤증의 시비(是非)와 득실(得失)은 더없이 하찮은 일인데도 당초에 대신(大臣)이 전하께 아뢰었으니, 황공스러움을 이루 말할 수 없습니다. 그런데 일전에 부제학(副提學) 이여(李畬)가 곧바로 윤증이 스승을 배반했다고 말했습니다. 스승과 제자라는 이름이 어찌 다른 사람이 억눌러 강제로 이름 붙일 수 있는 것이겠습니까. 지금 헌신(憲臣)이 전관(銓官)을 탄핵하면서[80] 또한 그 말을 썼으니, 신은 부끄럽고 황송한 나머지 당장에 땅을 파서 들어가고 싶은

79 기문(記問)의 학(學) : 강론을 위해 고서(古書)를 예습해서 기억만 할 뿐 마음으로 체득한 것이 하나도 없는 학문을 말한다.

80 헌신(憲臣)이 전관(銓官)을 탄핵하면서 : 헌신은 이선(李選)과 김진규(金鎭圭)이고, 전관은 여성제(呂聖齊)이다. 여성제가 유성운(柳成運)을 청망(淸望)이 있다고 아뢰고 이동욱(李東郁)을 대직(臺職)에 의망(擬望)했는데, 유성운은 장주(章奏)에서 윤증을 존칭(尊稱)한 사람이고 이동욱은 송시열이 체통(體統)이라는 설을 헐뜯은 사람이다. 이 때문에 여성제가 성균관 유생들의 소척(疏斥)을 받았는데도 즉시 물러가지 않자, 이선과 김진규가 탄핵한 일을 말한다. 《肅宗實錄 13年 1月 7日》

심정입니다.

지금 신을 탓하는 사람들이 말하기를,

"일찍이 윤선거와는 동문(同門)의 벗으로 의분(義分)이 얕지 않았는데, 너무 심하게 배척하여 오늘의 시끄러움을 일으킨 것은 어째서인가?"

하기에, 신이 대답하기를,

"동문의 의가 있을 뿐만이 아닙니다. 병자년(1636) 여름에 오랑캐들이 참람하게 황제를 일컫는다는 말을 듣고 윤선거가 개연(慨然)히 의기를 내어 많은 선비를 창도하여 오랑캐의 사신을 베자고 청하여 오랑캐 사신을 겁에 질려 도망치게 해서 대의(大義)를 밝혔고, 그 아비 대사간(大司諫) 윤황(尹煌)은 과거 정묘년(1627)부터 존주(尊周)의 대의를 극력 주장했기 때문에, 사람들이 온 나라의 정기(正氣)가 그 집안에 모였다고 하였습니다. 그런데 뜻밖에 강도(江都)의 변(變)을 당했을 적에 그의 처신이 권순장(權順長), 김익겸(金益兼), 이돈오(李敦吾) 등과 상반되었습니다. 그 자신도 이를 부끄럽게 여겨서 자폐(自廢)한 채 다시 과거(科擧)에 나오지 않고 세상일에 뜻을 끊었으며, 유현(儒賢)의 문(門)에 종사하면서 글을 읽고 자신의 뜻을 지켰으므로, 문경공 김집이 그의 새로운 처신을 허여하고 그의 옛날 일은 염두에 두지 않은 채 성심으로 어울렸습니다. 신은 이미 동문의 의가 있는 데다 또 그의 기질과 행의가 신과 비교할 바가 아니므로 항상 외우(畏友)로 여겨 서로 신임하였습니다. 그런데 불행하게도 윤휴에게 중독되고서 딴사람이 되어 세도에 해를 끼쳤으니, 신은 매양 이는 시운(時運)에 관계된 것이요 사람의 힘으로 할 수 있는 것이 아니라고 여깁니다."

하였습니다.

또 윤증이 그 아비의 강도의 일 때문에 매우 깊이 신을 탓하였는데, 신이 그때 그저 웃으면서 받아들이고 말았으면 좋았을 텐데 마침내 여러 말을 하였습니다. 이는 신이 대장부를 제대로 알아보지 못한 것이니, 신이 마음으로 후회하여도 돌이킬 수 없습니다. 지금 논하는 사람들이 이것으로 신을 탓한다면 신은 실로 달게 받아들이겠으나, 자기가 무엇인데 감히 윤선거를 공격하느냐고 한다면 신도 할 말이 있습니다. 주자가 말씀하기를 "사설(邪說)로 정도(正道)를 해치는 자에 대해서는 사람마다 공격할 수 있고, 반드시 성현(聖賢)만이 하는 것이 아니다." 하였으니, 신이 한 일도 근거할 데가 전혀 없지는 않습니다.

대개 신이 망녕되고 경솔하여 구르고 굴러 일이 이 지경에 이르러 취분(聚分)[81]의 중심이 되었으니, 비록 몸이 죽고 집안이 망한다 하더라도 또한 어찌 스스로 속죄할 수 있겠습니까. 그러나 요즘 사람들이 일의 근본은 헤아리지 않고 일방적으로 천신(賤臣)을 탓하여 우쭐함을 드러내는 것에 대해서는 신은 이들을 불쌍히 여길 뿐 미워할 필요도 없다고 생각하니, 이야말로 난쟁이가 유희(遊戲)를 구경하러 가서 단지 옆 사람이 웃는 것만 보고 따라 웃는 것과 무엇이 다르겠습니까.

주자가 평생 동안 배척한 것은 육씨(陸氏 육구연)였으나 오직 그 마음을 다스리는 실학(實學)만은 업신여길 수 없었습니다. 그러므로 주자가 비록 때때로 "총령(蔥嶺)[82]에서 데려온 진짜 오랑캐의 종자(種

81 취분(聚分) : 《주역》 〈계사전 상(繫辭傳上)〉의 "사정은 끼리끼리 모이고, 사물은 무리로 나누어진다.〔方以類聚, 物以群分.〕"라는 구절에서 나온 말이다.

82 총령(蔥嶺) : 파미르고원을 말한다. 이곳이 서역과 교통하는 길목이기 때문에, 대

子)"라는 등의 말을 하면서도 사귀는 의리는 바꾸지 않았고, 일찍이 그를 강좌(講座)에 오르게 하여 문인(門人)들로 하여금 그의 강론을 듣게 한 적도 있었으며, 그의 부음을 듣고는 "고자(告子)가 죽었구나." 하고 이어 문인들을 거느리고 가서 곡하였으니, 이는 피음(詖淫)[83]을 배척하는 것과 친구에게 돈독히 하는 것 이 두 가지를 병행하여도 상충되지 않기 때문입니다. 그래서 주자는 일찍이 문인들이 육씨의 문인들과 사이가 좋지 않자, "비록 진짜 원수라 하더라도 어찌 이렇게까지 할 수 있겠는가."라고 했습니다.

신은 윤선거에 대해 소견은 서로 다르지만 사귀는 의리는 바꾼 적이 없으므로 그가 죽은 뒤에도 생전에 미진하였던 설(說)을 제문(祭文)에서 물었으니, 죽은 사람이 지각이 있다면 반드시 신의 마음을 이해할 것입니다. 그런데 뜻밖에 말류(末流)의 시끄러운 논쟁이 이처럼 심하여 조정에까지 올라가서 천재(天災)와 시변(時變), 나라의 근심과 백성의 곤궁함이 도외시되었으니, 이것은 사슴만 쫓다가 태산(泰山)을 보지 못하는 격이라고 할 수 있습니다. 그러나 신이 실제로 스승의 도리를 어겼으니, 윤증이 신을 배척하는 것 또한 도리가 그러할 것입니다. 바라건대 전하께서 신의 말을 살펴서 윤증을 처음처럼 대우하신다면 시끄러운 논쟁이 없어지고 조정에 화평(和平)한 복이 있을 것입니다.

개 불교 또는 선학(禪學)적인 성향을 비유하는 말로 쓰인다.

83 피음(詖淫) : 피사(詖辭)와 음사(淫辭)로, 편파적인 말과 실속 없는 방탕한 말을 뜻한다. 《맹자》〈공손추 상(公孫丑上)〉에 "피사에 있어서는 그 가려진 바를 알고, 음사에 있어서는 그 빠져 있는 바를 알아야 한다."라고 하였다.

신에게 또 간절한 바람이 있습니다. 도신(道臣)이 상의 명에 따라 혜양(惠養)하는 물품을 으레 보내고 있습니다. 대저 노인을 혜양하는 것은 주(周)나라가 태평하고 풍부하고 즐거울 때의 일입니다. 지금 굶어 죽는 참상은 전고(前古)에 없던 일인데, 못난 신이 유독 은휼(恩恤)을 받으니 어찌 마음이 편할 수가 있겠습니까. 삼가 바라건대 급히 도신에게 명하여 은례(恩例 은혜로 특별히 주는 일)를 정지시키어 신의 마음을 편안하게 해 주신다면 더없는 다행이겠습니다. 신은 거의 죽어 가는 가운데 정신이 혼미하여 여기에서 한 말이 전부 조리가 없으니 매우 불경합니다. 다시 바라니 성명(聖明)께서는 인자한 마음으로 용서하소서. 신은 황공스럽고 두려운 마음을 견딜 수 없습니다.

만수전[84] 화재에 대해 위로의 말씀을 올리고서 경계를 진달하는 상소 정묘년(1687, 숙종13) 9월

進慰萬壽殿火災仍陳戒疏 丁卯九月

삼가 아룁니다. 신은 쇠약하고 병들어 죽을 날이 가깝습니다. 듣건대 만수전(萬壽殿)에 화변(火變)이 일어나 삼궁(三宮)[85]께서 두려워하고 놀라셨다고 하니, 지극히 놀라고 떨리는 마음을 가눌 수 없습니다. 신이 알기로 이 만수전은 우리 효종대왕께서 친히 마땅하게 수리하시자[86] 백성들 또한 부모의 일에 자식들이 와서 돕듯이 하여 상서로운 화기(和氣)가 모인 곳이기에 아름다운 이름에 부합되기를 기대하였는데, 하루아침에 재가 되어 버렸으니 더욱 마음이 아프고 황공합니다. 신은 의리상 온 힘을 다해 서둘러 나아가 진심으로 위로를 드려야 하는데 움직일 힘이 없어 그렇게 하지 못하니, 신하로서의 정분과 도리가 쓸어 낸 듯이 없어졌습니다. 대궐을 바라보며 그저 마음만 치달릴 뿐입니다.

삼가 생각건대 이것은 비록 사람이 낸 불이긴 하지만 사실 천재(天

84 만수전(萬壽殿) : 창덕궁(昌德宮)에 있던 전각으로, 인조의 계비(繼妃)인 자의대비(慈懿大妃) 곧 장렬왕후(莊烈王后) 조씨(趙氏)의 처소였다.

85 삼궁(三宮) : 숙종과 왕비 인현왕후(仁顯王后), 그리고 당시 만수전에 거처하던 자의대비를 가리킨 듯하다.

86 우리……수리하시자 : 박세당(朴世堂)이 쓴 〈좌부승지박공묘지명(左副承旨朴公墓誌銘)〉에 1655년(효종6) 당시 병조 정랑 박세성(朴世城)이 만수전 수리 도청(修理都廳)을 겸임하였다는 기록이 나온다.

災)입니다. 생각해 볼 때, 효성이 천성에서 나와 아무 모자람이 없거늘 어찌하여 전에 없던 이런 변고가 있는 것입니까. 전하께서는 더욱 수성(修省)의 도리를 닦아 하늘의 마음을 기쁘게 하소서. 신이 또 듣기로 요사이 전하께서 매우 심하게 화를 내신다고 하니, 무슨 연유로 그렇게 되신지는 알지 못하나 이것은 비단 심성의 공부에 해가 될 뿐 아니라 병을 돌보고 수명을 기르는 데에도 방해가 된다고 생각합니다. 바라건대 더욱 함양하고 성찰하는 공력을 다하여 차츰 중화위육(中和位育)의 능사(能事)[87]를 이루소서. 신은 기원하는 지극한 마음을 견디지 못하겠습니다.

87 중화위육(中和位育)의 능사(能事) : 덕으로 중화를 이루어 천지의 기운이 화평하고 만물의 생육이 원만하게 함으로써 사직과 백성을 평안하게 하는 제왕의 일을 뜻한다. 《중용장구》 제1장에 "중화가 이루어지면 천지가 제 궤도로 운행하고 만물이 생육한다. 〔致中和, 天地位焉, 萬物育焉.〕"라고 하였다.

정월에 경계를 진달하고 나양좌의 사유를 청하는 상소 무진년(1688, 숙종14) 1월

歲正陳戒請宥羅良佐疏 戊辰正月

삼가 아뢰니다. 계절이 순환하여 삼원(三元 설날 아침)이 돌아오니 만물이 환히 소생의 기미를 머금었습니다. 삼가 생각건대 성명(聖明)께서 때에 맞게 크게 힘써 성학(聖學)이 날로 진보되고 성덕(聖德)이 날로 새로워져 종묘사직을 편안히 하고 만백성을 무육(撫育)하시니, 이는 실로 억만년의 경사입니다. 《시경》에 "아름답고 화락한 군자여, 훌륭한 그 덕이 환히 드러났도다. 백성에게 마땅히 하고 사람들에게 마땅히 하시니, 하늘로부터 복록을 받았도다. 하늘이 보우하고 명하며, 거듭 복을 내려 주시도다."라고 하였으니, 오늘날 신민(臣民)들의 경축이 어찌 이와 다르겠습니까. 신은 조정을 떠나 있으나 진실로 간절한 축하를 드리고, 또 근심스러운 마음을 금할 길이 없어 하찮은 정성을 대략 아뢰니다.

아, 이른바 성학이 어찌 미묘해서 알기 어려운 것이겠습니까. 맹자(孟子)가 전국 시대에 살면서 요(堯), 순(舜), 주공(周公)의 도(道)를 얻어서 당시 임금들에게 고한 말은 의(義)와 이(利)의 구분을 밝힌 것에 불과하였습니다. 주자(朱子)가 맹자의 말을 부연해서 설명하기를 "의는 천리(天理)의 공(公)이고 이는 인욕(人慾)의 사(私)이니, 천리를 따르면 이를 구하지 않아도 절로 이롭지 않은 일이 없고, 인욕을 따르면 이를 구해도 얻지 못하고 해(害)만 따르게 된다."[88]라고 하였습니다. 그러나 이는 단지 정사(政事)의 호령 사이에서만 찾아서는 안

되고 반드시 심술(心術)의 은미한 데에서 찾은 뒤에야 본원(本源)이 깨끗해져서 모든 일이 올바르게 되는 것입니다. 그러므로 기자(箕子)가 황극(皇極)의 도를 진달하기를 "사사로이 좋아하는 생각이 없게 하여 왕의 도를 따르고, 사사로이 미워하는 마음을 없게 하여 왕의 길을 따라야 그 극(極)이 있는 데로 모여들고 그 극이 있는 데로 돌아올 것입니다."라고 하였으며, 주자는 그 임금에게 아뢰기를 "세상에 드문 큰 공을 세우기는 쉬우나 지극히 은미한 본심을 보존하기는 어려우며, 중원(中原)의 오랑캐를 쫓아내기는 쉬우나 한 몸의 사의(私意)는 없애기 어렵습니다."라고 하였습니다.

바라건대 전하께서는 이로써 본원의 일에 힘을 기울여 천리가 항상 보존되게 하고 인욕이 물러나서 천리를 따르게 해 보소서. 이렇게 되면 일상의 언행에서와 정령을 시행할 때에 절도에 맞지 않는 것이 없어서, 상을 주지 않아도 권면되고 노하지 않아도 백성들이 부월(鈇鉞)보다 더 두려워할 것입니다. 진실로 이와 같이 한다면 평탕(平蕩)한 표준이 저절로 세워져 온갖 법도가 오로지 곧게 되고 인심이 모두 복종할 것이니, 조정은 반드시 이처럼 혼란한 데에 이르지 않을 것이요, 민생은 반드시 이처럼 곤궁한 데에 이르지 않을 것이며, 국세(國勢)는 반드시 이처럼 위급한 데에 이르지 않을 것입니다.

대저 천리와 인욕을 기미(幾微)의 순간에 분별한다는 것은 대순(大舜)이 말한 유정(惟精)이고, 천리의 공평함에 오로지 마음을 쓴다는

88 의는……된다 : 《맹자집주(孟子集註)》 〈양혜왕장구 상(梁惠王章句上)〉의 "왕께서는 역시 인의를 말씀하실 뿐이니, 하필 이를 말씀하십니까.〔王亦曰仁義而已矣, 何必曰利.〕"라는 구절에 대한 주희(朱熹)의 주(註)에 나온다.

것은 대순이 말한 유일(惟一)이니, 총괄하여 말한다면 공자(孔子)가 말한 "사욕(私慾)을 극복하고 예(禮)에 돌아오면 천하가 인(仁)으로 돌아온다."라는 것입니다. 대저 맹자가 지극히 혼란한 전국 시대에 살면서 부국강병(富國强兵)의 일을 버리고 반드시 이것을 말한 것은, 어찌 정치의 지극한 요점은 이를 버리고는 달리 길이 없다고 여겨서가 아니겠습니까.

신은 곧 죽게 될 몸으로서, 충성하려는 마음이 단사(丹砂)와 같이 환하여 그 마음속을 돌아보아도 달리 가진 것이 없으므로 감히 이 말씀을 드려서 한편으로는 화봉(華封)의 축수(祝壽)[89]를 대신하고 한편으로는 단의잠(丹扆箴)[90]을 대신하오니, 삼가 바라건대 전하께서는 유념하여 채납(採納)하소서.

그런데 신이 별도로 드릴 말씀이 있습니다. 전하께서 경화(更化)[91] 하신 이래 한결같이 너그러움과 인자함으로 정치를 하셨으니, 이는 진실로 군덕(君德)의 대체(大體)입니다. 그런데 지금 나양좌(羅良佐)가 유독 귀양 가는 벌을 받았으니, 이는 신의 망녕된 말 때문에 그렇게

89 화봉(華封)의 축수(祝壽) : 요(堯) 임금 때 화(華) 땅을 지키는 봉인(封人)이 요 임금에게 수(壽), 부(富), 다남자(多男子) 이 세 가지로 축수한 일을 말한다. 《莊子 天地》

90 단의잠(丹扆箴) : 단의는 임금이 집무하는 곳에 치는 붉은 병풍으로, 임금이 경계해야 할 글을 말한다. 이는 당 경종(唐敬宗)이 소인들과 친압(親狎)하고 자주 사냥을 나가자 당시 절강 관찰사(浙江觀察使) 이덕유(李德裕)가 〈단의육잠(丹扆六箴)〉을 올려 간한 데서 비롯된 말이다. 《舊唐書 李德裕列傳》

91 경화(更化) : 정치를 개혁하여 교화를 다시 한다는 뜻으로, 경신년(1680, 숙종6)에 남인이 실각하고 서인이 집권하게 된 경신대출척(庚申大黜陟)을 말한다.

된 것입니다. 이는 신이 스스로 분수를 헤아리지 못하고 외람되이 세도(世道)를 근심했기 때문입니다.

마침 성명께서 경연(經筵)에 임하셨을 때 내리신 덕음(德音)[92]을 듣건대, 그 말은 길이 만세에 풍교(風敎)를 수립하기에 충분할 뿐 아니라 백세의 왕에게도 할 말이 있기에 충분하였습니다. 이에 신이 자신도 모르는 사이에 벌떡 일어나 감히 진언을 하면서 세교(世敎)의 쇠퇴를 언급했던 것인데, 뜻밖에도 온 세상의 분노가 들끓고 신을 탓하는 소리가 낭자하니, 신에게 실로 죄가 있습니다. 그런 데다 그 사람은 원래 자기 스승(윤선거(尹宣擧))의 억울함을 호소하는 말을 한 것이므로 더욱 용서할 만한 점이 있고, 또 그 말한 것이 마구 소리치고 화내어 욕함에 스스로 모순이 있어서 애초에 아이들의 한바탕 웃음거리도 못 되니, 또 어찌 깊이 나무랄 필요가 있겠습니까. 또 듣건대 그에게는 노모(老母)가 있다고 하니, 효도로 다스리는 세상에서는 역시 불쌍히 여기는 도가 있어야 할 것입니다. 삼가 바라건대 성상께서는 유념하소서. 신은 새해를 축하하는 소장(疏章)을 올리면서 외람되이 그 밖의 말을 하였으니, 매우 분수 넘은 것이어서 더욱 황공하고 두렵습니다.

92 경연(經筵)에……덕음(德音) : 숙종이 경연에 나갔을 때 탄식하면서 명(明)나라 신종황제(神宗皇帝)의 성덕(盛德)에 대해 언급한 것을 말한다. 《宋子大全隨箚 卷2》

의소[93] 무진년(1688, 숙종14) 7월

擬疏 戊辰七月

삼가 아룁니다. 신이 듣건대 헌부(憲府)의 신하들이 신 때문에 파직되기까지 하였다고 하니,[94] 신이 늙어서도 죽지 않아 성의(聖意)를 번거롭게 하고 조정에 해를 끼친 것이 이 지경에까지 이르렀으므로, 신은 황공하여 몸이 쓰러지고 부끄러워 땀이 흘러 옷깃을 적십니다. 속히 사패(司敗 형벌을 맡은 관리)에 나아가 견책을 당한 신하들에게 사죄하여야 하지만, 늙고 병들어 나아갈 수 없어서 단지 사차(私次)에 엎드려 석고대죄(席藁待罪)할 뿐입니다.

신이 삼가 듣건대 근자에 전하께서 진노하시어 지나친 처분을 내린 것이 이 한 가지 일만이 아니라고 하였습니다. 옛사람이 말하기를 "노여움은 다스리기 어렵다." 하였는데, 이것은 일에 해로울 뿐만 아니라 수명(壽命)을 기르는 도에도 크게 손해가 되는 것으로, 성상께서 이치를 관찰하고 마음을 수양하는 공부에 혹 지극하지 못한 점이 있어서가 아닐까 생각합니다. 삼가 듣건대 이번 일이 만수전(萬壽殿 자의대비(慈

93 의소(擬疏) : 임금에게 올리려다가 올리지 못한 소를 말한다.

94 헌부(憲府)의……하니 : 숙종이 인조(仁祖)의 손자이며 숭선군(崇善君) 이징(李澂)의 아들인 동평군(東平君) 이항(李杭)을 특명으로 혜민서 제조(惠民署提調)에 임명하자, 이조 판서 박세채(朴世采)가 종친을 관직에 임명한 것이 규례를 벗어난 일이라고 하여 임명을 철회하기를 간하다가 파출되었다. 숙종은 또 헌신들이 박세채를 불러들이기를 청하고 송시열은 청하지 않았다 하여 그들을 많이 파직시켰다. 《承政院日記 肅宗 14年 7月 14日》

懿大妃))을 위안하는 뜻에서 나왔다고 하나, 위안하는 도는 이치로써 부드럽게 설명하고 도리로써 깨우쳐 주는 것이 가장 좋습니다.

아, 지금이 어떤 때입니까. 옛날 송 영종(宋寧宗)이 나라가 큰 재앙을 맞은 뒤에 대신(大臣)들을 종처럼 꾸짖고 여러 관료를 돼지처럼 천시하자, 주자(朱子)는 황제의 조서(詔書)를 보기도 전에 이미 남헌(南軒 장식(張栻))을 대하고 거의 눈물을 흘렸습니다. 이때 주자가 마침 산사(山寺)에 묵고 있었는데, 날이 새기도 전에 불을 밝혀 재추(宰樞)에게 글을 지어 보내면서 지극한 우려를 표하였습니다. 이때에 천재(天災)가 극심했는데도 거조(擧措)가 이러했으므로, 그 편지[95]에,

"아들 된 사람에게 비유하건대 불행히 자기 부모의 안색이 좋지 못하면 아들 된 자가 의당 좌우에서 뜻을 받들어 부모의 마음이 기뻐지기를 바라야겠습니까, 아니면 자기의 처자를 꾸짖고 노복(奴僕)을 두들겨 패면서 자신의 분을 풀어야 하겠습니까. 이는 증삼(曾參)과 효기(孝己)[96]에게 묻지 않아도 알 수 있는 것이니, 임금이 하늘을 섬기는 도(道)에서 어찌 유독 그렇지 않겠습니까."

하였습니다. 더구나 지금은 변고가 잇따라서 인심이 두려워하는데도 그 까닭을 모르고 있으니, 전하께서 밤낮으로 조심하고 두려워하는 마음으로 천심(天心)을 받들더라도 오히려 부족할까 염려되는데, 하물며 송 영종의 허물을 본받고 거기에 더하는 일이겠습니까.

95 그 편지 : 주희(朱熹)가 유공(劉珙)에게 보낸 편지로, 《회암집(晦庵集)》 별집(別集) 권1 〈유공보(劉共甫)〉가 이것이다.

96 증삼(曾參)과 효기(孝己) : 증삼은 공자의 제자로 부모의 뜻을 받들어 잘 봉양한 효행으로 유명하다. 효기는 은 고종(殷高宗)의 아들로 뛰어난 효행이 있었는데, 고종이 후처(後妻)의 꾐에 빠져 그를 죽였다.

또 생각건대 놀라고 분해하셨던 만수전께서 온성(溫成)의 유감을 잊고 이렇게 보살피는 정성이 있었으니,[97] 여자 가운데 요순(堯舜)이라고 할 수 있습니다. 부드럽게 설명하고 위로하여 화를 푸는 것은 참으로 어려우나, 여기에 한 가지 생각이 있습니다. 성인(聖人)이 예(禮)를 만들 적에 이성(異姓)은 수레를 같이 타게 했지만 동성(同姓)은 수레를 같이 타지 못하게 하였으니, 성인이 어찌 모든 동성이 다 반역하려는 마음을 가졌다고 여겨서이겠습니까. 진실로 개미굴을 하찮게 여겨 제방을 튼튼히 하지 않아서는 안 되기 때문이었습니다. 지금 유신(儒臣)들이 글을 읽고서 인용하여 비유한 것이 혹 적당하지 않으나, 요컨대 그 마음은 성인이 예를 만든 뜻에서 나온 것입니다. 옛날 주창(周昌)[98]이 조왕(趙王) 여의(如意)에게 매우 미움을 받았다고 할 수 있으나 끝내 죽음으로 여의를 보호한 사람은 주창이었으니, 진실로 정도(正道)를 지키는 신하에 대해서는 끝까지 그 충의(忠義)를 믿을 수 있는 것입니다. 전하께서 만약 이 도리를 아침저녁 문안하실 적에 만수전께 진달하신다면 말이 끝나기도 전에 화가 얼음처럼 풀릴 것입니다.

아, 지금 하늘의 노여움과 백성의 원망이 날로 심해지고 있으니,

97 놀라고……있었으니 : '온성의 유감'은 송 인종(宋仁宗)의 계비 조씨(曹氏)가 귀비(貴妃) 장씨(張氏)의 시호를 온성후(溫成后)로 올리는 데 대해 유감을 품은 일을 말한다. 여기서는 벼슬에 임명된 동평군 이항이 인조의 계비인 자의대비가 미워하였던 인조의 귀인(貴人) 조씨(趙氏)의 손자인데도 자의대비가 그를 편들었기 때문에 이렇게 말한 것이다.

98 주창(周昌) : 한 고조(漢高祖) 때 사람이다. 말은 어눌하지만 성품이 강직했으며 한 고조를 도와 많은 공을 세운 바 있다. 뒤에 조왕 여의의 재상이 되었는데, 여후(呂后)가 조왕을 짐살(鴆殺)하자 주창도 벼슬을 그만두고 물러났다. 《漢書 周昌傳》

이때가 바로 이른바 위급하여 존망(存亡)이 걸린 중요한 때입니다.

전하께서 지난해에 박절한 말로 두 대신을 축출하고 한 중신(重臣)을 귀양 보내고[99] 오늘 또 두 대신을 귀양 보내셨으니,[100] 나라에 인물이 텅 비었는데도 망하지 않은 나라는 보지 못했습니다. 아, 전하께서는 자주 경연(經筵)에서 성현(聖賢)의 글을 강론하지만 혹 본원(本源)의 일에 힘을 기울이지 못하여 이치를 살펴 공변되게 하지도 못하고 또 노여움을 잊어 순한 마음을 가지지도 못하며, 자신의 몸을 허물없는 곳에 두어 백성을 화합하게 하고 국운(國運)의 영원을 기원하는 근본으로 삼고자 하지 않으시니, 신은 민망스럽게 여깁니다.

신은 지금 엎드려 대죄(待罪)하고 있으므로 감히 외람되이 다른 일을 언급할 수가 없는데도, 주자가 벗을 대해서 눈물을 흘리고 불을 밝혀 글을 지은 뜻에 느낀 점이 있어 삼가 송구스러움을 무릅쓰고 진실한 마음을 아룁니다. 신이 기다리고 있는 죄로 말하면 달리 어찌할 것이 없으나, 이제 자애로운 성상께서 급히 헌신(憲臣)의 벌을 용서해 주신다면 신의 죄도 아울러 깨끗이 씻길 것입니다. 신은 지극히 황공하고 간절한 마음을 가눌 수 없습니다.

99 두……보내고 : 두 대신은 이단하(李端夏)와 김수항(金壽恒)을 가리키고, 한 중신은 김만중(金萬重)을 가리킨다. 이 일의 전말이 《숙종실록》 13년 8월 17일·18일, 9월 12일 기사에 나온다.

100 또……보내셨으니 : 두 대신은 영의정 남구만(南九萬)과 우의정 여성제(呂聖齊)를 가리킨다. 이 일의 전말이 《숙종실록》 14년 7월 14일, 15일 기사에 나온다.

산릉에서 돌아갈 때 사정을 진달하는 상소 무진년(1688, 숙종 14) 12월

自山陵退歸時陳情疏 戊辰十二月

삼가 아룁니다. 신은 국상(國喪)이 난 직후에 이미 제때에 분곡(奔哭 분상(奔喪))하지 못하고 지문(誌文)을 지으라는 명을 받았을 때 또 받들어 지어 올리지 못하였으니, 비록 나이가 많고 질병이 위독하기 때문이기는 하지만 매양 두려운 마음이 간절하여 다만 엎드려 죄를 기다렸습니다. 그러나 영(靈)이 오래 머물지 못하여 흠위(廞衛 장례 행렬)가 출발하려 하니, 신자(臣子)의 애모(哀慕)하는 정성이 이에 더욱 심해졌습니다.

또 신은 지금 전하께서 상중에 계신 때에 한번 천안(天顔)을 뵙고 조금이나마 받들어 위로하는 정성을 바치기를 간절히 바라고, 또 숨이 끊어지기 전에 성조(聖祖 효종)께서 뜻하신 일에 만분의 일이라도 힘을 다하고 신손(神孫 숙종)께서 계술하신 실제의 공적을 우러러 도우려고 하였습니다. 그러므로 대강(大江 남한강(南漢江))을 거슬러 올라가서 영릉(寧陵)을 돌아보시는 길 밖에서나마 울면서 하직한다면 아마도 잊지 못하는 외로운 충심(忠心)이 지하에 서리어 쌓이지는 않을 것이라고 생각하였습니다.

이 때문에 정력(精力)을 헤아리지 않고 추위를 무릅쓰고 길을 나서자, 고을 사람들과 종족들이 모두 어려운 일이라고 여겨 "아흔을 바라보는 나이에 어찌 이런 행역(行役)을 한단 말인가."라고 하였지만, 신의 생각으로는 하루하루 보내며 기다리다가 신의 목숨이 아침 이슬처럼 사라지면 하고 싶은 말을 하지 못하여 사사로운 한이 끝이 없을 것이라고 여겼습니다. 힘을 다하여 길에 올라 마음 내키는 대로 천천히 걸어서 집을 떠난 지 15일 만에 겨우 인산(因山)의 밖에 이르렀는데, 그 사이에 질병이 거듭 발작하여 위독한 적이 여러 번이었습니다. 그러나 후회하고 한탄하는 일이 없었던 것은 다만 신의 조그만 정성이 단사(丹砂)와 같이 붉어서 끝내 스스로 숨길 수 없었기 때문입니다.

그런데 길을 오는 중반부터 약간 소문이 있어서[101] 이미 두려운 생각이 들더니, 서울에 가까이 오게 되자 소문이 더욱 참말이 되었으므로, 신의 발걸음이 조금도 편안하기 어려웠습니다. 신이 만약 공의(公議)가 있지 않은데도 어리석음을 무릅쓰고 명을 따른다면, 이것은 참으로 이른바 꺼리는 것이 없는 자로서 그 죄려(罪戾)를 더하게 될 것입니다. 신이 외람되이 은지(恩旨 임금의 특지)를 받았고 말씀하신 뜻이 간곡하니, 비록 가시덤불이 길을 막더라도 마땅히 빨리 나아가는 데 겨를이 없어야 하겠지만, 이처럼 여러 사람의 노여움이 불과 같은 때를 당하여서는 신이 비록 염치를 잊어버리고 경궐(京闕)에 가까이 가고자 하여도 이 또한 될 수 없는 일입니다. 신이 어려움을 무릅쓰고 능소(陵所)에 나아가서도 또한 그 외람됨을 알았기에 감히 곡반(哭班)에 나아가지 못하고 다만 야차(野次)에서 절하며 곡하고서 바로 물러나 돌아왔으니, 대궐 쪽을 바라보매 눈물이 쏟아집니다.

생각건대, 조정이 신에게 봉조하(奉朝賀)의 직함을 주셨으니, 비록

101 약간 소문이 있어서 : 당시에 윤증(尹拯)의 당(黨)에서 송시열이 우계(牛溪) 성혼(成渾)을 헐뜯고 퇴계(退溪) 이황(李滉)을 경멸하였다는 이유로 소를 올려 송시열을 규탄하려 한다는 소문이 있었다. 《宋子大全隨箚 卷2》

조정의 정령(政令)에는 참여하지 않더라도 때때로 행하는 조하례(朝賀禮)는 폐할 수 없습니다. 그러나 신은 멀리 궁벽한 시골에 엎드려 있어서 절일(節日)에 조회하지 못하고 복을 비는 자리에서 하례하지 못하니 명분과 실제가 어그러졌습니다. 부디 유사(有司)에게 직함을 모두 거두도록 명하여, 일 없는 백성으로 하여금 궁벽한 골짜기에서 수명을 다하게 해 주신다면 더없는 다행이겠습니다. 신은 지극히 두렵고 불안한 마음을 감당하지 못하겠습니다.

송자대전

제20권

소疏

우계를 헐뜯었다는 비방을 논변하고서 선친이 무함당한 데 대하여 변론하는 상소 기사년(1689, 숙종15) 1월

辨呰毁牛溪之謗仍白先誣疏 己巳正月

삼가 아룁니다. 신이 전에 강변으로 물러가 있을 때에, 간략히 짧은 소(疏)를 올려 선정신(先正臣) 성혼(成渾)의 일에 대하여 조금 그 단서를 드러냈는데, 이것으로 인하여 허다한 말썽이 다시 한층 더해졌으니 이 또한 난처한 일입니다. 신이 그 곡절을 자세히 말씀드리겠습니다.

저 성혼과 문성공(文成公) 이이(李珥)는 한 세대에 같이 살면서 뜻이 같고 도(道)가 합하여 서로 절차탁마(切磋琢磨)하여 그 덕을 이루었으며, 이이가 졸하였을 때에 성혼이 곡(哭)하고서 말하기를 "율곡(栗谷)은 도에 있어서 환하게 그 대원(大原)을 보았으니, 참으로 산하(山河)의 빼어난 기운을 타고난 삼대(三代) 적의 인물로서 성혼의 스승이지 벗이 아니었다."라고 하였습니다. 신은 일찍이 이 글을 읽고서 '성혼은 이이에게 진실로 이른바 살아서는 뜻을 함께하고 죽어서는 도학(道學)을 함께 전할 벗이었다.'라고 여겼습니다.

숭정(崇禎 명 의종(明毅宗)의 연호) 을해년(1635, 인조13)에 소신의 종형(從兄)인 진사(進士) 송시영(宋時瑩)이 앞장서 많은 선비를 이끌어서 문묘(文廟) 종사(從祀)의 청원을 올리려 할 적에, 고(故) 문경공(文敬公) 김집(金集)이 말하기를 "성혼은 도덕이 순수하고 연원(淵源)이 명백하니, 반드시 이이와 함께 청해야 한다."라고 하여, 마침내 선비들의 의론을 한곳으로 돌아가게 하였습니다. 이 유생(儒生)들의 신청으로부터 50년이 내려와 성명(聖明)의 조정에 이르러 성학(聖學)이

고명한 성상께서 성명(性命)과 도덕의 근원을 환히 보고 마침내 선비들의 제청(齊請)을 따르시어 문묘에 배향(配享)하였으니,[1] 교화를 입지 못한 외방의 사람이 아니고서야 어찌 감히 이에 대해 이의를 내겠습니까.

기억하건대, 옛날 만력(萬曆 명 신종(明神宗)의 연호) 신축년(1601, 선조34)에 성혼이 정인홍(鄭仁弘)에게 당한 무함이 지독하였기에 성혼의 문도(門徒)들이 이에 엉거주춤하게 말을 하여 그 화를 누그러뜨렸으나,[2] 신의 스승 문원공(文元公) 김장생(金長生)은 그 무함을 밝혀 논변하기에 끝까지 힘을 다하였습니다. 그리고 당대의 유현(儒賢)이었던 문목공(文穆公) 정구(鄭逑)에게까지도 신의 스승은 그가 평심(平心)으로 성혼의 마음을 찬찬히 살피지 못한 것[3]을 곧바로 책망하였습니다. 또 인조(仁祖)가 즉위하셨을 때, 경연(經筵)과 서연(書筵)에서 《소학속편(小學續編)》을 진강(進講)하기를 청하였으니, 이른바 《소학속편》은 바로 성혼이 감정(勘定)한 책입니다. 그뿐만 아니라 성혼의

1 문묘에 배향(配享)하였으니 : 이이와 성혼은 1681년(숙종7)에 함께 문묘에 배향되었다.

2 성혼이……누그러뜨렸으나 : 기축년(1589) 정여립(鄭汝立)의 옥사(獄事)가 있은 뒤에 동인들은 성혼이 정철(鄭澈)에게 권하여 최영경(崔永慶)과 이발(李潑)을 죽이게 했다고 여겨, 정인홍이 마침내 그 무리 박성(朴惺) 등을 충동질하여 상소하게 하되 정철을 간흉(奸凶)이라 하고 성혼을 간당(奸黨)이라 몰아붙이니, 성혼의 아들 성문준(成文濬)과 신응구(申應榘) 등이 엉거주춤한 말을 함으로써 정인홍이 성혼의 화를 늦추어 주고 원망을 정철에게만 돌렸다고 한다. 《宋子大全隨箚 卷2》

3 그가……것 : 정구가 전에 성혼의 의론에 불만을 가졌다가 나중에는 그에 대한 불만이 옳지 않음을 깨달았으면서도 박성의 제문에서 성혼을 무함하는 상소를 올린 박성을 칭찬했음을 지적한 것이다. 《宋子大全隨箚 卷2》

사위인 윤황(尹煌)이 일찍이 말 때문에 죄를 얻자, 신의 스승이 또 윤황의 어짊을 칭송하고 "이 사람은 성혼의 사위입니다."라고 말하였으니, 그가 성혼에 대하여 숭상하고 높인 것이 어떠합니까.

또 효종이 즉위하셨을 때, 영남 사람 유직(柳㮨) 등이 양현(兩賢 이이와 성혼)을 무함하고 비방하되[4] 성혼에게 더욱 심하여 성혼의 상소에 인용한 주자(朱子)의 격언을 들어 이단이라고 하기에 이르렀으니, 이것은 성혼만을 무함하였을 뿐 아니라 무함이 위로 주자에까지 이른 것으로 사문(斯文)에 대한 화(禍)가 경원(慶元) 때의 일[5]보다 심했습니다. 지금의 영돈녕(領敦寧) 김수항(金壽恒)이 아직 급제하기 전에 앞장서서 이 무함을 변명하는 논(論)을 만들면서 소초(疏草)를 외람되이 신에게 부탁하기에 신이 마침내 할 말을 다 하여 신변(伸辨)하였는데, 성혼의 일에 대해서는 신이 그 외손 윤선거(尹宣擧)와 상의하여 글을 확정하였습니다. 그런데 마침 효종께서 두 신하를 기려 칭찬하는 말씀을 하셨다고 하기에, 소는 지었으나 결국 올리지 않았습니다. 그 후에 중외(中外)의 유생들이 장차 성혼을 이이의 사우(祠宇)에 배향하게 하려고 하면서 또한 제문(祭文)을 청하기에, 신이 도덕의 연원을 널리 펼쳐 여한이 없게 하였습니다.

대저 신의 스승이 성혼을 높이 숭상함이 이와 같았고, 신이 전일에

4 효종이……비방하되 : 1650년(효종1)에 성균관 유생들이 이이와 성혼의 문묘 종사를 다시 주장하자, 유직이 소두(疏頭)로서 영남 유생 800여 명과 함께 상소하여 그 부당성을 말하면서 이이와 성혼을 비방한 일을 말한다. 《孝宗實錄 1年 2月 22日》

5 경원(慶元) 때의 일 : 송 영종(宋寧宗) 때의 경원당금(慶元黨禁)을 가리킨다. 영종 경원 2년(1196) 8월에 재상 한탁주(韓侂胄)가 주희(朱熹)와 조여우(趙汝愚)를 폄박하고, 다시 위학(僞學)의 이름으로 당시의 명사(名士)들을 배척한 사건을 말한다.

그의 억울함을 변론하여 바로잡고 도덕을 드러내어 밝힌 것이 이와 같이 깊고 지극했는데, 오늘날에 와서 비록 정신이 매우 흐려졌다고 할지라도 어찌 감히 도리어 무함하고 헐뜯겠습니까. 오직 신이 망녕되이 자신을 헤아리지 못하고 "피사(詖辭), 음사(淫辭), 사설(邪說), 둔사(遁辭)는 성치(聖治)에 극히 해롭고 인하여 국가를 패상(敗喪)시키는 근원이 된다."라고 한 것뿐입니다. 주자가 이미 "사람마다 그 말을 배척할 수 있는 것은 바로 난신적자(亂臣賊子)를 사람마다 꾸짖을 수 있는 것과 같다."라고 하였기에 신이 함부로 이 말을 믿고서 '오늘날의 피사, 음사, 사설, 둔사는 양주(楊朱)와 묵적(墨翟)보다 더욱 심하고 그 말이 성행하는 것이 또 길을 막고 하늘에 치달을 뿐만이 아니다.'라고 여겨 마침내 대략 공박하여 배척하는 말을 하였으니, 이것은 곧 모래를 가져다가 맹진(孟津 중국 하남성에 있는 나루)의 거센 물결을 막으려는 것과 마찬가지였습니다. 온 세상이 성을 내어 욕하고 나양좌(羅良佐)와 성지선(成至善) 등이 상소하여 거리낌 없이 비방하고 꾸짖자, 전 평강 현감(平康縣監) 이희조(李喜朝)가 성지선이 성혼의 손자로서 또한 그 상소에 참여한 것을 매우 괴이하게 여겨 신에게 글을 보내와서 물었습니다. 그래서 신이 "성혼의 손자이기 때문에 또한 그 상소에 참여한 것이다."라고 답하고, 인하여 그렇게 된 까닭을 대략 말하였습니다.

대개 신의 스승 김장생이 젊었을 적에 이이를 높이고 사랑한 것이 증자(曾子)와 자공(子貢)이 공자(孔子)를 받들던 것보다 더하였으므로 두 유현에 대해서 좀 다르게 본 일이 없지 않았습니다만,[6] 그 후에

6 두……않았습니다만 : 김장생이 젊었을 적에 "우계가 율곡과 같겠는가."라고 직설적으로 말하였는데, 송시열이 여기에서 "좀 다르게 보았다."라고 고쳐서 말한 것은 후학으

성혼이 학문을 더욱 닦아 도가 더욱 높아지자 또한 지난날의 견해와는 차이가 있었습니다. 그런데 임진왜변(壬辰倭變)[7]이 일어났을 때, 성혼이 위급 존망의 형세가 순식간에 결딴날 것이라고 보고 부득이 천장(天將)의 말을 따라서 임시방편으로 일을 처리하는 방도를 따르자고 주청하였다가 크게 선조(宣祖)의 노여움 어린 질책을 받았는데,[8] 그 천장의 말이란 바로 왜(倭)와 화의(和議)하자는 말이었습니다. 이에 신의 스승이 말하기를 "변(變)은 쉽게 처리할 수 없으며, 권(權)은 성인(聖人)이 아니면 활용할 수 없는데, 성혼이 쉽게 말을 올렸다가 임금의 노여움을 산 것이다. 만약 이이가 그런 처지를 당하였다면 이런 일은 없었을 것이다." 하였으니, 이것은 이이를 경모(敬慕)하는 지극한 뜻에서 나온 말이지 성혼을 헐뜯은 것이 아니며, 대체로 그 만난 시기가 불행하였던 것을 탄식한 것입니다. 그런데 생각지 않게 성혼의 자손과 문인(門人)이 선사(先師)의 말뜻을 헤아리지 못하여 성혼을 이이와 좀 다르게 본 뜻에 대해 불평하고, 또 신의 스승이 지나치게 그 자손과 문인의 주장을 배척한 것에 노하여 갈수록 서로 격렬해져서 윤선거가 신의

로서 성혼을 높이고 공손한 뜻을 둔 것이다.《宋子大全隨箚 卷9》《宋子大全 卷96 答李同甫》

7 임진왜변(壬辰倭變) : 두주에는 '一本變下有之後二字'로 되어 있다.

8 천장(天將)의……받았는데 : 임진왜란 중인 1594년(선조27)에 명나라 총독 고양겸(顧養謙)이 조선 조정에 자문(咨文)을 보내어 왜와 강화할 것을 권하자, 당시 전라도 관찰사로 있던 이정암(李廷馣)이 먼저 이 자문에 따르기를 건의하였다. 선조가 이를 불쾌하게 여기고 성혼에게 의견을 물었을 때 성혼이 이정암을 변호하면서 고양겸의 자문을 따를 수밖에 없다는 의견을 말하자, 선조가 노하여 여러 차례 성혼을 질책하였고 성혼은 결국 이 일 때문에 사직을 청하여 고향으로 돌아갔다.《谿谷集 卷13 牛溪先生新道碑銘》

스승에게 불손한 말을 내뱉기에 이르렀으니,[9] 이것이 대체로 피차의 두 사문(師門)이 서로 불화하게 된 근원입니다.

신은 일찍이 웃으며 말하기를 "재아(宰我)가 공자를 칭송하여 말하기를 '요순(堯舜)보다 훨씬 어질다.' 하였으나, 어찌 이것이 요순을 성인이 아니라고 한 것이겠는가. 이것은 공자의 성덕(盛德)이 견줄 바가 없음을 높이 사모하여 그런 것에 불과하다. 그러나 천하 후세에 재아가 요순을 업신여겼다고 하는 말은 듣지 못했다." 하였습니다. 그런데 지금 세상의 사람들은 함부로 의심과 노여움을 품어 신의 사문을 마치 적국(敵國)과 같이 여기다가 이것이 점점 더해져서 오늘날에 이르러서는 더욱 수습할 수가 없게 되었으니, 성지선이 신을 공격한 것은 이치와 형세가 그러해서입니다.

신이 이희조에게 답장한 뜻은 다만 이와 같을 뿐인데, 시배(時輩)가 이것을 가지고 신이 성혼을 무함하고 헐뜯었다고 하여 자자한 소문과 분분한 말로써 신에게 측량할 수 없는 죄를 씌우고자 할 줄을 어찌 헤아렸겠습니까. 저 본말을 알지 못하는 어리고 어리석은 젊은이들이야 저들의 이와 같은 행위를 괴이하게 여길 것이 못 되지만, 저 높은

9 윤선거가……이르렀으니 : 기축년(1589) 정여립의 옥사가 있은 후에 정인홍의 창도로 동인들이 정철과 성혼을 함께 격렬히 탄핵하자, 성혼의 아들 성문준이 성혼을 보호하려고 정인홍에 대한 비난을 자제하여 동인들의 원망을 전적으로 정철에게 돌리려 하였다. 이에 대해 김장생이 편지를 보내어 성문준을 크게 질책하였고, 정철의 아들 정홍명(鄭弘溟)은 성혼의 제자 이명준(李命俊)에게 편지를 보내어 준절하게 따졌다. 그 후 송시열과 송시열의 지우(知友)인 이유태(李維泰)가 함께 있는 자리에서 윤선거가 갑자기 "사계(沙溪)의 문하에 정홍명이 없었다면 도가 더욱 높았을 것이다."라고 말하여 김장생을 폄훼하였다고 한다. 《宋子大全 附錄 卷2 年譜》

벼슬에 중요한 직책으로 출입하며 시종(侍從)하는 신하가 젊은 무리를 격동시켜 이런 시끄러운 단서를 만들었으니, 매우 탄식할 일입니다.

저 재아의 말에 대해서는 더 말할 것이 없거니와 주자(周子)와 정자(程子) 이후로 말하더라도, 주자(朱子)는 일찍이 선배를 경솔히 의논한 것을 그르게 여겼으나 주염계(周濂溪)에 대하여 오히려 말하기를 "노자(老子)와 장자(莊子)의 기풍이 있다." 하였고, 이천(伊川 정이(程頤))은 명도(明道 정호(程顥))가 조례사(條例司 왕안석(王安石)이 설치한 관직명)를 받아들인 것을 의아해하였고, 윤화정(尹和靖 윤돈(尹焞))은 이천의 문인으로서 이천이 서감(西監 서경(西京) 국자감(國子監))의 관직을 받은 것을 매우 의아해하였으며, 주자(朱子)는 관직을 사양하거나 받을 때 터럭만큼도 소홀히 지나치는 일이 없었지만 남헌(南軒 장식(張栻))은 오히려 그가 일찍이 받아서는 안 될 관직을 받았다[10]고 힐책하였으니, 어찌 주자(朱子)와 이천을 가리켜 염계와 명도를 헐뜯었다고 할 수 있겠으며 화정과 남헌을 가리켜 이천과 주자(朱子)를 흠잡았다고 할 수 있겠습니까.

생각건대, 성현(聖賢)을 의논하는 데에는 또한 양태(樣態)가 많습니다. 주자(朱子)가 일찍이 횡거(橫渠 장재(張載))를 정자와 견주어 말하기를 "공자에 대하여 백이(伯夷), 이윤(伊尹)과 같다."[11] 하였으니,

10 받아서는……받았다 : 《송자대전수차(宋子大全隨箚)》 권2에서는 이것을 주희가 궁관(宮觀)의 직을 배수(拜受)한 것이라고 하였다. 궁관의 직은 송대(宋代)에 설치하였던 봉사직(奉祀職)으로, 실직(實職)을 그만둔 사람으로 하여금 도교 궁관(道敎宮觀)을 맡되 실제의 업무는 보지 않고 직명(職名)만 지닌 채 관료의 봉록을 받게 한 관직이다. 《주자연보(朱子年譜)》에 따르면, 주희는 56세 때인 순희(淳熙) 12년(1185) 4월에 화주(華州) 운대관 사관(雲臺觀祠官)에 임명되었다.

여기에서 치우침과 온전함이 현저하게 구분됩니다. 그러나 또 말하기를 "횡거의 학문이 두 분 정씨(程氏)보다 정밀하고 절실하다." 하였으니, 어찌 이것을 가지고 전후의 말이 다르다고 의심할 수 있겠습니까. 신이 벗들 사이의 의론을 들어 보건대, 고명하고 쇄락한 것으로 이이를 추숭하고, 독실하고 엄밀한 것으로 성혼을 추숭한다고 하니, 이것이 바로 이른바 품부받은 기질이 같지 않기 때문에 덕을 이룬 것이 각각 다르다는 것입니다. 그러니 만약 학문이 깊은 경지에 이른 사람이 아니라면 두 신하에 대하여 고하를 논하기가 어찌 어렵지 않겠습니까. 오직 당연히 타고난 자품이 대단히 높으면 명도를 배우고, 그렇지 않으면 이천의 규범적인 말을 배워 표준을 삼는 것이 좋을 뿐이니, 만약 망녕되이 고하를 의논하려 한다면 신은 이것을 그르다고 여길 것입니다.

그리고 저 성혼의 권의(權宜)[12]에 대한 의논이라면, 그분의 고제(高弟)인 황신(黃愼)도 일찍이 의아해하였으니 지금 의논하는 자들이 만약 말하기를 "김장생이 어찌 감히 성혼을 의논하는가." 한다면 어찌 식자(識者)들에게 냉소를 당하지 않겠습니까. 만일 혹 신을 배척하여 말하기를 "그의 스승의 말이 비록 이와 같더라도 저 사람이 어찌 감히 그 말을 공공연히 할 수가 있겠는가." 한다면, 신은 장차 그 말이 끝나기를 기다리지 않고 그 죄를 받을 것입니다. 그러나 또한 여기에 하나

11 공자에……같다 : 백이는 청백(淸白)하기로 유명한 성인이고, 이윤은 청탁(淸濁)을 가리지 않고 모든 것을 다 용납하여 선도(善導)하는 것을 자기의 책임으로 삼았던, 즉 책임감이 뛰어난 성인이다. 그러므로 때에 따라 중도에 맞게 처신하는 공자 같은 성인에 비유한다면 백이와 이윤은 편파적인 성인에 불과하다는 뜻이다.

12 성혼의 권의(權宜) : 성혼이 임진왜란 시기에 명나라 총독 고양겸의 자문을 받아들여 임시방편으로 왜와 화의하자는 의견을 낸 일을 말한다. 175쪽 주8 참조.

의 해명할 말이 있습니다. 옛날에 이천이 윤화정을 칭찬하였고 윤화정이 이 말을 다른 사람에게 전하였는데, 주자(朱子)가 말하기를 "화정이 만일 자신을 칭찬한다는 혐의 때문에 그 말을 남에게 이야기하지 않았다면, 어떤 말에서든 막히지 않을 데가 없었을 것이다." 하였습니다. 그렇다면 지금 신이 스승의 말을 이희조에게 이야기한 것이 혹 큰 죄에는 이르지 않을 듯합니다.

오늘날의 일은 지극히 사소한 것인데, 무식하고 일을 벌이기를 좋아하는 무리들이 마디 위에 가지가 돋게 하고 물결을 밀어 파란을 조장해서 세도(世道)의 해독을 만들고 있으니, 한탄하지 않을 수 있겠습니까. 대저 선사(先師)가 항상 말하기를 "주자가 문왕(文王)의 지덕(至德)이 태백(泰伯)의 온전함보다 못하다고 논하였으니,[13] 이것은 군신(君臣)의 예를 보존하였기 때문이다." 하였습니다. 선사가 성혼을 높인 것이 지극하다고 할 만한데도 오히려 권(權)과 경(經)에 대한 말[14]을 하였던 것은 《춘추(春秋)》에서 밝힌 복수(復讎)의 의리를 조금이나마 보존하

13 주자가……논하였으니 : 주희가 "만약 그 뜻으로 논한다면 문왕이 본래 무왕보다 높고 태백이 처신한 것이 또 문왕보다 높으나, 그 일로써 논한다면 태백, 왕계(王季), 문왕, 무왕은 다 성인으로서 어쩔 수 없는 상황에 처했지만 태백만이 그 마음을 온전하게 보존하여 안팎으로 유감이 없었던 것입니다."라고 말한 것을 가리킨다. 《晦庵集 卷58 答楊志仁》

14 권(權)과……말 : 권은 어려운 상황을 당하여 일의 형세를 저울질하여 임시방편으로 행하는 권도(權道)를 이르며, 경은 경도(經道)로서 정상적으로 행하는 도를 이른다. 여기에서는 김장생이 송시열 등 문인들과 경도와 권도를 논하면서, "권도는 가볍게 말할 수 없다. 우계가 임진년(1592, 선조25)의 변고가 일어난 뒤에 담당이 아닌 처지에서 화의를 주장하다가 선조께 크나큰 죄를 얻었다. 만약 율곡이라면 반드시 이렇게 하지 않았을 것이다."라고 한 말을 가리킨다. 《宋子大全 卷53 與金起之》

기 위함이었으니, 지금 비록 주자의 말이 있었으나 누가 감히 이 말을 가지고 문왕의 성덕(聖德)을 폄하했다고 하겠으며, 선사가 비록 권과 경에 대한 말을 하였으나 누가 이것을 가지고 성혼의 어짊을 폄하했다고 하겠습니까. 지금 사람들이 알지 못하고 망녕되게 말하는 것은 바로 영서연설(郢書燕說)[15]과 같으니 진실로 한번 웃을 거리도 못 됩니다. 그리고 신의 스승이 성혼을 높인 문자(文字)와 소신이 성혼에게 제사 지낼 때 올린 축사(祝詞)를 아래에 조목별로 열거하였으니, 엎드려 바라건대 시어(侍御)가 한가한 여가에 혹 살펴보아 주신다면 신에게 죄가 있는지 없는지가 거울같이 밝고 저울대같이 공평한 판정에서 감히 벗어날 수 없을[16] 것입니다. 이것을 소상하게 정신(廷臣)에게 보여 주시어 과연 정신들이 신의 말에 일호(一毫)라도 비방하여 헐뜯은 뜻이 있다고[17] 한다면, 신은 어진 이를 무함한 죄로 형벌을 받겠으며 전하께서 은사(恩赦)를 내리고자 하더라도 신은 감히 따르지 않겠습니다.

신에게는 지금 하늘에 사무치는 원통한 일이 있습니다. 당초 강을 건너 교외에 이르던 날에 끝내 감히 명을 받들고 도성에 들어오지 못한

15 영서연설(郢書燕說) : 천착(穿鑿)하여 억지로 끌어다 붙이는 말을 가리킨다. 초(楚)나라 사람이 밤에 연(燕)나라 정승에게 보낼 국서(國書)를 썼는데 불이 밝지 않자 촛불을 들고 있는 자에게 "촛불을 들라.〔擧燭〕" 하였다. 받아쓰는 자가 이를 국서 내용인 줄 알고 국서 안에 '거촉(擧燭)'이란 두 글자를 썼는데, 이를 확인하지 않고 그대로 보냈다. 국서를 받은 연나라 정승이 "거촉은 밝음을 숭상한 것이니, 밝음을 숭상하는 자는 어진 이를 천거하여 맡길 것입니다."라고 왕에게 설명하자, 왕이 크게 기뻐하여 나라가 잘 다스려졌다는 데서 나온 말이다. 《韓非子 外儲說左上》

16 판정에서……없을 : 대본에는 '不敢逃'로 되어 있다. 두주에 근거하여 뒤에 '於'를 보충하여 번역하였다.

17 있다고 : 대본에는 없다. 두주에 근거하여 '有'를 보충하여 번역하였다.

것은, 단지 관학 유생(館學儒生)들의 준론(峻論)이 두려워서만이 아니고 사실은 '하늘에 사무치는 원한을 풀고 치욕을 씻어 버리지 못하였으니 감히 천지 사이에 설 수가 없는데, 하물며 감히 청도(淸都)[18]에 들어가서 임금을 뵐 수 있겠는가.'라고 생각하였기 때문입니다.[19] 신이 어찌 그대로 성 밖에 엎드려 아비의 원통함을 밝혀서 성명(聖明)의 조처를 기다리고 싶지 않았겠습니까마는, 실제로 인산(因山)이 막 끝나서 성심(聖心)이 망극하실 것이라 감히 사사로운 일로써 상중에 계시는 성상을 번거롭게 해 드릴 수 없으므로 꾹 참고 돌아갔던 것입니다. 지금 천신(賤臣)의 병이 점점 심해져서 조석을 믿기 어려우니, 하루아침에 갑자기 죽는다면 눈을 비록 감지 못하더라도 일에는 보탬이 없으며, 혹 죽지 않는다 하더라도 어떻게 죽은 아비의 무덤에 성묘할 수 있겠습니까. 이제 감히 만번 죽기를 무릅쓰고 대략 그 곡절을 진술하니, 엎드려 바라건대 성명께서는 불쌍하게 생각하여 굽어살펴 주소서.

신의 아비인 고(故) 생원(生員) 송갑조(宋甲祚)는 만력 정사년(1617, 광해군9)에 사마 양시(司馬兩試 생원시(生員試)와 진사시(進士試))에 합격하였는데, 그때 방수(榜首 장원(壯元)) 이영구(李榮久)가 알성일(謁聖日 임금이 문묘에 참배하는 날)에 방하(榜下 급제자(及第者))를 거느리고 소를 올려 스스로 서궁(西宮)[20]에 사은(謝恩)하지 않겠다

18 청도(淸都) : 깨끗한 도시, 즉 임금이 있는 서울을 말한다.

19 당초……때문입니다 : 1688년 12월에 올린 〈산릉에서 돌아갈 때 사정을 진달하는 상소〔自山陵退歸時陳情疏〕〉에 송시열이 인산이 있는 산릉에 들렀다가 끝내 도성에 들어가지 못하였던 전후 사정이 잘 나타나 있다. 《宋子大全 卷19》

20 서궁(西宮) : 선조의 계비인 인목대비가 유폐되어 있던 궁전이다.

는 뜻을 진술하자, 신의 아비는 큰소리로 그의 의사를 거절하고 단독으로 서궁에 나아가 예법대로 배사(拜謝)하였습니다. 그러자 적신(賊臣) 이이첨(李爾瞻) 등이 놀라서 사납게 으르렁대어 사태가 장차 헤아릴 수 없게 되었습니다. 박승길(朴升吉)이라는 사람은 신의 아비의 죽마고우인데, 이 사람이 그의 아우 박정길(朴鼎吉)에게 울면서 신의 아비를 변호해 주기를 청하였으나 박정길이 들어주지 않았습니다. 박승길이 또 그의 아버지 사직서 영(社稷署令) 박채(朴綵)에게 부탁하여 박정길을 불러 울면서 타이르자, 박정길이 마침내 힘을 다해 구해 주어 큰 화는 면하고 금고(禁錮)에 그치게 되었습니다. 그러나 신의 아비는 마음에 항상 불쾌히 여기고 정홍익(鄭弘翼)과 더불어 먼 지방으로 귀양 가지 못한 것을 한스럽게 여겼습니다.

인조반정이 있은 뒤에 특별히 관직을 제수하여 포장(褒奬)하였고, 인목대비(仁穆大妃)께서도 일찍이 지금의 영의정 김수홍(金壽興)의 외조모 정씨(鄭氏)를 통하여 신의 맏누이인 고 군수(郡守) 윤염(尹爓)의 아내에게 하교하기를 "네 아비의 기특한 절의(節義)에 대해서는 내가 일찍이 마음에 두고 잊지 못하나 부인은 감히 바깥일에 간여할 수 없기 때문에 너의 아비로 하여금 아직도 하료(下僚)에 머물러 있게 하였으니, 마음이 매우 서운하다." 하셨습니다. 신의 아비는 그 말씀을 듣고 황공하고 부끄러워 감히 서울에 있으면서 벼슬할 수 없어 장차 벼슬하지 않고 고향으로 돌아가려 하니, 고 상신(相臣) 문충공(文忠公) 장유(張維)가 경기전 참봉(慶基殿參奉)으로 바꾸어 임명하여 돌려보냈습니다. 그 뒤에 봉사(奉事)로 승진하였으나, 머뭇거리며 나아가지 않고 전야(田野)에서 명을 마쳤습니다.

인조 갑술년(1634, 인조12)에 고 의정(議政) 심지원(沈之源), 장령

(掌令) 김덕승(金德承), 지평(持平) 정백형(鄭百亨)·홍헌(洪憲) 등의 이름이 흉소(凶疏)[21]에 들어 있었던 일로 상소하여 사직하였는데, 일이 해당 조(曹)에 내려오자 해당 조에서 회계(回啓)하기를,

"이 사람 등의 이름이 흉소에 들어 있는 것이 무함(誣陷)인 것을 스스로 증명할 수 있습니다. 그때에 생원 송갑조는 흉소를 통렬하게 배척하고 단독으로 서궁에 나아가 사은했으므로 성상이 반정하신 처음에 특별히 관직에 제수하여 포장했는데, 지금 그 사람의 성명도 흉소 가운데 들어 있습니다. 그러니 지금 이 신하들이 무함당하고 있음을 이로 보아서 알 수 있습니다. 청컨대 예전대로 종사(從仕)하게 하소서."

하여, 상께서 윤허하셨으므로, 그때의 신하들이 모두 깨끗이 누명을 벗게 되었습니다. 대개 그때 흉도들이 많은 사람을 더럽히고자 하여 방중(榜中 같이 급제한 사람)에서 가장 이름이 난 사람을 취하여 모두 소(疏)에 기록하였기 때문에 신의 아비도 심지원 등과 같이 성명이 그 속에 들게 된 것입니다.

효종조(孝宗朝)에 이르러 연신(筵臣)이 신의 아비의 일을 아주 상세히 건의하자,[22] 상이 매우 가상히 여겨 탄식하고 급히 해당 조에 명하여

21 흉소(凶疏) : 앞에서 언급된 광해군 9년(1617)에 방수 이영구의 주도로 신방 생원(新榜生員)들이 연명으로 올린 소를 가리키는 것으로, 서궁의 인목대비는 불구대천의 원수이므로 거기에 사은숙배하지 않겠다는 내용이다. 이 소에는 심지원, 김덕승, 정백형, 홍헌뿐만 아니라 송시열의 부친 송갑조의 이름도 들어 있었다. 《大東野乘 卷42 光海朝日記3 丁巳》

22 효종조(孝宗朝)에……건의하자 : 찬선 송준길이 송갑조의 행적을 들어 벼슬을 추증하여 줄 것을 청한 일을 말한다. 《孝宗實錄 9年 1月 16日》

특별히 사헌부 집의를 추증(追贈)하도록 하시어 높이 보답하는 의를 밝혔습니다. 이보다 앞서 문정공(文正公) 김상헌(金尙憲)이 신의 아비의 죽음을 애석하게 여겨 갈명(碣銘)을 찬술하여 극도로 포양(褒揚)하고 문경공(文敬公) 김집(金集)이 그 글을 썼으며, 김집은 또 그 묘도비(墓道碑)에 큰 글씨로 제(題)하기를 "모관(某官) 성명 모(某)의 무덤"이라 하였습니다. 저 두 현신(賢臣)의 문필이 비록 산이 변하여 골짜기가 되는 한이 있더라도 닳아 없어질 수 없는데, 하물며 해와 별처럼 밝게 빛나는 우리 성조(聖祖 효종)께서 포장하여 가상히 여기신 윤음이겠습니까.

지금 윤선거(尹宣擧)의 외손 박태보(朴泰輔) 등이 여러 사람에게 신의 아비의 이름이 훙소에 들어 있는 것은 훙소에 참여한 사람이기 때문이라고 하니, 신이 이 말을 듣고 하늘이 무너지는 듯한 원통함을 이기지 못하여 죽고자 했으나 죽지 못하였습니다. 대저 성조께서 포장하신 한마디 말씀은 해와 별처럼 빛나서 백세토록 없어지지 않을 것입니다. 또 신의 아비가 죽은 뒤에 친구들이 지은 뇌문(誄文)과 만사(挽詞)에도 진실이 환하게 드러났고, 그중 한 수의 시(詩)는 바로 박태보의 외증조 윤황(尹煌)이 지은 것으로서 조금도 남김없이 당시의 일을 있는 그대로 써 놓았습니다. 그렇다면 박태보는 의당 다른 말이 없어야 할 터인데도 지금 마침내 이와 같이 말하니, 신은 실로 그 까닭을 모르겠습니다.

이윽고 생각해 보니, 신이 일찍이 그의 외조 윤선거가 의(義)를 잊고 몸을 욕되게 한 것이 안타깝다고 말했는데, 그 때문에 그 당(黨)에는 무릇 절의에 관계되는 일이면 듣기 싫어하고 폄훼하려 하지 않는 자가 없는 듯합니다. 어떻게 그들이 그러하다는 것을 아는가 하면, 저 강도

(江都)의 변란에 증(贈) 지평 김익겸(金益兼)이 유생의 신분으로 성첩(城堞)을 지켜 적을 막다가 마침내 살신(殺身)하였으므로, 그 절의는 더욱 숭상할 만한데도 윤선거의 아들 윤증(尹拯)은 곧 말하기를 "반드시 죽어야 할 의가 없다." 하였으니, 이는 대체로 그 사람이 그럴 직무가 없으면서 죽었기 때문입니다. 만약 그렇다면 공자는 어찌하여 노(魯)나라 왕기(汪踦)가 동자(童子)로서 간과(干戈)를 잡고 사직(社稷)을 호위하다가 죽은 것을 아름답게 여겼겠습니까.[23] 더구나 권순장(權順長)은 벼슬하는 사람으로서 김익겸과 함께 죽었는데도 죽어야 할 의가 없다고 아울러 배척을 받았습니다. 그렇다면 문충공(文忠公) 김상용(金尙容)으로부터 도정(都正) 심현(沈誢), 장령 이시직(李時稷), 신의 종형인 주부(主簿) 송시영(宋時榮)에 이르기까지 다들 의 없이 죽은 자이니, 이것이 도리를 해치고 교화를 손상시키는 바가 어찌 크지 않겠습니까. 또 기억하건대, 저번에 생원 송상민(宋尙敏)이 그의 스승 송준길(宋浚吉)을 위하여 만번 죽음을 무릅쓰고 신원(伸冤)을 했는데, 적신(賊臣) 윤휴(尹鑴) 등이 그를 장살(杖殺)시켰습니다. 윤휴 등이 복주(伏誅)되고 나서, 전하께서 가상히 여겨 칭찬하는 말씀을 자주 하시고 뒤이어 관직을 추증하고 아들을 벼슬시키라는 교서를 내리시니, 유생들이 모두 성상의 전교(傳敎)를 봉독하면서 흠앙하고 감

23 공자는……여겼겠습니까 : 《예기(禮記)》 〈단궁 하(檀弓下)〉에서 "노나라와 제(齊)나라가 낭(郎)에서 싸울 적에 공숙우인(公叔禺人)이 이웃 마을의 동자인 왕기와 함께 싸움터에 달려가서 싸우다가 모두 죽었다. 노나라 사람들이 동자 왕기를 미성년자의 상례(喪禮)인 상례(殤禮)로 장사 지내지 않고자 해서 중니(仲尼)에게 물었는데, 중니께서 말씀하기를 '능히 창과 방패를 잡고서 사직을 보호하였으니, 비록 상례(殤禮)로 장사 지내지 않고자 하더라도 옳지 않겠는가.' 하였다."라고 한 것을 가리킨다.

격하였으며, 눈물을 흘리는 자까지 있었습니다. 또 지금의 영부사(領府事) 민정중(閔鼎重)이 송상민의 글을 옮겨 써서 간행하여 반포하고 고 판서(判書) 이민서(李敏叙)가 글을 지어 성덕(聖德)을 찬송하였습니다. 그런데 장차 그를 제사하는 사우(祠宇)를 세우기 위하여 공역(工役)을 시작하였으나 윤선거의 아들 윤추(尹推)가 그 고을의 수령이 되어 참혹하고 각박한 말로 저지하였으니,[24] 윤증과 윤추의 뜻을 살펴보건대 아마도 절의 있는 선비를 포양하면 자기 아버지가 더욱 부끄럽게 된다고 생각하여 절의 있는 선비를 온갖 방법으로 막고 공격했던 것 같습니다. 대개 사람의 마음을 가진 자라면 누가 송상민의 죽음을 슬피 여기고 그 의를 가상히 여기지 않겠습니까. 지금 그 일이 그의 아버지의 일과 서로 반대된다고 하여 문득 패려한 말을 하였는데 이제 박태보가 또 신의 아비를 이와 같이 모함하니, 그가 비록 성조(聖祖)의 덕음(德音)은 생각하지 않는다 하더라도 유독 자기 외증조의 만시(挽詩)도 생각하지 않는단 말입니까. 이것이 바로 주자가 말한 "가까운 데에 가려져서 먼 데에 어긋난다.〔蔽於近而違於遠〕"라는 것이니, 참으로 이상한 일입니다.

대저 성인이 도를 닦고 가르침을 세운 것은 삼강(三綱)과 오상(五常)일 뿐인데, 이른바 절의는 삼강과 오상을 붙들어 세우는 것입니다. 그런데 후세에 와서는 의리가 밝지 못하여 마침내 도학과 절의를 나누

24 윤추(尹推)가……저지하였으니 : 윤추가 1682년(숙종8)에 회덕 현감(懷德縣監)이 되었는데, 당시 회덕에 거주하고 있던 송시열이 송상민의 사당을 세우려 하자 윤추가 여러 사람에게 부당함을 주장하는 편지를 보내어 저지한 일을 가리킨다. 《農隱遺稿 卷4 附錄 行狀》

어 둘로 만들었으니, 신은 절의를 버리고서 도학을 하는 자는 보지 못했습니다. 그러므로 공자가 말하기를 "지사(志士)와 인인(仁人)은 삶을 구하여 인(仁)을 해치지 않고 몸을 죽여서 인을 이룬다." 하였습니다. 또 말하기를 "지사는 자기 몸이 죽어 구학(溝壑)에 버려질 것을 잊지 않고, 용사(勇士)는 자기 머리를 잃게 될 것을 잊지 않는다." 하였고, 또 말하기를 "날씨가 추워진 다음에야 소나무와 잣나무가 늦게 시드는 것을 알 수 있다." 하였습니다. 증자(曾子)는 말하기를 "큰 절의에 임해서 그 뜻을 빼앗을 수 없다면 군자다운 사람인가? 군자다운 사람이다." 하였으며, 맹자(孟子)는 "생(生)을 버리고 의(義)를 취한다."라고 가르쳤습니다. 그리고 주자는 송(宋)나라가 남하한 뒤에 태어났으므로 더욱 절의를 드러내어 밝히는 것을 큰 사업으로 삼아서 오대산(五臺山)의 중 진보(眞寶)가 오랑캐에게 굴하지 않고 죽은 것[25]까지 표장(表章)해 주었으니, 이것은 국가의 명맥이 여기에 달려 있었기 때문입니다. 옛날에 온공(溫公 사마광(司馬光))이 동한(東漢)의 명절(名節)이 있는 선비를 기롱한[26] 데 대하여 주자가 그르게 여겨 말하기를,

25 진보(眞寶)가……것 : 송나라 때 오대산의 중 진보가 정강(靖康)의 변(變)에 산중에서 무리들을 거느리고 무사(武事)를 익혀 금군(金軍) 정벌을 도왔다. 그러다가 주(州)가 함락되어 금군에게 붙잡혔는데, 금군의 추장이 항복하기를 권하자 진보가 말하기를 "내가 이미 송나라를 위해 죽기를 각오하였는데, 어찌 망언을 하겠느냐."라고 하고서 태연히 죽음을 당했다. 《宋史 忠義列傳 眞寶》

26 온공(溫公)이……기롱한 : 사마광이 《자치통감》에서 "당인(黨人)들이 혼란한 시대에 살면서 합당한 지위에 있지 않으면서도 말로써 혼란한 시대를 구제하고자 하였다가, 자신들은 혹형을 당하고 재앙이 붕우에게 미쳤으며 나라가 뒤이어 망하였다."라고 하여, 이들의 처신이 군자로서 합당하지 않았다는 뜻을 드러낸 것을 가리킨다. 《資治通鑑 卷56 孝靈皇帝上之上》

"온공은 다만 당고(黨錮)의 제현(諸賢)이 죽음을 달게 받고 피하지 않은 것이 광무제(光武帝)와 명제(明帝)와 장제(章帝)의 공인 줄은 알았지만, 건안(建安 후한 헌제(後漢獻帝)의 연호) 이후 중국의 사대부들이 조씨(曹氏 위(魏)의 조조(曹操))가 있는지만 알고 한(漢)나라가 있는지는 모른 것이 바로 이 당고의 살육의 화가 그렇게 만든 것인 줄은 알지 못하였다. 그리고 순씨(荀氏) 한 가문(家門)을 놓고 논한다면, 순숙(荀淑)은 양씨(梁氏)가 용사(用事)하던 때[27]에 바른말을 하였으나 그의 아들 순상(荀爽)은 이미 동탁(董卓)이 임금의 명을 마음대로 하던 조정[28]에 발을 담갔으며, 그의 손자 순욱(荀彧)에 이르러서는 마침내 당형(唐衡 환제(桓帝) 때의 환관)의 사위가 되고 조조의 신하가 되고서도 그것을 그르다고 여길 줄을 몰랐으니, 이것은 굳세고 곧은 기절(氣節)이 모질고 사나운 여독(餘毒)에 꺾여서 점차로 몸을 보전하면서 일을 성취할 꾀를 부렸기 때문에 자신도 모르는

27 양씨(梁氏)가 용사(用事)하던 때 : 양씨는 후한 순제(後漢順帝) 양 황후(梁皇后)의 오빠인 양기(梁冀)를 가리키며, 용사하던 때란 그가 질제(質帝)를 시해하고 환제를 세워 정권을 독천하던 때를 말한다. 양기는 일찍이 하남 윤(河南尹)에 제배되었다가 곧 아버지 양상(梁商)을 대신하여 대장군(大將軍)이 되었다. 순제, 충제(沖帝)가 잇따라 붕(崩)하자 양기가 질제를 세웠는데, 질제는 양기의 흉포함을 지목하여 발호장군(跋扈將軍)이라 하였다. 양기는 곧 질제를 독약으로 시해하고 환제를 세워 20여 년간이나 권위를 누렸다. 《後漢書 梁統列傳》

28 동탁(董卓)이……조정 : 동탁은 후한 환제 때 우림랑(羽林郞)으로 여러 번 전공(戰功)을 세웠고, 영제(靈帝) 때는 병주목(幷州牧)으로 있었는데, 영제가 붕하자 하진(何進)의 부름에 응하여 군사를 이끌고 경사(京師)에 들어가 곧 스스로 상국(相國)이 되어 소제(少帝)를 폐하고 하 태후(河太后)를 시해하고서 헌제를 세우는 등 모든 권병을 독천하였다. 《後漢書 董卓列傳》

사이에 전락하여 이 지경에 이른 것이다. 생각건대, 그 당시에 부형(父兄)과 사우(師友) 사이에도 어떤 의론이 있게 되면 내용을 꾸미고 사실을 덮어서 갑자기 그 말을 듣는 자로 하여금 그 잘못됨을 깨닫지 못하게 한 것 같다. '사설(邪說)이 멋대로 유행하는 것이 홍수와 맹수의 피해보다 더 심하다.'라고 한 맹자의 말씀이 어찌 나를 속였겠는가. 근년에 독서를 하면서 유독 이 뜻을 분명하게 깨달아 언제나 눈앞에 보여 자연히 마음에서 떨쳐낼 수가 없으니, 비록 이것 때문에 남들에게 미움을 받아서 끝내는 죽게 될 줄 알더라도, 마음에 진실로 그것을 달고 즐겁게 여길 것이요, 스스로 후회스럽게 여기지 않을 것이다."[29]

하였습니다.-주자의 말은 여기까지다.- 주자가 평소 이와 같이 주장한 것은 진실로 천하의 흥망이 매인 것이 이보다 큰 것이 없기 때문이었습니다. 오늘날 세도가 무너진 것이 이 지경에 이르렀으니, 장차 순욱의 무리들이 중외에 가득 차서 종묘사직이 어디에 안착할지 모르게 될 것입니다. 그런데 견식 있는 인사들은 남몰래 근심하고 크게 탄식하면서도 구원할 방도를 알지 못합니다.

엎드려 바라건대, 전하께서는 성학(聖學)에 더욱 힘쓰고 성도(聖道)를 더욱 밝히며, 한결같이 대일통(大一統)[30]을 요점으로 삼으면서 생민을 위하여 법을 세우고 만세(萬世)를 위하여 태평(太平)을 여신다면,

29 온공은……것이다 : 《회암집(晦庵集)》 권35 〈답유자징(答劉子澄)〉에 나온다.

30 대일통(大一統) : 《춘추공양전(春秋公羊傳)》 은공(隱公) 1년 조에 나오는 말로, 천하의 제후가 모두 주(周)나라 왕에게 귀의하여 이를 중심으로 통일되어야 한다는 의미이다. 여기서는 명나라에 대한 의리를 계속해서 지켜야 한다는 뜻으로 쓴 말인 듯하다.

저 사설을 하는 자가 마치 중천에 뜬 태양을 보고서 사라지는 도깨비처럼 저절로 사라져 없어질 것입니다. 맹자는 필부의 신분으로도 웅변으로 삼성일치(三聖一治)의 도를 계승하였는데,[31] 하물며 전하께서 임금의 자리에 처하고 임금의 권세를 가지고 계신 데이겠습니까. 신은 큰 바람을 이루 다 감당하지 못합니다. 신의 아비의 일에 이르러서는 혹 사책(史冊)과 비갈(碑碣)을 다시 상고하라 명하시더라도 털끝만큼도 신의 말과 부합되지 않는 점이 없을 터이니, 원컨대 한 말씀을 내려 그 무함을 씻어 주신다면, 전하께서는 열성(列聖)의 은언(恩言)을 계술하실 수 있게 되고, 신의 집안은 광영(光榮)이 구원(九原)에까지 넘칠 것입니다. 신은 피눈물을 흘리면서 간절히 기원하는 마음을 이기지 못합니다.

신은 삼가 아룁니다.

문원공 김장생이 황종해[32]에게 답한 편지 文元公金長生答黃宗海書

동인(東人)들이 우계(牛溪)-성혼(成渾)이다.-가 최영경(崔永慶)[33]을

31 삼성일치(三聖一治)의 도를 계승하였는데 : 《맹자》 〈등문공 하(滕文公下)〉에서 맹자가 "나 또한 인심을 바로잡아 사설을 종식시키며 잘못된 행실을 막으며 음탕한 말을 추방하여 세 성인을 계승하려고 하는 것이니, 어찌 변론을 좋아하겠는가. 내 부득이해서이다.〔我亦欲正人心, 息邪說, 距詖行, 放淫辭, 以承三聖者, 豈好辯哉? 予不得已也.〕"라고 하였다. 세 성인은 우(禹) 임금, 주공(周公), 공자를 가리킨다.

32 황종해(黃宗海) : 1579～1642. 본관은 회덕(懷德), 자는 대진(大進)이다. 1611년(광해군3)에 정인홍(鄭仁弘)이 이황(李滉) 등을 모함하자 양호(兩湖)의 제생(諸生)과 함께 상소하여 정인홍을 논척하였고, 1613년에 광해군이 대비를 서궁(西宮)에 유폐하자 과거 공부를 폐하고 세상에 나오지 않았다. 벼슬에 뜻을 두지 않았지만 도학(道學)에 깊은 관심을 가져 사계 김장생을 만나 예(禮)를 논하였다.

구해 주지 않은 것을 허물로 여기지만, 이것은 편당의 사사로움에 얽혀 정의(情義)를 알지 못해서일 뿐입니다. 송강(松江)-정철(鄭澈)이다.-도 본래 무함하여 죽일 뜻이 없었는데, 하물며 우계이겠습니까. 당초 최영경이 옥사에 연루되었을 때 송강이 전후로 그를 변호한 계사(啓辭)가 사람들의 이목에 뚜렷이 남아 있는데, 감정을 품고서 돌을 던지는 무리들이 성상의 불쾌해하시는 마음을 이용하여 도리어 최영경의 죽음을 송강의 죄안(罪案)으로 삼았습니다. 또 세월이 오래되어 문서가 흩어져 없어지니 도리어 뜻이 분명한 계사를 무고라고 지적하고, 우계와 아울러서 함정 가운데로 밀어 넣으면서 수컷이 선창하면 암컷이 화답하듯이 그들을 공격하는 데 힘을 다하였으므로, 알지 못하는 자들 또한 견문에 익숙해져서 오직 그 주장에 따르니 또한 우습지 않습니까.

대개 송강이 상신(相臣) 이산해(李山海)의 무리에게 크게 모함을 받은 것은 위와 아래를 요동시키고 옳고 그름을 어지럽힌 것으로, 상신 유성룡(柳成龍)이 추관(推官)으로서 이발(李潑)의 노모와 어린 아들을 구하지 못한 것[34] 같은 경우에 유성룡을 비방하지 않았을

33 최영경(崔永慶) : 1529~1590. 본관은 화순(和順), 자는 효원(孝元), 호는 수우당(守愚堂)이며, 조식(曺植)의 문인이다. 1589년(선조22) 정여립 역옥 사건이 일어나자 그는 유령의 인물 삼봉(三峰)으로 무고되어 옥사(獄死)하였는데, 당시 정적 정철과의 사이가 특히 좋지 않아 그의 사주로 죽은 것으로 의심을 받았다.

34 유성룡(柳成龍)이……것 : 이발은 동인의 중심인물로서 정철 등 서인을 강경하게 배척하였는데, 정여립의 모반 사건이 일어나고 서인들이 집권하게 되자 관직을 사퇴하고 교외에서 대죄(待罪)하던 중 잡혀서 두 차례 모진 고문을 받고 장살(杖殺)되었다. 이발이 죽은 뒤 82세의 노모와 8세의 아들도 엄형(嚴刑)으로 죽었는데, 이때의 추관이 유성룡이었던 듯하다.

뿐 아니라 또 이미 체임된 위관(委官)인 송강에게 도리어 허물을 돌렸으니, 우계가 모함을 당한 것이 괴이할 것이 없습니다. 더구나 우계는 유사(有司)나 당직(當職)이 아니면서도 송강의 집우(執友)로서 편지를 보내어 그를 변호하기를 권하였으니, 송강의 계사는 실제로 그와 함께 상의하여 지은 것입니다.

보내 주신 글에 우계의 명망이 매우 중하니 변호할 만하다고 했는데, 보내 주신 뜻은 상소하지 않았던 것을 그르다고 한 것입니까? 우계가 유사도 아니었지만 역옥(逆獄)이 어떤 일입니까. 그러니 비록 그가 죄가 없다는 것을 명백히 알았다 하더라도 어찌 그 역옥을 맡지 않은 사람으로서 아직 결말이 나기도 전에 경솔하게 구제할 수 있겠습니까. 또 만약 우계가 편지를 보내어 변호한 것이 송강의 계사와 마찬가지로 실제로 도움이 된 것이 없었다고 한다면 의당 다시 무슨 말을 하겠습니까. 상신 유성룡이 위관으로 있을 때 이발의 노모와 어린 아들이 살기를 어찌 바라지 않았겠습니까. 죄 없는 80세의 노부(老婦)는 구원하는 말 한마디 없이 마침내 곤장 아래에서 죽게 하고, 아직 10세가 안 된 아이는 곤장 죽지 않아서 엄하게 책망하는 명을 내리니 곧바로 그의 목을 꺾어 죽게 하였습니다. 김숙부(金肅夫)-김우옹(金宇顒)이다.-와 정도가(鄭道可)-정구(鄭逑)이다.-는 이것이 잘못이라고 하지 않고 도리어 허물을 우계와 송강에게로 돌렸으니, 어찌 이것이 공론(公論)이겠습니까. 안팎의 사람들이 이산해의 술책에 빠져서 스스로 깨닫지 못하니 슬플 따름입니다. 또 이발과 백유양(白惟讓)이 죽었을 때, 이산해와 유성룡이 송강과 함께 위관이었으나 그들을 구하지 못하였는데, 지금 오로지 송강에게만 죄를 돌리니 어찌 편벽된 것이 아니겠습니까.

문원공의 만언소[35]를 절략한 한 대목 文元公萬言疏節略一條

《소학(小學)》은 주자(朱子)가 지은 책이므로 주자의 언행이 그 책에 들어 있지 않아 후학들이 볼 수 없으니, 참으로 한스러운 일입니다. 한교(韓嶠)[36]가 일찍이 이 때문에 그의 스승 성혼에게 질정하여 가장 요긴한 주자의 언행을 모아서 한 책[37]을 만들었는데, 성혼이 죽은 후에 신에게 검증하고 수정하라고 하여 신이 그 책을 가져다 살펴보니, 모두가 세교(世敎)에 요긴한 격언과 지론(至論)이었습니다. 바라건대 전하께서는 이 책을 선사(善寫)하여 올리도록 특별히 명하여 자세히 열람하시고, 장차 원자(元子)가 문의(文義)를 좀 통하게 되면 《소학》과 함께 읽게 하소서. 그리하면 반드시 보탬이 있을 것입니다.

소현서원[38]에 성혼을 배향할 때 신 시열이 지은 제문 紹賢書院配享

35 문원공의 만언소(萬言疏) : 김장생이 1624년(인조2)에 올린 〈사집의잉진십삼사소(辭執義仍陳十三事疏)〉를 말한다. 《사계유고(沙溪遺稿)》 권1에 실려 있다.

36 한교(韓嶠) : 1556~1627. 이이와 성혼의 문인으로 자는 사앙(士昻), 호는 동담(東潭)이다.

37 한 책 : 《소학속편(小學續編)》을 말한다.

38 소현서원(紹賢書院) : 황해도 해주(海州)의 석담(石潭)에 있던 서원으로, 처음에 이이가 이곳에 은병정사(隱屛精舍)를 세우고 제자들과 강학하였다. 이이는 사당을 세워 주희를 주향(主享)으로 모시고 조광조와 이황 두 선생을 배향하려 하였으나 뜻을 이루지 못하고 죽었는데, 1586년(선조19)에 제생(諸生)이 사우(祠宇)를 세워서 석담서원(石潭書院)으로 부르고 이이의 유지(遺志)를 따랐으며, 1610년(광해군2)에 소현서원으로 사액되었다. 1596년에 이이를 함께 배향하였고, 1661년(현종2)에는 성혼을 추가로 배향하였다.

成渾時臣時烈所製祭文

공손히 생각하건대 선생은	恭惟先生
학문에 연원이 있었으니	學有淵源
저 옛날 정암-조광조(趙光祖)이다.-이	惟昔靜菴
덕이 순수하고 도가 높았습니다	德純道尊
청송[39]-성수침(成守琛)이다.-이 인정을 받았음이	松翁見知
문헌에서 징험되니	文獻于徵
올바른 학맥을	有正其脈
선생이 계승하였습니다	先生是承
깊이 생각하고 가슴에 새겨	潛心服膺
독실히 수행하였으며	篤修勉行
깊은 이치를 연구하고	探賾鉤深
정주를 조종으로 삼았습니다	宗朱祖程
진실되게 오랫동안 학문을 쌓아	眞積力久
마침내 전형이 되시매	聿成典刑
덕은 반드시 이웃이 있어	德必有隣
훌륭하신 문성공이 있었습니다	有卓文成
마음이 합하고 도가 같아	心諧道協
함께 밝게 비추었으며	照以同明
사문이 다시 떨쳐져	斯文復振
귀먹은 자가 듣고 눈먼 자가 깨어났습니다	聵聽昏醒

39 청송(聽松) : 성수침(1493~1564)으로, 자는 중옥(仲玉), 호는 청송, 시호는 문정(文貞)이다. 조광조의 문인이며, 우계 성혼의 아버지이다.

큰 방도가 나오려 하자	大猷將升
사람들이 태평을 기대하였는데	人期泰平
훌륭한 군주와 백성들을 만들려던 뜻이 어그러져	志乖君民
각기 처음 있던 곳으로 돌아갔습니다	各尋初服
이곳 석담은	惟此石潭
문성공이 터 잡으신 곳으로	文成所卜
여기에서 도학을 강명하고	於焉講道
은자의 절조를 평안히 행하였습니다	坦履幽貞
옆에 서실을 짓고서	築室于傍
선생을 맞이해 오려 하였으니	擬延先生
남산에서 함께 책상을 마주하여	南山對床
선철들의 자취를 따르고자 함이었습니다	庶追前哲
일관봉이 갑자기 무너지자[40]	日觀俄摧
밝은 별이 외로이 비추었으니	曙星孤揭
국가가 환란을 당한 때에	時丁喪亂
비로소 옛날의 자취를 찾습니다	始尋遺躅
낙수의 물결이 차갑고	波寒洛水
운곡의 시냇물이 오열하는데	澗咽雲谷
깊이 생각하며 시구를 고르려 하니	沈思理韻
우러러보고 굽어보매 슬픈 생각이 듭니다	俯仰悽惻

40 일관봉(日觀峯)이 갑자기 무너지자 : 일관봉은 태산(泰山)에서 가장 높은 봉우리로, 일관봉이 무너졌다는 것은 유현(儒賢)의 죽음을 비유한 말이다. 여기서는 이이가 세상을 떠난 일을 말한다.

지팡이 짚고 한가로이 거니니	杖屨婆娑
선현의 남은 향기 이어서 퍼지고	繼播餘馥
우뚝한 사당은	有翼明宮
구곡 가운데 솟아 있습니다	中半九曲
회옹을 오로지 높이고	晦翁專尊
우리나라 선현을 배향하니	邦賢以侑
정암이 왼쪽에 계시고	靜菴在左
퇴도가 오른쪽에 계십니다	退陶居右
왼쪽 자리의 다음은	左位之次
실로 문성공의 자리이니	寔文成座
예부터 엄숙히 받들어	在昔嚴奉
깨끗한 제사를 태만히 함이 없었습니다	精禋罔惰
이제 선생을	今以先生
퇴도 아래에 배향하니	配退陶下
우리 도가 동방으로 오고서부터	自吾道東
통서가 분명한 것입니다	統緒端的
함께 주자를 높임에	同尊考亭
학문에 다른 길이 없었으니	學無殊轍
규범을 후세에 보여 주어	垂規示準
계도하기를 무궁하게 하였습니다	啓佑無極
제사를 올리는 초기에	卽事之初
이것을 가지고 밝게 고하오니	將此昭畛
행여 우리들의 정성을 돌아보시어	庶顧我誠
영원히 의지하고 높이게 하소서	永依崇仞

망부의 묘문[41]과 만사 亡父墓文及輓詞

고(故) 기성랑(騎省郎) 송군(宋君) 영숙(永叔)[42]은 내가 아주 존경하는 벗이다. 그를 통하여 듣건대, 동생 원유(元裕)가 있는데 사람들이 많이 칭찬한다고 하였다. 그의 행실을 물어보니, 뜻을 굳게 잡아 변치 않으며 굳세고도 곧아서 스스로 이루었다고 하는바, 개결한 선비였다. 인하여 또 그 선조들의 덕에 대해 들어 보니, 뭇사람들이 한결같이 같은 말을 하였다. 이로 말미암아 나의 마음이 더욱 쏠리면서 항상 꼭 한번 만나 보아 궁금증을 시원하게 풀고자 하였다. 그런데 얼마 안 있어 군과 영숙이 함께 불행히도 내가 미처 만나 보기 전에 죽고 말아 마침내 천고의 한이 되었다.

내 스스로 생각하기를, 뒷날에 내가 죽지 않고 살아 있어 혹시라도 《도올(檮杌)》의 일[43]에 참여하게 된다면 군을 위하여 독행전(獨行傳)[44]을 짓겠다고 마음먹었는데, 아직까지 그럴 기회가 없었다. 군이 죽을 적에 아들들이 아직 어려서 선인(先人)의 일에 대해 다 들을 수가 없었는데, 그로부터 19년이 지난 뒤에 군의 셋째 아들인 시어(侍御) 시열(時烈)이 처음으로 손수 지은 수천 마디 군의 행적

41 망부(亡父)의 묘문(墓文) : 김상헌이 지었다. 《淸陰集 卷31 司饔院奉事宋君墓碣銘》

42 송군(宋君) 영숙(永叔) : 송시열의 아버지 송갑조(宋甲祚)의 형 송방조(宋邦祚, 1567~1618)이다. 영숙은 그의 자이다.

43 도올(檮杌)의 일 : 역사서를 쓰는 일을 가리킨다. 《도올》은 춘추 시대 초(楚)나라의 역사서 이름이다.

44 독행전(獨行傳) : 송범엽(宋范曄)이 편찬한 《후한서(後漢書)》에 있는 조행(操行)이 뛰어난 사람들의 이야기를 모은 글이다.

과 군과 의(義)로써 맺어진 친구들의 기록을 가지고 나에게 와서 명(銘)을 지어 달라고 청하기를 "한마디 해 주시어 지하에 계신 선친을 빛나게 해 주시기 바랍니다." 하였다. 아, 내가 비록 늙고 병들어서 글 쓰는 일을 폐하고는 있으나 군에 대해서야 어찌 사양할 수 있겠는가.

삼가 살펴보건대, 군의 휘는 갑조(甲祚)이고 원유는 그의 자이며 자호는 수옹(睡翁)으로, 은진현(恩津縣) 사람이다. 할아버지의 휘는 귀수(龜壽)로, 종묘서 봉사(宗廟署奉事)를 지냈으며 효성으로 소문이 났는데, 거상(居喪)하는 중에 흰 제비가 여막(廬幕)에 둥지를 틀었다. 그의 동생은 인수(麟壽)로, 세상에서 흔히 규암(圭菴) 선생이라고 칭하는 분이다. 부친은 휘가 응기(應期)로, 의빈부 도사(儀賓府都事)를 지냈다.

군은 어려서부터 모습이 단정하면서 빼어나 부모의 사랑을 독차지하였다. 정사년(1617, 광해군9)에 사마 양시(司馬兩試)에 급제하였다. 당시에 간신들이 임금에게 아첨하면서 모후(母后)를 서궁(西宮)에 유폐하고 조알(朝謁)하는 의례를 모두 폐하였다. 방수(榜首) 이영구(李榮久) 등이 사특한 의론에 부회(傅會)하여 상소를 올려 서궁에 절하지 않도록 해 줄 것을 청하면서 제생(諸生)에게 서명하라고 위협하자, 많은 사람이 감히 거부하지 못하였으며 혹 담을 넘어 피해 가는 자도 있었다. 그러나 군은 분연히 떨쳐 일어나 말하기를 "일에 임하여 구차스럽게 모면하는 것은 수치스러운 짓이다." 하고, 앞으로 나서서 "이 상소의 내용은 무슨 뜻인가?" 하고 묻자, 그 무리들이 노기를 띠고 이름을 캐물으며 위협하였다. 그러자 군이 천천히 말하기를 "나의 이름을 알고자 한다면 붓을 가지고 오라." 하고, 곧바로 크게 성명을 써 놓고 나가 버렸으며, 홀로 서궁에 나아가 의례대로 사은하면서 절하였다.

그 무리들이 비록 군을 몹시 미워하기는 하였으나 군을 어쩌지 못하자, 이에 일부러 군을 더럽히려는 계책을 내어 몰래 군의 이름을 상소 속에 써넣었다. 간당(奸黨)들이 이 소문을 듣고는 앞다투어 군을 함정에 빠뜨리려고 하였으나, 마침 구원해 주는 사람이 있어 유적(儒籍)에서 삭제하는 벌을 받는 데 그쳤고, 군은 곧바로 집으로 돌아와 은거하면서 문을 닫아걸고 글을 읽었다.

금상(今上 인조) 초에 천거되어 강릉 참봉(康陵參奉)에 제수되었다. 정묘년(1627, 인조5)에 사옹원 봉사(司饔院奉事)로 승진되어 경성(京城)으로 나아갔는데, 마침 오랑캐들이 쳐들어오는 바람에 상께서 강도(江都)로 피난하였고 군은 미처 배명(拜命)하기도 전에 벌써 관직에서 체차되었다. 길에서 남쪽으로 내려가는 세자(世子)를 만나 따라 내려가 완산(完山)에 이르렀는데, 조정이 국위를 깎아 내려 오랑캐와 강화한다는 소식을 들었다. 군은 강개한 마음으로 말하기를,

> "비록 하책(下策)으로 나온 것이기는 하지만 반드시 존왕(尊王)의 의리[45]에 변함이 없다고 말하고 먼저 오랑캐에게 투항한 두 역적의 머리를 벤 다음에 화친을 의논해야 하니, 이와 같이 하면 그들의 사나운 기세가 꺾여서 조금이라도 삼군(三軍)의 기세를 진작할 수 있을 것이다."

하였다. 얼마 뒤 화친이 이루어졌다는 소식을 듣고는 비분을 스스로

45 존왕(尊王)의 의리 : 중국의 명나라를 종주로 섬기는 의리를 뜻한다.

이기지 못하여 마침내 곧장 집으로 돌아갔다. 세상의 일을 버리고 멀리 은둔하려는 계획을 이미 세웠으나, 마침 큰아들의 상을 당하여 결행하지 못하였다. 다음 해 4월 초하루에 질병으로 인해 집에서 졸하니, 향년이 55세였다.

군은 평상시 다른 사람을 대할 적에는 얼굴빛과 웃음소리에 친근감이 드러났으나, 취사(取捨)를 하는 데 이르러서는 한계 짓기를 칼로 자른 듯이 하였다. 이영구 등을 배척한 일에 대해서는, 그것을 본 자들이 놀라서 알리고 전하였으나 군은 절대 스스로 드러내어 말하지 않았다. 뒤에 글을 올려 스스로에 대해 해명한 자가 있어서 군의 일이 비로소 크게 드러나게 되었으므로, 사람들이 더욱 그를 어질게 여겼다. 군의 집안에서의 행실은 모든 면에서 빠짐이 없었다. 내가 군에 대한 것을 다 기술할 수 없기에 그 가운데 큰 것만을 이상과 같이 기록한다.-생략- 사(辭)는 다음과 같다.

아아 우리 원유께서는	嗟元裕
품은 뜻은 확고하고	而志之確確兮
행한 행실은 우뚝하며	而行之卓卓兮
퍼진 명성은 밝게 빛났다네	而聲名之赫赫兮
억제하려 하면 더욱 드날려지고	欲抑之而彌揚
가리고자 하면 더욱 빛이 나니	欲揜之而彌光
이 장부는 스스로를 헤아리지 않았다네	夫夫也不自量也
그 바름을 실추되지 않게 하여	弗殞厥正
후손에게 경사 크게 남겼으니	以篤胤慶
하늘이 정해 준 운명이었네	惟天之定

천백년의 오랜 세월 흐를지라도　有歲千百
바라보면 이 빗돌이 우뚝 서 있어　有瞻斯石
지나가는 이들 필시 예 올리리라　過者必式

늦게야 연꽃 꺾어[46] 때 만나지 못했으나　晩折蓮花遭不辰
평생 절의 지켜 드날림은 무슨 까닭인고　平生姱節展何因
당년에 강개하여 서궁을 배알하였으니　當年慷慨西宮拜
이백 명 가운데 오직 한 사람이었다네　二百人中獨一人

위는 사간 윤황(尹煌)의 만사(輓詞)이다.

당년에 사은하여 서궁을 배알하였으니　當年恩謝拜西宮
강상을 세운 이가 오직 우리 공이었네　扶植綱常獨我公
높은 철벽에 가리어 사람들이 몰랐으니　鐵壁千尋人不識
애달프다 쇠세에 모두 눈멀고 귀멀었구나　可憐衰世盡盲聾

위는 전 군수 이시직(李時稷)의 만사이다.

옛날에 국모께서 자리를 잃어　國母昔失位
백주에 서궁에 갇히셨도다　白日西宮閉
장하다 공은 급제한 날에　多公上舍日
일찍이 신하의 예를 알아서　早知爲臣禮
무리를 떠나 홀로 가서 배알하니　違衆獨往拜

46 늦게야 연꽃 꺾어 : 송갑조가 늦은 나이에 과거에 합격한 일을 가리킨다. 그는 1617년 44세의 나이에 비로소 사마 양시에 합격하였다.

윤강을 온 세상에 떨쳤도다 倫綱振一世
바른 기상을 다시 보지 못하니 正氣不復見
이에 하염없이 눈물 흘리노라 爲之多出涕

위는 하산군(夏山君)[47] 조문수(曺文秀)의 만사이다.

훌륭한 선비 사문을 떠났으니 斯文失儒雅
배우며 함께 노닐던 일 생각나네 學習憶同遊
홀로 서궁에 가서 배알한 것은 獨向西宮拜
기꺼이 북학의 가르침 따른 것이라네[48] 甘從北學咻
나아가서 밝은 시대의 천거에 응하고 起膺昭代薦
돌아와서 고향의 가을에 누웠도다 歸臥故山秋
선인이 장수하지 못함을 괴이히 생각 마오 莫怪善非壽
응당 후세의 경사가 있으리니 只應餘慶流

위는 지제교 조위한(趙緯韓)의 만사이다.

동문으로 함께 배운 때로부터 雪立同門日
서로 사귄 지 사십 성상이라네 論交四十霜
뛰어난 재주로 현달함이 마땅한데 高才宜特達
어찌 낮은 벼슬에서 방황하였던가 薄宦奈棲遑
가난하게 늙어 감을 달게 여기고 簞瓢甘終老

47 하산군(夏山君) : 조문수의 봉호는 하령군(夏寧君)이다. 착오가 있는 듯하다.

48 북학의……것이라네 : 송갑조가 유학의 경전에서 배운 의리를 실천한 것을 가리킨 듯하다.

이름은 진사에 올랐을 뿐이라네 聲名只上庠
흰머리 친구가 눈물 흘리며 白頭知己淚
남쪽을 바라보고 이 글을 쓰노라 南望落些章

위는 대사간 이목(李楘)의 만사이다.

사람에게 누구나 종제가 있지만 從弟人皆有
공 같은 이가 몇이나 될꼬 如公復幾人
마음으로 안빈낙도를 즐기고 安貧心樂道
천성으로 인의를 좋아하였네 嗜義性崇仁
홀로 서궁을 배알하여 獨拜西宮閉
동국의 인륜을 붙들었다네 仍扶東國倫
하늘이 수를 허락하지 않았으니 蒼天不假壽
남쪽을 바라보며 다시 눈물 흘리노라 南望更霑巾

위는 부사과 송희조(宋熙祚)의 만사이다.

풍성한 용모 어디에서 다시 뵐꼬 丰容那復見
높은 절개 항상 사모하였노라 峻節在常思
시름 속에 여러 번 문병하였는데 愁裏遞問病
내 꿈속에 오셔서 배고프다 하셨네 夢中來告饑
평생토록 한마음으로 사모하였으니 平生心一片
세상 떠나심에 두 줄기 눈물이 흐르도다 有死淚雙垂

-생략-

위는 정선(鄭瑄)의 만사이다.

애달프다 종제여 문중의 인걸이니 最憐從弟門中傑
만사를 쓰는 마음 차마 어떠하겠는가 今日何心忍挽之
무너진 강상을 붙들어 세우던 때에 扶植綱常顚沛際
당시 소인배들 누가 알아주었으리오 當時群小有誰知

위는 별제 송정조(宋廷祚)의 만사이다.

늦게사 사마시에 합격하여 晩捷司馬
이름이 성균관에 올랐는데 名登國庠
폐모를 논의하던 때에 大論之日
흉장에 이름 올리기를 거절하니 却署兇章
여럿이 의심하고 떼 지어 욕하며 群怪聚罵
배척하여 시골로 쫓아내었네 擯斥江鄕
-생략-

위는 군수 오행민(吳行敏)의 만사이다.

이분이 돌아가셨도다 斯人死矣乎
통곡하고 또 통곡하네 慟哭復慟哭
선을 행하고도 복을 얻지 못하니 爲善未獲福
천도는 참으로 헤아릴 수 없도다 天道誠難測
우뚝 서서 세상 혼란 막은 뒤로 特立世亂後
평생토록 큰 절개 아쉬워하였노라 平生歎大節
-생략-

위는 박사 송국택(宋國澤)의 만사이다.

이와 같은 자잘한 글들을 감히 써서 올리는 것이 매우 외람된 줄 아오나 어찌 감히 성상께서 직접 읽으시기를 바라겠습니까. 다만 바라건대 정원(政院)에 계하(啓下)하여 신의 망사(亡師)가 성혼을 비방한 일이 없음을 알게 하소서. 그리하시면 신의 아비의 원통함도 깨끗이 씻기고 효묘(孝廟 효종)께서 내리신 포상의 은전도 헛되지 않게 될 것입니다.

기사년(1689, 숙종15) 2월에 올린 상소 1일
己巳二月疏 初一日

삼가 아룁니다. 신이 선정신(先正臣) 성혼(成渾)의 일과 또 신의 아비 송갑조(宋甲祚)의 원통함에 대하여 소(疏)를 올려 천지 부모 앞에서 신원(伸冤)하고자 하였는데, 소가 이루어지고 나서 곧 삼가 들으니 전하께서 대명령(大命令)[49]을 내리셨고 사문(赦文)은 하루 100리로 빠르게 전달되었다고 하였습니다. 지금 또 들으니 성명(聖明)께서 참설(讒說)이 선행을 막는 것을 미워하여 환하게 위엄으로 결단하셨다고 하기에, 신은 거의 죽게 된 중에도 깜짝 놀라 "이것은 참으로 석개(石介)가 말한 성덕(聖德)의 일[50]이다."라고 하였습니다. 옛날 송 신종(宋神宗)이 28세에 곧 철종(哲宗)을 낳았는데, 그 어머니는 후궁 주씨(朱氏)였습니다. 횡거(橫渠) 장자(張子)가 그 소식을 듣고 매우 기뻐하니, 정자(程子)가 그의 공정한 충성을 아름답게 여겼고, 주자(朱子)와 여동래(呂東萊 여조겸(呂祖謙))가 한천정사(寒泉精舍)에서 함께 편집

49 대명령(大命令) : 1688년 10월에 후궁 소의(昭儀) 장씨(張氏)가 왕자를 출산하였는데, 이듬해 1월에 대신들의 반대를 무릅쓰고 그 왕자의 위호를 원자로 정한다는 명을 내린 것을 말한다.

50 석개(石介)가……일 : 송 인종(宋仁宗) 때 여이간(呂夷簡), 하송(夏竦) 등 간인(奸人)을 아울러 파직하고 두연(杜衍), 안수(晏殊), 범중엄(范仲淹), 구양수(歐陽脩) 등이 동시에 진용(進用)되자, 태자 중윤(太子中允) 석개가 〈경력성덕시(慶曆聖德詩)〉를 지어 두연 등을 중현(衆賢)이라 칭하고 하송을 대간(大奸)이라고 지척한 일을 가리킨다.

한《근사록(近思錄)》에 표장(表章)했습니다. 대저 장자, 정자, 주자, 여동래가 전후로 한 가지 뜻이었던 것은 종사(宗社)를 위한 마음이 올바른 천리(天理)에 순일하였기 때문입니다. 이미 천리라고 하였으니 오늘날의 인심(人心) 또한 어찌 다름이 있겠습니까.

지난해 11월 초에 지금의 영상(領相) 김수흥(金壽興)이 신에게 급히 편지를 보내어 알리기를 "후궁에 왕자(王子)의 경사가 있다."라고 하였는데, 그것은 이전에 매양 함께 걱정했던 일이므로 사민(士民)이 속히 알기를 바라서였습니다. 신은 쇠약하여 정신이 혼몽하고 귀가 어두운 가운데서도 저도 모르게 기쁜 마음에 입이 벌어졌습니다. 그런데 오늘에 이르러 삼가 들으니 제신(諸臣) 사이에 위호(位號)가 너무 이르다는 말이 있다고 합니다. 철종은 10세가 되고서도 번왕(藩王)의 자리에 있다가 신종이 병이 들자 비로소 책봉하여 태자(太子)로 삼았는데, 그때 가왕(嘉王)과 기왕(岐王)의 혐핍(嫌逼)[51]이 있었는데도 이와 같이 느긋이 하였던 것은 제왕의 큰 거조는 항상 여유 있게 하는 것을 귀하게 여겨서입니다. 하물며 지금처럼 혐핍의 염려가 있지도 않은 데이겠습니까. 오늘날 신하들이 정후(正后 중전(中殿))에게서 경사가 생길 수 있다는 말을 하는 것은 대개 일을 앞두고는 주밀하고 상세하게 해야 한다고 생각해서입니다. 이것은 중종조(中宗朝) 이언호(李彦浩)의 말과 서로 비슷하나, 저 사람은 간사하고 이들은 정당합니다. 저 사람은 신씨(愼氏)의 복위(復位)를 저지하고자 하여 공교한 말을 해서

51 가왕(嘉王)과 기왕(岐王)의 혐핍(嫌逼) : 가왕과 기왕은 송 영종(宋英宗)의 아들 조호(趙顥)와 조군(趙頵)의 봉호(封號)이다. 이들은 신종의 아우들로서, 신종의 아들인 철종이 어렸으므로 자주 궁중에 들어와 문안드렸는데, 이것을 혐핍이라고 한 것이다.

기묘사화(己卯士禍)의 원인을 만들었으나, 이 사람들은 종묘사직을 위하여 혹 그럴 수도 있다고 염려한 것입니다. 그러니 이제 만약 저 말을 가지고 이 말을 공박한다면 큰 잘못입니다.

또 기억하건대, 예전에 허목(許穆)의 예론(禮論)이 예를 제정한 자의 본의와 다른 점이 있기에 신이 선대왕(先大王)의 하문(下問)을 받아 감히 예의 뜻이 그렇지 않음을 논하였습니다.[52] 그런데 그 뒤에 허목이 또 상소하여 국본(國本)이 정해지지 않았다는 말을 올렸습니다. 당시에 전하께서 이미 몇 자의 옷을 입으셨는데[53] 허목의 말이 이와 같았으므로 온 조정이 놀라고 당황해서 어찌할 줄을 몰랐습니다. 그러므로 고(故) 상신(相臣) 정태화(鄭太和)가 진언하기를 "원자(元子)가 탄생한 날이 바로 국본이 정해진 날입니다. 이미 종묘에 고하고 하례를 베풀고 팔방에 반사(頒赦)하였는데, 이제 이 허목의 소에 국본이 정해지지 않았다고 말하였으니, 신은 그 뜻이 어디에 있는지 알지 못하겠습니다." 하니, 이로 말미암아 그의 말이 쓰이지 않았습니다. 그 뒤에 역적 윤휴(尹鑴) 등이 모두 허목의 말을 근거로 남몰래 화(禍)의 기틀을 돋우어, 마침내 지금의 영돈녕부사 김수항(金壽恒) 이하를 쫓아냄

52 예전에……논하였습니다 : 효종이 붕어한 후 효종의 어머니이자 인조의 계비인 조 대비(趙大妃)의 복상(服喪) 문제로 일어난 1659년(현종 즉위년)의 기해예송(己亥禮訟)을 말한다. 이때 송시열은 조 대비의 1년복 설을 주장하여 허목의 3년복 설을 강력히 반대하였다.

53 몇……입으셨는데 : 군왕의 나이를 바로 말하는 것을 피하여 돌려서 말한 것이다. 《예기(禮記)》 〈곡례 하(曲禮下)〉에 "누가 천자의 나이를 물으면, '몇 자의 옷을 입기 시작하였다고 들었다.'라고 대답한다."라고 한 내용이 보인다. 여기서 말한 허목의 상소는 1663년에 올린 〈청건저소(請建儲疏)〉이니, 이때 숙종의 나이는 3세였다.

으로써 역적 허견(許堅)의 모의가 더욱 방자해졌습니다.

또 인묘(仁廟 인종(仁宗))께서 후사(後嗣)가 없었으니, 당시에 천위(天位)가 명종(明宗)에게 돌아가지 않고 어디로 돌아가겠습니까. 그런데도 이기(李芑)와 허자(許磁) 등이 "조정의 신하들이 '명종이 눈으로 사물을 본다'는 말을 듣기 좋아하지 않았다."라는 말[54]을 지어냄으로써 사류(士類)가 도륙당하기에 이르렀고, 신의 종증조 대사헌(大司憲) 송인수(宋麟壽)가 그 첫 희생자가 되었습니다. 신이 그때의 야사(野史)를 읽을 때마다 저도 모르게 통곡하고 눈물을 흘립니다.

요즈음 성명께서 비록 참소하는 사람을 통렬히 배척하시지만 이를 이어서 사특한 마음을 부릴 길을 찾는 자가 없을 줄을 어찌 알겠으며, 성명이 위에 계시어 그러한 걱정이 저절로 없기는 하나 참소하는 사람의 종자가 천만세 뒤에 일어나지 않을 줄을 어찌 알겠습니까. 참설이 여러 번 거듭되면 자모(慈母)도 북을 던지게 되고,[55] 세 사람의 말은 호랑이를 만들어 내는 법[56]입니다. 엎드려 바라건대 전하께서는 오늘날 신하들의 마음도 장자, 정자, 주자, 여동래의 마음과 같지 않음이

54 이기(李芑)와……말 : 이기, 허자와 함께 소윤(小尹)에 속한 정순붕(鄭順朋)이 명종 즉위년(1545)에 올린 상소에, 윤임(尹任), 유인숙(柳仁淑) 등의 대윤(大尹) 일파가 명종의 즉위를 좋아하지 않았다는 내용과 유인숙이 사람들에게 명종이 안질을 앓는다고 말하였다는 내용이 나온다. 《明宗實錄 卽位年 8月 28日》

55 참설이……되고 : 증삼(曾參)의 어머니가, 아들 증삼이 사람을 죽였다는 말을 세 번째 전해 듣고는 마침내 그 말이 참말이라고 믿고 베 짜던 북을 내던지고 달아났다는 말로, 참소가 여러 번 이르면 끝내는 믿게 된다는 말이다. 《戰國策 秦策2》

56 세……법 : 여러 사람이 똑같은 말을 하면 거짓말도 참말로 여기게 된다는 삼인성호(三人成虎)의 고사를 가리킨다. 《戰國策 魏策2》

없다고 생각하여 "정후(正后)께서 혹 그러실 수 있다."라는 말이 기묘년(1519, 중종14)의 화를 불렀던 마음과 다르다고 여기신다면, 종묘사직에 매우 다행한 일이며 신하와 백성에게도 매우 다행한 일이겠습니다.

신이 일찍이 듣건대 전하께서 헌신(憲臣)들이 신을 장주(章奏)에서 빼놓았다 하여 많은 관원을 파직하셨다 합니다. 신은 부끄러움과 두려움을 이기지 못하여 한번 소를 올려 늙어서도 죽지 않은 죄를 깊이 사죄하고 인하여 성학(聖學)은 반드시 노여움 잊는 것을 요점으로 삼으시라고 주청(奏請)하고자 하였습니다. 그런데 신의 친구 한 사람이 길에서 그 소를 보고 되돌려 주면서 말하기를 "헌부(憲府)의 신하들이 이미 석방되었고 또 밖에 있는 늙은 신하가 외람되이 시사(時事)를 언급할 필요가 없다." 하기에, 신이 그 말을 옳게 여기고 그 소를 삭제해 버렸습니다.

지금은 천신(賤臣)의 병이 위독해져서 조석을 믿기 어렵습니다. 애끓는 깊은 충정으로 밤새도록 잠을 이룰 수 없어, 감히 한마디 말로써 전하께 이런 번거로움을 끼쳐 드리는 것을 의(義)를 다하는 것으로 여기니, 엎드려 바라건대 전하께서는 불쌍히 여겨 살펴 주소서. 신은 간절하고 황공한 마음을 감당하지 못하겠습니다.

효종의 어찰을 올리려던 상소[57] 기사년(1689, 숙종15) 2월
擬進孝廟御札疏 己巳二月

치사(致仕)한 봉조하(奉朝賀) 신 송시열은 황공히 머리를 조아려 삼가 백번 절하고 주상 전하께 말씀을 올립니다. 엎드려 말씀드리건대, 정유년(1657, 효종8)에 소신이 모상(母喪)을 막 벗은 뒤로부터 성조(聖祖 효종)의 내밀한 교지가 간혹 내려왔으나 외인(外人)들이 알지 못하게 하고자 하여 반드시 곧바로 불태우게 하셨으므로, 비록 차마 못 할 바가 있었으나 또한 감히 명을 어기지 못했습니다.

무술년(1658) 7월에 명을 받고 조정에 나올 때에 직산(稷山)에 도달하여 성후(聖候)가 조금 편안하지 못하시다는 소식을 어렴풋이 들었는데, 진위(振威)의 희도원(希道院)에 이르러 성조께서 경기 감사 이일상(李一相)을 시켜 신에게 빨리 들어오도록 하라고 이르셨습니다. 그런데 신이 황급히 빨리 달려 성 밖에 도착하니 도승지(都承旨) 김좌명(金佐明)을 시켜 성후가 편치 못하여 곧바로 인견(引見)하실 수 없다는 뜻을 알려왔습니다. 그 뒤에 신하들을 따라서 등대(登對)하게 하셨으나 조섭(調攝)하는 데에 해로울까 두려워서 오랫동안 머무르지 않고 물러갔습니다.

57 효종의……상소 : 영의정 김수흥(金壽興)이 연석(筵席)에서 숙종에게 주청하여 송시열이 보관하고 있는 효종의 밀찰을 가져오게 하였는데, 송시열이 이 소를 작성하여 밀찰과 함께 올리려 하였으나 당시 송시열에 대한 숙종의 노여움과 정적들의 반감이 심하여 결국 이 소를 올리지 못하였다. 그 후 갑술년(1694)의 정국 전환으로 서인이 집권한 뒤에 마침내 이 소가 올려졌다. 《宋子大全隨箚 卷2》

기해년(1659) 봄에는 자주 사대(賜對)를 하셨는데, 하루는 신하들이 물러 나갈 때 신에게 명하여 머물러 있게 하고 또한 승지와 사관을 나가게 하셨습니다. 또 환시(宦侍)들로 하여금 좌우의 문을 활짝 열어 놓게 한 다음 그들을 꾸짖어 물러가게 하고는 하교하시기를 "매양 송 효종(宋孝宗)이 장남헌(張南軒)을 악대(幄對)하던 일을 따르고자 하였으나, 인심(人心)이 시끄러워 꺼리지 않을 수 없기에 뜻대로 못 했다가 이제야 비로소 하게 되었다." 하고, 이어 신과 대화를 나누다가 시간이 오래되어서야 파하셨습니다. 그 뒤에도 비록 비밀의 유시가 있었으나 반드시 전처럼 소각하게 하셨습니다.

그해 4월에 성조께서 선대왕(先大王 현종(顯宗))으로 하여금 궁중의 깊은 곳에서 서연(書筵)을 열게 하고 이어 지금 올리는 수찰(手札)을 내려 주셨는데, 또한 환시를 물리치셨으므로 그간에 있었던 곡절에 대하여는 절대로 본 자가 없었습니다. 돌아와서 비밀리에 대답할 말을 썼으나 초고(草稿)를 절반도 작성하지 못하였는데 성후가 크게 악화되는 바람에 허둥지둥 달려 들어갔습니다. 신하들과 약을 달이는 화로를 에워싸고 합문(閤門) 밖에 앉아 있다가 환시가 급히 "영상(領相)과 이판(吏判)은 들어오시오." 하고 부르기에, 기력을 다하여 달려 들어가서 큰 소리로 외치기를 "신등이 왔습니다." 하였으나 이미 옥음(玉音)은 들리지 않았으니, 아, 애통한 일입니다.

지금의 이 수찰 안에는 불태우라는 말이 없으므로 품속에 간직하고 내려와서 명산(名山)의 암석 사이에 감추어 두었습니다. 이제 신더러 사관에게 부쳐 올리라고 하시지만, 아, 이것을 어찌 감히 인편에 부쳐서 올리겠습니까. 신이 마땅히 병이 조금 낫기를 기다려 몸소 나아가 직접 진달해야 합니다. 하지만 스스로 생각건대 천신(賤臣)의 병이 오래 낫지 않고 이 또한 조석 사이도 믿기 어려우니, 만약 다시 기다리다가 갑자기 죽게 되면 끝내 성상께서 거두어들이시는 지극한 뜻을 저버리게 되겠기에, 신이 감히 죽기를 무릅쓰고 기어서 현정(縣庭)에 나아가 삼가 손자인 전 현령(縣令) 송주석(宋疇錫)에게 부쳐 공경히 받들고 대궐에 나아가 어디로 올리라는 성상의 하교를 기다리게 하였습니다. 천신의 손자 송주석이 외람되게 은명(恩命)을 받아 일찍이 시종(侍從)이 되어 가까이에서 모신 지가 매우 오래되었고 신은 이미 직접 올릴 수가 없으므로, 그로 하여금 신을 대신하여 받들어 올리게 하는 것이 오히려 구차하게 인편으로 부치는 것보다 낫기 때문입니다. 그러나 신이 몸소 올리지 못한 죄는 절대로 용서받기 어렵습니다. 엎드려 바라건대 전하께서 친히 받아 열어 보소서.

생각건대 교유하신 말씀이 보통 때와 달라서 천향(天香)이 아직도 서려 있으니, 전하께서 또한 어떻게 마음을 가누시겠습니까. 전하께서는 또한 신과 상신(相臣) 정재숭(鄭載嵩)이 대를 이어 구의(舊義)를 지켜야 하는 줄을 아실 것이고, 또한 참판 이선(李選)이 만약 죽음으로써 성조(聖祖)의 은혜에 보답하지 못한다면 그 죄가 용서받기 어려울 줄도 아실 것입니다.[58] 아, 신이 피눈물을 흘리면서 소를 함봉(緘封)하려니, 임금을 따라서 죽기가 이처럼 더딘 것이 한스러울 따름입니다. 옛날 배도(裴度)는 죽을 때에 임하여 선제(先帝)가 주었던 옥대(玉帶)

58 전하께서는……것입니다 : 정재숭은 효종조의 영의정 정태화(鄭太和)의 아들이고 이선은 우의정 이후원(李厚源)의 아들이다. 효종은 정태화와 이후원을 매우 신임하였으며, 송시열에게 준 밀찰에서 "경(卿)은 반드시 나의 뜻을 알아서 그 친자(親子)들과 뜻을 합한 뒤에 차례로 정사를 논하여야 한다."라고 하였으므로, 정재숭과 이선을 거론하여 이렇게 말한 것이다. 《宋子大全隨箚 卷2》

를 되돌려 드리면서 말하기를 "감히 지하로 가지고 돌아갈 수 없거니와, 또한 감히 민간에 둘 수도 없습니다." 하였으니, 저 옥대 같은 보배를 가지고도 배도는 오히려 이와 같이 하였는데 하물며 이 수택(手澤)이야 어찌 감히 배도가 얻었던 보배 따위에 비교하겠습니까.

신이 무술년(1658) 7월에 조정에 들어가서 기해년(1659) 4월에 이르기까지 그사이에 친밀히 들은 성상의 계책이 독대(獨對)할 때의 말씀보다 많은 적이 없었으므로, 그때의 말씀을 신이 비밀히 책자에 기록하여 깊이 감추어 두었습니다. 그런데 한림(翰林) 이세장(李世長)·이광직(李光稷) 등이 편지를 보내어, 사책(史冊)에 기록하지 않을 수 없다고 하면서 보기를 간절히 청하였습니다. 신이 처음에는 곤란하게 여겼지만 두 사람이 청하기를 그치지 않으므로, 신이 생각하기를 '신의 자손이 이 보장(寶藏)을 무궁토록 보관할 수 없으니 사관에게 맡기는 것이 낫겠다.' 하여, 마침내 지금의 첨정(僉正) 김만증(金萬增)을 시켜 아주 치밀하게 봉해서 가지고 가게 하였는데, 이광직은 이미 죽었고 이세장이 이미 사책에 올렸다고 합니다. 이것이 아마도 성조조(聖祖朝)의 실록에 있으리라 생각되니, 한번 가져다 보면 성조의 규모의 대략을 아실 수 있을 것입니다.

지금 이 수찰을 성조께서 내려 주실 때에 선대왕-춘궁(春宮)에 계실 때의 일이다.-께서 받들어 가지고 꿇어앉아 말씀하기를 "밀찰(密札)이 있소." 하시기에, 신이 땅에 엎드려 받았습니다. 그 주고받을 적에 선대왕의 엄숙하고 공경한 모습이 이와 같으셨는데, 신이 감히 다른 사람을 시켜서 올리겠습니까. 또 엎드려 생각건대 비록 이것을 사신(史臣)에게 맡긴다 하더라도 또한 줄여서 써야 할 곳이 있을 것이니, 이는 다만 성명(聖明)께서 짐작해서 처리하시는 데에 달려 있습니다.

또 경신년(1680, 숙종6) 겨울에 신이 명을 받들고 조정에 들어갔다가, 비록 성명께 위유(慰諭)를 받았으나 종적이 편안하지 못하여 감히 태연히 서울에 있지 못하고 서교(西郊)의 조묘(祖墓) 아래로 물러 나와 엎드려 날을 보냈는데, 뜻밖에 명성성모(明聖聖母 현종 비 명성왕후)께서 시정(寺正) 김석연(金錫衍)을 시켜 언문으로 쓴 어찰(御札)을 전하게 하고 이어 몇 마디 말씀을 구두로 전해 주셨으니, 이는 송조(宋朝) 고 태후(高太后)가 사마광(司馬光)을 애써 만류한 고사(故事)를 따르신 것입니다. 신은 더욱 황공하여 감히 신 신기를 기다리지 못하고 바로 들어가 사은(謝恩)하였습니다. 이것을 더욱 어찌 여염에 머물러 두고 감히 후세 자손과 부녀자로 하여금 전해 가며 함부로 가까이하게 할 수 있겠습니까. 그래서 지금 아울러 정납(呈納)하나 감히 천신의 손자를 시켜 보내지 못하고 이웃에 사는 일가 사람인 영모전 참봉(永慕殿參奉) 송석필(宋奭弼)을 시켜 공경히 받들어 올리게 하니, 이 사람은 성모에게 사촌 친척이 됩니다. 엎드려 생각건대, 전하께서도 애모(哀慕)하여 슬픔에 목이 메이는 것을 금하지 못하실 것입니다. 신은 눈물을 흘리면서 두렵고 비통한 마음을 감당하지 못하겠습니다.

당시에 비밀히 내리셨던 교시를 하나하나 기록하여 올리다 當時密勿之敎畫一錄呈

1. 성조께서 일찍이 탄식하기를 "무릇 병화(兵禍)를 입은 나라들이 외방(外方)은 비록 완전히 무너지더라도 근본이 견고하였으므로 끝내 패망에는 이르지 않았는데, 우리나라는 조금만 병란(兵亂)이 있게 되면 도성이 먼저 무너져서 공사(公私)의 축적이 모두 적군에게 넘어갔으니, 매우 통탄할 일이다. 무엇 때문에 조종(祖宗)의 규모가

이와 같이 허술했던 것인가. 일찍이 북한산성(北漢山城)을 수축하고 또 조지서(造紙署)의 동구(洞口)를 막아 난리를 당할 때 이어(移御)하는 장소로 삼고자 하였으니, 이곳은 공사의 인물이 모두 무사히 보전되고 적군이 굳이 와서 싸우고자 하면 바로 적군을 장사 지낼 장소이기 때문이다. 그러나 이때는 백성을 사역하기가 어려웠기 때문에 감히 뜻을 내지 못하였다." 하시기에, 천신이 대답하기를 "남한산성(南漢山城)을 축조할 때에는 모두 승도(僧徒)를 썼고 민정(民丁)은 일절 쓰지 않았습니다. 지금은 승도의 수효가 남한산성을 축조할 때보다 배나 됩니다." 하였습니다.

1. 하교하기를 "국군(國君)의 부(富)는 말〔馬〕의 수로 계산하는 것인데, 우리나라의 마정(馬政)은 허술하다. 그리고 남방(南方)의 말은 성질이 유약해서 전진(戰陣)에서는 사용하기가 어려우니, 남방에 있는 목장(牧場)을 모두 서북 지방에 옮긴다면 생산되는 말이 다 쓸 만할 것이다. 남방의 목장은 백성들로 하여금 경작하게 하고 인하여 그 사람들을 수군(水軍)으로 삼고, 산군(山郡)에 있는 수군을 일체 없애 버리면 마정과 해방(海防) 두 가지가 모두 편리하게 될 것이다." 하셨습니다.

1. "중들은 놀고먹어 양민(良民)들이 생산한 곡식을 축내고만 있으니 손해가 막심하다. 그렇다고 한꺼번에 제거하려 한다면 또 뜻밖의 변이 생길 것이니, 고법(古法)에 따라 첩지(牒紙)를 주어 그들만 중이 되게 하고 또 약간씩 세포(稅布)를 거두어들인다면 중이 점점 적어질 것이요 양민이 점점 많아질 것이다." 하셨습니다.

1. "서로(西路)의 성지(城池)로서 길목에 있는 것은 보수할 수 없으나, 그 밖의 것은 비밀히 수선해 두었다가 피란민으로 하여금 다

들어가 생명을 보전할 수 있게 하라. 비록 길목에 있다 하더라도 서서히 그 성체(城體)를 보완하되 여장(女墻 성가퀴)은 설치하지 말라. 또 성안에 모두 벽돌을 비축해 둔다면 때를 당하여 여장을 쌓을 수 있을 것이다." 하셨습니다.

1. "우리나라 백성 중에 세력 있고 교활한 자는 오랑캐에게 투항한 자들이 의기양양하게 횡행하는 것을 보고 부러워하는 마음이 있어서 갑자기 난리가 일어나면 모두 피하려 하지 않고 항복할 것이니, 이것이 가장 염려된다." 하셨습니다. 성조 말년에 기내(畿內) 사람 중에 무단히 저들에게 투항한 자가 있었는데, 저들이 압송해 보내면서 말하기를 "죽이지 말라." 하였으나, 성조께서 말씀하기를 "이놈을 주살(誅殺)하지 않는다면 나라를 다스릴 수 없다." 하고, 바로 효시(梟示)의 논의를 정하셨습니다. 그리하여 현종이 즉위하시자 마침내 선왕의 뜻을 받들어 그를 죽였습니다.

1. "옛적에는 양민을 선발하여 기병(騎兵)과 보병(步兵)으로 삼고 즉시 해당되는 품계를 내려 주어 그들로 하여금 왕궁을 숙위(宿衛)하게 하고 겸하여 기예를 익히게 하였으므로 병사 된 자들이 영광으로 생각하고 쓰이기를 원했으니, 어찌 도피할 리가 있겠는가. 지금은 각 관사에 나누어 맡겨 천례(賤隷)의 일을 시키도록 하기 때문에 백성들이 마치 사지(死地)를 피하듯이 피한다. 지금 만약 옛 제도를 회복하여 각처의 사환(使喚)을 각각 본사(本司)의 노비로 충당하고 정군(正軍)은 다시 나누어 맡기지 말도록 한다면, 양민들이 굳이 도피하지 않을 것이다. 다만 각 관사의 노비가 다 하리(下吏)들에게 사사로이 부려지게 되어 수습하기가 어려우니, 이것이 안타까운 일이다." 하셨습니다.

1. 하교하기를 "옛날에는 숙위를 모두 사대부의 자제로 구성하였으니, 그 뜻이 깊다. 한 위(衛)를 설치하여 '자제위(子弟衛)'라 하고 사대부 자제 중에서 호건(豪健)한 자를 선발하여 충원하며, 때때로 어전에서 습사(習射)하게 하여 은의(恩義)로써 결속하게 하되, 여기를 거치지 않고 나온 자는 도총부(都摠府)의 곤수(閫帥) 자리를 허락하지 않는다면 사대부의 자제들이 앞다투어 응모해서 숙위가 견고해질 것이다. 다만 '자제위'라는 이름이 썩 아름답지 못하다면, 마땅히 이름을 고쳐야 할 것이다." 하셨습니다.

1. "백성으로 병사를 기르면-이것은 훈국(訓局)의 제도이다.- 나라가 가난해지고 백성이 고통을 받으니, 병사로 병사를 기른 다음에야-이것은 어영(御營)의 제도이다.- 병사와 백성이 둘 다 편하게 된다." 하셨습니다. 현종 때에 이미 유혁연(柳赫然)을 시켜 변통하게 하셨지만, 성실히 받들어 시행하지 못해서 훈국의 병사가 아직도 많습니다.

1. 일찍이 하교하기를 "한사(漢史)에 이르기를 '조광한(趙廣漢)이 호강(豪强)한 자들을 위력으로 제압하여 소민(小民)들이 살길을 얻었다.' 하였는데, 우리나라에서 전결(田結)이 줄어든 것도 이에 말미암은 것이니, 어사(御史)가 염문(廉問)할 때에 이런 종류의 일도 겸하여 살펴서 다스리게 하고자 한다." 하셨습니다.-민유중(閔維重) 등이 염문할 때 받은 교서에 이 조건이 있었다.-

1. "재생청(裁省廳)을 설치하여 낭비를 없애야 한다. 그러나 반드시 먹는 자가 적어야만 낭비를 줄일 수 있다." 하셨습니다. 대저 성조께서는 '지금 나라의 일이 한 가지도 병들지 않은 것이 없으니 어떻게 폐단이 생길 때마다 고칠 수 있겠는가. 요점은 다만 한 「사(私)」 자를 제거하는 데에 있으니, 그렇다면 나부터 이 한 글자를 버리고

난 다음에 따르지 않는 신하가 있다면 비록 대신(大臣)이라도 결코 용서할 수 없다.'라고 생각하신 것이었습니다. 그리하여 민유중, 홍처윤(洪處尹)이 명을 받고 염문할 적에, 모든 궁가(宮家)가 외방에서 작폐(作弊)하는 일을 일체 염문하여 아뢰게 하셨으니, 설둔(設屯), 염분(鹽盆), 어전(漁箭), 원당(願堂) 등과 같은 일이었습니다. 그에 대한 봉서(封書)가 아직도 제신(諸臣)의 집에 있을 것이니, 만약 가져다 예람(睿覽)하신다면 당시의 성지(聖旨)가 탁월하셨음을 알 수 있을 것입니다.

엎드려 생각건대 "수신(修身)하여 황극(皇極)을 세우고, 백성을 보호하여 나라의 근본을 튼튼히 하며, 선비를 가르쳐 속학(俗學)을 바로잡는다."라는 것이 바로 늘 하신 성조의 가르침이었습니다. 그리고 일찍이 말씀하기를 "천리(天理)를 밝히고 인심(人心)을 바로잡는 것이 바로 나의 직임(職任)이 아니겠는가." 하셨습니다만, 그에 대한 상세한 내용이 《독대설화(獨對說話)》에 있으므로 여기에 다시 덧붙이지 않습니다.

효종의 수찰과 명성왕후의 언찰을 올리는 상소 기사년(1689, 숙종15) 2월

進孝廟手札明聖諺札疏 己巳二月

죽을죄를 지은 신 송시열은 황공히 머리를 조아리고 삼가 피눈물을 흘리면서 백번 절하고 주상 전하께 말씀을 올립니다. 엎드려 아뢰건대, 신이 1월 29일에 삼가 성지(聖旨)를 받들어 보니, 일찍이 성조(聖祖)께 받은 어찰(御札)을 사관에게 부쳐 올리게 하였습니다. 신이 당초에는 수찰 속의 사의(辭意)와 곡절(曲折)을 주석(註釋)하여 올리고자 하였으나, 이것이 갑작스럽게 할 수 있는 것이 아니고 근시(近侍) 또한 오래 머무를 수 없기 때문에 갔다가 다시 돌아오라고 곧바로 청하였는데, 신이 늙고 병들어 정신이 혼모해서 글을 쓰기가 어려워 여러 날 동안 미루어졌습니다. 지금 신은 성은을 입어 주륙(誅戮)을 면하고 절도(絶島)에서 목숨을 이어 가게 되었습니다. 신이 성은에 감읍하면서 엎드려 생각건대, 이제 어찰을 올리는 일은 이미 성명(成命)을 받들었으니 신 또한 붙이는 글을 써서 사관이 돌아가는 편에 부쳐 올려야겠다고 생각했습니다.

생각건대, 옛날 당(唐)나라의 신하 배도(裴度)는 선제(先帝)에게서 옥대(玉帶)를 받았다가 자기가 죽으려 할 때 대를 이은 황제에게 되돌려 주면서 아뢰기를 "감히 지하로 가지고 돌아갈 수 없는 데다 또 민간에 머물러 두는 것도 합당하지 않습니다." 하였습니다. 저 옥대 같은 보배를 가지고도 배도는 오히려 이와 같이 하였는데, 하물며 이 성조의 수택(手澤)이야 어찌 감히 배도가 얻었던 보배 따위에 비교하겠습니까. 또 하물며 성명이 있는 데이겠습니까. 지금 신이 만약 죄를 겁내고 황공해하는 마음이 지극하여 끝내 감히 궐에 들이지 못하고 이 수택을 받들어 충사(蟲蛇)가 들끓는 더러운 땅에 둔다면 불경(不敬)이 이보다 더 클 수 없을 것입니다. 이에 감히 천신(賤臣)의 자식인 전 군수 송기태(宋基泰)를 시켜 공경히 세 폭의 어찰을 받들고 궐에 나아가 명을 기다리게 하였습니다.

사람들이 혹시 말하기를 "저 사람은 죄인으로서 어찌 감히 천연스럽게 소(疏)를 올리는가." 한다면, 이에 대하여는 고사(古事)가 있습니다. 옛날 송(宋)나라 신하 장준(張浚)은 귀양 가 있으면서도 여러 번 소를 올려 진언(進言)하였습니다. 더구나 지금 신이 삼가 성명의 교서를 받들고서도 두려워하여 감히 올리지 못한다면, 왕명을 업신여긴 죄가 실로 분수를 범한 형벌보다 더 크고 또한 성조께서 뜻하셨던 일을 마침내 민멸(泯滅)하도록 하는 것이니, 신이 만번 죽어도 죄를 용서받을 수 없습니다. 또 한 가지 일이 있습니다. 신이 경신년(1680) 12월 22일 서교(西郊)에 엎드려 있을 때에 우리 명성성모(明聖聖母)께서 지금의 수원 부사(水原府使) 김석연(金錫衍)을 시켜 어찰을 내려보내셨으므로, 신이 일찍이 공경히 받들어 소중히 보관하고 있었습니다. 이 또한 감히 몸에 지니고 바다를 건널 수 없기 때문에 아울러 진납(進納)합니다. 신은 황공하고 두려워 타들어 가는 지극한 마음을 가누지 못하겠습니다.

탐라에서 나치되어 육지에 나온 뒤 남기는 상소 기사년(1689, 숙종15) 5월

自耽羅就拿出陸後遺疏 己巳五月

삼가 아룁니다. 신은 나치(拿致)하라는 명이 내린 뒤로 천지에 사무치는 원통함을 청실(請室 옥(獄))에서 한번 토로하고 죽음에 나아갈 수 있게 된 것을 다행으로 여겼습니다. 그러나 신은 지난겨울 섣달부터 거듭 위장병에 걸려 밥 한 숟갈도 못 먹은 지가 이미 오래된 데다 길에 나선 뒤에 거듭 더위를 먹고 뱃멀미까지 겹쳐서, 몸을 지탱하지 못한 지 여러 날이 되어 이제 죽으려고 합니다. 이에 신이 원통하고 답답하게 여기는 일을 끝내 궐하(闕下)에 달려가 하소연할 수 없는 것이 매우 한스러워 어쩔 수 없이 감히 망극한 죄를 잊고 이렇게 진소(陳疏)할 생각을 하게 되었으니, 논하는 자들이 이것을 한층 더 중한 죄안(罪案)으로 삼으리라는 것은 이미 알고 있습니다.

신이 원통하고 답답하게 여기는 일이 무엇이겠습니까? 우리 효종대왕(孝宗大王)께서는 하늘이 내신 성인으로서 양구(陽九 심한 불운(不運))의 시대를 만나, 천지가 뒤집힌 것을 가슴 아프게 여기고 갓〔冠〕과 신〔屨〕이 도치된 것[59]을 분해하셨습니다. 그러므로 춘추대의(春秋大義)를 잡고 끊어진 정리(正理)를 밝혀 장차 위로는 황상(皇上 명(明)나라 의종(毅宗))의 원수를 갚고 아래로는 선왕(先王 인조(仁祖))의 치욕

59 천지가……것 : 조선의 입장에서 종주로 섬겼던 명나라가 망하고 야만으로 여겼던 청(淸)나라가 중국을 차지한 일을 가리킨다.

을 씻고자 뜻을 세우고 마음을 지키는 것이 바로 청천백일과 같으셨으며, 근심하고 두려워하며 부지런히 힘써 항상 임금이 되는 것을 즐겁게 여기지 않으셨습니다. 밤낮으로 넓고도 주밀하게 정사를 행하되 더욱 반드시 학문에 힘쓰셨으며, 본말(本末)에 차례가 있고 체용(體用)이 한곳에 근원하므로, 천지의 법도를 지켜 어긋나지 않았고 한서(寒暑)의 변화를 따라 어김이 없으셨으니, 이른바 "서(敍)·질(秩)·명(命)·토(討)"[60]가 그 가운데 찬연히 빛났습니다. 일찍이 고(故) 상신(相臣) 이경여(李敬輿)의 소(疏)에 대한 비답(批答)에 환히 드러내신 덕음(德音)이 해와 별처럼 빛나서, 비록 어리석고 무지한 상놈이라도 주자(朱子)가 말한 "통분을 참고 원한을 품는 것이 절박하여 그칠 수 없다.〔忍痛含冤迫不得已〕"[61]라는 여덟 글자를 알게 되었으니, 바로 이른바 "천지에 세워 놓아도 어그러지지 않고, 귀신에게 물어보아도 의심이 없고, 백세토록 성인(聖人)을 기다려도 의혹되지 않는다."[62]라는 것입니다.

60 서(敍)·질(秩)·명(命)·토(討) : 부자·군신·형제·부부·붕우의 천서(天敍)에는 법(法)이 있고, 존비·귀천의 천질(天秩)에는 예(禮)가 있으며, 하늘은 덕이 있는 사람을 명(命)하고, 죄가 있는 자를 친다〔討〕는 말이다. 《書經 皐陶謨》

61 마음……부득이해서이다 : 주희(朱熹)가 남송(南宋)의 조정이 원수인 금(金)나라에 화친을 구걸하여 성립되자 지난날의 일은 잊어버리고 기뻐하는 것을 보고서 "통분을 참고 원한을 품는 것이 절박하여 그칠 수 없다고 말하여 나라의 안전을 보전하려는 사람이 없다.〔無復分毫忍痛含冤, 迫不得已之言, 以存天下之防者.〕"라고 비판하였다. 《회암집(晦庵集)》 권24 〈여진시랑서(與陳侍郎書)〉에 보인다.

62 천지에……않는다 : 《중용장구》 제29장의 "통치자의 도는 자신이 지닌 덕을 근본으로 하여 일반 백성에게 징험을 하는 것이요, 삼왕(三王)에게 상고해도 오류가 없는 것이요, 천지에 세워 놓아도 어긋나지 않는 것이요, 귀신에게 물어보아도 의심이 없는 것이요, 백세토록 성인을 기다려도 의혹되지 않는 것이다."라는 말에서 발췌한 것이다.

신이 경신년(1680) 이후부터는 거취가 더욱 불안하여, 비록 여중요순(女中堯舜)[63]께서 언찰(諺札)로 힘써 만류하시는 교유(敎諭)를 받고서도 감히 스스로 조정에 있기를 편안히 여기지 못했으니, 그것은 윤휴(尹鑴)의 여당(餘黨)이 끊임없이 옆에서 엿보고 있었기 때문입니다. 그런데도 부름을 받들고서 나아가고 물러오곤 하여 오가는 번거로움을 피하지 않은 것은, 진실로 위와 아래를 살펴서 시의(時議)가 중대한 예전(禮典)에 대해 말할 만하다는 것을 안 다음에, 감히 효묘(孝廟)를 세실(世室)[64]로 높이는 논의를 우러러 주청하여 전하께서 기꺼이 받아들이시기를 바라서였습니다. 그때에 대신(大臣) 김수항(金壽恒)이 백관을 거느리고 몸소 그 책임을 맡아 마침내 백세불천(百世不遷)의 종호(宗號)를 올렸습니다. 옛말에 "주상이 명성(明聖)하신데도 덕이 온 천하에 널리 알려지지 않은 것은 유사(有司)의 죄이다."라고 하였습니다. 신은 삼가 생각건대, 김수항은 이 죄를 면하였을 뿐만 아니라 전하의 불세출(不世出)의 성효(聖孝)를 우러러 도운 바가 큽니다. 그런데 어째서 오늘날 신하들이 곧 이것을 옳지 못한 거조(擧措)라 하고 신의 죄를 나열하면서 이 일을 하나의 큰 조목(條目)으로 삼는 것입니까.

63 여중요순(女中堯舜) : 현종의 비 명성왕후(明聖王后)를 가리킨다. 본래는 송(宋)나라 영종(英宗)의 후비(后妃)인 선인태후(宣仁太后) 고씨(高氏)를 가리키는데, 철종(哲宗) 때 태황태후(太皇太后)로서 섭정(攝政)을 하면서 왕안석(王安石)의 신당(新黨)을 몰아내고 사마광(司馬光) 등을 등용하여 원우(元祐)의 성세(盛世)를 이룩해 '여중요순'으로 일컬어졌다. 《宋史 后妃列傳上 英宗宣仁聖烈高皇后》

64 세실(世室) : 영구히 신주를 모시는 종묘의 신실(神室)을 가리킨다. 5세(世)가 된 신주는 종묘에서 영녕전(永寧殿)으로 옮기는 것이 예(禮)인데, 큰 공덕(功德)이 있는 군왕은 그 신주를 옮기지 않고 따로 신실을 만들어 봉안하고 영원히 제사를 올린다.

그러면서도 감히 곧바로 배척하지는 못하고, "미리 정하였다.〔豫定〕"라는 말로 핑계를 대니, 이것은 온 나라 사람들이 모두 감히 말하지 못하리라고 여겨서 속이려는 것입니다.

옛날 주자는 고종(高宗)의 시대에 태어나 출신(出身)하여 고종을 섬겼는데, 고종이 붕(崩)한 뒤에 세실로 모시기를 건의하였습니다. 대저 고종은 어버이를 망각하고 원수를 섬긴 임금인데도[65] 간난(艱難)한 중에서도 국사를 일으켜 종사(宗祀)를 끊기지 않게 하였다는 것을 공으로 삼았으니, 이런 사람을 어찌 감히 우리 효종대왕께서 번방(藩邦)으로서도 춘추대의를 밝히신 데에 비교할 수 있겠습니까. 그 사체(事體)의 경중이 이와 같은데도 오히려 "미리 정하였다."라고 말하는 이유를 신은 감히 알지 못하겠습니다. 주자의 정미(精微)한 의리는 비록 사람마다 감히 알 수 있는 바가 아니라 하더라도, 한 경제(漢景帝) 원년(기원전 156)에 신도가(申屠嘉)가 급히 태종(太宗 한 문제(漢文帝))의 세실을 청했으니, 이는 미리 한 것 중에 미리 한 것이라고 할 수 있습니다. 그러나 이것을 신도가의 죄라고 하는 말은 듣지 못했습니다. 지금의 조정 신하 중에 누가 《사략(史略)》 제2책을 읽어 보지 않았겠습니까.[66] 저들은 단지 효종의 덕을 불만스럽게 여겨 '미리〔豫〕'라는

65 고종은……임금인데도 : 남송(南宋)의 초대 황제인 고종이 자신의 선대 황제인 휘종(徽宗)과 흠종(欽宗)이 금나라에 붙잡혀 갔는데도 모셔 오지 않고, 금나라와 화친하여 실질적으로 금나라를 섬겼으므로 이렇게 말한 것이다.

66 지금의……않았겠습니까 : 《사략》은 송말(宋末) 원초(元初)의 학자 증선지(曾先之)가 편찬한 역사서로, 당시 조선에서 한문과 역사의 학습서로 널리 읽힌 책이다. 제2책의 '한 경제(漢景帝)' 절(節)에 한 문제(漢文帝)의 묘효(廟號)를 올린 기사가 나오기 때문에 이렇게 말한 것이다.

한 글자로 핑계를 댄 것이니, 그 의도를 감추기 어렵습니다.

설사 저들이 신의 이 뜻이 신에 대한 비난을 가리고자 하는 생각에서 나왔다고 말하더라도 또한 그렇지 않은 점이 있습니다. 양호(陽虎)가 말하기를 "부(富)를 추구하면 인(仁)해지지 않고, 인을 추구하면 부유해지지 않는다." 하였는데, 양호의 뜻은 실상 부를 추구하려는 생각에서 나온 것이지만 그 인을 추구한다는 말은 실로 천리(天理)이기 때문에 맹자가 특별히 취하여 표창한 것입니다. 저 무리들이 과연 효종의 덕이 정말로 세실로 삼기에 마땅하다고 생각한다면 어찌 감히 이 의론이 신에게서 나왔다 하여 떠들면서 배척하겠습니까. 신은 여기에 대하여 실로 통곡을 금할 수가 없고 죽고 싶어도 죽을 수가 없습니다.

또 신이 반복하여 생각해 보건대, 제신이 효종의 큰 덕을 알지 못하는 것이 아니면서도 오히려 이렇게 말하는 것은 어찌 두려워하는 바가 있어서가 아니겠습니까. 만약 그렇다면 효종의 뜻과 사업이 장차 영원히 묻혀서 만세에 뚜렷하게 드러나지 못할 것이니, 신은 삼가 이를 원통하게 여깁니다. 이것이 신이 말한 "원통하고 답답하게 여겨서 반드시 아뢰고자 한 것"입니다. 이 밖에 신의 죄를 늘어놓은 것이 더없이 원통한 일이라 할지라도, 신은 감히 하나둘 따져서 시끄럽게 스스로 변명하는 죄를 더할 수 없습니다. 애타는 이 마음은 오직 천일(天日)이 증명해 줄 따름이니, 성명께서 유념하고 불쌍히 여겨 살펴 주소서.

죽음에 임하여 남기는 상소 기사년(1689, 숙종15) 6월

臨命時遺疏 己巳六月

삼가 아룁니다. 선정신(先正臣) 문정공(文正公) 조광조(趙光祖)가 적소(謫所)에서 죽음에 임하여 그 소회(所懷)를 진언(進言)하고 죽으려 하였으나 당시의 감명 도사(監命都事) 유엄(柳渰)이 재촉하는 뜻이 있었기 때문에 하지 못하였습니다. 신은 삼가 생각건대, 조광조가 조정에 있을 적에 아는 것은 모두 말하고 말을 하면 모두 끝까지 다 말함으로써 소인들의 시기와 미움을 불러 이것이 끝내 화(禍)의 빌미가 되었으니, 조광조로서는 지난 일을 경계로 삼아 아무 말 없이 죽음에 나아가야 마땅했지만, 그 의리를 다하고 충성을 바치고자 한 정성은 백세 뒤에도 오히려 사람들로 하여금 눈물을 머금게 하고 마음을 아프게 합니다.

지금 신 또한 소회가 있으니, 비록 이렇게 창황하고 다급한 때이지만 어찌 감히 입을 닫고 말하지 않아서 우리 성명(聖明)을 저버리고 또 스스로 그 본마음을 저버릴 수 있겠습니까. 신은 갑인년(1674, 현종15)과 을묘년(1675, 숙종1)에 매우 무거운 죄를 받았는데,[67] 심지어 신을 두고 "바다를 건너가 도적을 불러다가 날을 정하여 대궐을 범하려 했

67 신은……받았는데 : 송시열은 갑인년에 효종 비(妃) 인선왕후(仁宣王后)의 상으로 인한 제2차 예송(禮訟)에서 자신의 예론(禮論)을 추종한 서인들이 패배하자 예를 그르친 죄로 양사(兩司)의 탄핵을 받아 파직, 삭출되었고, 을묘년에 원찬(遠竄)의 명을 받아 장기(長鬐)에 위리안치되었다가 뒤에 거제(巨濟), 청풍(淸風) 등지로 이배(移配)되었다.

다."라고 하였으니, 비록 이괄(李适)과 한명련(韓明璉)의 죄라 하더라도 이보다 더하지는 않았을 것입니다. 또 대신 이하가 함께 나아가 청대(請對)하여 기필코 사형(死刑)에 처하라는 명을 얻어 내고야 말려 하였으나, 자애로운 성상께서 지극히 어지시어 마침내 신의 위태로운 목숨을 보전해 주셨으니, 비록 하늘과 땅의 덮어 주고 길러 주는 은혜라 할지라도 이와 바꿀 수 없을 것입니다.

귀양에서 풀려 돌아와 부름을 받았을 적에, 신이 스스로 정자(程子)가 부주(涪州)에서 귀양이 풀려 돌아와 서감(西監)에 나갔던 의(義)에 견주어 외람됨을 무릅쓰고 들어가 사은(謝恩)하였으나, 감히 그대로 서울에 있지 못하고 곧바로 교외로 나왔습니다. 그런데 뜻밖에 우리 명성성모(明聖聖母)께서 10행의 언찰(諺札)을 보내 간곡히 힘써 만류하셨고 그 친절한 말씀의 뜻이 귀신을 울릴 만하였으니, 이 일은 옛날 여중요순(女中堯舜)[68]이 사마광(司馬光)에게 베풀었던 것입니다. 신이 그 일을 감히 감당하지 못할 줄은 잘 알고 있었으나, 국세(國勢)가 이처럼 위태하고 인심(人心)이 헤아리기 어려움을 생각하고 또 자성(慈聖)께서 노심초사하시는 뜻을 우러러 생각하매 감히 시국에 보탬이 못 된다는 말로 해명할 수 없어서 즉시 신발을 신을 겨를도 없이 들어가 사은하였습니다. 그런데 마침 내상(內喪)[69]을 당하여 장례를 치르게 되었으므로 그럭저럭 시일을 보내다가 발인(發靷)을 하고서 돌아왔습니다. 끝내 감히 오래 머무르지 못한 것은 실로 두려움이 아직 남아 있어 외로운 마음에 걱정이 더해졌기 때문입니다.

68 여중요순(女中堯舜) : 224쪽 주63 참조.

69 내상(內喪) : 숙종의 초비(初妃) 인경왕후(仁敬王后)의 상(喪)을 가리킨다.

일전에 올린 소(疏)는 비록 매우 망녕되고 외람되지만 그 본뜻은 다만 외로운 마음에 염려가 절실하여 감히 스스로 감추어 둘 수 없어서였습니다. 어찌 조금이라도 다른 뜻이 그 속에 있었겠습니까. 그러나 늙고 병들어 정신이 어둡고 아득하여 말에 두서가 없어서 스스로 큰 죄를 불렀으니, 아마도 죽을 때가 다가오매 하늘이 넋을 빼앗아 그런 것이 아니겠습니까.

이제 말씀드리고 싶은 것은 다음과 같습니다. 신이 기해년(1659, 효종10) 4월 말에 효종대왕의 밀찰(密札)을 은밀한 곳에서 받았는데, 그때에 현종대왕께서 친히 전해 주셨고 미처 회답을 올리기 전에 효종대왕이 승하하셨으므로, 신이 매양 휘일(諱日)을 맞을 때마다 그것을 받들고 통곡하였습니다. 신의 나이가 더욱 많아져 언제 죽을지 모르는 터에 마침 당(唐)나라 신하 배도(裴度)가 선제(先帝)에게 받았던 물건을 도로 올리는 표문(表文)을 보니, 거기에 "감히 지하에 가지고 갈 수 없는 데다 또 민간에 두는 것도 합당하지 않습니다."라고 하였습니다. 신이 속으로 이 말에 느낀 바가 있어 삼가 이 의리에 따라 올리고자 하였는데, 마침 성명께서 대신의 말을 들으시어 신으로 하여금 받들어 올리게 하였습니다. 그러나 신이 또 범연히 사관에게 건네주어 올릴 수 없고, 이와 더불어 또 밀찰에서 하교하신 내용이 매우 많아서 상세히 말씀드리려 하면 많은 날짜가 필요하기 때문에, 곧바로 명을 받들지 못하고 있다가 때마침 엄중한 견책을 받고서 오늘에 이르렀습니다. 신이 이제 이것을 천손(賤孫) 전 현령(縣令) 송주석(宋疇錫)에게 맡기고 죽으니, 이는 송주석이 바로 시종(侍從)으로 있던 자인 만큼 사체(事體)로 헤아리더라도 그리 외람되지는 않을 것 같기 때문입니다.

엎드려 바라건대 조만간 그에게 들라 하여 조용히 받들어 살펴보신다면, 천향(天香)이 아직 없어지지 않고 수택(手澤)이 아직도 보존되어 있을 것입니다. 엎드려 생각건대, 성충(聖衷)에 슬프겠으나 소민(小民)을 감싸고 군비(軍備)를 단속하여 성고(聖考)의 뜻에 보답하신다면 더욱 계술(繼述)하는 마음에 부합하지 않겠습니까. 또 판부사(判府事) 정재숭(鄭載嵩), 전 부사(府使) 원만춘(元萬春), 전 참판(參判) 이선(李選), 전 부사 심익선(沈益善) 등이 감히 종사(宗社)를 위하여 사력을 다하지 않아서는 안 되는 의리도 아실 것입니다.[70] 신이 말씀드리고 싶은 것이 진실로 이뿐만이 아닙니다만, 창졸간에 경황이 없어 이만 줄입니다. 엎드려 바라건대 성명께서는 불쌍히 여겨 살펴보아 주소서.

70 판부사(判府事)……것입니다 : 원만춘은 효종조의 좌의정 원두표(元斗杓)의 아들이고, 심익선은 좌의정 심지원(沈之源)의 아들이다. 효종이 송시열에게 준 밀찰에서 원두표와 심익선을 기렸으므로 그 아들들을 두고 이렇게 말한 것이다. 《宋子大全隨箚 卷2》 정재숭과 이선에 대해서는 213쪽 주58 참조.

송자대전

제21권

소 疏

계사 啓辭

소 疏

양현을 변무하려던 상소 신묘년(1651, 효종2)

擬兩賢辨誣疏 辛卯

태학생 등을 위하여 지었다.

삼가 아룁니다. 하늘과 땅 사이에는 음(陰)과 양(陽) 두 물건이 서로 없을 수 없기 때문에 군자가 있으면 반드시 소인이 있고 정론(正論)이 있으면 반드시 사의(邪議)가 있어 그 강하고 약하고 이기고 지는 형세가 번갈아 서로 바뀝니다. 그러나 군자와 정론은 반드시 약하고 지며, 소인과 사의는 반드시 강하고 이기는데, 이것이 소자(邵子)가 말한 "양은 하나고 음은 둘이다."라는 것입니다. 그러나 오래된 뒤에는 이른바 "없어지지 않고 남아 있는 것"이 있기 때문에 약하고 진 것이 항상 펴지고 강하고 이긴 것이 도리어 굽혀지니, 이것이 또한 필연적인 이치입니다.

대저 이른바 "없어지지 않는다."라는 것은 무엇이겠습니까? 하늘의 이치요 사람의 마음입니다. 그러나 세도(世道)에는 오르고 내림이 있고 운기(運氣)에는 오르고 거꾸러짐이 있으므로 펴져야 할 자라도 크게 펴지지 않고 굽혀져야 할 자라도 반드시 굽혀지지 않으니, 이것도 이치가 혹 그러한 것입니다. 비록 그러하나 이 도(道)를 주장하는 사람이 진실로 시비(是非)와 사정(邪正)의 원리를 밝혀 저것을 억제하고 이것을 높여서, 군자를 위하여 도모하고 소인을 위하여 도모하지 않는다면 천지를 본받아 치도(治道)를 이루는 데 어려울 것이 없습니다. 그렇다면 이 도를 주장할 사람은 인주(人主)를 제쳐 놓고 누구이겠습니까.

삼가 생각건대, 우리 선조대왕(宣祖大王)께서 왕위에 올라 문명(文明)의 운(運)을 여셨습니다. 당시에 고(故) 문성공(文成公) 이이(李珥)와 같은 이가 있어 성현의 학문으로 임금을 받들고 백성을 돌볼 뜻을 품고 조신(朝臣)의 수위(首位)에 임하여 훌륭한 정치를 일으킬 것을 기약했는데, 삼찬(三竄)이 앞에서 그를 해치고[1] 이흉(二凶)이 뒤에서 무함하여,[2] 생존 시에는 물여우의 독(毒)을 만났고 죽은 뒤에는 간사한 무리에게 무함을 당하였으니, 이보다 더한 사문(斯文)의 불행이 무엇이겠습니까.

고 문간공(文簡公) 성혼(成渾)은 도덕이 매우 순수하고 연원(淵源)이 가장 발랐는데 늦게야 소명(召命)에 응하자 예우가 극히 융숭하였으니, 이때를 당해서는 피차를 막론하고 그를 종사(宗師)로 여기지

1 삼찬(三竄)이……해치고 : 계미년(1583, 선조16)에 여진족 추장 이탕개(尼蕩介)가 함경도 종성(鍾城)을 공격하자, 급박한 상황에서 이이가 병조 판서로서 출전 명령을 내렸다. 그러자 양사(兩司)에서는 병권을 마음대로 주무른다며 이이를 비난하였고, 동인 박근원(朴謹元), 송응개(宋應漑), 허봉(許篈) 등이 주도하여 이이, 박순(朴淳), 성혼까지 공격하니, 선조는 그들을 각각 회령, 강계, 갑산으로 유배시켰다. 이를 계미삼찬(癸未三竄)이라 한다. 《宣祖實錄 16年 8月 28日》

2 이흉(二凶)이 뒤에서 무함하여 : 이흉은 정인홍과 정여립(鄭汝立)을 말한다. 정여립은 원래 이이의 문인이었는데, 이이가 죽자 동인이 우세함을 알고 이이를 비난하고 헐뜯었다가 선조의 미움을 사기도 하였다. 정인홍은 광해군 때에 이황과 이이를 비난하였다.

않은 사람이 없었습니다. 그런데 한번 이이를 신원(伸冤)하면서부터 지목하는 일이 문득 생겨, 무릇 이이를 미워하는 사람은 모두 그를 원수로 여기되 혹은 이이에게보다도 더 심하게 하여, 덕 있는 이를 높이고 도 있는 이를 좋아하신 선조의 정성으로도 끝내 처음 가진 마음을 이어 가지 못하게 하였으니, 참소하는 사람의 폐해가 무섭다고 할 만합니다.

아, 하늘이 지극히 인(仁)하시어 이미 대현(大賢)을 내어 놓고 무슨 까닭으로 또 이러한 참소하는 무리를 내어 이 세상으로 하여금 당우(唐虞 요순(堯舜) 시대), 삼대(三代 하(夏), 은(殷), 주(周))와 같은 성세를 보지 못하게 하였단 말입니까. 어찌 이른바 "하늘이 사람을 사랑함"이 저 기수(氣數)를 이기지 못하여 음(陰)과 사(邪)가 강하고 이긴 대로 내버려 두어서가 아니겠습니까.

그러나 사람의 마음은 속이기 어렵고 하늘의 도는 바르기 때문에 두 신하가 비록 당시에는 곤액을 당하였을지라도 공론의 결정은 백 년을 기다리지 않았습니다. 을해년(1635, 인조13)부터 문묘(文廟)에 종사(從祀)하자는 주청이 유생과 진신(縉紳)에게서 일어나 오늘날에 이르렀는데, 전하께서 오히려 어렵게 여겨 조심하는 뜻을 보이시므로 신등은 감히 다시 성청(聖聽)을 번거롭게 할 수 없었습니다. 다만 성명(聖明)께서 한가한 가운데 서서히 두 신하의 도덕과 학문의 아름다움을 연구하신다면 반드시 같은 시대에 살지 못했음을 탄식하며 신하들의 청을 기다리지 않고도 높이 보답하는 예전(禮典)을 시행하실 수 있게 되기를 기다렸습니다. 뜻밖에 사설(邪說)이 다시 치성하여 곧 홍유부(洪有阜), 이상진(李象震), 유직(柳稷) 등이 서로 계속 투소(投疏)해서 방자하게 헐뜯고 무함하였는데, 그중 유직의 소가 가장 심하였습니다.

신등이 괴이하게 여기는 것은, 영남(嶺南)은 항상 문헌(文獻)으로 일컬어지는 곳인데 인심이 어째서 이같이 극도로 불선(不善)한 데 이르렀는가 하는 것입니다. 서서히 그 논의의 내력을 규명해 보면 적신(賊臣) 정인홍(鄭仁弘)이 실상 그 뿌리가 되었던 것입니다. 대저 유직 등이 기만한 실상은 진실로 낱낱이 들어 말하기는 어려우나 그중에 큰 것이 세 가지 있으니, 출처(出處)의 시비, 사업(事業)의 득실, 도학(道學)의 순자(醇疵 순수함과 흠점)입니다. 그가 한 말이 모두 묵은 투식을 이어받은 것인데, 이기변(理氣辨)과 논학소(論學疏)[3] 등의 말은 정인홍도 감히 입을 놀리지 못했던 것입니다.

-유직의 소(疏)[4]는 다음과 같다.

이이가 천륜을 끊고 불문(佛門)으로 달아난 것은 진실로 명교(名教)에 죄를 얻은 것이니, 그 당시에도 사마시(司馬試)에 급제했으나 성묘(聖廟)에 참배를 허락하지 않았습니다.[5] 성혼이 나라의 두터운 은혜를 입고서도 달려와 문후를

3 이기변(理氣辨)과 논학소(論學疏) : 이기변은 이이가 이황의 이기이원론(理氣二元論)에 대하여 이기일원론(理氣一元論)을 주장한 것을 말하며, 논학소는 성혼이 선조에게 올린 소로서 임금의 학문에 대해 논한 것이다.

4 유직의 소(疏) : 경상도 진사(進士) 유직 등 900여 명이 이이와 성혼의 문묘 종사를 반대하여 올린 상소이다. 《孝宗實錄 1年 2月 22日》

5 그……않았습니다 : 《대동야승(大東野乘)》 〈혼정편록(混定編錄)〉을 보면, 1635년 5월 11일에 채진후(蔡振後) 등이 소를 올려 "또 듣건대, 그가 처음 상사(上舍)에 뽑혀 알성(謁聖)할 때에, 그가 일찍이 불교에 물들었다 하여 성묘의 뜰에 참배하는 것을 허락하지 않았다고 합니다."라고 한 것에 대해 송시영 등이 재차 소를 올려, 이이가 급제하기 전에는 동서(東西)의 분당도 없고 맑은 의론이 한창 성하였으며, 만약 이이의 출처를 미진하게 여겼다면 그를 장원에 뽑으려 했겠느냐며 "이이가 성묘에 참배할 때에

여쭙지 않은 것은 참으로 왕법에 용서받지 못할 바로서 선묘(宣廟)께서 내린 늠연한 하교가 어제의 일 같습니다.[6] 어질면서 그 부모를 버리는 자는 없으며, 의로우면서 그 임금을 뒤로 미루는 자는 없습니다. 다른 일은 논할 것도 없이 이 두 가지만으로도 족히 두 신하에 대한 단안(斷案)이 됩니다. 그 이외에도 충현(忠賢)을 교묘하게 헐뜯고 붕당을 그릇되게 비호하며, 걸핏하면 경세제민(經世濟民)을 일컬으나 실제로는 전행(專行)에 힘썼으며, 언설의 내용은 장황하여 귀를 울리고 눈을 부시게 할 만하지만 한 일과 말은 치우치고 소루함을 면치 못하였습니다. 대체로 그들의 마음 중에 크게 의심스러운 것이 이와 같으나 이것은 다만 심하지 않은 곳입니다.

학문의 폐해로 볼 때는 이보다 큰 것이 더 있습니다. 이이는 일찍이 이교(異敎)를 일삼았으나 구습을 제거하지 못했고, 엽등(躐等)하기를 좋아하여 실지(實地)를 밟지 않았으며, 신기루와 같은 허황된 환상은 이미 우리 유가(儒家)의 계책이 아닌데 얼굴을 바꾸어 그 사사로운 설(說)을 스스로 이루었습니다. 선정신(先正臣) 이황(李滉)이 대개 일찍이 깊이 미워하고 통렬히 절교하며, "새로운 음식에서 단맛을 느끼지 못하면 익숙한 음식을 잊기 어렵고, 오곡의 낟알이 미처 여물기 전에 돌피를 거두는 가을이 갑자기 닥친다."라는 등의 말씀을 했는데,[7]

참배를 허락하지 않았다."라고 한 것은 실로 터무니없는 말이라고 하였다.

6 선묘(宣廟)께서……같습니다 : 《선조실록》 35년 2월 19일 기사에, 사간원이 성혼의 삭탈관작을 주청하자, 선조가 답하기를 "간인에게 편당하고 임금을 저버린 죄로써 죄주는 것이 가하다."라고 하였다. 《대동야승》 〈혼정편록〉을 보면 채진후 등이 올린 소에서 선조의 전지(傳旨) 내용을 인용했는데, 그에 따르면 선조는 임진년(1592, 선조 25)에 몽진하는 임금과 왕세자에게 성혼이 오지 않은 것을 일일이 거론하며 "나라에 은혜를 갚는 것은 잊어버리고 자신을 위한 계획만 하였다. 고금 천하에 어찌 임금을 버리고 국난(國難)에 달려가지 않고서 천벌을 면할 리가 있겠는가."라고 했다고 한다.

7 선정신(先正臣)……했는데 : 새로운 음식은 유학을 가리키고, 익숙한 음식은 불교

그 뜻이 참으로 남아 있는 것입니다.

또 이이의 학문은 오로지 기(氣) 자를 이(理) 자로 인식할 것을 주장하여 이와 기를 한 물건으로 여기고 다시 분별을 두지 않았습니다. 그리하여 "심(心)은 바로 기이며, 사단(四端)과 칠정(七情)은 다 기에서 발한다."라고 하기에 이르렀습니다. 이것은 그 병의 뿌리가 원래 도(道)와 기(器)를 나누지 않는 육가(陸家)[8]의 견해에서 나온 것이나 그 해독은 석씨(釋氏)의 "작용(作用)으로 성(性)을 삼는다."[9]라는 설과 마찬가지입니다.

이황이 사단과 칠정을 나누어 놓은 것은 거의 천고의 신비한 자물쇠를 열어 놓은 것인데, 이이가 이미 털끝만큼의 깨달음도 없이 두루뭉술하게 설명하는 투식에 떨어져 있다가, 이황이 죽은 뒤에 이황의 학문을 공격하는 데에 여력을 남기지 않았습니다. 심지어는 "주자(朱子)가 참으로 이와 기가 서로 발한다고 하였다면 주자도 잘못이다."라고 하기에 이르렀으니, 그 편벽된 식견과 그릇된 인식으로 감히 전현(前賢)을 헐뜯는 것이 한결같이 이에 이르렀단 말입니까. 주자의 설에 "이가 있은 뒤에 기가 있다.", "사단은 이가 발한 것이고, 칠정은 기가 발한 것이다."라고 하였으니, 이것이 이른바 '호발(互發)'이 아닙니까. 주자의 정론(定論)이 이와 같이 명백한데도 오히려 믿지 않았으니, 이황의 학문이

를 가리킨다. 이황이 이이에게 답한 편지에서 과거에 정호(程顥), 장재(張載), 주희(朱熹) 등 여러 선현도 한때 불교에 몸담았다가 잘못인 줄을 알고 과감하게 뛰쳐나온 일이 있다고 전제한 뒤에 위와 같은 말을 하고, 아울러 궁리와 거경(居敬)의 공부에 모든 힘을 기울여서 노력할 것을 간곡하게 당부하였다. 《退溪集 卷14 答李叔獻》

8 육가(陸家) : 송(宋)나라 육구연(陸九淵)과 그의 학술을 계승하여 발전시킨 명(明)나라 왕수인(王守仁)의 이른바 육왕학파(陸王學派)를 말한다.

9 작용(作用)으로 성(性)을 삼는다 : 불교에서 심, 의(意), 식(識) 중 식이 대상을 판별하는 활동을 '작용'이라 한다. 《전등록(傳燈錄)》에 "성이 어디에 있는가? 작용에 있다."라고 하였다. 주희는 이러한 설을 비판하였다.

곧 주자의 학문이고 보면 이이에게 배척을 당한 것은 당연합니다.

성혼의 학문도 대저 이이와 그 요점이 동일하니, 이른바 "이와 기가 하나로 발한다.〔理氣一發〕"라는 등의 말은 끝내 근본 위에서 힘을 얻지 못한 것입니다. 또 학문을 논한 소[10]에서 애당초 궁리(窮理)와 격치(格致)를 강명(講明)하는 일에 대하여는 말하지 않고, 다만 정신을 보존하여 아끼는 데 대한 말만을 거론하여 제일의 법문(法門)으로 삼았으니, 이것은 곧 자신의 이익만을 꾀하는 도가류(道家流)의 설이지 우리 유가에서 학문을 하는 규모는 분명히 아닙니다. 이는 대개 학술이 바르지 못함으로 말미암아 평소에 받아들여 쓴 바가 그러했던 것입니다.-

유직 등은 다시 어떤 의견이며, 다시 무엇을 전수받았기에 이렇게 한층 더한 이야기를 지어냈는지 모르겠습니다. 그들의 고집스럽고 꽉 막힌 식견과 편향되고 바르지 못한 의론은 오직 이 한 조목이 그 뿌리입니다. 신등은 바라건대, 이 한 문제에 나아가 두 현인의 도학의 진수를 다 진술하여 유직 등의 그릇됨을 깨부수겠습니다. 공자가 말하기를 "군자는 모르는 것에 대해 말하지 않는다." 하였고, 자공(子貢)은 말하기를 "부자(夫子)께서 성(性)과 천도(天道)를 말씀하시는 것은 들어볼 수 없었다." 하였으니, 신등은 또한 말학(末學)인데 이러한 도리를 또한 어찌 감히 일부분인들 엿볼 수 있겠습니까. 그리고 본집(本集)에 나타난 두 현인의 언론이 뚜렷이 명백할 뿐만이 아닌데도 유직 등이 곧 감히 문자를 잘라 내고 말의 맥락을 애매하게 만들어서 성청(聖聽)을 미혹시키고 있습니다. 신등이 비록 두 현인의 정미하고 심오한 학문

10 학문을 논한 소 : 1581년 4월에 성혼이 만여 자에 이르는 장문의 〈신사봉사(辛巳封事)〉를 올렸는데, 학문하는 방법을 논한 내용이 있다. 《牛溪集 卷2》

은 모를지라도 유직 등의 속임수는 간파할 수 있으니, 어찌 성명께 다 말씀드리지 않을 수 있겠습니까.

우리나라의 문헌은 본조(本朝)에 와서 가장 밝아졌습니다. 문순공(文純公) 이황이 치밀한 학문에 침잠하여 문빗장을 열었고, 그런 뒤에야 정주(程朱)의 학문이 세상에 크게 밝아졌으며, 이이가 고명하고 뛰어난 자품으로 곧바로 이락관민(伊洛關閩)의 학문[11]을 연구하여 환하게 도체(道體)를 궁구하였으므로 일생 동안 이황을 높이 믿고 그 학문을 강명하였으니, 이 두 현인이 아니었다면 우리나라의 성리학을 누가 드러내 밝힐 수 있었겠습니까. 다만 이기(理氣)의 이합(離合)에 대한 설에서 조금 다른 점이 있었습니다.

대개 이황이 일찍이 기대승(奇大升)과 〈천명도(天命圖)〉[12]의 사단과 칠정을 논변한 데서 말하기를 "사단은 이가 발하여 기가 따른 것이고, 칠정은 기가 발하여 이가 탄 것이다."라고 하여, 주자의 "사단은 이가 발한 것이고, 칠정은 기가 발한 것이다."라는 말을 인용하여 증명하였는데, 이이가 일찍이 이것을 조어(措語)가 온당치 못해서 정견(正見)에 누가 될까 염려하여 성혼과 서신으로 왕복하면서 변론하기를,

"발하는 것은 기이며 발하게 하는 것은 이이니, 사람의 마음만이

11 이락관민(伊洛關閩)의 학문 : 정주학(程朱學)을 가리킨다. 이락관민은 이수(伊水)와 낙수(洛水), 관중(關中)과 민중(閩中)이다. 이수에서는 정호, 낙수에서는 정이(程頤)가 강학하였고 관중에서는 장재, 민중에서는 주희가 강학하였다.

12 천명도(天命圖) : 정지운(鄭之雲)이 천인(天人) 성명(性命)의 이치를 추명(推明)하고자 지은 것이다. 1553년(명종8)에 이황의 의견을 따라 다시 정정하였는데, 이황이 〈천명도설후서(天命圖說後敍)〉를 지어 약간의 수정을 더하여 〈천명신도(天命新圖)〉를 만들었다. 이것이 뒤에 사칠 논쟁(四七論爭)의 발단이 되었다.

그런 것이 아니고 천지의 화(化)도 모두 기가 화하여 이가 탄 것이다. 천지의 화는 바로 내 마음의 발한 것이니, 천지에 만약 이화(理化)와 기화(氣化)가 있다면 내 마음에도 이발(理發)과 기발(氣發)이 있을 것이다. 그러나 천지에 이미 이화와 기화의 다름이 없는데 내 마음에 어찌 이발과 기발의 차이가 있겠는가. 주자의 뜻은 '사단은 오로지 이만을 말한 것이고, 칠정은 기를 겸하여 말한 것이다.'라고 한 데에 지나지 않는 것이요, '사단은 이가 먼저 발하고, 칠정은 기가 먼저 발한다.'라고 말한 것이 아니다. 이는 형이상(形而上)의 것이고 기는 형이하(形而下)의 것이어서 두 가지가 서로 떠날 수 없으니 '서로 발용함이 있다.〔互有發用〕'[13]라고 말할 수 없다. 다만 이는 무위(無爲)이고, 기는 유위(有爲)이다. 그러므로 정(情)이 본연지성(本然之性)에서 나와 형기(形氣)에 가려지지 않은 것은 이에 소속되고, 당초에 비록 본연지성에서 나왔더라도 형기에 가려진 것은 기에 소속된다. 이것은 또한 피할 수 없는 논리이다. 만약 주자가 진실로 '이와 기가 서로 발용함이 있어 상대하여 각각 나온다.'라고 말하였다면 이것은 주자도 잘못이니, 어찌 주자라 할 수 있겠는가."
하였습니다. 이것은 이이가 환히 정미함을 본 것이 보통 사람들의 생각을 현격히 뛰어넘었으므로 옆사람이 시비하는 것을 돌아보지 않고 자기에게 미치는 이해도 따지지 않은 채 용감히 똑바로 나아가, 사람들이 감히 말하지 못한 도리를 설명해 내서 후세 학자들로 하여금 이와 기가 서로 분리되지 않는 묘(妙)를 환히 알 수 있게 하였으니, 만약 이황이

13 서로 발용함이 있다 : 이와 기가 서로 사용하는 경우가 있다는 말이다. 발용이란 사용(使用), 운용(運用)이라는 뜻인데, 여기서는 학술 용어로 보아 그대로 사용하였다.

세상에 있어서 강론한다면 반드시 서로 부합하리라는 것은 의심할 나위가 없습니다. 만약 이황이 단호히 자기 소견을 주장하여 후학으로 하여금 반드시 자기의 학설을 따르며 감히 어기지 못하게 한다면 이것이 어찌 장자(張子 장재(張載))가 "자신에게 타당하지 못한 점이 있으면 함께 고칠 것을 정히 후학에게 바란다."라고 말한 뜻이겠습니까. 신등은 삼가 생각건대, 이황의 온후하고 화평한 심성으로 볼 때 결코 고루한 속학(俗學)처럼 자기의 하찮은 견해를 고집하고 참된 도를 시기하여 유풍(遺風)의 남은 폐해가 후세에 영향을 주게 하지 않을 것입니다.

이황의 학문은 근세에는 비할 데가 없습니다. 그러나 도리는 무궁하고 시비(是非)는 지극히 공정하므로 안자(顏子)는 유능하면서도 무능한 이에게 묻고, 많이 알면서도 조금 아는 이에게 물었으니, 비록 이황의 학문일지라도 대체로 한마디의 착오도 없을 수는 없습니다. 비록 한마디의 착오가 있다 하더라도 어찌 이황의 훌륭한 덕에 누가 될 수 있겠습니까. 후세 사람은 다만 침착한 마음으로 사심을 버리고 의리를 터득해 가되 친소를 묻지 말고 선후도 따지지 말아야 하며, 의리가 통한 곳이면 문득 따라야 합니다. 어찌 마음속에 먼저 일개 '호발(互發)'이란 두 글자를 가로놓고서 또 주자도 일찍이 '호발'이라 하였다고 할 수 있겠습니까.

이이가 주자의 설과 이황의 설이 동일하지 않은 실상을 밝힌 것은 세밀하게 분석하여 거의 남은 것이 없는데, 지금 "주자의 학문이 이이에게 배척을 당했다."라고 하니, 또한 도리에 어긋나지 않겠습니까. 만일 이이가 마음으로 이황의 설이 이치에 합당하지 않은 줄을 알면서도 고분고분 따르며 감싸고 보호하여 좌우에서 옹호한다면 바로 정자(程子)가 "옛날에 겨를이 없어 못했던 것을 이제 다시 일으킬 수 없고,

전에 온당치 않게 했던 곳을 뒤에 다시 바로잡을 수 없다."라고 한 격이니, 고명하고 쇄락하여 오로지 이치를 밝히는 것으로 마음을 삼는 이이가 어찌 이런 짓을 하겠습니까. 유직 등이 이미 장자(張子)의 마음으로 이황을 대우하지 않았고 보면 정자의 뜻으로 이이에게 바라지 않은 것이 당연합니다. 또 지금 세상 사람들이 이황을 높인다 말하지만 사실은 도덕이 어떠한지와 학문이 어떠한지를 알지 못하는 형편이니, 또 이이처럼 그를 밝게 알고 독실히 믿어 정성으로 높인 이가 누구이겠습니까.

이이가 단호히 조광조(趙光祖)와 이황에게 종사(從祀)의 예전(禮典)이 있어야 한다고 헤아려 의논한 것은, 바로 주자(朱子)가 주자(周子)와 정자를 위로 공자와 맹자의 도통에 연접한 것과 같습니다. 그런데 지금 유직 등이 말하기를 "이황이 죽은 뒤에 이황의 학문을 공격하는 데에 여력을 남기지 않았다."라고 한 것은 그 이치를 어그러뜨리고 교화를 손상하는 것이 또한 심합니다. 만약 '호발'의 설을 변론한 것으로 이황을 공격했다고 한다면, 주자(周子)와 정자를 존신(尊信)한 것이 누가 주자(朱子)와 같을 수 있으리요마는, 주자(朱子)는 정자의 《역전(易傳)》 중에서 틀린 곳을 분명히 밝힌 것이 매우 많았고, 주자(周子)의 글을 논변함에 이르러서는 곧바로 "노자(老子)와 장자(莊子)의 맛이 있다." 하였는데, 이것을 가지고 주자(朱子)가 주자(周子)와 정자를 공격하였다고 말하는 것이 옳습니까. 유직 등이 "이이의 학문은 기를 이로 인식하여 이와 기를 한 물건으로 만들었다."라고 말하였는데, 유직 등도 사람의 마음이 있을 터인데 어떻게 차마 아무 까닭 없이 이러한 말을 지어내서 임금을 속인단 말입니까. 이이의 글에,

"이가 아니면 기가 근거할 데가 없고, 기가 아니면 이가 의지할 데가

없다. 묘합(妙合)한 가운데 이는 스스로 이이고 기는 스스로 기여서 서로 뒤섞이지 않는다. 비록 '이는 스스로 이이고, 기는 스스로 기이다.'라고 말했으나, 한데 붙어 간격이 없으므로 그것이 두 물건이 되는 것을 볼 수 없다. 정자가 '기(器)도 도(道)이며 도도 기이다.'라고 말하자, 보는 자들이 마침내 이와 기를 한 물건으로 여겼고, 주자(朱子)가 '이와 기는 단연코 두 물건이다.'라고 말하자, 보는 자들이 마침내 이와 기를 선후(先後)가 있는 것으로 여겼다."

하였으니, 이것으로 볼 때 이이의 학문이 과연 이와 기를 한 물건으로 여겼다 하겠습니까. 다만 후세 학자들이 말에 집착해 뜻을 찾지 못하여, 한데 붙어 간격이 없는 가운데에도 실상 서로 뒤섞이지 않는 것이 있는 줄을 알지 못했으므로 어쩔 수 없이 둘로 설파(說破)하여 나흠순(羅欽順)의 한 물건으로 본 병통[14]을 밝히고 나서, 또 이황의 "서로 발한다.〔互發〕"라고 한 착오를 밝혔습니다. 그런 뒤에야 이와 기의 묘가 세상에 뚜렷하게 되었으니, 이것이 바로 이이가 후학에게 끼친 공로인데, 유직 등이 도리어 이이가 이와 기를 한 물건으로 여겼다고 무함하였습니다. 이것은 바로 홍수가 흘러가는 길을 막았다고 우(禹) 임금을 무함하고 성악(性惡)을 말했다고 맹자를 무함하는 것과 같아서 어린아이도 속일 수 없는 것인데, 하물며 성명을 속이려 하는 경우이겠습니까. 유직 등이 "병의 뿌리가 원래 육가(陸家)의 도(道)와 기(器)를 나누지 않은 견해에서 나왔는데, 그 해독은 석씨(釋氏)의 '작용(作用)이 성(性)이 된다.'라는 설과 같다." 하였는데, 어디로부터 이런 논의를

14 나흠순(羅欽順)의……병통 : 나흠순(1465~1547)의 자는 윤승(允升), 호는 정암(整菴)이다. 그는 기를 떠난 이는 없다고 하여 이기일체론(理氣一體論)을 제창하였다.

만들어 냈는지 모르겠습니다. 육씨(陸氏)가 망녕되이 주자(周子)의 〈태극도설(太極圖說)〉[15]을 헐뜯고 곧바로 음양(陰陽)을 태극이라고 하였기 때문에 주자(朱子)가 "도와 기의 구분에 어둡다."라고 하였는데, 이이가 "이는 저대로 이이고 기는 저대로 기이다." 한 것이 과연 육씨의 견해와 같은 것이겠습니까.

석씨는 성(性)이 천리에 근본한 것을 알지 못했기 때문에 작용을 성으로 여기고, 미쳐 날뛰면서 자기 마음대로 하였습니다. 그러므로 그 설에 말하기를 "낱낱이 원만히 이루어져 있다." 하였으니, 대개 근원이 하나인 묘(妙)에 어두워서였습니다. 그러므로 주자의 분명한 변론은 "이쪽은 하나요 저쪽은 둘일 따름이다."[16]라고 하는 데 지나지[17] 않았

15 태극도설(太極圖說) : 북송(北宋) 때 주돈이(周敦頤)가 지은 약 250자의 짧은 글로, 도사(道士) 진단(陳摶)의 〈무극도(無極圖)〉를 〈태극도(太極圖)〉로 고쳐서 유가의 우주 생성론을 서술한 것인데, 주희가 주돈이를 이학(理學)의 비조(鼻祖)로 추숭하면서 자신의 '이선기후(理先氣後)'와 '이생기(理生氣)' 등의 이론을 덧붙여서 상세하게 해설한 뒤부터 성리학의 기본 교과서로 자리 잡았다.

16 이쪽은……따름이다 : 주희가 왕응신(汪應辰)에게 답한 편지에 "이것과 외학(外學)이 이른바 '크게 한 번에 깨닫는다.'라는 말은 어느 것이 낫고 못한지 알 수 없으나, 이쪽은 하나요 저쪽은 둘이며, 이쪽은 실(實)이요 저쪽은 허(虛)라는 것은 분명합니다. 설령 그 말이 참으로 우리 유학에서 미쳐 갈 수 있는 정도가 아니라 하더라도, 이는 대중지정(大中至正)의 법도를 지나쳐서 일정한 수준에 미치지 못하는 것이나 다름없는 것입니다."라고 하였다. 농암 김창협(金昌協)은 이에 대해 "이른바 '이쪽은 하나요 저쪽은 둘이다.'라는 말은, 우리 학문에서는 이를 궁구하면 심이 절로 밝아져서 심과 이가 일치하는데, 불교에서는 비록 스스로 돈오(頓悟)하였다고 말하지만 돈오하더라도 여전히 몽매하여 심과 이가 판연히 둘로 나뉜다는 것이다. '이쪽은 하나'란, 심과 이가 본시 하나의 물(物)로서 구별이 없다는 말이니, 저것을 밝히자마자 이것을 깨우쳐 그 공효가 둘이 아니라는 말이다."라고 하였다. 《晦庵集 卷30 答汪尙書》《農巖集 別集 卷3 語錄》

습니다. 지금 이이가 힘써 둘로 나누었다는 의혹을 변론한 것도 현(顯)과 미(微)가 간격이 없음과 체(體)와 용(用)의 근원이 하나인 묘를 밝힌 것으로, 저 석씨의 숨바꼭질 같은 설이 더욱 그 실정을 피할 수 없게 되었습니다. 이것은 실로 주자의 학설에 근본한 것인데, 유직 등의 말이 한결같이 여기에 이르렀으니, 이것이 어찌 이이만을 무함한 것이겠습니까. 유직 등이 또 "심(心)이 바로 기이다."란 말을 이이의 병통으로 여겼는데, 예부터 성현들이 기로 심을 논한 일이 많습니다. 유직 등이 스스로 나아갈 방향에 어둡지 않다고 하면서 곧 이것은 몰랐단 말입니까. 공자가 말하기를 "사람이 도를 넓힐 수 있는 것이지, 도가 사람을 넓힐 수 있는 것은 아니다." 하였는데, 주자가 이 말에 주석하기를 "사람의 마음은 깨달음이 있고, 도의 체는 작위(作爲)가 없다." 하였고, 장자(張子)는 주석하기를 "마음은 성품을 다할 수 있으나, 성품은 그 마음을 검속(檢束)할 줄 모른다." 하였고, 정자는 말하기를 "마음은 생도(生道)이다.[18] 마음은 살아 있는 물건이다.[19]" 하였습니다. 그리고 주자는 또 곧바로 마음을 기의 정상(精爽)으로 여기고 "심은 스스로 심이고, 이는 스스로 이이다."라는 말을 했으니, 공자로부터 송유(宋儒)에 이르기까지 모두가 나누어 말하여, 성(性)과 도(道)를 이에 붙이

17 지나지 : 대본에는 '可'로 되어 있다. 두주에 근거하여 '過'로 바로잡아 번역하였다.

18 마음은 생도(生道)이다 : 《근사록(近思錄)》 권1 〈도체(道體)〉에 "심은 생도이다. 이 마음이 있어야 이에 이 형체를 갖추어 생하는 것이니, 측은지심은 사람의 생도이다."라는 정이(程頤)의 말이 나온다.

19 마음은……물건이다 : 《성리군서구해(性理群書句解)》 권2에 실린 정이의 〈사잠(四箴)〉 중 〈언잠(言箴)〉의 "사람의 마음은 움직인다.〔人心之動〕"라는 구절에 대해 "마음은 살아 있는 물건이므로 움직인다."라는 주석이 있다.

고 심을 기에 붙인 것은 상세한 정도가 아닙니다. 이것이 마치 태양이 중천에 밝아도 소경은 보지 못하는 것과 같으므로 이이가 한마디 말로 곧바로 잘라 설파해서 성현의 뜻을 세상에 빛나게 하였으니, 여기에서도 이이가 후학들에게 공이 있음을 알 수 있습니다. 다만 심이 비록 형기(形氣)에 관계되나 모두 이 이를 저장하고 있기 때문에 성현들이 이를 합하여 말한 것이 있으니, 맹자가 이르기를 "인의(仁義)의 양심(良心)이다."[20] 한 것이나, 장자가 이르기를 "성과 지각(知覺)을 합하여 '심'이라는 명칭이 있게 되었다."[21] 한 것이 바로 이것입니다. 그러나 이것도 그 가운데 갖추어 있는 이를 가리켜 말한 것이지, 어찌 일찍이 곧바로 마음을 이라 여겨 유직 등의 소견과 같았겠습니까. 성현의 글에 일찍이 이 문구가 없었다는 것으로 구실을 삼지만, 유자(儒者)가 도를 밝히는 것은 오직 성현의 뜻을 얻는 데에 있을 뿐입니다. 성선(性善)과 양기(養氣)의 설은 맹자에게서 시작하고, 무극(無極)의 설은 주자(周子)에게서 시작하고, 기질지성(氣質之性)의 설은 정자와 장자에게서 시작하여,[22] 진실로 성현의 뜻을 얻어서 곧바로 서로 맥락이 이어지고

20 인의(仁義)의 양심(良心)이다 : 맹자가 우산장(牛山章)에서, 사람은 누구나 인의의 양심이 있음을 설명하였고, 주희는 "양심은 본연의 선한 마음이니, 이른바 인의의 마음이다."라고 하였다. 《孟子集註 告子上》

21 성과……되었다 : 장재(張載)가 《정몽(正蒙)》 〈태화(太和) 1〉에서 "태허(太虛)를 말미암아 천(天)이라는 명칭이 있게 되었고, 기화(氣化)를 말미암아 도라는 명칭이 있게 되었으며, 태허와 기화를 합해서 성이라는 명칭이 있게 되었고, 성과 지각을 합해서 심이라는 명칭이 있게 되었다."라고 하였으며, 《맹자집주》 〈진심 상(盡心上)〉 1장에 대한 해설에도 이 말이 인용되어 있다.

22 기질지성(氣質之性)의……시작하여 : 《맹자집주》 〈고자 상(告子上)〉 6장의 주에 "정자가 말하기를 '성은 바로 이이니, 이는 요순으로부터 도인(塗人)에 이르기까지 똑같

사리가 서로 통했으니, 말하지 않았다고 해서 부족한 것이 되지 않고 말하였다고 해서 많이 말한 것이 되지 않는데, 하물며 심을 기에 붙인 것이 위에서 말한 것처럼 분명한 경우이겠습니까. 이것은 유직 등이 스스로 공교하게 꾸짖는다고 생각하나 도리어 맹목적으로 짖어 댄다는 기롱을 취한 것입니다.

성혼에 대해 말하자면, 그의 이기설(理氣說)은 대저 이이와 편지를 주고받으며 "천도(天道)와 인심(人心)에는 기가 발하여 이가 타는 한 가지 길이 있다."라고 한 설[23]을 논변한 것인데 이이와 부합하였고, 그 나머지의 입론은 모두 이황의 설을 주로 하였습니다. 이황의 호발설(互發說)에 대해서도 '조어(措語)가 비록 혹 온당치는 못하나 그 뜻은 반드시 근본한 바가 있다.'라고 여기고, 급히 공격하여 깨뜨리고자 하지 않았으니, 그의 신중하고 주밀한 뜻은 문집을 상고해 보면 알 수 있습니다. 그런데 또 어찌 이것으로써 성혼을 공격할 수 있겠습니까.

유직 등이 성혼의 논학소(論學疏)를 가지고 "일찍이 궁리와 격치의 일을 강명하지 못하고, 정신을 보존하고 아끼라는 말을 제일의 법문으로 삼았으니, 이것은 곧 자신의 이로움만을 꾀하는 도가류(道家流)의

은 것이고, 재질은 기에서 받은 것이니, 기에는 청탁이 있어 청한 기를 받은 자는 현인이 되고, 탁한 기를 받은 자는 우인이 된다. ……' 하였고, 장자(張子)가 말하기를 '형(形)이 있은 뒤에 기질지성이 있는 것이니, 이를 잘 회복하면 천지의 본성이 그대로 보존된다. 그러므로 기질지성을 군자는 성으로 여기지 않는 것이다.' 하였다."라고 하였다.

23 천도(天道)와……설 : 이이가 성혼(成渾)에게 답한 편지에 "천지의 조화와 내 마음의 발동은 기가 발하여 이가 타는 것이 아님이 없습니다. …… 만약 기가 발하여 이가 타는 한 가지 길이 아니고 이에 또한 다른 작용이 있다면 이를 무위(無爲)라고 말할 수 없습니다."라고 하였다. 《栗谷全書 卷10 答成浩原》

설이지 우리 유가에서 학문을 하는 규모가 아닙니다." 하였으니, 이 말은 비록 어린아이가 들었다 할지라도 오히려 웃음을 참지 못할 것입니다. 옛날 송(宋)나라 신하 조여우(趙汝愚)가 직임을 받아 요직에 오르자 주자가 편지를 보내 "오늘날 제일 먼저 할 일은 다만 인주(人主)에게 신심(身心)을 수습하고 정신을 보존하고 아껴 늘 천하를 생각하도록 권하는 것이다."라고 했는데, 성혼은 평생 주자의 가르침을 가슴에 새겨 말하고 행동할 때 받아들여 쓰지 않은 적이 없습니다. 더구나 이러한 긴요한 곳에는 그의 뜻이 부합하여 깨우친 것이 반드시 깊고도 절실하였습니다. 그러므로 그가 임금을 합당한 도로 인도하는 즈음에 급급히 이 말을 우선으로 삼았으니, 그가 학문의 요점을 알고 임금을 사랑한 간절한 정성은 백대 후에라도 상상할 수 있습니다.

그러나 이것이 또한 어찌 주자의 설일 뿐이겠습니까. 실은 맹자의 양기론(養氣論)에서 나온 것입니다. 어찌 자신의 이로움만을 꾀하는 도가류의 설이자 우리 유가의 학문하는 규모가 아닌 것을 주자가 말했겠습니까. 이 말은 성혼이 좋아하였을 뿐만 아니라 이황도 일찍이 그가 편집한 《주서절요(朱書節要)》에도 수습해 넣었습니다. 유직 등 상소에 참여한 자들이 거의 수백 명인데, 그들 중에 한 사람도 맹자와 주자의 글을 읽은 사람이 없어서 그런 것입니까, 아니면 맹자와 주자의 글에서 나온 줄은 알았으나 곧장 성혼을 공격하려는 마음이 매우 급하므로 그 사람이 나타나기만 하면 아울러 그 사람이 읽은 책까지 공격하기를 마치 경원(慶元) 연간에 위학(僞學)을 금지한 것[24]처럼 한 것입니

24 경원(慶元)……것 : 주희의 학문을 위학이라 하여 금단(禁斷)한 이른바 경원당금(慶元黨禁)의 사건을 말한다. 영종(寧宗) 경원 연간에 한탁주(韓侂胄)와 조여우가 권

까. 바로 이것이 슬픈 일이며 우리의 도가 밝혀지지 않는 것이 걱정되는 까닭입니다.

또한 신등이 이에 대해 크게 두려워하는 점이 있습니다. 전하께서 춘추가 젊으시므로 보양(保養)하는 방법이 바로 급한 일인데, 유직 등이 곧 이러한 의론으로 성총(聖聰)을 흔들어 미혹하게 하니, 전하께서 만약 털끝만큼이라도 유직 등의 말에 미혹하여 성혼의 말을 그릇된 것으로 여기고, 시끄럽고 어지러운 가운데서 경계하고 절제할 바를 모르신다면, 그 말류의 폐단은 진실로 말로 다 할 수 없게 될 것입니다. 이 때문에 맹자는 사설(邪說)이 정도(正道)를 해치는 것을 통탄하여 사설을 맹수와 이적(夷狄)의 화(禍)에 비교하였던 것입니다.[25] 엎드려 바라건대, 성명께서는 밝게 분별하고 경계하여 두려워하소서.

그들이 "성혼은 소(疏)에서 일찍이 궁리, 격치의 일을 강명한 적이 없다."라고 한 것에 이르러서는 그 소가 아직도 있으니, 어찌 끝내 무함

력 쟁탈전을 벌일 적에 주희 등이 조여우의 편을 들었는데, 한탁주가 득세한 뒤에 승상 조여우 이하 59인을 모조리 몰아내는 한편, 도학(道學)을 위학이라고 규정하고 일절 금지하도록 하였다. 위학이란 거짓된 학문이라는 뜻으로, 욕망에 따라 자기 뜻대로 살려고 하는 것이야말로 인간의 진정한 속성인 만큼 이를 단속하여 굳이 수양하게 하려는 주희의 학문은 허위라고 한탁주가 주장하면서 도학을 배척하는 명분으로 삼았다. 《宋史 儒林列傳 蔡元定, 姦臣列傳 韓侂胄》

25 맹자는……것입니다 : 《맹자》 〈등문공 하(滕文公下)〉에 "공도자(公都子)가 '외인(外人)이 다 부자(夫子)를 호변(好辯)한다고 칭하니 어째서입니까?' 하자, 맹자가 '…… 옛날 우가 홍수를 다스리시매 천하가 안정되었고, 주공(周公)이 이적을 평정하고 맹수를 몰아내시매 백성이 편안해졌고, 공자가 《춘추》를 이루시매 난신적자(亂臣賊子)가 두려워했다. 그래서 나 또한 인심을 바로잡아서 사설을 종식시키고, 피행(詖行)을 막고, 음사(淫辭)를 내쳐서 삼성(三聖)을 계승하려 하니, 어찌 호변하겠느냐.' 하였다."라고 한 구절이 있다.

할 수 있겠습니까. 그 소에 "심신을 수습하고 정신을 보존하고 아껴 정일(精一)하고 집중(執中)하여 선을 밝히고 몸을 성실히 해야 합니다."라고 한 것은, 바로 성혼이 시종과 본말을 갖추어 말한 것입니다. 유정(惟精)과 명선(明善)이 곧 궁리, 격치의 일이 아닙니까. 주자가 말하기를 "《대학》에서 '격물(格物)'이라 말한 것은 유정이 아니면 안 된다."[26] 하고, 또 《대학》의 격치를 명선의 요점으로 삼았으니, 이것이 《대학장구(大學章句)》 안에 있는데, 어찌 유직 등이 모두 그것을 보지 않았단 말입니까, 아니면 비록 보았더라도 주자의 설을 믿을 것이 못 된다고 여겨서입니까. 더구나 성혼이 제일소(第一疏)에서 말하기를,

"인군(人君)은 모두가 선(善)을 따르고 싶어 하나 잘 따르지 못하는 것은 무엇 때문이겠습니까? 선을 밝히지 못하고 마음을 다스리지 못해서입니다. 선을 따르는 요점은 선을 선택하는 데 있고, 선을 선택하는 법은 선을 밝히는 데 있으니, 선을 밝히는 공(功)은 '격치'라는 것의 방법이요 학문의 시작입니다. 옛날 성현이 이것을 강명하여 전해 준 것이 있으니, 순(舜)과 우(禹)의 정일이요 공자와 안자(顔子)의 극복(克復)입니다. 애공(哀公)이 정치를 묻자, 공자가 삼덕(三德),[27] 구경(九經),[28] 명선, 성신(誠身)의 뜻을 말하였고, 마침

26 대학에서……된다 : 《주자어류》 권78 〈상서(尙書) 1 대우모(大禹謨)〉에 "《대학》의 치지(致知)와 격물(格物)은 유정이 아니면 불가능하고, 성의(誠意)는 유일(惟一)이다."라고 한 구절이 보인다.

27 삼덕(三德) : 《중용장구》 제20장에 "지(知), 인(仁), 용(勇) 세 가지는 천하의 달덕(達德)이다."라고 하였다.

28 구경(九經) : 《중용장구》 제20장에서 말한 아홉 가지의 도로, 즉 수신(修身), 존현(尊賢), 친친(親親), 경대신(敬大臣), 체군신(體群臣), 자서민(子庶民), 내백공(來百

내 그 요지를 철저하게 규명하여 입덕(入德)의 문을 가리켜 보였는데 '박학지(博學之)' 이하 다섯 가지[29]가 이것이고, 남은 한 번의 노력을 들이면 나는 천 번의 노력을 들이는 것과 터득하지 못하면 그만두지 않는 것이 이것입니다."

하였습니다. 성혼의 말이 이와 같은데도 유직 등이 오히려 "일찍이 궁리, 격치의 일을 강명하지 않았다."라고 말하니, 그렇다면 저들이 말하는 '궁리', '격치'란 따로 하나의 법이 있어서 신등이 감히 알 수 있는 것이 아니라는 말입니까. 다만 신등이 또 매우 두려워하는 것이 있습니다. 전하께서 한창 겸손한 마음으로 늘 민첩하게 배우는 때에 만약이 이상한 말을 받아들여서 궁리, 격치의 일은 정일, 명선, 구경, 삼덕 등의 일에 달려 있지 않다고 생각하시어 따로 다른 법을 구하여 공허하게 외우나 심신에 절실하지 않게 되면, 이것이 해를 끼치는 것을 또한 어찌 이루 다 말할 수 있겠습니까. 유직 등은 성혼을 무함하는 데 그치지 않고 장차 성명을 그르치려 합니다. 그러므로 신등은 성혼이 무함을 받은 것을 변론하는 데 그치지 않고 성학(聖學)에 혹 누가 될까 걱정하였습니다. 어찌 두려워하지 않을 수 있겠으며 경계하지 않을 수 있겠습니까.

유직 등이 학술을 논한 것이 이와 같으니 그들 논리의 거친 자취를 알 만하고, 그들이 중요한 부분을 논한 것이 이와 같으니 그들 논리의

工), 유원인(柔遠人), 회제후(懷諸侯)이다.

29 박학지(博學之)……가지 : 《중용장구》 제20장에서 말한 학문을 연구하는 방법으로서, 박학지, 심문지(審問之), 신사지(愼思之), 명변지(明辨之), 독행지(篤行之)를 가리킨다.

잔단 곳을 알 만합니다. 대개 유직 등이 이미 이이와 성혼의 도덕과 학문이 실지로 사문(斯文)에 큰 공이 있는 것을 알지 못하였으니, 그들이 이이와 성혼의 출처의 바름이 고인(古人)이 행한 일에 못지않음을 모르는 것도 괴이할 것이 없습니다. 그리고 그들이 "천륜을 버리고 공문(空門)으로 도망하였다."라고 말한 것은 이이가 소싯적에 선(禪)에 물들었던 일을 지적한 것이고, "나라의 두터운 은혜를 받고서도 달려와 문후를 여쭙지 않았다."라고 말한 것은 성혼이 임진년(1592, 선조25) 부난(赴難)한 일[30]을 가리킨 것입니다. 청컨대 신등이 자세히 말하겠습니다. 대저 선학(禪學)은 제(齊)나라와 양(梁)나라 사이에서 시작되었는데,[31] 곧바로 불씨(佛氏)의 윤회 보응(輪回報應)의 말을 비천하다고 여기지만 마음을 설명하고 본성을 설명한 것은 매우 이치에 가까우므로 자질이 고명한 자는 으레 대부분 깊이 빠졌습니다. 정자, 장자 같은 대현도 처음에는 빠져들어 버렸고, 주자도 초년에는 특히 심하였습니다. 그러므로 자신의 생애에 대해 스스로 쓴 글에서 말하기를 "내가 석씨에 대해 일찍이 그 사람을 스승으로 삼고 그 도를 높여, 구한 것이 또 간절하고 지극하였다. 그 뒤에 선생과 군자의 가르침을 받아 잠시 석씨의 설을 버리고 우리 학문에 종사하였는데, 처음에는 하루도 마음

30 성혼이……일 : 임진년에 피난길에 오른 선조가 임진강을 건넌 뒤에 성혼이 뒤늦게 그 사실을 알고 강가로 나왔으나 배가 없어서 건너가 뵙지 못한 일이 있고, 10월에 성혼이 성천(成川)에 도착하여 왕세자를 뵙고 대조(大朝)에 들어갈 것을 청하여 11월에 의주(義州)의 행조(行朝)에 들어가 왕을 뵌 일이 있다.《宣祖修正實錄 27年 3月 1日》

31 선학(禪學)은……시작되었는데 : 제나라와 양나라는 남조(南朝) 때에 세워진 나라들로 당시 불교가 극성하였다.

에 오락가락하지 않은 적이 없었다." 하였습니다. 대개 주자는 나이 15, 6세에 고승(高僧) 도겸(道謙)을 따라 배워서 불상 앞에 향을 피우고 불도를 닦기에 이르렀는데, 24세 때 연평(延平 이동(李侗))을 섬기게 되어 그제야 비로소 평탄하고 진실한 데로 나가게 되었습니다. 그러므로 연평이 일찍이 칭찬하기를 "원회(元晦)는 당초 겸개선(謙開善)에게서 공부했으므로 내면의 세계를 모두 체인(體認)하고 있습니다." 하였습니다.[32] 아, 주자 같은 아성(亞聖)도 오히려 면하지 못했는데, 이이가 잠시 미혹했던 것이 어찌 잘못이 되겠습니까. 이이가 19세에 잘못 선학에 물들었다가 1년 만에 즉시 우리 도에 돌아와 이황을 찾아가 배우기를 구하니, 이황이 극구 칭찬하고 문득 "후생이 두렵다."라고 하였습니다. 그리고 이이에게 답한 편지에서, 그가 약관의 나이에 재능이 뛰어나서 허물을 고치는 데 과감하고 도를 향하는 데 절실하며, 또한 궁리(窮理)와 거경(居敬)의 실지에 종사할 줄 아는 것을 장하게 여겨 칭찬하기를,

"성인이 멀어지고 그 말씀이 없어져서 이단이 진리를 어지럽히므로 정백자(程伯子 정호(程顥)), 장횡거(張橫渠), 주회암(朱晦庵) 같은 여러 선생도 다 조금씩 출입한 적이 없지는 않았으나 문득 그 잘못을 깨쳤소. 아, 천하의 대지(大智)와 대용(大勇)을 가진 이가 아니면 그 누가 거센 물결에서 탈출하여 참다운 근원으로 돌아올 수 있겠소. 이전에 족하(足下)가 석씨의 글을 읽어 자못 그 독에 걸렸다는 말을

32 연평이……하였습니다 : 이동이 그의 벗 나박문(羅博文)에게 보낸 편지에서 주희를 칭찬한 말이다. 《朱子年譜 卷1》 원회는 주희의 자이고, 겸개선은 도겸의 당호가 개선암(開善庵)이므로 그렇게 부른 것이다.

듣고 마음속으로 애석하게 여긴 지 오래였는데, 일전에 나를 찾아와서 그 사실을 감추지 않고 능히 그 잘못을 말하였고, 이제 두 번이나 보내 준 편지를 보매 또 이와 같으니, 나는 족하가 함께 도를 향해 나아갈 수 있음을 알겠소. 그러나 두렵게 여기는 것은, 새로운 음식에서 단맛을 느끼지 못하면 익숙한 음식을 잊기 어렵고, 오곡의 낟알이 미처 여물기 전에 돌피를 거두는 가을이 갑자기 닥치는 것이오."

하고, 또 말하기를,

"일찍이 내 평생을 헛되이 보낼까 걱정하여 당세의 군자들에게 기대하는 것이 있었으니, 목마르고 배고픈 사람보다 훨씬 절실하였소. 족하가 진실로 석씨를 과감하게 끊어 버리는 마음을 옮겨서 세상에 행한다면, 비록 과거 시험의 이해가 눈앞에 있더라도 나는 족하가 여러 사람과 함께 유혹과 압박을 당하지 않으리라고 확신하니, 이것이 내가 족하에게 감동하게 된 것이오. ……"

하였습니다. 이 편지는 가정(嘉靖) 무오년(1558, 명종13)에 있었던 것으로, 이이의 나이를 계산해 보면 겨우 23세였습니다. 이황의 편지 사연이 이와 같은데도 이것을 깊이 미워하고 통절하게 절교한 사연이라고 할 수 있겠습니까. 그가 높이 권장하고 추천하여 허여한 뜻이 거의 연평이 회암을 허여한 것과 같았습니다. 그리고 곧바로 옛사람들처럼 되기를 서로 기대하였으니, 그 잠시 미혹했던 것이 잘 회복된 데서 더욱 빛나고 고명함이 마침내 상달(上達)에 이르게 되었습니다. 이것은 실로 이황의 선견(先見)으로서 군자의 정론(定論)이라고 할 만한데, 어찌 이것을 가지고 이이를 흠잡은 것이라고 말할 수 있겠습니까. 성혼이 말하기를 "이이는 도체(道體)에 있어 환히 그 대원(大源)을 알았으니, 진실로 산하(山河)의 간기(間氣)[33]를 받고 태어난 사람이며 삼대(三代) 때의 인물이다." 하였습니다.[34] 이이가 훗날 정대하게 성취하여 이황이 기대했던 바를 이와 같이 참으로 저버리지 않았는데, 유직 등이 도리어 이황의 글 속에 "익숙한 음식을 잊기 어렵다."라는 등의 서너 글귀를 취하며 그 머리와 꼬리는 잘라 버리고 짤막하게 인용해서 왜곡하고 속이며 간사하고 치우친 말의 증거로 삼았습니다. 그의 계획은 반드시 전에 물들었던 사실을 가지고 이이에게 누를 끼치고자 했던 것입니다. 그러므로 곧 이황이 이이를 권면한 좋은 뜻을 가져다가 도리어 이이를 공격하는 효시(嚆矢)로 만들었으니, 어찌 의리에 어긋나지 않겠습니까. 진실로 유직 등의 말과 같다면 이것은 이황이 명교(名教)에 죄를 얻은 이이를 망녕되이 정자와 주자의 사업에 견준 것이니, 이이를 무함하려다가 자신도 모르게 이황을 무함한 것입니다.

대저 사람을 보는 법은 마땅히 초년과 만년으로 나누어 분별해야 합니다. 만약 그 도덕과 학문을 필경에 성취한 것이 어떠한지를 따지지 않고 다만 젊은 시절에 잘못한 것으로 그 사람의 평생을 단정한다면, 장사 치르는 놀이와 물건 파는 놀이를 한 것이 맹자에게 누가 되고,[35] 사냥을 좋아한 것이 명도(明道)에게 흠이 되며,[36] 주자도 공맹의 도통

33 산하(山河)의 간기(間氣) : 산천의 정기(精氣)로서 어쩌다가 나타나는 좋은 기운을 말한다.

34 성혼이……하였습니다 : 이이가 세상을 떠나자 성혼이 곡(哭)하고 지은 글에 나온다. 《牛溪集 年譜 卷1 年譜》

35 장사……되고 : 맹모삼천지교(孟母三遷之教)의 고사에 의하면, 맹자는 어려서 주변의 환경에 따라 장사 치르는 놀이도 하고 물건 파는 놀이도 했다고 한다.

36 사냥을……되며 : 명도는 정호(程顥)이다. 《이정유서(二程遺書)》 권7에 "명도가 나이 16, 7세 때에 사냥을 좋아했는데, 12년이 지나 저물녘에 돌아오다가 들판에서

을 계승할 수 없을 것입니다. 천하에 어찌 이러한 의론이 있을 수 있겠습니까.

정인홍이 이이를 헐뜯는 데 여력을 남기지 않았다고 말할 만하나 오히려 어릴 적 일을 들추지는 않았는데, 유직 등은 도리어 정인홍이 말하지 않은 것을 말하여 힘써 정인홍을 뛰어넘으려 하고 태연히 선성(先聖)이 이미 정해 놓은 의론을 저버렸으니, 그들 또한 매우 불인(不仁)한 자들입니다.

성혼은 처사(處士)입니다. 아버지 성수침(成守琛)은 조광조에게 가르침을 받았고, 성혼은 가정(家庭)의 정학(正學)을 전해 받았으며 또한 이황을 존경하고 사모하며 평생 일을 행할 때는 한결같이 옛사람을 본보기로 삼았습니다. 일찍이 이이와 도의(道義)의 교우를 맺었는데, 이이가 임금의 신임을 얻어 도를 행하게 되자 박순(朴淳)과 더불어 성혼을 조정에 천거하였습니다. 성혼은 선조(宣祖)께서 누차 부르고 나서야 세상에 나왔는데, 선조께서는 맨 먼저 대도(大道)의 요점을 물었으니, 이것은 진실로 삼대 때의 성대한 제회(際會)였습니다. 옛날에 사마광(司馬光)과 여공저(呂公著)가 처사 정이(程頤)와 서로 안 지 20년이 지난 뒤에야 비로소 그를 천거했는데, 사마광 등의 천거와 정자의 출사가 어찌 구차하게 이루어진 것이겠습니까.

문언박(文彦博)은 대신(大臣)으로서 어린 임금에게 더욱 공손히 하였고, 정자는 포의(布衣)로서 자중하면서 말하기를 "자중하지 않을 수 없다." 하였으니,[37] 선비가 자임하는 도에 있어서 당연한 것입니다. 성

사냥하는 사람을 만나게 되면 모르는 사이에 마음이 즐거워졌다."라고 하였다.

37 문언박(文彦博)은……하였으니 : 송나라 철종(哲宗) 때 문언박이 태사평장중사

혼은 이미 정자의 학문을 배운 사람이고, 군부가 그를 대우한 것도 옛 도로 하였고 부리는 것도 옛 도로 하였으니, 성혼도 감히 옛 도로 섬기지 않을 수 없었습니다. 도가 행해지지 않으니 은총이 높다 하여 오래 머물지 않았고, 의리에 옳지 않은 점이 있으니 예가 근실하다 하여 경솔히 나오지 않았습니다. 이와 같이 한 다음에야 바야흐로 배운 것을 저버리지 않고, 우리 임금께서 선비를 대우하는 성대한 덕에 보답할 수 있는 것입니다.

임진년(1592) 왜구의 침입은 큰 화란(禍亂)이었으니 관직에 있는 신하로서 달려와 문후를 여쭙는 것은 신하의 떳떳한 직분입니다. 그런데 성혼이 그때 어찌 깊이 잘 생각해서 변란에 잘 대처할 방도를 다하지 않았겠습니까. 다만 군자가 지키는 것은 보통 사람의 정과 달라서 오직 도의를 따를 뿐이요 의혹과 비방을 피하지 않습니다. 그러므로 뭇사람이 그 뜻을 알지 못하고 많은 말로 비방하였습니다. 청컨대 신등은 다시 말씀드리겠습니다.

성혼이 성대한 제회를 만난 것이 처음부터 끝까지 수십 년인데, 부르는 교서가 서로 이어지고 성총(聖寵)의 명이 날로 높아졌으나 성혼이 도성에 들어온 것은 다섯 번에 지나지 않고 조정에 선 것은 서너 달도 못 되었습니다. 군신이 서로 만나는 도리는 벼슬하여 관직이 있는 자의

(太師平章重事)의 신분으로 임금을 모시고 서 있을 때 잠시도 곁을 떠나지 않고 종일토록 긴장을 풀지 않았다. 당시 어떤 사람이 정이에게 "그대의 엄격함과 문 노공(文潞公)의 공손함 중에서 어느 편이 좋습니까?"라고 하자, 정이가 대답하기를 "문 노공은 네 임금을 섬긴 대신으로 어린 군주를 섬기는 것이니 공손하지 않을 수 없고, 나는 포의로 출신하여 군주를 보필하고 지도하는 직책을 맡고 있으니 역시 자중하지 않을 수 없다."라고 하였다. 《晦庵集 卷98 伊川先生年譜》

도리와는 진실로 서로 같지 않습니다. 두 모후(母后)의 상(喪)[38]을 당했을 때는 성혼과 이이가 함께 전야(田野)에 있었는데, 이이는 두 번 다 들어갔고 성혼은 두 번 다 들어가지 않았습니다. 대저 국상(國喪)이 났을 때 대궐로 달려가는 것은 신하의 떳떳한 예절이지만, 이이와 성혼이 가기도 하고 가지 않기도 한 것은 무엇 때문이겠습니까. 송나라 사마광은 신종(神宗)의 상을 당해서 부르지 않았어도 스스로 들어갔고, 정자는 고후(高后)[39]의 상을 당하여 부르는 명이 있어도 가지 않았으니, 이이와 성혼의 일도 이와 같습니다. 그러므로 세상 사람들이 이것으로 성혼을 그르다 하지 않았고 선조께서도 이것으로 성혼을 허물하지 않았으니, 이것이 어찌 왕자(王者)가 선비를 대우하는 도리로 볼 때 일반적인 예절을 그에게 요구해서는 안 되는 것이 아니겠습니까.

왜구의 침략을 당했을 때 성혼은 고향에서 대죄(待罪)하고 있었는데 조정에서 다시 부르는 명이 없었습니다. 성혼은 스스로 생각하기를, 산야에 묻혀 있는 신하가 붕당을 지어 아부한다는 지목을 받았으니 죄명을 씻어 주고 부르는 명이 없는데도 바로 대궐에 나아가는 것은 의리상 감히 하지 못할 바라고 여겼습니다. 그러므로 왕촉(王蠋)과 강만리(江萬里)의 일[40]을 인용하여 스스로 의리에 편안히 하였으니,

38 두 모후(母后)의 상(喪) : 인종 비(妃) 인성왕후(仁聖王后) 박씨(朴氏)와 명종 비 인순왕후(仁順王后) 심씨(沈氏)의 상을 말한다. 인성왕후는 1575년에 승하하였고, 인순왕후는 그 2년 후인 1577년에 승하하였다.

39 고후(高后) : 송 영종(宋英宗)의 비인 선인태후(宣仁太后) 고씨(高氏)로, 철종(哲宗) 때에 섭정하여 왕안석(王安石)을 물리치고 사마광을 등용하여 선정을 베풀었다. 《宋史 后妃列傳 英宗宣仁聖烈高皇后》

40 왕촉(王蠋)과 강만리(江萬里)의 일 : 왕촉은 전국 시대 제(齊)나라 획읍(畫邑)

이것이 어찌 성혼의 본심이었겠습니까. 실로 부득이해서였습니다. 그런데 뜻밖에 대가(大駕)가 서쪽으로 가는 일을 하루저녁에 결정하였으니, 미처 길옆에 나와 기다리지 못한 것은 또한 사세(事勢)가 그렇게 만든 것입니다. 그것은 행조(行朝)[41]에 대죄하는 계사(啓辭)에 자세히 나타나 있습니다. 그러나 논자들은 곧 말하기를 "그때는 미처 나가서 절하지 못했더라도 그 후에는 서로(西路)에 따라갔어야 한다." 하는데, 이 또한 성혼의 의리를 헤아리지 못한 자들입니다. 의리로 볼 때 후에라도 따라가는 것이 마땅했다면 어찌 전에 들어가지 않았겠습니까. 다만 임금의 행차가 본주(本州)를 지나가므로 정리(情理)상 차마 어쩔 수 없이 장차 나가서 절하고 진퇴(進退)의 명을 기다리려 하였으나 창졸간에 그리하지 못했으므로 어찌할 수 없어 통곡할 뿐이었습니다. 광해군(光海君)이 세자의 신분으로 이천(伊川)에 머물면서 불렀을 때 성혼이 곧 병을 무릅쓰고 갔는데, 그것은 성혼이 구차히 간 것이 아니라 그에게 들어갈 의리가 있었기 때문입니다. 성혼이 성천(成川)에서 곧바로 의주(義州)에 들어간 것도 성혼이 무턱대고 간 것이 아니라 이미 분조(分朝)에 들어갔으니 의리상 대조(大朝)에 들어가지 않을

사람으로, 연(燕)나라 장수 악의(樂毅)가 제나라를 파하고서 왕촉이 어질다는 소문을 듣고는 군사로 하여금 획읍을 포위하게 하고 예를 갖추어 왕촉에게 항복을 청하니, 왕촉이 사양하고 가지 않으며 말하기를 "충신은 두 임금을 섬기지 않고 열녀는 두 남편을 섬기지 않는다." 하고, 마침내 목을 매어 자결하였다. 《史記 田單列傳》 강만리는 송나라 도창(都昌) 사람으로 도종 때 좌승상(左丞相)이 되었으나 강직한 성격 때문에 가사도에게 미움을 받아 지산(芝山)에 은거하였는데, 뒤에 원(元)나라 군사가 쳐들어오자 물에 빠져 죽었다. 《宋史 江萬里列傳》

41 행조(行朝) : 국가의 변란 등으로 인해 도성을 떠나 다른 곳으로 옮겨 가는 조정을 말한다.

수 없었기 때문입니다. 대가가 환도(還都)할 때는 병 때문에 호종(扈從)하지 못하고 뒤따라 대궐에 나아가서 치사(致仕)를 청하고 물러났으니, 성혼의 종시(終始)와 진퇴는 모두가 바른 의리로 재단하였음이 어찌 분명하고 명백하지 않겠습니까. 아, 말고삐를 잡고 군부를 따르는 일은 세상의 변변치 못한 사내도 오히려 힘쓸 일인데 성혼 같은 어진 사람이 어찌 그것을 알지 못하여 구차히 했겠습니까.

대개 옛날에는 본래 임금이 외방에 있는 신하에게 분주히 힘을 다하도록 요구하지 않았으니, 왕촉의 일은 더 말할 것이 없습니다. 강만리는 도종(度宗)의 상신(相臣)으로 가사도(賈似道)와 맞지 않아 물러간 뒤에는, 국난(國難)에 달려가지 않고 시골에서 죽었습니다. 항상 벼슬하다가 물러간 자도 달려가지 않았는데, 더구나 본래부터 산야에 있던 자이겠습니까. 강만리의 일만이 그런 것이 아니라 선현 중에 양시(楊時), 윤돈(尹焞)[42] 같은 사람들도 건염(建炎 남송 고종(南宋高宗)의 연호)의 어지러운 때를 당하여 군부가 이리저리 피난하는 중일지라도 부름이 없으면 스스로 가지 않았습니다. 호안국(胡安國) 같은 이는 피난하는 즈음에 두 번씩이나 고종(高宗)의 소명(召命)을 받았으나, 어떤 때는 이미 길에 올랐다가 사직하고 돌아가기도 했습니다. 옛사람의 행위는 이와 같은 것이 많으니, 군자의 출처에 대하여 감히 망녕되이 논할 수는 없습니다. 그러나 삼가 생각건대, 성혼이 스스로 처신한 것도 반드시 그 도가 있을 것입니다. 저 참소하는 자들이 반드시 이것을 꼬집어 말한 데는 아마도 그 이유가 있을 것이니, 청컨대 신등은

42 윤돈(尹焞) : 대본에는 '尹享'으로 되어 있다. 두주에 근거하여 '享'을 '焞'으로 바로잡아 번역하였다. 이하의 '윤돈'도 동일하다.

따져 말씀드리겠습니다.

성혼이 계미년(1583, 선조16)에 표문(表文)을 올려 이이를 신원(伸冤)한 뒤부터 대대적으로 소인배에게 깊은 원망을 받게 되었는데, 이이가 몰(沒)한 뒤에는 여러 원망이 성혼의 몸에 집중되었습니다. 을유년(1585)에는 간신들이 추한 말로 무함하여 일일이 당적(黨籍)에 나열하고 이름을 천부(天府)에 썼으니,[43] 정자(程子)가 다시 부름을 받지 못한 것은 실로 태후(太后)가 알 수 있는 바가 아니었습니다.[44]

기축년(1589)에 역절(逆節)이 여러 소인들의 당(黨)에서 일어나자 선조가 특별히 성혼의 어짊을 생각하여 아경(亞卿)으로 부르시는 은지(恩旨)가 두 번이나 이르렀으니, 이때를 당하여 성혼이 비록 나가지 않으려 하더라도 그럴 수 있었겠습니까. 정자가 서감(西監)에 취임하자 문인(門人) 윤돈이 의심하므로, 정자가 말하기를 "처음으로 큰 은혜를 입었으니, 이렇게 하지 않으면 어떻게 은덕을 베푸는 마음을 우러러

43 을유년에는……썼으니 : 천부는 관직명으로, 종묘의 귀중한 물건이나 금령(禁令)을 관장하였는데 후에 그것들을 보관하는 창고를 부르는 이름으로도 사용되었다. 성혼은 1585년 9월에 양사(兩司)의 탄핵을 받아 자핵하는 상소에서 "삼가 들으니, 대간들이 외척인 심의겸의 죄를 논하면서 신이 심의겸과 서로 결탁했다고 논하고 신을 그의 당여(黨與)에 나열하여 이름을 천부에 썼다 합니다."라고 하였다. 《牛溪集 卷3 被論後自劾第一疏》 1585년 9월 2일 선조가 심의겸의 파직 전교를 내리면서, 서인인 박순(朴淳) 등을 비롯하여 이이와 성혼을 심의겸과 당을 만든 것으로 판명한 것을 말한다.

44 정자(程子)가……아니었습니다 : 임금이 간신들의 추한 말에 감쪽같이 속았다는 말이다. 송나라 철종 시대 소식(蘇軾)의 동생 소철(蘇轍)이 정권을 잡았을 때 소철이 수렴청정하는 태후에게, 정이는 조정에 들어오는 것을 달갑게 여기지 않을 것이라고 말하자, 태후가 그 말을 받아들여서 결국 정이가 다시는 부름을 받지 못했던 고사를 인용하였다. 《宋名臣言行錄 外集 卷3 程頤伊川先生正公》

받들겠는가." 하였습니다.[45] 성혼의 이 처사는 바로 정자의 의(義)인데, 성혼을 원망하는 소인들이 도리어 스스로 부채질하고 충동질하는 일이 이로부터 더욱 심해졌습니다. 신묘년(1591) 이후로 당화(黨禍)를 다시 일으켜서 기필코 성혼에게 분풀이하려는 자들이 온갖 극도의 방법을 썼으나 오히려 감히 발설하지 못하였는데, 이홍로(李弘老)의 교묘한 중상[46]과 정인홍의 독침[47]에 미쳐서는 기회를 타고 틈을 노려 수컷이 부르면 암컷이 화답하듯이 앞뒤에서 계속 일어났으니, 갑오년(1594)의 비답과 신축년(1601)의 교지(敎旨)는 모두 "시장에 호랑이가 나타났다."라는 거짓말에 교란(交亂)된 것이요, 애당초 증자(曾子)의 어머니가 자애스럽지 않아서가 아니었습니다.[48]

45 정자가 서감(西監)에……하였습니다 : 서감은 서경 국자감 교수(西京國子監敎授)의 약칭이다. 반대 당파가 권력을 장악한 아래에서 잠시 벼슬길에 나아가는 것은 은덕을 베푼 임금의 마음에 감사를 표하기 위해서이지 벼슬에 욕심이 있어서가 아니라는 뜻이다.

46 이홍로(李弘老)의 교묘한 중상 : 임진년에 왜구의 침입으로 선조가 파천(播遷)할 때 파주(坡州)를 지나면서 성혼의 집이 어디에 있느냐고 묻자, 옆에 있던 이홍로가 강가의 마을을 가리키며 저곳이라고 거짓으로 고하였다. 그러자 선조가 "어째서 나와서 나를 보지 않는 것인가?"라고 하니, 이홍로가 "이런 때에 그가 어찌 오려 하겠습니까."라고 한 일을 가리킨다. 《宣祖修正實錄 27年 3月 1日》

47 정인홍의 독침 : 정인홍이 1601년 문도인 문경호(文景虎) 등을 사주해 상소하게 하여, 조식의 문도 최영경이 옥사한 것을 성혼의 죄로 돌린 다음 이듬해 성혼의 관작이 추탈(追奪)되게 한 것을 말한다. 《宣祖實錄 34年 12月 20日》

48 갑오년의……아니었습니다 : 갑오년의 비답과 신축년의 교지는 터무니없는 말에 속아서 내린 것이라는 말이다. 시장에 호랑이가 나타났다는 것은 삼인성호(三人成虎) 고사에서 온 말이다. 《韓非子 內儲說上》 또 증자의 어머니에 대한 말은 증삼살인(曾參殺人) 고사에서 온 말이다. 《戰國策 秦策2》

이홍로 등이 날조한 말은, 그동안 올린 장소(章疏)에 대략 논열하였으니 성명께서 벌써 환히 아시리라 생각합니다. 그러나 다만 정인홍이 성혼을 무함한 차자(箚子)에 있어서는, 듣는 자가 혹 그 속셈을 알아차리지 못할 것이므로 신등이 자세히 설명하지 않을 수 없습니다.

저 정인홍이 성혼을 기필코 모함하려 한 것이 한두 번이 아닙니다. 처음에는 최영경(崔永慶)과 함께 조식(曺植)을 추대하면서 성혼이 이황을 높이는 것을 배척하더니,[49] 마침내 양홍주(梁弘澍)와 원한을 맺어 서로 해치려고 도모하는데[50] 성혼이 그의 악(惡)을 드러내어 깨뜨리자 미워하여, 안으로는 해칠 마음을 품고 밖으로는 간사한 말을 퍼뜨리면서 터무니없는 말을 만들어 억지로 죄안(罪案)을 작성하였습니다. 그 말에 "성혼이 국난에 달려가지 않은 것을 스스로 왕촉과 강만리에 견주었다면, 어찌 역변(逆變 정여립의 모반 사건)이 막 일어났을 때만은 국난에 달려간다고 칭탁하고 소명(召命)을 기다리지도 않은 채 경솔히 성중(城中)에 들어왔단 말입니까." 하였습니다. 이것은 정인홍이, 성혼

49 처음에는……배척하더니 : 1577년에 성혼이 문인 양홍주가 조식을 이황보다 더 추존하는 것을 보고, "퇴계는 학문이 심오하니, 남명이 퇴계만 못할 듯하다. 퇴계의 학문은 오로지 주자(朱子)를 종주로 삼아 법문(法門)이 올바르고 마땅한 반면, 남명의 높은 기절(氣節)은 사람들이 따를 수 없으나 언론의 풍지(風旨)는 적당하지 못한 부분이 있다."라고 하자, 최영경은 이 말을 듣고 울분을 터뜨리며 한탄하기를 "퇴계를 실제보다 지나치게 추존하고 남명을 지나치게 경시하니, 어찌 인심과 세도에 큰 해가 되지 않겠는가."라고 하였다. 《牛溪集 年譜 卷1 年譜》

50 양홍주(梁弘澍)와……도모하는데 : 양홍주의 아버지 양희(梁喜)가 파주 목사(坡州牧使)로 있을 적에 양홍주가 성혼에게 배웠는데, 정인홍은 바로 양홍주의 자형(姊兄)이다. 그러나 두 사람은 뒤에 원한을 맺어 서로 해치려고 도모한 일이 있었다. 《牛溪集 年譜 卷1 年譜》

이 왕촉과 강만리에게 스스로 견준 것이 마땅한 줄 몰라서가 아닙니다. 그러나 또 억지로 이 말을 하는 것은, 특히 소인들이 성혼을 원망하는 원인이 기축년의 일에 있었으므로 임진년 국난에 나오지 않은 것을 꼬집어 기축년에 나온 것을 애당초 소명이 없는데 스스로 들어온 것처럼 헐뜯기 위해서입니다. 그 음험하고 위태로운 뜻이 여기에서 다 드러났습니다. 그렇다면 '전진후퇴(前進後退)'[51] 네 글자는 본시 소인들이 성혼을 원망하여 사사로이 한 말이니, 군자가 의혹을 가질 만한 것이 아닙니다. 정인홍이 이황을 헐뜯은 소에서도 일찍이 참람되게 유현(儒賢)이 행한 출처의 도에 대하여 의론하였으니,[52] 정인홍이 어찌 옛사람의 글을 보지 못했겠으며 또 어찌 고인의 행위를 옳게 여기지 않아서이겠습니까. 그러나 그가 이황을 공격할 때는 스스로 나온 것을 허물로 삼았고, 성혼을 헐뜯을 때는 나오기를 어렵게 여긴 것을 죄로 삼았으니, 간사한 도적의 정상(情狀)이 명약관화한 정도가 아닙니다. 그런데 유직 등이 감히 정인홍을 계승하여 심지어는 "왕법(王法)에 용납할 수 없다."라는 등의 흉패한 말까지 만들어 내어 해가 훤한 대낮에 제멋대로 날뛰니, 또한 통탄스러운 일이 아닙니까.

과연 이들의 말과 같다면 정이, 양시, 윤돈, 호안국 같은 군자들은

51 전진후퇴(前進後退) : 전에는 나아가고 후에는 물러났다는 말로, 성혼이 기축년 정여립의 모반 사건이 일어났을 때는 이조 참판에 제수하는 명에 달려가 서울에 들어가 사은하였는데, 임진년 왜란에는 파천하는 선조에게 나아가지 않고 물러나 있었던 것을 말한다.

52 정인홍이……의론하였으니 : 정인홍이 1611년(광해군3) 3월 26일 차자를 올려 전에 이황이 조식을 비판한 데 대해 조목조목 변론하면서 이황과 이언적(李彦迪)을 심하게 헐뜯고 문묘에 배향한 것을 잘못된 일이라고 비방했다. 《光海君日記 3年 3月 26日》

임금을 잊고 나라를 저버린 죄인이 되어 버리고, 도를 지켜 자중하는 선비와 나오기를 어렵게 여기고 물러가기를 쉽게 하는 군자는 모두 왕법으로 처벌해야 할 것이니, 그 패란됨이 어찌 성혼만 업신여김을 받을 뿐이겠습니까. 반드시 사문(斯文)에 끝없는 화가 될 것입니다.

대저 이이의 천선(遷善)한 용기를 보지 못하였으면 어떻게 그 견식이 뛰어난 줄을 알겠으며, 성혼이 변란에 처신하는 의를 알지 못하였으면 어떻게 조행(操行)이 돈독하고 확실한 줄을 알겠습니까. 이는 도의의 참다움과 출처의 바름, 우리나라 유자의 도가 이 두 현인에 이르러 환히 나타난 것이니, 이는 신등의 말이 아니고 바로 선정(先正)과 노사(老師)의 의론입니다.

옛날 공문중(孔文仲)은 정자를 가리켜 간사하다 하였고,[53] 여철(余嚞)은 주자를 가리켜 위학(僞學)이라 하였으니,[54] 공문중과 여철 등의 입장에서 볼 때는 정자와 주자도 간사하고 거짓된 듯하였으므로 아무런 기탄이 없이 헐뜯어 배척했던 것입니다. 지금 유직 등이 "임금을 버리고 부모를 뒤로 미룬다."라는 등의 말로 두 분 어진 이를 배척함에 이르러서도 공문중과 여철이 정자와 주자를 보듯이 하였으니, 그 말이 이처럼 심한 것이 마땅하다고 하겠습니다. 안목을 갖춘 사람은 스스로

53 공문중(孔文仲)은……하였고 : 공문중은 송나라의 문신으로, 자는 경보(經父)이다. 정이(程頤), 구양비(歐陽棐), 필중유(畢仲游), 양국보(楊國寶), 손박(孫朴)을 오귀(五鬼)라고 지목하여 정이를 공척하였으나 후에 소인들에게 속은 것을 알고는 분을 이기지 못하여 피를 토하고 죽었다고 한다. 《宋史紀事本末 卷10 洛蜀黨議》

54 여철(余嚞)은……하였으니 : 여철은 송 효종(宋孝宗) 때의 정치가로, 글을 올려 주희를 베고 위학을 끊을 것을 청하고 또한 채원정(蔡元定)을 위학의 당여라고 지목하였다. 《宋史 胡紘列傳》

분별할 수 있으니, 신등이 또 어찌 서로 비교할 필요가 있겠습니까.

유직 등이 이이와 성혼의 출처에 대하여 전혀 그 대개를 듣지 못했으므로 그 사업과 논의 사이에 사실상 그 경지를 엿보지 못했는데, 감히 함부로 못 하는 말이 없이 헐뜯었습니다. 그들이 "걸핏하면 경세제민을 일컬었으나 실제로는 전행(專行)에 힘썼다."라고 말한 것은, 남을 무함하기에 급급하여 소인이 군자를 무함하는 잘못에 스스로 빠지는 것을 깨닫지 못해서이니 아, 또한 괴이합니다. 예로부터 군자가 임금의 신임을 받아 도를 행할 때 그를 해치는 소인들이 어찌 일찍이 이것으로 명목을 삼지 않았겠습니까. 근세 일로 말한다면 이는 실로 남곤(南袞)과 심정(沈貞)이 조광조를 무함했던 말입니다.[55]

아, 선비가 이 세상에 태어났으니 그 포부가 얼마나 중하겠습니까. 곤궁할 때 배우는 것은 영달할 때 행하기 위해서입니다. 그러므로 공자가 말하기를 "숨어 살면서 그 뜻을 구하고, 의를 행하여 그 도를 달성한다." 하였고, 맹자가 말하기를 "곤궁할 때는 홀로 그 몸을 선하게 하고, 영달할 때는 천하를 모두 선하게 한다." 하였습니다. 이와 같지 않다면 또 어떻게 도를 밝혀 정사에 적용한 참된 유자라고 할 수 있겠습니까. 이 땅에 유학이 우리 조선보다 융성했던 적이 없지만 나가서 경세제민으로 자임한 자는 있지 않았습니다. 오직 조광조가 순정(純正)한 학문으로 여러 현인을 다 등용하는 중종(中宗) 때를 만나서 거의 나라를 한번 변화시킬 뻔하였는데 지극한 정치가 채 일어나기도 전에 뜻밖의

55 남곤(南袞)과……말입니다 : 기묘사화(己卯士禍)를 말한 것이다. 남곤, 심정 등의 훈구파(勳舊派)가 당시 중종의 신임을 받아 과감하게 정치 개혁을 추진하던 조광조 등의 사림파(士林派)를 무함하여 대대적으로 사사(賜死)시키고 유배 보냈다.

재난이 곧바로 일어났고, 이황은 자세하고 깊이가 있는 식견으로 유림의 본보기였으나 오로지 은거할 것만을 생각하고 시사(時事)를 담당하려 하지 않았기 때문에 경세의 대도가 펴지는 것을 보지 못했습니다. 그 뒤에 조광조와 이황을 이어 일어난 사람은 실로 이이와 성혼입니다. 성혼은 비록 사문의 바람을 저버리고 산야에 처해 있어서 일찍이 당세의 중임을 자임하지는 않았으나, 신사년(1581, 선조14)의 한 차례 상소에서 또한 경륜과 안배의 대강을 알 수 있습니다.

오직 이이는 제왕을 보좌할 만한 인물로서 성명한 임금을 만나 그 시대의 어려움을 구제하려는 생각이 간절하여 극진히 말하고 논의를 다하여 처음부터 끝까지 한결같은 건의를 하였으니, 그가 정치를 의논한 것이 매우 갖추어졌습니다. 그런데 그 요점은 모두가 수기(修己)를 국가 정치의 큰 근본으로 삼았고, 안민(安民)을 시대를 구제하는 급무로 삼았습니다. 수기의 도는 반드시 당우삼대(唐虞三代)를 법으로 삼되 격물, 치지, 성의, 정심의 조목은 한결같이 성경(聖經)에 근본을 두었고, 안민의 방법은 반드시 폐단을 고쳐 변통하는 것을 우선으로 삼되 개혁하고 안배하는 방법은 모두 시의(時宜)를 참작하였으니, 한 시대에 행할 수 있을 뿐만이 아니라 진실로 만세에 공통으로 적용되는 법으로 삼을 만합니다. 이것이 어찌 편협한 유생의 속된 학문으로 만분의 일인들 모방할 수 있는 것이겠습니까. 그의 〈만언봉사(萬言封事)〉와 《동호문답(東湖問答)》[56] 등 여러 글에 나타난 것을 상고하여 보면

56 만언봉사(萬言封事)와 동호문답(東湖問答) : 〈만언봉사〉는 이이가 우부승지로 재직하던 1574년에 왕의 구언 교서(求言教書)에 응해 올린 것이고, 《동호문답》은 이이가 1569년에 왕도 정치에 대한 경륜을 주객(主客)의 문답체로 서술해 올린 글이다.

알 수 있습니다. 그리고 조정의 의론이 멋대로 혼란하여 백관들이 화목하지 못하자, 이이만은 깊이 근심하고 염려하여 말하기를 "동(東)과 서(西) 두 글자가 반드시 나라를 망치는 재앙의 근본이 될 것이다." 하고 힘써 척결하고 조절하는 방책을 진술하였으며, 근거 없는 경박한 말을 진정시키고 서로 헐뜯는 말들을 억제하며, 동인과 서인의 틈바구니에서 주선하되 원망과 비방을 돌아보지 않았습니다. 그의 지성측달(至誠惻怛)하고 광명정대(光明正大)한 뜻이 마치 청천백일처럼 털끝만큼도 숨긴 것이 없었으나 또한 이 때문에 크게 시배(時輩)의 마음을 거슬렀는데, 우리 선조(宣祖)께서 그에게 경륜과 도덕이 있음을 깊이 아시고 진정한 마음으로 간택하여 장차 크게 등용하고자 하였으니, 계미년(1583)에 있었던 융숭한 제회(際會)야말로 진정 천년 만에나 볼 수 있는 우리나라의 성대한 일이었습니다. 명철한 임금과 어진 신하가 서로 만나서 정치와 교화를 이룰 수 있었는데, 그를 시기하여 미워하는 무리들이 사방에서 떼 지어 일어나고 하늘이 철인(哲人)을 앗아가서[57] 우리나라 백성이 유자의 교화를 입지 못하게 되었습니다. 지사(志士)들의 애통한 마음이 지금에 이르러 더욱 깊은데, 유직 등은 도리어 이것을 이이의 죄라고 합니다. 그렇다면 선비로서 벼슬하여 임금을 섬기는 자가 혜택이 백성에게 이르게 하는 대도를 망각하고 이익과 작록에만 빠져야 곧 어진 것입니까. 만약 유직 등의 말이 세상에 행해진다면 선비들은 대도의 요점을 듣지 못하고 백성은 지극한 정치의 혜택을 입지 못할 것이니, 이는 이이와 성혼만을 무함하는 것이 아니라 곧 천리(天理)를 무함하고 만세(萬世)를 무함하려는 것입니다.

57 하늘이 철인(哲人)을 앗아가서 : 이이가 세상을 떠난 것을 말한다.

신하가 되어 임금의 위임을 받고 세도(世道)를 담당하여 그 속에 쌓인 포부를 다하다 보면 그 자취가 전행(專行)하는 것처럼 의심을 받을 수 있는데, 임금이 듣기 싫어하는 것 또한 전행보다 더 심한 것이 없습니다. 그러므로 홍공(弘恭)과 석현(石顯)이 이 제목을 가지고 소망지(蕭望之)를 죽이는 함정으로 사용하였으니,[58] 이는 임금으로서 의당 깊이 살피고 밝게 분변해야 할 것입니다.

또한 "충현(忠賢)을 교묘하게 헐뜯고, 붕당을 그릇되게 비호하였다."라는 말은 불분명한 말을 하여 미혹하게 하려는 계책으로 삼은 것인데, 신등은 누구를 가리켜 말한 것인지 헤아리지 못하겠습니다. 그러나 정인홍의 말로 미루어 보면 또한 유직 등이 주장하여 말한 바를 알 수 있습니다. 예전 선조 임신년(1572)에 이이가 표(表)를 올려 고상신 이준경(李浚慶)이 남긴 유소(遺疏)의 실수에 대하여 논한 일이 있었고,[59] 신사년(1581)에는 정인홍이 심의겸(沈義謙)을 논하고 아울러 정철(鄭澈)을 언급하자 이이가 그와 더불어 다투었으니, 이른바 '충현'이란 이준경을 가리킨 듯하고, 이른바 '붕당'이란 심의겸과 정철 등을 가리킨 듯합니다. 청컨대 신등이 명백히 말씀드리겠습니다.

이준경이 사직(社稷)에 공이 있는 줄은 온 나라 사람이 아는 바이며, 이이도 일찍이 그를 현명한 재상이라고 칭찬하였습니다. 그러나 그에

58 홍공(弘恭)과……사용하였으니 : 한(漢)나라의 소망지는 원제(元帝) 때 환관의 전횡을 막고 제도를 개혁하려다가 도리어 중서령(中書令) 홍공과 석현의 모함에 빠져 자살하였다. 《漢書 蕭望之傳》

59 선조……있었고 : 이준경이 1572년 임종 때에 〈유차(遺箚)〉를 올렸는데, 그중 네 번째 조목에서 붕당에 대한 우려를 제기하였다. 이에 대해 이이가 〈논붕당소(論朋黨疏)〉를 올려 반박하였다. 《宣祖修正實錄 5年 7月 1日》

게도 병통이 본디 있었으니, 성격과 기질이 남달리 잘난 체하며 사류(士類)를 좋아하지 않았고 이황을 가리켜 '산새〔山禽〕'라고까지 하였습니다.[60] 선조께서 막 문치(文治)에 뜻을 두시어 사림들이 크게 기대를 하였는데, 이준경은 원로대신으로서 임금을 가르쳐 인도한 것이 오로지 옛것을 따르는 데만 주력하였고 그 유소에서는 지나치게 사류들을 의심하여 성심(聖心)에 의혹을 열어 놓았습니다. 따라서 그가 공격하여 깨뜨리고자 한 계책은 조정에 화(禍)를 일으키는 단서가 되기에 충분하였으므로 이이가 진실한 정성으로 구제하는 의론을 펴서 그렇지 않음을 밝혔던 것입니다. 옛날 송나라 신하 유정(留正)이 사대부의 붕당을 걱정하니, 주자가 꾸짖기를,

"붕당의 화는 진신(搢紳)에게 이르지만 옛날에 붕당을 미워하여 제거하고자 한 것은 왕왕 남의 나라를 망치는 데까지 이르렀다. 대개 현부(賢否)와 충사(忠邪)를 살피지 않고 오직 붕당을 제거하는 데만 힘쓴다면, 저 교묘하게 자신을 위해 꾀하는 소인들은 반드시 스스로 그 행적을 감출 것이나 군자는 자기의 공변된 마음과 정직한 도를 믿고 에둘러 말하지 않아서 왕왕 도리어 밀려나 붕당이라 지목을 받게 된다. 한(漢), 당(唐), 소성(紹聖 송 철종(宋哲宗)의 연호) 때의 지난 일이 지금 머지않았다."

하였으니, 이이가 지닌 마음도 이와 같을 따름입니다. 대저 일을 논할 때는 다만 사리(事理)가 어떠한가를 논해야 하는 법입니다. 만약 그

60 이황을……하였습니다 : 당시 이황이 조정의 부름을 받고 오기는 했으나 어떻게든지 기회를 보아 돌아가므로, 이준경이 이황을 산새에다 비유하여 길들일 수 없다며 조롱하니, 사뭇 신진들과 사이가 좋지 않게 되었다. 《宣祖修正實錄 2年 6月 1日》

사람이 어질다 하여 그 사람의 잘못된 일까지 아울러 비호한다면 어찌 군자의 마음가짐이겠습니까. 사마광이 원우(元祐 송 철종의 연호) 연간의 부름에 제일 먼저 나아가서 장차 희령(熙寧 송 신종(宋神宗)의 연호), 원풍(元豐 송 신종의 연호) 연간의 정치를 변경하려 하였는데, 정명도(程明道)가 말하기를 "끝내는 어지러운 지경에 돌아갈 것이다." 하였습니다. 진준경(陳俊卿)과 왕응진(汪應辰)[61]은 남송(南宋)의 어진 신하라고 할 만하므로 주자도 일찍이 선류(善類)의 종주(宗主)로 허여하였지만, 정사(正士) 한 사람이 쫓겨나게 되었을 때 그를 구하지 못하자 주자가 문득 배척하기를 "진준경은 본디 볼만한 것이 없고, 왕응진은 변변찮은 사람이다." 하였습니다. 어진 이가 사람을 논할 적에는 그 사람의 장점을 취하고 그 사람의 단점을 책할 뿐이므로 그 마음이 절로 지극히 공평한데, 이것을 공교히 헐뜯었다고 말한다면 또한 무함이 아닙니까.

심의겸은 간신들이 권력을 도둑질하던 때를 당하여 참으로 사림을 부지하여 보호해 준 공이 있습니다. 후세에 와서 일종의 논의가 망녕되이 임금의 마음을 억측해서 사람을 빠뜨리는 함정을 만들었지만, 지금 심의겸의 평생 행위를 상고해 보건대 그가 세상을 어지럽힌 간사한 사람은 아니었던 것이 분명합니다. 정철과 같은 사람은 충직하고 청렴하며 굳세고 개결한 사람이었습니다. 다만 그의 성품이 지나치게 준엄

61 진준경(陳俊卿)과 왕응진(汪應辰) : 진준경은 송나라 효종 때 상서 우복야(尙書右僕射)를 지내고 승상에 올랐으며, 인재 등용과 군비 강화에 힘썼다. 왕응진은 송나라 고종 때 등용되어 벼슬이 이부 상서(吏部尙書)에까지 올랐으며, 외직에서 선정으로 이름이 높았고 조정에서 많은 정책을 개혁하였다.

하고 결백하여 악을 원수같이 미워하였으므로 이발(李潑)과 정인홍 등에게 원망과 노여움을 크게 사서, 이발과 정인홍 등이 외척이라 하여 심의겸을 배척하되 반드시 정철에게 연루시키려 하였습니다. 그러므로 이이가 말하기를 "심의겸은 과연 외척이니 버려도 되거니와, 정철은 개결한 선비이니 논할 것이 없다." 하였으니, 이것이 어찌 이이가 정철을 비호한 것입니까. 다만 정인홍 등이 스스로 붕당을 만들어서 불온한 단초를 열어 놓은 것입니다. 이때를 당해서 온 조정이 서로 갈라졌으나, 초연히 홀로 서서 붕당에 물들지 않은 이는 오직 이이 한 사람뿐이었습니다. 더구나 성혼은 아무런 관계가 없는 사람인데 어찌 일찍이 그 사이에 간여했겠습니까. 생각건대 소인들의 원한은 계미년(1583)에 깊이 쌓였는데, 유감을 풀려는 계책이 기축년(1589)에 공교히 발한 것입니다. 대저 정철을 기축치옥(己丑治獄)의 일[62]로 무함한 저 소인들이 없는 죄를 날조하고 만들어 내며 진실로 극도의 방법을 다 사용하였습니다. 그러나 공교히 하려다가 도리어 용렬해져서 그 정상이 다 드러났으므로 수십 년을 두고 내려오던 공론이 비로소 펴졌고, 계해반정(癸亥反正 인조반정) 때 제일 먼저 그의 억울한 죄상을 씻어 주었습니다. 따라서 오늘날에 와서 이 일로 정철을 허물하는 것만도 매우 해괴하다 할 일인데, 하물며 감히 성혼에게 아울러 연루시킨 데이겠습니까.

아, 그 당시에 정철 등을 간신이라 말하고 두 현인이 당을 지었다고

62 기축치옥(己丑治獄)의 일 : 기축년에 최영경, 이발이 정여립의 옥사에 연좌되자 동인들이 이를 원통하게 여기고, 성혼이 정철을 시켜 그들을 죽이게 하였다고 생각하여 반드시 정철에게 화풀이하려 하되 아울러 성혼에게까지 미쳤다. 그러나 대체로 최영경과 이발의 옥사는 정철이 첫 위관(委官)이 되었고, 재국(再鞫) 때는 실상 유성룡(柳成龍)이 위관이었다.

말한 자는 과연 누구입니까. 정여립과 정인홍 무리가 주장한 것에 부화뇌동하는 무리가 바람에 쓸리듯 메아리처럼 응한 데 지나지 않습니다. 정여립과 정인홍이 다 흉악한 역적으로서 주륙을 당하자 시비(是非)와 사정(邪正)이 절로 드러나게 되었으니, 여기에서 더욱 좋아하고 싫어함을 반드시 살피고, 사랑하고 미워함을 지극히 공변되게 했던 두 현인의 마음을 알 수 있습니다. 그런데도 유직 등이 기필코 '곡호(曲護)'란 두 글자를 가지고 유현(儒賢)에게 누를 끼치려 하였으니 그 또한 마음가짐이 위태롭습니다. 아, 세도(世道)가 상실되고 인심이 몰락하여 유학(儒學)과 속학(俗學)의 분별을 알지 못하고 한갓 편당을 짓는 논의만을 알아, 소인의 마음을 가지고 군자를 헤아리며 어린아이 소견을 가지고 대도를 의심하는데 모두가 다 이렇습니다.

이제 유직 등은 먼 지방의 몽학(蒙學)으로서 그들이 군자의 대도를 보는 것이 마치 소인이나 어린아이와 같을 뿐만이 아니라 도리어 이전의 사설(邪說)이 실상 어진 이를 해치고 나라를 전복하려는 간사한 술책에서 나온 줄을 알지 못하고 감히 그것을 구실로 삼아 뻔뻔스럽게 성명께 소장을 올렸으니, 그 또한 슬픈 일이며 책망할 가치도 없습니다. 대저 그들이 말한 "부모를 버린다."라는 말은 계미년(1583)에 여러 간특한 무리의 계문(啓文)에 근본을 둔 것이며, "임금을 뒤로 미룬다."라는 말은 임인년(1602)에 정인홍이 올린 차자에 근본을 둔 것입니다. "걸핏하면 경세제민을 일컬었다."라는 말은 을유년(1585)에 이발이 올린 계문에 근본을 둔 것이며, "실제로는 전행(專行)에 힘썼다."라는 말도 계미년의 계문에 근본을 둔 것입니다. "마음과 행적 사이에 크게 의심스러운 바가 있다."라는 말도 정인홍의 차자에 근본을 둔 것인데, 지금 만약 앞뒤의 설화를 상고해 보면 유직이 올린 소의 소종래(所從

來)를 알 수 있어서 헐뜯는지, 칭찬하는지, 착한지, 간특한지의 실상을 스스로 덮지 못할 것입니다.

유직 등이 또 을해년(1635, 인조13)의 어비(御批)를 인용하여 공론을 막으려는 계획으로 삼은 소가 있으니,-유직의 소에 "을해년에 비로소 이 요청이 있었으나 인조대왕께서 의연히 물리치셨는데, 당시의 어비가 정녕하고 통쾌할 뿐 아니라 지금도 큰 소리로 외어 보면 저도 모르게 감정이 격발됩니다. 그런데 인조대왕이 막 승하하시자 빗나간 의론이 또 일어나니, 조정을 가벼이 보고 선왕을 저버리는 행위가 이보다 더 심할 수 없습니다. ……" 하였다.- 이것 역시 정인홍이 남겨 놓은 술책입니다. 일찍이 오현(五賢)[63]을 종사(從祀)할 때 정인홍이 큰 소리로 말하여 배척하되 공의(公議)를 막지 못할까 두려워하여 선조(宣祖)의 비답을 인용해 이황을 공격하고 배척하는 증거로 삼았습니다. 대저 성인(聖人)은 천지와 같아서 음양서참(陰陽舒慘)[64]의 변화를 헤아릴 수 없는데, 저 소인이 곧 그 한 끝을 잡고 어진 이를 무함하는 구실로 삼으니, 이것이 어찌 한때의 바람이나 우레의 변고를 가지고 크게 조화로운 천지의 운행을 무함하는 것과 다르겠습니까.

유직 등이 명분으로는 이황을 높이는 척하나 실지로는 정인홍을 높입니다. 그리고 전하께서 지금 상중(喪中)에 계시어 지성으로 추모하

63 오현(五賢) : 김굉필(金宏弼), 정여창(鄭汝昌), 조광조(趙光祖), 이언적(李彦迪), 이황(李滉)을 말한다.

64 음양서참(陰陽舒慘) : 고대에는 봄과 여름을 양, 가을과 겨울을 음이라 하였다. 본래 장형(張衡)이 지은 〈서경부(西京賦)〉의 "대저 사람은 양의 때에는 서(舒)하고, 음의 때에는 참(慘)한다."라는 대목에서 나온 말로, 서는 즐거움 또는 좋음을, 참은 괴로움 또는 나쁨을 뜻한다.

는 모습을 보고 '만약 선왕(先王)의 비답을 인용한다면 전하의 마음을 한마디 말로도 흔들 수 있다.'라고 여기고, 이것으로 상의 뜻을 앞질러 헤아리고 시험해 보는 짓을 하였습니다. 대저 순(舜)이 요(堯) 임금의 상을 당하였을 적에 요를 사모하는 마음이 지극했다고 할 만하였으나 16명의 재상을 올려 쓰고 사흉(四凶)을 물리쳤으니[65] 다 요 임금 때와는 정치가 달랐던 것입니다. 그러므로 주자가 말하기를 "춘하추동(春夏秋冬)이 서로 반복하여 세공(歲功)을 이룬 것과 같다." 하였습니다. 대저 중종께서 조광조를 죄주신 교서가 어찌 정녕하지 않았겠으며, 남곤과 심정의 무리가 어찌 소리 높여 외치지 않았겠습니까. 그러나 인종이 곧바로 그 원통함을 풀어 주셨습니다. 선조께서 이황을 배척한 교서가 또한 어찌 정녕하지 않았겠으며, 정인홍의 무리가 또한 어찌 큰소리로 외치지 않았겠습니까. 그러나 성고(聖考 인조)께서 일찍이 문묘에서 내쫓지 않았습니다. 대저 유직 등이 전하로 하여금 어진 이를 좋아하신 이성(二聖 인종과 인조)의 정성을 따르게 하려 하지는 않고, 도리어 정인(正人)을 더럽힌 소인들의 말을 믿게 하고자 하니 아, 또한 도리에 어긋납니다. 유직 등이 설령 말하기를 "문묘에 종사하는 예전

65 16명의……물리쳤으니 : 16명의 재상은 팔원(八元), 팔개(八凱)로 모두 선인(善人)이라 한다. 팔원은 고신씨(高辛氏)의 여덟 아들로 백분(伯奮), 중감(仲堪), 숙헌(叔獻), 계중(季仲), 백호(伯虎), 중웅(仲熊), 숙표(叔豹), 계리(季貍)이며, 팔개는 신양씨(辛陽氏)의 여덟 아들로 창서(蒼舒), 궤기(憒皷), 도인(檮戭), 대림(大臨), 방강(尨降), 정견(庭堅), 중용(仲容), 숙달(叔達)이다. 사흉은 공공(共工), 환도(驩兜), 삼묘(三苗), 곤(鯀)을 가리키는바, 《서경》 〈순전(舜典)〉에 "공공을 유주(幽洲)로 유배하고 환도를 숭산(崇山)으로 추방하고 삼묘를 삼위(三危)에 위리안치(圍籬安置)하고 곤을 우산(羽山)에 구치(拘置)하여 네 사람을 처벌하니, 천하가 모두 복종하였다." 하였다.

(禮典)은 지극히 중대한 일이니, 경솔히 의논해서는 안 됩니다. 그대로 두었다가 후대의 현인을 기다려야 합니다." 한다면, 혹 신중을 기하는 뜻에 해롭지 않을 것입니다. 그런데 곧 감히 허위를 얽어 무함하고 아주 장황하게 막된 말로 헐뜯었으며, 그러고도 무망(誣罔)이 완전하지 않을까 두려워하여 마침내 그가 강명한 성현의 서론(緖論)까지 공격함으로써 스스로 성인을 무함하고 경서를 헐뜯은 죄에 빠지는 것도 깨닫지 못했습니다. 조금도 기탄하는 바 없는 것이 이와 같았으니, 두 신하에 대해서야 또 어찌 기탄하는 바가 있겠습니까. 더구나 저 비문(碑文) 속에 덕을 서술한 곳에서 문자를 잘못 배치한 것은 다만 문인(文人)들이 글을 쓸 때 기이함을 숭상한 잘못일 뿐인데, 어찌 대현(大賢)의 실상에 간여되겠습니까. 유직 등이 이 말을 인용하여 말을 만들었는데,-유직의 소에 나오는 '신기루〔蜃樓〕'는 바로 이항복(李恒福)이 지은 이이의 비문 속에 있는 말이다.[66]- 문자를 주워 모아 교묘하게 모욕하는 짓을 하니 아, 또한 너무 심합니다. 공자가 말하기를 "열 집쯤 되는 고을에도 반드시 충직하고 신의 있는 사람이 있다." 하였으니, 저 영남 지방은 대호(大戶)가 수십만이 되는 곳인데 어찌 사람들이 모두 이런 무리이겠습니까. 이 무리는 특히 과오에 깊이 빠지고 매우 도리에 어긋난 무식한 자들인데, 그들이 회의할 적에 보니, 다투고 싸우고 때리고 떠드는 등 전혀 선비의 체모가 없었습니다. 아, 영남은 실로 전현(前

66 신기루란……말이다 : 이항복은 '신기루'란 말을 다음과 같은 문맥에서 썼다. "간혹 남달리 영명한 이의 경우는 형기(形氣)의 사사로움을 초월하고 막히고 어두운 틀을 벗어날 수 있어, 그 성립된 것이 마치 바다 위에 뜬 신기루가 인위적으로 다듬은 흔적이 없고 그 간가(間架)도 이루 다 헤아릴 수 없는 것과 같으니, 또한 생각건대 이것이 아니겠는가."《白沙集 卷4 栗谷先生碑銘》

賢)이 도를 강명하던 곳으로서 그 유속(流俗)과 남은 운치가 아직 없어지지 않았을 터인데, 그 의논의 기세는 도리어 일체 방종하고 패악하여 기탄이 없는 정인홍의 습성을 따르니, 어찌 이른바 "선을 따르는 것은 높은 곳에 오르는 것과 같이 어렵고, 악을 따르는 것은 무너져 내리는 것과 같이 쉽다."라는 것이 아니겠습니까.

아, 천지에 이미 음과 양이 있으니 시비를 분간하는 일이 어느 시대엔들 없겠습니까마는 근세(近世)와 같이 심한 적은 없었습니다. 선조의 시대에 삼찬(三竄)과 이흉(二凶)[67]이 있지 않았다면 두 신하의 아름다운 경륜을 거의 볼 수 있었을 것이며, 성고(聖考)의 조정에 채진후(蔡振後)와 권적(權讀)[68]이 있지 않았다면 한 나라의 정해진 향방이 거의 보전되어서 유직 등도 흉사(凶邪)의 여론(餘論)을 조술(祖述)하고 성현의 큰 가르침에 반기를 들어 성명이 계신 지금 방자한 행동을 하는 데 이르지 않았을 것입니다. 그러나 이 도를 주장할 권리는 오직 전하의 한 몸에 있으니, 삼가 바라건대 성심으로 학문에 전념하여 이제(二帝), 삼왕(三王), 공자, 맹자, 증자, 자사, 이정(二程), 주자의 도를 체득하여 하나로 꿰뚫으신다면, 성학(聖學)이 고명해지고 성감(聖鑑)이 통철(洞徹)해져서 홀로 의리의 근원에서 보게 되고 사람들의 말이 같고 다른 데 현혹되지 않을 것입니다. 또 이(理)와 기(氣) 두 물건이 하나이면서 둘이고 둘이면서 하나가 되어, 묘(妙)하게 뒤섞여 합해지더라도 끝내 뒤섞이지 않는 실상을 안다면, 이이가 논한 바는 도체(道

67 삼찬(三竄)과 이흉(二凶) : 234쪽 주1, 2 참조.

68 채진후(蔡振後)와 권적(權讀) : 두 사람 다 유생으로서 1635년에 소를 올려 이이와 성혼을 헐뜯었다. 《仁祖實錄 13年 6月 6日》

體)를 환히 보고 전성(前聖)들이 발견하지 못한 것을 발견했음을 알 수 있습니다. 이른바 "이와 기를 한 물건으로 만들고 기를 이로 인식한 병통"은 전혀 맞지 않는 제목이며, 육씨(陸氏)가 도(道)와 기(器)에 어두운 것과 불교에서 작용을 말한 것은 흑백(黑白)과 빙탄(氷炭)처럼 절로 분별될 뿐만이 아니어서, 고명하고 순정한 이이의 학문이 보통 사람보다 훨씬 뛰어남을 더욱 알 수 있습니다.

전고(前古)의 성현들이 의리를 논설하되 익숙히 강명하기를 싫어하지 않았고 일찍이 구차하게 부화뇌동하지 않은 것을 안다면, 이이가 '호발(互發)'의 틀린 점을 논변한 것은 그 뜻이 도를 밝히는 데 있고 일찍이 이황을 공격하려는 데 있지 않았다는 것을 알 수 있습니다. 또 성현들이 마음을 논할 때는 지각(知覺)을 위주로 하였는데 지각이 바로 기임을 안다면, 이이의 "심은 바로 기이다."란 말은 설명이 명쾌해서 성인의 가르침에 신묘하게 들어맞아 후학에게 공이 있음을 알 수 있습니다. 그리고 정신을 보호하고 아낀다는 비결을 수신(修身)의 지극한 요체로 삼아서 주자가 일찍이 제2의 의(義)로 간주하지 않은 것을 알았으니, 성혼의 연원(淵源)에 스스로 볼만한 것이 있고 성심(聖心)이 화려하고 음란하고 미혹한 데 빠지지 않을 것입니다. 정일(精一), 명선(明善), 박학(博學), 심문(審問), 신사(愼思), 명변(明辨)이 반드시 궁리(窮理)와 격치(格致)가 된다는 것을 알고, 또 먼저 삼덕(三德)과 구경(九經)[69]이 신심(身心)과 정사(政事)의 사이에 절실한 것이 바로 성현의 대훈(大訓)이요 대법(大法)임을 안다면, 성혼의 문로(門路)가 바르고 규모가 큼을 알 수 있고 성학도 밖을 향하여 부박해지는

69 삼덕(三德)과 구경(九經) : 251쪽 주27, 28 참조.

실수는 없을 것입니다. 또한 이단의 말은 쉽게 사람을 고혹시키므로 정자, 장자, 주자도 거기에 드나들었다는 것을 안다면, 이이가 젊은 나이에 잠깐 미혹되었던 것이 대현에게 누가 되지 않으며 이황이 이이에게 준 편지는 그 뜻이 권장하고 허여하는 데 있고 통렬하게 절교하는 데 있지 않음을 알 수 있습니다. 또 간사한 자들이 정인(正人)을 해치되 참소하는 말이 한이 없어서 정자와 주자도 '아첨하고 사악하다'느니, '간사한 귀신'이라느니 하는 이름을 면치 못했음을 안다면, 성혼이 어려운 시대를 만나서 진퇴양난이었던 그 형세가 마침 그 성덕의 빛을 더해 주는 것이요 출처(出處)에 대해서 의심할 필요가 없음을 알 수 있습니다. 현자가 벼슬하는 것은 뜻이 도를 행하는 데 있고 한 물건이라도 제자리를 얻지 못한 것을 군자가 부끄럽게 여김을 안다면, 걸핏하면 경세제민을 일컬은 것은 체(體)를 밝혀 용(用)에 알맞은 학문임을 알 수 있는데, 전행(專行)이라 지적한 것은 바로 어진 이를 해치려는 구실입니다. 또 군자의 교유는 벗이 많은 것을 싫어하지 않지만 미워하여 제거하는 것이 혹 나라를 망치는 데 이른다는 것을 안다면, 이준경의 소를 극력 논한 것은 다만 진정한 충성으로 나라를 걱정한 것이요, 뜻이 남을 헐뜯는 데에 있지 않음을 알 수 있습니다. 간사한 사람이 올바른 것을 가리켜 간사하다고 하여 시비가 교란되므로 뭇사람이 좋아하고 싫어하는 것을 반드시 살펴야 함을 안다면, 청렴하고 개결한 정철과 교유를 끊지 않은 데서 군자의 마음이 공평하여 바로[70] 본 것이요 곡호한 것이 아님을 더욱 알 수 있습니다.

그렇다면 이것이 성학에 도움이 되지 않는다고 할 수 없으며, 두

70 바로 : 두주에는 '正恐乙'로 되어 있다.

현인에 대한 무함은 또한 변명을 기다리지 않고도 절로 밝혀질 것입니다. 더구나 백세가 앞에 있고 만세가 뒤에 있으니, 두 현인의 도가 비록 오늘날에는 화액을 받을지라도 오랜 세월이 흐르면 후성(後聖)에게 질정해도 의혹이 없을 것임은 의심할 나위가 없습니다. 신등이 굳이 시끄럽게 유직 등과 논쟁하려는 것이 아닙니다. 그러나 유직 등의 말이 비단 두 현인을 무함하는 것만이 아니요 또한 혹 우러러 성학에 누를 끼치고 또 후학을 오도(誤導)하였으므로, 지극히 한심스럽고 염려되는 마음을 감당하지 못하여 감히 자세히 논변하였으니, 삼가 바라건대 성명께서는 밝게 살펴 주소서.

연산 돈암서원[71]에 사액을 청하는 상소

連山遯巖書院請額疏

진사 윤절[72] 등을 대신하여 지었다.

삼가 아룁니다. 도(道)를 밝히는 데는 어진 이를 높이는 것이 가장 중요하고 어진 이를 높이는 데는 융숭하게 보답해 주는 것이 가장 중요한데, 융숭히 보답하는 예전(禮典)은 그의 사당에 이름을 내려 주어 걸게 하는 데에 있으니, 이것이[73] 어진 이를 높이고 도를 밝히는 것에 관계가 없는 듯하나 어진 이를 높이고 도를 밝히는 실상은 이것을 제외하고는 다른 일이 없습니다.

삼가 생각건대, 고(故) 유신(儒臣) 문원공(文元公) 김장생(金長生)은 도덕이 순전하게 갖추어졌고 학문이 깊어서 선조(先朝 인조) 때에는 예우가 융숭하고 정중했습니다. 근일에 성명께서도 연신(筵臣)의 계문과 문생(門生)들의 주청으로 특별히 아름다운 시호를 내려 주어 존숭하는 예전을 표하셨습니다. 그의 아들 고 판중추부사(判中樞府事) 김집(金集)은 뛰어난 자질로 가정의 교훈을 계승해서 조행이 독실하고 수양이 완전하여 덕행이 이루어졌으므로 아버지를 계승하여 종장(宗

71 돈암서원(遯巖書院) : 1634년(인조12) 김장생을 추모하기 위해 세웠으며, 1660년(현종1)에 사액한 서원이다. 김장생을 주향(主享)으로 하고 그의 아들 김집과 송준길(宋浚吉), 송시열 등을 추가 배향하였다. 《承政院日記 肅宗 20年 6月 22日》

72 윤절(尹晢) : 1625~1662. 자는 자장(子章), 호는 한송(寒松)이며, 동토(童土) 윤순거(尹舜擧)의 아들이다.

73 이것이 : 두주에는 '一本號下有夫揭廟錫號五字'로 되어 있다.

匠)이 되었습니다. 그래서 선조 때부터 또한 이미 불렀고, 즉위한 초기에는 전하께서 간택하여 그에게 정치를 맡기셨으니, 그 2대에 걸친 아름다운 도학은 신등이 하나둘 진달하지 않아도 성명께서 진실로 이미 통촉하셨을 것입니다.

일찍이 김장생을 위해 그가 살던 연산현(連山縣) 지경에 서원과 사당을 건립하여 그 신령을 모시고, 인하여 선비들의 학문하는 곳으로 삼았는데, 김집이 죽자 원근의 선비들이 의형(儀形)을 잊지 못하고 다 말하기를 "근세의 파산서원(坡山書院)의 예(例)[74]에 의거하여 한 사당에 배향한다면 실로 유림의 성대한 일이요, 태평성대의 아름다운 일이 될 것이다." 하였습니다. 이에 감히 금년 계추(季秋) 중정(中丁)에 저희가 서로 모여서 배식(配食)해 드리는 절차를 법대로 하였습니다.

돌이켜 생각건대, 이 서원을 지은 지 30년이 되었으나 마침 시사(時事)에 변고가 많은 때를 만나서 감히 선액(宣額)을 진달하여 요청하지 못하였습니다. 대저 선액이 있고 없음에 따라 사체(事體)가 아주 달라지고 경중이 저절로 분별이 되니, 그 관계되는 바가 이와 같습니다. 옛날 주자가 백록동서원(白鹿洞書院)을 수리하기를 청할 적에 그 집은 있어도 선액이 없음을 탄식하였으니, 대저 백록동이란 당(唐)나라 이발(李渤)이 은거하던 곳입니다. 그런데 태종황제(太宗皇帝)가 일찍이 이곳에서 구경(九經)을 반포한 적이 있으므로 주 부자(朱夫子)가 말하기를 "선제(先帝)께서 일찍이 뜻을 두셨던 곳입니다." 하면서 못내 사

74 파산서원(坡山書院)의 예(例) : 파산서원은 1628년 경기도 파주(坡州)에 건립된 서원으로, 청송(聽松) 성수침(成守琛)과 우계(牛溪) 성혼(成渾) 부자를 배향하였다. 《牛溪集 年譜 卷1 年譜》

모하였습니다.[75] 지금 김장생 부자(父子)의 덕업(德業)은 진실로 이발과는 차원이 다르고, 선조에서 일찍이 예우하고 공경하던 바이며 성세(聖世)에 일찍이 등용했던 바이니, 또 경서를 반포한 일과 같을 뿐만이 아닙니다. 조정에서 높이 보답한 바이고 사림이 높이 보호하는 바로서 진실로 예사롭게 처우해서는 안 되니, 편액을 내리는 예전을 또한 하루도 늦출 수 없습니다.

지난번 전하께서 즉위하신 처음에 심곡서원(深谷書院),[76] 파산서원, 자운서원(紫雲書院)[77]에 이름을 내려 주시는 은혜를 일시에 베풀어 크게 선비들의 바람에 보답해 주셨습니다. 문치(文治)를 숭상하시는 성명의 뜻이 이미 저와 같이 드러났으니, 이제 미처 시행하지 못한 이 예전을 차례로 거행하셔야 합니다. 삼가 바라건대, 성명께서는 굽어살피고 아름다운 이름을 빨리 내려 주어 유(儒)를 높이고 도(道)를 중히

75 주자가……사모하였습니다 : 중국의 강서성 여산(廬山) 오로봉(五老峯) 아래에 있는 백록동서원은 원래 당나라 때 이발이 은거하여 독서하던 곳이다. 이곳이 오대시대(五代時代) 이후 오랫동안 폐허로 방치되어 있었는데, 주희가 남강군 지사(南康軍知事)로 부임해서 그 옛터를 찾아내어 1179~1181년에 중수하여 사액(賜額)을 받았다. 그전에 송 태조(宋太祖)가 태평(太平) 2년에 강주 지사(江州知事) 주술(周述)의 청에 따라 국자감(國子監)에 명을 내려 구경을 인쇄하여 백록동서원에 하사했는데, 주희가 사액을 주청할 때 송 태조가 구경을 내린 전례를 따라 석경(石經)과 판본 구경주소(九經註疏)를 내려 줄 것을 효종(孝宗)에게 거듭 주청하였다. 《宋史 道學列傳 朱熹》

76 심곡서원(深谷書院) : 경기도 용인시 수지구 상현동에 있다. 1650년(효종1) 조광조(趙光祖)의 학덕과 충절을 추모하기 위해 지방 유림의 공론에 의거하여 설립하고 위패를 모셨다. 사액서원으로 흥선대원군(興宣大院君)의 서원철폐령에도 존속하였다.

77 자운서원(紫雲書院) : 경기도 파주에 있는 율곡 이이(李珥)의 위패를 모신 서원으로, 뒤에 김장생과 박세채(朴世采)를 추가로 배향하였다.

여기는 뜻을 보이며 또 서원을 오래도록 보호하는 규칙을 만들게 하신다면, 구구한 유생들의 다행일 뿐만이 아니라 근본을 도타이 하고 교화를 일으키는 데 도움이 어찌 적겠습니까. 또한 사설(邪說)을 종식하고 인심을 바루는 급선무가 될 것입니다.

신등이 비록 학문을 연마하는 공부에는 어두우나 인재를 길러 주시는 교화를 오래 입어, 어진 이를 높이고 도를 밝히는 이때를 당하여 감히 아름다운 호칭을 편액으로 내려 주실 것을 청하는 글을 진달합니다. 신등은 우러러 정성껏 기원하는 마음을 견딜 수 없어 삼가 죽기를 무릅쓰고 말씀드립니다.

남평 백휴암의 서원[78]에 사액을 청하는 상소

南平白休菴書院請額疏

유생을 대신하여 지었다.

삼가 아룁니다. 우리나라는 은사(殷師)[79] 이후로 본디 예의(禮義)의 나라로 일컬어지는데, 다만 그 도학(道學)의 연원(淵源)을 명백하게 지적할 수 있는 것을 상고해 보면 또한 몇 사람이 되지 않습니다. 고려조의 정몽주(鄭夢周) 이후로 호걸스러운 재능으로 곧장 정자(程子), 주자(朱子)의 정맥(正脈)을 찾아 한결같이 사문(斯文)을 자기의 책임으로 삼고 우뚝이 백대의 유종(儒宗)이 된 이가 있다면 오직 고(故) 유신(儒臣) 문정공(文正公) 조광조(趙光祖) 한 사람이고, 그때 친히 그 학문을 전수받아 도통의 실마리를 떨어뜨리지 않고 죽을 때까지 사모해서 사문(師門)의 일맥을 전한 이는 바로 고 충숙공(忠肅公) 참찬(參贊) 백인걸(白仁傑)입니다.

백인걸은 태어나면서부터 빼어나고 영특하였으며 효우(孝友)가 천성에서 나왔습니다. 조금 자라서는 힘써 배우고 자립하여 개연히 구도

78 백휴암(白休菴)의 서원 : 백인걸을 제향하는 전라도 나주(羅州) 남평(南平)에 있는 봉산서원(蓬山書院)으로, 1650년(효종1)에 창건되어 1667년(현종8)에 사액(賜額)을 받았으며, 1868년(고종5)에 흥선대원군(興宣大院君)의 서원철폐령으로 훼철되었다. 《新增東國輿地勝覽 卷36 全羅道》 백인걸(1497~1579)의 본관은 수원(水原)이고, 자는 사위(士偉), 호는 휴암이다.

79 은사(殷師) : 은(殷)나라 태사(太師)였던 기자(箕子)로, 주(周)나라 무왕(武王) 때 고조선에 봉해져서 백성을 예의로 가르쳤다고 한다. 《資治通鑑綱目 卷21 漢紀13》

(求道)의 뜻이 있었습니다. 처음에 대사성 김식(金湜)을 따라 제생(諸生)으로 성균관에서 강학(講學)했는데, 성리(性理)의 -원문 1자 결락- 아니면 일찍이 말하지 않았습니다. 그 학문이 더욱 진취되어서는 스스로 스승을 선택하여 드디어 조광조에게 몸을 맡겨 섬겼는데, 그 집 곁에다 집을 짓고 살면서 한 마디 말과 한 가지 행동을 오직 조광조만을 본받았습니다. 조광조가 재앙을 받고 죽자 백인걸이 지성으로 슬퍼하였으므로, 소인들이 백인걸을 조광조의 무리라 하여 물리치고 억압할 뿐만이 아니었지만 백인걸도 그들의 세상에 함께 서려고 하지 않아서 교유를 끊고 문을 닫고 들어앉아 글을 읽었습니다.

그때는 사화(士禍)를 치른 뒤여서 세속에서 숭상하는 것이 크게 변하여 '도학' 두 글자를 세상에서 크게 금하게 되었는데, 백인걸은 오히려 조금도 좌절하지 않고 더욱 스스로 분발하여 모든 일에서 스승이 남긴 법을 잃지 않았습니다. 당금(黨禁)이 조금 풀리자 비로소 유사(有司)를 따라 과거에 합격하였고,[80] 조반(朝班)에 올라서는 곧 조광조가 조정에 행하던 것을 행하고자 하였으며, 비록 소인의 잔당이 비방하고 조소하며 기롱할지라도 개의치 않았습니다.

을사년(1545, 인종1) 사화에 미쳐서 사류(士類)들이 어육(魚肉)이 되는 것이 장차 조광조 때보다 더 심해지려 하자, 비록 훌륭한 학자라도 오히려 기세를 숙이고 머리를 움츠리고서 어찌할 줄을 몰랐는데 백인걸은 오히려 분연히 몸을 돌보지 않고 한 손으로 홍수를 막고 벼락이 치는 아래에서 아홉 번 죽어도 흔들리지 않을 각오로 임하였으니,

80 당금(黨禁)이……합격하였고 : 당금은 당적(黨籍)에 오른 사람의 벼슬길을 막는 일이다. 백인걸은 1537년(중종32) 문과에 급제하였다.

참으로 "여러 물줄기가 휩쓰는데 지주(砥柱)처럼 우뚝 섰네."라고 할 만합니다. 그리고 의금부에 나아가 심리를 받은 뒤에 죽음을 면하고 나서[81] 곤궁하게 떠돌던 때에도 날마다 〈태극도설(太極圖說)〉, 사서(四書), 《주역》, 정자와 주자의 글을 읽었는데, 20년 동안을 이와 같이 하면서 일찍이 폐하지 않았으니, 이 또한 조광조가 남긴 가르침을 잊지 않은 소치입니다.

선조(宣祖)가 즉위하여 지치(至治)를 일으키려고 어질고 뛰어난 인물을 불러들이자, 조야(朝野)의 의론이 모두 백인걸을 제일로 삼았습니다. 선조께서 불러 경연(經筵)에 두었는데 수십 일 안에 교리에서 발탁하여 직제학에 임명하고 또 서너 달 만에 승진시켜 대사간으로 삼으니, 수렴청정(垂簾聽政)을 오래 해서는 안 된다는 의론을 올렸고,[82] 선조가 이미 정사를 도맡아 하시던 처음에 경계하여 진술한 말도 조광조가 중종(中宗)에게 고하였던 것에 지나지 않았습니다. 그의 말에,

"임금의 한 마음은 조정의 근본이니, 임금의 마음이 바르면 조정이 한결같이 바르게 됩니다. 이 때문에 옛날 성왕(聖王)은 반드시 먼저 그 마음을 바로잡고 나서 그 근본을 세웠으니, 이른바 '정일집중(精一執中)'이 바로 그 학문이고 요순(堯舜) 이후로 서로 전하던 심법(心法)입니다. 진실로 전하께서 정일의 도를 본받아 황극(皇極)을 세우신다면, 의표(儀表)가 단정하거든 그림자도 바르듯이 뭇 신하

81 의금부에……나서 : 백인걸은 을사사화 때 당시 간신들의 모함에 의해 처벌 대상자로 지목되어 중도부처(中途付處)되었다. 《明宗實錄 2年 9月 19日》

82 수렴청정(垂簾聽政)을……올렸고 : 명종(明宗)의 비 인순왕후(仁順王后) 심씨(沈氏)는 선조가 즉위하자 왕대비로서 수렴청정을 했는데, 백인걸이 수렴청정을 그만할 것을 아뢰었다. 《宣祖實錄 1年 2月 24日》

들이 본받아 모두가 티 없이 깨끗한 한마음으로 크게 호응하면서 임금의 뜻을 기다릴 것입니다."

하였으니, 아, 비록 정자와 주자가 다시 태어난다 하더라도 어찌 이 말을 바꿀 수 있겠습니까. 선조께서 더욱 그의 어짊을 알고 1년이 못되어 승진시켜 대사헌으로 삼으면서 이르기를 "경(卿)의 충성심은 해와 달을 꿰뚫을 만하고, 절의는 얼음과 서리를 능가할 만하다. 군자가 세상에 태어나 조정에 이름을 내걸었으면 임금을 요순으로 만드는 것이 옳다." 하니, 백인걸도 세상에 드문 대우에 감격하여 아는 것이면 말하지 않은 것이 없고 말을 하면 다 하지 않은 것이 없었습니다. 대략 성스러운 덕과 공경하는 덕이 날로 발전하는 것을 성학(聖學)을 부지런히 분발하게 하는 근본으로 삼았습니다. 누누이 도학이 떨쳐 일어나지 않는 것을 걱정하여 조광조를 문묘(文廟)에 종사(從祀)할 것을 주청하고, 송인수(宋麟壽)[83] 등 제현의 원통함을 풀어 주기를 주청하였으며, 이황(李滉)을 불러 맞아들이고 이이(李珥)와 성혼(成渾) 등을 이끌어 등용시켜 사림을 권면하고 사문을 떨쳐 일으키기를 주청하였습니다. 그 밖의 언론(言論)과 풍지(風旨 풍채(風采)와 의지(意志))는 다 기록할 수가 없으나 지성스러움은 오직 여기에 있었습니다.

그가 위로 조광조를 전승한 것이 이미 이와 같이 순수하고도 명백하고 아래로 후인을 계발한 공이 또한 크니, 문성공(文成公) 이이와 문간공(文簡公) 성혼 같은 이가 다 그의 문인입니다. 비록 순수한 스승이라

83 송인수(宋麟壽) : 1499~1547. 본관은 은진(恩津)으로, 자는 미수(眉叟), 호는 규암(圭菴)이다. 1545년 을사사화가 일어나자 한성부 좌윤에서 파직되었는데, 청주에서 은거하다가 윤원형(尹元衡) 등에 의해 사사(賜死)되었다. 시호는 문충(文忠)이다.

고 할 수는 없으나 조광조의 미언(微言)과 지론(至論)을 도륙이 자행된 뒤에도 공공연히 주장하여, 두 신하로 하여금 그 말을 듣고 알게 해서 마침내 그로 인하여 확대되게 하였으니, 비유컨대 구산(龜山)[84]과 예장(豫章)[85]은 비록 정자와 주자에 대하여 우열을 말할 것이 없지 않으나 위를 계승하고 아래로 전해서 성인의 도를 더욱 밝게 한 것은 그 공이 성대하다 할 만합니다. 그러므로 그의 평생 시말(始末)을 공평하게 따져 보면 참으로 이른바 옛 선비의 정통이요, 후학의 들보이며 기둥이었습니다.

살아서 사문에 공이 있는 자가 죽어서 반드시 제향을 받는 것은 바로 고금의 공통된 의리입니다.

백인걸이 중종[86] 신축년(1541, 중종36)에 예조 좌랑(禮曹佐郎)으로 있다가 남평 현감(南平縣監)으로 나갔으나 지방의 작은 고을이라 하여 비루하게 여기지 않고 먼저 학교 진흥과 선비 양성을 임무로 삼아서, 사방 경계 안에 모두 서당을 설치하고 조행(操行)이 있는 사람을 선택하여 스승으로 삼아 교육을 주관하게 하였습니다. 그리고 곡식을 나누어 주어서 학비를 넉넉하게 하고, 달마다 그곳에 가서 그들의 학업을 고과(考課)하며, 아동들이 배우는 것은 구두(句讀)를 바르게 하였으

84 구산(龜山) : 송(宋)나라 양시(楊時, 1053~1135)로, 자는 중립(中立), 호는 구산이다. 정호(程顥), 정이(程頤)의 도학(道學)을 주희(朱熹), 장식(張栻), 여조겸(呂祖謙) 등에게 전하여 낙학(洛學)의 대종(大宗)으로 일컬어진다.

85 예장(豫章) : 송나라 나종언(羅從彦, 1072~1135)으로, 자는 중소(仲素), 호는 예장이다. 정이와 양시를 사사하여 그 학문을 이동(李侗)에게 전하였고, 이동은 다시 주희에게 전하였다. 정이로부터 주희에 이르는 학맥에서 중요한 위치에 있다.

86 중종 : 대본에는 '仁廟'로 되어 있다. 문맥에 근거하여 바로잡아 번역하였다.

니, 이것은 실로 정명도(程明道)가 고을을 다스리던 여법(餘法)이었습니다.[87] 이 때문에 아무것도 모르던 먼 지방 선비들이 진유(眞儒)의 풍도를 들을 수 있어서 모두 향방을 알게 되었으니, 그의 인덕과 혜택이 남평현에 가장 깊고 두텁게 남아 있습니다. 대저 백인걸의 정학(正學)의 연원이 비록 다른 지방이나 국경 너머에 있더라도 마땅히 신주를 만들어 놓고 제사를 지내 줄 터인데, 더구나 벼슬을 살았던 고을이겠습니까. 그러므로 고을 안 부로(父老)들이 의논하여 사우(祠宇)를 세우고 봄가을로 제향을 베푼 지가 오래되었습니다. 세월이 오래되어 사우가 허물어졌으므로 이제 장차 중건하여 영구히 보전하려 하나, 다만 임금이 편액을 내려 표창하는 일이 없으면 유속(流俗)에서 경홀히 여기어 머지않아 폐지되고 무너지게 됩니다.

신등은 삼가 성상께서 임어하신 이후로 유현(儒賢)을 존숭하는 예전(禮典)을 다하지 않은 바가 없다고 들었는데 백인걸의 사당에만 미치지 않았으니, 이것은 신등이 고루하고 두려워서 진달하지 못한 죄입니다. 이제 감히 먼 길을 달려와 대궐에 나아가 외람스럽게도 전하께 호소합니다. 삼가 바라건대, 성명께서는 특별히 유사(有司)에게 명을

87 정명도(程明道)가……여법(餘法)이었습니다 : 북송(北宋) 때 정호는 택주(澤州)의 진성 영(晉城令)이 되었을 적에 주민을 효제충신(孝悌忠信)으로써 교화하고 오보(伍保)를 만들어 상부상조하게 하였다고 한다. 《二程文集 卷12 明道先生行狀》 또한 그는 〈청수학교존사유취사차자(請修學校尊師儒取士箚子)〉를 올려, 도덕과 학행이 탁월한 사람을 각 고을 학교의 사(師)로 삼아 우대하고 그 고을의 수령과 함께 책임지고 인재를 교육하고 선발하여 상급 학교에 추천하게 하며, 선발된 학생은 최종적으로 태학에 입학하여 공부하게 하되 문사(文詞)보다는 도덕과 학행을 중심으로 교육하고 선발하여 그중에서 특히 우수한 학생은 조정의 관직에 적극적으로 임용할 것을 청하였다. 《二程全書 卷55》

내려 하사하실 서원 이름을 의논하게 하여 한 시대의 이목을 새롭게 하신다면, 한 고을의 다행일 뿐이 아니라 사문의 흥폐에도 관계되는 바가 없지 않을 것입니다. 신등은 간절히 기원하는 정성을 견딜 수 없습니다.

계사 啓辭

배제에 참석하지 못하여 인피하는 계사 기축년(1649, 효종 즉위년) 10월 14일

未參陪祭引避啓 己丑十月十四日

아룁니다. 신은 어리석고 망녕되어 자주 명을 어기고 태만함을 드러냈으니 인책하고 전원으로 돌아가는 것이 분수에 마땅한데, 며칠 전 탑전(榻前)에서 성상의 분부가 온화하고 정성스러워 물러가도록 윤허받지 못했습니다. 신은 참으로 황송하고 감격했으며 그저 방황하고 있는데, 뜻밖에 이번에 다시 이렇게 외람되이 상을 받았습니다.[88] 안으로 자신을 성찰하건대 더욱 놀랍고 두렵습니다.

어제 대신(大臣)의 계사를 보니, 반우(返虞) 이후부터 동향(冬享)[89]에 이르기까지 제사에 참석하지 않은 인원을 모두 사헌부로 하여금 일일이 찾아내게 하는 것이었습니다. 신은 병을 앓고 있어서 또한 간간

88 뜻밖에……받았습니다 : 송시열이 1649년 10월 7일에 겨우살이 옷감을 하사받고, 며칠 뒤에 또 방한모(防寒帽)를 하사받은 것을 말한다. 《宋子大全 附錄 卷2 年譜》

89 동향(冬享) : 동향 대제(冬享大祭)로, 겨울철에 종묘(宗廟)와 경모궁(景慕宮) 등에 지내는 대규모 제사이다. 1649년에는 10월 10일에 인조의 혼전(魂殿)인 영사전(永思殿)에서 지냈다.

이 제사에 참석하지 못한 날이 있습니다. 신 또한 심문을 받는 사람들 속에 들어가야 합니다. 어찌 감히 편안히 그대로 직임을 차지하고 있겠습니까. 청컨대 신을 파직할 것을 명하여 주소서.

다섯 신하를 원찬한 뒤에 인피하는 계사[90] 기축년(1649, 효종 즉위년) 10월 25일

五臣遠竄後引避啓 己丑十月二十五日

아룁니다. 다섯 신하를 원찬하라는 어명이 갑자기 뜻밖에 나왔습니다. 성상의 뜻이 어디에 있는지 비록 알 수 없지만 신은 얼마 전에 망녕되이 소장을 진달하여 대략 이 일을 언급했습니다. 이제 이렇게 엄한 견책이 내렸으니 신이 어찌 놀라고 두려워하지 않을 수 있겠습니까.

신이 진달한 소장의 본뜻은 곧 저들이 논핵을 당한 뒤에 방문을 닫고 말을 하지 않으며 허물을 반성하고 자신을 새롭게 하여 평평탕탕(平平蕩蕩)의 도를 함께하기를 바란 것인데, 이것은 최선의 의리를 그들에게 바란 것입니다. 뜻밖에 이번에 성상께서 매우 노하여 견책을 크게 내리시니, 민심이 놀라고 두려워하며 모두 지나치다고 여깁니다. 신이 조용히 간언하지 못한 죄가 큽니다. 또한 신의 소장 중에 "비판에 잘 대처하는 자"[91]라고 하였는데, 이는 대개 신이 참으로 이시해(李時楷)

90 다섯……계사 : 송준길(宋浚吉)이 신면(申冕), 이지항(李之恒), 황호(黃㦿), 이해창, 엄정구 등을 김자점(金自點)에게 아부하다 청의(淸議)에 버림받았다는 이유로 탄핵하여, 이들을 원찬하라는 명이 내렸다. 송시열은 죄보다 벌이 과하다 여기고 또한 전일에 자신이 올린 상소 때문에 이런 명이 있게 되었는가 싶어 인피한 것이다. 《宋子大全 附錄 卷2 年譜》

91 비판에……자 : 《송자대전》 권6 〈사직하고 아울러 소회를 진술하는 상소〔辭職兼陳所懷疏〕〉에 "대저 근일 논의된 사람이 매우 많습니다만, 논핵을 입은 저들 중에서 제대로 분수를 헤아려 비판에 잘 대처하는 자는 이시해, 이행진 등 2, 3인에 불과할 뿐 그 나머지는 성난 눈초리로 못 할 말 없이 욕설을 퍼붓고 있습니다."라고 하였다.

와 이행진(李行進)이 자못 분수를 지켜 묵묵히 반성하고 있다고 들었으므로 임금에게는 숨기는 일이 없어야 한다고 한 뜻[92]을 따른 것입니다.

진달할 때에는 가령 엄정구(嚴鼎耈)와 이해창(李海昌)도 물러나기를 잘하여 시끄럽게 떠들어 대는 행태를 보이지 않았다고 사람들이 말을 많이 하였으나 번거롭게 다 거론할 수 없어서 범범하게 두세 사람을 일컬은 것입니다. 삼가 듣건대, 그저께 연석(筵席)에서 성상께서 분부하시기를 "이시해 등 외에 다시 비난에 잘 대처하는 자가 있느냐?"라고 물어보셨다고 합니다. 당초에 신이 상소문에서 저들의 이름을 상세히 나열하지 않은 죄가 또한 큽니다. 이러나저러나 결코 그대로 직임을 차지하고 있을 수 없으니, 청컨대 신의 직임을 체차할 것을 명하여 주소서.

92 임금에게는……뜻 : 직간하는 것을 말한다. 《예기(禮記)》 〈단궁 상(檀弓上)〉에 "임금을 섬기는 데는, 얼굴빛을 살피지 않고 직간하면서 잘못을 숨겨 두어서는 안 된다."라고 한 데서 온 말이다.

사헌부에서 다섯 신하를 원찬하도록 한 명을 도로 거둘 것을 청하는 계사 기축년(1649, 효종 즉위년) 10월

憲府請還收五臣遠竄啓 己丑十月

대사헌 김집(金集)과 장령 송시열이 아뢰닙니다. 이번에 다섯 신하를 원찬하라고 하신 어명은 견책을 너무 심하게 행하여, 민심이 놀라고 두려워하며 모두 지나치다고 여깁니다. 대저 다섯 신하의 죄는 본래 몸가짐을 삼가지 않아서 명성과 품행을 실추시켰으므로 조금 더 바로잡지 않을 수 없었던 것이지 처음부터 무거운 형률로 처벌하려 했던 것은 아닙니다. 만일 논핵을 받은 뒤에 비난에 잘 대처하지 못한 잘못이 과연 있었다 하더라도 이로 인하여 먼 지방으로 내쫓는다면 형벌이 그들의 죄보다 지나치고 잘못을 바로잡는 것이 너무 지나쳐, 저들이 마음으로 복종하지 않을 뿐만 아니라 신들도 전하의 함양(涵養) 공부가 혹 지극하지 못하여 호오(好惡)의 바름에 지나친 점이 있다고 여길 것입니다. 청컨대 신면(申冕), 이지항(李之恒), 황호(黃㦿), 이해창(李海昌), 엄정구(嚴鼎耉) 등을 멀리 귀양 보내도록 한 명을 도로 거두어 주소서.

사헌부에서 김자점을 원찬할 것을 청하는 계사 기축년(1649, 효종 즉위년) 10월

憲府請遠竄金自點啓 己丑十月

아뢰옵니다. 김자점(金自點)이 탐욕스럽게 뇌물을 받고 사치하고 참람하며 나라를 등지고 사적인 이익을 꾀한 죄는 이미 온 나라 사람이 함께 분노하는 것이니 귀양 보내는 법률을 받을 만하나 탄핵을 주청한 지 한 달이 지나도 허락하지 않으시니, 신들은 의아하게 여깁니다.

김자점이 권력을 멋대로 희롱하고 제 마음대로 방자하게 행하여 변방의 늙은 수령이 모두 그의 문하에서 나오고 재물을 실어 날라 넘치도록 쌓느라 백성의 힘이 이미 고갈되었는데, 부끄러워할 줄 모르는 사대부들을 모두 추천하여 관직의 법도를 날로 문란하게 하고 세도(世道)를 무너지게 하였으니, 나라를 어지럽히고 조정을 그르치는 것이 이 사람보다 심한 자가 없습니다. 전하께서 비록 그가 훈귀(勳貴)라고 하여 사사로운 정을 두려 하시나 어찌 그렇게 할 수 있겠습니까. 온 나라의 공론이 날이 갈수록 더욱 격분하니, 청컨대 원찬할 것을 속히 명하소서.

사헌부에서 이회, 송홍주 등의 집에서 일어난 간음 사건을 조사할 것을 청하는 계사

憲府請覈治李檜宋興周等家奸變啓

아룁니다. 근일에 백성의 도리가 사라지고 풍속이 무너져 인륜의 변고가 사대부의 집안에서 많이 발생했는데, 또한 혹 혐오하여 무고하는 말이 그 사이에서 오가는 경우가 있습니다. 사복시 정(司僕寺正) 이회(李檜)의 아들이 이모를 범했는데 일이 발각되자 자살했다는 이야기가 여기저기 널리 퍼졌습니다. 이어서 듣건대, 이회의 집에서는 이 일이 행 호군(行護軍) 홍헌(洪憲)과 강후(姜珝)의 처가 무고한 것이라 말하며 소장을 관청에 바치는 데에 이르렀고, 해당 조(曹)에서는 마땅히 원고와 피고를 조사하고 밝혀서 큰 옥사를 속히 판결해야 하는데 대수롭지 않게 여기고 여러 날을 지체했으며 조사하여 신문하는 즈음에 이르러서는 조치가 합당함을 잃었다고 하니, 극히 놀랍습니다. 청컨대, 해당 조의 당상관은 추고하고 낭청은 파직하며 양쪽의 가장인 이회와 홍헌은 모두 잡아다가 신문하여 처치하게 하소서.

여산(礪山)의 전 부사(府使) 송홍주(宋興周)의 아들이 형의 딸을 범했다는 이야기도 여기저기 퍼졌으나 죄상을 덮어 두고 드러내지 않아 사람들이 모두 몹시 한탄하고 있습니다. 청컨대 본도(本道)로 하여금 죄인을 잡아 가두고 계문(啓聞)하여 처치하게 하고, 가장 송홍주는 사판(仕版)에서 이름을 삭제하며, 그 지역 수령은 죄상을 덮어 둔 잘못을 면하기 어려우니 역시 파직을 명하소서.

궁노에 관한 일로 인하여 인피하는 계사[93] 기축년(1649, 효종 즉위년) 10월 26일

因宮奴事引避啓 己丑十月二十六日

아룁니다. 조정의 기강을 정돈하고 풍속을 바로잡는 데는 비록 완급의 순서가 있으나 어찌 조정의 기강이 다 시행되기를 기다린 뒤에야 풍속을 바로잡겠습니까. 신은 향촌에 있을 때부터 여러 궁가(宮家)의 노복이 세력을 믿고 횡포를 부려 감히 누구도 어찌할 수 없다는 말을 익히 들었는데, 신이 경저(京邸)에 이르렀을 때 인평대군(麟坪大君)[94]의 궁노가 신이 우거하는 집과 지극히 가까운 곳에서 폐단을 일으켰습니다. 신이 풍기와 법도를 바로잡는 직책에 있으니 사건이 아무리 미미할지라도 놓아두고 조사하지 않을 수 없습니다. 그러므로 여러 날 체포하려 수색했으나 끝내 잡지 못하고 그의 무리 중에 한 사람을 겨우 구류(拘留)했는데, 이제 또한 풀려나 버렸습니다. 아, 옛날의 사사(士師)는 오히려 천자의 아버지를 잡을 수 있었는데,[95] 오늘날의 사헌부는 대군

93 궁노(宮奴)에……계사 : 1649년에 장령 송시열이 소란을 피운 인평대군의 궁노를 잡아들였는데, 그가 임금의 명으로 풀려나자 피혐하는 계사를 올렸다.

94 인평대군(麟坪大君) : 인조의 셋째 아들이자 효종의 동생인 이요(李㴭, 1622~1658)이다. 1628년 7세 때 인평대군에 봉해졌다. 효종과 매우 우애가 깊어서 장성한 뒤에도 서로 그리워하여 금중(禁中)을 수시로 출입하며 왕래하였다.

95 옛날의……있었는데 : 사사는 법관이다. 순(舜)이 천자이고 고요(皐陶)가 법관인 상황에서 순의 아버지 고수(瞽瞍)가 살인을 했다면 고요가 어떻게 했겠느냐는 도응(桃應)의 물음에, 맹자는 고요는 법을 집행하였을 것이라고 답하였다. 《孟子 盡心上》

의 노복을 다스리지 못합니다. 법을 행하지 못하는 것은 종실의 귀척으로부터 시작된 것이니, 세도(世道)가 참으로 한심합니다. 이것은 대개 신이 쇠약하고 졸렬하여 사헌부의 풍도를 훼손했기 때문이니, 그대로 직임을 차지하고 있을 수 없습니다. 청컨대 신의 직임을 체차할 것을 명해 주소서.

이조 판서 김집이 도성을 떠난 뒤에, 물러나도록 윤허해 줄 것을 청하는 계사 경인년(1650, 효종1) 1월 22일

吏曹判書金集去國後乞退啓 庚寅正月二十二日

아룁니다. 신이 어제 언사(言事)가 합치되지 않는다는 이유로 물러가기를 청원했으나 성명(聖明)께서는 위로하고 타이르셨으며 동료들은 출사(出仕)할 것을 청하고 있으니, 신은 이에 이르러 더욱 낭패스럽습니다.[96] 신이 도성을 떠나야 하는 이유는 이전의 일 이외에 다시 몇 가지가 더 있습니다.

이조 판서 김집(金集)은 신이 스승으로 섬기는 사람인데, 이번에 우상(右相)의 배척을 받자 급히 도성을 떠났으나[97] 신이 있는 힘을 다해 명확하게 분별하여 거취를 함께하지 못했으니, 신은 부끄러움을 견딜 수 없습니다. 신은 본래 초야의 미천한 사람으로서 성상의 큰 은혜에 감격하여 김경여(金慶餘), 송준길(宋浚吉) 등과 함께 망녕되이 악인을 물리치고 선인을 나오게 하는 일을 하였습니다. 이로 인하여

96 신은……낭패스럽습니다 : 송시열이 1650년 1월 21일 주강(晝講)에 입시하여, 조정이 백성에게 신의를 잃은 잘못과 서민들의 견디기 어려운 폐단을 하나하나 진달했으나 효종은 진달한 말이 지극히 좋다고만 칭찬하고 변통하기를 윤허하지 않았고, 송시열이 김자점(金自點)을 멀리 귀양 보낼 것을 극력 청하고 또 조빈(趙贇)과 유계(兪棨)를 임용해야 한다는 뜻을 상신하였으나 효종이 모두 윤허하지 않은 것을 말한다. 《宋子大全 附錄 卷2 年譜》

97 이조……떠났으나 : 우의정 김육(金堉)이 대동법(大同法)을 시행하자고 주장했다가 김집과 논의가 맞지 않자 사직을 청했고, 김집이 또한 도성을 떠난 일을 말한다. 《宋子大全 附錄 卷2 年譜》《潛谷遺稿 卷4 辭右議政疏 正月二十二日》

돌고돌아 뜬소문이 난무하고 비방하는 의론이 한꺼번에 일어나 사우(師友)에게 누가 미치고 점점 돌아 원로(元老)에게까지 누가 미쳤으며,[98] 저들은 또한 경악할 만한 이야기를 아주 많이 하여 반드시 떠나가게 하고야 말려고 하였습니다.

믿는 바는, 성상의 뜻이 굳게 정해지고 삼공(三公)이 좌우에서 보좌한다면 사리를 분별하고 시비를 진정시켜 국사가 끝내 무너지지 않으리라는 점입니다. 뜻밖에 이번에 우상이 사소한 일로 인하여 곧 불평하는 마음을 품었으며, 그가 사직하는 소장에서 "자신에게 국가의 안위가 걸려 있어서 국가의 존망이 관계된 경우"라고 말하고, "산림(山林)에서 와서 덕망이 세상을 덮는 경우"라고 말하였는데, 은연중에 두 신하를 기롱하는 뜻이 있습니다. 또한 "활에 다친 새는 굽은 나무만 보아도 지레 놀란다."[99]라고 말하고, 또한 "마침 화근이 되었다."[100]라고 말하고, 마지막에는 "기휘를 범하여 목숨을 보전하려 해도 어렵다."[101]라고

98 원로(元老)에게까지 누가 미쳤으며 : 비방하는 말이 당시에 사림의 종장(宗匠)으로 존경받던 청음(淸陰) 김상헌(金尙憲)에게까지 미쳤다는 말이다. 《宋子大全 附錄 卷2 年譜》

99 활에……놀란다 : 김육이 올린 우의정을 사직하는 상소에 "그러나 한번 화를 당한 가문 출신인 신과 같은 사람이 활에 다친 새는 굽은 나무만 보아도 지레 놀라듯 하는 마음을 항상 지니는 것은 감히 다른 사람에 비할 바가 아닙니다."라고 하였다. 《潛谷遺稿 卷4 辭右議政疏(正月十七日)》

100 마침 화근이 되었다 : 김육이 올린 우의정을 사직하는 상소에 "전하께서 신을 불쌍히 여기어 놓아주지 않은 것이 마침 화근이 되었습니다."라고 하였다. 《潛谷遺稿 卷4 辭右議政疏(正月十九日)》

101 기휘를……어렵다 : 김육이 올린 우의정을 사직하는 상소에 "신이 당시의 기휘를 범한 것은 참으로 스스로 취한 짓이니, 이는 목숨을 보전하려 해도 오히려 어려울

말하였습니다. 말의 뜻이 한 마디 한 마디 할수록 더욱 심해졌으며, 마치 김집을 한 시대를 장악하고서 위복(威福)을 마음대로 하는 자처럼 여겼습니다. 아, 말이 신실하지 못한 것이 이와 같단 말입니까.

대저 '시대'라고 말한 것은 누구의 시대입니까? 군주와 재상이 한 시대를 만드는 것입니다. 우상은 국정을 담당하고 그 자신이 경세제민(經世濟民)의 책임을 맡고 있는데 마치 이 시대를 다른 사람의 시대인 것처럼 여기니, 또한 모를 일입니다. 가만히 우상의 평소 행적을 생각해 보면 반드시 이러한 데까지 이를 처신은 아니었으니, 필시 오간 말들에 격동되어 성상의 분부와 같은 것이 있었을 것입니다. 그러나 그 연유를 살펴보면 참으로 신등이 망녕되이 지은 죄에 기인하니, 후회한들 소용이 없습니다. 옛적에 범중엄(范仲淹)이 좌천되자 윤수(尹洙), 채양(蔡襄), 여정(余靖) 등 여러 사람은 "범중엄은 신의 사우(師友)입니다. 진퇴와 영욕을 의리상 달리할 수 없으니, 같이 좌천시켜 주소서."라고 했으며,[102] 주자(朱子)가 배척을 당했을 적에[103] 친구와

일인데, 어찌 감히 어진 이가 진출하는 길을 오래도록 방해할 수 있겠습니까."라고 하였다.《潛谷遺稿 卷4 辭右議政疏(正月十九日)》

102 범중엄(范仲淹)이……했으며 : 구양수(歐陽脩)가 지은 윤수의 묘지명에, 범중엄이 천장각(天章閣)의 대제(待制)로 있다가 요주(饒州)로 좌천되자 윤수가 "범중엄은 신의 사우이니 함께 좌천되기를 바랍니다."라고 상서(上書)하여, 결국 좌천되었다는 내용이 보인다.《宋文鑑 卷140 尹師魯墓誌銘》 또한 여정은 범중엄을 논구(論救)하였으며, 이로 말미암아 범중엄, 여정, 윤수는 견책을 받았다. 채양은 범중엄, 여정, 윤수, 구양수 등 4인은 어질고, 간쟁하지 않은 고약눌(高若訥) 1인은 불초하다는 뜻으로 시를 지었다.《宋史 蔡襄列傳》

103 주자(朱子)가……적에 : 송 영종(宋寧宗) 때 한탁주(韓侂胄)가 정권을 잡고 자기에게 반대하는 자들을 제거하려고 하면서 도학(道學)을 인정(人情)에 어긋나는 위학

문인으로서 지조를 지킬 수 있는 자들은 모두 함께 물러났으나 그렇게 하지 못한 자들은 우물쭈물하면서 눈치를 보았으므로 주자가 "바람 앞에 서 있지 못한다."[104]라고 꾸짖기도 하고 "대이삼장(大耳三藏)이 천진교(天津橋) 위를 엿보았다."[105]라고 기롱하기도 하였습니다. 이제 김집이 떠나갔으니 신은 의리상 홀로 머물기 어렵습니다. 이것이 신이 반드시 떠나가야 하는 이유입니다.

아, 전하께서 어렵고 큰 사업을 받아 큰 뜻을 분발하여 원로를 예의로 맞이하고 숙유(宿儒)를 높이 등용하시니, 신은 그로 인하여 전하께서 장차 은 고종(殷高宗)처럼 성심으로 학문에 전념하고 사욕을 극복하며 선을 따라서 국가를 편안하게 하고,[106] 주 선왕(周宣王)처럼 쇠약

(僞學)으로 지목하여 금지하고, 도학의 주요 인물인 주희의 관작을 삭탈하고, 채원정(蔡元定)을 좌천시키는 등 조정의 정사(正士)들을 모두 축출한 때를 말한다.

104 바람……못한다 : 주희가 유보(劉黼)에게 답한 편지에 "바깥 일은 결코 입에 담을 수 없습니다. 다만 벗들이 이렇게 바람 앞에서 대부분 서 있지 못하는 것을 볼 뿐입니다."라고 하였다. 《晦庵集 卷53 答劉季章》

105 대이삼장(大耳三藏)이……엿보았다 : 권력을 쥔 간신에게 부귀를 탐하는 마음을 간파당했다는 말이다. 주희가 공풍(鞏豊)에게 답한 편지에 "방옹의 필력이 더욱 건장한데, 다만 무고하게 천진교 위에서 호손(胡孫)에게 흔들려서 문득 대이삼장의 엿보는 바가 된 것이 한스럽다."라고 하였다. 《晦庵集 卷64 答鞏仲至》《주자대전차의(朱子大全箚疑)》에 "당시 육방옹(陸放翁)의 뜻이 부귀에 있었기 때문에 간신 한탁주가 그 뜻을 간파하고 〈남원기(南園記)〉를 짓게 한 것이다. 주희는 부귀를 호손 즉, 원숭이에 비교하고 한탁주를 대이삼장에 비교한 것이다."라고 하였다. 대이삼장의 고사는 《주서기의(朱書記疑)》에 "옛날 고승(高僧)이 그의 문도 대이삼장에게 '내 마음이 어디 있는가?' 하자, 삼장이 '스승의 마음은 천진교 위의 호손에게 있습니다.' 하였는데, 삼장은 남의 마음을 간파하는 능력이 있는 자였다."라고 한 데서 나왔다. 천진교는 중국 낙양(洛陽)에 있던 다리 이름이다.

한 나라를 일으키고 어지러움을 평정하시면[107] 한 세대의 백성들이 함께 영광스러울 것이라 생각하였습니다. 그러므로 신은 자신의 비루하고 용렬함을 헤아리지 않고 나아갈 때 나아가고 물러날 때 물러남에 힘써서 이미 떠나갔다가도 다시 돌아왔습니다.

이번에 성명께서 베푼 조치는 민심을 크게 만족시키지 못하여서 세상이 더욱 혼란스럽고 사업이 더욱 어렵고 위태롭게 되었습니다. 신은 위로는 하늘의 재앙을 두려워하고 아래로는 백성의 고통을 걱정하여 혈성을 쏟아 자세히 진달하며 조그만 충성이나마 바치기를 바랐습니다. 그러나 그중에 중대한 것은 이미 받아들여지지 못했고 지금 또 사우의 의리상 거취를 달리할 수 없게 되었으니 함께 물러나는 것 외에는 다른 도리가 없습니다. 또한 신은 어제 옥당(玉堂)이 입을 다물고 말하지 않은 것을 논핵하였습니다. 지금 심지한(沈之漢) 등의 소장에 대한 비답을 보니, "너희는 전혀 잘못한 것이 없다."라고 하셨습니다. 심지한 등이 만약 잘못한 것이 없다면 이는 신의 말이 망녕된 것이니, 더욱 뻔뻔하게 그대로 직임을 차지하고 있을 수 없습니다. 청컨대 신을 파직할 것을 명해 주소서.

106 은……하고 : 은 고종은 선정을 베풀고 명재상인 부열(傅說)을 등용하여 중흥을 이룩하였다. 《史記 殷本紀》

107 주……평정하시면 : 주 선왕이 중산보(仲山甫), 윤길보(尹吉甫), 방숙(方叔), 소호(召虎) 등을 임명하여 북의 험윤(玁狁)을 정벌하고 남의 형만(荊蠻), 회이(淮夷), 서융(徐戎) 등을 쳐 주나라를 중흥시킨 것을 말한다. 《史記 周本紀》

이조에서 충훈부 도사 장선징[108]을 태거할 것을 청하는 계사

무술년(1658, 효종9)

吏曹請汰去忠勳府都事張善瀓啓 戊戌

혐의를 분별하고 지위에 상응하는 위의(威儀)를 밝히는 것에는 국가의 떳떳한 체(體)가 있습니다. 대부(大夫)의 가신이 감히 계수(稽首)하지 못하는 것은 그렇게 할 경우 대부가 임금과 같아지기 때문이니,[109] 성인(聖人)께서는 사소한 경우라도 신중을 다하지 않은 적이 없었던 것입니다. 충훈부에서 약(藥)을 연구하는 사람의 숫자가 내의원과 차등이 없는데, 이것은 매우 잘못된 전례(前例)입니다. 병조가 그 숫자를 감해서 정한 것은 명분도 바르고 이치에도 순한 것으로서 일이 합당하게 되었다 할 것입니다.

그런데 충훈부 도사 장선징(張善瀓)은 이 때문에 화를 내며 혹독하게 해당 아전을 다스려 시끄럽게 될 실마리를 만들어 냈으니, 의리를 돌아보지 않고 제멋대로 망녕되이 행동한 잘못이 큽니다. 청컨대, 충훈부 도사 장선징을 태거하여 뒷날에 그런 일이 없도록 징계하는 것이 어떻겠습니까.

108 장선징(張善瀓) : 1614~1678. 본관은 덕수(德水), 자는 정지(淨之), 호는 두곡(杜谷)이다. 계곡(谿谷) 장유(張維)의 아들이며, 효종의 비 인선왕후(仁宣王后)의 오빠이다.

109 대부(大夫)의……때문이니 : 대부가 제후를 모시고 있을 때 대부의 가신이 대부에게 계수를 하면 대부의 등급이 제후와 같아지는 모양새가 되기 때문에 계수하지 못한다는 말이다.

송자대전

제22권

서계 書啓

검열 유명윤[1]이 전유한 뒤에 올리는 서계 기해년(1659, 현종 즉위년) 6월 24일

檢閱兪命胤傳諭後書啓 己亥六月二十四日

신의 실정과 사세가 매우 답답하여 단지 편협한 뜻을 지키며 분의(分義)의 중함을 생각하지 않고 이렇게 지레 나가는 행동을 하였습니다. 신의 죄는 만번 죽어도 남음이 있습니다. 그러나 신은 애초에 성명(聖明)께 죄를 얻은 자가 아닌데, 구구한 견마(犬馬)의 심정에 어찌 감히 한 터럭만큼이라도 은덕을 저버릴 뜻이 있겠습니까. 신의 진실한 마음은 신명(神明)에게 물을 수 있으나 성명께서 깨우쳐 주신 말씀에 "놓아주지 않겠다.", "버리지 않겠다."라는 등의 말이 있기까지 하였으니, 신은 너무나 황공하여 뭐라고 말씀드려야 할지 모르겠습니다. 또한 사관을 보내어 전유(傳諭)하는 조치를 내리셨는데, 이것은 미천한 신이 감당할 수 있는 것이 더욱 아닙니다. 엄려(嚴廬)[2]를 바라보며 스스로 눈물만 흘릴 뿐입니다.

1 유명윤(兪命胤) : 1629~1669. 본관은 기계(杞溪)이고, 자는 윤보(胤甫)이다.

2 엄려(嚴廬) : 임금이 국상(國喪)을 당하였을 때 거처하는 여막(廬幕)이다. 효종(孝宗)의 상사를 만났기 때문에 이렇게 말한 것이다.

주서 권두추가 전유한 뒤에 올리는 서계 기해년(1659, 현종 즉위년) 7월 18일

注書權斗樞傳諭後書啓 己亥七月十八日

신이 일찍이 탑전(榻前)에서 염치를 무릅쓰고 아뢰기를 "장차 글 짓는 일을 해야 하는데 도성 안에는 일이 많으므로 우선 도성 밖으로 도로 나가서 일을 끝마칠 때까지 있을 것을 청합니다. ……"라고 하여, 곧 윤허를 받았습니다. 곧 한적한 곳으로 나아가서 춘추관(春秋館)과 찬집청(纂集廳)에서 초록해 보낸 글들을 살펴보면서 행장(行狀)이 이르기를 기다렸다가 지문(誌文)을 찬술하였습니다.[3]

불행히 서리(暑痢)에 중하게 걸려 다시 부름에 달려가지 못하고 죄와 견책을 공손히 기다렸습니다. 뜻밖에 이번에 사관을 보내어 들어오라고 유시(諭示)하시니, 황공하고 감격스러운 마음을 견디지 못하겠습니다. 마땅히 머뭇거리지 말고 나아가야 하나 병이 더욱 심해져 잠시도 편히 앉지 못하며, 한낮에는 더욱 심합니다. 무더위가 조금 물러가는 오후를 기다렸다가 죽을 힘으로 달려 들어가서 죄를 청할 것을 삼가 계획하고 있습니다.

3 행장(行狀)이……찬술하였습니다 : 효종(孝宗)의 행장은 이경석(李景奭)이 지었다. 1659년 5월 14일 송시열은 효종의 지문을 지으라는 명을 받았다.

검열 송창[4]이 전유한 뒤에 올리는 서계 기해년(1659, 현종 즉위년) 9월 9일

檢閱宋昌傳諭後書啓 己亥九月九日

신이 삼가 전일 내리신 전교(傳敎)의 뜻을 살펴보건대, 선왕의 뜻과 업적을 더욱 감히 이 지문(誌文)에서 삭제할 수 없습니다. 그러나 밖으로는 번거로운 말이 있을까 꺼리고 안으로는 현재의 의론에 억눌려 미약한 말과 완곡한 말을 하기에 힘쓰는데, 전편의 대의(大意)로 말하면 그런 사항 아닌 것이 없으니, 유독 〈비풍(匪風)〉, 〈하천(下泉)〉이라는 단어[5]만 기휘(忌諱)할 것이 아닙니다. 만일 오늘 한 조목을 고치고 내일 한 조목을 고쳐 마침내 한마디 말도 남은 것이 없게 하고야 만다면, 곧 우리 선왕의 지문이 아니게 될 것입니다. 정자(程子)가 말하기를 "한 가닥의 수염과 모발이라도 같지 않으면 곧 다른 사람인 것이다." 하였습니다.[6] 용모도 오히려 그러한데 더구나 덕업(德業)에

4 송창(宋昌) : 1633~1706. 본관은 진천(鎭川)이고, 자는 한경(漢卿)이다.

5 비풍(匪風), 하천(下泉)이라는 단어 : 송시열이 지은 〈영릉지문(寧陵誌文)〉에 "〈비풍〉, 〈하천〉이 결국 변풍(變風)의 끝맺음을 한 그 뜻이 어디 있는 것인가."라고 하였다. 〈비풍〉, 〈하천〉은 모두 《시경》의 편명으로, 현자가 나라의 어지러움을 슬퍼하는 내용의 시이고, 주희(朱熹)의 《시경집전(詩經集傳)》에는 "〈비풍〉과 〈하천〉이 이 때문에 변풍의 마지막에 있는 것이다."라는 정자의 말이 실려 있다.

6 정자(程子)가……하였습니다 : 《근사록집해(近思錄集解)》 권9 〈치법(治法)〉에 "지금 사람들은 영정을 가지고 제사를 지내는데, 혹 하나의 수염과 모발이라도 서로 같지 않으면 제사 지내는 대상이 이미 다른 사람이므로 크게 온당하지 않다."라고 한 정이(程頤)의 말이 보인다.

관한 것이겠습니까. 진실로 영부사(領府事) 이경석(李景奭)의 말[7]과 같이 하려면 이 지문을 전부 버리고 따로 짓는 것이 낫습니다. 일찍이 호조 판서 허적(許積)의 말을 듣건대 "책으로 출간하지 말도록 하면 우려할 것이 없게 된다."라고 하기에, 신이 생각하기를 '진실로 처리할 방법이 있다면 쓰지 못한 것을 더 써넣고 싶다.' 하였으니, 지금 다시 이미 쓴 글귀를 지워 버리는 것은 너무도 신의 본뜻이 아닙니다. 그러나 대신의 뜻이 이와 같으니, 오직 상께서 어떻게 결정하시느냐에 달렸을 뿐입니다.

7 이경석(李景奭)의 말 : 송시열이 지은 〈영릉지문〉에서 기휘에 저촉되는 말을 지우고 고칠 것을 청한 말이다. 《白軒集 附錄 卷2 年譜》

가주서 이하가 전유한 뒤에 올리는 서계 기해년(1659, 현종 즉위년) 10월

假注書李夏傳諭後書啓 己亥十月

신이 앓고 있는 병은 쑤시고 아픈 곳은 달리 없고 단지 오한과 열이 번갈아 일어날 뿐입니다. 오한이 심하여 몸이 떨릴 때는 학질이 처음 발병할 때처럼 그러하고 열이 날 때는 손발이 불덩이 같은데, 이런 증세가 순환하며 끊어지지 않은 지 이미 석 달이 지났으며 줄어들 조짐이 조금도 없습니다. 지금은 오래도록 병상에 누워 있어서 일어나 움직이지 못하므로 삭망 은전(朔望殷奠)[8]과 문안 때에 한 번도 달려가지 못하여 평소 애통해하며 괴로워할 뿐입니다. 지금 유지(諭旨)를 받드니, 황공하고 감격스러운 마음을 더욱 견디지 못합니다. 단지 병세가 이와 같아서 명을 받들 방도가 없습니다. 땅에 엎드려 죄를 기다립니다.

8 삭망 은전(朔望殷奠) : 상례(喪禮)에서, 평소에 올리는 조석전(朝夕奠)과는 달리 초하루와 보름에 성대하게 제수(祭需)를 갖추어서 올리는 전(奠)을 이른다.

봉교 송창이 전유한 뒤에 올리는 서계 기해년(1659, 현종 즉위년) 12월 10일

奉教宋昌傳諭後書啓 己亥十二月十日

소신(小臣)이 그동안 올린 소장에 소회를 갖추어 진술했으나 감히 다 진술하지 못한 것은, 끝내 감히 다 하지 못할 바가 있었기 때문입니다. 사사로운 마음이 막혀 계책을 낼 방도가 없어서 끝내 하직 인사를 올리지 못하고 지레 도성 문을 나갔으니 신의 죄는 진실로 속죄할 수 없습니다. 그러나 신의 실정과 사세에는 실로 민망하고 애통한 것이 있습니다.

신이 망녕되이 지은 죄가 이와 같은 지경에 이르렀는데 성명께서 죄로 여기지 않고 도리어 온화한 비답을 내리고 사관을 보내어 서로 보고 회포를 풀자는 뜻으로 타이르셨으니, 신이 비록 지극히 어리석고 완고하나 목석과는 다르니 어찌 감격할 줄 모르겠습니까. 다만 생각건대, 신은 아주 어쩔 수 없었으나 이미 지레 나간 죄를 범했으니, 차라리 법에 따라 처벌을 받을지언정 도로 들어갈 도리가 없는 듯합니다. 신이 지난날 사람들에게 탄핵을 거듭 받고 이윽고 또 대신(大臣)을 침해하여 스스로 편안할 수 없어 재차 성 밖으로 나갔는데, 그때 성명께서 재차 소명(召命)을 내리셔서 신이 두 번 다 도로 들어갔습니다. 그러나 오늘의 사세는 전과 전혀 다르므로 끝내 감히 명을 받들[9] 수 없습니다. 신의 죄가 이에 이르러 더욱 더할 것이 없게 되었습니다.

9 받들 : 두주에는 '奉一作承'으로 되어 있다.

신은 어려서부터 옛사람들의 글을 읽어서 임금을 섬기는 의리를 거칠게나마 압니다. 이번의 행동거지는 참으로 매우 상도(常道)에 어긋나고 예절에 어긋나며 은덕을 저버린 것이나 감히 신의 발자취를 감추지 못하니 슬프다고 할 만합니다. 신이 영릉(寧陵)을 바라보니 소나무와 잣나무가 울창하고, 대궐을 돌아보니 하늘의 해가 아득합니다. 원통한 쓰라림과 비통한 그리움에 혼자 피눈물을 닦을 뿐이니, 신의 심정과 사세는 오직 귀신이나 알 것입니다.

승지 오정위가 전유한 뒤에 올리는 서계 기해년(1659, 현종 즉위년) 12월 11일
承旨吳挺緯傳諭後書啓 己亥十二月十一日

신이 어제 온 사관에게 대략 신의 작은 정성을 진술했으나 은혜를 갚고자 하는 속마음은 다 아뢰지 못했습니다. 그러나 삼가 가만히 생각하기를 '성명께서 반드시[10] 묵묵히 이해하고 신의 귀향을 허락하실 것이다.'라고 했습니다. 뜻밖에 지금 또 수찰(手札)을 내리고 승지를 보내어 전유하게까지 하시니, 신은 황송하고 망극하여 죽을 곳을 더욱 모르겠습니다.

아, 성명께서 보시기에 신이 어찌 선왕을 잊고 전하를 저버릴 자이겠습니까. 그 속에는 분명히 몹시 어쩔 수 없는 점이 있을 것입니다. 그러므로 지난번 소를 올린 이래로 누차 성상의 분부를 받았으나 끝내 감히 머물지 못했습니다. 이번 어찰 안에 마치 신의 종적이 움츠러든 까닭을 물으시는 뜻이 있는 듯했으나 신이 또 감히 대답하지 못했습니다. 요컨대 신이 죽은 뒤에야 신의 심정이 그대로 드러날 것입니다. 신은 돌아갈 계획을 정한 이래로 밤이 새도록 잠을 이루지 못하고 종일토록 밥을 먹지 못하며 슬퍼하고 한탄하니, 바보 같고 미치광이 같습니다. 사람이 까닭을 물으면 다만 눈물을 흘릴 뿐입니다. 구구한 신의 마음을 성명께서도 반드시 가엾게 여기고 알아주실 것입니다.

신은 정성이 다하고 뜻이 움츠러들어 다시 드릴 말씀이 없습니다.

10 반드시 : 두주에는 '必以一作必已'로 되어 있다.

신은 이러한 근력으로는 생명을 온전하게 보존할 수 없습니다. 만약 전하의 어진 은혜에 의지하여 다행히 무사히 집에 돌아간다면 소장으로 소회를 다 진달할 수 있을 것입니다.

승지 오정위가 다시 와서 전유한 뒤에 올리는 서계 기해년 (1659, 현종 즉위년) 12월

承旨吳挺緯再來傳諭後書啓 己亥十二月

신이 아침에 승지가 돌아가는 편에 신의 소회를 부쳐서 아뢰었으나 엎어진 동이 아래를 하늘의 해가 비추지 못하여 재차 승지를 보내어 교외의 땅까지 쫓아오게 하여 신에게 도로 들어올 것을 간절히 유시하기까지 하셨습니다. 대개 신이 전하를 부모처럼 섬기지 못하여 오히려 실정을 숨겼기 때문에 성명께서 그래도 신에게 궁궐로 들어올 만한 의리가 있다고 여기신 것이니, 이것은 또한 신의 죄입니다. 이제 신은 이치가 다하고 마음이 지쳤으나 시험 삼아 감히 대략 진술하겠습니다.

신의 몸가짐이 형편없어 사람들이 사람의 도리로 대접하지 않고 신하로서 차마 듣지 못할 말을 신에게 가했습니다. 즉시 스스로 죽어 없어져서 신이 그렇지 않음을 밝히고 싶지 않은 것은 아니었으나 또한 차마 필부의 하찮은 신의[11]를 본받아서 지극히 어진 성명의 마음을 다치게 할 수 없었습니다. 그러므로 비록 거듭 참고 견디며 구차하게 살아 오늘에 이르렀으나 또한 무슨 면목으로 다시 궁궐 문으로 들어가 어찌 성상의 얼굴을 마주하겠습니까. 남의 신하가 되어서 차마 듣지

11 필부의 하찮은 신의 : 자신의 결백을 주장하기 위해 자살하는 것이다. 공자(孔子)가 일찍이 관중(管仲)이 처음 패했을 때 죽지 않은 것을 두고 이르기를 "어찌 필부필부들이 작은 신의를 지키고자 도랑에서 목매어 죽어서 알아줄 이가 없게 되는 것과 같이 하겠는가."라고 하였다. 《論語 憲問》

못할 말을 들었는데도 태연히 개의치 않는 자라야 이 일을 충분히 할 수 있습니다. 이번에 성상의 분부 중에 "다시 들어와 만나 보면 또다시 만류하지 않겠다."라고 하신 말씀이 있는데, 전하께서 신의 처지를 위하는 것이 "곡진하여 남음이 없다."라고 말할 만합니다. 비록 자애로운 아버지가 아들을 어루만지더라도 어떻게 이보다 더하겠습니까. 그러나 신이 끝내 명을 받들 수 없는 것은 참으로 진달한 말과 같습니다. 신은 지금 멀리 이별하는 때를 당하여 돌아보며 눈물을 흘리니, 다시 진달할 말이 없습니다.

주서 박순이 전유한 뒤에 올리는 서계 기해년(1659, 현종 즉위년) 12월 12일

注書朴純傳諭後書啓 己亥十二月十二日

소신이 방금 삼가 사관이 선포하고 전한 어찰을 받들고 보니, 전하께서 소신이 내려가는 이유를 정성스럽게 하문하셨습니다. 신이 이러한 지경에 이르게 되었으니 또한 감히 다시 우물쭈물할 수 없습니다.

신이 삼가 듣건대, 사람들은 신이 전하를 전일한 마음이 없이 섬겼다고 한다고 합니다. 이것은 신하의 지극한 죄이니, 어찌 차마 일각이라도 천지 사이에서 숨을 쉴 수 있겠습니까. 그러나 위에 계신 성명을 우러러 믿으며, 또한 이것은 이치에 닿지 않고 근거도 없는 말인 듯하다고 여겼습니다. 그러므로 부자간일지라도 그것에 대해 서로 말하지 않은 채 마음을 가라앉히고 묵묵히 기도하면서 그런 말이 사라져 버리기를 바랐는데, 이윽고 오늘 한 사람이 와서 말하고 내일 또 한 사람이 와서 말하여 말하지 않는 사람이 없는 지경에 이르렀습니다. 신은 이런 말을 들을 때면 가슴이 타들어 가는 듯해서 곧바로 죽지 못하는 것을 한스러워했는데, 다시 무슨 마음으로 하늘의 해를 머리에 이고 도성에서 숨을 쉬겠습니까. 그러나 이런 시끄럽고 어수선한 단서로 인하여 전하께 대단히 난처한 일이 있을까 두려웠으므로 신은 단지 사직하고 내려가서 요행히 만에 하나라도 조용하고 평온하게 살기를 바랐습니다. 뜻밖에 전하께서 한 번 사관을 보내고 재차 승지를 보내고 잇따라 수찰(手札)을 내려 신의 걸음을 억지로 만류하며 신이 반드시 가려고 하는 것을 더욱 이상하게 여기셨습니다. 그러므로 신이 어쩔 수 없이 애통하고 절박한 사정이 있다고 말씀드렸던 것입니다. 이번에 전하께서 다시 수찰을 내려 하문하는 조처가 있었으니 신도 끝내 말하지 않을 수 없었습니다. 이것은 소신이 먹은 당초의 마음과 크게 서로 어긋났습니다. 신이 이미 이런 말을 발설한 뒤이고 보면 의리상 마땅히 이 몸을 형조에 맡기어 성명의 조치를 따라야 하고, 또한 생각을 이렇게 하였고 보면 신이 마치 전하에게 신을 의심하는 마음이 있는 것처럼 여기는 듯하게 되었습니다. 이것은 전하께서 신을 의심하지 않았으나 신이 도리어 전하를 의심한 것입니다. 이런 까닭에 은인자중(隱忍自重)하고 절치부심(切齒腐心)하며 단지 신하 노릇을 형편없이 한 죄를 슬퍼할 뿐입니다.

봉교 정중휘가 전유한 뒤에 올리는 서계 기해년(1659, 현종 즉위년) 12월 12일

奉教鄭重徽傳諭後書啓 己亥十二月十二日

신이 또 삼가 전하께서 다시 사관을 보내어 전해 내린 수찰(手札)을 받드니, 신에게 남쪽으로 돌아가는 것을 윤허하셨습니다. 성상의 은혜가 이에 이르렀으니 하늘처럼 크고 바다처럼 넓을 뿐만이 아닙니다. 신은 감격의 눈물이 절로 떨어지고 말할 바를 더욱 모르겠습니다.

다만 귀향했다가 돌아오라고 다시 분부하셨는데, 삼가 신의 실정과 사세를 위로 통하게 하는 데 오히려 미진한 점이 있었던 것이 아닌가 염려되어 더욱 심히 황공하고 당혹스러웠습니다. 당초에 만약 성명께서 신의 사퇴와 귀향을 즉시 윤허하시어 신으로 하여금 완전히 자취를 없애 버리게 하였다면 세월이 흘러감에 따라 재앙이 사라져 버려 다시 도성에 들어올 형세가 있었을 것입니다. 그러므로 신은 전날 올린 소에서 단지 세 가지 사건[12] 때문에 귀향을 청했습니다. 지금은 정적(情迹)이 완전히 드러나 이미 펼친 것을 거두어들이기 어려우니, 단지 흰 덮개로 머리를 덮고 공손히 엎드린 채 말라 죽기를 기다려야 합니다.[13]

12 세 가지 사건 : 송시열이 사람들에게 비난받은 세 가지 사건을 말한다. 효종(孝宗)의 소렴(小斂) 때 매〔絞〕를 맺지 않은 것, 효종의 재궁 즉 관(棺)이 작아서 판자를 덧대어 붙여서 입관(入棺)한 것, 효종의 능은 원래 윤선도(尹善道)의 주장에 따라 수원(水原)으로 정해졌으나 송시열의 반대로 양주(楊州)의 건원릉(健元陵) 경내로 바뀐 것이다. 《宋子大全 附錄 卷3 年譜》 송시열은 이런 비난에 대한 책임을 지고 물러났다.

13 흰……합니다 : 죽고 싶을 만큼 부끄럽다는 말이다. 제 환공(齊桓公)이 지하에서

이것도 전하께서 시종 생명을 돌보아 주신 은혜입니다. 신은 은혜를 받고 덕에 감격하는 마음을 견디지 못합니다.

관중(管仲)을 볼 면목이 없다면서 흰 덮개를 당겨 머리를 덮고 죽었다고 한다. 《管子 小稱》

가주서 김석지가 전유한 뒤에 올리는 서계 경자년(1660, 현종1) 1월 6일

假注書金錫之傳諭後書啓 庚子正月六日

신은 지난해 7월부터 병이 몸에서 떨어지지 않아 6개월 동안 병석에 누워 있다 보니 죽은 시체가 되었습니다. 졸지에 떠들썩한 말이 한번 일어나는 것을 듣고는 속마음이 타들어 가서 염치를 무릅쓰고 죽을죄를 범하여 엉겁결에 내려왔습니다. 이것은 병이 떨어지고 몸이 건강해져 먼 길을 갈 수 있었던 것이 아니라, 사실은 원기(冤氣)가 지탱해 주고 심화(心火)가 발동된 덕분에 결국 버티면서 도중에 엎어지지 않고 올 수 있었던 것입니다.

집에 돌아오자 정신이 흐리멍덩하고 팔다리가 늘어져 병상에 오랫동안 누워 조석으로 목숨이 다하기만 기다리다가, 이따금 한 번씩 돌이켜 생각해 보면 재앙이 산처럼 쌓였으니 그저 갑자기 죽어 버려 아무것도 모르게 되기를 바라고 있습니다. 그런데 생각지도 못하게 성상께서 갈수록 융숭하게 돌보아 주어 허물과 때를 씻어 주고 버린 신발을 다시 거두어 주실 것을 생각하여 열 줄 윤음(綸音)을 내리고 멀리 사관을 보내어 전유하게 하시니, 신은 송구하고 감격하여 눈물이 쏟아졌습니다. 분에 넘치는 이러한 조치는 대등한 사람 이하에게도 어떻게 보답해야 할지 모를 텐데, 지금 하물며 임금께 이런 조치를 받은 경우이겠습니까. 신은 참으로 몸이 가루가 되고 뼈가 문드러질 것을 생각했으나 할 수 없었습니다. 신이 삼가 성상의 전교(傳敎)를 읽으니, 전하께서는 시사에 감개하여 망극한 회포로 추모하고 슬퍼하는 소신의 심정을 이해해 주셨습니다.

아, 전하께서는 참으로 소신의 마음을 아셨습니다. 신은 선왕께서 붕어하신 이래로 예법이 엄정하고 제도가 금지하여 비록 마음껏 호곡(號哭)하지 못했지만 사람을 마주하여 말이 선왕에 미치면 두 눈에서 먼저 눈물이 흘렀고, 한가롭게 집에 있을 때 추념하면 오장이 찢어지는 듯하며, 해와 달을 우러러보면 마치 선왕의 용모와 안색을 보는 듯하고, 천둥소리를 들으면 마치 선왕의 음성을 듣는 듯했습니다. 내려오던 날에 마을의 선비와 백성이 길을 가로막고 울고불고하니, 신은 저도 모르게 얼굴을 가리고 흐느끼다가 목놓아 울었습니다. 더구나 이렇게 봄이 돌아오니 다시 뵐 수 있을 것 같은 생각에 놀라는 정성[14]이 평소보다 과연 갑절이나 더합니다. 이번에 전하의 말씀이 이에 미쳤으니, 소신의 심회가 어떠하겠습니까. 구구한 작은 충심은 다시 부칠 곳이 없으니, 그저 혼자 하늘을 향해 울부짖을 뿐입니다.

유언비어에 관한 성상의 유시(諭示)에 신은 더욱 황송하고 감격스러운 마음을 견딜 수 없습니다. 그러나 이것은 모두 소신이 신하 노릇을 형편없이 한 결과입니다. 신이 만약 충실한 마음으로 사람들에게 조금이라도 신뢰를 얻었다면 사람들이 어찌 차마 이런 말을 신에게 가했겠습니까. 신은 자신을 꾸짖기에도 겨를이 없어서 감히 남을 탓할 마음은 갖지 못합니다. 그러나 또한 참소한 자의 말이 혹시라도 성명(聖明)

14 다시……정성 : 봄이 돌아오는 것을 보고 돌아가신 부모님을 다시 뵐 수 있을지도 모른다는 생각을 하고 놀라는 효성을 의미한다. 《예기(禮記)》 〈제의(祭義)〉에 "봄에 이슬에 젖으면 군자가 밟고서 반드시 놀라는 마음이 생기니, 마치 부모를 다시 뵐 듯하기 때문이다."라고 하였다.

앞에 이르렀다고 생각하지 않습니다. 어째서이겠습니까.

태양이 중천에 뜨자 도깨비들이 멀리 숨고 우정(禹鼎)이 높이 솟자 귀신과 간인(姦人)이 요사한 짓을 멈추었으니,[15] 그 이치가 매우 밝습니다. 또한 듣건대 한유(韓愈)가 말하기를,

> "세 현인이 바야흐로 천자와 더불어 천하에 명령을 베풀 것을 도모하여 태평의 다스림에 나아갔는데, 듣고 보는 것이 총명하며 공정하고 관대하였다. 대저 총명하면 보고 듣는 것이 미혹되지 않고, 공정하면 참소하거나 간사한 짓을 하는 사람을 가까이하지 않으며, 관대하면 받아들이는 아량이 있으니, 저 남을 참언할 것을 생각하는 자가 어찌 감히 나아가 참언할 수 있겠는가."

하였습니다. 대저 원화(元和)의 시대가 반드시 삼대(三代)의 정치를 했던 것은 아니나 오히려 이와 같았습니다.[16] 하물며 지금 전하의 총명한 자품과 공정한 덕과 관대한 아량은 천고에 매우 뛰어나니, 비록 크게 간악한 마음을 품은 자나 매우 교활한 자가 있더라도 어찌 감히 앞에 이르러 참소를 할 수 있겠습니까.

이것은 간악한 신하가 무함하는 말을 만들어 궁궐 밖에 퍼뜨리고 그것을 핑계로 "궁궐 안에도 이런 말이 있다."라고 말한 것에 지나지

15 우정(禹鼎)이……멈추었으니 : 임금의 혜안(慧眼)이 뛰어남을 뜻한다. 우정은 전설상에 하(夏)나라의 우(禹) 임금이 구주(九州)의 쇠붙이를 모아 주조하였다는 큰 솥이다. 이 솥에 온갖 물상을 새겨 넣어 사람들로 하여금 귀신과 간인을 식별하여 해를 입지 않게 하였다고 한다. 《春秋左氏傳 宣公3年》

16 원화(元和)의……같았습니다 : 원화는 당(唐)나라 헌종(憲宗)의 연호이다. 헌종은 순종(順宗)의 뒤를 이어 임금이 된 뒤, 정사에 방해되는 전 왕조의 인물들을 제거하고 많은 인재를 등용하여 정치를 일신하였다.

않습니다. 신은 이미 참언이 감히 성상 앞에 나아가지 못하는 줄을 아는데, 또 어찌 감히 성명께서 그 말을 받아들인 것이라 의심하겠습니까. 그리고 이번에 이토록 자주 성상의 전교를 내리시게 하였으니, 이것은 자애로운 어머니가 세 사람을 보지도 못했는데 그 아들이 갑자기 어머니가 북을 던지고 달아난 것으로 의심한 격입니다.[17] 이와 같다면 신의 죄는 이루 다 주벌할 수 없을 것입니다.

그러나 신이 끝내 감히 머물러 있지 못하고 꼭 돌아와야만 했던 데에는 대개 이유가 있습니다. 승모(勝母)라는 고을 이름을 보고 증자(曾子)는 그 고을에 들어가지 않았고, 조가(朝歌)라는 이름의 고을 앞에서 묵자(墨子)는 수레를 돌렸습니다.[18] 신하가 이미 그와 같은 이름을 얻었으니 또 어떻게 감히 얼굴을 들고 임금을 섬기겠습니까. 그러므로 신은 비록 지레 도성을 나갔다는 죄를 범하더라도 사양하지 않았던 것입니다.

익평위(益平尉) 홍득기(洪得箕)의 일에 대해서는 신이 그의 소장을 보지 못했습니다.[19] 그러므로 감히 망녕되이 진달하지 않고 또 그와

17 자애로운……격입니다 : 증삼살인(曾參殺人)의 고사이다. 공자의 제자 증삼이 비(費) 땅에 있을 때 증삼과 동명이인이 살인을 했는데, 어떤 사람이 증삼의 어머니에게 증삼이 살인을 했다고 전하니, 증삼의 어머니가 처음에는 그 말을 믿지 않다가 세 번 반복하여 말하자 마침내 베를 짜던 북을 던지고 담장을 넘어 달아났다고 한다. 《戰國策 秦策2》

18 승모(勝母)라는……돌렸습니다 : 증자는 지명이 승모라 하므로 어머니를 이긴다는 글자의 뜻이 좋지 않아서 떠나갔고, 묵자는 음악을 싫어하였는데 고을 이름이 조가라 하자 들어가지 않았다는 고사를 말한다. 《史記 鄒陽列傳》《淮南子 說山訓》

19 익평위(益平尉)……못했습니다 : 홍득기가 상소하여 자신의 과실에 관해 말하기를 "삼가 사대부들 사이에 서로 전하는 말을 듣건대, 송모(宋某)의 서계 안에 이른바

더불어 서로 따지고 싶지도 않으며, 또 많은 사람을 말려들게 하고 싶지 않으니, 오직 죄를 신의 몸에 몰아붙이고 싶을 뿐입니다. 올라오라는 분부를 신에게 유시한 데 이르러서는, 신은 명령하지 않아도 오히려 성상의 뜻을 받들 것인데, 하물며 이와 같이 정성스러운 유시이겠습니까.

신이 내려오던 날에 하직 인사를 올리며 성상의 얼굴을 다시 뵙고서 미천한 정성을 진달하고 싶었으나 두려워하고 실의하여 끝내 미미한 정성을 저버렸으니, 이 마음에 잊지 못하는 생각은 늘 음식이 목에 걸려 내려가지 않는 것과 같습니다. 이제 죽음을 무릅쓰고 올라가 성명께 한번 사죄드리고 싶지만 보잘것없는 신의 병세가 앞에서 진달한 바와 같아 성상이 계신 대궐 쪽을 바라보며 단지 혼자 눈물을 떨굴 뿐입니다.

차마 듣지 못할 말은 신이 전하에게 들어가 참소했다는 것으로서, 이 말이 대궐 안에 퍼져 송모에게 전해지자 송모가 이 때문에 상소하고 나갔다고 하니, 신이 놀랍고 당황스러운 마음을 견딜 수 없어 즉각 자결하여 죽고 싶습니다."라고 한 것을 말한다. 《宋子大全 附錄 卷3 年譜》 홍득기는 1649년(인조27) 당시 세자이던 효종의 둘째 딸 숙안군주(淑安郡主)와 혼인하여 익평부위(益平副尉)에 봉해졌다. 같은 해 인조가 죽고 효종이 즉위하자 익평위로 진봉(進封)되었다.

검열 유명윤이 전유한 뒤에 올리는 서계 경자년(1660, 현종1) 4월 28일

檢閱兪命胤傳諭後書啓 庚子四月二十八日

신이 전하는 말을 통해 삼가 듣건대 신의 죄명이 극히 중하다고 하니, 감히 집에 있을 수 없어 즉시 길옆으로 나가 소장을 올리고 대죄(待罪)하며 공손히 조정의 명을 기다렸습니다. 뜻밖에 성상께서 특별히 너그러이 용서해 주고 다시 시종신(侍從臣)을 보내셨으며, 전유한 말씀이 극히 정성스럽고 간절하니 천년 뒤에도 귀신을 울릴 만한데, 신이 죄로 얼룩진 종적으로 도리어 어떻게 마음을 가눌 수 있겠습니까. 감격하여 흐느끼며 송구스러워 어찌할 바를 모르겠습니다.

신이 삼가 윤선도(尹善道)가 상소한 말을 살펴보건대, 그가 예(禮)의 득실을 지적하여 의논한 것은 신처럼 우매한 사람은 진실로 감히 알 수 없지만 그 나머지 신의 죄를 지적한 것은 하나도 옳지 않은 것이 없습니다. 다만 윤선도가 논한 것이 너무 심했을 뿐입니다. 또한 신이 망녕되이 말한 잘못은 비록 자공(子貢)의 언변을 지녔더라도 진실로 스스로 해명할 수 없습니다. 윤선도가 이를 알았으므로 그가 지적하는 바가 오로지 신에게 있었는데, 좌참찬 송준길(宋浚吉)까지 아울러 수사(收司)의 율(律)[20]을 받아 마침내 도성을 떠나는 데 이르렀습니다.

20 수사(收司)의 율(律) : 남의 죄에 연좌되는 것을 말한다. 수사는 옛날 중국에서 열 집을 한 조(組)로 하여 그중의 한 집이 죄가 있을 경우 다른 아홉 집이 관아에 고발하게 하는 법인데, 만일 고발하지 않았을 때는 열 집이 모두 연좌되었다고 한다.

신의 죄가 이렇게 커졌으니 더욱 속죄할 수 없습니다.

대개 신이 망녕되이 말했던 것은 오직 성명(聖明)만 믿고 기휘(忌諱)하는 바가 없었기 때문입니다. 또한 한 문제(漢文帝)가 남월(南越)에 보낸 글을 본 적이 있는데, "짐은 고황제(高皇帝)의 측실의 아들이다."라고 했습니다.[21] 그러나 당시 이것 때문에 한 문제를 업신여기지 않았고, 그 뒤 국가에 비록 변고가 많았지만 통서(統緖)를 계승하여 맡은 사람은 모두 한 문제의 자손이었습니다. 400년이 지난 뒤 소열(昭烈)이 한중(漢中)에서 왕위에 오른 것에 대해 사마광(司馬光)이 정통을 밝히기 어려운 당(唐)나라 이각(李恪)에게 비유했는데, 주자(朱子)가 그의 잘못을 지워 버리고 대서특필하여 소열이 정통임을 밝혔습니다.[22] 비록 측실의 아들이라고 해도 진실로 정통을 전해 받기에 해로울

21 한……했습니다 : 한나라 문제가 즉위하고 남월을 진무(鎭撫)하기 위해 육가(陸賈)를 사자로 보내 조서를 내렸는데, 조서의 첫머리에 자신은 고황제 측실의 아들로서 북쪽 변방에서 직임을 맡고 있었고 남월과는 거리가 멀어 서한을 보내지 못했다고 하였다. 《漢書 西南夷兩粤朝鮮傳》 즉 한 문제도 이 조서에서 자신이 한나라 고조의 적자가 아니라는 사실을 밝혔다는 말이다.

22 400년이……밝혔습니다 : 사마광은 일찍이 《자치통감(資治通鑑)》을 편찬하면서 〈위기(魏紀)〉를 두어 조비(曹丕)가 세운 위(魏)를 정통으로 인정하여 위의 연호를 기년(紀年)의 기준으로 삼아 사실(史實)을 기록하고, 소열황제 유비(劉備)의 촉한(蜀漢)을 제후국처럼 기술하였다. 뒤에 주희는 이를 부정하고 다시 《자치통감강목(資治通鑑綱目)》을 편차하면서 〈위기〉를 빼 버렸다. 본래 유비가 경제(景帝)의 자손이라고 하여 촉중(蜀中)에서 한제(漢帝)가 되어 한나라 황실의 계통을 이었는데, 사마광은 《자치통감》에서 그의 세계(世系)를 밝히기 어렵다 하여 정통으로 인정하지 않고 유비를 당나라 이각에게 비유했다. 이각은 당 태종(唐太宗)의 아들이고, 어머니는 수 양제(隋煬帝)의 딸이다. 문무(文武)에 재주가 있고 처세가 친밀하고 인망이 높아 중외(中外)가 존경했다. 태종이 당초에 진왕(晉王)을 태자로 삼아 놓고 이어 이각으로 바꾸려

것이 없는데, 더구나 선대왕(先大王)께서는 '다음 적자(嫡子)'가 되시는 경우이겠습니까.[23]

신의 어리석은 소견이 이러하므로 헤아릴 줄 모르고 마음대로 망녕되이 말을 하였습니다. 비록 예를 논한 일만 들어 말하더라도 참람하게 침범하고 잘못 그르친 점이 어찌 적겠습니까. 그렇다면 윤선도가 신을 논죄(論罪)한 것이 아니라, 신이 스스로 죄를 범한 것입니다. 신하가 이미 이런 죄를 짊어졌고 보면 감히 사람으로 자처하지 못하는 것은 도리가 매우 분명하니, 감히 '성명께서 신의 본심을 이해하지 못하셨다.'라고 생각하는 것이 아닙니다. "세월이 빨리 흘러가 어느새 소상(小祥)이 닥쳤다."라고 하신 유시에 이르러서, 신은 마지막 행을 읽지 못하고 피눈물이 흘러내리는 것을 금치 못했습니다. 아, 비록 성상의 분부가 아니더라도 이것은 신이 마치 살고 싶지 않은 것처럼 밤낮으로 애끓어 가슴을 치는 것입니다. 단지 짊어진 죄가 극히 무겁고 또한 미천한 신의 병이 질질 끌기 때문에 나아갈 수 없어 대궐이 있는 북쪽을 바라보며 단지 혼자 흐느낄 뿐입니다.

하다가, 장손무기(長孫無忌)가 애써 간하므로 정지했다. 당 고종 때 방유애(房遺愛)가 모반하게 되자, 드디어 이각을 베어 천하의 인망을 끊어 버렸다.

23 선대왕(先大王)께서는……경우이겠습니까 ; 효종이 인조의 두 번째 적자라는 말이다. 주희는 "종자(宗子)는 적자만 세울 수 있다. 서자는 나이가 많더라도 세울 수 없다. 만약 적자가 없으면 또한 서자를 세운다. 이른바 세자(世子)의 동모제(同母弟)란 세자가 적자인데 만약 세자가 죽으면 세자의 친동생을 세우는 것이니, 또한 '다음 적자'이다. 이것은 서자는 세울 수 없다는 것이다."라고 하였다. 《家禮 大宗小宗圖》

주서 맹주서가 전유한 뒤에 올리는 서계 경자년(1660, 현종1) 6월 20일

注書孟胄瑞傳諭後書啓 庚子六月二十日

보잘것없는 미천한 신하의 죄가 산처럼 쌓였는데 큰 은혜를 지나치게 입어 목숨을 보전할 수 있었습니다. 무릇 사람은 떠돌이 생활을 하는 중에 대등한 사람 이하에게 한 끼를 대접받더라도 은혜에 보답할 것을 생각하는데, 더구나 신처럼 미천한 자가 어찌 그토록 임금께 은택을 많이 받았는데 몸이 가루가 되도록 보답하려는 마음을 조금이라도 뒤로 미루겠습니까.

신이 여러 번 은혜로운 유지를 받았는데, 신에게 조정으로 돌아오라고 유시하는 내용이었습니다. 신이 비록 명을 받들고 달려가더라도 참으로 세상을 이롭게 하는 것은 조금도 없이 일을 해칠 뿐임을 압니다. 그러나 구구한 신은 '성상께서 상(喪)을 당한 지 지금 이미 해를 넘겼으며 중간에 또한 병을 앓으셨는데, 먹고 마시는 절도가 지금 어떠한지, 자고 일어나는 절도가 지금 어떠한지, 짙은 흑색으로 변한 얼굴[24]과 잠시 잃어버린 목소리가 지금 다시 어떠한지 모르겠다. 한번 대궐에 달려가 얼굴을 뵙고 모든 안부를 자세히 알고 싶다. 그런 뒤에 산림에

24 짙은……얼굴 : 부모의 상을 당하여 몹시 슬퍼하는 것을 말한다. 《맹자》 〈등문공 상(滕文公上)〉에 "임금이 죽으면 모든 국사(國事)는 재상의 명을 들으며, 왕위를 이은 새 임금은 죽만 마시고 검은 얼굴빛으로 영위(靈位)에 나아가 곡을 한다."라고 한 데서 온 말이다.

돌아와 죽는다면 미천한 정성을 조금이나마 펼 수 있어서 다시 유감이 없을 것이다.'라고 생각했습니다. 이 마음이 잊지 못하는 것은 시간이 갈수록 더욱 간절합니다. 이것이 어찌 가르침을 받아 그렇게 된 것이겠습니까. 순수한 본성이 절로 그칠 수 없었던 것입니다.

이번에 성상의 유지가 다시 내려왔는데 말씀하신 뜻이 더욱 간곡하고, 근신(近臣)이 선포하고 전하는데 예의가 외람되게 융숭하였습니다. 신은 받들어 읽고 감격하여 흐느꼈으며 더욱 마음을 가눌 수 없었습니다. 밝은 성상께서 매번 "서로의 마음을 아는 것이 귀하다."라고 분부하시니, 임금과 신하가 있은 이래로 신하로서 임금에게 이런 말을 들은 이가 있다는 말을 일찍이 듣지 못했습니다. 신처럼 용렬하고 비루한 자가 어찌 감히 이것을 감당하겠습니까.

선조(先朝)의 일을 언급하셨는데, 이 일은 신이 일찍이 탑전(榻前)에서 삼가 받들었고, 성명께서도 역시 일찍이 이런 내용을 분부하셨습니다. 소신이 우러러 진달하기를 "선왕의 당일의 뜻을 신이 홀로 압니다. 오늘 그것을 말씀드리면 단지 성상의 마음을 괴롭게 할 것이나 신이 또한 오늘 말하지 않을 수 없으니, 다만 전하께서 뜻과 일을 계승하시기를 바랄 뿐입니다."라고 했는데, 이것은 참으로 깊은 원통함과 지극한 슬픔에서 한 말입니다. 이번에 다시 자상하게 일러 주시니, 슬피 부르짖는 신의 애통한 마음은 승하하시던 날과 다름이 없습니다.

근일의 일에 관해 말씀드리자면, 신이 실로 화란의 계제(階梯)입니다. 대개 신이 우러러 성명을 믿고 말을 절제할 줄 몰라서 사람들의 망극한 말을 초래하여 끝내 정세를 혼란하게 만들고 말았으니, 이것이 어찌 그 사람들만의 죄이겠습니까. 더구나 지금은 사설(辭說)이 그치지 않고 더욱 혼란합니다. 이러한 물의(物議)가 어찌 신을 무죄로 여긴 것이겠습니까. 물의가 무죄로 여기지 않는데 신이 감히 성명을 믿고 염치없이 도리어 무죄로 자처할 수 있겠습니까. 이와 같이 한다면 죄가 더욱 무거워 위로 성명께 누를 끼치기에 알맞을 뿐입니다. 만약 이로 인하여 점차 확대되어 끝내 논의가 더욱 격렬하고 구실이 더욱 커지는 데 이른다면, 성명께서 비록 신을 보호하고 싶을지라도 할 수 없을 것입니다. 그렇다면 소신이 출두하지 못하는 것은 한 몸의 편의를 도모하기 위해서가 아니라 실은 물의를 두려워해서입니다. 물의를 두려워하는 것은 조정을 두려워하는 것입니다. 신의 진심이 단연코 이와 같은 것이지, 성명께서 혹시라도 엎어진 항아리 속을 비추지 못할까 봐 의심하거나 두려워하는 것이 아닙니다. 하늘의 해가 위에 있는데, 신이 어찌 감히 조금이라도 거짓으로 꾸며 임금을 속이겠습니까.

또한 신은 질병이 오래도록 낫지 않고 숨 쉬는 기운도 쇠잔하여, 비록 곡진하게 돌보아 주시고 불쌍히 여기는 성상의 자애가 지금까지 오래 이어졌으나 끝내 치료하기 어려운 형세이니, 죽는 것은 한스럽지 않으나 단지 살아서 성은에 사례하지 못하는 것이 한스러울 뿐입니다. 성상이 계신 곳을 멀리 바라보며 단지 슬피 흐느낄 뿐입니다.

신은 방금 현(縣)과 도(道)를 통하여 염치를 무릅쓰고 소장을 올려서 미천한 충정을 다 드러냈으므로 다시 진달할 것이 없습니다. 다만 바라건대, 성명께서 사정과 형세를 잘 헤아리고 살피셔서 간청한 것을 불쌍히 여겨 윤허하신다면 비록 죽는 날일지라도 살아 있는 때와 같을 것입니다. 구구하게 기원하고 바라는 마음을 견디지 못하겠습니다.

주서 강석규가 전유한 뒤에 올리는 서계 신축년(1661, 현종2) 2월 11일

注書姜錫圭傳諭後書啓 辛丑二月十一日

신은 지난겨울에 큰 병에 걸려 거의 죽게 되어 백에 하나도 살 가망이 없었는데, 다행히 자애로운 성상께서 의원과 약을 속히 보내 주셔서 쇠잔한 목숨을 연장하여 오늘까지 살게 되었습니다. 그러나 남은 증상이 오히려 위독하고 정신이 날로 녹아 가슴이 울렁거리고 불안하여 밤과 낮을 분별하지 못합니다. 가장 싫어하는 것은 찬 기운인데 요즘 양춘(陽春)의 온화한 기운이 남쪽 지방에 매우 일찍 퍼졌으나 신은 밀실에서 빗장을 걸고 겨울처럼 칩거하고 있습니다. 대개 원기가 완전히 상실되어 완쾌할 길이 없고 안이 심히 부실하여 밖에서 병이 틈타 들어오기 쉬운데 여위고 병든 체질이 많은 공격을 감당하지 못해서 이런 지경에 이르렀습니다. 진실로 이와 같지 않다면 그동안 내린 성상의 유지가 정성스럽고 간절할 뿐만이 아닌데 굳게 누워 꼼짝하지 않는 것은 유독 무슨 마음이겠습니까.

신은 스스로 헤아리건대 이미 양계(陽界)를 떠나서 죽을 날이 머지않습니다. 만 가지 생각은 모두 재가 되었고 훌쩍 떠나기만을 조용히 기다리고 있으나 오직 구구하고 미천한 신의 정성이 끝내 쇠퇴하지 않아서 매번 선왕께서 돌보아 주신 은혜를 생각하고 다시 자애로운 성상의 수척한 모습을 생각할 때면 오열하며 얼굴을 가리고 흐느끼지 않은 적이 없습니다.

이번에 자애로운 성상께서 다시 시종신을 보내어 내리신 열 줄의 서찰을 외람되이 받았는데, 어느새 대상(大祥)이 닥쳤다는 말씀이 있었습니다. 신은 받들어 읽고 애통하여 참으로 저도 모르게 눈물을 닦으며 옷깃을 적셨습니다. 또한 신이 생각건대, 밝은 해와 달은 숨었다고 밝히지 못하는 것이 없으나 엎어진 항아리의 바닥은 오히려 비추지 못하는 경우가 있습니다. 그러므로 미천한 신하가 거의 죽을 지경에 이른 상태를 위로 진달할 길이 없어서, 신을 오히려 억지로라도 힘써서 올라올 수 있을 것이라고 여기십니다.

신은 이 병에 걸리고 나서, 분명히 일어나기 어려우니 부모의 분묘 아래 거리가 실로 열 걸음도 안 되는 곳에 몸을 맡기리라고 생각했으나 때로 슬픈 마음으로 성묘하며 바라보고 의지하는 마음을 펼치지 못했습니다. 다른 일은 오히려 남에게 맡길 수 있으나 오직 이것은 거짓을 용납하지 않습니다. 이와 같은데도 오히려 재차 벼슬에 나가기 위해 먼 길을 가기를 바라겠습니까. 사람들은 신의 몸뚱이가 아직도 살아 있는 것을 보고 혹은 와서 묻기를 "성상의 돌보심이 이와 같으니, 혹 죽음을 무릅쓰고 일어나 길을 나설 때가 있겠는가?"라고 합니다. 신은 병이 없는 자가 병든 사람의 고통을 알지 못하는 것은 사리상 당연하다고 생각합니다. 그러나 여위고 마른 형체를 눈으로 보고도 이렇게 물으니, 이것은 옛사람이 말한 "이미 죽었으나 사람들이 오히려 믿지 않는다."라는 것입니다. 이것은 신이 감정이 격해져서 하는 말이 아니라 실로 사실을 말한 것입니다. 신이 혹 하늘의 영령 덕분에 잠시 살길을 찾는다면, 비록 성상의 분부가 아니더라도 스스로 힘써 달려가 대궐 아래에 이르러 한번 미천한 정성을 펴고 돌아올 것입니다. 이 마음이 잊지 못하는 것은 마치 물이 동쪽으로 흘러가는 것과 같으나 오직 병세의 차도와 수명의 장단은 미리 헤아릴 수 없으니, 단지 혼자 슬퍼할 뿐입니다.

가주서 조성보가 전유한 뒤에 올리는 서계 신축년(1661, 현종2) 4월 19일

假注書趙聖輔傳諭後書啓 辛丑四月十九日

세월이 빨리 흘러 성고(聖考 효종)의 대상(大祥) 때가 어느새 닥쳤습니다. 무릇 온 천하 사람의 추모하는 마음이 더욱 새롭습니다. 자신을 헤아리지 못하는 미천한 신이 아직 죽지 않고 차마 다시 오늘을 맞이했습니다. 푸른 하늘이여, 푸른 하늘이여. 슬픔과 괴로움을 하소연할 곳이 없습니다. 신이 한 가닥 숨이 아직 남아 있는데, 어찌 기어서라도 올라가 하늘에 사무치는 통한을 조금이나마 풀고 싶지 않겠습니까. 지금 여장을 꾸려 조만간 길을 떠나려고 하였으나 불행히 산증(疝症)과 곽증(癨症)이 한꺼번에 모두 발작하여 가느다란 숨이 더욱 남은 것이 없게 되었으며, 밤과 낮을 구별하지 못하고 죽음의 문턱을 넘나들어 병석에서 뒤척거리며 단지 혼자 슬피 울고 있습니다.

이번에 삼가 자애로운 성상께서 다시 사관을 보내어 멀리 깨우치는 유지를 내려 주셨는데, 말뜻이 정성스럽고 간절하여 귀신을 울릴 만하였습니다. 마지막에서 "어느새 대상 때가 닥쳤으니, 망극한 심회는 생각건대 경(卿)도 같을 것이다."라고 유시하셨으니, 신의 감정은 또다시 망극하고 황공하며 슬픈 마음을 견디지 못하겠습니다.

신의 근력이 끝내 혹 억지로 할 수 있다면 감히 신속히 앞으로 나아가 처음에 먹은 마음을 이루지 않겠습니까. 만약 헤아렸던 것처럼 하지 못하면 구구하고 미천한 정성을 길이 스스로 펼 곳이 없어 다만 갑자기 죽어 버려 영원히 황천 아래에서 원한을 머금은 귀신이 될 것입니다.

대교 윤절이 전유한 뒤에 올리는 서계 신축년(1661, 현종2) 5월 3일

待敎尹哲傳諭後書啓 辛丑五月三日

신은 전염병에 접근한 일[25]이 있을 뿐만 아니라 겸하여 처지가 구애되는 점이 있습니다. 그러므로 내일 염치를 무릅쓰고 외반(外班 곡반(哭班)의 바깥 줄)에 참여한 뒤에 소장을 한 통 지어 대략 사정과 형세를 진달하고 돌아갈 생각이었습니다. 뜻하지 않게 이번에 이렇게 전유하는 조치를 받았는데, 성상께서 슬픔이 망극한 가운데 또 이렇게 깨끗하게 재계하는 저녁에 도리어 조금도 감당할 수 없는 특별한 예우를 베푸시니, 신은 참으로 황공하고 놀라워 말씀드릴 바를 모르겠습니다. 내일 삼가 마땅히 도성 밖으로 도로 나가서 조정에서 의논하여 정한 것을 공경히 기다리겠습니다.

25 전염병에 접근한 일 : 송시열의 아들이 전염병에 걸려서 송시열이 간호한 일을 말한다.

사관이 전유한 뒤에 올리는 서계 신축년(1661, 현종2) 5월 5일
史官傳諭後書啓 辛丑五月五日

삼가 성상의 분부를 받드니 황공하고 감격하여 흐느끼는 마음을 견디지 못합니다. 아버지와 아들의 정이 간절하기는 하나 임금의 명이 이런 정도에 이르렀으니,[26] 곧 마땅히 성상의 분부에 의거하여 거처를 옮겨야 하고, 다시 위급한 증세가 있지 않다면 감히 서로 가까이하지 않겠습니다.

26 아버지와……이르렀으니 : 송시열의 아들이 전염병을 앓아 매우 중태여서 송시열이 몸소 간호하느라 감히 입대(入對)하라는 명을 받들지 못하자 현종이 의원을 보내 그 아들의 병을 치료하게 하고, 다른 곳으로 옮겨 가 있도록 하는 명을 내렸다. 《宋子大全 附錄 卷4 年譜》

대교 윤절이 전유한 뒤에 올리는 서계 신축년(1661, 현종2) 5월 24일

待教尹哲傳諭後書啓 辛丑五月二十四日

신은 교외에 공손히 엎드려 있는 종적이 날로 더욱 불안해지고 미천한 병도 날로 더욱 깊어져, 이곳에서 갑자기 죽어 버려 사람들의 웃음거리가 될까 두렵습니다. 그러므로 외람되이 임금의 위엄을 침범하여 사직하고 돌아가고자 하는 소장을 감히 올렸는데, 특별히 사관을 보내어 매우 지극하게 위로하고 타이르며 또한 사대(賜對)를 하겠다는 분부를 내리시니, 신은 황공하고 감격스러워 몸 둘 곳을 모르겠습니다. 신이 비록 몹시 참람하나 감히 염치를 무릅쓰고 들어가 은혜에 감사드려 간절한 충정을 드러내지 않겠습니까. 신은 땅에 엎드린 채 두려워 진달할 바를 모르겠습니다.

대교 윤철이 다시 와서 전유한 뒤에 올리는 서계 신축년(1661, 현종2) 5월

待敎尹哲再來傳諭後書啓 辛丑五月

신은 염치를 무릅쓰고 소장을 올리고 도성 밖에서 배회하며 밝은 명을 공손히 기다리다 삼가 다시 사관을 보내 전유하신 열 줄의 윤음(綸音)을 받았습니다. 신은 땅에 엎드린 채 감격하여 흐느끼며 몸 둘 바를 모르겠습니다. 다시 소장을 올려 다하지 못한 소회를 다 바치겠습니다.

가주서 조성보가 전유한 뒤에 올리는 서계 신축년(1661, 현종2) 7월

假注書趙聖輔傳諭後書啓 辛丑七月

신이 방금 소장(疏章)에 관한 비답을 받고 황송하고 감격스러운 마음이 한창 깊은데, 이제 또 성상께서 열 줄의 문장을 시종신으로 하여금 신에게 가져가 반포하고 올라오라는 뜻으로 유시하게 하라고 명하셨습니다. 이와 같은 특별한 예우는 한 번도 감당하기 어려운데, 하물며 앞뒤로 계속 이어지는 경우이겠습니까. 신의 황공하고 놀라운 마음이야 또 어떠하겠습니까.

미천한 신의 사정과 형세는 이미 탑전(榻前)과 소장 사이에 다 바쳤으므로 성명(聖明)께서 남김없이 통촉하셨으리라 스스로 생각했는데, 오히려 가엾게 여겨 살펴 주지 않으셨습니다. 신은 삼가 민망하고 움츠러들어 더욱 나갈 바를 모르겠습니다. 무릇 신하의 죄명이 비록 더할 수 없는 지경에 이르렀더라도 만약 임금의 용서를 받는다면 부지런히 명을 받드는 자가 혹 있을 것입니다. 그러나 무도하다는 죄명을 신처럼 심하게 받은 경우에는 목숨을 하루 이으면 이는 하루의 죄를 더하는 것인데, 하물며 감히 염치를 무릅쓰고 조정에 나아가겠습니까.

지금 논하는 자 중에는 혹 말하기를 "사람들의 말이 비록 몹시 망극하더라도 임금께서 매우 밝게 보고 계시며, 저 사람들이 이미 처벌을 받았고 보면 사람들이 모두 그들의 무함한 죄를 알고 있으니, 나에게 무슨 나아가기 어려운 혐의가 있겠는가."라고 합니다. 이 일은 범연히 말하면 참으로 혹 이와 같으나, 오늘의 일은 그렇지 않은 점이 있습니다.

그 사람들이 유배 간 뒤에 울분을 느끼며 불평하는 자가 매우 많아졌는데, 점점 더 서로 따르며 끝내 대신(大臣)과 대각(臺閣)이 서로 배격하며 극에 달하게 되었으니, 마을 거리에서 수군수군하는 풍경은 말을 하지 않아도 알 만합니다. 신이 비록 집집마다 가서 말해 준들 누가 기꺼이 듣고 믿겠습니까. 또한 비록 성조(聖朝)의 신령한 위력으로 하더라도 쉽게 풀어 버리기 어려울까 두렵습니다. 그렇다면 신의 종적이 어찌 늘 예(羿)의 사정거리 안에서 노니는 것이 아니겠습니까.[27] 하물며 지금 삼남(三南)의 가뭄 재해가 눈을 놀라게 하고 마음을 두렵게 하는데, 저쪽 사람들은 모두 가뭄 재해를 신이 초래한 것이라고 논합니다. 신은 밤낮으로 절박하여 애를 태우며 단지 속히 성상께 처벌을 받아 신령과 사람에게 사과하기를 바랄 뿐입니다. 그러나 성상께서는 잠시 신을 먼 외지에 두어 신이 칩거하며 뉘우치게 하신다면 세월이 흐른 뒤에는 분분하게 떠들던 자들이 혹 잠잠해질 터인데, 지금 도리어 쓰려고 부르기를 그치지 않고 총애를 더하시니, 형세가 더욱 격렬해져 말류에는 그 폭이 더욱 늘어날 것입니다. 이것이 신이 크게 두려워하고 크게 답답하게 여기는 점입니다.

구구하고 미천한 정성은 단지 자애로운 성상께서 불쌍하고 가엾게 여기는 마음으로 신을 처치하기를 바랄 뿐입니다. 위에서 진달한 바와 같이 하신다면 실로 천지가 생성해 주는 지극한 은혜일 것입니다. 신은 말이 다하고 뜻이 움츠러들어 말할 바를 모르겠습니다.

27 예(羿)의……아니겠습니까 : 소인배의 표적이 된 것을 뜻한다. 《장자(莊子)》 〈덕충부(德充符)〉에 "명사수인 예의 사정거리 안에서 노닐면서 그 한복판에 서 있는 자는 적중되기에 꼭 알맞다고 할 것인데, 그럼에도 불구하고 그 화살을 맞지 않는 자가 있다고 한다면 그것은 우연이라고 할 수밖에 없다."라는 말이 있다.

가주서 윤계가 전유한 뒤에 올리는 서계 임인년(1662, 현종3) 6월 25일

假注書尹堦傳諭後書啓 壬寅六月二十五日

신은 지난달에 소장(疏章)에 대한 비답을 공손히 받들었는데, 체직을 윤허하지 않으셨을 뿐만 아니라 간절히 초빙하는 뜻이 각별하였습니다. 성상의 은혜가 이와 같으니 미천한 신의 충정이 진정 격동되어 참으로 한번 대궐에 나아가서 조금이라도 작은 정성을 펴고 싶었으나 신은 새로 서증(暑症)에 걸려서 출발할 길이 없으므로, 현(縣)과 도(道)를 통하여 면직해 주기를 청하는 소장을 방금 올렸습니다. 천만뜻밖에 사관이 멀리까지 와서 성상의 편지를 전유했는데, 예우하는 뜻이 더욱 융숭하고 말씀의 뜻이 더욱 은근했습니다. 신은 공손히 받들고서 황공하고 감격스러워 눈물을 줄줄 흘렸습니다.

신은 으레 여름과 가을에 묵은 병이 발작하여 매년 상례(常例)가 되었는데, 올해는 전에 비해 위태로운 병증이 갑절은 더 일어나서 숨을 헐떡거리고 땀을 흘리며 쇠약해져 목숨이 아침에 저녁을 보장하지 못합니다. 지금 목숨을 걸고 출발하고 싶지만 틀림없이 하루 이틀 길도 못 가서 죽을 것이니, 이것은 아마도 성세(聖世)에 듣기를 바라는 바가 아닐 것입니다. 이 때문에 발걸음을 내디딜 계책을 내지 못하니, 이보다 더 은혜를 저버리고 의리를 등진 것이 없어, 벌벌 떨리며 부끄럽고 서글퍼 차라리 살고 싶지 않습니다.

또한 성상께서 사관에게 신을 만나 성상의 뜻을 유시하고 재이(災異)를 사라지게 하거나 늦출 방도를 물어보게 하셨다고 들었는데, 신은 더욱 황송한 마음을 견디지 못하겠습니다. 신은 병에 걸려 궁벽한 시골에 엎드려 귀머거리같이 귀를 막고 있어서 성덕의 잘못이나 조정의 그릇됨에 관하여 아득히 들은 바가 없으며, 이미 무슨 일이 재이를 초래한 이유인지 모르는데 사라지게 하거나 늦추는 방도를 또한 어떻게 알겠습니까. 비록 혹 그것을 알더라도 또한 어찌 잠깐 사이에 다 진술할 수 있겠으며, 하물며 신과 같이 우매하고 졸렬함이 또한 다른 사람보다 매우 심한 자이겠습니까. 그러나 기어이 말하라고 하신다면 드릴 말씀이 한 가지 있습니다. 감히 만번 죽음을 무릅쓰고 성상의 귀를 더럽히겠습니다.

근년에 기근이 거듭 들어 죽은 자들이 서로 베고 누웠으나 오히려 원망하는 이들이 떼 지어 일어나 휘파람을 불며 모여 서로 이끄는 일은 일어나지 않았습니다. 이것은 다름이 아니라 사람들이 모두 성심으로 진휼하시는 성상의 은혜를 알기 때문입니다. 그렇다면 오늘의 급선무가 어찌 '정성'이라는 단어를 벗어나겠습니까. 그러나 미세한 한 생각에 사사로운 뜻이 끼어 들어가서 조금이라도 정성스럽지 못한 점이 있게 되면, 비록 깊은 궁궐 화려한 전각 안에 계시더라도 자연히 드러나고 보여서 백성이 천 리 밖에서 따르지 않는 것이 그림자나 메아리보다 빠를 것입니다. 하물며 현실에 반영되어 드러나는 경우이겠습니까.

무엇보다 이것은 잇구멍을 열어서 아랫사람에게 보여 주는 것이니, 나라를 다스릴 때 크게 금지하는 것입니다. 맹자(孟子)가 그 이치를 미루어서 "빼앗지 않고서는 만족을 모른다."[28]라는 말을 하는 데 이르고

28 빼앗지……모른다 : 《맹자》 〈양혜왕 상(梁惠王上)〉에 "왕께서 어떻게 하면 내 나라를 이롭게 할까 하시면, 대부들은 어떻게 하면 내 집안을 이롭게 할까 하며, 사서인들

야 말았으니 경계가 지극히 준엄하다고 할 만합니다. 이것은 모두 사욕을 이기지 못하고 덕이 정성스럽지 못한 데에 기인한 것입니다. 이와 같다면 비록 목소리와 웃는 모습이 아름답더라도[29] 저 지극히 어리석어도 신령스러운 자들[30]이 어찌 아래에서 정성에 감동하겠습니까. 백성이 이미 이와 같다면 우리 백성들을 통해 보고 들으시는 하늘[31]이 또한 어찌 기뻐하여 재이를 내리지 않을 수 있겠습니까.

그러나 덕은 정성만으로 할 수 있는 것이 아니니, 반드시 뜻을 겸손히 가지고 학문에 전념하는 공부를 하며 끊임없이 밝혀 나날이 새롭게 해야 합니다. 그렇게 한 뒤에야 이것을 말할 수 있는데, 근래 성상의 체후가 편찮아 오래 경연을 중지한 것이 이와 같고, 더불어 거처하는 자 중에는 친한 아녀자와 내시가 있음을 면치 못하여 천리(天理)를

은 어떻게 하면 내 몸을 이롭게 할까 하여, 윗사람과 아랫사람이 서로 이익을 취한다면 나라가 위태로울 것입니다. …… 만일 의(義)를 뒷전으로 돌리고 이익을 앞세운다면 모두 빼앗지 않고서는 만족을 모릅니다."라고 하였다.

29 목소리와……아름답더라도 : 거짓으로 꾸미는 것을 말한다. 《맹자》 〈이루 상(離婁上)〉에 "공경과 검소가 어찌 목소리나 웃는 모습 따위로 꾸며서 될 수 있는 것이겠는가."라고 하였다.

30 저……자들 : 백성을 뜻한다. 당(唐)나라 육지(陸贄)의 주초(奏草)에 "이른바 일반 서민들이 지극히 어리석어도 신령스럽다고 하는 이유는 대개 다음과 같습니다. 어수룩한 자들이 혹은 혼미하고 혹은 비루하여 어리석은 것처럼 보이지만, 상의 잘잘못을 판단하지 못하는 것이 없고, 상의 좋아하고 싫어하는 바를 알지 못하는 것이 없고, 상이 비밀로 하는 것을 전하지 않는 것이 없고, 상이 하는 일을 본받지 않는 것이 없으니, 이 점에서 바로 귀신과 비슷하기 때문입니다."라는 말이 나온다. 《陸宣公翰院集 卷13 奉天請數對群臣兼許令論事狀》

31 우리……하늘 : 《서경》 〈태서(泰誓)〉에 "하늘은 우리 백성의 눈을 통해 내려다보시고, 하늘은 우리 백성의 귀를 통해 들으신다."라고 하였다.

해치고 인욕(人慾)에 빠지는 경우가 분명히 많을 것입니다. 성실히 하는 도리로 볼 때 어찌 남쪽으로 가려고 하면서 북쪽으로 수레를 몰고 가는 것과 같지 않겠습니까. 이것이 신이 천장을 쳐다보고 길이 한숨을 쉬며 죽어도 눈을 감을 수 없는 까닭입니다.

가주서 김환이 전유한 뒤에 올리는 서계 을사년(1665, 현종6) 4월 28일

假注書金奐傳諭後書啓 乙巳四月二十八日

신이 이번 달 보름께 가만히 삼가 대가(大駕)가 남쪽으로 거둥한다는 소식을 듣고 우려를 금할 수 없었으나, 또한 수레를 호위하는 병사들 뒤에서 확실하게 문안을 드릴 수 있는 것을 다행으로 여겼습니다. 그러므로 진즉 길에 올랐으나 사나흘 동안에 겨우 공산(公山 공주(公州)) 경계에 이르렀고 보면 신이 앓고 있는 묵은 병이 피로 때문에 발작하여 앞으로 나아가지 못한 것입니다. 그러나 현재 신이 머물러 있는 땅은 실로 남쪽 지방의 한 도회지이고 또한 도신(道臣)의 감영이 있는 곳입니다. 그러므로 행조(行朝 행재소(行在所)의 조정(朝廷))의 안부를 매일 듣는데, 대개 성상의 체후가 불제(祓除)를 행하고 나서 이전보다 매우 좋아져 대소 신료들이 기뻐하며 소식을 전하여 즐거운 분위기가 길에 가득하다고 합니다.[32] 비록 신과 같이 미천한 자일지라도 한 가닥 사라지지 않는 이치가 있으니, 기뻐서 펄쩍펄쩍 뛰는 마음이 어찌 남보다 뒤떨어지겠습니까. 마음과 정신이 날아오르는 듯하여 빨리 달려가고 싶습니다. 공손히 엎드려 남산(南山)이 이지러지지 않음[33]을 외치고

32 성상의……합니다 : 현종이 이해 4월 17일부터 5월 14일까지 눈병 치료를 위해 온양(溫陽) 행궁(行宮)에 다녀왔는데, 온천에 다녀온 이후로 눈병과 피부병이 크게 호전되었다. 《顯宗實錄 6年 4月 17日, 5月 14日·15日·29日》 불제는 본래 액(厄)을 물리친다는 뜻으로, 3월 상사(上巳)에 향풀을 삶은 물에 목욕하는 행사를 말한다. 《周禮注疏 春官 女巫 疏》 여기서는 온천에서 목욕한 것을 뜻한다.

서방(西方)의 무량(無量)[34]을 바칠 수 있다면 물러나 죽어도 유감이 없어 구천에서 두 눈을 감을 것입니다.

다만 신의 병이 고질이 되어서 머뭇거리다 지금에 이르렀는데, 어제는 도신(道臣)이 소장(疏章)에 대한 비답을 전유했고, 오늘은 또 사관이 성지(聖旨)를 가져와 유시했습니다. 신은 공경히 받고서 황공하고 감격스러워 눈물을 그치지 못하였습니다. 더구나 선왕(先王)께 분부를 받았던 일을 누누히 말씀하셨습니다. 아, 신은 삼가 성조(聖朝)의 뜻을 압니다. 신이 비록 형편없는 사람일지라도 삼가 선왕께서 승하하신 이래로 원통하고 슬픈 마음이 어찌 일각인들 조금이라도 쇠한 적이 있겠습니까. 이제 승하하신 날이 점점 임박하니, 신은 갑절 애통하고 그리우나 다만 하늘을 보고 부르짖을 뿐입니다.

이번에 또 유지를 받들고 이곳에 이르렀습니다. 신이 비록 지극히 완고하다 하나 어찌 차마 마음을 가눌 수 있겠습니까. 유지를 반도 못 읽었는데 눈물이 닦을 수 없이 흘러내렸습니다. 신은 삼가 조금씩이라도 앞으로 나아가며 죽기를 각오해야 합니다. 만일 귀신이 가엾게 여겨 주어서 실낱같은 목숨이 조금이나마 연장되어 행조에 도달할 수 있다면 삼가 성상의 얼굴을 우러르고 산림에 돌아와 죽을 것입니다. 이것은 신이 지극히 바라나 신도 장담할 수 없습니다.

33 남산(南山)이 이지러지지 않음 : 장수(長壽)하기를 축원하는 말이다. 《시경》에 "초승의 달과 같고, 떠오르는 태양과 같으며, 장수하는 남산과 같아, 이지러지지 않고 무너지지 않으며, 무성한 송백과 같아, 끝없이 홍성하지 않음이 없네."라고 하였다. 《詩經 小雅 天保》

34 서방(西方)의 무량(無量) : 서방 정토(西方淨土)의 무량수(無量壽)라는 말로, 서방 정토에 있는 부처처럼 장수하기를 축원하는 마음을 말한다.

승지 장선징이 전유한 뒤에 올리는 서계 을사년(1665, 현종6) 5월

承旨張善徵傳諭後書啓 乙巳五月

신은 질병이 있어서 늘 온천에서 목욕하려 했으나 집이 가난하여 변통할 수 없었는데, 다행히 쌀과 콩을 내려 주시는 성상의 은혜를 입었습니다. 또한 어제 직접 성유(聖諭)를 받드니, 이미 이레나 여드레 기한을 늦춰 주며 조용히 올라오라고 분부하셨습니다. 목욕한 뒤에 올라가려 했으나 병이 발작한 듯도 하여 소장을 올려 사정을 진달했는데, 이렇게 근시(近侍)가 와서 성지(聖旨)를 선포하고 정의(情義), 지심(知心) 등의 말로 유시하는 것을 받드니, 신은 더욱 감격하였습니다. 신은 비록 죽더라도 추후에 올라갈 것이니, 어찌 감히 임금을 속이겠습니까.

가주서 이훤이 전유한 뒤에 올리는 서계 을사년(1665, 현종6) 7월 28일

假注書李藼傳諭後書啓 乙巳七月二十八日

신은 일찍이 자질구레한 작은 일로 성상의 귀를 더럽혀서 바야흐로 처벌이 이르기를 기다리고 있는데, 삼가 성상께서 참람함을 용서하고 도리어 좋은 말로 비답을 내렸으며 사관을 멀리 보내와 전유하게까지 하셨습니다. 신이 삼가 성상의 비답을 읽어 보니, 정중하고 간곡하며 말씀의 뜻이 융숭하였습니다. 진한(秦漢) 이래로 신하가 이런 대우를 받기는 쉽지 않았는데, 신은 죄를 짓고도 도리어 누차 은혜를 입었으니, 이것은 어떤 도리입니까. 신은 황송하고 감격스러워 죽을 자리를 모르겠습니다.

신은 비록 이 몸과 이름을 가지고 염치를 무릅쓰고 조정의 반열을 모독할 수 없지만, 나아가 은명(恩命)에 사례하고 한번 외로운 충정을 다 바치는 것이 실로 신의 바람입니다. 신은 마땅히 사관을 따라 함께 출발하거나, 아니면 마땅히 병이 조금 우선하기를 기다렸다가 추후에 올라가겠다고 대답해야 하나 또한 감히 하지 못하는 까닭이 있습니다.

신은 일찍이 행조(行朝 행재소(行在所)의 조정(朝廷))에서 근력을 헤아리지 못하고 다만 은명에 감동한 마음만 간절하여 망녕되이 "병을 조리하고 달려가겠습니다."라는 말로 성상께 대답할 것을 승지에게 부탁했는데, 불행히 도중에 병이 발작하여 끝내 초심을 저버렸으니, 임금을 속이고 등진 죄는 실로 죽음을 면하지 못합니다. 비록 성상께서 지극히 어진 마음으로 용서해 주셨으나 중외(中外)와 사방에서 꾸짖는 말이 매우 시끄럽습니다. 이것이 신이 매번 스스로 뉘우치는 것이니, 지금 어찌 감히 이전의 잘못을 다시 따라 하여 죄를 거듭 짓겠습니까. 이것이 어떻게 대답해야 할지 몰라 불안한 마음으로 말하기를 주저하는 까닭입니다.

신은 감히 성상께서 신의 충정을 헤아리지 못하셨다고 생각하지 않고, 매번 성상께서 미천한 신에 대하여 하늘과 땅처럼 어질게 덮어 주고 해와 달처럼 밝게 비춰 주신다고 생각하고 있습니다. 그러나 어떻게 결초보은하여 만에 하나라도 갚을 수 있겠습니까. 잊지 못하는 미천한 정성은 가슴속에 새겨져 있으므로 일찍이 행조에서 감히 이런 말로 대략 탑전(榻前)에서 진달하였습니다. 이 말이 거짓이면 신령이 반드시 신을 죽일 것이니, 신의 진심은 확실히 이와 같습니다. 끝내 성상의 은혜를 등지면 스스로 큰 죄에 빠지는데, 이것이 어찌 신이 바라는 바이겠습니까. 단지 물의(物議)가 더욱 격렬하므로 감히 염치없이 나아가지 못하고, 병이 더욱 고질이 되어 자력으로 갈 수 없기 때문입니다. 단지 이 두 가지 일이 매우 난처합니다. 물의가 조금 가라앉고 병에 조금 차도가 있게 되면 대궐 문 아래에서 머리를 조아리고 오늘의 태만한 죄에 대한 주벌을 청해야 하나 그리할 날이 없을 듯하니, 다만 스스로 서글피 부르짖으며 쓰러질 따름입니다.

가주서 윤지완이 전유한 뒤에 올리는 서계 병오년(1666, 현종7) 4월 5일

假注書尹趾完傳諭後書啓 丙午四月五日

소신은 지난달 음식물을 받으라는 분부를 공손히 받들었는데, 신은 은혜로운 명에 감격하여 참으로 몸 둘 바를 몰랐습니다.[35] 단지 신이 지은 죄가 매우 무거워 나라 안에서 비방이 더욱 깊습니다. 그때 마침 영남 사람들이 서로 고하는 글을 보았는데, 신을 두고 몰래 적통(嫡統)을 빼앗은 사람이라 하기까지 하였습니다.[36] 망조(莽操)[37]의 죄도 이보다 더하지 않습니다. 신은 죽으려 했으나 죽지 못하고 새벽과 밤에 머뭇거리며 공경히 형장(刑章)을 기다리기에도 겨를이 없는데, 어찌 스스로 여러 신하와 똑같이 행동하여 외람되이 은사(恩賜)를 받겠습니까. 이런 까닭에 끝내 감히 받지 못했고, 또한 감히 외람되이 소장(疏章)을 올려 이러한 사정과 형세를 진달하지 못했습니다. 신의 사정이

35 소신은……몰랐습니다 : 이해 1월에 연신(筵臣)이 흉년으로 먹을 것이 떨어진 송시열의 상황을 아뢰니, 현종이 도신(道臣)에게 명하여 음식물을 주도록 하였는데 송시열이 극력 사양하였고, 2월에도 사론(邪論)이 잇달아 일어나므로 더욱 불안하여 하사한 음식물을 받지 않았다. 《宋子大全 附錄 卷5 年譜》

36 그때……하였습니다 : 영남 사람 유세철(柳世哲) 등 1000여 인이 소(疏)를 올려 국가의 예를 논하면서, 송시열이 나라의 종통(宗統)을 몰래 빼앗으려 한다 하고, 또 300년 전해 오던 종적(宗嫡)의 통서(統緖)가 마침내 어두워지게 되었다고 한 것을 말한다. 《宋子大全 附錄 卷5 年譜》

37 망조(莽操) : 전한(前漢)의 왕망(王莽)과 위(魏)의 조조(曹操)이다. 왕망은 애제(哀帝)를 폐위하고 평제(平帝)를 독살한 뒤 신(新)을 건국하였고, 조조는 헌제(獻帝)를 폐위하였다.

비록 불쌍하기는 하나 공손히 하지 못한 죄는 또한 더욱 심하니, 본래 범한 죄 이외에 이 한 가지 죄과(罪科)를 더했습니다. 비록 그러하나 머리카락을 뽑아 가며 헤아리더라도 남는 죄가 있습니다.

어떤 사람이 신에게 권하여 말하기를,

"대가(大駕)가 거둥하는 날을 당하여 의당 속히 몸을 추스르고 길을 달려 대가 앞에 나아가 울며 호소하여 무죄임을 밝히시오."

하여, 신이 가만히 말하기를,

"신하가 이러한 죄명을 받고서 천지 사이에서 하루를 밥 먹고 숨 쉬는 것도 이미 매우 사리에 어둡고 완고한데, 하물며 감히 염치없이 임금의 깃발 아래에 나아가겠는가."

하였습니다. 이런 까닭에 빗장을 굳게 잠가 스스로 가두고 번민하며 공손히 엎드려 있었습니다. 이번에 자애로운 성상께서 멀리 사관을 보내셨는데, 부르는 뜻이 간곡하고 또한 세자를 보좌하라는 뜻으로 유시하였습니다. 아, 어째서 신의 죄가 커질수록 성상의 뜻이 더욱 융숭한 것입니까. 비록 신으로 하여금 아무런 일이 없을 때에 이러한 특별한 예우를 받게 하더라도 오히려 황송한 마음을 견디지 못할 것인데, 하물며 오늘 같은 처지를 당하여 감격하여 죽고 싶은 마음이 어떠하겠습니까.

신은 의리상 마땅히 사관을 따라 행궁(行宮) 밖에 달려가서 머리를 조아리고 죄를 청해야 합니다. 만약 은혜로이 용서를 받는다면 산골짜기에 돌아와 죽는 것이 신의 지극한 바람인데, 신은 앓고 있는 묵은 병이 요즘 악화되어 병석에 누워 곡기를 끊고 아침저녁으로 죽기를 기다리고 있습니다. 이러한 근력으로는 전혀 자력으로 갈 방도가 없으니, 행궁이 있는 곳을 바라보며 다만 눈물을 흘릴 뿐입니다.

가주서 윤지완이 다시 와서 전유한 뒤에 올리는 서계 병오년 (1666, 현종7) 4월 13일

假注書尹趾完再來傳諭後書啓 丙午四月十三日

신의 인책은 지금도 이미 늦었습니다. 미천한 질병이 만약 깊은 고질이 아니라면 의리상 이 몸을 법관에게 맡기고 조정의 처치를 기다려야 하나 지금 집에서 엎드려 있으니 죄가 더욱 큽니다.

삼가 자애로운 성상께서 다시 사관을 보내셨는데, 알아듣도록 잘 타이르신 말씀이 더욱더 간곡하고 지성스러우니, 감격하여 흐느끼며 두려워하는 신의 마음이 다시 더 어떠하겠습니까. 신의 근력이 조금 움직일 수 있다면 삼가 기어서라도 앞으로 나아가서 태만히 한 죄까지 아울러 청해야 하나, 또한 귀신이 용서하지 않고 벌을 내려 신으로 하여금 끝내 사면받지 못할 처지에 이르게 할 듯합니다. 신은 서글피 부르짖고 오열하며 무슨 말을 해야 할지 모르겠습니다.

승지 김우석이 전유한 뒤에 올리는 서계 병오년(1666, 현종7) 4월 20일

承旨金禹錫傳諭後書啓 丙午四月二十日

신은 당초에 삼가 대가(大駕)가 지난달 26일에 대궐을 나가 남방을 순행한다는 소식을 들었습니다. 신은 감히 태연히 집에 있을 수 없어 그날로 일어나 출발하여 청주(淸州)의 촌가(村家)에 달려가 엎드렸습니다. 대개 청주는 지방관과 관찰사의 지휘하에 있어서 행조(行朝 행재소(行在所)의 조정(朝廷))의 안부를 들을 수 있고 또한 신의 선영(先塋)이 있는 땅이니, 비록 이렇게 누명을 쓴 처지일지라도 사람들이 성내고 욕하며 몰아내지는 않을 것이기 때문입니다.

며칠 전 재차 사관이 성지(聖旨)를 유시하는 특별한 예우를 받았으나 신이 앓고 있는 이전 병증이 갑절 악화되어 감히 명을 받들지 못했으니, 신의 죄가 더욱 심해졌습니다. 대개 신하의 도리로 볼 때 임금의 부름을 기다리지 않고 스스로 달려가 대궐 밖에 엎드려 스스로 잘못을 열거하며 죄를 청해야 하나 단지 미천한 병 때문에 지금까지 지체하였으니, 신의 죄는 이에 이르러 더욱 죽음을 면하기 어렵게 되었습니다.

신은 또 불행히 절박한 상황을 만났습니다. 신은 일찍 부모를 여의어서 오직 70세 과부 누이를 의지하고 과부 누이도 신 덕분에 목숨을 이어 가고 있는데, 갑자기 며칠 전에 묵은 질병이 악화된 것을 집안사람이 달려와 알려 주었습니다. 신이 우소(寓所)에서 급작스럽게 나와서 보니 겨우 실낱같은 숨이 이어지다가 끊어지려 하기에, 신은 지켜보며 울면서 숨이 다하기를 기다렸습니다. 갑자기 이런 즈음에 또 전에 없는 특별한 예우를 받았는데, 승지를 보내 유시하는 뜻이 더욱 간곡하기까지 하였습니다. 신의 아프고 당혹스러운 마음을 어찌 견딜 수 있겠습니까. 삼가 어명을 받들고 온 신하와 함께 달려가야 하나 사사로운 정이 위에서 진술한 것처럼 절박합니다. 이것은 조정에 감히 알리지 않은 일이나 성상께서 이미 신의 죽음을 용서하셨고 보면 임금 앞에 무슨 말을 다 하지 않겠습니까.

또 삼가 생각건대, 주자(朱子)는 부름을 받은 날에 마침 숙모의 장례를 만나자 말하기를 "힘을 쓸 자제가 없으니, 모름지기 직접 장례를 치러야 합니다. 만약 갑자기 버려두고 나가면 더욱 낭패를 볼 것입니다." 하였습니다.[38] 무릇 당시 사정과 형세의 절박함은 신이 처한 오늘의 사정에 비하면 현격히 다를 뿐만이 아니나 오히려 감히 재차 청하였고 보면[39] 임금과 신하의 의리에는 아버지와 아들의 의리와 같은 점이 있으므로 거리낌 없이 사실에 따라 간절하게 진달한 것입니다. 대현(大賢)의 일을 오늘 감히 끌어와 보기로 삼을 수 없으나 또한 감히 줄곧 두려워하여 자애롭게 덮어 주는 하늘을 스스로 외면하면서 만에 하나라도 동기(同氣)의 병을 동정하고 양해해 주시기를 바랄 수는 없습니다. 혹 며칠을 미룰 수 있다면 곧 밤새도록 달려가 법을 집행하는 신하의 판단[40]과 처리를 기다리겠습니다.

38 주자(朱子)는……하였습니다 : 주희(朱熹)의 나이 43세 때인 1172년 12월에 있었던 일이다. 《晦庵集 卷22 辭免召命狀4》

39 감히……보면 : 주희가 〈사면소명장(辭免召命狀) 4〉에 이어 〈사면소명장 5〉에서도 자신이 숙모의 장례를 살펴볼 수 있게 해 달라고 재차 청하였다. 《晦庵集 卷22》

40 판단 : 두주에는 '裁一作覈'으로 되어 있다.

대교 최후상이 전유한 뒤에 올리는 서계 병오년(1666, 현종7) 5월 2일

待敎崔後尙傳諭後書啓 丙午五月二日

신은 신병(身病)에 시달리고 지쳐 달려가지 못했고, 겸하여 동기(同氣)의 병 때문에 속이 시꺼멓게 타들어 갔습니다. 이에 대가(大駕)가 길에 오르던 날에 염치없이 엄한 위의(威儀)를 범하여 감히 개인 사정을 말하고 외람되이 편의를 차지하여 분의(分義)를 완전히 어그러뜨렸으니, 공손히 엎드려 죄를 기다리며 황송한 마음으로 세월을 보냈습니다.

자애로운 성상께서 곡진히 살펴 주셨는데, 형장(刑章)을 더하지 않을 뿐만이 아니라 도리어 온화한 비답을 내렸으며, 사관으로 하여금 멀리 와서 선포하게까지 하셨습니다. 신은 감격하여 흐느끼면서도 송구하여 어찌할 바를 몰랐습니다. 삼가 성상의 비답을 읽는데 신의 거취를 국가에 관계되는 것으로 여기기까지 하셨으니, 신은 더욱 괴로운 마음을 견디지 못하겠습니다.

형편없는 신은 국가에 관계된 바가 없는 데에 그치지 않을 뿐만 아니라 위로는 조정에 누를 끼치고 아래로는 많은 사람을 오도하여, 융화시켜 진정할 것을 생각하시는 성상을 번거롭게 한 것이 한두 번이 아닙니다. 대개 기해년(1659, 현종 즉위년) 겨울부터 오늘까지를 보면 사체(事體)가 커질수록 성상의 심려가 더욱 수고로워집니다. 터무니없는 신은 이렇게 되어도 괴이할 것 없으나 또한 어찌 자애로운 성상께서 지나치게 가엾게 여기기만 하고 한번 죄를 꾸짖고 처벌하여 나라 사람들의 비방에 사과하지 않으십니까. 그러므로 신도 스스로 뉘우치지 않고 그대로 전전하여 이에 이른 것이 아니겠습니까.

가만히 생각건대, 오늘날 성상의 분부를 저버렸다고 하는 죄목은 정말 정당한 제목입니다. 만약 자애로운 성상께서 이로 인하여 어떤 꾸짖음이라도 대략 더하신다면 허물을 고치고 스스로 새로워져서 지난 일을 만에 하나라도 속죄할 수 있을 것입니다. 이러한 시절에 이르렀는데도 자애로운 성상께서 차마 끝내 버리지 않고 다시 벗겨진 신발[41]을 거두신다면 혹 염치없이 사사로운 영광을 받아서 끝내 개유(蓋帷)의 은혜[42]를 입을 것입니다. 신은 성상이 계신 대궐을 향하여 눈물을 흘리고 오열하며 무슨 말을 해야 할지 모르겠습니다.

41 벗겨진 신발 : 오래도록 함께 지낸 물건이나 사람을 비유하는 말로, 여기서는 송시열을 뜻한다. 춘추 시대 초(楚)나라 소왕(昭王)이 오(吳)나라와 싸우다 패하여 달아나던 중에 신발 한 짝을 잃어버렸는데, 이를 그대로 내버리지 않고 다시 돌아와 찾았다는 이야기가 한(漢)나라 가의(賈誼)의 《신서(新書)》 권7 〈유성(諭誠)〉에 나온다.

42 개유(蓋帷)의 은혜 : 은혜가 하찮은 미물에게도 미치는 것을 말하는데, 여기서는 송시열 자신을 낮추고 임금의 은혜를 높이는 뜻으로 쓰였다. 《예기(禮記)》 〈단궁 하(檀弓下)〉에 "공자께서 기르던 개가 죽자, 자공(子貢)을 시켜 개를 묻게 하고 말하기를 '내가 듣건대 해진 휘장을 버리지 않는 것은 말을 묻기 위해서이며, 해진 수레의 차일을 버리지 않는 것은 개를 묻기 위해서라고 하였다. 나는 가난하여 수레의 차일이 없으니, 시체를 묻을 때 거적자리라도 덮어 주어 그 머리가 흙 속에 빠지는 일이 없게 하라.〔吾聞之也, 敝帷不棄, 爲埋馬也; 敝蓋不棄, 爲埋狗也. 而丘也貧, 無蓋, 於亦其封也, 亦予之席, 毋使其首陷焉.〕'라고 하였다."라는 말이 나온다.

가주서 이제가 전유한 뒤에 올리는 서계 병오년(1666, 현종7) 8월 21일

假注書李璾傳諭後書啓 丙午八月二十一日

며칠 전에 신이 삼가 근래의 일을 들었는데, 한스럽게도 "신하는 임금을 위해 죽어야 한다."[43]라는 의리를 본받지 못하고, 또한 병을 앓고 있기 때문에 달려가 위문하는 예를 펴지 못했습니다. 바야흐로 깊은 산에 칩거하며 부끄럽고 위축된 채 죽음을 기다리고 있는데 뜻밖에 이번에 상상께서 재해를 만나 놀라시어 먼 외방(外方)의 신하를 불렀으니, 죄를 지은 미천한 신하도 그 사이에 끼었습니다. 사관이 멀리까지 와서 성상의 분부를 전유했는데, 신은 받들어 읽고 돌려보내면서 송구한 마음을 견디지 못했습니다.

신에게는 본래 "명하지 않아도 받든다."[44]라는 의리가 있으나 참으로 고질병을 오래 앓고 근력이 쇠잔하여 전혀 자력으로 갈 가망이 없습니다. 비록 신으로 하여금 외람되고 염치없이 달려가서 조신(朝臣)의 반열을 더럽히게 하더라도 신의 우매함을 돌아볼 때 어찌 터럭만큼이라도 성상의 덕을 보좌할 수 있겠습니까.

어제 삼가 듣건대, 성상께서 특별히 구언(求言)의 분부를 내리셨는

43 신하는……한다 : 춘추 시대 월(越)나라의 재상 범려(范蠡)가 "임금이 근심하면 신하는 노고를 아끼지 않아야 하고, 임금이 치욕을 당하면 신하는 임금을 위해 죽어야 한다."라고 한 데서 온 말이다. 《國語 越語下》

44 명하지 않아도 받든다 : 《서경》 〈열명 상(說命上)〉의 "임금이 성스러우면 신하는 명하지 않아도 임금의 뜻을 받든다."라는 말을 원용한 표현이다.

데 말씀의 뜻이 정성스럽고 간절해서 신령을 감동하게 할 만하여 대소 신료들이 모두 공경히 우러르며 밝은 성상 앞에 스스로 할 말을 다 할 수 있기를 바랐다고 합니다. 더구나 신과 같은 자는 천민(賤民)의 무리에 이르지는 않았으니 어찌 충성을 바치고 싶은 마음이 없겠습니까마는 신의 마음을 돌아보니 실로 가지고 있는 것이 없습니다. 만약 알지도 못하는 것을 억지로 글로 표현하면 위로는 임금을 속이고 아래로는 자신을 속이게 되니 더욱 어찌 큰 죄가 아니겠습니까. 이 때문에 배회하며 헤아려서 끝내 아무런 말을 하지 않았으니 신의 사정은 참으로 슬퍼할 만합니다.

대저 말을 하고 싶어도 할 수 없는 것이 있는데, 더구나 감히 형편없고 불초한 몸으로 다해 가는 정력을 부축하여 이끌고 가다가 도로 사이에서 갑자기 쓰러져 죽겠습니까. 다만 신이 들은 바에 따르면, 의리(義理)란 하늘에서 나온 것이라서 바꿀 수 없고 백성이란 하늘이 낳고 기르는 것이어서 버릴 수 없으니, 이 두 가지가 상하게 되면 천심이 기뻐하지 않는다 합니다. 다만 바라건대, 밝은 성상께서는 《춘추(春秋)》의 밝은 훈계[45]를 생각하고 《대학》의 "보호하듯이 한다."라는 말[46]을 체득하시어 마음과 힘을 다하여 조금도 게을리하지 않으면 인심이 기뻐하고 하늘의 뜻도 얻게 될 것이니, 재변이 사라지는 것은 말할 필요도 없습니다.

45 춘추(春秋)의 밝은 훈계 : 《춘추》의 대의(大義)를 말하는 것으로, 곧 오랑캐를 물리치고 주(周)나라 왕실을 높이는 존왕양이(尊王攘夷)의 정신이다.

46 대학의……말 : 《대학장구》 전 9장에 《서경》 〈강고(康誥)〉의 말을 인용하여 "갓난아이를 보호하듯이 한다."라고 하였다.

신은 병들어 쇠약하여 장차 죽을 것이므로 말이 반드시 선하지 못한 것은 아니니, 혹시라도 밝은 성상께서 살펴 주신다면 신은 비록 저녁에 죽어도 아무런 유감 없이 눈을 감을 것입니다.

가주서 홍억이 전유한 뒤에 올리는 서계 병오년(1666, 현종7) 11월 14일

假注書洪億傳諭後書啓 丙午十一月十四日

신은 죄가 쌓였으나 죽지 못하고 겸하여 질병을 안고서 한 가닥 숨을 겨우 늘이며 아침저녁으로 죽기를 기다리고 있습니다. 뜻밖에 이번에 성상께서 재변을 만나[47] 놀라고 두려워하며 먼 외방(外方)의 여러 신하를 불러 모으셨는데, 신과 같이 형편없는 자도 그 사이에 끼였습니다. 신은 윤음(綸音)을 받들어 읽고 황공하여 몸 둘 바를 몰랐습니다.

신의 씻기 어려운 죄명을 비록 성상께서 포용하고 용서해 주셨으나 나라 사람의 비방은 더욱 심합니다. 또한 겨울에 들어선 이래로 앓고 있는 묵은 질병이 갑절 심해져서 신음하며 괴로워하다가 시체처럼 쓰러져 있습니다. 비록 대궐 밖에 몸을 던져서 간절한 충정을 다 드러내고 싶으나 그렇게 할 방도가 없습니다. 신이 융숭한 은혜를 저버린 것이 한결같이 이에 이르렀으니, 대궐 쪽을 바라보며 다만 혼자 얼굴을 가리고 흐느낄 뿐입니다.

또한 신은 군주를 사모하는 미천한 마음이 끝내 다 죽게 되어서도 사라지지 않았으므로, 지금 사관과 시종신이 돌아가는 길에 대략 소회를 진달하였습니다. 몇 년 전부터 하늘이 노여워하고 백성이 원망하였으니 매우 심하고 참혹해진 것이 오늘날의 일일 뿐만이 아닙니다. 길거

47 재변을 만나 : 이때 천둥과 번개가 심하게 치는 이변이 있었다. 《宋子大全 附錄 卷5 年譜》

리에서 전해 들은 말에 의하면 밝은 성상께서 수양하고 성찰하는 방도가 인심을 크게 위로하지 못하는 듯합니다. 이것이 신이 한밤중에 가만히 탄식하고 이어서 눈물을 흘리는 까닭입니다. 삼가 바라건대, 밝은 성상께서는 오늘부터 경계하고 두려워하며 공경하는 마음을 매일 더하시며, 효도로 봉양한다고 핑계 대고서 연악(燕樂)의 잔재미를 탐닉하지 말며, 이미 지나간 일이라고 말하며 빙화(氷火)의 큰 뜻[48]을 잊지 말며, 한랑(閑郎)[49]을 가까이하여 남에게 업신여김을 받지 말며,[50] 질병을 핑계 대어 마음대로 게으름을 피우며 정치를 태만히 하지 마십시오. 이로써 유추해 보면, 무릇 천리를 해치고 인욕을 키우는 것에 대해 마치 단번에 도약하여 벗어나거나 단칼에 동강 내듯이 모두 철저히 끊어 버린다면 중외와 원근의 신하와 백성이 존경하여 진심으로 따르지 않는 이가 없을 것이고 하늘의 마음도 그에 따라 기뻐할 것입니다.

신은 진실로 망녕되기 짝이 없는 말이 성상의 귀를 더럽히기에 부족한 줄 알지만 죽을 때가 다 된 사람의 말에는 혹 만에 하나라도 채택할 만한 것이 있다고 생각하므로 끊어지려는 기운을 애써 내어 죽음을 무릅쓰고 구슬피 호소합니다. 혹시라도 밝은 성상께서 유념하여 재결하신다면 신은 장차 눈을 감고 죽을 것이며 다시 유감이 없을 것입니다.

48 빙화(氷火)의 큰 뜻 : 청(淸)나라에 복수를 하겠다는 큰 뜻이다. 월왕(越王)이 오(吳)나라에 원수를 갚을 각오로 겨울이면 항상 차가운 얼음을 가슴에 안고, 여름이면 도리어 뜨거운 불을 손에 잡으며, 시름과 고뇌 속에 지내면서 문에 쓸개를 걸어 놓고 드나들 때마다 맛을 보곤 했다고 한 데서 온 말이다. 《吳越春秋 句踐歸國外傳》

49 한랑(閑郎) : 두주에는 '閑郎上下恐有脫誤'로 되어 있다.

50 한랑(閑郎)을……말며 : 한랑은 간신(奸臣)의 부류를 뜻하는 말로 보인다. 《서경》 〈열명 중(說命中)〉에 "총애를 열어 놓아 남에게 업신여김을 받지 말라." 하였다.

송자대전

제23권

서계 書啓

가주서 이윤조가 전유한 뒤에 올리는 서계 정미년(1667, 현종8) 1월 14일

假注書李潤朝傳諭後書啓 丁未正月十四日

신이 질병의 상황을 상소하여 간절한 마음을 아뢰었는데, 상달(上達)하기도 전에 별유(別諭)를 또 내리고 사관을 보내기까지 하셨습니다. 놀랍고 황송하여 몸 둘 곳이 없습니다. 신의 형편은 이미 이전 소에서 다 아뢰었습니다. 만약 억지로라도 나아갈 수 있는 형세가 조금이라도 있다면 이러한 시절을 당하여 어찌 감히 도로에서 죽는 것을 두려워하여 집에 꼼짝 않고 누워 있겠습니까. 수일 내로 차도를 보아서 출발할 계획을 세우고 있으나 신의 근력은 신도 스스로 기필할 수 없습니다. 이런 까닭에 방황하며 무어라 말씀드려야 할지 모르겠습니다.

가주서 이우정이 온양 행궁에서 와서 전유한 뒤에 올리는 서계 정미년(1667, 현종8) 4월

假注書李宇鼎自溫宮傳諭後書啓 丁未四月

소신은 죄를 여러 번 저지르고 질병이 고질이 되어 가까운 거리에 있는 행궁(行宮)의 반열에도 달려가지 못하고 밤낮 우러러 바라보며 견책만 기다렸습니다. 뜻밖에 사관이 와서 소지(召旨)를 유시했는데, 말씀이 융숭하고 은혜로운 뜻이 아주 깊었습니다. 삼가 읽고 감격하여 눈물을 흘리며 몸 둘 곳을 몰랐습니다.

신이 비록 형편없는 자이지만 임금이 명을 내리면 오히려 머뭇거려서는 안 된다는 것을 아는데, 행적이 두렵고 근력이 위태하여 비록 염치를 무릅쓰고 나아가려 해도 도리가 없습니다. 다만 엎드려 두려워하면서 어찌할 바를 모르겠습니다.

가주서 이우정이 다시 와서 전유한 뒤에 올리는 서계 정미년 (1667, 현종8) 윤4월 3일
假注書李宇鼎再來傳諭後書啓 丁未閏四月三日

신은 가만히 산속에 엎드려 매일 행궁(行宮) 쪽을 바라보고 있습니다. 견마(犬馬)의 정성이 비록 간절하나 병을 앓는 몸이 억지로 하기 어렵습니다. 벌써부터 눈물을 흘리며 성상을 그리워했으니, 또한 극히 두렵고 간절합니다.

이번에 사관이 재차 왔는데, 소지(召旨)가 더욱 진지하였습니다. 성상의 은혜에 공손히 절하여 사례하며 놀랍고 두려워 진정하지 못했습니다. 신의 근력이 만일 출발할 형편이 된다면 교외에서 어찌 감히 거만하게 꼼짝 않고 누워서 끝내 문안하는 반열에 참석하지 않겠습니까. 이것은 의리상 감히 나아가지 못할 뿐만 아니라 또한 정리상 차마 하지 못하는 바가 있어서입니다. 아, 신이 비록 지극히 어리석지만 죄를 줄이려는 것은 남과 같습니다. 신이 그동안 지은 죄가 이미 깊고도 무거워 중외가 이미 준엄하게 헐뜯고 배척합니다. 어찌 명을 어기는 죄를 다시 초래하여 또 남들에게 지적을 받고 싶겠습니까. 실로 신의 병세가 위에서 진달한 바와 같아서 다시 성은을 저버렸습니다. 집에서 거적을 깔고 엎드려 처벌만 기다릴 뿐입니다.

승지 오두인이 전유한 뒤에 올리는 서계 무신년(1668, 현종9) 4월 6일

承旨吳斗寅傳諭後書啓 戊申四月六日

보잘것없는 비천한 신이 제수하는 명을 스스로 그르쳤는데, 사관이 세 번째 이르렀으니, 이미 극히 분에 넘칩니다. 뜻밖에 이번에 다시 승정원의 신하를 보내어 멀리 성지(聖旨)를 전유하시니, 신의 두려워 떨리는 마음은 우선 말할 것도 없으나 그것을 보고 듣는 이들의 의혹은 어떠하겠습니까.

신이 삼가 성상의 비답을 읽어 보니, 간곡하고 정성스러움이 귀신을 울릴 만하며 그 대의는 선유(先儒)가 논한 소공(召公)[1]의 이야기였습니다. 한(漢)나라, 당(唐)나라 때의 사람들은 진실로 논할 것이 없고, 비록 송(宋)나라의 한기(韓琦), 사마광(司馬光)과 같은 신하들[2]이라도 혹 이것을 감당할 수 없을 텐데, 하물며 그 밖의 다른 사람이겠습니까.

대저 대신(大臣)의 책임은 참으로 이와 같이 무겁습니다. 그러므로 신과 같은 자가 우매함을 무릅쓰고 망녕되이 받들어서 성세(聖世)의 조치에 누를 끼칠 수 없습니다. 신의 지위와 능력이 만에 하나라도 시대의 어려움에 도움을 줄 수 있는데도 줄곧 물러나 엎드려 성은을 저버린 것이라면 귀신이 굽어보고 반드시 신을 죽일 것입니다.

1 소공(召公) : 주(周)나라 성왕(成王) 때의 재상으로, 주공(周公)과 더불어 나라를 반으로 나누어 다스리면서 덕정(德政)을 펼쳤다.

2 신하들 : 두주에는 '一本諸下有賢字'로 되어 있다.

생각건대, 은전이 융숭할수록 죄가 더욱 깊어질 것이니, 신의 처지는 답답하다고 말할 만합니다. 신은 끝내 명을 받들어 염치를 무릅쓰고 나아갈 수 없어서 땅에 엎드려 눈물을 흘리며 할 말을 모르겠습니다.

승지 윤비경이 전유한 뒤에 올리는 서계 무신년(1668, 현종9) 5월 16일

承旨尹飛卿傳諭後書啓 戊申五月十六日

신이 다시 근시(近侍)가 와서 전하는 성지(聖旨)를 받았는데, 그 간곡하게 귀에 대고 타이르는 뜻이 갈수록 더욱 절실하였습니다. 신의 감격스럽고 황송한 마음은 만배나 더 늘었습니다. 신이 보잘것없다는 것은 나라 사람이면 누구나 아는 바입니다. 그러나 만약 사방의 사람들이 놀라고 웃는 것이 단지 신의 몸에만 그칠 뿐이라면 신이 어찌 감히 오래 조정의 명을 어기며 이런 태만한 죄를 쌓겠습니까. 중외의 사람들이 반드시 마음속으로 비방하고 눈으로 지적하며 "이 사람도 재상의 자리를 탐하니, 나랏일을 알 만하다."라고 할 것이니, 관계된 바가 어찌 가볍겠습니까. 신은 이것으로 조정에 욕을 끼치기보다는 차라리 오만한 죄를 스스로 인정하는 것이 낫습니다. 그러므로 끝내 명을 받들고 삼가 달려가지 못합니다. 땅에 엎드린 채 황공하여 아뢸 말씀을 모르겠습니다.

승지 정륜[3]이 전유한 뒤에 올리는 서계 무신년(1668, 현종9) 6월 3일

承旨鄭錀傳諭後書啓 戊申六月三日

신이 2월부터 외람되이 은전을 넘치게 받은 것은 말로 형용할 수 없습니다. 사관이 네 번 이르렀고, 승지가 세 번 찾아왔습니다. 비록 서울에 있는 대신(大臣)이 이런 일을 당하더라도 극히 황송할 터인데, 더구나 초야에 사는 지극히 용렬하고 비루하여 매우 보잘것없는 몸에 있어서이겠습니까.

이번에 성상의 비답이 배나 더 간곡하여, "하늘이 감동한 바가 있어서이다. …… 이 마음이 찢어지는 듯하였다."라는 등의 말씀으로 깨우쳐 주시기까지 하였습니다. 신은 피눈물을 닦고 울음을 삼키며 더욱 마음을 가눌 수 없습니다. 아, 성상의 분부가 이에 이르렀으니 진실로 사람의 마음을 지니고 조금이라도 군신(君臣)의 의(義)를 아는 자가 있다면 어찌 한번 앞으로 나아가 은혜로운 명에 사례하지 않겠습니까. 오직 자신을 헤아림이 자세할수록 여론의 깊이를 더욱 잘 헤아리고 고집스러운 신의 마음을 더욱 굳게 지킬 뿐입니다.

신이 이러한 모습으로 이 직명을 띠고 한 발이라도 문을 나간다면 사람들이 장차 "오늘 조정에 어찌 사람이 없겠는가. 어디에서 이렇게 용렬하고 비루한 자를 얻어 왔는가."라고 하고, 또 장차 "근세에 이 직명을 맡았던 자들을 두루 헤아려 보건대, 어찌 일찍이 이러한 사람이

3 정륜(鄭錀) : 1609~1686. 본관은 초계(草溪)이고, 자는 극념(克恬)이다.

있었던가. 지금 세상은 글을 읽어 급제하여 사무를 통달하고 체례(體例)를 숙지해서 시대에 쓰이기를 기다릴 필요는 없으나 과거를 보거나 급제한 적이 없는 자 또한 장차 못 하는 짓이 없을 것이다. 이와 같이 해서 조정의 사체(事體)가 더욱 낮아져 사람들의 과분한 기대를 막기 어렵게 되면 어찌 관계된 바가 크지 않겠는가."라고 할 것입니다. 신이 감히 자신을 아끼는 것이 아니라 실로 성조(聖朝)를 위하여 중하게 여기는 것입니다. 그렇지 않다면 이렇게 대내(大內)가 중상(重喪)을 거듭 만나서 슬픔으로 편안하지 못한 때를 당하여 어찌 문안하는 반열에 잠시 달려가서 작은 정성을 펴고 싶지 않겠습니까. 참으로 막히고 졸렬한 견해를 끝내 돌리지 못하고, 지금 또 명을 받들고 나아가 부임하지 못하겠습니다. 신의 죄는 만번 죽어도 속죄하기 어렵습니다. 거적을 깔고 삼가 엎드려 그저 애통한 마음으로 눈물을 떨굴 뿐입니다.

승지 강호가 온양 행궁에서 와서 전유한 뒤에 올리는 서계

무신년(1668, 현종9) 8월 25일

承旨姜鎬自溫宮傳諭後書啓 戊申八月二十五日

신은 소명을 기다리지 않고 의리상 길가에서 어가(御駕)를 맞이해야 하나 신의 묵은 질병이 더 심해져 작은 정성을 끝내 스스로 펴지 못하고 행궁(行宮)을 바라보며 통곡을 더할 뿐입니다.

뜻밖에 이번에 승지가 내려와서 성상의 비답을 전유했습니다. 신은 놀랍고 두려워 더욱 어찌할 바를 몰랐습니다. 신의 질병이 조금이라도 억지로 할 만하다면 삼가 기어서라도 앞으로 나아가 태만한 죄를 청해야 하겠지만 또한 스스로 기필할 수 없습니다. 집에서 거적을 깔고 엎드려 삼가 엄한 처벌을 기다릴 뿐입니다.

승지 여성제가 전유한 뒤에 올리는 서계 무신년(1668, 현종9) 9월 3일

承旨呂聖齊傳諭後書啓 戊申九月三日

이번에 또 삼가 근시(近侍)가 전유하는 소비(疏批)를 받았습니다. 또 삼가 듣건대, 환궁하는 날짜를 모레로 정했다고 합니다. 신이 비록 병이 위독하여 거의 죽게 되었지만 삼가 기어서라도 길에 올라야 하니, 죽기를 각오하겠습니다.

주서 강석창이 전유한 뒤에 올리는 서계 무신년(1668, 현종9) 10월

注書姜碩昌傳諭後書啓 戊申十月

신이 병을 무릅쓰고 길을 나섰으나 증세가 더 심해졌습니다. 묘(墓) 수리를 며칠 동안 한 뒤에 비록 하루도 쉬지 못했으나 또한 마음대로 여정을 재촉할 수 없으므로 단지 승려들과 배회하면서 날짜를 지연시킬 수밖에 없었습니다. 성상의 마음을 수고롭게 하여 황공하고 간절한 마음을 견디지 못합니다.

주서 송광연이 전유한 뒤에 올리는 서계 무신년(1668, 현종9) 11월 28일

注書宋光淵傳諭後書啓 戊申十一月二十八日

소신의 형편은 행조(行朝 행재소(行在所)의 조정(朝廷))에서 직접 뵙고 말씀드리던 날에 다 아뢰었으나 오히려 위로 다다르지 못하여 다시 새로운 명이 내려졌습니다. 소신은 몹시 지치고 위축되어 어찌할 바를 모르겠기에, 감히 지레 돌아오는 계책을 실행하였습니다. 지은 죄가 하늘에 닿을 정도이니, 만번 죽는 것도 가볍습니다. 삼가 강 건너에서 다만 두려워하며 죄를 기다렸습니다.

삼가 받들건대, 자애로운 성상께서는 견책을 내리지 않고 도리어 사관을 보내어 면유(面諭)하겠다는 말씀을 내리셨습니다. 신은 몹시 감격하여 울음을 삼키며 아뢸 바를 모르겠습니다. 예로부터 신하 중에 임금에게 무시를 당하여 나라를 떠나간 자는 있었으나 후한 대우가 망극한데도 머물지 못한 자가 있다는 말은 듣지 못하였습니다. 아, 신의 종적이 또한 슬프고도 슬프지 않겠습니까. 신이 이미 무거운 죄를 짊어졌는데, 어찌 감히 유사(有司)의 법을 돌아보지 않고 갑자기 대궐문을 들어가겠습니까. 다시 왕명을 어긴 데 대한 처벌을 달게 받고 죽을죄를 용서하는 은혜를 받지 않겠습니다. 여기에서 죽어 없어지기를 바랄지언정 인간 세상에서 머리를 들고 싶지 않습니다.

도승지 남용익이 전유한 뒤에 올리는 서계 같은 날

都承旨南龍翼傳諭後書啓 同日

소신의 충정은 이미 소본(疏本)과 사관에게 부쳐 보낸 서계에서 다 아뢰었습니다. 대개 소신이 직면한 오늘의 일에는 단지 두 가지 이유가 있습니다. 첫 번째 이유는 분수상 얻을 수 없어서이고, 두 번째 이유는 병으로 머물 수 없어서이니, 다른 뜻이 있는 것이 아닙니다. 그러나 지금 도승지가 말로 전한 성상의 분부로 살펴보건대, 미천한 신의 본심이 위로 성상의 마음에 믿음을 주지 못한 것 같습니다. 미천한 신은 이에 대해 더욱 걱정되어 아뢸 바를 모르겠습니다.

승지 김우형이 전유한 뒤에 올리는 서계 무신년(1668, 현종9) 11월 29일

承旨金宇亨傳諭後書啓 戊申十一月二十九日

신이 겨우 소본(疏本)을 올려 다시 미천한 충정을 다 아뢰었습니다. 이번에 근시(近侍)가 또 이르러 성상의 뜻을 전유했는데, 더욱 극히 친절하고 간절하였습니다.

신이 비록 지극히 우둔하지만 어찌 감격할 줄 모르겠습니까. 신의 형편은 이미 다 아뢰어서 다시 남은 것이 없습니다. 단지 바라건대, 밝은 성상께서 굽어살펴 직명을 체차해 주신다면 천지가 만물을 생성해 주는 덕에 대해 보답할 바를 알지 못할 것입니다. 구구한 신의 거취는 일찍이 들오리만도 못했는데[4] 밝은 성상께서 누차 번거롭게 분부를 내리시게 하였습니다. 다만 여차(旅次)에 엎드린 채 공손히 처벌을 기다릴 뿐입니다.

4 구구한……못했는데 : 한양에 가지 못하는 신세를 말한 것이다. 동한(東漢)의 왕교(王喬)가 섭현 영(葉縣令)에 부임한 뒤에, 서울에 올 때마다 두 마리의 들오리를 타고 왔는데, 그 들오리를 잡고 보니, 옛날 상서성(尙書省)에 있을 적에 하사받은 신발 한 짝만 남아 있었다는 전설에서 유래한 것이다. 《後漢書 方術列傳 王喬》

승지 정계주가 전유한 뒤에 올리는 서계 무신년(1668, 현종9) 12월 1일

承旨鄭繼胄傳諭後書啓 戊申十二月一日

이번에 삼가 승지가 다시 와서 전하는 비답을 받았는데, 열 줄 윤음(綸音)은 귀신을 울릴 만하였습니다. 신처럼 지위가 미천한 자가 장차 어떻게 마음을 가눌 수 있겠습니까. 지금 미천한 충정을 다시 다 아뢰고 싶으나 날이 이미 어두컴컴해져서 승지가 급히 복명(復命)하려 하므로 끝내 붙잡지 못하였으니, 내일을 기다려서 다시 소본(疏本)을 진달해야 합니다. 혹은 호조 판서 민정중(閔鼎重)에게 부쳐 보내겠습니다.

승지 오두인이 전유한 뒤에 올리는 서계 무신년(1668, 현종9) 12월 3일

承旨吳斗寅傳諭後書啓 戊申十二月三日

삼가 자애로운 성상께서 미천한 신의 심정을 굽어살피고 바라는 바를 곡진히 받아 주시니, 신은 감격한 나머지 황공한 마음이 아울러 지극하였습니다. 신은 곧 대궐 아래로 달려가서 사죄해야 하나 미천한 질병이 고질이 되어 출발하지 못했습니다. 형세상 병이 다소 호전되기를 천천히 기다려야 하겠기에 출발 시기를 정하지 못하였으니, 더더욱 황공하고 불안합니다.

가주서 정적이 전유한 뒤에 올리는 서계 무신년(1668, 현종9) 12월 14일

假注書鄭樍傳諭後書啓 戊申十二月十四日

삼가 사관이 멀리 와서 전유한 비답을 받았는데, 말씀하신 뜻이 더욱 정성스러웠습니다. 황공하고 송구스러워 더욱 몸 둘 바를 몰랐으나 단지 미천한 질병이 오랫동안 계속되어 즉시 달려가 사례하지 못했습니다. 차도가 있기를 조금 기다렸다가 삼가 은명(恩命)을 받들고 산골짜기에 돌아와 죽는다면 다시 여한이 없을 것이나 단지 쌓어진 죄가 몹시 무거워서 다시 도성에 가까이 가지 못합니다. 대궐 쪽을 바라보면서 다만 슬퍼하며 목메어 울 뿐입니다.

오직 바라건대, 날마다 연신(筵臣)을 가까이하고 날마다 제왕의 학문을 강명(講明)하여 덕성을 기르고 기묘한 속임수를 멀리 피하여 우리 동방에서 만대에 무궁한 경사를 이루신다면 신은 죽어도 살아 있는 것과 같을 것입니다. 구구하게 바라는 마음을 견디지 못하겠습니다.

승지 이익이 전유한 뒤에 올리는 서계 기유년(1669, 현종10) 2월 16일

承旨李翊傳諭後書啓 己酉二月十六日

삼가 재차 보내신 승지를 만나 보았는데, 더욱 정성스럽게 분부하고 타이르셨습니다. 신은 황공하고 떨려서 몸 둘 곳이 더욱 없습니다. 대개 신의 죄가 무거워질수록 성상의 뜻은 더욱 온화해집니다. 신이 만약 조금이라도 명을 받들 형편이 된다면 어찌 감히 다시 도성 문에 들어가서 성상의 얼굴을 직접 뵙고 하직 인사를 드리지 않겠습니까.

생각건대, 신은 큰 병을 앓은 나머지 가쁜 숨을 위태롭게 이어 가고 있습니다. 장차 조금씩이라도 길을 나서 만에 하나라도 살아 돌아가기를 바랄 뿐입니다. 만약 다시 시간을 끌며 어물쩍거리다가 끝내 경저(京邸)에서 죽는다면 신이 품은 한이 무궁할 뿐만 아니라 또한 어찌 성상께서도 생성해 주는 덕의(德意)를 한결같이 하는 것이겠습니까. 말이 다하고 뜻이 위축되어 단지 감격의 눈물을 흘릴 뿐입니다.

승지 박세성이 전유한 뒤에 올리는 서계 기유년(1669, 현종10) 2월 18일

承旨朴世城傳諭後書啓 己酉二月十八日

신은 짊어진 죄가 몹시 무거운데 자애로운 성상께서 용서해 주셨을 뿐만 아니라 세 번이나 근시(近侍)를 보내기까지 하였습니다. 선유(宣諭)는 더욱 온화하였고, 이어서 또 행궁(行宮)에 입조(入朝)하는 길을 열어 보여 주셨습니다. 신이 오늘 이미 행궁에서 하직 인사를 드리지 못했고 보면, 비록 성상의 분부가 아니더라도 신이 어찌 이러한 마음이 없겠습니까. 단지 미천한 질병이 이와 같으므로 미리 기약할 수 없을 듯하니, 이것 때문에 애를 태우고 있습니다.

신이 길에서 듣건대 판서 서필원(徐必遠)이 논핵을 몹시 무겁게 당했다고 하니,[5] 신은 두려움을 견디지 못하겠습니다. 서필원이 신과 서로 안 지 매우 오래되었으며 신만큼 서필원을 아는 자도 없습니다. 서필원이 신의 뜻을 따를지언정 신이 어찌 서필원 때문에 벼슬을 버리고 고향에 돌아가겠습니까. 단지 이것은 서필원이 어리석어서 일을 이해하지 못하고 남에게 속아서 의심을 받게 되어 버렸으니, 몹시 한탄스럽습니다.

5 판서……하니 : 당시 송시열이 태안(泰安)에 창고를 설치하자는 의견을 냈는데, 형조 판서 서필원이 창고 설치가 합당하지 않다고 여기고 앞장서서 대립하다가 마침내 엄중한 논박을 받았다. 서필원은 그러면서도 송시열의 잘못됨을 직접 논박하지는 않았는데 송시열이 마침내 노여움을 터뜨리고 돌아가니, 대간(臺諫)이 계속해 소장(疏章)을 올려 서필원을 탄핵하는 데 있는 힘을 다하였다. 《顯宗實錄 10年 2月 6日》

대저 신의 운명이 몹시 기박하여 몸을 한번 굴리면 자신만 낭패하는 것이 아니라 또한 반드시 다른 사람에게 누를 끼치므로 신은 늘 문을 닫아걸고 죽음을 기다리고자 했습니다. 오늘 다시 벼슬길에 나가서 조금도 보탬은 없고 단지 이러한 결과를 낳았으니, 어찌 뉘우치고 두려워하는 마음을 견디겠습니까.

신이 이미 도성 문을 나왔으니 조정의 일은 신이 감히 말할 바가 아니나 서필원의 일은 신이 실로 근저(根柢)이므로 감히 이렇게 염치를 무릅쓰고 아룁니다. 더욱더 황공합니다.

승지 강호가 전유한 뒤에 올리는 서계 기유년(1669, 현종10) 2월

承旨姜鎬傳諭後書啓 己酉二月

삼가 근시(近侍)가 뒤좇아 와서 전하는 비답과 유시(諭示)를 길가에서 받아서 읽은 이래로 황공하고 간절한 마음을 견디지 못하였습니다.

스스로 생각건대, 신의 죄는 만번 죽어도 마땅한데 오히려 어찌 유시를 하십니까. 신은 이미 길에 올랐는데, 만약 성상의 은혜와 자비를 입어 도로에서 죽지 않고 집에 돌아갈 수 있다면 소(疏)를 한 장 갖추어 신의 충정을 아뢰겠습니다.

가주서 이일정이 전유한 뒤에 올리는 서계 기유년(1669, 현종 10) 2월 26일

假注書李日井傳諭後書啓 己酉二月二十六日

신이 외람되이 과분한 은총을 입었으나 조금도 보탬이 되지 못하고 겸하여 또 고향에 대한 그리움이 간절하여 하직 인사도 하지 않고 지레 돌아왔으니, 죄가 커서 용서를 받을 수 없음을 스스로 알고 있습니다. 삼가 자애로운 성상께서 멀리 보낸 사관을 만나 보고서 선포한 유시와 온화한 비답에 감격하고 황송하여 몸 둘 바를 더욱 몰랐습니다.

신이 질병을 무릅쓰고 먼 길을 가서 체류하며 온갖 고생을 하고 7, 8일을 유숙하고서야 비로소 집에 이를 수 있었습니다. 또한 돌아와서 많은 사람의 죽음에 곡(哭)했는데, 몹시 슬퍼하고 통곡하느라 병이 갑자기 심해져 늙은이의 남은 목숨이 다하기만을 아침저녁으로 기다리고 있습니다. 일이 이에 이르렀는데 다시 무엇을 말하겠습니까. 단지 신이 넓고 큰 총애에 의지하여 선영(先塋)에 돌아와 죽는다면 만족스러워 다시 여한이 없을 것이고 밤낮으로 감사하고 경축하며 죽음만을 생각할 것입니다. 만일 다시 성스러운 조정의 어진 은혜에 힘입어 조금이라도 잠시 연명하여 다행히 대가(大駕)가 남쪽으로 거둥하는 날까지 산다면 감히 행궁(行宮)에 나아가 묵은 빚을 갚지 않겠습니까마는 이것은 신이 스스로 기약할 수 있는 바가 아닙니다. 대궐 쪽을 바라보며 단지 가슴 아파 목이 멜 뿐입니다.

주서 강석창이 전유한 뒤에 올리는 서계 기유년(1669, 현종10) 3월 19일

注書姜碩昌傳諭後書啓 己酉三月十九日

요사이 서리와 눈이 번갈아 내리고 전염병이 맹렬하게 번져 백성들이 원망하며 한탄하고 유언비어가 횡행합니다. 이러한 시절을 당하여 조정의 근시(近侍)가 멀리 작은 고을까지 내려왔으니, 외로운 충정은 애가 타고 시름은 만 가지로 일어납니다. 더구나 신의 거처가 100리 안에 있고 보면 의리상 소명(召命)을 기다리지 않고 진실로 이미 길가에서 영접하고 배알해야 했습니다. 하물며 이번에 사관이 선유한 성지(聖旨)는 보통을 훨씬 넘으니, 더욱 어찌 감히 신발 신기를 기다렸다가[6] 달려 나가겠습니까.

그러나 신이 앓고 있는 묵은 질병은 전보다 심해졌고 겸하여 또한 손자가 전염병에 걸려 죽어서 빈소가 집에 있습니다. 신은 늙어서 손자를 사랑하는 마음이 간절하여 아침저녁으로 어루만지며 곡을 할 수밖에 없습니다. 이러한 종적으로 어찌 감히 염치를 무릅쓰고 맑고 엄한 궁궐에 근접하겠습니까. 이런 까닭에 명을 받들지 못하니, 황공하고 놀란 마음만 더합니다.

6 신발 신기를 기다렸다가 : 군주가 부르면 신하가 급히 달려간다는 의미로, 《예기(禮記)》 〈옥조(玉藻)〉에 "무릇 군주가 부를 때에는 3절(節)로써 하니, 2절을 가지고 부를 때에는 달려가고, 1절을 가지고 부를 때에는 바쁜 걸음으로 가며, 관청에 있을 때에 군주가 부르면 신발 신기를 기다리지 않고, 밖에 있을 때에 군주가 부르면 수레에 멍에하기를 기다리지 않는다."라고 하였다.

승지 홍만용이 전유한 뒤에 올리는 서계 기유년(1669, 현종10) 4월 3일

承旨洪萬容傳諭後書啓 己酉四月三日

미천한 신은 근래에 바라보며 우려하는 마음이 어찌 일찍이 호위하는 군사들 사이에서 간절하지 않았겠습니까. 불행히 질병과 전염병의 단초가 이리저리 서로 이어져 마침내 감히 염치를 무릅쓰고 나아가지 못했습니다. 지금은 독한 종기가 또 왼쪽 엄지발가락에 나서 고통을 견디기 어려울 뿐만 아니라 의원이 몹시 위태롭게 여기며 감히 손을 대지 못합니다. 신은 이미 운명에 맡겨 죽기를 기다리는 처지에 놓였습니다. 만약 다른 질병이면 그래도 힘써 기어갈 수 있으나 이 종기이고 보면 어찌할 수 없습니다. 이번에 근시(近侍)가 내려와서 성지(聖旨)를 선유했는데, 황공하고 두려워서 몸 둘 바를 더욱 모르겠습니다. 삼가 집에 엎드려 처벌을 기다릴 뿐입니다.

가주서 유장이 전유한 뒤에 올리는 서계 기유년(1669, 현종10) 4월 15일

假注書兪樟傳諭後書啓 己酉四月十五日

신이 염치를 무릅쓰고 처벌을 기다린다는 글을 올리고, 삼가 귀양을 가라는 어명을 기다렸습니다. 그러나 자애로운 성상께서는 도리어 온화한 비답을 내리고, 이어서 사관을 보내 전유하게 하시니, 신은 더욱 황공하여 어찌할 바를 모르겠습니다. 신은 삼가 길가에서 호위병을 따라가 유사(有司)의 판결을 들어야 하나 발에 생긴 병이 아직도 차도가 없어 다시 출발할 형편이 못 됩니다. 임금의 의장(儀仗)을 바라보며 다만 홀로 눈물을 흘릴 뿐입니다.

가주서 이유가 전유한 뒤에 올리는 서계 기유년(1669, 현종10) 8월 10일

假注書李濡傳諭後書啓 己酉八月十日

신은 6월부터 묵은 질병 외에 급성 설사병이 더해져 병세가 몹시 나빠졌습니다. 사람들은 죽을 것이 뻔하다고 말하나, 다행히 자애로운 성상께서 외람되게도 진념(軫念)하여 의원을 보내 살펴보게 하셨으며 약물도 참 좋아서 마치 말라 죽은 나무에서 새싹이 돋아나는 것처럼 오늘까지 연명하였습니다. 망극한 은혜는 이 한 몸을 바친들 어찌 갚을 수 있겠습니까. 신은 매번 가슴을 치고 분수를 헤아리며 다만 홀로 감격하여 울 뿐입니다.

다만 신의 나이가 예순을 넘어 노쇠함이 특히 심하고, 밥을 못 먹고 약에 의지해 산 지 이미 3년이 넘었습니다. 지금은 큰 병을 앓고 남은 목숨이 실오라기 같을 뿐만 아니라 또한 복용하는 약물은 모두 기운을 소통하는 약제입니다. 눈앞에 임시 처방은 있으나 기혈이 허한 것은 더욱 심해지니, 죽을 때가 아침이 아니면 저녁입니다.

뜻밖에 이번에 근시(近侍)가 멀리까지 와서 성지(聖旨)를 선유했습니다. 아, 신이 비록 제 한 몸 깨끗이 하고자 은거한 자이나 성은이 이에 이르렀으니 오히려 신이 지키던 바를 바꿔야 합니다. 더구나 신은 이전에 주제넘게 망녕되이 우매한 정성을 다하였고 보면 지금 춘궁(春宮)이 입학하는 날을 만나서 어찌 외람되이 경하하는 반열에 끼어서 먼저 보는 흐뭇함을 차지하고 겸하여 지난여름에 길에 올랐다가 중지한 뜻을 아뢰고 싶지 않겠습니까. 이번에 기력이 불행하게도 이런 상태에 이르러서 전혀 출발할 가망이 없으니, 거듭 태만한 죄를 지었습니다. 삼가 엎드려 두려워하며 조정의 견책을 기다릴 뿐입니다.

가주서 심남이 전유한 뒤에 올리는 서계 경술년(1670, 현종11) 2월 17일

假注書沈枏傳諭後書啓 庚戌二月十七日

신은 문을 닫아걸고 허물을 만회하며 죽기를 기약하였는데, 사람들도 이런 식으로 대하며 보통 사람으로 보지 않습니다. 생각건대 성은이 더욱 깊어져 외람되게도 선조(先朝) 때의 신하가 노쇠한 것을 생각해 주시니, 신은 참으로 감격하여 보답을 꾀하려 해도 길이 없습니다.

지금 또 근시(近侍)가 와서 소지(召旨)를 전유하니, 황공한 마음이 갑절 증가하여 더욱 몸 둘 곳을 모르겠습니다. 신이 어찌 급히 달려가서 어명에 따라 문안하는 반열에 참여하여 작은 정성을 조금이나마 펴고, 이어서 세자의 장수를 기원하는 성대한 의식을 보고 싶지 않겠습니까.

신은 지난겨울부터 묵은 질병이 더 심해지고 합병증이 여러 가지로 많이 생겨서 밤낮 골골거리며 죽음만을 기다리고 있는데, 하루하루 아직도 목숨이 붙어 있는 것을 늘 괴이하게 여깁니다. 이렇게 위태로운 목숨으로 어찌 출발하기를 바라겠습니까. 대궐 쪽을 바라보며 단지 혼자 오열할 뿐입니다.

가주서 안후가 전유한 뒤에 올리는 서계 경술년(1670, 현종11) 윤2월

假注書安垕傳諭後書啓 庚戌閏二月

신이 일찍이 소지(召旨)를 받았으나 병으로 공손히 나아가지 못했습니다. 줄곧 황송하고 위축되어 엄한 견책만 기다렸습니다. 이제 또 근시(近侍)가 멀리까지 와서 다시 간곡한 뜻을 전유하니, 신은 더욱 황공한 마음이 간절하여 어찌할 바를 모르겠습니다.

신의 질병이 만약 조금이라도 참고 나아갈 여지가 있는 상황이라면, 신이 본래 이전에 고상하게 출사하지 않은 몸이 아닌데 이제 어찌 감히 굳이 사양하며 꼼짝 않고 누워서 불측한 죄를 거듭 범하겠습니까. 더구나 삼가 듣건대 성상의 체후가 아직도 강녕하지 못하시다고 하니, 비록 소명(召命)이 없더라도 어찌 급히 달려가 반열을 따르며 조금이나마 하찮은 정성을 펴고 싶지 않겠습니까. 참으로 겨울철에 거의 죽을 뻔한 뒤로 목숨이 실낱같아서 지금 화창한 봄에도 여전히 거북이가 등딱지 속에 숨은 듯이 문을 닫고 깊이 움츠리고 있습니다.

신이 비록 목숨을 걸고 출발하고 싶어도 온 집안사람이 앞다투어 붙잡으며 "마당을 나가자마자 죽을 것이 뻔하다."라고 합니다. 신의 목숨이 다해 가는 상황은 이에 근거해도 알 만합니다. 신이 지금 다시 명을 어기고 태만히 하였으니 죄가 만번 죽는 데 해당합니다. 거적을 깔고 엎드려서 두려워 떠는 것이 서리 맞은 풀과 같을 뿐만이 아닙니다. 행여 만에 하나라도 미천한 질병이 조금이라도 차도를 보인다면 감히 죽기를 각오하고 병든 몸을 이끌고 기어서라도 앞으로 나아가지 않겠습니까. 다만 스스로 장담할 수 없는 바가 있고 보면, 또한 성상의 귀를 속인 죄에 빠질까 두려워 끝내 단언하지 못하겠습니다.

승지 권상구가 전유한 뒤에 올리는 서계 경술년(1670, 현종11) 9월 16일

承旨權尙矩傳諭後書啓 庚戌九月十六日

신이 어제 삼가 길거리에 떠도는 말을 듣고서 마음이 무너지고 넋이 흩어져, 죄수의 옷을 입고 밤에 출발하여 방금 고을의 감옥에 도착했습니다. 길에서 근시(近侍)를 만나서 전유하는 성지(聖旨)를 외람되이 받들었습니다. 피눈물을 흘리며 가슴이 찢어지는 듯하다는 말밖에는 다시 아뢸 말씀이 없습니다.

검열 이수언이 전유한 뒤에 올리는 서계 경술년(1670, 현종11) 10월 9일

檢閱李秀彥傳諭後書啓 庚戌十月九日

신이 며칠 전에 두멧길을 거쳐 깊은 골짜기 속으로 찾아 들어와서 염치를 무릅쓰고 소장(疏章)을 진달하였습니다. 대개 의리상 얼굴을 들고 사람을 볼 수 없기 때문입니다. 뜻밖에 지방관이 이례(吏隸)를 따라 찾아왔는데, 마음이 더욱 놀랍고 황공하였으며, 처분을 천천히 기다릴 수 없어서 문득 다시 우물쭈물 돌아와서 삼가 조정의 명을 기다렸습니다. 그러나 잘 때도 놀라고 꿈에서도 놀라 혼백이 남아 있지 않아서 시체처럼 쓰러져 있습니다.

뜻밖에 사관이 멀리 와서 성상의 비답을 선유(宣諭)했습니다. 말의 내용이 갈수록 더욱 간곡하고 융숭해지니, 땅에 엎드려 울먹이며 몸 둘 바를 모르겠습니다.

주서 안후태가 전유한 뒤에 올리는 서계 신해년(1671, 현종12) 1월 10일

注書安後泰傳諭後書啓 辛亥正月十日

보잘것없고 미천한 신은 변고(變故)[7]가 있은 이래로 모습과 심정이 더는 사람이 아니고, 남들도 사람으로 보지 않습니다. 더구나 질병이 더욱 심해져 가쁜 숨이 거의 끊어질 듯합니다. 문득 이때에 근시(近侍)가 멀리 와서 성지(聖旨)를 전유했는데, 열 줄 윤음(綸音)은 미천한 신이 감당할 수 있는 바가 아니었습니다.

신이 스스로 생각건대, 명을 받들고 앞으로 나아가는 것은 진실로 감히 바라지도 못하나 기력이 위태하고 정신이 아득하여 또한 문자로 이 충정을 드러내지도 못하겠습니다. 신의 죄는 이에 이르러 더욱 큽니다. 혹시 병이 조금 나으면 황송하고 미천한 정성을 대략이나마 진달하겠습니다.

7 변고(變故) : 송시열의 먼 친척의 서얼(庶孼)붙이인 이세직(李世直)이 잡술(雜術)을 배우므로 송시열이 그를 꾸짖어 물리친 적이 있었는데, 1670년 9월에 그가 갑자기 종각(鍾閣)의 종을 발로 차고는 유사(有司)에게 잡혀 치죄를 당하였다. 이세직은 흉언(凶言)으로 송시열과 송준길(宋浚吉), 청주(淸州) 사람들을 무함하였는데, 조정이 국문(鞫問)을 벌이니 모두 허망한 말이었다. 이세직이 과연 무고(誣告)임을 자복(自服)하고 옥중에서 죽었다. 《顯宗實錄 11年 9月 15日》

가주서 손만웅이 전유한 뒤에 올리는 서계 신해년(1671, 현종 12) 5월 19일

假注書孫萬雄傳諭後書啓 辛亥五月十九日

신은 병을 앓아 거의 죽게 생겼는데 이렇게 새로운 어명을 받았고, 다시 특별히 알아주는 별유(別諭)를 더 받았습니다. 황공하고 두려워 몸 둘 바를 모르겠습니다.

바야흐로 집안에 전염병이 맹렬히 발생해 감히 갑자기 소장(疏章)을 올리지 못하게 되었습니다. 전염병이 조금 사그라들기를 기다려 미천한 충정을 아뢰겠습니다.

승지 이단하가 전유한 뒤에 올리는 서계 신해년(1671, 현종12) 7월 13일

承旨李端夏傳諭後書啓 辛亥七月十三日

승정원의 신하를 멀리 파견하여 성상의 비답을 전유하게 하셨는데, 일의 체모가 성대하고 장중하며 비답의 내용이 간절하고 지성스러웠습니다. 신이 받들어 읽고 오열하며 형언할 바를 몰랐습니다. 신은 병을 오래 앓던 끝에 토사곽란이 더해져 진작 다시 소장을 진달하여 간절한 정성을 드러내지 못했으니, 다소 호전되기를 기다려야 합니다.

승지 이숙이 전유한 뒤에 올리는 서계 신해년(1671, 현종12) 9월 13일

承旨李翻傳諭後書啓 辛亥九月十三日

신은 죽음이 앞에 있는데 거취를 어찌 논하겠습니까. 외람되이 근시(近侍)를 대하고 땅에 엎드려 울음을 삼킬 뿐입니다. 신은 바야흐로 내려보내 주신 의약(醫藥)으로 매일 탕약을 지어 먹고 있는데, 만일 성은에 힘입어 생기를 되돌릴 수 있다면 비록 융숭한 보살핌에 나아가 사은하지는 못하나 문자로 간절한 충정을 다 드러낼 수는 있을 것입니다.

가주서 박치도가 전유한 뒤에 올리는 서계 신해년(1671, 현종 12) 12월 3일

假注書朴致道傳諭後書啓 辛亥十二月三日

신이 근자에 면직을 비는 글을 올리면서 외람되이 시사(時事)를 한두 가지 언급했습니다. 대저 사람이 극에 달하여 근본으로 돌아가는 때에는 그 말이 선해야 하는데, 신은 심지와 정신이 혼미하고 어지러워 그 이치를 잃은 것이 몹시 많습니다. 바야흐로 또한 문을 닫아걸고 허물을 뉘우치며 견책이 이르기를 기다리는데, 뜻밖에 성상께서 관대한 도량으로 단지 충성을 바친 정성을 헤아리기만 하고 난언(亂言)에 대해 처벌하지 않으며, 사관을 멀리 보내어 온화한 비답을 내리셨습니다. 신은 성은을 받고 감격하여 기쁘면서도 슬펐습니다.

대저 신의 말이 사리에 어긋났는데도 밝은 성상께서는 칭찬하고 용서하셨으니, 누가 소회를 즐거이 아뢰지 않겠습니까. 장차 천하의 선이 모두 귀의할 것입니다. 국세(國勢)가 비록 이미 위험하나 오히려 희망이 있을 것입니다. 이것이 신이 기뻐하는 까닭입니다. 또한 이러한 임금이 있는데도 신은 보잘것없음을 스스로 알고 긴 시간 동안 물러나 엎드렸습니다. 지금은 수명이 다하려 하여 아침저녁으로 죽기만을 기다리고 있으니, 구구한 신의 미천한 정성은 다시 펼 수 있는 날이 없습니다. 이것이 신이 깊이 슬퍼하는 까닭입니다.

오직 바라건대 밝은 성상께서는 성덕(聖德)을 더욱 증진하고 백성을 더욱 긍휼히 여겨 우리 조종(祖宗)의 보배로운 천명을 보존하신다면 신은 눈을 감고 죽어도 다시 유감이 없을 것입니다.

사관이 전유한 뒤에 올리는 서계 임자년(1672, 현종13) 1월 6일
史官傳諭後書啓 壬子正月六日

신이 일찍이 면직을 비는 글로 인하여 은혜로운 소명을 받았는데, 마침 동짓날을 만나서 어리석은 충정을 대략 바쳤습니다. 뜻밖에 성상께서 이번에 사관을 멀리 보내어 비답을 내려 주셨는데, 온화한 유시(諭示)의 간곡함이 -원문 1자 결락- 보다 더한 점이 있었습니다. 신은 받들어 읽고서 감격스럽고 황공하여 형언할 바를 몰랐습니다. 신은 질병이 위독하여 아침저녁으로 죽기만을 기다리고 있습니다. 다시 성상의 말씀을 받드는 것은 기대하기 어렵습니다. 북쪽을 바라보면서 기대하고 축원하며 그저 혼자 오열할 뿐입니다.

가주서 남궁후가 전유한 뒤에 올리는 서계 임자년(1672, 현종 13) 6월 10일

假注書南宮垕傳諭後書啓 壬子六月十日

소지(召旨)가 온 일로 인하여 감히 면직을 비는 글을 진달하고, 이어서 스스로 논열하고 죄를 청했습니다. 봄철에 외람되이 올린 소(疏)에 대해 지금 또 비답과 유지를 받았는데 근시(近侍)가 다시 오기까지 하였습니다. 신은 다 죽게 된 병중에 황공하고 당혹스러워 몸 둘 바를 모르겠습니다.

가주서 김시중이 전유한 뒤에 올리는 서계 임자년(1672, 현종 13) 6월

假注書金始重傳諭後書啓 壬子六月

신은 외람되게도 의약을 내려 주는 은혜를 받고 오늘까지 연명했습니다. 그러나 생각건대, 오랜 질병으로 수척해진 끝에 부기(浮氣)가 발작했는데, 이것은 참으로 의가(醫家)에서 크게 꺼리는 바이니, 눈을 감고 죽는 것은 그저 조만간 일어날 일입니다. 신이 어찌할 도리 없이 죽음을 기다리는 중에 가만히 혼자 생각해 보니, 재야에 묻힌 종적으로 헛되이 직명을 띠고 오래 현능한 사람의 벼슬길을 방해했습니다. 자신을 위한 계획으로도 적합하지 않을 뿐만 아니라 국사(國事)에도 크게 해로운 바가 있었습니다. 마땅히 면직을 비는 글을 속히 올려야 했으나 신이 정신은 혼미하고 근력은 겨우 붙어 있어 붓을 잡고 글을 지을 수 없으므로 지금까지 시일을 미루었습니다. 신의 답답하고 근심스러운 마음은 날이 갈수록 심해져 하나의 큰 병을 더했습니다.

뜻밖에 이번에 근시(近侍)가 멀리 와서 불러들이는 명을 유시했는데, 열 줄 윤음은 타이르기를 반복했습니다. 신의 질병이 만약 조금이라도 억지로 나아갈 수 있는 형편이라면 이렇게 존망이 달린 위급한 때를 당하여 비록 조금이나마 보탬이 되지 않더라도 어찌 감히 향리에 물러나 있으면서 태만한 죄를 거듭 범하겠습니까. 더구나 지금 도적들이 횡행해 늘 칼날 위에 몸을 맡긴 듯하여 친구들이 모두 신에게 피신할 것을 권하는데, 신이 가면 어디로 가겠습니까. 그저 도성으로 돌아가야 하나 또한 벼슬길에 나갈 가망이 없습니다. 신의 정세(情勢)는 처량하다고 할 만합니다. 신의 소원은 단지 조정이 쇠잔한 백성을 어루만져 편안하게 하고 도적이 숨을 죽이게 하는 것이니, 그렇게 된다면 형체를 보전하여 구렁을 메울 수 있기를 바랄 뿐입니다. 이 외에 다시 무엇을 바라겠습니까. 신은 땅에 엎드려 슬피 울부짖으며 무어라 말씀드려야 할지 모르겠습니다.

가주서 목창명이 전유한 뒤에 올리는 서계 임자년(1672, 현종 13) 6월

假注書睦昌明傳諭後書啓 壬子六月

신은 다 죽게 생긴 때에 죄가 더욱 커졌습니다. 대개 듣건대 근일의 일에 대해 여론이 모두 신을 재앙의 빌미로 여기고 있다고 하는데, 신은 미처 들어 알지 못하고 도리어 평상시처럼 버젓이 진술하여 빌었습니다. 대개 신의 소본(疏本)이 중간에 지체되어 여러 날 걸리기는 하였으나 신이 봉하여 바친 것은 지난달 초이기 때문입니다.

신이 어전에서 아뢰던 날을 생각하건대, 바로 성상의 진노가 진동해 중외가 소란스럽던 때를 당하여 자애로운 성상께서 비록 관용을 내리셨으나 보고 듣는 사람이 신을 뭐라고 생각했겠습니까. 신의 황공하고 부끄럽고 한스러운 마음이 어찌 끝이 있겠습니까. 바야흐로 이렇게 집에서 거적을 깔고 엎드려 견책이 오기만을 기다리고 있는데, 뜻밖에 자애로운 성상께서 도리어 온화한 비답을 내리고 이어서 근시(近侍)가 멀리 와서 선유(宣諭)하게 하셨습니다. 신은 감격스럽고 황공하여 몸 둘 바를 모르겠습니다.

가주서 정징이 전유한 뒤에 올리는 서계 임자년(1672, 현종13) 6월 24일

假注書鄭徵傳諭後書啓 壬子六月二十四日

신은 비로소 면직을 비는 글을 올리고 공손히 엎드려 명을 기다렸습니다. 홀연히 또 근시(近侍)가 멀리 와서 별유(別諭)를 전유했는데, 정성스럽고 간곡한 분부가 열 줄에 그치지 않았으며 짧은 글이 모두 조흔(條痕)과 장혈(掌血)[8]이 될 만하였습니다. 신처럼 말단의 지위에 있는 자가 이러한 윤음을 받았으니, 어찌 마음을 가눌 수 있겠습니까. 그저 혼자 땅에 엎드려 울음을 삼킬 뿐입니다. 소장(疏章)에 대한 비답이 내려오기를 기다려서 다시 문자로 비천한 정성을 다 아뢰겠습니다.

8 조흔(條痕)과 장혈(掌血) : 원래는 방망이로 내려치고 손바닥으로 때려서 생긴 붉은 핏자국이라는 뜻의 선종(禪宗) 용어인데, 후대에 성현이 사람들에게 간절하게 일러준 가르침, 혹은 그 가르침을 사람들이 간절하게 받아들여야 함을 비유하는 말로 쓰이게 되었다. 《주자어류(朱子語類)》 권34에 "대개 성인이 하시는 일은 예를 들면 방망이로 내려쳐서 한 가닥 혈흔(血痕)이 생기게 하고 손바닥으로 때려서 혈인(血印)이 생기게 하는 바로 그런 것과 같다.〔大概聖人做事, 如所謂一棒一條痕, 一摑一掌血, 直是恁地.〕"라는 말이 나오고, 권10에 "모름지기 한 방망이와 한 손바닥마다 혈흔이 생기는 것처럼, 사람의 문자를 볼 때에도 이와 같이 해야 할 것이니, 어찌 대충 보며 소홀히 해서야 되겠는가.〔須是一棒一條痕, 一摑一掌血, 看人文字, 要當如此, 豈可忽略?〕"라는 말이 나온다.

승지 최일이 전유한 뒤에 올리는 서계 임자년(1672, 현종13) 8월 7일

承旨崔逸傳諭後書啓 壬子八月七日

신은 늙고 병들어 다 죽게 생긴 가운데 다시 형제의 상(喪)[9]을 당하여 기혈이 날마다 더욱 떨어져 남은 것은 실낱같은 가쁜 숨뿐입니다. 며칠 전 누차 불러들이는 명을 받았으나 받들지 못한 것은 자신을 잘 헤아려서일 뿐만 아니라 실로 움직여서 도성과 대궐에 도달할 근력이 없어서입니다. 비록 성상의 체후가 오래 화평하지 못하셨다는 소식을 들었으나 또한 몸을 가누어 문안하는 반열에 달려가지 못하였으니, 매번 대궐 쪽을 바라보며 애태울 뿐입니다.

뜻밖에 이번에 멀리 승정원의 신하를 보내어 소장(疏章)에 대한 비답을 전유하게 하시고, 성상의 옥체에 난 질병과 선왕이 베푼 예우를 들어 타이르시기까지 하였습니다. 신은 억장이 무너져 흐느껴 울며 마음을 가눌 수 없었습니다. 신이 만약 조금이라도 억지로 나아갈 수 있는 형편이라면 또한 하늘이 내린 충성하는 본성이 있으니 이러한 윤음(綸音)을 받들고 어찌 편안히 앉아 있겠으며 어찌 차마 스스로 소원하게 행동하겠습니까. 그러나 시들고 병들어 허약한 몸은 가까운 문정(門庭)의 사이에서도 절룩거리고 엉금엉금 기어가는 때가 있습니다. 하물며 4, 5일 거리의 먼 길을 바라겠습니까. 공손히 집에 엎드려 그저 죽기만을 바랄 뿐입니다.

9 형제의 상(喪) : 중씨(仲氏) 군수공(郡守公) 송시묵(宋時默)의 상을 당한 것을 말한다.

승지 김익경이 전유한 뒤에 올리는 서계 임자년(1672, 현종13) 9월 5일

承旨金益炅傳諭後書啓 壬子九月五日

지난번에 승지가 멀리 와서 성상의 비답을 선유(宣諭)하였습니다. 신은 떨리고 상심했으며 아직도 두려움이 한창 깊습니다. 이번에 또 거듭 특별한 예우를 받았으니, 몸 둘 곳을 더욱 모르겠습니다. 성은이 이에 이르렀으니, 자신이 형편없고 직분이 감당하기 어려운 것은 논할 겨를도 없습니다. 진실로 궐문 아래에 몸을 맡기고 진퇴(進退)의 명을 기다려야 하나 신이 앓고 있는 묵은 질병이 근래에 더 심해져 병상에서 지친 채 아침저녁으로 숨이 다하기를 기다리고 있습니다. 이러한 근력으로 어찌 출발할 가망이 있겠습니까. 성은을 저버리고 죄를 지은 것이 이보다 심한 이는 없습니다. 대궐 쪽을 바라보며 그저 혼자 눈물을 흘릴 뿐입니다.

가주서 심극이 전유한 뒤에 올리는 서계 임자년(1672, 현종13) 10월 17일

假注書沈極傳諭後書啓 壬子十月十七日

해와 달의 밝음은 아무리 깊은 곳이라 해도 비추지 않음이 없고, 봄날의 따뜻함은 만물을 덮어 주지 않음이 없습니다. 신이 마침내 밝게 비춰 주고 따뜻하게 품어 주는 덕을 입어 직명을 체차하라는 말씀을 받았습니다. 성은이 망극하여 무어라 말씀드려야 할지 모르겠습니다. 이어서 불러들이라는 명을 내리기까지 하셨으니, 더욱 옛 신하를 기억해 주신 데 감격하였습니다. 삼가 질병이 조금 낫기를 기다려 외람되이 소장(疏章)으로 남은 정성을 다 진술하겠습니다.

사관 유하겸이 전유한 뒤에 올리는 서계 계축년(1673, 현종14) 5월 10일

史官兪夏謙傳諭後書啓 癸丑五月十日

신은 능침에 변고가 생겼다[10]는 소식을 듣고부터 밤낮으로 근심하고 두려워하였으나 다 죽게 된 병중이라 더욱 쓸데가 없습니다. 뜻밖에 이번에 근시(近侍)가 멀리 와서 별유(別諭)를 전유했는데, 열 줄 윤음은 귀신을 울릴 만했습니다. 어진 하늘이 우리 성상을 왜 이 지경까지 병들게 했는지 모르겠습니다.

신은 형편없기 때문에 비록 희생물을 묻고 벽옥을 바치는 사이에서 바쁘게 뛰어다니더라도 진실로 조금도 보탬이 되기에 부족하나 다만 이러한 때에 물러나 향리에 거처하는 것을 어찌 신하로서 편안하게 여길 수 있겠습니까. 비록 성상의 분부가 없더라도 진실로 몸을 이끌고 올라가서 노심초사하는 성상의 얼굴을 우러러 바라본 뒤에 돌아와 구렁에서 죽는 것이 신의 지극한 바람입니다. 그러나 신의 깊은 병은 나이가 빌미가 된 것이 아닙니다. 비록 위태롭고 괴로운 상황을 낱낱이 진술할 수는 없으나 대개 아침저녁으로 숨이 다하기만을 기다리는 쇠

10 능침에 변고가 생겼다 : 효종의 능인 영릉(寧陵)은 원래 윤선도(尹善道)의 주장에 따라 수원으로 정해졌으나 송시열의 반대로 양주(楊州)의 건원릉(健元陵) 경내로 바뀌었다. 이때 윤선도는 반드시 산릉을 옮기는 변고가 생기게 될 것을 예언하였다. 그 예언이 적중하여, 영릉의 석물에 틈이 생겨 더 이상 보수할 수 없게 된 변고가 생기자 능을 조성한 지 15년이 지난 1673년에 다시 세종의 영릉(英陵)이 있는 여주(驪州)의 홍제동(弘濟洞)으로 개장하게 된다.

잔한 목숨입니다. 이러한 근골(筋骨)을 가지고 어찌 출발할 수 있겠습니까.

또한 삼가 가만히 듣건대, 능침의 일에 대해 혹 신에게 허물을 돌린다고 합니다. 대개 당초에 수원(水原)에 자리를 정하지 않고 선릉(先陵 건원릉(健元陵))의 묘역 안에 자리를 잡게 한 것이 신의 죄라고 여긴 것입니다. 수원에 정하려고 논의할 때 신이 과연 힘써 쟁론하였습니다. 오늘의 일은 과연 그로 인하여 이에 이르렀으니, 신의 죄상은 뇌윤공(雷允恭), 정위(丁謂)[11]의 죄상과 차이가 거의 없습니다. 비록 온 집안 사람을 죽이더라도 진실로 민심을 조금이나마 위로하기에 부족합니다. 신은 바야흐로 집에서 거적을 깔고 엎드려 조정이 논의하여 처치하는 바를 기다립니다. 두려움에 벌벌 떨며 할 말을 모르겠습니다.

11 뇌윤공(雷允恭), 정위(丁謂) : 정위는 송(宋)나라 진종(眞宗) 때의 재상인데, 진종이 붕어하자 그는 산릉사(山陵使)가 되었고 그의 출세길을 도왔던 환관 뇌윤공은 산릉도감(山陵都監)에 임명되었다. 이에 뇌윤공이 진종의 장지를 잡았는데 잡은 곳마다 돌과 흙이 반반씩 섞여 나와 세상의 여론이 떠들썩하게 일어났는데도 뇌윤공은 굳이 그런 곳으로 장지를 결정하려고 하였다. 그 소문이 마침내 궁중에까지 들려 정위에게 그 사실을 확인하라는 조서를 내렸는데, 정위는 처음에는 우물쭈물하다가 결국 뇌윤공이 정한 자리가 적합하다고 아뢰었다. 그러나 마침내 잘못이 드러나 뇌윤공은 사형을 당하고 정위는 좌천되었다. 《宋史 丁謂列傳》

예조 좌랑 이영갑이 전유한 뒤에 올리는 서계 계축년(1673, 현종14) 6월 28일

禮曹佐郎李英甲傳諭後書啓 癸丑六月二十八日

산야의 비천한 신이 누추한 땅에 엎드려 있으면서 선왕 능(陵)의 문자를 찬술하는 것은 일의 체면으로 헤아려 보건대 감히 할 수 없으니, 그저 병이 깊고 문장이 졸렬하기 때문만이 아닙니다. 이에 죽음을 무릅쓰고 소(疏)를 올려 사면(辭免)을 청합니다.

승지 이규령이 전유한 뒤에 올리는 서계 계축년(1673, 현종14) 6월 29일

承旨李奎齡傳諭後書啓 癸丑六月二十九日

어제 예조 낭관이 천릉도감(遷陵都監)의 계사(啓辭)와 관련하여 성상의 분부를 전유했는데, 신으로 하여금 새 묘지(墓誌)를 찬술하여 올리게 하였습니다. 신은 황공하고 두려운 마음을 견디지 못하여 곧 소장을 올려 사정을 진술하고 면직해 줄 것을 빌었습니다.

이제 또 삼가 승지가 와서 전유하는 성지(聖旨)를 받았는데, 매우 정성스럽게 타이르셨습니다. 미천한 신을 매우 지극하게 위로하고 어루만지시니, 신은 받들어 읽고 눈물을 흘리며 몸 둘 곳을 더욱 몰랐습니다. 다만 저 소(疏)를 올려 신을 배척한 사람은 본래 명문가의 자제입니다. 신에게 만약 죄가 없다면 저 사람이 어찌 이와 같이 하겠습니까. 임금의 명령에 응하여 의견을 말한 사람이 신의 잘못 때문에 도리어 밝은 성상의 엄한 분부를 받았으니, 신은 더욱 불안합니다.

생각건대, 우리 선왕의 능(陵)에서 관(棺)을 받드는 날에 신이 비록 늙어 빠졌으나 한 가닥 숨이 남아 있으니 어찌 감히 나아가서 아직 다하지 않고 남은 애통함을 펴지 않겠습니까. 단지 염려하는 것은 질병이 몹시 고질이 되어 아침저녁으로 목숨이 다하기만을 기다리고 있는 것이니, 앞으로의 행동은 신 또한 스스로 알 수 없습니다. 신이 방금 사직하는 소를 올렸으므로 다시 진달할 것이 없습니다.

가주서 신완이 전유한 뒤에 올리는 서계 계축년(1673, 현종14) 7월 3일

假注書申琓傳諭後書啓 癸丑七月三日

일이 성고(聖考)의 능침에 관계되니, 비록 삼태기를 잡고 흙을 지는 일이라도 또한 발이 부르트도록 재빨리 자식처럼 와야 합니다. 더구나 이 두 건의 글 짓는 일은 신에게 영광이 지극합니다. 어찌 감히 머뭇거리며 성상의 분부를 저버리겠습니까. 다만 몸에 죄명이 있기에 방금 자신을 탄핵하는 글을 올렸으므로 갑자기 나아갈 수 없고, 미천한 신의 질병이 또 한창 깊은 고질이 되었으므로 신은 어떻게 해야 할지 모르겠습니다.

가주서 유수방이 전유한 뒤에 올리는 서계 계축년(1673, 현종 14) 7월 8일

假注書柳秀芳傳諭後書啓 癸丑七月八日

신이 선대왕의 면례(緬禮)에 어찌 감히 부름을 기다린 뒤에야 나아가겠습니까. 단지 질병이 몹시 고질이 되었고 종적이 불안하여 염치를 무릅쓰고 소장(疏章)을 올려 사정과 형세를 진술했습니다. 재차 성상의 비답을 받았는데, 타이르심이 이에 이르렀습니다. 신이 감히 기어서라도 길에 올라 죽기를 각오하지 않겠습니까.

승지 정륜이 전유한 뒤에 올리는 서계 계축년(1673, 현종14) 9월 13일

承旨鄭錀傳諭後書啓 癸丑九月十三日

신이 전에 차자에 대한 비답을 받든 뒤에 즉시 문자로 사정과 형세를 다 갖추었어야 했는데 병으로 그렇게 하지 못했습니다.

며칠 전 소본(疏本)을 비로소 완성하여 장차 봉하여 올리려 하던 즈음에 갑자기 들었는데, 부원군(府院君) 김우명(金佑明)이 새 능침의 표석(表石)의 일로 인하여 신을 크게 꾸짖고 배척했으며, 또한 유학(幼學) 민신(閔愼)의 인륜을 어지럽힌 죄를 논핵하며[12] 그로 하여금 서울 안에 거주하지[13] 못하게 했다고 합니다. 대저 민신으로 하여금 인륜을 어지럽히게 한 자[14]는 실로 미친한 신이니, 신의 죄가 민신보다 더합니다. 신은 놀랍고 두려워 소를 올리지 못했을 뿐만 아니라 또한 서울 근처에 엎드려 있는 것을 두렵게 여겨 즉시 장차 서울에서 조금 먼

12 부원군(府院君)……논핵하며 : 김우명이 청대하여, 국릉(國陵)에 표석을 세우는 일은 300년 동안 행하지 않았던 일인데 송시열이 소를 올려 있지도 않은 영릉(英陵)의 석물을 보고 새로 쓸 능(陵)의 석물을 만들어야 한다고 청한 사실을 아뢰고, 또 교관 민업(閔業)이 죽었을 때에 송시열, 민정중(閔鼎重), 박세채(朴世采) 등은 민업의 아들 민세익(閔世益)에게 미친병이 있어 상례를 주관할 수 없다고 여겨 민세익의 아들 민신으로 하여금 대신 참최복을 입도록 해서 마치 아버지가 죽어 할아버지를 승중(承重)하는 것처럼 한 사실을 아뢰며, 송시열을 비판한 일을 가리킨다. 《顯宗實錄 14年 9月 9日》《顯宗改修實錄 14年 9月 17日》

13 거주하지 : 두주에는 '一本居下有在字'로 되어 있다.

14 자 : 대본에는 없다. 두주에 근거하여 '者'를 보충하여 번역하였다.

고을에서 공손히 엎드려 죄를 기다리려 했는데, 천만뜻밖에 자애로운 성상께서 특별히 승지를 보내어 간곡하게 가르치고 타이르며 조정으로 돌아오게 하셨습니다. 신은 감격스럽고 황송하여 몸 둘 바를 모르겠습니다. 신은 삼가 가려던 계획을 우선 멈추고 염치를 무릅쓰고 소장을 올려 간절한 심정을 다 아뢰겠습니다.

승지 윤심이 전유한 뒤에 올리는 서계 계축년(1673, 현종14) 9월 29일

承旨尹深傳諭後書啓 癸丑九月二十九日

오늘 계릉(啓陵)[15] 때에 신은 죄를 기다리는 처지로서 감히 스스로 여러 신료와 똑같이 행동할 수 없어, 단지 호위병들을 따르며 염치를 무릅쓰고 공손히 곡(哭)하는 예의를 펴고 사처(私處)로 물러나 엎드려 그저 혼자 슬퍼할 뿐이었습니다.

근시(近侍)가 와서 상소에 대한 비답을 전유했는데, 간곡하게 타이르셨습니다. 신은 감격스럽고 황송하여 더욱 몸 둘 바를 모르겠습니다. 신은 삼가 다시 능침 아래에 이르러 외람되게도 공경히 예를 행하는 뒤를 따라 사사로운 정성을 다하겠습니다.

15 계릉(啓陵) : 면례(緬禮)하기 위하여 능을 파헤치는 것을 말한다.

가주서 이선부가 전유한 뒤에 올리는 서계 계축년(1673, 현종 14) 11월 5일

假注書李善溥傳諭後書啓 癸丑十一月五日

신은 지은 죄가 몹시 무거워 날마다 견책이 이르기를 기다리고 있는데, 이번에 사관이 멀리 와서 성상의 비답을 선유(宣諭)했습니다. 신은 황공하고 떨려 죽으려고 했으나 죽지 못했습니다. 그러나 신의 정성을 대략 길게 아뢰고자 한다면 스스로 해명하는 데 가까워 죄를 더욱 더하는 것입니다. 그러므로 죄를 전부 인정하고 집에서 거적을 깔고 엎드려 유사(有司)가 법률에 따라 판단하기를 기다릴 뿐입니다.

궁관이 세자의 영을 전한 뒤에 올리는 서달 기유년(1669, 현종 10) 2월 17일

宮官諭令後書達 己酉二月十七日

신의 질병이 뿌리 깊은 고질이 되어 돌아가서 죽고 싶은 뜻이 간절하여 하직 인사를 드릴 겨를도 없이 지레 먼저 길에 올랐는데, 남산을 돌아보니 눈물과 그리움을 견딜 수 없었습니다.

이번에 저하께서 멀리 궁료(宮僚)를 보내어 안부를 물어 주시니, 감격스럽고 황송하여 아뢸 바를 모르겠습니다. 오직 바라건대, 저하께서는 악한 사람과 친하게 지내지 말고 추악한 말을 듣지 말며, 노니는 곳을 신중히 가리고 음식을 절제하며, 현인을 가까이하고 선비를 아끼며 부지런히 배우고 묻기를 좋아하여, 점점 어린이의 마음을 버리고 성덕(聖德)을 잘 이루어서, 우리 종묘사직과 백성의 바람에 부응하소서. 신이 늙어서 하는 말이 아니라 모두 성인의 가르침입니다. 저하께서는 깊이 생각하소서.

설서 심수량이 세자의 영을 전한 뒤에 올리는 서달 계축년 (1673, 현종14) 9월

說書沈壽亮諭令後書達 癸丑九月

도성에 들어와 공경히 예를 행한 뒤에 종적이 불안하여 즉시 교외로 나갔습니다. 이번에 삼가 궁관(宮官)이 안부를 묻는 영(令)을 전유했는데, 땅에 엎드려 황송하고 감격스러워 아뢸 바를 몰랐습니다. 만약 산릉의 예를 마친 뒤에 다시 염치를 무릅쓰고 나아가서 천표(天表)를 한번 뵙고, 이어서 학업이 어디까지 이르렀는지 자세히 알아보고, 그런 뒤에 산골짜기에 돌아와 죽는다면 다시 남은 유감이 없을 것이나 단지 지은 죄가 몹시 무거워서 다시 도성에 접근하지 못합니다. 대궐 쪽을 바라보면서 다만 슬퍼서 목메어 울 뿐입니다.

오직 바라건대, 날마다 연신(筵臣)을 가까이하고 날마다 제왕의 학문을 강명(講明)하여 덕성을 닦아 기르고 기묘한 속임수를 멀리 피하여 우리 동방에서 만대에 무궁한 경사를 이루신다면 신은 죽어도 살아 있는 것과 같을 것입니다. 구구하게 바라는 마음을 견디지 못하겠습니다.

송자대전

제24권

서계 書啓

가주서 이홍적이 전유한 뒤에 올리는 서달 갑인년(1674, 숙종 즉위년) 8월

假注書李弘迪傳諭後書達 甲寅八月

신은 비단 병에 지쳐 거의 죽게 되었을 뿐만 아니라 또한 차마 명령을 받들 수 없는 점이 있습니다. 신이 지은 죄가 지극히 무거워 근기(近畿)에서 죄를 기다린 지 한 달이 되어 갑니다.

이제 선침(仙寢)이 아직 차가워지지도 않았는데, 어찌 차마 갑자기 무죄를 자처하면서 대궐 아래에서 출입하겠습니까. 이런 까닭에 감히 염치를 무릅쓰고 달려가지 못하고 단지 혼자 슬퍼할 뿐입니다.

가주서 이륜이 전유한 뒤에 올리는 서달 갑인년(1674, 숙종 즉위년) 8월

假注書李綸傳諭後書達 甲寅八月

신은 부음을 조금 늦게 들어서 성복(成服)한 날수가 아직 차지 않았으므로 공손히 내일을 기다리고 있습니다. 겸하여 또한 차마 갑자기 여러 신료와 같이 곡(哭)하는 반열에 참석하지 못한다는 뜻을 이미 그저께 선유(宣諭)를 받들 때에 진달하였습니다. 이번에 다시 명령을 내리시니, 죽을죄를 지어 몸 둘 바를 모르겠습니다.

가주서 이륜이 다시 와서 전유한 뒤에 올리는 서계 갑인년 (1674, 숙종 즉위년) 8월

假注書李綸再來傳諭後書啓 甲寅八月

신은 병세가 점점 심해져서 정해 놓은 장지(葬地)에 속히 돌아가 죽고 싶어서 이미 강 건너에 도착했습니다. 지금 사관이 쫓아와서 머물러 있으라는 유지(諭旨)를 전했는데, 죽을죄를 지어 움츠러드는 마음을 견디지 못하겠습니다. 또한 신은 죄를 기다리겠다는 뜻을 그대로 품고 있기에 감히 다시 진술하여 번거롭게 할 수 없습니다. 그러나 이제 또 태만한 죄를 더욱 더하였으니, 단지 울먹이며 오열할 뿐입니다.

사관이 전유한 뒤에 올리는 서계 갑인년(1674, 숙종 즉위년) 8월

史官傳諭後書啓 甲寅八月

신이 삼가 성상의 특별한 은총을 입었습니다. 재차 근시(近侍)를 보내어 신에게 들어오라고 재촉하시니, 감격하여 눈물을 흘리며 형언할 바를 모르겠습니다.

아, 신은 늙고 병들었으나 죽지 못하고 다시 천지가 무너지는 것을 보았으니 심장이 찢어지는 듯하여 허둥지둥 급히 달려 대궐 아래 이곳에 도착했습니다. 어찌 다만 궐문 밖에서 한번 바라보며 곡(哭)을 하고 싶었을 뿐이겠습니까. 또한 어찌 여러 신료가 아침저녁으로 예를 올리는 반열에 참여하여 엄려(嚴廬)에서 기거하시는 안부를 우러러 여쭙고 싶지 않겠습니까. 다만 선대 조정에서 예를 논한 일로 신료들이 혹은 견책을 받고 혹은 죄를 기다리는데, 신도 그 속에 들어 있습니다. 어찌 감히 스스로 보통 사람에게 견주며 유시를 받들고 염치를 무릅쓰고 도성 안에 들어가겠습니까. 신이 띠고 있는 직명이 죽음을 무릅쓰고 앞으로 나아갈 수 없을 뿐만이 아닙니다.

삼가 빌건대, 자애로운 성상께서 속히 신의 직명을 체차하여 신의 미천한 분수를 조금 편안하게 해 주신다면, 신이 바라는 바는 단지 물러나 돌아간 뒤에 다행히 죽지 않고 있다가 인산(因山) 때에 또다시 올라와서 하늘에 사무치도록 망극하며 구구하고 사사로운 신의 의리를 펴는 것뿐입니다. 신이 처음에는 도성 밖에 잠시 머물며 삼가 공제(公除)가 끝나기를 기다려서 사정을 진달하고 의리를 끝내는 것을 고향으로 돌아가는 계책으로 삼으려고 생각하였습니다. 그런데 뜻밖에 성상께서 신의 사정과 형세를 헤아리지 않고 과분한 은혜를 이처럼 거듭 내리셨습니다. 처음 정사를 시작하는 것을 만백성이 다 보는 이러한 날을 당하여 형편없는 신 때문에 보고 듣는 이들을 크게 놀라게 하였으니, 신의 죄가 이에 더욱 커집니다.

이제 신의 종적이 더욱 심하게 낭패하였으니, 도망가는 수밖에 다시 다른 계책이 없습니다. 황공하고 불안하여 공손히 부월(鈇鉞)의 주벌(誅罰)을 기다립니다.

가주서 김속이 전유한 뒤에 올리는 서계 갑인년(1674, 숙종 즉위년) 9월 2일

假注書金涑傳諭後書啓 甲寅九月二日

사관이 서로 이어서 전하는 유시(諭示)를 외람되이 받들었는데, 황공하여 떨려서 몸 둘 곳이 없습니다. 방금 이미 글을 올려 사정을 진술했는데, 밝은 성상께서 환히 살펴 주실 것이 분명합니다. 굽어살펴 처분해 주실 것을 공손히 기다립니다.

가주서 이담명이 전유한 뒤에 올리는 서계 갑인년(1674, 숙종 즉위년) 9월

假注書李聃命傳諭後書啓 甲寅九月

신이 그동안 성상의 뜻을 받은 것이 일곱 번에 이르는데, 이제 또 특별히 유시(諭示)를 내리셨습니다. 신은 이에 더욱 당황하여 어찌할 바를 모르겠습니다. 신이 방금 소장(疏章)을 올려 대략 한두 가지 위급한 심정을 진술하였습니다. 이에 다시 거적을 깔고 엎드려 공손히 지휘를 기다립니다.

대교 목창명이 전유한 뒤에 올리는 서계 갑인년(1674, 숙종 즉위년) 9월

待教睦昌明傳諭後書啓 甲寅九月

이번 소장(疏章)에 대한 비답에서 또 안심하고 올라오라는 뜻으로 유시(諭示)하시니, 미천한 신은 전보다 갑절은 더 황공하고 감격스럽습니다. 다만 신은 질병으로 한창 괴로우니 차도가 있을 때까지 조금 기다렸다가 도성 밖으로 나아가서 다시 간절한 심정을 진달하겠습니다.

사관이 전유한 뒤에 올리는 서계 갑인년(1674, 숙종 즉위년) 10월 2일

史官傳諭後書啓 甲寅十月二日

영남 사람이 신의 죄를 극진하게 말하고, 또한 가까운 경기 지방에서 머뭇거리는 것을 하나의 큰 죄목으로 삼았습니다. 그래서 신은 감히 조금도 머물지 못하고 곧바로 물러나 돌아와서 집에 거적을 깔고 엎드려 공손히 엄한 명이 이르기를 기다렸습니다. 지금 자애로운 성상께서 우선 불문에 부치고 이렇게 은혜로운 유시(諭示)를 내리시니, 이것이 어찌 신이 꿈속에서라도 생각한 것이겠습니까.

신은 짊어진 죄가 심각하고 중대하며 질병이 위태하고 괴로워 이미 염치를 무릅쓰고 받들 형편이 못 됩니다. 또 생각건대 지문(誌文)을 짓는 일은 영남 사람이 천거한 바가 분명하게 있어서 오늘 참으로 그 사람을 얻었으니, 더욱 어찌 대신할 수 있겠습니까. 신은 이미 만번 죽어야 하나 다시 이렇게 태만히 하였으니, 단지 조정이 속히 형장(刑章)을 시행하기를 바랄 뿐입니다.

가주서 심사홍이 전유한 뒤에 올리는 서계 경신년(1680, 숙종6) 10월

假注書沈思泓傳諭後書啓 庚申十月

신이 밤낮으로 공경하고 두려워하는 중에 삼가 은혜로운 유시(諭示)를 받드니, 감격하고 송구하여 몸 둘 바를 모르겠습니다. 신에게 비록 매우 편안할 수 없는 정세가 있으나 또한 감히 따질 수 없는 바가 있으니, 삼가 출발하여 염치를 무릅쓰고 궐 밖에 나아가서 간절한 충정을 대략 진달하겠습니다.

도승지 홍만용이 전유한 뒤에 올리는 서계 경신년(1680, 숙종6) 10월

都承旨洪萬容傳諭後書啓 庚申十月

소신이 성상의 뜻이 융숭하고 두터운 줄 모르는 것이 아니나 신하로 하여금 각기 정리(情理)를 펴게 하는 것은 법전에 실려 있으므로 신이 이미 탑전에서 진달했고 다시 예단(例單 관례에 따른 단자)으로 거듭 청했습니다.

지금 이 하유(下諭)가 수찰(手札)에서 나왔는데, 정성스럽고 간곡한 것이 고금을 통해서도 보기 드문 정도입니다. 그리고 또 도승지로 하여금 우선 장기(葬期)를 물리라고 유시하게 하였습니다. 신의 마음이 황공하여 떨리는 것이 어떻겠습니까. 옛날에 "감격하여 하염없이 우네."라고 한 것도 오히려 부족한 말입니다. 신은 감히 성급히 행동하지 않고 삼가 조금 머물면서 다시 지극한 정성을 아뢰겠습니다.

대교 신엽이 전유한 뒤에 올리는 서계 경신년(1680, 숙종6) 10월

待教申曅傳諭後書啓 庚申十月

신은 형세에 쫓겨 우매함을 무릅쓰고 차자를 진달하고 지레 나가서 명령을 기다렸습니다. 삼가 근시(近侍)가 전유한 성상의 비답을 받았는데, 신은 황공한 마음을 더욱 스스로 견딜 수 없습니다. 신이 감히 성상을 멀리하는 마음을 품은 것이 아니라, 단지 편안히 서울에 있는 것을 감히 할 수 없다고 여길 따름입니다. 어찌 감히 다른 뜻이 있겠습니까. 신이 삼가 가까운 경기 지방을 배회하면서 내전(內殿)께서 완쾌하시는 날을 기다리겠습니다. 향리로 영영 돌아가는 것은 의리상 감히 할 수 없는 짓입니다.

승지 정재희가 전유한 뒤에 올리는 서계 경신년(1680, 숙종6) 10월

承旨鄭載禧傳諭後書啓 庚申十月

이렇게 국모(國母)께서 편찮으신 날을 당하여 신이 감히 물러감을 고하지 못하는 것은 이미 사관의 서계 중에 자세히 아뢰었습니다. 지금 다시 승선(承宣)을 보내어 전혀 감당할 수 없는 말씀으로 유시(諭示)하며, 또한 마치 신이 호연(浩然)하게 멀리 떠나간다고 여기시는 것 같았습니다. 신은 황공하고 두려운 나머지 마음가짐과 처신이 전부터 형편없어 군부에게 믿음을 받지 못한 것이 이 지경에 이르렀음을 스스로 슬퍼했습니다.

신은 이미 강 건너로 나왔으나 대략 사적인 일이 법전에 실린 바에 관계되므로 일찍이 이미 외람되이 탑전(榻前)에서 진술하였습니다. 이 일이 끝나면 곧 출발하여 도성 가까운 곳에서 다시 두려워 편치 못한 정성을 진달하겠습니다.

인경왕후 승하 때 대왕대비의 복제로 예관이 문의할 때 올리는 서계 경신년(1680, 숙종6) 10월

仁敬王后昇遐時以大王大妃服制禮官問議時書啓 庚申十月

신은 얼마 전에 예(禮)를 의논했던 것 때문에 나라 사람의 비난을 거듭 받고 있습니다. 오늘 비록 하자를 씻어 주시는 성상의 은혜를 받았으나 두려운 마음은 갈수록 더욱 심합니다. 지금 어찌 감히 막중한 전례(典禮)를 더불어 논의할 수 있겠습니까. 하문(下問)을 하셨으나 감히 의견을 아뢸 수 없어 더욱 황공합니다.

예관이 다시 와서 문의할 때 올리는 서계 경신년(1680, 숙종6) 10월

禮官再來問議時書啓 庚申十月

신은 이달 27일에 내전(內殿)의 환후가 순조롭지 못하다는 소식을 갑자기 들었고, 또한 성상의 체후도 강녕하지 못하다는 소식을 들었습니다. 창황히 북쪽으로 돌아오는데, 걸음이 20여 리 길에 이르렀을 때 내전의 부음을 받들었습니다. 밤을 무릅쓰고 달리다가 질병이 갑자기 위독해져 바야흐로 이렇게 쓰러져서 궐문이 지척인데도 곡반(哭班)에 이르지 못하였습니다.

마침 이때에 나라에 의심스러운 예(禮)가 있어, 다시 하문(下問)하는 명을 내리셨으니, 황공하고 두렵습니다. 끝내 침묵할 수 없다는 것을 잘 알고 있으나 다만 비천한 질병이 이와 같아서 안개 속에 있는 것처럼 정신이 아찔합니다. 무릇 손님을 맞이하는 것도 모두 하지 않고 있는데, 어찌 심신이 예를 의논하는 데 미칠 수 있겠습니까. 신이 다시 엄명을 어겼으니 공손히 죽을죄를 기다립니다.

승지 박순이 문의할 때 올리는 서계 경신년(1680, 숙종6) 10월
承旨朴純問議時書啓 庚申十月

신이 감히 전례(典禮)를 더불어 의논하지 못하고 요 며칠 전에 누차 죽음을 무릅쓰고 미천한 정성을 슬프게 호소했으나 아직도 위에 도달하지 못했습니다. 다시 승정원의 신하를 보내어 이렇게 하문을 하시니, 신의 두렵고 황송한 심정을 어찌 다 말씀드릴 수 있겠습니까.

지금 이 예(禮)에 대한 의논은 이미 의견이 분분하나 그중에 "그 시어머니가 있다.〔其姑在〕"라는 한 조목은 더욱 가벼이 의논할 수 없습니다. '그 시어머니'란 곧 우리 왕대비 전하를 가리키는 말입니다. 지금 신료와 백성 들이 바야흐로 우리나라의 억만년토록 끝없는 경사를 축하하는데, 신과 같은 죄인이 감히 '시어머니가 있고, 없고'의 논의에 참여했다가 만일 훗날 이것으로 신의 죄를 논하는 자가 나온다면 신은 스스로 해명할 말이 없을 것입니다. 옛말에 "활에 다친 새는 굽은 나무를 보고도 놀란다."라고 했으니, 신의 종적은 여러 신하와는 크게 다릅니다.

삼가 빌건대, 자애로운 성상께서 신의 간절한 충정을 헤아려 다시 이러한 일이 외람되게 아래에 미치는 일이 없게 해 주신다면 신은 오히려 감히 몸을 구부리고 조심조심 걸어가서 도성 아래를 배회할 수 있을 것입니다. 그렇게 해 주지 않으신다면 신은 어쩔 수 없이 만번 죽음을 무릅쓰고 달아나는 계책을 써서 불측한 처벌에 걸리게 될 것입니다. 신은 사정이 위축되고 형세가 다하여 감히 이렇게 번거롭게 아뢰니다. 다시 빌건대, 자애로운 성상께서는 아랫사람을 이해해 주는 큰 은혜를 굽어살펴 베풀어 주소서.

가주서 윤지익이 전유한 뒤에 올리는 서계 경신년(1680, 숙종6) 11월

假注書尹之翊傳諭後書啓 庚申十一月

신이 전에 비답으로 유시(諭示)하신 은혜를 입고 황공하여 어찌할 바를 몰랐습니다. 다만 비천한 질병이 오랫동안 끄는 까닭에 끝내 달려가지 못하였습니다. 이번에 또 대행 성비(大行聖妃 인경왕후(仁敬王后))에 관한 글을 짓는 일로 사관이 멀리 와서 성지(聖旨)를 선유하고, 교명(敎命)이 거듭 내려와서 더욱 몹시 두렵고 놀라웠습니다. 신이 앓는 병이 전에 비하여 조금 덜하니, 삼가 도감(都監)에 나아가 공손히 그 일을 받들겠습니다.

도승지 홍만용이 전유한 뒤에 올리는 서계 경신년(1680, 숙종6) 11월

都承旨洪萬容傳諭後書啓 庚申十一月

신이 처음에는 글 짓는 작은 기예로 명을 받았는데, 도감(都監)에서 돌에 새기는 기일이 한창 급하므로 죽을힘을 다하여 올라오지 않을 수 없었습니다. 다만 낙상(落傷)으로 말미암아 쑤시고 아픈 곳이 나은 듯하다가 도로 심해졌는데, 대개 길에서 바람을 쐰 탓입니다. 그래서 다시 실상을 진달하여 양찰(諒察)해 주시기를 바랐습니다. 이번에 내리신 비지(批旨)에 자상히 반복하였으며, 도승지를 보내 전유하도록 한 데 이르렀으니, 신은 상심하여 갑절 더 어찌할 바를 모르겠습니다.

만약 문장 짓는 일이 다 끝나는 동안에 병세가 조금 낫는다면 삼가 염치를 무릅쓰고 대궐 아래 나아가 다시 사정과 형세를 다 아뢰겠습니다. 그러나 일을 더디게 하여 불공(不恭)한 죄를 더욱 더하였으니, 황공한 마음을 견디지 못하겠습니다.

승지 윤지선이 전유한 뒤에 올리는 서계 경신년(1680, 숙종6) 12월 9일

承旨尹趾善傳諭後書啓 庚申十二月九日

신이 방금 차자(箚子)를 올려서 외람되이 상황을 진달했습니다. 대개 대략 가까운 경기 지역으로 나가서 사사로운 정을 펴고 싶었을 뿐이지 감히 성상을 멀리하는 마음을 지녔던 것은 아닙니다.

지금 근시(近侍)가 와서 전하는 성상의 유시(諭示)를 받들었는데, 황공하고 놀라워서 몸 둘 곳이 없습니다. 신의 사사로운 일의 곡절은 참으로 차자에서 진술한 내용과 같습니다. 아랫사람을 이해해 주시는 자애로운 성상의 어진 마음을 우러러 믿고 끝내 죽을힘을 다하여 나가고자 하니, 동정하고 양해해 주시리라 생각합니다. 신이 감히 만번 죽음을 무릅쓰고 다시 이렇게 진달하니, 두려움이 더욱 더합니다.

승지 윤지선이 다시 와서 전유한 뒤에 올리는 서계 같은 날

承旨尹趾善再來傳諭後書啓 同日

하루 안에 온화한 유시(諭示)가 누차 내려서 이미 몹시 황공한데, 방금 승선이 다시 성지(聖旨)를 전유했습니다. 열 줄의 글에서 매우 간곡히 반복하여 타이르시니, 신이 비록 몹시 어리석고 완고하나 어찌 감동하지 않겠습니까. 반도 채 받들어 읽지 못하였는데 눈물이 떨어지고 마음을 주체하지 못했습니다. 신이 간절히 바란 바는 원래 감히 서울을 멀리 떠나려던 것이 아니라 단지 대략 사적인 정을 펴고자 했을 뿐입니다. 뜻밖에 말이 명백하지 못하여 성상께서 전교(傳敎)를 자주 내리시게 해서 이와 같은 상황에 이르렀으니, 황공하고 민망하여 대답할 바를 더욱 모르겠습니다. 가슴에 쌓인 것을 다 아뢸 길이 없어, 삼가 죽음을 무릅쓰고 말씀을 아뢰고서 굽어살펴 주시기를 기다립니다.

도승지 홍만용이 전유한 뒤에 올리는 서계 경신년(1680, 숙종6) 12월 10일

都承旨洪萬容傳諭後書啓 庚申十二月十日

신이 가벼이 나온 까닭은 이미 그동안 올린 차자(箚子)에서 자세히 아뢰었습니다. 뜻밖에 이번에 또 도승지를 보내어 길을 뒤쫓아 와서 성지(聖旨)를 전유하게 하셨는데, 간곡한 말씀이 전에 비해 더욱 융숭하고, 병이 더해졌다는 하교가 있기까지 하였습니다. 신은 마음이 무너져서 죽고 싶어도 죽지 못했습니다. 신은 감히 뜻대로 앞을 향해 나아가지 못하고 공손히 길가에 엎드려 은지(恩旨)를 공손히 받들 계획을 세웠습니다. 다만 신의 병세는 조금 움직일 때마다 더쳐서 승지와 함께 나아갈 수 없습니다. 조금 차도가 있기를 기다려 다시 도성 가까이 가서 오늘 달아난 죄를 청하겠습니다.

가주서 정추가 전유한 뒤에 올리는 서계 경신년(1680, 숙종6) 12월

假注書鄭推傳諭後書啓 庚申十二月

신은 병세가 오랫동안 끌어 즉시 명을 받아 앞으로 나아가지 못했습니다. 길가에서 칩거하며 헛되이 후한 늠료(廩料)를 탐하고 있으니, 한 가지 죄를 더하여 크게 물의를 일으킬까 몹시 두렵습니다. 감히 간절한 심정으로 외람되이 사직을 청하려 하나 황공하여 주저하고 있습니다.

바야흐로 분수를 넘은 데 대한 죄를 기다렸는데, 뜻밖에 자애로운 성상께서 죄를 더하지 않을 뿐만 아니라 반대로 온화한 유시(諭示)를 내렸으니, 신은 놀라고 위축되어 대답할 바를 모르겠습니다.

신의 병세가 행여 조금 차도가 있게 된다면 삼가 기어서라도 조정에 달려가 미천한 정성을 바치겠습니다.

승지 송창이 전유한 뒤에 올리는 서계 신유년(1681, 숙종7) 2월

承旨宋昌傳諭後書啓 辛酉二月

신이 지난겨울 최초로 사대(賜對)할 때에, 맨 먼저 치사(致仕)하고 돌아가려는 뜻으로 함부로 성상께 진달했는데, 밝은 성상께서는 기억하시리라 생각합니다. 오늘 가는 것은 실로 신이 평소에 많이 생각했던 것입니다. 그러나 어찌 감히 전하께 아뢰지 않고 무단으로 돌아갈 것을 결정하겠습니까.

신은 교외에 마련한 곡반(哭班)[1]에서 물러나서 즉시 짧은 차자(箚子)를 갖추어 사정과 정성을 진달하며, 행여 등철(登徹)된다면 반드시 양찰(諒察)해 주실 것이라고 생각했습니다. 뜻밖에 승정원의 신하가 지레 먼저 아뢰어, 근시(近侍)로 하여금 성지(聖旨)를 전유하게 하시기에 이르렀습니다. 열 줄 윤음은 정성스럽고 간곡하여, 신은 황공하고 두려워 몸 둘 곳이 없습니다. 신이 삼가 성상의 전교를 읽어 보니, 세 가지 일로 깨우쳐 주셨습니다. 지금 하늘이 위에서 노하고 사람이 아래에서 원망하니, 성상의 전교에서 "나라의 근본이 불안하여 마음이 편치 않고 의심스러운 사달이 많다."라고 하신 것은 진실로 실질적인 말씀입니다.

그러나 가만히 살펴보건대, 밝은 성상께서 한결같이 요역(徭役)을 가볍게 하여 백성을 보호하려는 마음을 지니고, 이와 같이 하기를 그치

1 교외에 마련한 곡반(哭班) : 인경왕후(仁敬王后)의 상(喪)을 말한다.

지 않는다면 백성의 원망은 없어질 것입니다. 백성의 원망이 없어지면 하늘의 노여움도 저절로 그칠 것입니다. 신은 다만 전하께서 시종일관 하시기를 바랄 뿐입니다.

성상의 전교에서 "적폐를 상황에 따라 잘 처리해야 한다."라고 하신 말씀은, 만일 신의 말이 쓰일 만하다면 신이 비록 자리에 있지 않아도 몇 사람의 대신들이 반드시 잘 헤아리고 윤색하여 고칠 만한 폐단이 없는 데에 이르게 할 수 있을 것이고, 만일 쓰일 만하지 못하다면 신이 비록 자리를 지키면서 십 년 동안 아뢰더라도 끝내 무슨 이로운 점이 있겠습니까.

성상의 전교에서 "《심경(心經)》을 늘 강마(講劘)하고 싶었다."라고 하셨는데, 신이 삼가 보건대, 성학(聖學)이 고명하여 연신(筵臣)의 토론이 필요 없습니다. 전하께서 터득하신 바는 모두 정밀한 의리와 오묘한 뜻이고, 신이 진달한 바는 장구(章句)와 훈고(訓詁)의 말단에 지나지 않을 뿐입니다. 신은 매번 신의 터무니없는 말이 한갓 성상의 귀를 시끄럽게 하는 것을 두려워했습니다. 전하께서 만약 경연에 임하실 때에 나보다 나은 사람이 없다는 마음을 끊어 버리고 조용히 자문하신다면 총명이 날로 열려서 성학이 날로 새로워질 것입니다. 그렇다면 신은 있으나 마나이니, 참으로 "강호의 한 마리 기러기는 기러기 떼에 아무런 영향을 주지 않는다."라는 것입니다.

또한 삼가 듣건대, 주자(朱子)가 일찍이 말하기를 "한 사내의 진퇴는 시운의 성쇠에 관계된다."[2]라고 하였습니다. 지금 전하께서 신이 물러

2 한……관계된다 : 주희(朱熹)가 "사대부의 사수(辭受)와 출처는 비단 그 자신만의 일이 아니다. 그 처신의 득실은 바로 풍속의 성쇠에 관계된다. 그러므로 더욱 살피지

가도록 윤허하여 신으로 하여금 지키는 바를 잃지 않게 하신다면 풍속의 아름다움이 신을 머물게 할 때보다 못하지 않을 줄 어찌 알겠습니까. 송(宋)나라의 명신 중에 늙어서도 떠나가지 않는 자가 있었는데, 어떤 사람이 시로 기롱하기를 "늙은 봉황이 못가에 쭈그리고 앉아 떠나지 않으니, 굶주린 까마귀가 대 위에서 입 다물고 아무 소리 없네.〔老鳳池邊蹲不去, 飢烏臺上噤無聲.〕"[3]라고 했는데, 신은 매번 이 구절을 외울 때마다 바로 신을 두고 한 말이라고 생각했습니다. 신의 차자를 마침내 보신다면 영명(英明)하고 어질며 성스러운 전하께서는 반드시 호연(浩然)히 돌아가도록 윤허하실 것입니다.

생각건대, 장례 때 모셨기 때문에 감히 직접 뵙고 하직하지 못하였는데, 이제부터 구렁을 메운다면 성상의 얼굴을 영영 볼 수 없을 것이니, 다만 슬프고 그리운 마음 간절합니다.

않으면 안 된다."라고 한 것을 말한다.《晦庵集 卷25 答韓尙書書》

3 늙은……없네 : 송나라 때 증공량(曾公亮)이 늙어서도 집정(執政)하고 있자 이복규(李復圭)가 이 시를 지어 풍자하였다. 송나라 때 승상(丞相)을 노봉(老鳳)이라 하였다.

가주서 유귀징이 전유한 뒤에 올리는 서계 신유년(1681, 숙종7)

假注書柳龜徵傳諭後書啓 辛酉

방금 별유(別諭)를 받들었는데, 이어서 차자(箚子)에 대한 비답이 내려왔습니다. 어리석은 신의 거취가 이토록 하찮은데 성상께서 어찌 이렇게까지 전교를 자주 내리시게 한단 말입니까. 신은 참으로 황송하여 차라리 살고 싶지 않습니다. 신의 사정과 정성은 모두 이미 승선(承宣)에게 부쳐서 등철(登徹)되기를 기다렸습니다. 아, 종이 울리고 물시계가 다해도 밤길을 쉬지 않고 가는 것[4]을 어찌 밝은 성상께서 신하에게 기대하시겠습니까.

열성조(列聖朝) 이래로 진실로 나이가 되어도 떠나가지 않은 이가 있었습니다. 그러나 이들은 모두 숙덕(宿德)과 원로(元老)로서 국가의 안위에 관계된 사람이었습니다. 지금 개미처럼 미천한 자를 어찌 족히 이들에 비길 수 있겠습니까. 또한 천하의 도리에는 본래 다한 자가 있고 또한 다하지 못한 자가 있습니다. 임금이 신하를 부릴 때나 신하가 임금을 섬길 때는 도리를 다하는 것을 법으로 삼아야 하지, 다하지 못하는 것을 법도로 삼아서는 안 됩니다. 지나간 성인을 계승하고 미래의 학문을 여는 것은 주자(朱子)처럼 한 이가 없으나 주자가 치사(致仕)를 신중하고 엄밀하게 했던 것은 참으로 전에 올린 차자에서 진달한 바와 같습니다.

4 종이……것 : 늙어서도 치사하지 않는 것을 말한다. 종이 울리고 물시계가 다한다는 것은 수명이 다 끝나서 죽음을 맞게 되는 것을 비유하는 말이다.

이 밖에 신에게는 절박한 사정(私情)이 따로 있으니, 불행히 신에게 상(喪)을 당하는 재앙이 연이어 일어났습니다.[5] 지금 자손 중에 장사를 지내야 하는 자가 있는데, 이미 날짜를 정해서 다음 달 초에 마치려 합니다. 그러나 신이 직접 경영하지 않으면 장례의 모양새를 이룰 수가 없습니다. 옛날 주자는 숙모가 죽었으나 장례를 주간할 자제가 없어서 소명(召命)을 사양했습니다. 대개 송(宋)나라 조정이 인후(仁厚)함으로 나라를 세우고 아랫사람을 이해해 주는 도리를 다했으므로 신하들도 자신의 실정을 아뢸 수 있었던 것입니다. 또한 주자는 부인이 사망했을 때 집안 자녀들 중에 수습할 사람이 없자 관직을 사퇴하고자 하였습니다.

더구나 신의 집은 어미 잃은 어린아이들이 온 집안에서 울고 있으나 보살펴 줄 다른 부녀가 없습니다. 신은 마음이 아프고 정신이 아뜩하여 억눌림이 가시지 않으니, 반드시 광질(狂疾)이 발병할 것입니다. 예의(禮義)와 사정(私情) 양쪽을 모두 조금도 지체할 수 없습니다. 그러므로 신은 22일 복토(復土 하관(下棺)하고 흙을 덮음)할 때에 경유하는 관부(官府)마다 일일이 들어가서 망곡례(望哭禮)를 하여 정을 펼 예정입니다. 그런 뒤에 돌아서 장지(葬地)에 이르러 죽은 이를 묻고, 이어서 남겨진 아이들을 어루만지며 보호하고 양육할 것입니다. 이와 같이 한다면 시종과 본말이 모두 전하께서 내린 것이 됩니다.

무릇 이렇게 보잘것없는 신이 자애롭게 감싸 주시는 성상을 우러러

5 불행히……일어났습니다 : 송시열은 1677년 3월에 부인 이씨(李氏)의 상을 당하고, 1678년 8월에 맏딸의 상을 당하고, 1681년 1월에 장손부(長孫婦) 박씨(朴氏)의 상을 당하였다.

믿고 염치를 무릅쓰고서 남김없이 진달했으나, 신의 죄는 만번 죽어 마땅합니다. 삼가 빌건대, 불쌍히 여기고 용서해 주소서.

기주관 조하경이 전유한 뒤에 올리는 서계 신유년(1681, 숙종7) 2월

記注官曺夏卿傳諭後書啓 辛酉二月

하루 사이에 세 차례 성지(聖旨)를 받들었습니다. 분수를 헤아려 보건대 황공하여 다시 진달할 바가 없습니다. 승지와 사관이 돌아갈 때 이미 미천한 충정을 다 아뢰었습니다. 행여 불쌍히 여겨 살피고 재결해 주시기를 바랍니다. 신은 매우 두려워 간절히 기원하는 마음을 견디지 못하겠습니다.

승지 송창이 다시 와서 전유한 뒤에 올리는 서계 신유년(1681, 숙종7) 2월

承旨宋昌再來傳諭後書啓 辛酉二月

신의 거취는 개미 걸음과 같이 가벼워서, 종적이 불안하면 물러나고 은혜로운 소명(召命)이 내려오면 나아갔으니, 본래 정해진 체(體)가 없이 오직 어명을 따랐습니다.

지난겨울부터 지금까지 몇 번을 떠나가고 몇 번을 나아갔습니까. 이것은 밝은 성상께서 이미 굽어살피신 바입니다. 오늘은 그렇지 않습니다. 이미 예경(禮經)을 인용하며 늙어서 물러날 것을 아뢰었고 보면 분명히 범하기 어려운 점이 있습니다. 신이 비록 은명(恩命)에 감격하여 어리석음을 무릅쓰고 달려 나아가려 한들 예경은 어찌하겠습니까.

옛날에 나이가 차지 않았는데 치사(致仕)했다가 혹 군명(君命)으로 다시 벼슬한 자가 있었으니, 정자(程子)가 그런 분입니다. 나이가 다 되어서 치사하여 평민의 옷으로 갈아입지 않고 끝내 죽음에 이른 이는 주자(朱子)입니다. 이제 신의 나이는 비록 셀 것도 없지만 일흔에서 5년을 훌쩍 넘겼고 보면 또한 너무 늦은 것입니다.

옛날 태평성대에는 만물이 각기 제자리를 얻는 것을 지극함으로 삼았습니다. 그러므로 늙은이를 위무하여 근력을 써서 예를 행하지 않게 하고, 그 부모의 상사에도 상주(喪主)로 하여금 애훼(哀毁)하지 않도록 하며 단지 최마(衰麻)를 입게 할 뿐이었습니다. 그렇다면 성왕(聖王)이 늙은 백성을 걱정한 의리가 지극했다고 할 만합니다. 부모의 상사에도 오히려 이와 같았고 보면 그 나머지는 알 만합니다.

공자(孔子)가 "능히 예와 겸양으로써 한다면 나라를 다스리는 데 무슨 어려움이 있겠는가."라고 했고, 또 "임금은 신하를 예로써 부린다."라고 했으며, 전(傳)에 "예가 다스려지면 나라가 다스려지고, 예가 어지러워지면 나라도 어지러워진다."라고 하였습니다. 예가 치도(治道)에 관계된 바가 이와 같습니다.

지금 전하께서 예로 신을 물리치신다면 신은 편안한 마음으로 호연(浩然)히 돌아가 산골짜기에서 죽어도 유감이 없을 것입니다. 만약 다시 재촉하여 부르며 놓아주지 않으신다면 비록 향리에 돌아갈지라도 황공하고 두려워, 살아서는 죄를 짊어진 몸이 되고 죽어서도 은혜를 저버린 귀신이 될 것입니다. 이것이 어찌 전하께서 만물로 하여금 각기 제자리를 얻게 하는 성대한 덕이겠습니까. 군상(君上)의 형세는 비록 존귀함이 하늘과 같고 위엄이 우레보다 높으나 반드시 예를 행하여 굽혀야만 하는 것이니, 진실로 예란 천리(天理)의 의범(儀範)이기 때문입니다.

삼가 빌건대, 밝은 성상께서 예교(禮敎)를 더욱 밝혀 특별히 신의 귀향을 윤허해 주신다면 매우 다행이겠습니다. 신은 삼가 가까운 경기 지역에 엎드려 공손히 재결해 주시기를 기다립니다.

가주서 유귀징이 다시 와서 전유한 뒤에 올리는 서계 신유년(1681, 숙종7) 2월
假注書柳龜徵再來傳諭後書啓 辛酉二月

신이 이른 아침에 다시 미천한 정을 다 아뢰어 승선(承宣)이 돌아가는 길에 부쳤습니다. 이번에 다시 사관이 전유하는 성지(聖旨)를 받들었는데, 긍휼히 여기며 염려하시는 뜻이 자애로운 아버지가 병든 자식을 불쌍히 여기는 것 같을 뿐만이 아니었으니, 신은 감읍하고 두려워하며 황홀함을 형용하기 어렵습니다.

신이 또한 삼가 듣건대, 선비와 유생 들이 소(疏)를 진달하여 머물게 할 것을 청했다고 하는데, 신은 더욱 놀라고 위축됨을 견디지 못하겠습니다. 밝은 성상께서 신을 머물게 하신 것이 이미 극진한데 무슨 미진한 점이 있다고 다시 강력하게 요청한단 말입니까. 신이 원래의 소를 보지 못해서 비록 어떻게 말했는지 모르나 다만 성상의 귀를 번거롭게 하고 더럽혔으니 황공합니다.

또한 듣건대, 그 소는 박태손(朴泰遜)과 정재숭(鄭載嵩)의 일을 낱낱이 거론했다고 하니, 신은 이 때문에 마음이 편치 않습니다. 신이 박태손과 인물을 논할 적에 조금 의견 차이가 있었다는 것에 무슨 혐의할 바가 있겠습니까. 신은 이미 박태손과 조용히 이야기했는데, 그럼에도 다시 마음에 두고 있다면 그야말로 "얼굴 앞에선 마음을 주다가도 얼굴 돌리면 시기하네."[6]라는 것입니다. 신이 비록 형편없으나 결코

6 얼굴 앞에선……시기하네 : 두보(杜甫)의 시에 "늘그막에 젊은 친구와 사귀어 보려

이 지경에 이르지는 않았습니다.

정재숭의 일에 이르러서는 또한 그렇지 않은 것이 있습니다. 정재숭이 이미 자식으로서 아버지를 증명했으니,[7] 어찌 차마 정재숭이 그렇게 하지 않았다고 여길 수 있겠습니까. 신이 자신의 죄로 인정한 지 이렇게 오래이니, 단지 의리가 편안한 바만을 구할 뿐입니다. 의리가 편안하면 마음이 편안한데, 신이 다시 무엇을 괴로워하며 불안하게 여길 바가 있겠습니까. 만약 저 두 신하가 이로 인하여 그 마음이 불안하다면 작은 일이 아닙니다. 미천한 신의 일로 어찌 다시 이런 일이 일어났단 말입니까. 신은 이토록 무익하고 해로우니, 다시는 남을 대할 낯이 없습니다. 오직 은퇴한 뒤에 다시 조정에 들어갈 수 없는 의리는 그동안 염치를 무릅쓰고 진달하기를 이미 매우 자세히 하였으니, 다시 성상을 번거롭게 할 수 없습니다. 다만 빌건대 밝은 성상께서는 예로써 신의 귀향을 윤허하시고 신도 예로써 돌아가 죽는다면, 참으로 이른바 "죽어도 살아 있는 것과 같을 것이다."라는 것입니다. 신은 어리석음을 무릅쓰고 기원하는 마음을 견디지 못하겠습니다.

하였더니, 얼굴 앞에선 마음을 주다가도 얼굴 돌리면 비웃는구나.〔晩將末契託年少, 當面輸心背面笑.〕"라는 구절이 있다. 《杜少陵詩集 卷14 莫相疑行》

7 정재숭이……증명했으니 : 1678년 윤3월 21일에 당시 우의정이던 정재숭이 자신의 부친 정태화(鄭太和)의 예론(禮論)을 변호하는 상소를 올렸다. 당시 조정에서는 정태화 역시 송시열과 마찬가지로 기해예송(己亥禮訟) 때 기년복(朞年服)을 주장한 잘못을 저질렀으므로 현종(顯宗)의 묘정에 배향해서는 안 된다는 주장이 일어나던 중이었다. 정재숭은 이에 대해 자신의 아버지가 기년복을 주장한 근거는 그것이 국제(國制)였기 때문이며 그러한 전례도 분명히 있으므로 송시열이 체이부정(體而不正), 정이불체(正而不體) 등의 설을 끌어와 종통을 흐린 것과는 근본적인 차이가 있다고 변호하였다. 《肅宗實錄 2年 1月 2日·3日, 8月 11日·27日, 4年 閏3月 21日, 6年 11月 19日·22日, 12月 10日·12日》《宋子大全 卷71 與李擇之 丙午二月》

형조 판서 이숙이 전유한 뒤에 올리는 서계 신유년(1681, 숙종7) 2월

刑曹判書李翻傳諭後書啓 辛酉二月

신이 도성을 떠난 지 겨우 7일이 지났는데 사관과 승지가 와서 성지(聖旨)를 전유한 것이 다섯 차례에 이릅니다. 황송하여 어찌할 줄 모르는 신의 마음이 어찌 끝이 있겠습니까. 신이 그동안 우러러 대답할 적에 이미 충정을 다하였으니, 반드시 성상의 밝은 보살핌을 받을 것이라 스스로 생각했습니다. 지금 또 별도로 중신(重臣)을 보내어 다시 윤음(綸音)과 수찰(手札)을 내리셨는데, 미혹되고 막힌 견해를 깨우쳐 주신 것이 전보다 더하였습니다. 신은 여기에서 더욱 어찌할 줄을 모르겠습니다.

신에게 진실로 한 터럭만큼이라도 예절을 넘어서 함부로 나아갈 의리가 있다면 애초에 어찌 감히 가벼이 한강을 건넜겠으며, 또한 어찌 성상의 전교(傳敎)가 자주 내리기를 기다렸겠습니까. 단지 대한(大閑)[8]은 넘기 어렵고 대방(大防)[9]은 범하기 어려우며, 명령을 어긴 죄는 유사(有司)의 법에 다스림을 받고 예를 침범한 죄는 성인의 가르침에서 달아날 수 없습니다. 경중을 따져 취사선택하는 사이에서 처신이

8 대한(大閑) : 행위의 기본이 되는 준칙을 말한다. 《논어》 〈자장(子張)〉에 "큰 덕이 한계를 넘지 않으면 작은 덕은 출입하여도 괜찮다.〔大德不踰閑, 小德出入可也.〕"라고 하였다.

9 대방(大防) : 중요한 일이나 어떤 원칙의 넘지 못할 한계를 이르는 말로 흔히 예법(禮法)을 비유한다.

그다지 어그러지지는 않았다고 스스로 생각했습니다. 그 결단은 비록 갑자기 하였으나 매우 심사숙고한 것입니다. 이렇게 하지 않았다면 왜 고달프게 밝은 시대에 자포자기를 달게 여기어 한갓 은혜를 저버리고 주륙당할 몸이 되겠습니까. 무릇 사람의 행동거지는 몹시 부득이한 것이 아니라면 비록 마을 어른이 만류하더라도 그 뜻을 힘써 따르는 경우가 있습니다. 하물며 존귀한 군부(君父)의 성의가 보통보다 만배나 간곡한 데이겠습니까. 이것은 실로 밝은 성상께서 조금 천천히 살피셔야 할 곳입니다.

성상의 전교에서 "미련을 두고 멀리 떠나가지 못하여 느릿느릿 갈 것이다."라고 하신 대목은 실로 밝은 성상께서 신의 마음을 먼저 터득하신 곳입니다. 신이 오늘 비록 공경하면서 두려워하는 바가 있어서 감히 머물지 못하나 어찌 잠깐인들 대궐을 잊을 수 있겠습니까. 출입하던 때를 회상하건대, 보의(寶扆)[10]를 우러러보면 해와 달이 맑고 밝았으며 몸 굽혀 윤음을 들으면 금과 옥이 쟁쟁거렸는데, 사리에 맞지 않는 말씀을 함부로 올려도 성상께서는 온화하고 순수한 얼굴로 메아리처럼 응대해 주셨습니다. 만약 대한과 대방의 구속이 없다면 이 천재일우의 기회를 만나서 어찌 산골짜기에서 자폐(自廢)하려 하겠습니까.

저 강을 건넌 이래로 남산을 돌아보면서 차마 점점 멀리 가지 못하고, 밤에도 말똥말똥 잠 못 이루다 새벽에 이르기도 했으니, 신의 상황이 또한 슬픕니다. 또한 지금 국사(國事)의 어려움이 아슬아슬 위태한데, 이 어찌 노신(老臣)이 까닭 없이 도성을 떠날 때이겠습니까. 신이 어명을 받들고 온 중신과 언급하다 오열하여 목소리를 내지 못했습니

10 보의(寶扆) : 임금의 자리 뒤에 설치하는 병풍으로, 임금을 가리킨다.

다. 귀신이 옆에 있다면 이 마음을 질정할 수 있을 것입니다.

그리고 성상의 전교에서 《심경(心經)》에 대해 말씀을 하셨는데, 신에게는 더욱이 나아가기 어려운 바가 있습니다. 이 책에서 말한 바는 대부분 예(禮)를 삼가는 것입니다. 이제 신이 스스로 예를 삼가지 못하면서 이로써 나아가 강론한다면 성인의 말씀을 업신여기고 군부를 기만하는 데 가깝지 않겠습니까. 또한 신이 차마 멀리 떠나가지 못하는 까닭에 은명(恩命)이 갈수록 더욱 자주 내려서 사신(使臣)의 고생과 주전(廚傳)의 피폐가 말할 수 없을 정도이고, 신의 죄는 더욱 용서하기 어려운 지경에 이르렀습니다.

삼가 빌건대 자애로운 성상께서 가엾게 여겨 주시면, 신이 삼가 다시 한 통의 상소를 올려 성의를 다하고 진퇴의 명을 기다리겠습니다.

가주서 이형상이 전유한 뒤에 올리는 서계 신유년(1681, 숙종7) 3월 8일

假注書李衡祥傳諭後書啓 辛酉三月八日

미천한 신이 어제 올린 소본(疏本)은 성상의 비답을 받들기에 부족합니다. 이번에 밝은 성상께서 지레 물러난 것을 죄주지 않고, 사관을 멀리 보내어 도리어 온화한 유시(諭示)를 내리셨습니다. 신은 감격하고 배회하다 이어서 눈물을 흘리며 울었습니다. 대개 신이 귀향을 허락해 달라고 빈 것은 이미 예경(禮經)에 근거한 것이나 밝은 성상께서 미천한 정을 굽어살펴 믿어 주며 다시 어떠한 감독도 하지 않으셨습니다. 이런 사실을 들은 사람들은 성상의 덕을 흠앙하지 않는 이가 없으며 "성상께서 신하를 예(禮)로 대하는 것이 이와 같구나."라고 말하니, 신하라면 누군들 예로써 성상을 섬기지 않겠습니까. 그런 뒤에 신은 밝은 성상께서 신을 처치하는 것이 도리어 신을 부리는 것보다 현명하다는 것을 알고, 어리석음을 무릅쓰고 미적거리다가 세상에 이로움이 없었던 것이 창피했습니다. 그러나 신이 어찌 감히 원근에 따라 해바라기와 같은 정성에 깊이를 달리하겠습니까.

신이 도로에서 체류할 때면 혹 논밭에 가서 농부나 노인을 만나 봤는데, 그때마다 자성(慈聖)과 성상의 진휼하시는 성대한 뜻을 칭송하면 듣는 이들이 모두 기뻐하며 고무되었으며, 혹은 눈물을 흘리기도 하였습니다. 아, 은혜와 사랑으로 사람을 감동시키는 것이 이렇게 쉽다면 그들을 짐승으로 대우해서는 안 되는 것이 분명합니다. 탕감해 주는 한 가지 일은 소문이 실제보다 커서 인민이 매일 덕음(德音)이 이어서 내리기를 바라는데 군졸(軍卒)은 더욱 심합니다. 조정에서는 장차 어떻게 부응할지 모르겠습니다. 이것이 몹시 염려됩니다.

신이 또한 삼가 생각건대 옛날에는 스승을 존경하는 의리가 상하에 관통했으므로, 송(宋)나라 신하 유이(劉彝)가 인종황제(仁宗皇帝)에게 아뢰기를 "신은 어릴 적에 안정(安定) 선생[11]을 스승으로 모셨습니다."라고 했습니다. 송나라의 아름다운 풍속을 천하가 지금까지 칭송하고 있으나 신은 앞뒤의 소장에서 감히 이와 같이 하지 못했습니다. 대개 임금을 존숭하는 의리에서 한 행동이나 송나라 조정에는 크게 비난을 받을 것입니다. 이번에 성상의 비답 중에 율곡(栗谷)을 칭송하여 말씀하신 것이 있습니다. 옛날 맹자(孟子)가 말하기를 "덕을 높이고 도를 즐기는 것이 이와 같지 않으면 더불어 큰일을 하기에 부족하다."라고 하였습니다. 지금 전하께서 덕을 높이고 도를 즐기는 의리가 보통보다 만배나 뛰어나며, 숭고함을 자처하지 않고 천도(天道)를 따라 아랫사람들에게 은혜를 베푸는 성대한 덕이 있으니, 은거하는 선비라면 누군들 우러러 사모하며 성대한 교화 속에 푹 빠지기를 바라지 않겠습니까.

신은 잠시 죽지 않고, 성덕이 크게 이루어지고 성스러운 교화가 크게 행해지는 것을 볼 수 있기를 더욱 바랍니다. 신은 말을 타고 온 끝에 질병이 더욱 심해져 성상께 다 진달하려던 것을 십분의 일도 하지 못했습니다. 땅에 엎드려 송구스러워하며 단지 송축하는 마음만 있을 뿐입니다.

11 안정(安定) 선생 : 북송(北宋) 때의 유학자 호원(胡瑗)을 가리킨다. 호주 교수(湖州敎授)로 있을 적에 학풍(學風)을 일으켜 행실과 학문이 훌륭한 제자를 많이 양성하였다.

기주관 윤협이 전유한 뒤에 올리는 서계 신유년(1681, 숙종7) 3월 9일

記注官尹悏傳諭後書啓 辛酉三月九日

신이 방금 돌아가는 사관에게 소회를 부쳐 올리고 등철(登徹)되기를 바랐는데 문득 또 외람되게도 별유(別諭)를 받았으니, 신의 황공하고 위축되는 마음이 어찌 끝이 있겠습니까.

신은 먼 길을 온 나머지 질병이 크게 발작하여 기진맥진한 것이 마치 다 죽게 된 상태와 같습니다. 비록 다시 미천한 정성을 다하여 성상을 번거롭게 해 드리고 싶어도 정력이 미치지 못하니, 어찌할 방도가 없습니다.

하늘에 계신 영령에 힘입어 행여 조금 연명한다면 삼가 다시 한 통의 상소를 진달하여 자애로운 성상의 양해를 기원하겠습니다. 만일 그대로 죽는다면 이로부터 성세(盛世)를 영원히 하직할 것입니다. 인생이 이에 이르렀으니 다시 무엇을 말하겠습니까. 땅에 엎드려 오열하며 무어라 말씀드려야 할지 모르겠습니다.

가주서 신명원이 전유한 뒤에 올리는 서계 신유년(1681, 숙종7) 4월 1일

假注書申命元傳諭後書啓 辛酉四月一日

신은 성상의 뜻을 받들지 못하고 외람되이 면직을 바라는 글을 진달했습니다. 신은 미천한 신분으로 누차 성상의 귀를 번거롭게 했으니, 이것이 어찌 분수와 의리에서 감히 할 수 있는 바이겠습니까. 공손히 집에 엎드려 죄벌이 더하기를 기다리고 있는데, 뜻밖에 이번에 멀리 근시(近侍)를 보내어 온화한 비답을 내려 반복하여 타이르시니 성상의 뜻이 가득하였습니다.

신은 받들어 읽고 황공하고 감격스러웠는데, 마치 가까운 곳에 엎드려 옥음(玉音)을 직접 듣는 듯하여, 대궐이 멀리 떨어져 있는 줄 정말 깨닫지 못했습니다. 길에 오르라고 하신 분부에 이르러서는, 신이 그동안 이미 미천한 정성을 다하여 다시 남은 것이 없으므로 감히 다시 번다한 말을 하여 성상의 귀를 번거롭게 해 드리지 못하겠습니다. 단지 성상의 학문이 날로 진보하고 성상의 덕이 날로 일어나, 도탄에 빠진 민생을 구제하여 하늘의 영원한 명(命)을 기원하기를 바라니, 이렇게 된다면 신은 비록 조석에 죽더라도 영광일 것입니다.

신이 또 삼가 듣건대, 성상의 혼례 시기가 정해졌다고 합니다. 이것은 또한 복(福)의 기반을 만들기 시작하는 때입니다. "천덕(天德)과 왕도(王道)는 그 요체가 단지 근독(謹獨)에 있다."[12]라고 한 것과 "정심

12 천덕(天德)과……있다 : 《논어》 〈자한(子罕)〉 16장에, 공자가 시냇가에 서서 "가

(正心)과 성의(誠意)의 효과는 훈도투철(薰陶透徹)이다."[13]라고 한 것을 여기에서 더욱 증험할 수 있습니다. 전하께서 이를 깊이 유념하신다면 종묘사직이 매우 다행이고, 신민(臣民)이 매우 다행이겠습니다. 하찮은 신하의 충정은 간절히 기원하는 구구한 마음을 견디지 못하겠습니다.

는 것이 이와 같구나. 밤낮을 그치지 않는구나."라고 말하였는데, 이에 대해 정자(程子)가 논하기를 "여기에서 성인의 마음이 순수하여 그치지 않음을 볼 수 있다. 순수하여 그치지 않음이 바로 천덕이다. 천덕이 있어야 왕도를 이야기할 수 있으니, 그 요점은 단지 근독에 있다."라고 하였다.

13 정심(正心)과……훈도투철(薰陶透徹)이다 : 주희(朱熹)가 《시전(詩傳)》에서 문왕(文王)의 덕을 찬양하며 말하기를 "뜻을 정성스럽게 하고 마음을 바르게 가다듬는 공부가 쉬지 않고 오래되면 그 감화가 깊숙이 배어들고 다 녹아들어 저절로 그만둘 수 없게 되는데, 이것은 지력으로 사사로이 미칠 수 있는 바가 아니다.〔蓋意誠心正之功, 不息而久, 則其薰蒸透徹, 融液周徧, 自不能已者, 非智力之私所能及也.〕"라고 하였다.

기주관 조정선이 전유한 뒤에 올리는 서계 신유년(1681, 숙종7) 5월

記注官曺廷善傳諭後書啓 辛酉五月

삼가 사관이 전한 이달 1일에 내린 유지(有旨)를 받들었는데, 가뭄과 지진으로 성상께서 두려워하고 놀라서 특별히 소신으로 하여금 진언하게 하며 혹 만에 하나라도 보탬이 있기를 바라셨습니다. 대개 옛날 송(宋)나라 조정의 현신(賢臣)들은 이미 물러난 뒤에는 자신의 소식이 조정에 도달하지 않는 것을 의리로 여겼습니다. 그러나 소신이 어찌 감히 이와 같이 하겠습니까. 비록 명하지 않아도 오히려 받들어야 합니다. 하물며 지금 성상의 전교(傳敎)가 이와 같이 간곡한 데이겠습니까. 다만 삼가 생각건대, 소신은 평소 지식이 없고 한갓 장구(章句)의 말단만을 익혔습니다.

요사이 명에 응하여 서울에 머문 지가 거의 두 달입니다. 진달한 말씀이 많지 않은 것은 아니나 모두 시의(時宜)에 부합하지 않았습니다. 비록 성상께서 외람되이 채납해 주셨으나 나와서 들으니, 논의가 떠들썩하고 시의와 모순되어, 물러난 뒤에도 다 하지 못한 말이 있었습니다. 신의 허술함과 우매함은 여기에서 알 수 있습니다. 지금 신이 비록 다시 충정을 다하여 성상의 귀를 번거롭게 해 드리고 싶지만 전에 진달한 바와 같을 따름이니, 한 장의 휴지로 돌아갈 것입니다.

또한 신은 쇠병(衰病)이 더욱 심해졌는데, 근래 또 풍한증(風寒證)을 앓아 쓰러진 채 곡식을 끊은 지 이미 여러 날입니다. 일상의 수작도 오히려 하지 않고 있습니다. 비록 이미 시험해 보았으나 아무 효험을 보지 못한 주장을 다시 진달하고 싶더라도 할 수 없습니다. 그러나 신이 마음에 잊지 못하는 것은 비록 아홉 번 죽더라도 숨기지 못할 것입니다. 오직 바라건대, 밝은 성상께서는 성학(聖學)에 더욱 힘쓰고 백성과 더욱 화합하여 하늘에 영원한 명(命)을 기원하는 근본으로 삼으소서.

그러나 이 두 가지는 만약 혹시라도 성실로 하지 않으면 성학은 진보하지 못하고 백성은 아름다운 덕을 입지 못할 것이니, 하늘이 나라의 명을 저주하여 빼앗을 날도 금방 올 것입니다. 신이 이미 물러났는데 다시 말을 하는 것은 실로 송나라 조정 현신들의 법도가 아니나 그래도 차마 성지(聖旨)를 완전히 저버리지 못하겠습니다. 이 말이 한번 나오면 사람들이 반드시 진부한 이야기를 번거롭게 고한 것으로 죄를 삼을 것입니다. 그러나 신이 그 속을 둘러보면 다른 것은 아무것도 없으니, 남들의 시비는 감히 돌아볼 수 없습니다. 대궐을 바라보며 다만 몹시 걱정하고 탄식할 뿐입니다.

사관이 전유한 뒤에 올리는 서계 신유년(1681, 숙종7) 6월 30일
史官傳諭後書啓 辛酉六月三十日

병으로 엎어져 거의 죽게 된 가운데 삼가 사관이 전유한 성지(聖旨)를 받들었는데, 재해를 만나 경계를 보이는 뜻과 목마른 듯이 도움을 구하는 정성이 말씀에 넘쳤습니다. 진실로 만약 신의 질병이 혹 스스로 힘쓸 수 있고, 재능과 분수가 혹 조금이라도 보탬이 될 수 있다면 감히 달려가서 봉명(奉命)하여 아름다운 덕을 받들지 않겠습니까.

그러나 신은 한여름에 무더위와 습기에 상하여 음식을 먹지 않고 죽에 의지하며 아침저녁으로 목숨이 다하기를 기다립니다. 이는 사관이 직접 보았으니 속일 수 있는 것이 아닙니다. 병세가 이에 이르렀으니 재능과 분수의 유무는 논할 것이 없습니다.

아, 이와 같이 어려운 날에 이와 같이 간곡한 명을 받았으나 출발하여 사정과 형세를 진달할 방도가 없으니, 황공하여 죽고 싶을 뿐만 아니라 또한 스스로 슬퍼하며 탄식하는 마음 절실합니다.

신이 만약 다행히 쇠잔한 목숨을 조금 연명한다면 삼가 염치를 무릅쓰고 봉사(封事)를 진달하여 외로운 충정을 다할 예정인데 또한 기약할 수 없습니다. 대궐을 바라보며 다만 홀로 울먹일 뿐입니다. 또한 신은 여기에서 특별히 황송한 바가 있습니다. 하찮은 신하의 비천한 질병은 본래 성상께 염려를 끼치기에 부족한데 이전에 병을 말할 때마다 번번이 의원을 보내라는 명을 내리셨으니, 실로 분수를 넘어 명을 재촉하는 길입니다. 더구나 지금 죽을 병에는 실로 양의(良醫)가 없습니다. 비록 유부(兪跗)나 편작(扁鵲)[14]이 있더라도 결코 이로운 바가 없을 것입니다. 삼가 빌건대, 밝은 성상께서 아울러 사정을 양찰하여 미천한 분수를 편안하게 하시고 또한 쇠잔한 백성으로 하여금 숙식과 거마를 대접하느라 피곤하지 않게 해 주신다면 매우 다행이겠습니다.

14 유부(兪跗)나 편작(扁鵲) : 유부는 황제(黃帝)의 신하이고, 편작은 전국 시대 정(鄭)나라 사람으로 모두 명의(名醫)였다.

기주관 장세량이 전유한 뒤에 올리는 서계 신유년(1681, 숙종7) 6월

記注官張世良傳諭後書啓 辛酉六月

외람되게도 사양하고 받는 사사로운 의리로 성상의 귀를 번거롭게 해드린 죄는 실로 속죄하기 어려우니, 공손히 형벌을 받아 죽기를 기다립니다. 성상의 포용하는 도량은 죄를 더하지 않을 뿐만 아니라 또한 사관을 보내어 다시 온화한 비답을 내리셨습니다. 신이 어떤 사람이기에 성상께서 자주 마음을 쓰시게 하여 이와 같은 데 이르게 하였습니까. 황송하고 두려워 몸 둘 곳을 모르겠습니다.

비록 미천한 분수에 끝내 감히 편안할 수 없는 바가 있으나 만약 다시 죽음을 무릅쓰고 사직을 청하여 다시 성상께서 이처럼 번거롭게 전교(傳敎)를 내리시게 한다면 신의 죄는 더욱 무거워질 것입니다. 삼가 교명(敎命)을 공손히 받들고 죽음으로 은혜를 받들 것입니다.

신이 삼가 성상의 비답을 읽어 보니, 성심이 간곡하여 귀신을 울릴 만하였습니다. 신이 유독 어떤 마음이기에 감히 삶을 아끼어 성지(聖旨)를 저버리겠습니까. 생각건대, 쇠한 병과 쇠잔한 숨이 아침저녁으로 다하기를 기다립니다. 비록 죽을힘을 다해 길에 오르고 싶어도 그렇게 할 수가 없습니다. 궁궐을 바라보며 단지 혼자 오열할 뿐입니다.

예조 정랑 김속이 전유한 뒤에 올리는 서계 신유년(1681, 숙종7) 8월 11일

禮曹正郎金涑傳諭後書啓 辛酉八月十一日

신은 다 죽게 된 가운데 삼가 예조 정랑 김속이 전한 성상의 전교(傳敎)를 받들었는데, 《심경석의(心經釋疑)》를 지금 장차 간행하려 하는데 소략한 곳이 있을 뿐만 아니라 혹 잘못된 글자가 없지 않으니 신으로 하여금 하나하나 고증하여 산삭하고 보충하여 책 한 부를 완성하게 하라는 것이었습니다. 신은 명령을 듣고 황송하고 당황스러워 몸 둘 곳이 없었습니다. 신은 본래 고루하고 과문한 데다 병으로 혼미하기까지 합니다. 비록 보통의 문자일지라도 생각하여 헤아릴 수 없는데, 하물며 이 책은 선정신(先正臣) 이황(李滉)이 성리(性理)를 주해한 책이니, 신이 어찌 감히 그 경계를 엿보겠습니까.

다만 생각건대, 이 책은 애초에 인본(印本)이 없고 단지 필사하여 전한 것인데, 필사할 때 과연 틀린 곳이 없지 않고, 틀린 곳이 더욱 와전되어 점점 잘못되어서 그 본지를 해친 곳도 간혹 있습니다. 그러므로 선사(先師) 문원공(文元公) 김장생(金長生)이 일찍이 대략 소견으로 논한 설(說)이 있습니다. 이것은 신이 감히 들은 바를 기록하여 연신(筵臣)의 판단과 정정(訂正)에 대비하지 않을 수 없습니다. 다만 신의 정신이 쇠퇴하여 기록해 내기가 쉽지 않습니다. 시일을 끌다가 간행하는 일을 방해할까 두렵습니다. 황공하여 죄를 기다리는 마음을 견딜 수 없습니다.

사관이 전유한 뒤에 올리는 서계 신유년(1681, 숙종7) 8월

史官傳諭後書啓 辛酉八月

신은 진실로 이 녹봉이 은혜롭게 길러 주시는 지극한 뜻에서 나온 줄을 알기에 고향 땅에 돌아와 쉬면서부터 공손히 받으며 말을 하지 않았습니다. 그러므로 죽음을 무릅쓰고 사면(辭免)을 요청했습니다. 대개 2월부터 6월까지는 소재지 관청에 소장(訴狀)을 올리고 또 상소하는 글에 드러내어 성상의 눈과 귀를 번거롭게 해 드렸으며, 6월에 이르러서는 말이 궁하고 뜻이 위축되어 받는 것을 끝냈습니다. 지금 또 초조하게 보내는 몇 달 동안 도신(道臣)이 번갈아 성지(聖旨)를 유시하여 또한 다시 글을 올릴 수밖에 없었으니, 바야흐로 참람한 죄에 대한 처벌을 기다리고 있습니다.

뜻밖에 다시 근시(近侍)를 보내어 간곡히 깨우쳐 주셨습니다. 신이 만약 큰 은혜에 감격하여 침묵할 뿐이라면 이는 종전에 사면을 청한 것이 모두 성심에서 나오지 않은 가식적인 기만으로 돌아갑니다. 인신(人臣)이 임금을 섬기는 도리상 어찌 차마 그럴 수 있겠습니까. 그러나 다시 사면을 청하고 싶지만, 그렇게 하면 번거롭게 한 죄가 또 한층 더해질 것이니, 신의 상황이 실로 답답하고 초조합니다.

삼가 생각건대, 신이 바야흐로 가을걷이철을 만나 대략이나마 양식거리가 있으니 우선 쌀과 콩 등의 물품은 현(縣)의 관아에 저장해 두었다가 궁핍한 때를 천천히 기다려서 끝내 은혜로운 하사품을 받들겠습니다. 이렇게 하면 신은 불공(不恭)한 죄를 면하고, 성상의 은택은 끝내 막히는 데 이르지 않을 것입니다.

길에 오르라는 유시에 이르러서는 더욱 황공함을 견디지 못하겠습니다. 신의 근력이 만일 몸을 가누어 일어설 형편이 된다면 어찌 감히 줄곧 들어박혀 숨고서 아주 간곡한 성상의 마음을 저버리겠습니까. 미천한 정성이 미덥지 못하여 누차 성상께서 전교를 내리시게 하였으니, 두려워 떨며 부끄러워 죽고 싶은 마음만 있을 뿐입니다.

사관 윤지익이 전유한 뒤에 올리는 서계 신유년(1681, 숙종7) 9월 23일

史官尹之翊傳諭後書啓 辛酉九月二十三日

소신이 명을 받들고 《심경석의(心經釋疑)》를 교정하여 진상할 때 의심스러운 곳이 있었고 보면 망녕되이 예전에 들은 것으로 수정하고 산삭해 버린 것이니, 옳지 못한 죄를 범한 것이 큽니다. 바야흐로 큰 책망이 이르기를 기다리며 밥 먹고 숨 쉬는 것을 감히 편안히 하지 못했는데, 도리어 성상께서 어리석음을 용서하고 참람함을 너그럽게 봐주고 다시 장려하는 윤음(綸音)을 내리셨으며, 멀리 근시(近侍)를 보내어 간곡하게 전유하게 하고 끝에는 다시 불러들이는 명을 내리셨습니다. 신이 황공하고 두려운 마음을 어찌 견딜 수 있겠습니까.

신의 병세는 앞에서 누차 진달했기에 지금 감히 다시 성상의 귀를 번거롭게 하지 못하겠습니다. 그러나 거만한 죄는 날로 쌓이고 달로 쌓이니, 신은 죽을죄를 두려워하는 마음을 견디지 못합니다.

가주서 이이명이 전유한 뒤에 올리는 서계 신유년(1681, 숙종7) 9월 28일

假注書李頤命傳諭後書啓 辛酉九月二十八日

조만간에 관(棺)에 들어갈 신은 쇠잔한 숨이 끊어지지 않고 겨우 남아 있는데, 다만 멀리 고향에 있는 까닭에 해와 달처럼 밝게 살펴 주시는 은혜를 받지 못했습니다. 그동안 내리신 성상의 전교(傳敎)가 정성스러울 뿐만 아니라 지금 또 특별히 근시(近侍)를 보내셨는데, 열 줄 윤음은 여러 번 간곡하게 타이르며 선성비(先聖妃 인경왕후(仁敬王后))의 상일(祥日)이 임박했다고 분부하셨습니다.

아, 우리 선성비께서는 행실이 고상하고 은혜가 두터워 인자하게 감싸 주는 덕이 중외에 두루 미쳤으니, 나라 안의 백성이 누군들 추모하며 애도를 표하지 않겠습니까. 세월이 쏜살같이 지나가 상일이 점점 가까워집니다. 신의 의리로 볼 때 어찌 감히 집에서 쉬며 늘어선 반열의 뒤에 달려가지 않을 수 있겠습니까.

그러나 생각건대, 신의 입장에서 말하자면 나이를 이유로 은퇴했으니 이미 병을 무릅쓰고 반열을 쫓아가서 보는 이들을 놀라게 할 날이 아니며, 성상의 덕으로 말하자면 사물을 알맞게 처리하여 사물로 하여금 각기 제자리를 얻어서 편안히 숨을 수 있게 하는 것이니, 어찌 양쪽이 각자의 도리를 얻는 것이 아니겠습니까. 삼가 빌건대, 자애로운 성상께서 인(仁)을 베풀어 양찰(諒察)해 주소서.

또한 신에게는 답답하고 위축되는 사정과 형세가 있어서 자애로운 성상께 다 드러내어 흘러다니는 소문에 대한 의혹을 풀지 않을 수 없습니다. 지난번에 신의 죄를 논한 자가 예(禮)를 논한 것 외에 다시 멀리서 조정의 권력을 잡았다는 말로 크게 책망하였습니다. 이제 와 생각해도 두려움으로 온몸이 다 새파랗게 변합니다. 연초에 어명에 부응하여 심사(心思)를 다 아뢰고 만에 하나라도 보탬이 되기를 바란 것도 떳떳한 본성이 사라지지 않은 하나의 단초에서 나온 것일 뿐이지 실로 다른 뜻은 없었습니다.

지금 깊은 산에 물러나 엎드려 세상과 영영 작별하니, 은거하며 목숨이 다하기를 기다리느라 온갖 생각이 다 재가 되었습니다. 친구들이 불쌍히 여기어 편지로 인사하기도 하고 인편에 위로의 말을 전하기도 하니, 또한 부득이 담박한 몇 글자로 감사의 뜻을 표할 뿐입니다.

뜻밖에 지난날의 남은 버릇이 지금까지 사라지지 않아 참언이 번갈아 어지럽게 일어나서 하류의 인물들은 쉽게 속고 명류들은 거취를 정할 때 혹 신을 가리키며 말을 하는 자가 있습니다. 성인이 말하기를 "나이 사십이 되어서도 미움을 받으면 끝난 것이다."[15]라고 했습니다. 지금 신은 장차 팔십이 되는데도 심하게 미움을 받는 것을 면치 못하였으니, 비록 조정에서 직위를 맡기더라도 몸을 끌고 물러가며 속히 하지 못할까 두려워해야 합니다. 하물며 쇠약하고 병들어 다 죽게 된 이 몸이 웃음과 비난을 무릅쓰고 나아간다면, 밝은 성상께서 비록 혹 불쌍히 여겨 용서하시더라도 어찌 청명한 세상에 우러러 누를 끼치지 않겠습니까. 이런 까닭으로 삼가 이렇게 공손히 엎드려서 은덕을 저버린 죄에 대한 벌을 기다릴 뿐입니다.

15 나이……것이다 : 《논어》 〈양화(陽貨)〉에 나오는 공자의 말이다.

사관이 전유한 뒤에 올리는 서계 신유년(1681, 숙종7)
史官傳諭後書啓 辛酉

신이 연이어 성상의 비답을 받드니, 말씀과 뜻이 더욱 융숭하였습니다. 초개 같은 미천한 신은 더욱 황송하고 당혹스럽습니다. 또한 삼가 생각건대, 신은 실로 큰 죄를 지었습니다. 며칠 전 소(疏)를 봉하던 날에 병으로 생각이 혼미하여 저도 모르게 말이 열성의 어휘(御諱)를 범했습니다. 대저 문장을 지을 때 피휘하지 않는 의리로 무왕(武王)이 문왕(文王)에게 제사 지낼 때 '극창(克昌)'[16]이란 문구를 썼으나, 후세에 이르러 법의(法義)가 점점 세밀해졌고 보면 옛날과 크게 달라진 것을 도리어 눈치채지 못했습니다. 크게 불경하다고 유사(有司)가 논죄하더라도 신이 어찌 벌을 면할 수 있겠습니까.

신은 이것을 범하고부터 밤낮으로 근심하고 두려워하며 공손히 큰 견책이 이르기를 기다리고 있는데 지금까지 잠잠하니, 더욱 황송한 마음이 절실하여 몸 둘 바를 모르겠습니다.

16 극창(克昌) : 《시경》 〈주송(周頌) 옹(雝)〉에 "능히 그 후인을 창성하게 하라.〔克昌厥後〕"라고 했는데, 창(昌)은 문왕의 이름이니, "문왕을 이긴다."라고 오해할 여지가 있는 것이다.

사관이 전유한 뒤에 올리는 서계 신유년(1681, 숙종7)
史官傳諭後書啓 辛酉

신은 비천하고 비루한데 외람되게도 큰 은혜를 입었습니다. 미천한 정성을 스스로 드러낼 길이 없어 감히 천박하고 졸렬한 상말로 우러러 성상의 귀를 번거롭게 했습니다.

대개 생각건대, 주자(朱子)가 임금을 섬길 적에는 비록 견책을 받고 파직되더라도 표문(表文)을 올려 까닭을 아뢰며 사죄하지 않은 적이 없었습니다. 하물며 비천하고 하찮은 신이 천지와 같은 성상께 큰 은혜를 입었는데, 감히 아무것도 모른 채 침묵하며 마치 분수에 마땅히 얻어야 할 것처럼 하겠습니까. 그러나 전하의 존엄을 범했으니 죄가 만번 죽어도 합당하므로 공손히 집에 엎드려 엄명을 기다렸는데, 뜻밖에 자애로운 성상께서 지나치게 너그러이 용서하고, 이어서 편지를 내리셨습니다. 신은 감격스럽고 두려워 몸 둘 곳이 없습니다.

불러들이는 유시(諭示)에 이르러서는, 신의 근력으로는 억지로 힘쓰기 어렵게 된 지 오래이며 더구나 몸에 죽을병이 걸려 조만간 관(棺)에 들어갈 터이니 한번 가벼이 움직이는 것도 이미 망녕된 짓입니다. 이제 다시 재차 시도했다가 심각한 피해를 초래한다면, 어찌 남들의 눈과 귀를 놀라게 하지 않겠습니까. 이로 인하여 길이 융숭한 뜻을 저버리니, 죽어도 눈을 감기 어렵습니다.

가주서 신계화가 전유한 뒤에 올리는 서계 신유년(1681, 숙종7) 10월 7일

假注書申啓華傳諭後書啓 辛酉十月七日

신은 그동안 사관이 돌아가는 편에 미천한 충정을 다 아뢰고 보살펴 주시기를 바랐습니다. 지금 성상의 전교(傳教)를 받드니, 말씀이 더 간곡합니다. 대저 거취(去就)와 동정(動靜)은 국가의 성쇠에 영향을 주는 사람도 오히려 감히 감당할 수 없는 점이 있습니다. 더구나 이 미천한 신은 일찍이 강호의 한 마리 물새처럼 머물러도 많다고 할 수 없고 떠나가도 적다고 할 수 없는 자입니다. 채찍이 비록 길어도 말의 배에 미치지 않는 것[17]은 옛날부터 변치 않는 의리입니다.

현명한 전하께서 사방의 비난과 후세의 불평을 우려하지 않으시니, 신이 위로 성덕에 누를 끼친 죄는 진실로 말할 것도 없습니다. 그러나 삼가 밝은 성상을 위하여 우려를 견디지 못합니다. 전날 성상의 전교에서 전(前) 성비(聖妃 인경왕후(仁敬王后))의 상일(祥日)을 들어 말씀하기까지 하셨습니다. 진실로 혹 조금이라도 군신의 의리를 아는 자라면 어찌 감히 그때 집에 꼼짝 않고 누워 있겠습니까.

삼가 듣건대, 향리의 신하들이 모두 장차 혼궁(魂宮)에 모여서 애모의 정을 펴려 한다고 합니다. 신도 떳떳한 양심이 전혀 없지 않은 자인

17 채찍이……것 : 《춘추좌씨전(春秋左氏傳)》 선공(宣公) 15년 조에 보인다. 능력이 미치지 못하거나 역량이 있더라도 모든 면을 주도면밀하게 고려하여 대처하기 어렵다는 의미이다.

데, 어찌 혼자 다른 사람보다 뒤처지려 하겠습니까. 겸하여 한번 대궐에 나아가 다시 성상의 밝은 광채를 바라보고 싶습니다. 이어서 길이 성상을 하직하고 산골짜기에 돌아와 죽는다면 미천한 신하의 뜻과 바람이 매우 만족하여 눈을 감고 땅속에 들어갈 수 있을 것입니다. 그러나 신은 쇠약한 질병 때문에 전혀 출발할 가망이 없습니다.

만일 신령한 하늘에 힘입어 조금이라도 몸을 가눌 형편이 된다면 혹 죽기를 각오하고 기어서라도 길에 오를 것이나 또한 감히 기필(期必)하는 말로 밝은 성상을 기만할 수 없습니다. 다만 밝은 성상께서 불쌍히 여겨 용서해 주시기를 빌 뿐입니다.

승지가 전유한 뒤에 올리는 서계 임술년(1682, 숙종8) 2월 11일
承旨傳諭後書啓 壬戌二月十一日

신은 나이가 팔십에 가까워 죽을 날이 머지않습니다. 비록 신의 근력이 힘쓸 만하더라도 나이를 무릅쓰고 벼슬길에 나가서는 안 됩니다. 더구나 신은 이미 지극히 노쇠하여 더할 수 없이 사리에 어긋납니다. 게다가 지난겨울에 큰 병을 앓은 뒤에는 약간의 기혈이 다 사그라들어 남은 것이 없으니 눈을 감을 때가 아침이 아니면 저녁이고, 코를 찌르는 더러운 똥오줌 냄새도 이미 스스로 깨닫지 못하여 남들이 가까이 오지 못합니다.

능묘(陵墓)와 신주(神主)에 이르러서는 어찌 잊을 수 있겠습니까. 가까운 지역인데도 예법에 막히고 정의(情意)가 가로막혀서 사람의 도리는 모두 잃고 늘 빨리 죽기를 바랍니다. 단지 처한 곳이 어둡고 구석진 까닭에 하늘의 해와 격리되어 실정의 내막을 드러내지 못하니, 답답한 가슴을 누가 알아주겠습니까. 오직 믿는 바가 있으니, 성인은 만물을 대우함에 알맞지 않음이 없어서 늙은이를 편안하게 해 주고 젊은이를 감싸 주었는데, 굴레와 고삐로 말을 다룬 것입니다.[18] 신의

18 늙은이를……것입니다 : 성인이 사물의 특성에 알맞게 제어하여 사물을 편안하게 했듯이, 임금도 신하의 특성에 알맞게 제어하여 신하를 편안하게 해 달라는 말이다. 《논어》 〈공야장(公冶長)〉에 "자로(子路)가 '선생님의 뜻을 듣고 싶습니다.' 하니, 공자(孔子)가 이르기를 '늙은이를 편안하게 해 주고, 붕우에게는 미덥게 해 주고, 젊은이를 감싸 주고자 한다.' 하였다."라고 하였는데, 정자(程子)가 해석하기를 "지금 굴레로써 말을 다루고 소를 다루지 아니하나니, 사람들이 모두 굴레를 만든 것이 사람에게 있는

생각에, 잔약한 뼈와 주름진 가죽이 자리에 편안하게 있으면서 평온한 마음으로 생각을 쉬다가 훌쩍 돌아가리라고 여겼습니다.

뜻밖에 이번에 멀리 승선(承宣)을 보내어 성상의 전교(傳教)를 선유하게 하셨는데, 여러 장의 종이에 적은 윤음(綸音)은 정성스럽고 간곡하여 귀를 당겨 직접 얼굴을 대하고 신신당부하는 정도뿐만이 아니었으니, 참으로 귀신을 울리고 금석(金石)을 변하게 할 만하였습니다. 하물며 망극한 후덕(厚德)을 받아 백번 죽어서라도 은혜를 갚기를 원했던 자가 신이니, 참으로 유독 무슨 마음으로 감격하고 두려워하지 않을 수 있겠습니까. 신은 윤음을 미처 다 읽기도 전에 오열하며 말을 하지 못했으니, 참으로 저도 모르게 눈물이 줄줄 흘러내립니다. 진실로 신이 다 죽게 되어 골골거리는 상황은 보는 자들이 아직도 연명하고 있는 것을 괴상하게 여길 정도인데도 융숭한 성지(聖旨)가 헛되이 내리도록 욕보인 것이 이 지경에 이르렀으니, 죄가 만번 죽어 마땅합니다. 그러니 다시 무슨 말을 하겠습니까.

또 삼가 성상의 유지를 보니 "멀어지는 마음으로 영영 간다.", "몸을 깨끗이 하려 초탈해서 지낸다."라는 등의 말씀이 있었습니다. 신은 평소의 마음과 평소의 행실을 오히려 성세(聖世)에 스스로 드러내지 못한 것을 가만히 한탄했습니다. 신에게 만약 성상의 말씀과 같은 점이 조금이라도 있다면 지난해에 어찌 명령을 듣자마자 받들었겠습니까. 지난겨울에 또 어찌 아픈 몸을 이끌고 길에 올랐겠습니까. 신은 실로 전혀 그렇지 않습니다. 또 신이 비록 이렇게 다 죽어 가는 때이지만 일각인들 어찌 감히 밝은 성상을 잊겠습니까. 선정(善政)을 펴신다는

줄만 알고 굴레가 생긴 것이 말 때문인 줄 모른다."라고 하였다.

소식을 들으면 기뻐서 잠 못 들고, 진실로 과실이 있다는 소식을 들으면 종일 우려하고 탄식합니다.

산중의 백성이나 시골 노인이 와서 고달픈 상황을 말하기를,

“신역(身役)과 전부(田賦)를 천신만고 끝에 겨우 갖추어 바치며 스스로 ‘이제부터 조금 편안하겠지.’라고 생각했습니다. 그러나 곧 베가 거칠고 쌀이 거칠다고 물리쳐서 돌아오면, 다시 갖출 즈음에는 마치 살을 자르는 것 같습니다. 진실로 집을 버리고 도망가고자 하면 피해가 이웃과 친족에게 미칠 것이고, 떠나가서 도적이 되고자 하면 형벌과 죽음이 두려우니, 오직 빨리 죽어서 아무것도 알지 못하고 싶습니다.”

합니다. 신이 매번 위로하고 타이르며,

“이것이 어찌 성상의 마음이겠는가. 다만 국가의 비용이 부족하고 서리들이 농간을 부려서 그런 것일 뿐이다. 우리 주상은 지성으로 도와주기를 가려움이 몸에 심한 것처럼 하신다. 굶는 자가 있다는 말을 들으면 음식을 물리어 그들에게 먹이고 싶어 하고, 추위에 고생하는 것이 염려되면 옷을 벗어 그들에게 입혀 주려 하신다. 오늘 탕감하라는 명은 모두 주상의 어진 마음에서 나온 것이다. 이러한 임금이 계신데, 어찌 끝내 편안하고 즐거운 날이 없겠는가.”

하면, 감읍하여 가는 자도 있습니다. 신은 스스로 전하를 사랑하는 마음이 보통 사람보다 뒤지지 않는다고 생각합니다. 어찌 조금이라도 은혜를 저버리고 자기 편한 대로 하려는 마음이 있겠습니까.

신은 본래 어리석어 아는 것이 없는 데다 종전의 행위는 일곱 번 넘어지고 여덟 번 꺼꾸러져 남들의 웃음거리가 되었으니, 후회해도 소용이 없습니다. 그러나 근래에 또 망언을 한 죄가 있어 바야흐로

이렇게 조심하고 있습니다. 지금 다시 성상의 분부를 헛되이 저버렸으니, 두렵고 애통하여 단지 가쁜 숨이 끊어져 없어지기를 재촉할 따름입니다.

가주서 조석주가 전유한 뒤에 올리는 서계 임술년(1682, 숙종8) 3월 11일

假注書趙錫周傳諭後書啓 壬戌三月十一日

신이 삼가 사관이 전유한 성상의 비답을 받들었는데, 불쌍히 여겨 도와주시려는 뜻이 열 줄의 글 사이에 가득하였습니다. 신이 받들어 읽고 오열하니 눈물이 하염없이 흘렀습니다. 신이 제 몸을 스스로 아낄 줄 모르는 것이 아니나 이렇게 지극히 노쇠하여 목숨이 이미 다 된 것을 어찌하겠습니까. 다시 성상의 존안을 뵐 날이 영영 없게 되었으니, 하늘을 우러러 성상 계신 쪽을 바라보며 단지 슬피 통곡할 뿐입니다.

승지 윤경교가 전유한 뒤에 올리는 서계 임술년(1682, 숙종8) 8월 6일

承旨尹敬教傳諭後書啓 壬戌八月六日

신이 지난겨울에 도로에서 거의 죽을 뻔했는데, 병든 몸을 말에 싣고서 돌아온 뒤에 성상께서 의원과 약을 은혜롭게 내리신 것이 빈번한 정도뿐만이 아니었습니다. 그러나 미천한 신의 나이가 이미 팔십에 다다라서 치료를 부지런히 할수록 더욱 노쇠해지고, 가쁜 숨이 비록 남아 있으나 말과 행동이 이미 멈추었으니, 단지 아직 식지 않은 한 구의 시체일 뿐입니다.

뜻밖에 이번에 승선(承宣)이 멀리 임하여 성상의 유지(諭旨)를 전유했는데, 열 줄 윤음(綸音)은 귀신을 울릴 만하였습니다. 신이 어떤 사람이기에 감히 이러한 유지를 받겠으며, 또한 무슨 마음으로 몸이 가루가 되도록 성은에 보답할 것을 생각하지 않겠습니까.

생각건대, 미천한 신은 평소 하찮은 재주도 없이 한갓 열성(列聖)의 은혜를 그르쳤습니다. 매번 회상할 때마다 넋과 뼈가 모두 놀랍니다. 비록 신의 나이가 젊고 혈기 왕성하더라도 산골짜기에 달게 엎드려, 헛된 명성을 훔쳐 성조(聖朝)를 기만한 죄를 씻으려 할 것입니다. 하물며 생명이 거의 다하고 근골이 모두 쇠잔해져 비록 집안의 가까운 거리도 기어가다 엎어져 걸음을 걷지 못하는데, 어찌 길에서 힘써 자력으로 걷기를 바라겠습니까.

또한 신이 삼가 성상의 유지를 읽어 보니, 마치 신을 만에 하나라도 시사(時事)에 보탬이 되는 자로 여기시는 것 같았습니다. 신은 늘 해와 달처럼 밝은 성상께서는 작은 것이라도 통촉하지 않음이 없다고 말했는데, 이제 도리어 전혀 그렇지 않다는 것을 알았습니다. 신의 황공하고 부끄러운 마음이 어찌 끝이 있겠습니까.

더구나 이 "마치 자신을 더럽힐 것처럼 여긴다."라고 하신 하교는 더욱 신으로 하여금 죽으려고 해도 죽지 못하게 합니다. 신에게 만약 조금이라도 이런 마음이 있다면 경신년(1680)에 명을 받들고 어찌 감히 죄를 무릅쓰고 출발했겠으며, 지난해 내전(內殿 인경왕후(仁敬王后))의 상일(祥日)에 또 어찌 감히 죽음을 무릅쓰고 길에 올랐겠습니까. 비록 자신만 깨끗이 하기 위해 인륜을 어지럽히는 무리라도 이런 하교를 듣는다면 또한 황공하여 어쩔 줄을 모를 것입니다.

하늘이 진노하고 백성이 원망함에 이르러서는, 관원이 태만하고 국가가 약하여 위망(危亡)할 형세가 십중팔구입니다. 이를 생각하니 간담이 떨어지는 것 같습니다. 또한 부지런히 다스리며 삼가고 공경하느라 식사를 할 겨를도 없는 성상의 뜻을 생각하면 한밤중에 일어나 앉아 눈물을 줄줄 흘리지 않은 적이 없습니다. 작은 충성은 단사(丹砂)처럼 붉지만 죽을 날이 임박했으니, 지하에서도 장차 눈을 감기 어려울 것입니다.

승지 윤경교가 다시 와서 전유한 뒤에 올리는 서계 임술년(1682, 숙종8) 8월 17일

承旨尹敬教再來傳諭後書啓 壬戌八月十七日

전날 승지가 돌아갈 때 함부로 그에게 부쳐 아뢴 몇 마디 말은 진실로 진심에서 나온 것으로서, 성상께서 통촉해 주시리라 생각했습니다.

뜻밖에 작은 정성이 윗사람의 신뢰를 얻지 못하여 승지가 돌아와서 다시 성상의 유지(諭旨)를 선포했는데, 이끌어 깨우치는 뜻이 전보다 더했습니다. 신은 황송함을 견디지 못하여 몸 둘 곳을 몰랐습니다. 신은 현재 병석에 누워 숨이 다하기를 기다리는데, 만일 신령한 하늘에 힘입어 조금이라도 연명한다면 삼가 한 통의 상소로 충정을 상세히 진달하여 양해해 주시기를 바라야 하나 끝내 못 할 것 같습니다. 그렇다면 단지 장차 밝은 세상을 영영 하직하고 황천에서 한을 머금을 따름입니다.

승지 윤경교가 세 번째 와서 전유한 뒤에 올리는 서계 임술년 (1682, 숙종8) 8월

承旨尹敬敎三來傳諭後書啓 壬戌八月

전후로 내린 은명(恩命)이 이렇게 극진한 데 이르렀으니, 신이 어떤 사람이라고 감당할 수 있겠습니까. 단지 쇠약함이 극심하고 병세가 심한 까닭에 성상께서 수고로이 유지(諭旨)를 내리신 것이 두 번 세 번에 이르게 하였으니, 신의 죄는 만번 죽어도 만회하기 어렵습니다. 신은 바야흐로 침석(枕席)에 누웠는데, 목숨이 실낱같이 위태롭습니다. 만일 열흘이나 한 달 안에 다행히 구차하게라도 연명할 수 있다면 삼가 마땅히 죽음을 무릅쓰고 길에 올라야 합니다. 비록 도로에서 죽더라도 스스로 애석해하지 않을 것입니다. 엄명(嚴命)이 내려옴에 따라 몸을 움츠리고 벌벌 떨며 말이 두서가 없으니 더욱 죽을죄를 지었습니다.

주서 윤지익이 전유한 뒤에 올리는 서계 임술년(1682, 숙종8) 9월 27일

注書尹之翊傳諭後書啓 壬戌九月二十七日

신이 자력으로 길에 올랐으나 기운이 더욱 위태로워져서 길가에 지쳐 누워서 잠시 회복하기를 기다리고 있습니다. 다만 명을 어긴 날이 점점 많아지고 죄를 두려워하는 마음이 더욱 깊어져서, 감히 만번 죽음을 무릅쓰고 소(疏)를 진달하여 명을 기다리고 있습니다. 뜻밖에 이번에 은혜로운 유지(諭旨)가 다시 이르렀으니, 신은 이에 더욱 황송합니다. 삼가 생각하건대 소장이 이미 진달되었을 것이므로, 신이 감히 다시 성상의 귀를 번거롭게 하여 중죄를 거듭 짓지 못합니다.

가주서 유명웅이 전유한 뒤에 올리는 서계 임술년(1682, 숙종8) 10월 3일

假注書兪命雄傳諭後書啓 壬戌十月三日

형편없는 신이 누차 은명(恩命)을 욕되게 한 것이 이런 지경에 이르렀습니다. 신이 어찌 감히 남은 목숨을 아까워하겠습니까마는 다시 지체하게 되었습니다. 다만 도착할 수 있을지 여부는 신도 기필할 수 없습니다.

승지 조지겸이 전유한 뒤에 올리는 서계 임술년(1682, 숙종8) 10월

承旨趙持謙傳諭後書啓 壬戌十月

신은 질병이 오랫동안 끄는 데다 길에서 이틀을 묵었습니다. 오늘 비로소 교외에 도착했는데, 쇠약함이 자심합니다. 즉시 자력으로 갈 수 없어 다시 며칠 조리하고 궐 밖에 나아가서 태만한 죄를 청하고자 했습니다.

뜻밖에 근시(近侍)가 또 이르러 성지(聖旨)를 선유했습니다. 신은 더욱 황송하여 몸 둘 바를 모르겠습니다. 신은 우선 병세를 살펴보다 몸을 움직일 수 있게 되면 명을 받들겠습니다.

승지가 전유한 뒤에 올리는 서계 임술년(1682, 숙종8) 10월 16일

承旨傳諭後書啓 壬戌十月十六日

형편없는 신이 잠시 도성의 문에 들어갔다가 조정의 공론을 어긋나게 했으니 황송하고 두렵습니다. 성상을 뵙고 하직 인사를 드리지 못하고 창황히 지레 나왔는데, 조정의 예의를 헤아려 보면 어긋남이 심하여 공손히 삼가 교외에서 거적을 깔고 엎드려 죄를 기다렸습니다. 뜻밖에 자애로운 성상께서 특별히 근시(近侍)를 보내어 성지(聖旨)를 전유하게 하셨는데, 윤음(綸音)이 온화하여 귀신을 울릴 만하였습니다. 신이 발길을 돌려 도로 도성에 들어가서 간절한 충정을 다 아뢰고 싶지 않은 것은 아니었습니다. 다만 생각건대, 신은 애초에 본래 오래 머물고 싶지 않았으며, 지금 이렇게 나온 것도 조정이 불안정하기 때문만은 아닙니다.

또한 신은 질병이 더욱 심해져서 빨리 산골짜기에 돌아가 죽고 싶은데, 만약 혹시라도 다시 들어가서 도성에서 죽는다면 신이 사방의 웃음거리가 될 뿐만 아니라 또한 성세(盛世)의 한 가지 괴이한 일이 될까 두려워 명을 받들지 못했습니다. 죽을죄가 두려워 떨리는 마음 더욱 더합니다.

예조 판서 남용익이 전유한 뒤에 올리는 서계 임술년(1682, 숙종8) 10월 16일

禮曹判書南龍翼傳諭後書啓 壬戌十月十六日

신이 방금 승지의 선유(宣諭)로 인하여 충정을 다 바치고, 그로 하여금 성상께 아뢰게 했는데, 미처 계달(啓達)하지 못했습니다. 그런데 상께서 다시 중신(重臣)을 보내어 미혹을 깨우쳐 주게 하셨는데, 자상하게 반복해서 말해 줄 뿐만이 아니었습니다. 그러나 이 천박한 신이 어떻게 이것을 감당하겠습니까. 신의 사정과 형세는 이미 승지를 통해 올린 장계 가운데 다 아뢰었으므로 다시 외람되이 진달하여 성상의 귀를 번거롭게 할 수 없습니다.

또한 삼가 생각건대, 신이 성 밖에 조금 오래 머무른 것은 진실로 도성을 갑자기 멀리할 수 없었기 때문입니다. 이에 삼가 전에 없는 은수(恩數)가 갈수록 더해지는 것을 보고 신은 감히 다시 지체하여 더욱 은명(恩命)을 그르칠 수 없었습니다. 이에 감히 그대로 향리로 향했으나 도착할 수 있을지 여부는 신도 기약할 수 없습니다. 다만 가까운 경기 지역에 엉성하나마 머물 땅이 있는데, 만일 목숨이 끊어지지 않고 그곳에 도착한다면 삼가 염치를 무릅쓰고 한 통의 상소를 진달하여 다시 진실된 내면의 소회를 다 바치겠습니다.

예조 판서 남용익이 다시 와서 전유한 뒤에 올리는 서계

임술년(1682, 숙종8) 10월

禮曹判書南龍翼再來傳諭後書啓 壬戌十月

신이 삼가 예조 판서 남용익(南龍翼)에게 받은 유지(諭旨)를 보니, 종이에 가득한 윤음이 모두 미천한 신이 감히 감당할 바가 아니었는데, "한 가지 질병을 더했다."라는 유지에 이르러서 신은 더욱 심장이 무너지고 간이 떨어지는 것을 견디지 못했습니다.

신의 사정과 형세가 만약 몹시 부득이한 데 이르지 않았다면 이러한 교유(教諭)를 받들어 지키는 데 있어서, 어찌 감히 끝까지 미혹됨을 고집하여 성상의 지극한 뜻을 저버리고 스스로 불측한 죄에 빠지겠습니까. 단연코 신하가 할 수 있는 바가 아니나 끝내 그렇게 하지 않을 수 없으니, 신의 사정과 형세는 위축되었다고 말할 만합니다. 신의 눈앞에 닥친 가장 절박한 일은 감기가 점점 괴로워지는 것입니다. 도로에서 지레 죽어, 돌아가 뼈를 묻을 땅에 이르지 못하여, 살아서나 죽어서나 모두 마땅함을 잃게 되어서 사방의 이목을 놀라게 할까 두려웠습니다. 이런 까닭에 강을 건너기로 뜻을 정했습니다. 끝내 성상의 뜻을 어긴 죄는 공손히 유사(有司)의 감정(勘定)을 기다립니다.

예조 판서 남용익이 세 번째 와서 전유한 뒤에 올리는 서계

임술년(1682, 숙종8) 10월

禮曹判書南龍翼三來傳諭後書啓 壬戌十月

신이 다시 중신(重臣)이 전유한 성지(聖旨)를 받았습니다. 이것이 어찌 신과 같은 이가 얻을 것이겠습니까. 신은 감읍하고 황송하여 몸 둘 바를 모르겠습니다. 대개 신이 올라올 때는 원래 오래 머물 계획을 하지 않았고, 지금 나온 것도 남의 평판 때문만은 아닙니다.

가만히 스스로 생각건대, 개미처럼 미천한 신은 본래 있으나 마나인데, 그동안 융숭하고 남다른 은수(恩數)가 이토록 극진하였으니, 신이 비록 몹시 어리석으나 어찌 감격할 줄 모르겠습니까. 이런 까닭에 진퇴를 도모하여 아홉 번 생각하고 열 번 헤아려 염치를 무릅쓰고 가까운 경기 지방에 머물며 명을 어긴 데 대한 처벌을 기다립니다. 신이 마음속에 간직한 생각은 짧은 상소로 우러러 드러내겠습니다.

주서 윤지익이 전유한 뒤에 올리는 서계 임술년(1682, 숙종8) 10월

注書尹之翊傳諭後書啓 壬戌十月

신이 하직하지 않고 지레 나와서 어리석음을 무릅쓰고 소장(疏章)을 올렸으니, 지은 죄가 깊습니다. 바야흐로 유사(有司)의 감정(勘定)을 기다리고 있습니다. 이번에 자애로운 성상께서 불쌍히 여기고 멀리 사관을 보내어 비답을 내리셨는데, 덕음(德音)이 갈수록 더 융숭해졌습니다. 신의 황송한 마음이 어찌 끝이 있겠습니까.[19] 신이 삼가 다시 미천한 정성을 다하고 공손히 재결을 기다리겠습니다.

19 어찌 끝이 있겠습니까 : 두주에는 '印本作曷其有極'으로 되어 있다.

기주관 한광이 전유한 뒤에 올리는 서계 임술년(1682, 숙종8) 10월

記注官韓洸傳諭後書啓 壬戌十月

신이 다시 간절한 충정을 다 바치고 양해를 얻기를 바랐습니다. 지금 성상의 비답을 받들었는데, 윤허를 내리지 않았을 뿐만 아니라 또한 분수와 의리를 들어 책망하셨습니다. 신이 이때에 달려가 문안하는 것이 의리인 줄을 모르지 않으나, 미천한 질병이 더욱 심해 목숨이 거의 다하게 되어 전혀 일어나 움직일 형편이 못 됩니다. 명을 어기고 태만히 한 죄는 이에 이르러 더욱 깊어졌으니, 황공하고 두려운 마음 견디지 못합니다. 신이 삼가 다시 만번 죽음을 무릅쓰고 진심을 다 토로하여 밝은 성상께서 가엾게 여겨 재결해 주시기를 기원합니다.

대교 최석항이 전유한 뒤에 올리는 서계 임술년(1682, 숙종8) 10월 30일

待敎崔錫恒傳諭後書啓 壬戌十月三十日

신이 미천한 정성을 다 바치며 간절히 사양하고 호소하기를 두 번 세 번 했으나 비천한 정이 막혀서 굽어살펴 주시는 은혜를 입지 못했으며, 비답과 유시(諭示)를 더욱 온화하게 하며 끝내 윤허하지 않으셨습니다. 신은 형세가 곤궁하고 뜻이 위축되어 몸 둘 바를 모르겠습니다.

신이 다시 충정을 다 드러내어 불쌍히 여겨 윤허해 주시기를 바라야 하나, 천한 몸이 앓고 있는 병이 위독하고 골골거리는 숨이 다 되어 끝내 몸을 가눌 수 없습니다. 만일 병세에 조금 차도가 있게 되면 삼가 다시 만번 죽음을 무릅쓰고 간절한 충정을 다 드러내겠습니다.

승지 이수언[20]이 전유한 뒤에 올리는 서계 임술년(1682, 숙종8) 11월 7일

承旨李秀彦傳諭後書啓 壬戌十一月七日

신이 이제 막 비답을 전유한 사관의 걸음에 겨우 미천한 충정을 부쳤는데, 미처 성상께 아뢰기도 전에 승지가 다시 이르러 성상의 유지(諭旨)를 선유하니, 죽을죄를 지어 두려운 신의 마음에 어찌 끝이 있겠습니까.

오늘날 국가의 형세가 어렵고 하늘의 재앙이 거듭 내려서 귀 있는 자가 모두 듣고 눈 있는 자가 모두 보았습니다. 설령 도덕과 재능이 뛰어난 선비를 찾아내어 좌우에 두고 그의 말을 채용하더라도 오히려 요행을 극복하지 못할까 두렵습니다.

하물며 미천한 신과 같은 이는 지극히 용렬하고 비루하여 작은 장점도 없으며, 겸하여 또 묵은 죄가 지극히 무겁습니다. 비록 자애로운 성상께서 용서하여 발탁해 주시더라도 사람들의 평판이 아직 그치지 않았으며 조정이 불안정하니, 바로 "유익함이 없을 뿐만이 아니라 도리어 해치는 것이다."[21]라고 한 것입니다. 이런 까닭에 늘 두려워 몸 둘 바를 몰라서 남을 마주하면 머리를 숙입니다. 더구나 또 노병(老病)이

20 이수언(李秀彦) : 1636~1697. 본관은 한산(韓山)이고, 자는 미숙(美叔), 호는 농계(聾溪)・취몽헌(醉夢軒), 시호는 정간(正簡)이다. 14세에 송시열의 문하에 들어가 수학하였다.

21 유익함이……것이다 : 맹자(孟子)가 알묘조장(揠苗助長)의 해를 설명하면서 언급한 말이다. 《孟子 公孫丑上》

침범하여 반은 저승문에 들어갔습니다. 이와 같은 데도 길이 소명(召命) 속에 이름이 들어 있으니 신의 마음이 늘 절로 두려울 뿐만이 아닌데, 사명(使命)이 계속 이어져 연로(沿路)가 소란스러우니, 곤궁한 백성이 바라는 바가 아닙니다.

어제 온 것은, 대개 성상을 영영 하직하고, 이어 병들어 초췌한 모습을 보여 드림으로써 휴치(休致)의 바람을 윤허해 주시기를 바랐기 때문이니, 실로 늙은 말이 망아지처럼 행동하며 뒷감당하지 못할 것은 고려하지도 않는[22] 뜻은 아니었습니다. 참으로 뜻밖에 전에 없던 은수(恩數)가 갈수록 더욱 융숭하였으며, 반드시 "선제(先帝)의 은혜를 추념하여 폐하에게 보답한다."[23]라고 한 옛말로 유시하셨습니다. 신은 이 말씀에 대해 매번 피눈물을 닦으며 심장이 찢어지는 심정을 견디지 못했습니다.

아, 선조(先朝)의 망극한 은혜는 비록 분골쇄신하더라도 어찌 만에 하나라도 보답하겠습니까. 은혜를 저버려 슬프고 개탄스러우니, 이제는 끝났습니다. 단지 예경(禮經)을 신중하게 지켜 비웃음을 사지 않아서 그 당시에 특별한 예우를 내리셨던 지극한 뜻을 욕보이지 않는다면 어쩌면 만에 하나라도 보답할 수 있을 것입니다. 그러므로 굳게 사양하며 슬픈 심정을 담은 상소를 죽음을 무릅쓰고 빈번하게 올린 것이 서너 차례에 이르렀으나 아직도 밝게 살펴 주시는 은혜를 입지 못했습니다.

22 늙은……않는 : 《시경》 〈소아(小雅) 각궁(角弓)〉에 나오는 말로, 벼슬을 감당할 여력이 없는데도 뒤탈을 고려하지 않는다는 뜻이다.

23 선제(先帝)의……보답한다 : 제갈량(諸葛亮)의 〈출사표(出師表)〉에 나오는 말로, 돌아가신 임금의 은혜를 생각하여 지금의 임금에게 충성한다는 뜻이다. 《三國志 蜀書 諸葛亮傳》

어찌 밝은 성상께서 오히려 신의 근력이 억지로 할 수 있는데 진정을 숨기고 형식적으로 사양하여 한갓 좋은 제목을 취해 스스로 꾸밀 뿐이라고 여겨서가 아니겠습니까. 이와 같다면 신이 군부(君父)에게 믿음을 받지 못한 것이 심합니다. 무슨 면목으로 다시 성상께 가까이 가겠습니까. 이번에 내려온 승지는 실로 신이 평소 어울린 적이 있는 사람이니, 혹시라도 서로 마주하고 눈을 깜박거리며 감히 거짓말을 한다면 혀를 놀리는 즈음에 얼굴이 붉어지고 이마에 땀이 날 것인데, 어떻게 차마 이런 짓을 하겠습니까. 이제 신의 지극한 바람은 오직 간청한 바를 이루어 휴치(休致)를 하여 유유히 벗어나는 것입니다. 그렇게 된다면 비록 혹 가까운 경기 지방에서 배회하더라도 다시는 혐의가 없을 것입니다. 혹 사시의 절일(節日)이나 경하하는 날에 조복을 입고 알현하여 신하의 충정을 펼 수 있다면 또한 송(宋)나라 때의 옛 전례를 본받는 것입니다. 만약 끝내 윤허하지 않으신다면 이는 밝은 성상께서 신을 군부에게 불성실한 자로 여기는 것이니, 단지 향리에 물러나 숨어서 부끄러워하며 죽을 뿐입니다.

신이 본래 다시 한 통의 상소를 진달하여 남은 정성을 다 아뢰고자 했으나 곧 누차 성상의 귀를 번거롭게 하는 것이 두려웠습니다. 마침 승지가 이르자 심정이 간절하여 감히 이렇게 번거롭게 떠들었으니, 죄가 실로 만번 죽어도 남습니다.

승지 이수언이 다시 와서 전유한 뒤에 올리는 서계 임술년 (1682, 숙종8) 11월 7일

承旨李秀彦再來傳諭後書啓 壬戌十一月七日

신이 간절하게 하소연할수록 더욱 윤허를 내리지 않으셨습니다. 이렇게 서로 맞서 버티면 의리와 분수를 크게 손상합니다. 신은 밤낮으로 근심하다 갑자기 본성을 잃었습니다. 이런 식으로 가다가는 반드시 미친병이 발작하여 마구 달려 질주하다 구덩이에 쓰러지고야 말 것입니다. 이것이 어찌 성세(聖世)에 만물로 하여금 제자리를 얻게 하는 모양이겠습니까.

신은 실정(實情)을 신뢰받을 길이 다시는 없습니다. 처음에는 함부로 기세를 올려 스스로 '끝내 성상의 뜻을 얻었다.'라고 생각했는데, 이제는 몇 달을 고생했으나 부질없이 결말을 맺지 못했으니, 안팎으로 부끄러워 남을 마주할 수 없습니다. 이런 까닭에 돌아갈 뜻이 점차 생기더니 흘러내리는 물처럼 쏟아져서 다시 돌이킬 수 없게 되었습니다. 조정을 바라보며 다만 충성하는 마음만 있을 뿐입니다.

승지 윤경교가 전유한 뒤에 올리는 서계 임술년(1682, 숙종8) 11월 10일

承旨尹敬教傳諭後書啓 壬戌十一月十日

신이 그동안 진술하여 요청한 것은 실로 진심에서 나온 것이나 끝내 성상의 마음을 감동시키지 못했습니다. 성상께서 다시 근시(近侍)를 보내셨는데, 유지의 간절하고 측달(惻怛)한 뜻이 또한 전보다 더하였습니다. 신은 여기에서 이치가 궁하고 말이 다하였으며 마음과 정신이 억눌리고 막혀서 다시 호소할 길이 없습니다. 단지 깊은 산에 달려가 숨어서 부월(鈇鉞)의 주벌을 기다릴 뿐입니다.

또한 신은 질병이 위독하고 괴로워 아침에 저녁 일을 예측할 수 없습니다. 옛날에 무덤 자리를 미리 정해 두어서 죽자마자 묻힌 자가 있었으니, 지금 신이 사는 땅이 곧 신이 뼈를 묻을 곳입니다. 더구나 또한 국사(國事)가 이때보다 더 위급한 적이 없었습니다. 신이 또한 어찌 서울을 멀리 떠나가서 혼자 목숨을 보전할 계책을 세우려 하겠습니까. 그러므로 도성을 나오는 날 즉시 지레 돌아오지 못한 것은 대개 이런 까닭에서입니다.

지난달 16일 이후에 은혜로운 성지(聖旨)가 끊임없이 이어지고 사신이 연이어 이르러, 역로(驛路)가 소란스럽고 관아의 주방이 창황하니, 굶주린 백성에게 이보다 더 폐해를 끼치는 것이 없습니다. 신이 돌아가기를 결정한 뜻은 부득이한 것입니다. 그러나 신이 어찌 감히 아득히 영영 가겠습니까. 병이 조금 차도가 있기를 기다려 다시 한 통의 상소를 남겨 충정을 다 아뢰어서 자애로운 성상께서 잘 살펴 주시기를 기다리겠습니다.

승지 윤경교가 다시 와서 전유한 뒤에 올리는 서계 임술년 (1682, 숙종8) 11월 13일

承旨尹敬教再來傳諭後書啓 壬戌十一月十三日

신의 하소연이 또 윤허를 받지 못했습니다. 신이 여기에서 어찌 감히 다시 번거롭게 아뢰어 죄를 거듭 짓겠습니까. 단지 산골짜기에 물러나 엎드려 견책이 더해지기를 기다릴 뿐입니다.

승지 조지겸이 전유한 뒤에 올리는 서계 임술년(1682, 숙종8) 11월 20일

承旨趙持謙傳諭後書啓 壬戌十一月二十日

신이 감히 앉아서 조정의 명령을 어길 수 없어 염치를 무릅쓰고 강교(江郊)에 도착했습니다. 대궐이 지척인데 융숭한 은명(恩命)을 어기고 저버린 것은, 대개 산골짜기로 물러나 엎드려 공손히 엄한 주벌을 기다리고자 했기 때문입니다.

뜻밖에 자애로운 성상께서 곡진히 용서해 주고 다시 승선을 보내셨는데, 덕음이 자상하여 철석같은 신의 마음이 바뀌었습니다. 그러나 신이 어떤 사람이라고 감당할 수 있겠습니까.

신이 외람되이 융숭한 성지(聖旨)를 받들어 직접 뵙고 정성을 다 바치고 싶지 않은 것은 아니나, 구구한 신이 지키는 바는 단지 성조(聖朝)에서 예로 신하를 부리는 성대한 아름다움을 우러러 이루게 하고자 하는 것뿐입니다. 또한 삼가 생각건대, 조정에서 밤낮으로 애쓰는 신료들이 신 때문에 갑자기 견책을 받아서 신이 몹시 불안한데, 대신(臺臣)이 등급을 더하는 논의를 오래도록 그치지 않고 있습니다. 신이 비록 얼굴을 들고 함부로 들어가려 한들 사람들이 손가락질하며 코웃음 치지 않겠습니까. 이런 까닭에 목을 길게 빼고 돌아가는 길에 끝내 은명을 거슬렀으니, 신의 죄는 만번 죽어 마땅합니다. 신의 죄는 만번 죽어 마땅합니다.

가주서 김우항이 전유한 뒤에 올리는 서계 임술년(1682, 숙종8) 11월

假注書金宇杭傳諭後書啓 壬戌十一月

신이 은명(恩命)을 저버린 것이 이 지경에 이르렀으니, 죄가 실로 만번 죽어 마땅하며 주위 사람들이 또한 신을 대신하여 두려워합니다. 그러나 자애로운 성상의 넓은 도량은 하늘같이 감싸고 바다같이 용납하시어 도리어 온화한 유지(諭旨)를 내려 신신당부를 더하셨습니다. 신은 여기에서 더욱 몸 둘 바를 몰랐습니다.

신이 명을 받들고 한번 나아가서 직접 뵙고 남은 정성을 다 바치고 싶지 않은 것은 아니나 평소 늙고 쇠약한 몸이 추위를 만나 더욱 더쳐서 길에 오를 방법이 없으니, 신의 죄가 갑절 더 무거워졌습니다. 비록 자애로운 성상께서 곡진히 용서해 주셨으나 조정의 의론이 어찌 끝내 용서하겠습니까. 신은 불안하고 두려운 마음이 갈수록 더욱 심해집니다. 이 때문에 증세가 더욱 괴로워졌으니 죽을 날이 머지않습니다. 융숭한 은혜를 길이 저버렸으니, 오직 흐느껴 울 뿐입니다.

승지 어진익이 전유한 뒤에 올리는 서계 임술년(1682, 숙종8) 12월 27일

承旨魚震翼傳諭後書啓 壬戌十二月二十七日

신은 십여 일을 편안히 들어박혀 있었습니다. 이것은 실로 자애로운 성상께서 가엾게 여겨 주신 은혜이므로 밤낮으로 감축하며, 아마도 눈을 감고 죽을 수 있겠다고 생각했습니다.

뜻밖에 이번에 다시 근시(近侍)를 보내셨는데, 열 줄 윤음(綸音)에 반복하여 간곡히 일러 주셨습니다. 간절히 근심하며 부지런히 다스리는 뜻이 글에 넘쳤으며, "선제(先帝)의 은혜를 추념하여"[24]라는 말을 인용하기까지 하셨습니다. 신은 반도 채 받들어 읽지 못하고 눈물이 흘러내려 턱을 적셨습니다. 이러한 때를 당하여 신이 간직한 것 중에 만약 조금이라도 보탬이 될 자료가 있다면 어찌 차마 황량한 마을에 물러나 엎드려 죽기를 기약하겠습니까.

또한 생각건대, 나이가 팔십에 가깝고 늙고 병든 몸이 쓰러져 모양새를 이루지 못하니, 비록 신이 부끄러움을 무릅쓰고 함부로 들어가더라도 사람들이 반드시 손가락질하며 "저 사람이 저렇게 늙고 추한 꼴로 은혜와 영광을 탐하고 연연하여 조정에 바짝 달라붙는구나."라고 할 것입니다. 그렇다면 신은 마땅히 마음이 부끄럽고 얼굴이 붉어져 자신

24 선제(先帝)의 은혜를 추념하여 : 제갈량(諸葛亮)의 〈출사표(出師表)〉에 나오는 말로, 돌아가신 임금의 은혜를 생각하여 지금의 임금에게 충성한다는 뜻이다. 《三國志 蜀書 諸葛亮傳》

을 낮추고 순종하느라 머뭇거리며 물러나기에도 겨를이 없을 것인데, 장차 어떻게 조금이나마 보답할 수 있겠습니까. 더구나 지금 성상의 전교(傳敎)에서 사유(四維)라고 한 것이 어찌 예(禮), 의(義), 염(廉), 치(恥)가 아니겠습니까. 현재 국세가 이와 같은 것은 실로 이 예의염치가 먼저 사라졌기 때문이고, 전하께서 이것으로 탄식하는 것도 참으로 지당한 의론입니다. 그러나 이제 도리어 신으로 하여금 직접 이것을 범하도록 하시니, 신은 의혹이 마음속에서 풀리지 않습니다.

아, 신이 차마 서울을 멀리 떠나지 못하는 것은, 단지 나라가 망하면 함께 망하여 스스로 선왕에 대한 의리를 바치기 위해서이니, 신의 사정이 또한 슬픕니다. 신이 명을 어긴 죄는 이에 이르러 더할 나위 없습니다. 만일 신의 병이 조금 차도가 있게 되면 다시 도성 밖에 나아가 유사(有司)의 논정(論定)을 기다릴 예정입니다. 그러나 혹시 자애로운 성상께 용서를 받는다면 장차 다시 몸을 이끌고 산골짜기에 돌아가 죽을 것입니다. 성상의 눈과 귀를 번거롭게 해 드린 것이 이와 같은 지경에 이르렀으니, 신의 죄는 만번 죽어 마땅합니다.

송자대전

제25권

서계
書啓

가주서 김홍복이 전유한 뒤에 올리는 서계 계해년(1683, 숙종9) 1월 2일

假注書金洪福傳諭後書啓 癸亥正月二日

삼가 상소에 대한 비답을 받들고 보니, 마음에 있는 바를 면대(面對)하여 진술하고 조용히 거취를 결정하라는 분부가 있었습니다. 이것은 신이 소원을 이룰 기회입니다. 신이 삼가 낭랑하게 대답하고 잽싸게 뛰어나가야 하나 말을 몰아 내달린 나머지 묵은 병이 더 심해져서 자력으로 갈 수가 없었습니다. 공손히 조금 차도가 있기를 기다렸다가 염치를 무릅쓰고 궐 아래에 나아가 진퇴의 명을 들었습니다. 그러나 오히려 남은 회포가 있으니, 삼가 다시 작은 정성을 다하여 거듭 성상의 귀를 번거롭게 해야겠습니다.

승지 이동명이 전유한 뒤에 올리는 서계 계해년(1683, 숙종9) 3월

承旨李東溟傳諭後書啓 癸亥三月

신이 죽음을 무릅쓰고 하소연한 것은 매우 부득이한 데서 나온 것이나 밝은 성상께서 오히려 윤허하지 않고 승선(承宣)을 보내기까지 하셨으며 비답과 유시(諭示)는 간곡하였습니다. 신의 황공한 마음은 병과 함께 더욱 늘었습니다. 신은 다시 마음속 충정을 다하고 싶으나 기력이 적고 정신이 고갈되어 몸을 가눌 수 없습니다. 땅에 엎드려 놀라 두려워하며 단지 감격의 눈물을 흘릴 뿐입니다.

승지 이언강이 전유한 뒤에 올리는 서계 계해년(1683, 숙종9) 3월 6일

承旨李彦綱傳諭後書啓 癸亥三月六日

다 죽게 된 가운데, 삼가 지극한 바람을 허락해 주시는 은혜를 받았습니다. 근시(近侍)의 전유에 몹시 감격하여 눈물을 흘리며 말할 바를 모르겠습니다. 삼가 전문(箋文)을 올려 감사드리겠습니다.

승지 어진익이 전유한 뒤에 올리는 서계 계해년(1683, 숙종9) 3월 7일

承旨魚震翼傳諭後書啓 癸亥三月七日

신이 그동안 입은 융숭한 은혜는 모두 조금이라도 감당할 수 있는 바가 아니었으나 휴치(休致)를 청한 데 이르러서는 결국 윤허를 받았습니다. 이것은 더욱 전에 없던 특별한 예우입니다. 신은 좋은 결과에 기쁜 나머지 저도 모르게 몹시 기뻐하다가 슬퍼져서 눈물이 흘러내려 옷을 적셨습니다.

이제 또 특별히 윤음(綸音)을 내리고 승지를 보내어 선유(宣諭)하셨는데, 받들어 읽고 나서 두려운 마음이 더욱 간절했습니다. 비록 직차(職次)는 없으나 차마 서울을 멀리 떠나지 못하니, 이것은 신이 종전에 성상의 귀를 우러러 더럽혔던 것입니다. 이제 어찌 감히 전후로 마음을 달리하겠습니까. 생각건대, 질병이 오래 끌어 언제 어떻게 될지 알 수 없으니, 다시 조용하고 한가하신 때에 모시지 못할까 두렵습니다. 미천한 신하의 마음이 이 때문에 근심스럽습니다.

승지 서문중이 전유한 뒤에 올리는 서계 계해년(1683, 숙종9) 3월 8일

承旨徐文重傳諭後書啓 癸亥三月八日

노쇠하고 무능한 신이 매일 덕음(德音)을 받았는데, 오늘은 더욱 지나치게 정성스럽고 간곡하였습니다. 신은 여기에서 갑절 두려워 떨며 몸 둘 곳을 모르겠습니다.

신은 삼가 진심을 다 드러내어 윤음(綸音)에 답하고 싶지만 병세가 한창 극심하여 몸을 가눌 수 없습니다. 마땅히 조금 차도가 있기를 기다렸다가 밀봉하여 올리겠습니다.

이조 판서 이숙이 전유한 뒤에 올리는 서계 계해년(1683, 숙종9) 3월 10일

吏曹判書李䎘傳諭後書啓 癸亥三月十日

신이 어제 승선(承宣)이 전유할 때 정성을 다 폈어야 하나 병세가 위독하여 뜻을 이루지 못했습니다. 이제 또 이조 판서를 보내어 다시 미혹된 마음을 깨우쳐 주시는 덕음(德音)을 내리셨습니다. 신은 여기에서 어느새 심장이 놀라고 넋을 잃었으며 이어서 부끄러워 땀을 흘렸습니다. 신의 거취가 손익(損益)과 아무 관계가 없음을 잘 알지만 지금 하늘이 인심을 변하게 하였으니 한심하여 견딜 수 없습니다. 위태로운 형세가 아침저녁 사이에 임박해 있습니다. 이것은 지혜로운 자가 아니어도 알 수 있습니다. 신하의 의리는 단지 나라가 망하면 함께 망하는 길이 있을 뿐입니다. 비록 관직을 버렸으나 서울을 버리고 장차 어디로 가겠습니까. 더구나 신의 병세가 이와 같으니, 비록 강을 건너서 돌아가고자 한들 어떻게 할 수 있겠습니까.

신의 처음 마음은 성상의 눈과 귀를 더럽혔을 뿐만 아니라 붕우에게도 말했는데, 뜻밖에 참의(參議) 박세채(朴世采)가 신의 심중을 이해하지 못한 채 상소로 진달하기에 이르렀습니다. 성인이 말하기를 "붕우에게 믿음을 받지 못하면 윗사람에게 신임을 얻지 못할 것이다."라고 하였습니다. 전하께서 신의 말을 믿지 않고 그동안 이렇게 분부를 자주 내리신 것도 당연합니다.

박세채의 뜻은, 마치 장차 신으로 하여금 밝은 성상께 계약서를 쓰게 하려는 것 같습니다. 이것이 무슨 도리입니까. 선유(先儒)가 말하기를

"거듭 말하고 거듭 승낙하는 것은 믿음이 아니다."라고 하였습니다. 신이 비록 형편없지만 차마 이 경계를 직접 범하여 우대해 주신 성은을 저버리지 못합니다.

승지 이언강이 전유한 뒤에 올리는 서계 계해년(1683, 숙종9) 3월

承旨李彦綱傳諭後書啓 癸亥三月

신의 질병은 계절에 따라 차도를 기약할 수 있는 것이 아니며 성시(城市) 안은 어지럽고 시끄러워 결코 병을 요양할 수 있는 곳이 아닙니다. 그러므로 강가의 정사(亭舍)를 빌려서 조용히 조섭할 계책을 세웠으나 뜻밖에 밝은 성상께서 이것을 영영 가려는 뜻으로 여기시고 이렇게 매우 간곡히 타이르는 유지(諭旨)를 내리고 승지를 보내어 선유(宣諭)하기에 이르렀습니다. 신은 황공한 마음을 견디지 못하겠습니다.

대저 신이 은혜를 입고 치사(致仕)한 뒤로 말하자면, 곧 일 없는 한가한 몸이 되어서 산에서나 물에서나 들판에서나 교외에서나 마음대로 오고 갔으니, 이것은 곧 관직을 버린 사람의 규모입니다. 가령 이 어려운 때에 서울을 멀리 떠나는 것은 신의 평소 뜻이 아닙니다.

이어서 삼가 기억하건대, 무신년(1668, 현종9) 가을에 우리 성고(聖考)께서 온양(溫陽) 행궁(行宮)에서 신에게 어가를 수행하라고 명하고 동교(東郊)에서 머물도록 윤허하셨는데, 신이 상소하여 야인(野人)의 모습으로 늙어서 도성에 들어가는 것은 감당하지 못하겠다고 하고, 이어서 유람할 것을 청하여 윤허를 받았습니다. 신은 두세 명의 벗들과 서쪽으로는 송경(松京)에 이르고 동쪽으로는 양주(楊州)에 이른 뒤에 돌아왔습니다. 매번 생각건대, 성인이 사물을 처리할 때는 이와 같이 그 천성을 굽히지 않았습니다. 당시에 신이 만약 오늘처럼 치사했다면 신에게 송경과 양주를 유람하도록 윤허하는 데 그치지 않았을 것입니다.

지금은 증세가 이러하여 강가에서 조섭하려던 계획도 뒤집어졌으니, 신의 사정은 곤궁하다고 할 만합니다. 구구한 신하의 마음이 위로 전달되지 못하여 누차 성상의 전교를 내리시게 하였으니, 더욱 두려워 떠는 마음이 간절하여 아뢸 바를 모르겠습니다.

예조 판서 남용익이 전유한 뒤에 올리는 서계 계해년(1683, 숙종9) 3월

禮曹判書南龍翼傳諭後書啓 癸亥三月

신이 강가에서 조섭하려던 계획은 다름 아니라 단지 한가하고 고요한 곳에 가서 칩거하며 조섭하여 만일 살길을 찾는다면 살리기를 좋아하는 성상의 덕을 밝히려 했던 것입니다. 어제 승선(承宣)이 돌아가는 길에 대략 이 마음을 진달했습니다.

뜻밖에 이번에 다시 중신(重臣)인 예조 판서를 보내어 거듭 정성스럽게 타이르시니, 신은 더욱 황송하여 대답할 바를 모르겠습니다. 다만 신이 사은숙배하던 날에 몸을 더 상하여 병이 한층 깊어져서 강가에서 조섭하려던 계획도 이루지 못하게 되었습니다. 그러나 사사로운 말이 위로 올라가서 다시 성상께서 분부를 내리시게 하였으니, 두려워 떨려서 어찌할 바를 모르겠습니다.

예조 판서 남용익이 다시 와서 전유한 뒤에 올리는 서계
계해년(1683, 숙종9) 3월

禮曹判書南龍翼再來傳諭後書啓 癸亥三月

신이 바로 유지(諭旨)를 받들고 보니, 남은 죄가 아직도 있어서 마음 편히 자리에 눕지 못했습니다. 그러나 미천한 정성을 혹 하늘의 해가 굽어살펴 주시기를 바랐습니다.

이번에 또 예조 판서가 곧 다시 내려와서 성지(聖旨)로 타일렀는데, 반복하여 정성스럽게 말씀하신 것이 전보다 더하였습니다. 이것은 필시 신이 지어 보낸 글이 분명하지 못해서 다시 성상께서 빈번히 분부하시게 한 것입니다. 신의 죄는 만번 죽어도 속죄하기 어렵습니다.

생각건대, 신의 병세는 이미 몸을 가눌 가망이 없습니다. 비록 신을 떠밀어 가게 하더라도 움직일 수 없으므로 강가에서 조섭하려던 계획은 이미 절로 정지되었습니다. 더구나 지금 자애로운 성상께서 늙은 신을 염려하여 강가 집에서 몸이 상할까 걱정하십니다. 이것은 실로 어린아이처럼 보호하는 지극한 뜻이니, 신이 비록 몹시 어리석지만 어찌 감읍하지 않겠습니까.

또한 삼가 생각건대, 나라의 형세가 위급하여 차마 서울을 멀리 떠나지 못하는 뜻은, 신이 그동안 계달(啓達)한 것이 한두 번에 그치지 않습니다. 그런데 상께 신뢰를 얻지 못하여 누차 은근한 분부를 내리시게 한 것이 이런 지경에 이르렀습니다. 신이 군부(君父)에게 신임을 받지 못한 것이 심합니다. 황공하고 부끄러워 아뢸 바를 모르겠습니다.

가주서 이정겸이 전유한 뒤에 올리는 서계 계해년(1683, 숙종9) 5월

假注書李廷謙傳諭後書啓 癸亥五月

미천한 신의 어리석고 꽉 막힌 견해로, 오늘의 일은 이보다 큰 것이 없다고 생각합니다. 그러므로 누차 성상의 귀를 더럽히고 바야흐로 부월(斧鉞)의 주벌을 기다렸습니다.

뜻밖에 이번에 멀리 사관을 보내어 후한 비답을 내리셨습니다. 신은 더욱 놀랍고 황공하여 몸 둘 바를 모르겠습니다. 신이 떠나려고 계획하는 것은, 비록 도성 사람들의 원망과 비방이 더욱 물 끓듯 한다는 소문을 들었으나 또한 감히 일신의 편안함만을 도모하여 성은을 저버릴 수 없기 때문입니다. 더구나 지금 성상의 분부가 이렇게까지 정성스러운데, 더욱 어찌 감히 일각이라도 더 머물겠습니까. 다만 병든 누이의 증상이 질질 끌며 위독하기 때문에 차마 서로 떨어지지 못하니, 대략이나마 살길을 찾기를 기다렸다가 곧 앞으로 나아가고자 합니다. 그러나 시기를 기약할 수 없어 이렇게 주저하고 있습니다.

이조 판서 이숙이 전유한 뒤에 올리는 서계 계해년(1683, 숙종9) 5월

吏曹判書李䎘傳諭後書啓 癸亥五月

어제 바로 어리석음을 무릅쓰고 상소를 진달하고, 움츠리고 엎드린 채 비답을 기다렸습니다. 또한 양사(兩司)가 마침 쟁론하려 한다는 말을 들었는데, 일이 미천한 신에 관계되므로[1] 더욱 감히 한마디 말을 올려 황공한 마음을 드러내지 못하겠습니다.

1 양사(兩司)가……관계되므로 : 장흥고 봉사(長興庫奉事) 유신일(兪信一)이 여러 사람이 앉아 있는 가운데서 소리(小吏)를 꾸짖기를 "네가 하는 짓은 실로 송시열과 다를 바가 없다."라고 하자, 헌부(憲府)가 유현(儒賢)을 모욕한 죄로 그의 이름을 사판(仕版)에서 삭제할 것을 청했고, 숙종은 그를 사헌부에 내려 명백하게 실상을 조사하게 해서 죄를 정하게 하였다. 《肅宗實錄 9年 5月 16日》

가주서 김덕기가 전유한 뒤에 올리는 서계 계해년(1683, 숙종9) 5월

假注書金德基傳諭後書啓 癸亥五月

신이 어제 이조 판서가 전유한 성지(聖旨)를 받들고, 황공하고 두려워 감히 긴말로 성상의 귀를 번거롭게 하지 못했으나 두려워 떨리는 마음은 갈수록 더욱 심해집니다. 이번 소비(疏批)의 분부는 더욱 정성스러워서 귀를 당겨 직접 얼굴을 대하고 명하는 것과 같을 뿐만이 아니었습니다. 신이 비록 매우 어리석고 무지하나 어찌 감격할 줄 모르겠습니까.

대략 한두 가지를 진술하여 충정을 드러낼 생각이었는데, 이제 유신일(兪信一)을 의금부로 잡아다 신문하게 한다는 유시를 받들었으니, 더욱 놀랍고 두려운 마음을 견디지 못하겠습니다. 차라리 땅이라도 뚫고 들어가고 싶으나 할 수가 없습니다. 신은 삼가 이 한 가지 일이 끝나기를 기다려 마땅히 다시 한 통의 상소로 상께 알리고 싶으나 또한 누차 성상의 눈과 귀를 더럽힐까 두렵습니다. 미천한 신의 종적이 갈수록 더욱 편안하기 어려워집니다. 어찌할 바를 몰라 단지 혼자 방황하며 두려워 떨 뿐입니다.

가주서 성관이 전유한 뒤에 올리는 서계 계해년(1683, 숙종9) 윤6월 4일

假注書成瓘傳諭後書啓 癸亥閏六月四日

신이 소장하고 있는 《주자소차차의(朱子疏箚箚疑)》를 명을 받들어 교감하여 올립니다. 미약한 반딧불로는 해와 달의 빛을 돕기에 부족합니다. 삼가 성상의 유시(諭示)를 받드니, 총애와 장려가 모두 지극했습니다. 황송하고 두려워 어찌할 바를 모르겠습니다. 이어서 불러들이는 분부가 있었는데, 더욱 두려워 떨립니다. 미천한 질병이 그럭저럭 괜찮아지기를 기다려, 삼가 한 통의 상소로 대략 충정을 진달하겠습니다.

가주서 심권이 전유한 뒤에 올리는 서계 계해년(1683, 숙종9) 윤6월

假注書沈權傳諭後書啓 癸亥閏六月

신이 집에서 대죄(待罪)하며 밤이나 낮이나 두려워하고 있었는데, 삼가 비지(批旨)를 받들고 보니, 위로하고 타이르는 말씀이 정성스러워 감격하고 명심하며 몸 둘 바를 몰랐습니다.

다만 신은 처음에 대신(臺臣)의 상소의 내용이 비록 상께 전달되지 못했으나 이미 대신(大臣)과 조정의 진신(搢紳)이 보았고 어떤 사람은 상소로 인하여 하비(下批)를 받았으니 상께 전달된 것과 차이가 없어서 신의 죄는 끝내 숨길 수 없다고 생각했으므로, 감히 대죄하는 소장을 올린 것입니다. 이제 성상의 유시를 받드니 더욱 황송합니다. 다만 그 사람이 말끔히 스스로 잘못을 깨닫고 원본에서 삭제한 것인지는 모르겠습니다. 만약 미천한 신과 구차하게 영합할 뜻이 있다면 그 사람의 지절(志節)을 알기 어려울 뿐만 아니라 미천한 신이 권세를 잡은 죄는 더욱 피할 데가 없을 것이니, 신은 더욱 몸 둘 바를 모르겠습니다.

또한 삼가 생각건대, 시의(時議)로 보면《춘추(春秋)》한 책을 읽을 곳이 없으니, 단지 품에 안고서 산에 들어가야 합당한데 산이 깊지 않을까 두려워하고 있습니다. 더구나 세상과 서로 접하면서, 만세(萬世)를 위하여 태평 시대를 여는 성훈(聖訓)을 모독할 수 있겠습니까. 삼가 빌건대, 자애로운 성상께서는 신이 구렁에서 말라 죽도록 내버려 두어 분수를 편안하게 해 주시면 실로 시종 생성해 주는 큰 은혜일 것입니다. 신은 성상이 계신 쪽을 바라보며 간절히 기원하는 마음을 견디지 못하겠습니다.

가주서 김우항이 전유한 뒤에 올리는 서계 계해년(1683, 숙종9) 7월 3일

假注書金宇杭傳諭後書啓 癸亥七月三日

신이 바로 사관 심권(沈權)이 돌아가는 길에 부쳐 아뢴 말씀이 있는데, 상께 전달되기도 전에 성지(聖旨)를 다시 내려 근일의 일로 타이르셨습니다. 신은 놀랍고 황송하여 어찌할 바를 모르겠습니다. 비록 다른 사람으로 하여금 이런 경우를 만나게 하더라도 옆에서 보는 사람조차 대신 두려워할 것인데, 하물며 박태유(朴泰維)[2] 문제는 실로 미천한 신의 망녕된 의론으로 말미암아 돌고 돌아 이에 이르렀으니, 신의 죄가 여기에서 커졌습니다. 신이 삼가 다시 간절한 진심을 아뢰어 자책(自責)의 일단을 다하고 싶으나 병을 앓아 다 죽게 되어 몸을 가눌 수 없습니다. 땅에 엎드린 채 불안하여 말할 바를 모르겠습니다.

2 박태유(朴泰維) : 1648~1696. 본관은 반남(潘南)이고, 자는 사안(士安), 호는 백석(白石)이다. 서계(西溪) 박세당(朴世堂)의 아들이고 인현왕후(仁顯王后) 폐비 때에 반대하다가 죽은 박태보(朴泰輔)의 형이다. 박세당이 주희(朱熹)의 학설과 배치되는 《사변록(思辨錄)》을 지어 송시열과 이들 집안의 사이가 나빠지게 되었다.

가주서 조의징이 전유한 뒤에 올리는 서계 계해년(1683, 숙종9) 7월

假注書趙儀徵傳諭後書啓 癸亥七月

신이 근시(近侍)가 전유한 성지(聖旨)를 공손히 받들고 보니, 신으로 하여금 《주자대전차의(朱子大全箚疑)》를 수정하여 올리도록 하라는 내용이었습니다. 신이 《주자대전》에 일생의 정력을 쓰지 않은 것은 아니나 신의 재능이 노둔하고 견문이 고루하여 그 깊은 경지를 엿보지 못했습니다. 이번 《차의(箚疑)》 한 책은 처음에는 신에게서 발단이 되었으나 사실은 현 영의정 김수항(金壽恒) 형제, 대사헌 박세채(朴世采), 우윤(右尹) 윤증(尹拯) 등 여러 사람과 함께 서신을 주고받으며 토론하여 대략 편질(篇帙)을 이룬 것입니다. 그러나 참월(僭越)한 죄는 신이 실로 면치 못합니다.

삼가 생각건대, 《주자대전》은 실로 제왕(帝王)의 학문에 관계된 것입니다. 그러므로 인조대왕께서 공산(公山 공주(公州))을 행행하실 적에 여러 유신(儒臣)을 불러 강론할 책을 묻자, 승지 박지계(朴知誡)가 주자의 글을 강론할 것을 청했고, 신의 선사(先師)인 김장생(金長生)은 "이 책을 진강(進講)하는 것이 참으로 좋으나 경연에서 사서(四書) 공부를 아직 마치지 못했으니, 사서를 마치기를 기다려서 연신(筵臣)으로 하여금 진강하게 하소서."라고 하였습니다.

신이 삼가 생각건대, 이제 연석에서 하시는 사서 공부를 마쳤으니, 육경(六經)에 이르러서는 시험 삼아 소대(召對)나 야대(夜對) 때에 《주자대전》 가운데 더욱 성학(聖學)에 절실한 내용을 선택하여 연신으로 하여금 시독(侍讀)하게 하면 반드시 그 전체(全體)와 대용(大用)이 모르는 사이에 성심(聖心)과 부합되는 점을 볼 수 있을 것이고, 정사(政事)를 처리하는 사이에도 도움 되는 점이 있을 것입니다. 신이 가지고 있는 《차의》 십여 책은 여전히 초고 상태로 있으니, 삼가 향리의 벗들과 함께 다시 더 수정해서 정서(淨書)해 제출하여 진퇴의 명을 기다려야 합니다.

신이 삼가 성유(聖諭)를 읽어 보니, 강연을 자주 열 것이니 서둘러 길에 오르라는 분부가 있었습니다. 신은 명을 받들고 기뻐서 실로 기어서라도 나아가서, 선왕의 서업(緖業)을 이어 빛내는 성상을 만에 하나라도 우러러 돕고 싶었습니다. 다만 신의 노쇠하고 병든 상태가 이미 극에 달한 가운데 근일에는 기학(氣瘧)을 앓아 밤낮 추워서 몸을 움츠리고 있습니다. 남은 목숨이 얼마 안 되어 다시 몸을 가눌 가망이 없습니다. 대궐 쪽을 바라보며 단지 혼자 상심하여 탄식할 뿐입니다.

가주서 김령이 전유한 뒤에 올리는 서계 계해년(1683, 숙종9) 8월 6일

假注書金坽傳諭後書啓 癸亥八月六日

신은 명을 듣고 두려워서 감히 감당하지 못하겠습니다. 다만 태만한 죄를 범하는 것이 두려워 삼가 이렇게 초록(抄錄)하고 선사(繕寫)했는데, 정신이 혼란하여 십중팔구는 잊거나 잃어버려 조리라고는 다시 볼 수 없습니다. 그러므로 성상께 곧장 전달하지 못하고 우선 옥당(玉堂)에 보내어 그들로 하여금 다시 첨삭을 더하게 하였으니, 이와 같이 하면 거의 허물이 적을 것입니다.

다만 신의 어리석은 생각으로는 실로 정밀하고 간결하게 만들어 성상께서 열람하실 때 편리하게 하고 싶었습니다. 대개 선유(先儒)가 학문을 논할 때는 매번 정밀하게 하려고 힘썼지 많이 남기려고 힘쓰지 않았습니다. 지금 이 초록한 책이 비록 매우 간략하나 여기에 장점이 있습니다. 정밀하게 살피고 실제로 체득하면 이것으로 수신(修身), 제가(齊家), 치국(治國), 평천하(平天下)를 하는 데 남음이 있어서 부족함이 없을 것입니다. 신은 크게 바라 마지않습니다.

신은 삼가 사사로운 의리에 매우 불안한 점이 있습니다. 다만 월름(月廩) 한 가지 일은 일찍이 도신(道臣)을 통하여 왕명을 회수해 줄 것을 함부로 청했는데, 삼가 다시 월름을 실어 보내라는 명을 내리셨습니다. 대저 아무 하는 일 없이 밥을 먹는 것은 의리상 감히 못 할 바입니다. 그러므로 비록 서울에 있던 날에도 자못 월름을 받지 않고 반납한 때가 있었습니다. 더구나 지금은 전리(田里)에 물러나 살며 제힘으로 먹고살고 있는데 도리어 공곡(公穀)을 소모한다면 실로 할 말이 없는 것입니다. 삼가 빌건대, 신에게 그래도 염치를 지키려는 마음이 있는 것을 어여삐 여겨 속히 도신으로 하여금 이미 내리신 왕명을 뒤미처 환수하게 하시어 구구한 사사로운 분수를 편안하게 해 주신다면 매우 다행이겠습니다.

신은 몹시 소장(疏章)을 갖추어 염치를 무릅쓰고 요청하고 싶으나 시끄럽고 떠들썩하게 하는 것을 심히 죄로 여기고 있어서 올릴까 말까 주저한 지 오래입니다. 지금 사관이 왔다 가는 길에 아울러 이렇게 부쳐 진달합니다. 대개 상소로 아뢰는 것은 시끄럽고 떠들썩할 뿐만 아니라 다시 번거롭게 비답을 내려서 은혜로운 유시를 자주 내리실까 두려우므로, 인편을 통해 부쳐 진달합니다. 신의 죄는 만번 죽어 마땅합니다. 신의 죄는 만번 죽어 마땅합니다.

가주서 김령이 다시 와서 전유한 뒤에 올리는 서계 계해년 (1683, 숙종9) 8월

假注書金坽再來傳諭後書啓 癸亥八月

신이 명을 받들고 황송하기 그지없어서 속히 다시 미천한 충정을 드러내고자 했습니다. 그러나 성상의 귀를 자주 더럽히는 것이 두려울 뿐만 아니라 겸하여 또 질병이 위독하여 몸을 가눌 수 없으니, 땅에 엎드려 눈물을 흘리며 아뢸 바를 모르겠습니다.

승지 신양이 전유한 뒤에 올리는 서계 계해년(1683, 숙종9) 11월 10일

承旨申懹傳諭後書啓 癸亥十一月十日

신은 질병이 위독하여, 서울 안에서 죽어서 신명(神明)이 부지하고 돕는 기상에 누가 될까 몹시 두렵습니다. 그러므로 이미 대궐에 들어가 천안(天顔)을 우러러 뵌 뒤에는 잠시도 머물지 않았습니다. 대개 지난달 이래로 도성 안 사람들은, 집안에 상서롭지 못한 일이 있어도 감히 병명을 바로 부르지 못하여 마치 제사 전에 재계하는 때와 같이 하였으니, 이는 의도가 있는 것입니다. 신이 만약 끝내 병을 대적하지 못하면 비록 보잘것없으나 상서롭지 못한 것이 혹 태독난혁(胎殰卵殈)[3]과는 다르더라도 상서로움을 돕는 것이 아닙니다. 또한 빨리 달려가지 못하고 길 위에서 차자(箚子)를 통하여 성상의 문후를 여쭈면서 하찮은 정성을 폈으니, 이는 실로 서울에 있던 날과 차이가 없습니다.

이번에 안정을 취하며 조섭하는 가운데 특별히 윤음을 내리시어 승지가 와서 선유했는데, 아마도 차자의 내용이 등철(登徹)되지 못한 것 같습니다. 그러므로 성상께서 신이 까닭 없이 돌아가는 것이라고

3 태독난혁(胎殰卵殈) : 태(胎)에서 태어나는 것들은 유산하고 알에서 부화하는 것들은 알이 깨진다는 말로, 조화를 잃어 태어나기도 전에 죽는 것을 말한다. 《예기(禮記)》 〈악기(樂記)〉에 "대인(大人)이 예악을 만든 것은 천지의 도를 밝히기 위해서이다. …… 태에서 태어나는 것들은 유산하지 않으며, 알에서 부화하는 것들은 알이 깨지지 않으니, 이것은 악으로 화육(化育)을 돕는 도에 돌아가는 것이다.〔是故大人擧禮樂, 則天地將爲昭焉. …… 胎生者不殰, 而卵生者不殈, 則樂之道歸焉耳.〕"라고 하였다.

여기시고 이런 은근한 유시를 내린 것입니다. 신은 참으로 황송하고 감격스러워 말할 바를 모르겠습니다.

승지 이륜이 전유한 뒤에 올리는 서계 계해년(1683, 숙종9) 11월 12일

承旨李綸傳諭後書啓 癸亥十一月十二日

신의 상황은 남겨 둔 차자와 승지 신양(申懹)을 통해 올린 서계 중에 다 아뢰었으므로 다시 긴말을 덧붙여 성상의 눈과 귀를 번거롭게 할 수 없습니다.

생각건대, 다시 승정원의 신하를 보내어 유시한 윤음이 간곡하고 정성스러우니, 실로 다시 옥음(玉音)을 받든 것과 다름이 없습니다. 귀신을 감동시켜 울린다는 것은 진실로 이것을 두고 한 말입니다. 신이 목석이 아닌데 어찌 끝까지 미혹됨을 고집하겠습니까. 다만 병을 앓는 상황이 전에 아뢴 바와 같으므로 끝내 우러러 밝은 가르침을 받들 수 없으니, 죄가 만번 죽어 마땅합니다. 그러나 구구한 신하의 충정은 스스로 모른 체할 수 없어서 걸음을 머뭇거리며 날마다 내의원의 소식을 듣고 있습니다. 눈보라가 비록 사나워도 봄기운이 자라서 기쁩니다. 자애로운 성상께서 도리어 신의 노쇠함을 염려하여 외람되게도 유시하시니, 받들어 읽고 눈물을 흘리며 말할 바를 모르겠습니다.

가주서 이인석이 전유한 뒤에 올리는 서계 계해년(1683, 숙종9) 12월

假注書李寅錫傳諭後書啓 癸亥十二月

신이 어리석음을 무릅쓰고 소장을 올려서 은사(恩賜)를 거두실 것을 빌었는데, 분수를 헤아려 보건대 외람되고 참월한 짓이어서 바야흐로 엄한 견책을 기다렸습니다.

뜻밖에 자애로운 성상께서 도리어 온화한 비답을 내리고 근시(近侍)가 와서 선유하니, 신은 더욱 황공하여 몸 둘 바를 모르겠습니다. 더구나 생각건대, 성상의 유시에는 이어서 신을 불러들이는 뜻이 있었습니다. 또한 근시를 통해서 삼가 듣건대, 성상의 체후가 아직도 조섭 중이고 또한 상약(嘗藥)의 근심[4]이 있다고 하니, 먼 외방에서 애타는 심정을 어찌 견딜 수 있겠습니까.

의리상 마땅히 허둥지둥 달려가 문안을 드려 미천한 정성을 펴야 하나 질병이 위태롭고 고통스러워 문을 닫고 숨이 다하기를 기다리고 있으니, 다시는 길에 오를 근력이 없습니다. 대궐 쪽을 바라보며 단지 간절히 근심할 뿐입니다.

4 상약(嘗藥)의 근심 : 당시 현종의 비(妃)이자 숙종의 어머니인 명성왕후(明聖王后) 김씨(金氏)가 병중에 있었다. 명성왕후는 1683년 12월 5일에 저승전(儲承殿)에서 승하하였다.《肅宗實錄 9年 12月 5日》

가주서 심권이 전유한 뒤에 올리는 서계 계해년(1683, 숙종9) 12월 19일

假注書沈權傳諭後書啓 癸亥十二月十九日

신은 질병이 위독한데 도성에서 죽을까 두려워 선조부(先祖父)의 묘소에 나가 엎드려, 죽으면 곧 묻힐 땅으로 여겼습니다. 이번에 삼가 성명께서 특별히 보내신 사관을 만나 보았는데, 들어오라는 뜻으로 유시하였습니다. 신은 감히 머뭇거리지 말고 성지(聖旨)를 따라야 했으나 단지 미천한 질병이 이와 같아서 일어나 움직일 수 없습니다. 행여 차도가 있게 되면 궐 아래에 달려가서 다시 사사로운 정성을 펴겠습니다. 신은 즉시 명을 받들지 못했으므로, 지극히 황공한 마음으로 대죄(待罪)합니다.

승지 송광연이 전유한 뒤에 올리는 서계 갑자년(1684, 숙종10) 1월

承旨宋光淵傳諭後書啓 甲子正月

신은 삼가 절박한 사정(私情)이 있으나 감히 형언할 수 없습니다.

뜻밖에 승정원에서 외람되게도 성상의 총명을 번거롭게 하여, 승지를 보내어 성지(聖旨)를 선유하게 하셨습니다. 신은 황송하여 전전긍긍하는 마음을 견디지 못합니다. 신이 바야흐로 차자를 갖췄는데, 마침내 등철(登徹)된다면 미천한 사정을 재량하여 살펴 주실 것입니다.

승지 이세백이 전유한 뒤에 올리는 서계 갑자년(1684, 숙종10) 1월 15일

承旨李世白傳諭後書啓 甲子正月十五日

신의 절박한 사정(私情)은 이미 어전(御前)에서나 차자에서 드러냈으므로 다시 번거롭게 아뢸 수 없습니다. 그러나 이 밖에 너무나 부끄러워 감히 편안할 수 없는 점이 있어서, 삼가 소장(疏章)을 올려 진달해야 하겠습니다.

승지 이세백이 다시 와서 전유한 뒤에 올리는 서계 갑자년 (1684, 숙종10) 1월
承旨李世白再來傳諭後書啓 甲子正月

신이 그끄저께 공손히 여관에서 성지(聖旨)를 받았습니다. 신의 어리석은 뜻으로는, 구구한 사정은 황공하여 감히 다 진달할 수 없다고 생각했습니다. 그러므로 밝은 성상께서 이렇게 자주 분부를 내리셨는데도, 감히 그저께서야 외람되게도 한 통의 소(疏)를 올려서 충정을 다 드러냈습니다. 소가 위로 진달되기도 전에 먼저 왔던 승지가 급히 와서 전유했는데, 정성스럽게 반복하여 타이르는 뜻이 또한 전보다 더하며, 성모(聖母)의 경신년(1680) 일[5]을 들어 분부하기까지 하고, 또한 "재궁(梓宮)이 아직 빈궁(殯宮)에 있고 선침(仙寢)이 아직 차가워지지도 않아 그때의 옥음(玉音)이 아직도 귓가를 맴돌고 있다."라고 말씀하셨습니다. 신은 반도 읽기 전에 어느새 턱에서 피눈물이 줄줄 떨어졌습니다. 아, 당일의 일은 신도 기억하고 있는데, 혐의가 없고 사양할 말이 없으므로 힘써 공손히 받들었던 것입니다. 지금은 부끄러움이 얼굴에 가득하고 땀이 흘러 등을 적시니, 참으로 소장에서 아뢴 바와 같습니다. 이와 같은데 함부로 도성에 머문다면 염치를 모두 잃고

5 성모(聖母)의 경신년 일 : 경신년 12월에 고향으로 내려가려는 영중추부사 송시열에게 현종의 비인 명성왕후(明聖王后) 김씨(金氏)가 나이 어린 숙종을 보좌하도록 하는 언문 전교(諺文傳敎)를 간절한 어조로 내려, 송시열이 도성으로 다시 들어온 일이 있었다. 《肅宗實錄 6年 12月 23日》

의리가 전부 어그러집니다. 주자(朱子)가 말하기를 "한 사내의 진퇴는 풍속의 성쇠에 관계된다."[6]라고 하였으니, 오늘날 거취의 득실은 신의 일신에 관계될 뿐만이 아닙니다.

생각건대, 우리 성모의 사리에 밝은 성품은 하늘이 이루어 주어서 아무리 작더라도 통촉하지 못한 것이 없었습니다. 경신년의 머묾과 오늘의 물러감을 어찌 내리비추어 정밀하게 살피지 못하시겠습니까. 지금 신으로 하여금 염치를 무릅쓰고 그대로 머물며 뻔뻔하게 사람을 대하게 한다면 하늘에 계신 성모의 영령이 기꺼이 "나에게 신하가 있어서 내가 예우한 뜻을 욕보이지 않는구나."라고 말씀하시겠습니까. 비록 그렇다고 하더라도 오늘 국세가 이처럼 위급한데, 만일 신이 머물러서 혹 만에 하나라도 보탬이 된다면 남의 비웃음과 모욕은 진실로 돌아볼 겨를도 없습니다. 그러나 위로는 이미 국사에 무익하고 아래로는 한갓 성인의 경계를 범할 뿐임을 신이 스스로 이미 잘 알고 있습니다. 이런 까닭에 신이 끝내 감히 명을 받들고 도로 들어가지 못하고, 태만한 죄가 점점 커져서 헤아려 용서해 주실 길이 점점 막힙니다. 신은 진실로 만번 죽어도 속죄하기 어려운 줄을 스스로 알고 있습니다.

삼가 빌건대, 밝은 성상께서는 불쌍히 여기고 천천히 살펴, 신으로 하여금 가까운 대로 낭패하고 먼 대로 낭패하는 것[7]을 면할 수 있게

6 한……관계된다 : 주희(朱熹)가 "사대부의 사수(辭受)와 출처는 비단 그 자신만의 일이 아니다. 그 처신의 득실은 바로 풍속의 성쇠에 관계된다. 그러므로 더욱 살피지 않으면 안 된다."라고 한 것을 말한다. 《晦庵集 卷25 答韓尙書書》

7 가까운……것 : 송시열 자신은 벼슬에 임용되면 언제 어디서나 낭패한다는 뜻이다. 주희가 50세에 남강군 지사(南康郡知事)로 있을 때 원추(袁樞)에게 편지를 보내 지사를 사직할 수밖에 없는 일곱 가지 이유를 들어 "대체로 저의 재력과 사세를 스스로

해 주신다면 실로 천지와 부모가 낳아 주고 이루어 주는 은혜와 같을 것입니다. 신은 구구하고 간절히 기원하는 마음을 견디지 못하겠습니다.

헤아려 보건대 사묘(祠廟)에 보임되는 것 이외에는 무슨 직책에 임명되는지에 상관없이 모두 할 수가 없습니다. 작으면 작은 대로 낭패이고 크면 큰 대로 낭패이고, 멀면 먼 대로 낭패이고 가까우면 가까운 대로 낭패입니다."라고 하면서 한직(閑職)인 도관(道觀)의 사관(祠官)에 보임되도록 힘써 달라고 부탁하였다. 《晦庵集 卷26 與袁寺丞書》

가주서 이형상이 전유한 뒤에 올리는 서계 갑자년(1684, 숙종 10) 1월

假注書李衡祥傳諭後書啓 甲子正月

신이 방금 승지가 돌아가는 길에 충정과 성의를 다 바쳤는데, 이번에 사관이 다시 소비(疏批)를 받들고 이르렀습니다. 더할 나위 없이 정성스레 타일러 주시니, 신이 받들어 읽고 황송하여 몸 둘 바를 몰랐습니다. 신은 다시 자세하게 설명하여 성상의 귀를 더럽히지 못하겠습니다. 단지 두렵고 불안한 마음에 거적을 깔고 엎드려 죄를 기다릴 뿐입니다.

승지 이세백이 세 번째 와서 전유한 뒤에 올리는 서계 갑자년 (1684, 숙종10) 1월

承旨李世白三來傳諭後書啓 甲子正月

7일 동안에 승지가 세 번이나 왔고, 전유한 성지(聖旨)는 더욱 간곡했으니, 성은이 융숭할수록 신의 죄가 더욱 커집니다.

다만 신이 어제 도중에 동기(同氣)의 자식이 천연두 증세가 위중하여 극한 상황에 이르렀다는 말을 들었습니다. 신은 밤새 내달려 이미 교외에 도달했습니다. 이제 비록 명을 받들어 조정에 돌아가고 싶지만 어찌 차마 마음을 누르고 발길을 돌려 끝내 영결을 하지 않을 수 있겠습니까. 신은 마음과 정신이 갈피를 잡을 수 없어, 비록 소회가 있어도 승지에게 부쳐 아뢰지 못합니다. 땅에 엎드린 채 황송한 마음으로 공손히 처벌을 기다립니다.

가주서 이의창이 전유한 뒤에 올리는 서계 갑자년(1684, 숙종 10) 1월

假注書李宜昌傳諭後書啓 甲子正月

신이 서리와 눈을 무릅쓰고 새벽과 밤에도 내달렸더니 병이 크게 발작하여 길옆에 쓰러져서 다 죽게 된 사람처럼 골골거리고 있습니다. 이때 사관이 다시 이르러 성상의 뜻을 유시(諭示)하였습니다. 신은 이에 대해 뜻이 곤궁하고 방도가 다하여 더욱 조처할 바를 모르겠습니다.

이렇게 하늘이 참혹한 재앙을 내리고 나라의 형세가 망극한 날을 당했으니, 멸망하는 불행은 아침이 아니면 저녁에 일어날 것입니다. 신이 비록 형편없지만 어찌 감히 강 건너 불 보듯 할 수 있겠습니까. 다만 원래 작은 장점도 없고 쇠병(衰病)이 이렇게 심하니, 물러나 구렁을 메우는 것이 본래 마땅합니다. 더구나 생각건대, 성인은 만물을 조치하여 그들로 하여금 각기 제자리를 얻게 하니, 이것이 위육(位育)[8] 하는 도리입니다. 신이 늘 이것을 밝은 성상께 바랐는데, 지금 다 죽게 된 날에 허둥지둥 낭패하여 도로에서 죽게 생겼으니, 어찌 선하고 아름다운 성화(聖化)에 누가 되지 않겠습니까. 또한 신이 비록 은혜를 받고 의(義)를 경외하여 죽음을 무릅쓰고 지팡이를 짚고 나아가려 하나 지척에 있는 고향에도 돌아가지 못하고 길옆에서 나뒹굴어 몸을 움직이

8 위육(位育) : 《중용장구》 제1장의 "중과 화의 지극한 경지를 이루면 천지가 제자리를 찾아 편안하고 만물이 제대로 길러질 것이다.〔致中和, 天地位焉, 萬物育焉.〕"라는 말에서 나온 것이다.

는 데도 남의 부축이 필요합니다. 이러한 근력으로는 전혀 몸을 가눌 방도가 없습니다. 대궐 쪽을 바라보며 단지 혼자 슬프게 울 뿐입니다.

가주서 남지훈이 전유한 뒤에 올리는 서계 갑자년(1684, 숙종 10) 4월

假注書南至熏傳諭後書啓 甲子四月

신이 월름(月廩)과 은명(恩命) 때문에 감히 만번 죽음을 무릅쓰고 성상의 귀를 더럽히는 죄를 범했는데, 윤허를 받지 못했을 뿐만 아니라 이어서 불러들이는 분부가 있었습니다. 신은 참으로 황공하여 형언할 바를 몰랐습니다. 신은 노쇠하고 병들어 장차 죽을 것입니다. 다 끊어져 가는 정신과 기력을 다해 다시 미진한 충정을 다 바쳤으니 자애로운 성상께서 끝내 양찰해 주시기를 바랍니다.

가주서 이우진이 전유한 뒤에 올리는 서계 갑자년(1684, 숙종 10) 5월 4일

假注書李宇晉傳諭後書啓 甲子五月四日

소신은 가쁜 숨을 근근이 이으며 다시 절기를 걱정합니다. 어제 기절했다 다시 깨어난 것은 또한 천은(天恩) 덕분입니다. 신이 외지고 먼 고장에 있어 월름(月廩)을 환수하라는 명을 전혀 듣지 못했습니다.

재차 성상의 귀를 더럽히고 다시 성상께서 번거롭게 유시(諭示)하시게 한 데 이르러서는, 더욱 황송하여 몸 둘 곳이 없습니다. 이제 다시 멀리하려는 마음을 속히 되돌리라고 분부하셨는데, 신이 이에 대해 어떻게 마음을 가누고 또한 어떻게 대답할 수 있겠습니까. 구구한 충정을 사관이 돌아가는 길에 부쳐 아뢰고 싶으나 정신이 혼미하여 또한 몸을 가눌 수 없습니다. 대궐 쪽을 바라보니 눈물과 콧물이 마구 흐를 뿐입니다.

가주서 임익원이 전유한 뒤에 올리는 서계 갑자년(1684, 숙종 10) 5월

假注書任翊元傳諭後書啓 甲子五月

신은 외람되게도 은혜로운 비답과 사관이 내려왔기에 황공하고 감격스러워 어찌할 바를 모르겠습니다. 길에 오르라는 분부를 내리시게 된 것은, 이렇게 곤궁하여 거의 죽게 된 상태를 상께 아뢸 길이 없어서입니다. 신이 다시 미천한 정성을 한두 가지 드러내고 싶지 않은 것은 아니나 정신이 혼미하고 기력이 모자라 끝내 못 하겠습니다. 대궐 쪽을 바라보며 다만 슬픈 눈물을 흘릴 뿐입니다.

가주서 원성유가 전유한 뒤에 올리는 서계 갑자년(1684, 숙종 10) 7월

假注書元聖兪傳諭後書啓 甲子七月

신은 지난 초여름부터 큰 병을 앓았는데 병이 나을 기미가 전혀 없습니다. 외람되게도 천은(天恩)을 입어 의약(醫藥)이 자주 내려서 생기가 부지되어 오늘이 있게 되었습니다. 신은 늘 감읍하여 보답할 것을 꾀하나 방법이 없습니다.

뜻밖에 이번에 성상께서 재해를 만나 두려워하며 잠을 주무시거나 음식을 맛볼 겨를도 없이 멀리 근시(近侍)를 보내어 산골짜기의 신에게 도움을 구하셨습니다. 아, 비록 성상의 분부가 없더라도 신이 진실로 이미 성상의 마음이 타들어 가리라고 우러러 생각했으나, 일의 형세가 이 지경에 이르렀으니 실로 성상을 위하여 계책을 세울 방법을 모르겠습니다. 또한 신이 비록 한창나이라도 아는 것이 없을 텐데, 더구나 지금 관(棺)에 들어갈 날에 정신이 혼미하고 눈과 귀가 어두워 아침에 기억한 것을 저녁에 잊으니, 어찌 성상의 생각을 만에 하나라도 우러러 도울 수 있겠습니까. 또한 조정의 사의(事宜)를 생각하지 않고 오직 스스로 백성의 환심을 사는 것은 신이 실로 차마 하지 못합니다. 다만 젊었을 적에 주자(朱子)의 글을 읽고 당일에 시대를 구제하기 위하여 시행한 계책과 진주(陳奏)한 말을 대략 들었으므로, 지금 감히 공개적으로 외워서 채택하시는 데 대비하겠습니다.

주자가 "일찍 한다.〔早爲〕"라고 한 것은 미리 조치하여 제때에 대지 못하는 근심이 없게 하는 것이고, "실정을 파악한다.〔得實〕"라고 한 것은 간사한 아전을 감찰하여 허와 실이 서로 뒤섞이지 않게 하는 것이며, "권유하여 없는 사람에게 나누어 주게 한다.〔勸分〕"라고 한 것은 부유한 백성을 타이르고 깨우쳐서 그들의 저축을 나누어 주게 하는 것이며, "독촉을 멈춘다.〔住催〕"라고 한 것은 포흠(逋欠)한 것을 독촉하지 않고 풍년이 들기를 기다리는 것이며, "어찰〔御札〕"이라 한 것은 황제가 몸소 글을 지어서 민간과 식견 있는 자에게 고유(告諭)하여 그들을 감동하게 하는 것이며, "상벌을 밝힌다.〔明其賞罰〕"라고 한 것은 잘한 자에게는 상을 주고, 못한 자는 내쫓는 것입니다. 또 말하기를 "조정이 부세(賦稅)를 견감할 때 세력이 강한 자들은 요행히 면하나 가난한 자들은 홀로 은혜를 입지 못한다."라고 하고, 또 말하기를 "부유한 백성에게 권유만 하고 빼앗지 말게 하며, 그리하여 가난한 사람을 보살피고 부자를 안정시킨다."라고 했습니다. 이것은 모두 주자가 행하고 말한 것입니다.

재앙을 그치게 하는 도에 이르러서는 "오늘을 위한 계책은, 오직 성심(聖心)으로 결단하여 깊이 몸을 삼가고 잘못을 뉘우치는 뜻으로 높은 하늘에 제사를 지내 재앙이 없어지기를 비는 것만이 있습니다. 그런 뒤에 임금과 신하가 서로 경계하고 통렬히 스스로 반성하여 잘못을 고쳐 황천(皇天)이 인자하게 사랑하는 마음에 부응한다면 정성이 감통하여 재앙이 바뀌어 복이 될 것입니다."라고 하는 데 지나지 않았습니다. 이것은 실로 주자가 지성으로 임금의 마음을 바로잡은 말입니다. 이 밖에는 신이 다시 아는 바가 없습니다. 오직 성상과 대신(大臣)이 지성으로 그것을 실행하는 데 달렸을 뿐입니다.

신이 이어서 삼가 성유(聖諭)를 보니, 늙은 신[9]을 불러들인다는 말씀이 있었습니다. 신이 일찍이 보건대, 송(宋)나라 때 은퇴한 신하는 자신의 소식이 조정에 도달하지 않는 것을 높게 여겼습니다. 그러나 신의 경우에는 그렇지 못합니다. 지금 어찌 도성에 돌아가서 멸망을 함께하고 싶지 않겠습니까. 실로 몹시 쇠하고 병들어 목숨이 조석에 달렸으니, 비록 힘써 길에 오르고 싶으나 전혀 그럴 길이 없습니다. 멀리 대궐 쪽을 바라보며 단지 애를 태울 뿐입니다.

9 신 : 대본에는 '身'으로 되어 있다. 두주에 근거하여 '臣'으로 바로잡아 번역하였다.

주서 강현이 전유한 뒤에 올리는 서계 갑자년(1684, 숙종10) 8월

注書姜鋧傳諭後書啓 甲子八月

신의 헐떡이는 숨이 아직도 이어져 늘 스스로 또한 하나의 괴물이라고 여기고 있습니다. 어제 외람되게도 소지(召旨)를 받았는데, 몹시 애가 타서 오장이 요동쳤습니다. 지금 이렇게 열흘 동안에 간절한 분부를 거듭 내리셨는데, 마치 신이 아직도 몸을 가눌 수 있는 것처럼 보신 듯합니다. 신은 삼가 해와 달처럼 밝은 성상께서도 살피지 못하시는 곳이 있음을 탄식합니다.

아, 비록 평상시라도 임금의 명령이 끊임없이 권하면 끝내 감히 꼼짝 않고 누워 있을 수 없습니다. 더구나 지금 존망이 달린 위급한 날에 장백조여(將伯助予)[10]의 뜻이 이토록 간절하고 절실하니, 구구한 신의 충정으로 볼 때 비록 조금도 보탬이 되지 않는 줄을 잘 알더라도 또한 어찌 감히 자신의 편리만을 도모하겠습니까. 실로 늙고 병든 상태가 어제 진달한 바와 같으므로 길에 오를 방도가 없습니다. 공손히 집에 엎드려 처벌을 기다릴 뿐입니다.

10 장백조여(將伯助予) : 백(伯)이라는 사람에게 나를 도와 달라고 청하리라는 말인데, 곧 신하에게 도움을 청한다는 뜻이다. 장(將)은 청(請)의 뜻이다. 《詩經 正月》

승지 윤반이 전유한 뒤에 올리는 서계 갑자년(1684, 숙종10) 11월 1일

承旨尹攀傳諭後書啓 甲子十一月一日

소신이 자식을 사랑하는 마음을 견디지 못하여 죽음을 무릅쓰고 길을 나섰는데, 마침 비바람과 싸락눈을 만나 크게 병에 걸렸습니다. 바야흐로 곤궁하여 거의 죽게 되었으니, 장차 객귀(客鬼)가 될 수밖에 없을 것입니다.

갑자기 이러한 때에 근시(近侍)가 멀리 와서 성지(聖旨)를 전유하니, 병중의 심경이 갑절 황송하고 감격스러워 눈물을 쏟았는데 불현듯 병세가 더했습니다. 아, 신처럼 형편없는 자가 어떻게 성명(聖明)께 이런 대우를 받는단 말입니까. 비록 천만번 분골쇄신하더라도 어찌 은혜에 보답할 가망이 있겠습니까.

신이 이미 가까운 경기 지방에 이르렀으니, 만약 조금이라도 몸을 가눌 형편이 된다면 어찌 감히 기어가거나 이끌려 가서 조금이라도 평소 대궐을 그리워한 마음을 펴지 않겠습니까. 여기서 청주(淸州) 옛집까지는 단지 이틀 거리이고, 돌아가 죽고 싶은 마음이 목마를 때 물을 찾는 것과 같으나 또한 마음을 먹을 수 없습니다. 하물며 함부로 도성에 들어가 대궐에 올라가기를 바라겠습니까. 공손히 여차(旅次)에 엎드려 단지 혼자 울먹일 뿐입니다.

승지 정면이 전유한 뒤에 올리는 서계 갑자년(1684, 숙종10) 11월 4일

承旨鄭勔傳諭後書啓 甲子十一月四日

신의 질병이 위급한 상황은 전일 승지를 통해 올린 서계 가운데 대략 진술했습니다. 뜻밖에 의약(醫藥)을 내리는 은혜가 빈번하고 승지가 다시 내려와 선유한 성지(聖旨)에는 전보다 더한 점이 있었습니다. 귀신을 울리며 천지를 감동시킨다고 말한 것은 진실로 빈말이 아닙니다.

또한 신으로 하여금 천천히 병이 낫기를 기다려서 올라오라고 하시며 독촉하는 뜻이 없었습니다. 늙은 신하를 우대하는 것이 지극하고 극진합니다. 신이 형편없기 때문에 성상께서 이처럼 돌보아 주신 것이니, 비록 몹시 어리석더라도 어찌 감격할 줄 모르겠습니까.

다만 스스로 헤아려 보니, 신은 오랫동안 아픈 나머지 위중한 증세가 빠르게 공격하여 곡기가 오래 끊어지고 원기가 줄어들었습니다. 이렇게 급박한 형세에 어찌 회생할 가망이 있겠습니까. 공손히 여차(旅次)에 엎드려 다만 몹시 슬퍼할 뿐입니다.

가주서 이의창이 전유한 뒤에 올리는 서계 갑자년(1684, 숙종 10) 11월

假注書李宜昌傳諭後書啓 甲子十一月

신이 올린 대죄(待罪)의 글은 실로 성심(誠心)에서 나온 것이지 형식을 갖추려고 한 것이 아닙니다. 뜻밖에 자애로운 성상께서 외람되게도 너그러이 용서해 주고, 또 온화한 비답을 내렸으며, 멀리 근시(近侍)를 보내어 간곡하게 선유하셨습니다. 받들어 읽고 슬퍼 오열하며 참으로 스스로 그칠 수 없었습니다.

심지어 성의가 미덥지 못해 멀리하려는 마음을 돌리지 못했다는 유시(諭示)는 대개 늙은 신이 형편없어 참으로 상을 감동시키지 못한 결과이니, 갑절 황송하여 몸 둘 곳이 없습니다. 삼가 듣건대, 성상의 체후가 이미 병이 낫는 효험을 거두었으나 남은 증세가 다 가시지는 않았다고 합니다. 겸하여 세월이 빨리 흘러 성모(聖母)의 소상(小祥)이 20일밖에 남지 않아서 최복을 벗을 기일이 촉박하니, 사반(社飯)의 감회[11]가 더욱 간절합니다.

11 사반(社飯)의 감회 : 왕후에게 받은 은혜를 그리워하는 마음을 말한다. 송(宋)나라 영종(英宗)의 비이자 철종(哲宗)의 조모인 선인태후(宣仁太后)가 병이 들자 범순인(范純仁)과 여대방(呂大防) 등이 찾아왔는데, 선인태후가 이들에게 자신이 죽고 나면 정국이 변할 것이므로 일찍 물러나도록 권유하였다. 그리고 사반을 하사하면서 "내년에 사반을 먹을 때면 이 늙은이가 생각날 것이다."라고 하였다. 《宋史全文 卷13下 宋哲宗 3》 사반은 봄과 가을에 토지의 신에게 제사하는 날인 사일(社日)에 돼지고기와 양고기 등의 맛있는 음식을 갖추어 놓은 밥상을 말한다.

신의 질병이 만약 조금이라도 몸을 가눌 형편이라면 어찌 차마 가까운 경기 지역에서 배회하며 끝내 조정을 멀리하겠습니까. 병세가 더욱 악화하여 죽을 때가 날로 다가오니, 대궐 쪽을 바라보며 단지 혼자 슬퍼할 뿐입니다.

검열 심권이 전유한 뒤에 올리는 서계 갑자년(1684, 숙종10) 12월

檢閱沈權傳諭後書啓 甲子十二月

신은 병으로 길가에 엎어져 곧 죽을 지경입니다. 홀연히 이즈음에 근시(近侍)가 와서 성상의 비답을 전유했는데, 간곡한 뜻이 전에 비해 더하였습니다. 신은 감격스럽고 두려워 몸 둘 곳을 모르겠습니다.

신이 이미 새 왕릉 아래에 가까이 왔습니다. 내일 죽음을 무릅쓰고 출발하여 임시로 능관(陵官)과 함께 호위병들 사이에서 애도하는 마음을 펴고자 합니다. 이어서 다시 치료하여 다행히 한 가닥 숨이 끊어지지 않는다면 삼가 염치를 무릅쓰고 나아가 문안하는 반열에 참여할 수 있겠으나 다만 신이 이처럼 쇠약하니 신도 스스로 기약할 수 없습니다.

검열 송주석이 전유한 뒤에 올리는 서계 갑자년(1684, 숙종10) 12월 7일

檢閱宋疇錫傳諭後書啓 甲子十二月七日

신이 어제 탑전(榻前)에서 가까운 경기 지역에 있으라는 왕명을 받들었습니다. 더구나 신이 삼가 우러러보니, 천안(天顏)이 옛날과 크게 달랐습니다. 신의 마음속 우려가 먼 외방에서 받들어 듣던 날보다 절로 갑절이나 늘었는데, 또한 유독 무슨 마음으로 멀리 향리로 떠나겠습니까.

생각건대, 미천한 질병이 날로 악화되고 있으나 길가에는 몸을 부칠 곳이 없습니다. 신은 약간의 노비가 수원(水原) 땅에 있습니다. 신은 장차 기어서 그곳에 가서 성상의 체후가 회복되기를 기다린 뒤에 산골짜기에 돌아가 죽을 것입니다. 다만 한 가지 일이 있습니다. 신은 쓸모없는 쇠잔한 몸으로 한갓 권우(眷遇)를 그르쳤으니 밤낮으로 근심하고 불안해하느라 몸 둘 바를 모르겠습니다.

이번에 호조 낭관이 어명에 따라 식물(食物)을 실어 보냈습니다. 신은 동기(東畿 경기의 동쪽 지역)에 있을 적에 외람되게도 은혜로운 하사품을 사양했으나 윤허를 받지 못했습니다. 지금 다시 이렇게 식물을 보내셨는데, 옛날에는 본래 곤궁한 사람을 도와준 일[12]이 있으나

12 옛날에는……일 : 《논어》 〈옹야(雍也)〉에서, 빈곤하지 않은 공서적(公西赤)의 집안에 염구(冉求)가 지나치게 곡식을 주자 공자(孔子)가 "군자는 곤궁한 사람을 도와주며 여유가 있는 사람을 계속 도와주지 않는다."라고 말하였다.

다시 “죽음을 면할 정도로만 받을 뿐이다.”[13]라는 교훈이 있었습니다. 지금 이렇게 거듭 이르니 너무 많은 듯하고, 겸하여 또한 늙어서 총애와 이익을 탐하여 굶주린 까마귀의 기롱을 초래하는 것은 옛날 사람이 깊이 경계한 것[14]이므로, 이에 함부로 받지 못하여 해당 조(曹)에 도로 바칩니다. 옛날에 불공(不恭)한 죄라고 한 것을 신이 실로 범하였습니다. 황공하여 죽음을 청하는 마음을 견디지 못하겠습니다.

13 죽음을……뿐이다 : 맹자(孟子)가 벼슬에 나아가는 세 가지의 경우를 설명하면서 마지막 세 번째에서 “아침도 먹지 못하고 저녁도 먹지 못하여 굶주려 문호를 나갈 수 없을 때 군주가 이 말을 듣고 ‘크게는 그의 도를 행하지 못하고 또 그의 말을 따르지 못해서, 그를 내 땅에서 굶주리게 하는 것을 나는 부끄러워한다.’라고 하며 구원해 준다면 또한 그것을 받을 수 있거니와, 죽음을 면할 정도로만 받을 뿐이다.”라고 하였다. 《孟子 告子下》

14 늙어서……것 : 송(宋)나라 승상 증공량(曾公亮)이 늙어서도 치사(致仕)하지 않았으나 아무도 이를 비난하는 대간이 없었는데, 이복규(李復圭)가 다음과 같은 시를 지어 기롱하자 사직하고 떠났다고 한다. “늙은 봉황은 못가에 주저앉아 떠나지 않고, 굶주린 까마귀는 누대 위에서 소리 없이 입을 다물었네.〔老鳳池邊蹲不去, 饑烏臺上噤無聲.〕”《宋名臣言行錄 後集 卷6》 중서성(中書省)의 별칭이 봉황지(鳳凰池)이므로 늙은 봉황은 증공량을 가리키고, 어사대(御史臺)의 별칭이 오대(烏臺)이므로 까마귀는 대간을 가리킨다.

검열 송주석이 다시 와서 전유한 뒤에 올리는 서계 갑자년 (1684, 숙종10) 12월

檢閱宋疇錫再來傳諭後書啓 甲子十二月

신이 죽음을 무릅쓰고 길에 올랐는데 엎어지고 자빠지면서 병든 몸을 이끌고 가다가 길가에 엎드려 있자니, 만 가지 생각이 모두 재가 되었습니다. 그러나 맑은 위수(渭水)와 종남산(終南山)을 차마 점차 멀리 떠나지 못합니다.[15] 이번에 근시(近侍)가 다시 와서 성지(聖旨)를 선유했는데, 정녕하고 간측한 뜻이 갈수록 더욱 도타워졌습니다. 그러나 신이 어떤 사람이라고 도리어 감히 받들어 응하겠습니까. 황공하고 두려워 몸 둘 곳이 없습니다.

아, 밝은 성상께서 노쇠하고 병든 신을 가엾게 여겨 휴치(休致)를 윤허하고, 또한 신으로 하여금 교외에서 머물러 쉬게 하니, 늙은 신하를 지극히 곡진하게 염려해 주셨다고 할 만합니다. 신이 목석이 아닌데 어찌 감동하여 조금이라도 성지를 받들 것을 생각하지 않겠습니까. 이런 까닭에 우선 이렇게 배회하며, 겸하여 이곳을 성상의 체후를 빈번히 받드는 곳으로 삼고 있으나, 단지 신의 병세가 날로 더하여 또한 여차(旅次)에 오래 머물기 어렵습니다. 혹시 갑자기 알 수 없는 일이

15 맑은……못합니다 : 나랏일을 걱정하여 차마 한강과 남산이 있는 서울을 떠나지 못한다는 말이다. 두보(杜甫)의 시 〈봉증위좌승장(奉贈韋左丞丈)〉에 "아직도 종남산을 사랑하여, 맑은 위수 가에서 머리 돌려 바라보노라.〔尙憐終南山, 回首淸渭濱.〕"라고 하였는데, 이를 차용하여 한 말이다. 《全唐詩 卷216》

일어나서 고향을 그리워하는 마음을 스스로 억제하지 못하는 경우가 생기면, 끝내 미친 듯이 내달리는 데 이르러 장차 성상의 간곡한 뜻을 우러러 체득하지 못할 것입니다. 신은 이 때문에 황공하여 또 신의 상황에 한 가지 병이 더해졌으니, 그 또한 답답합니다.

그리고 식물(食物)을 내리는 명령이 거듭 이에 이르렀는데, 신이 감히 다시 성상의 귀를 더럽히지 못합니다. 그러나 현재 있는 곡식으로 조금 지탱할 만하니, 만약 아침저녁으로 못 먹어 문을 나가지 못할 정도에 이르면 삼가 공손히 받아 마침내 은명(恩命)을 받들겠습니다.

승지 한구가 전유한 뒤에 올리는 서계 갑자년(1684, 숙종10) 12월

承旨韓構傳諭後書啓 甲子十二月

신이 며칠 전에 감히 아무것도 모르는 것처럼 길에 오를 수 없어서 한 통의 소(疏)를 남겨 두어 외람되이 진정을 아뢰었으며, 만일 올려진다면 양찰을 받기를 바랐습니다. 대저 신은 매우 형편없는데 밝은 성상께서 오히려 비루하게 여기지 않으셨으니, 어찌 구구한 신이 그래도 염치를 대략 알므로 완전히 경솔한 짓을 하는 데 이르지는 않을 것이라 여겨서가 아니겠습니까. 이제 백발이 된 노년에 여차(旅次)에서 전전하며 비난과 욕설을 받고 있으니, 또한 은혜로운 권우(眷遇)에 욕을 끼칠 만합니다. 더구나 지금 사학(四學)의 소장이 더해졌는데 혐의를 피하지 않고 남들의 비방을 증명하여 이루었습니다.[16] 그러므로 미천한 신은 타협을 모르는 편협한 마음으로 일각도 참지 못하고 미친 듯이 내달려 향리로 돌아왔으나 향리도 몹시 어지러워 장차 서책을 품에 안고서 더욱 깊이 들어갈 수밖에 없게 되었습니다. 대저 신의 처신이 어떠한지는 논할 것도 없이 면유(面諭)하신 융숭한 뜻을 저버리고 추

16 사학(四學)의……이루었습니다 : 1684년 12월 명성왕후(明聖王后)의 소상(小祥) 때 송시열이 서울에 올라가 잠깐 능(陵)만 배알하고 시골로 내려가려 하자 숙종이 이를 적극 만류하였으나 끝내 돌아가 버렸다. 이때 마침 사학에서 소를 올려 그를 만류할 것을 요청하였다. 그러나 송시열을 공격하는 사람들이 "속으로는 사학을 사주하여 소를 올려 자신을 만류하게 하고서 겉으로는 청렴한 체하며 물러가려 한다."라고 하면서 공격하였다.

후에 펴신 지극한 뜻도 잊어 결국 제 마음대로 행동하는 데 이르렀습니다. 죄가 용서할 수 없는데, 만번 죽은들 어찌 속죄하겠습니까.

뜻밖에 이번에 승선(承宣)이 멀리 와서 윤음(綸音)을 전유했는데, 신의 과거를 책망하고 신에게 새로운 것을 도모하도록 면려하셨습니다. 신은 국세가 위급할 때 만약 조금이라도 보탬이 된다면 비록 철륜(鐵輪)을 머리 위에다 굴리더라도 또한 어찌 핑계 대고 피하겠습니까.[17] 다만 이것은 염치를 잊고 그저 세도(世道)를 더럽혀 주먹질과 발길질을 초래하여 몸과 마음에 수치를 쌓는 것이니, 이것이 신이 끝내 감히 명을 받들지 못하는 까닭입니다. 거룩한 전하께서 밝게 살피고 불쌍히 여겨 주실 것이 분명합니다. 황공하여 죄를 기다리던 나머지 다만 스스로 위로합니다.

17 철륜(鐵輪)을……피하겠습니까 : 어떠한 어려움 속에서도 마음이 동요되지 않을 것이라는 말이다. 철륜은 불교에서 나온 말로, 죄인의 목을 베는 형구이다. 주희가 유보(劉黼)에게 답한 편지에 "철륜을 머리 위에다 굴리더라도, 또한 어떻게 그의 뜻을 움직이겠는가."라고 하였다. 《晦庵集 卷45 答劉季章》

검열 송주석이 전유한 뒤에 올리는 서계 갑자년(1684, 숙종10) 12월

檢閱宋疇錫傳諭後書啓 甲子十二月

신이 어제 승지의 걸음에 대략 지극한 정성을 진달했습니다. 이번에 또 삼가 소비(疏批)를 받들고 보니, 자상히 반복하는 뜻이 전에 비해 더하였습니다. 신은 참으로 감격스럽고 황공하여 몸 둘 바를 모르겠습니다.

신은 어제의 서계에서 질병이 위독하고 정신이 혼미하여 말에 조리가 없어 한갓 긴말만 소비하였습니다. 그러나 평소에 생각했던 것은 거의 다 아뢰어 남은 것이 없습니다. 감히 무슨 말로 다시 성상의 밝은 귀를 더럽히겠습니까. 생각건대 "미치지 못한 점을 보좌하라."라는 유지(諭旨)를 내리시니, 삼가 미천한 신이 형편없는데도 밝은 성상의 맑은 살핌을 입지 못한 것 같습니다. 신은 원래 버선을 풀어 놓은 실 같은 재주도 없으니, 순(舜) 임금의 터진 의상을 기울 수 있겠습니까.[18] 비록 한창나이라도 일개 몸과 마음이 또한 어떻게 하지 못하고 일곱

18 버선을……있겠습니까 : 자신의 재주가 하찮아서 순 임금 같은 훌륭한 임금의 과오를 보완할 수 없다는 말이다. '버선을 풀어 놓은 실'은 하찮은 재주를 이르는 말로 《북몽쇄언(北夢瑣言)》 권5 〈고측계사(高測啓事)〉에 "조정의 선비 이태하(李台瑕)가 '한 팔좌(韓八座)의 기예는 마치 버선을 풀어 놓은 실처럼 한 가닥도 긴 것이 없다.'라고 하니, 당시 사람들이 옳게 여겼다."라고 한 데서 보이고, 순 임금의 의상을 깁는다는 것은 두목(杜牧)의 시 〈군재독작(郡齋獨酌)〉에 "평생에 오색 실을 가지고 순 임금의 의상을 기워 보았으면."이라고 한 데서 차용한 말이다.

번 거꾸러지고 여덟 번 넘어질 것입니다. 그러므로 신은 효묘조(孝廟朝)에서 성상의 전교(傳敎)에 답할 때, "신이 올라온 것은, 감히 스스로 성상의 계획을 만에 하나라도 보좌할 수 있다고 생각해서가 아니라, 단지 하양(河陽)에서 새벽밥을 짓고자 해서입니다.[19]"라고 했습니다. 더구나 오늘날은 근육과 뼈도 쇠잔하여 앉거나 눕거나 돌아눕는 것도 남의 도움이 필요하니, 비록 꿈엔들 어찌 일어나 움직일 가망이 있겠습니까. 단지 한 가닥 숨이 끊어지지 않은 탓으로 성상의 뜻을 자주 내리게 한 것이 이런 지경에 이르렀습니다. 신의 죄는 이에 이르러 더욱 큽니다.

19 하양(河陽)에서……해서입니다 : 작은 힘이나마 나라에 봉사하려는 마음을 비유한 것이다. 원래는 두보(杜甫)의 시 〈석호리(石壕吏)〉에서, 밤중에 관리가 장정(壯丁)들을 잡으러 나오자, 노파가 나서서 "자식들은 이미 출전(出戰), 또는 전사(戰死)하여 징집에 응할 수 없으니, 내가 비록 노쇠하였으나 대신 급히 하양의 전쟁터에 나가게 되면 오히려 새벽밥은 지을 수 있을 것이오."라고 한 데서 나온 말이다.

주서 유성운이 전유한 뒤에 올리는 서계 을축년(1685, 숙종11) 7월 9일

注書柳成運傳諭後書啓 乙丑七月九日

신은 노병(老病)이 날로 침입하는 데다 서증(暑症)을 더 얻어서 지쳐 쓰러져 목숨이 다해 갑니다. 자애로운 성상께서 멀리 근시(近侍)를 보내어 재해를 그치게 할 계책을 하문하셨습니다. 어리석은 신은 평상시에도 우러러 대답할 바를 몰랐는데, 더구나 오늘날에는 정신이 아득하여 수습할 수 없습니다. 비록 전에 들은 것을 글로 엮어서 한두 가지를 함부로 진달하고자 해도 그렇게 할 수 있는 길이 없습니다.

다만 신이 우연히 기록한 것이 다음과 같습니다. "〈홍범(洪範)〉에서 '참(僭)하면 하늘이 늘 햇빛을 비춘다.'라고 했는데, 선유(先儒)가 '참은 어긋남〔差〕이다. 정치가 다스려지지 않으면 어그러진다.〔僭差〕'라고 하였다." 전하께서 시험 삼아 스스로 성찰하여 만약 조금이라도 이와 비슷한 점이 있다면 반성하는 도리를 잘 생각하시기를 바랍니다.

신이 또 다음과 같이 기록하였습니다. "정자(程子)가 늘 '사람이 소가 젊을 때는 그 힘을 빌려 농사지어 먹다가 늙으면 도살하니, 족히 흉년을 불러들이기에 충분하다.'라고 하였다."[20] 예로부터 가뭄은 원한

20 정자(程子)가……하였다 : 송(宋)나라의 정이(程頤)가 객(客)과 이야기를 할 때, 흉년이 들자 소를 잡아먹는 농민들의 행태를 비난하여 "심하다, 백성들의 무지막지함이여! 소가 젊을 때에는 힘을 빌려 농사지어 먹다가 늙으면 도살하는구나."라고 하였다. 객이 그렇게 할 수밖에 없는 사정을 이야기하자, 정자는 "그대의 말은 이익을 따질 줄만 알지 의리를 알지는 못하는 말이다. 정치를 하는 근본은 백성으로 하여금 홍기하여

이 쌓인 시대에 많이 들었습니다. 소의 원기도 재앙을 부르는데, 하물며 사람이겠습니까. 삼가 듣건대, 전하께서는 이미 소결(疏決)의 정사를 행하신다고 합니다. 삼가 바라건대, 전하께서 이 마음을 미루어서 여항의 백성 중에도 반드시 원한을 품고 위로 아뢰지 못한 자가 있음을 더욱 생각하신다면 매우 다행이겠습니다.

신이 또 다음과 같이 기록하였습니다. "선유의 말에 '조화로운 기운은 상서(祥瑞)를 불러들이고 어그러진 기운은 재해를 불러들인다.'라고 하였다." 대저 기운이 종류대로 서로 호응하는 것은 그림자나 메아리보다 빠릅니다. 삼가 듣건대, 오늘날 조정의 진신(搢紳)은 오로지 치고받으며 벼슬길이 통하고 막힘에 따라 스스로 원수가 된다고 합니다. 이것은 조화로운 기운이라 할 수 없으니, 그것이 불러들일 바를 알 수 있습니다. 삼가 바라건대, 전하께서 이것을 살피고 헤아려 처리하신다면 매우 다행이겠습니다.

이것은 모두 진부한 이야기이자 죽은 법이니, 신은 진실로 성상의 마음에 들기에 부족한 줄 알지만 신이 글 상자 속을 돌아보건대 일찍이 기록한 것은 단지 이것뿐입니다. 만약 신기한 설을 만들어 사람들을 놀라게 하려 한다면 심기가 미치지 못하는 바일 뿐만 아니라 신의 마음이 감히 편안할 수 있는 바가 아닙니다.

가을 기운이 시원해지면 올라오라고 하신 분부에 이르러서는, 근력이 전혀 힘쓰기 어려울 뿐만 아니라, 비록 혹시 도로에서 죽지 않더라

행하게 하는 것보다 큰 것이 없다. 백성의 풍속이 선하면서 의식이 부족한 경우는 없었다. 홍수와 가뭄과 명충(螟蟲)의 재해는 모두 불선(不善)의 소치이다."라고 나무랐다. 《二程遺書 卷21》

도, 한갓 종이 울렸는데도 밤에 다니고[21] 봉황이 주저앉아 있어 까마귀가 입을 다물고 있다[22]는 책망을 들을 뿐입니다. 신이 비록 지극히 어리석으나 이것은 잘 알고 있습니다. 삼가 생각건대, 전하께서는 이렇게 재해가 망극한 날을 당하여 하늘을 두려워하고 백성을 불쌍하게 여기며 노심초사하여, "내가 스스로 그것을 감당하겠다."라고 마음먹고[23] "차라리 내 몸에 당하게 하소서."라고 소원하며[24] 멀리 나무꾼에게까지 묻는 데 이르렀습니다. 진실로 사람의 마음을 지닌 자라면 누군들 감히 감격하여 눈물을 흘리며 성상의 지극한 정성에 부응할 것을 생각하지 않겠습니까.

더구나 재해를 불러들인 이유는 오로지 군상(君上)에게 있지 않습니다. 그러므로 옛날에 강을(江乙)이 굶어 죽자, 그의 어미가 목 놓아 울며 "삼공(三公)이 내 아들을 죽였다."라고 했습니다.[25] 오늘날의 대신

21 종이……다니고 : 늙어서도 벼슬이나 명리(名利)에 연연함을 이르는 말이다. 삼국시대 위(魏)나라의 전예(田豫)가 "나이가 칠십이 넘어서도 자리에 있는 것은 비유하면 종이 울리고 누각(漏刻)이 다하였는데도 밤길을 쉼 없이 가는 것과 같으니, 이는 죄인입니다."라고 하였다. 《三國志 魏書 田豫傳》

22 봉황이……있다 : 566쪽 주14 참조.

23 내가……마음먹고 : 백성을 위하여 비를 바라는 임금의 지극한 정성을 지녔다는 말이다. 은(殷)나라 탕(湯) 임금 때 7년간 큰 가뭄이 들었는데, 태사(太史)가 점을 치고는 "마땅히 사람을 희생으로 하여 빌어야 합니다."라고 말하니, 탕 임금이 "내가 청하는 것은 백성을 위해서이니, 만일 반드시 사람을 희생으로 하여 빌어야 한다면 내가 스스로 그것을 감당하겠다."라고 하고, 드디어 재계하여 손톱을 자르고 머리카락을 잘라 희생으로 삼았다는 고사가 있다. 《史略 卷1》

24 차라리……소원하며 : 임금이, 백성에게 내린 가뭄의 재앙을 대신 받고자 하는 간절한 소원을 지녔다는 말이다.

25 강을(江乙)이……했습니다 : 강을은 위나라 출신으로 후에 초(楚)나라에서 벼슬

(大臣)이 어찌 상하가 의지하는 바가 아니겠습니까. 또한 충성을 다하고 직분을 다하여 공정(共貞)[26]의 도리를 생각해야 합니다. 신은 마음과 정신이 당황스러워 말에 순서와 조리가 없습니다. 오직 자애로운 성상께서 불쌍히 여겨 용서해 주소서.

한 사람인데, 이 이야기는 《전국책(戰國策)》 〈초책(楚策)〉에 나온다.

26 공정(共貞) : 임금과 신하가 함께 태평을 누린다는 말로, 《서경》 〈낙고(洛誥)〉에 성왕(成王)이 주공(周公)에게 "공이 이미 집터를 정하고 사람을 보내와서 나에게 점괘가 아름다워 항상 길함을 보여 주시니, 우리 두 사람이 함께 마땅할 것입니다.〔公旣定宅, 伻來, 來視予卜休恒吉, 我二人共貞.〕"라고 한 데서 온 말이다.

사관 유성운이 다시 와서 전유한 뒤에 올리는 서계 을축년(1685, 숙종11) 7월

史官柳成運再來傳諭後書啓 乙丑七月

소신의 늙고 병든 상태는 이미 어제 사관을 통해 올린 서계 중에 자세히 아뢰었으므로, 어명에 태만했던 데 대한 처벌을 공손히 기다렸습니다.

뜻밖에 자애로운 성상께서 다시 온화한 유지(諭旨)를 내려 사관이 급하게 왔습니다. 신은 명을 받들고 두려워 몸 둘 곳을 모르겠습니다. 신은 질병으로 정신이 쇠약하고 기운이 꺾여 전혀 일어나 움직일 형편이 못 됩니다. 비록 다른 곡절이 있더라도 어찌 감히 성상의 총명을 우러러 번거롭게 하겠습니까. 설사 은혜를 머금고 위엄을 두려워하여 기어서라도 길에 올랐다가 교외에 이르기도 전에 가쁜 숨이 갑자기 끊어진다면, 어찌 밝은 시대의 한 가지 괴상한 일이 되어 사조(四朝 인조, 효종, 현종, 숙종)에서 외람되이 받은 융숭한 권우(眷遇)로 하여금 원근의 사람들에게 비웃음을 받게 하지 않겠습니까. 미천한 신이 죽고 사는 것은 비록 말할 거리도 못 되나 이것은 어찌 걱정할 만하지 않겠습니까. 더구나 신의 근력이 어찌 교외까지 가기를 바라겠습니까. 뜰 사이를 오가는 것도 어렵습니다.

신은 매번 여러 신료가 소장으로 병을 너무 자세히 설명하여 예람(睿覽)을 더럽히는 것을 미안하게 여겼습니다. 그러므로 지금 감히 일일이 설명하지 못하나 대략적으로 말하자면, 병이 여러 달을 질질 끌어 온몸에서 나쁜 냄새가 나서 자손 형제 이외에는 가까이 올 수 있는 사람이 없습니다. 설령 신이 만일 길을 떠날 수 있다 하더라도 이런 더러운 몸으로는 보통 사람에게도 범접할 수 없는데, 하물며 깨끗한 도성 임금의 거처에 들어갈 수 있겠습니까. 사람들이 모두 코를 가리며 피하고 팔을 내저으며 갈 것입니다. 이런 까닭에 명을 받들 희망이 끊어져 오직 죄를 기다립니다. 할 수 없을 뿐만 아니라 대개 또한 감히 하지 못하는 것입니다.

신은 매번 명을 어긴 뒤에 스스로 황공해하고 이어서 벌벌 떨려 침식을 모두 폐하니, 그때마다 한 가지 병이 더해졌습니다. 삼가 빌건대, 자애로운 성상께서는 불쌍히 여기고 다시 선택하지 마시어 이 실오라기 같은 목숨이 마음 편히 다할 수 있게 해 주신다면 매우 다행이겠습니다.

가주서 김이수가 전유한 뒤에 올리는 서계 을축년(1685, 숙종 11) 10월

假注書金以壽傳諭後書啓 乙丑十月

오늘의 흉흉함은 실로 국사에 관계됩니다. 진실로 성상께서 혐오하여 유생들의 상소를 봉입하지 말라는 분부까지 하신 것을 압니다. 그러나 또한 생각건대, 오늘날 남들의 말이 이미 죽은 선현에게는 더함도 없고 덜함도 없다고 여기므로 매번 선비들에게 잔물결을 일으켜 너울을 돕거나 섶을 끌고 불을 끄러 들어가는 짓을 바라지 않았습니다.

오늘에 이르러서는 헌신(憲臣)이, 신의 선사(先師)가 그 부사(父師)에 대한 망극한 무고를 증명했다고 하니,[27] 마음과 정신이 놀라서 저도 모르게 그 말이 입에서 튀어나왔습니다. 다만 생각건대, 헌신의 말은 성상께서 이미 유생들의 상소문으로 인하여 그렇지 않음을 통촉하셨을 것이고 보면 다시 변명하지 말아야 합니다. 신은 이런 까닭에 여러 달 전부터 침묵했습니다. 천천히 또 스스로 생각하기를 '정모(程某)가 간사한 사람이라는 설[28]은, 가이(賈易),[29] 주광정(朱光庭)[30] 등이 죽음

27 헌신(憲臣)이……하니 : 장령 홍수주(洪受疇)가 소(疏)를 올려 이이(李珥)가 머리를 깎았다는 설을 제기하면서 김장생(金長生)의 말을 끌어다 입증한 것을 말한다. 《宋子大全 附錄 卷10 年譜》

28 정모(程某)가……설 : 송(宋)나라 철종(哲宗) 때 간의대부(諫議大夫) 공문중(孔文仲)이 정이(程頤)를 간사하고 오귀(五鬼)의 괴수라며 헐뜯었다. 《宋史紀事本末 卷10 洛蜀黨議》

29 가이(賈易) : 송나라 철종 때 사람으로, 자는 명숙(明叔)이고, 정이의 제자이다.

을 무릅쓰고 명백히 해명했으니, 정자(程子)가 간사하지 않다는 것은 군주가 모르지 않았는데, 주자(朱子)는 오히려 범조우(范祖禹)[31]가 즉시 해명하지 않았다고 비난하였다.[32]' 했습니다. 그렇다면 부사를 위하여 신원하고 해명하는 것은 군주가 알고 모르고에 따라서 하거나 말아서는 안 되는 것이 분명합니다. 이에 감히 유고(遺稿)를 교감하여 올리는 것으로 대략 원통함을 변명하는 뜻을 폈으니, 의리가 조금 펴졌습니다.[33] 그러나 신은 이미 조정의 금령을 범하여 죄가 용서받기 어렵고 또 경거망동한 잘못이 있습니다.

문충공(文忠公) 장유(張維)는 현묘조(顯廟朝)부터 존속(尊屬)으로 대우받았으며,[34] 또한 어질고 덕이 있어서 두 조정의 존경이 융숭하였습니다. 겸하여 또한 신의 스승은 평소 예모를 갖추어 중히 대우하며, 무릇 의문이 있으면 반드시 함께 강론했으니, 오늘 신의 의리로는 감히

30 주광정(朱光庭) : 송나라 철종 때의 학자로, 자는 공섬(公掞)이고, 정이의 제자이다.

31 범조우(范祖禹) : 송나라 철종 때의 직신(直臣)으로, 자는 순부(淳夫) 또는 몽득(夢得)이다. 정이의 제자이다.

32 주자(朱子)는……비난하였다 : 정이가 범조우의 직계 스승은 아니었지만 끝내 정이를 위해 변론하였다. 그러나 그 일은 9년 뒤에 한 일이기 때문에 주희(朱熹)가 즉시 하지 않았다고 꾸짖은 것이다. 《晦庵集 卷35 答呂伯恭論淵源錄》

33 이에……펴졌습니다 : 송시열이 1685년 9월 30일에 〈문원공의 유고를 올리고 이어 사우의 무고를 변론하고 또 손자 주석에게 전리로 돌아가 글을 읽도록 윤허해 주기를 청하는 상소〔進文元公遺稿仍辨師友之誣又乞許孫疇錫歸田讀書疏〕〉를 올린 것을 말한다. 《宋子大全 卷19》

34 문충공(文忠公)……대우받았으며 : 장유는 효종(孝宗)의 비(妃)인 인선왕후(仁宣王后)의 부친이다.

그를 논척할 수 없습니다. 그러나 오직 그가 저술한 자질구레한 글은 신중하게 고려하고 명백하게 변별하는 것을 몹시 잘못하여 요즘 사람에게 구실이 되었으니,[35] 이것이 애석합니다. 그러므로 상소 가운데 그것을 말하지 않을 수 없었습니다. 신은 여기에서 또 두려워 위축되는 마음을 견딜 수 없습니다.

강화도 사건에 대한 말[36]은, 국사를 도모하는 자는 두려워하여 꺼리는 바가 있고, 청의(淸議)를 주장하는 자는 혐의를 두는 바가 있습니다. 그러나 신은 이 의리를 밝히지 않으면 국가가 믿고서 유지하는 형세를 이룰 수 없으니 관계된 바가 지극히 크다고 생각했으므로 또한 부득이 대략 절개를 위해 목숨을 버린 사실을 언급하여 삼가 주자가 위사(衛士)와 의승(義僧)을 포창한 뜻[37]에 부쳤으나, 기밀을 돌아보지

35 그가……되었으니 : 장유가 《계곡만필(谿谷漫筆)》 권2 〈세전율곡체발자망야(世傳栗谷剃髮者妄也)〉에서 "조위한(趙緯韓)이 나에게 말하기를 '율곡이 입산(入山)할 때에 머리를 깎았다고 말하는 이도 있고 그렇지 않다고 하는 이도 있기에, 내가 일찍이 김장생에게 물어봤더니, 김장생은 머리를 깎은 것 같다고 대답하였다.' 하였다."라고 기록한 것을 두고 한 말이다.

36 강화도……말 : 송시열이 1685년 9월 30일에 올린 〈문원공의 유고를 올리고 이어 사우의 무고를 변론하고 또 손자 주석에게 전리로 돌아가 글을 읽도록 윤허해 주기를 청하는 상소〉에서 강화도 사건에 대하여 한 말이다. 강화도 사건은, 1636년(인조14) 병자호란 때 윤선거(尹宣擧)가 권순장(權順長), 김익겸(金益兼), 김상용(金尙容) 등과 성(城)을 사수하기로 약속하였으나, 성이 함락되자 다른 사람들은 자결했는데 홀로 빠져나와 남한산성으로 간 일을 가리킨다.

37 주자가……뜻 : 위사 당기(唐琦)가 자기의 원수(元帥)인 이업(李鄴)이 금(金)에 항복하자 분을 참지 못해 기왓장으로 저격했으나 뜻을 이루지 못하고 피살당하였다. 중 진보(眞寶)는 정강(靖康)의 난리 때 승도(僧徒)를 모아 무예를 익힌 다음 관군(官軍)을 도와 적을 막았다. 끝내는 적장에게 생포되었으나 조금도 비굴한 빛을 보이지

않고 혐의를 피하지 않은 죄는 모두 사양할 수 없습니다.

불초손(不肖孫) 송주석(宋疇錫)에 대한 말씀에 이르러서는, 비록 당조(唐朝)의 고사[38]가 있으나 사체(事體)가 드문 경우이고 참월함이 더욱 중대하므로 현재 집에서 거적을 깔고 엎드려 처벌이 이르기를 기다리고 있는데, 뜻밖에 자애로운 성상께서 한번 용서해 주시며 도리어 온화한 유지(諭旨)를 내리셨습니다. 신은 참으로 황송하여 눈물을 흘렸습니다. 이어서 불러들인다는 유지가 있었는데, 신은 더욱 황공한 마음을 견딜 수 없었습니다.

신은 이미 이러한 여러 가지 죄가 있으며, 또한 노병(老病)이 고질이 되어 아침저녁으로 목숨이 다하기를 기다리고 있습니다. 설령 조금 보탬이 되더라도 진실로 함부로 명을 받들 가망이 없고, 더구나 전혀 그럴 이치도 없습니다. 삼가 우려해 주시는 성상의 마음을 생각하니, 속이 타들어 가는 미천한 정성만 있을 뿐입니다.

않은 채 피살당했다. 주희는 그들의 일을 기록하여 길이 남겼다. 《晦庵集 卷83 跋朱奉使奏狀》《宋史 忠義列傳 唐琦》

38 당조(唐朝)의 고사 : 당 대종(唐代宗)이 배복(裴復)을 유능하다고 여겨서 불러들여 한림(翰林)에 임명하려 하자 그의 아버지 배규(裴虯)가 소를 올려 면직시켜 주기를 청한 고사를 말한다. 《昌黎文集 卷24 河南少尹裴君墓誌銘》

가주서 성준이 전유한 뒤에 올리는 서계 을축년(1685, 숙종11) 12월

假注書成儁傳諭後書啓 乙丑十二月

신이 함부로 대죄(待罪)하는 글을 올리고 분수를 범한 죄를 공손히 기다렸습니다. 그런데 근시(近侍)가 와서 온화한 비답을 내렸으니, 황공하고 두려워 몸 둘 바를 모르겠습니다. 봄기운이 따뜻해지면 올라오라는 유시(諭示)에 이르러서는, 더욱 부끄러운 마음을 견디지 못하였습니다. 거취와 진퇴의 의리는 본래 신이 감히 고려할 수 있는 바가 아니나, 신의 질병이 이와 같으니 따듯한 봄날이 올 때쯤엔 이 몸이 없을 듯합니다. 대궐 쪽을 바라보며 눈물만 흘릴 뿐입니다.

가주서 민진형이 전유한 뒤에 올리는 서계 병인년(1686, 숙종 12) 4월 17일

假注書閔震炯傳諭後書啓 丙寅四月十七日

신은 쇠병(衰病)이 이렇게 극심하여 정신이 혼미해져 반은 저승문에 들어가서 죽을 준비를 하고 목숨이 다하기를 기다린 지 오래인데, 지금까지 목숨이 이어져 신도 스스로 기이하게 여기고 있습니다.

뜻밖에 이번에 두루 널리 염려하는 성상께서 미천한 옛 신하를 기억하여 이렇게 불러들이는 명을 내리고, 또한 《주역》을 강론하라는 뜻을 유시하셨습니다. 대저 깊은 뜻과 큰 벼리가 담긴 책과 순수하고 정교한 가르침은 더욱 신이 참여할 수 있는 바가 아닙니다. 다만 신이 삼가 듣건대, 선사(先師)인 문원공(文元公) 김장생(金長生)은 "《역학계몽(易學啓蒙)》을 모르고 《주역》을 강론하면 마치 척도(尺度)를 잡지 않고 길이를 알려고 하는 것과 같다."라고 말했습니다.

《역》이라는 한 책은 주 부자(朱夫子)가 일생 동안 열심히 공부했으나 용구(用九), 용육(用六)의 의리와 같은 경우는 오히려 구양수(歐陽脩)의 설이 나온 뒤에 깨달은 것이 없지 않았습니다. 그러나 그로 인하여 "정전(程傳)의 의리는 비록 물을 부어도 새지 않지만 《역》에 대해서는 알지 못하는 것이 많다."라고 여기고, 드디어 《계몽》을 지었으니, 《계몽》이란 책을 어찌 쉽게 말할 수 있겠습니까. 더구나 신과 같이 정신이 혼미하고 눈과 귀가 어두운 자는 구두(句讀)를 입에 붙이기도 어려운데, 하물며 그 깊은 경지이겠습니까. 신은 삼가 '성학(聖學)은 고명하니 매일 연신(筵臣)과 조용히 탐색하여 마음에서 이해하고 몸에서 체득한다면 반드시 지혜로 만물을 두루 이해하고 도(道)로 천하를 구제하는 공적이 있을 것이다. 또한 어찌 귀머거리와 소경에게 보고 듣는 것을 빌릴 필요가 있겠는가.'라고 여겼습니다.

아, 공자(孔子)가 《역》을 논하면서 "《역》을 지은 자는 우환이 있었을 것이다. 《역》이 일어난 때는 문왕(文王)과 주(紂)의 일에 해당한다. 이런 까닭에 그 말이 위태로워서, 위태로운 것을 평평하게 하고 나태한 것을 기울어지게 하였으니, 처음부터 끝까지 두려워하면 허물이 없을 것이다."라고 하였습니다. 신은 삼가 《역》을 배우는 방법은 이보다 큰 것이 없다고 생각합니다. 삼가 듣건대 오늘날 진언(進言)하는 이들이 모두 한가하고 편안하여 멋대로 즐기고 노는 것을 경계하고 있으니, 만에 하나라도 성상께서 이런 조짐이 있다면 이 계사의 말에 더욱 경계하고 조심하지 않을 수 있겠습니까.

신이 간곡히 부르는 명에 나아가 응하지 못했으므로 어리석음을 무릅쓰고 이 서계를 바치니, 매우 참월합니다. 황공하여 죄를 기다리는 마음을 견디지 못합니다.

가주서 민진형이 다시 와서 전유한 뒤에 올리는 서계 병인년(1686, 숙종12) 4월

假注書閔震炯再來傳諭後書啓 丙寅四月

미천한 신의 나이가 이미 여든을 채운 것은, 근래 대신(大臣)이 외람되게도 상께 진달했습니다. 게다가 질병이 위독하여 숨이 가늘어져 관(棺)에 들어갈 시기가 아침이 아니면 저녁입니다.

이번에 밝은 성상께서 다시 사관을 보내어 징소(徵召)의 뜻을 거듭 내리셨습니다. 신의 질병이 이렇게 심한 데 이르지 않았다면 비록 감히 성학(聖學)을 보익할 것을 바라지는 못해도 병든 몸을 이끌고 염치를 무릅쓰고 나아가 어전에 들어가서 성상의 얼굴을 우러러보고 물러날 수 있을 것입니다. 이렇게 하면 하찮은 정성을 조금 펼 수 있을 뿐만 아니라 위독한 상태도 굽어살펴 조치해 주고, 마음 편히 산골짜기에서 수명이 다하기를 기다릴 수 있게 해 주실 것입니다. 단지 이토록 쇠약하고 병든 탓에 일어나 움직일 가망이 없습니다. 만약 은혜와 권우(眷遇)에 감격하여 죽음을 무릅쓰고 길에 올랐다가 교외에 미치기도 전에 길가에서 죽는다면 어찌 원근에 비웃음을 끼칠 뿐이겠습니까. 또한 태평성세에 상서롭지 못한 한 가지 일이 될 것입니다. 이것이 어찌 미천한 신에게 마땅한 바이며 밝은 시대에 듣기를 바라는 바이겠습니까. 은명(恩命)에 사례하고 싶은 마음이 도리어 상서와 조화에 누가 되는 것입니다. 신은 누차 은명을 받고도 계속 태만히 하였습니다. 그저 집에 엎드려 공손히 처벌을 기다릴 뿐입니다.

가주서 송상기가 전유한 뒤에 올리는 서계 병인년(1686, 숙종 12) 4월

假注書宋相琦傳諭後書啓 丙寅四月

신이 삼가 사관이 선포한 성유(聖諭)를 받들고 보니, 신이 소유한 《주자대전차의(朱子大全箚疑)》를 간행하여 배포할 수 있으니 신으로 하여금 올려보내게 하라는 내용이었습니다. 신은 명을 받들고 황공하여 무어라 말씀드려야 할지 모르겠습니다.

대개 《주자대전》은 처음에 고려 말에 동쪽으로 왔고, 유신(儒臣) 정몽주(鄭夢周)가 제일 먼저 주창하고 존신(尊信)하여 세상의 가르침으로 삼은 것이 사서육경(四書六經)의 아래에 있지 않았습니다. 본조(本朝)의 선정신(先正臣) 문순공(文純公) 이황(李滉)은 우리나라 최고의 순유(純儒)인데 오로지 이 책을 위주로 하여 한 구절 한 글자도 감히 그대로 지나치지 않았습니다. 문성공(文成公) 이이(李珥)는 매번 "나는 주자 뒤에 태어나서 학문이 거의 어긋나지 않았다."라고 말했고, 자신을 닦고 정사를 시행할 때 한결같이 이 책을 준칙으로 삼았습니다. 그러므로 신의 선사(先師)인 문원공(文元公) 김장생(金長生)은 이이에게 그 통서(統緖)를 이어받았습니다. 신은 소싯적에 그의 문하에 들어가서 아는 바가 없으나 다만 그가 침잠하여 반복한 것은 반드시 이 책이고 스스로 실천하고 남을 가르친 것도 반드시 이 책이었습니다. 대개 일찍이 "문순공이 저술한 《주자서절요기의(朱子書節要記疑)》는 주자의 문하에 공이 매우 크다."라고 했습니다. 그러나 온당하지 못한 점이 있으면 반드시 교정하며 "이 문성(李文成)의 말은 이와 같지 않았다."라고 하였습니다.

신은 대략 제생(諸生)의 뒤를 따랐으므로 그 지결(旨訣)을 참여하여 들었습니다. 일찍이 삼가 '문순공의 《주자서절요기의》는 단지 사본(寫本)만 있어서 후학이 전사(傳寫)하는 데 어려움을 겪는다. 또한 전사할 때 문자의 오류를 면치 못한다.'라고 생각했습니다. 또한 생각건대, 신의 동문 중에서 선배로는 고(故) 문경공(文敬公) 김집(金集), 문충공(文忠公) 장유(張維), 참판 정홍명(鄭弘溟) 같은 이들이 있고, 동년배로는 문정공(文正公) 송준길(宋浚吉) 같은 이가 있는데, 이들 중 살아 있는 사람이 없습니다. 신이 만약 갑자기 죽는다면 선사가 입으로 일러 준 서언(緖言)이 아마도 결국 인멸되어 전하지 못할 것이며, 그렇게 되면 그 평생 고생하며 부지런히 이룬 조예가 다 사라져 없어질 것입니다. 이것은 실로 소신의 죄이므로 참람하게도 스스로 헤아리지 않고 드디어 이황의 《주자서절요기의》와 그의 문집에 보이는 것을 취하여 주로 삼고, 신이 김장생에게 들은 것을 종류별로 모아 《주자대전》에 조목조목 나누어 주석하였습니다.

대개 신이 김장생에게 들은 것은 곧 김장생이 이이에게 들은 것입니다. 신이 어찌 감히 자기 뜻으로 설(說)을 만들어 옳지 않은 일로 죄를 깊이 범하겠습니까. 그러나 그때그때 기록하는 사이에 선사가 입으로 일러 준 뜻을 잃었을까 두려우므로 감히 붕우에게 질문을 했습니다. 예를 들어 현 영의정 김수항(金壽恒) 형제는 자못 기꺼이 신과 함께 편지를 주고받았으며 때로 가정(家庭)에서 들은 바를 보여 주었는데, 또한 모두 편입했습니다. 또 젊은 유생 몇 명과 교열하고 수정하여 《주자대전차의》라고 명명하고 계속해서 검토했습니다.

뜻밖에 대신(大臣)이 재차 상께 보고하여 범례를 조금 바꿨으며,

성명(聖明)께서 이로 인하여 명령을 내려 드디어 초본(草本)을 올리게 하였습니다. 이것이 비록 신의 독창적인 설은 아니지만 실로 신의 손을 거쳐 편집된 것이니, 반드시 전인(前人)의 본지(本旨)를 잃지 않았다고 할 수 없습니다. 그러니 사문(斯文)에 죄를 짓고 후학을 오도한 것을 어찌 헤아릴 수 있겠습니까. 신은 이것을 두려워한 나머지 어제 감히 짧은 차자로 대략 두려워하는 마음을 진달했으나 감히 말을 다하지 못했습니다.

그러나 성상께서 이 책을 반드시 드러내어 밝히려는 것은 실로 사도(斯道)를 밝히고 문치(文治)를 높이려는 뜻에서 나온 것입니다. 신이 삼가 성상의 매우 성대한 덕의(德義)를 우러르고 있는데 지금 또다시 명을 받았으니, 감히 이 책이 천루(淺陋)하다 여겨 끝까지 사양할 수 없으므로 전후 곡절을 자세히 아뢰었습니다. 삼가 빌건대, 다시 유신(儒臣)에게 명하여 그 가부를 논하게 한 다음 파하거나 행하시기 바랍니다.

신은 늙고 병들어서 정신이 혼미하여 문자에 관한 일을 그만둔 지 오래되었으므로 그 초본은 모두 젊은이들에게 맡겨 글자의 오류를 바로잡게 했습니다. 이제 감히 지평 권상하(權尙夏)에게 사관을 보내어 그로 하여금 가져다 올리게 했으나 함부로 붓칠을 하여 성상께서 열람하시는 데에 우러러 대비하지 못했습니다. 만약 문학을 잘하는 신하들에게 맡겨서 문장을 점검하여 수정하게 하고, 다시 향리에 있는 제생과 편지를 주고받은 뒤에 별도로 한 본(本)을 전사하여 성상께 재가를 받는다면 어찌 더없는 다행이 아니겠습니까.

또 한 가지 일이 있습니다. 신이 일찍이 참판 박세채(朴世采)와 함께 주자의 문장 중에서 《주자대전》에 누락된 것 약간 조목을 모아서 따로 소책자를 만들었는데 그 책이 현재 박세채에게 있으니, 특별히 그로 하여금 상께 올리게 하고 다시 유신들과 상의하여 《주자대전별집(朱子大全別集)》의 뒤에 덧붙인다면 주자 문하의 문장에 유감이 없을 것입니다.

가주서 윤흥적이 전유한 뒤에 올리는 서계 병인년(1686, 숙종 12) 5월 2일

假注書尹興績傳諭後書啓 丙寅五月二日

신은 죄가 작지 않아 물의를 일으켜서 스스로 논열하는 글을 함부로 올리고 무거운 견책이 더해지기를 공손히 기다렸습니다. 삼가 자애로운 성상께서 도리어 온화한 비답을 내리셨는데, 위무하는 유시가 매우 지극하여, 신은 감격스럽고 황송하여 더욱 몸 둘 곳을 몰랐습니다.

책 간행을 정지할 것을 요청한 데 대한 명으로 말하면, 이것은 오늘의 일과 상관이 없습니다. 신이 스스로 헤아리건대, 책 편집은 쉽지 않고 언론을 기록하는 것도 어렵습니다. 설령 이 책이 자신의 뜻에 대충 만족스럽다 하더라도 혹 이치에 어긋나면 관계된 바가 작지 않습니다. 더구나 지금 붕우들에게 물어보니, 하나로 합치하지 않는 것이 오히려 많았습니다. 옛말에 "글자 하나의 뜻이 분명하지 못하면 그 피해가 몹시 크다."라고 했습니다. 분명하지 못하여 생기는 피해가 오히려 이와 같은데, 하물며 착오가 있는 것이겠습니까. 이것이 정자(程子)가 처음에 《중용》을 풀이하고는 곧 그 책을 불태워 버린 까닭입니다. 더구나 지금 이 책은 비록 선정(先正)의 학설을 위주로 하였으나 그래도 완전한 책이 되지 못했는데 갑자기 이렇게 간행한다면 신중히 하는 도리가 아닌 듯합니다. 그러므로 전번 소(疏)에서 감히 간청한 것이니, 감히 다른 의도가 있었던 것은 아닙니다.

또한 불러들이는 명은, 전후로 간청했는데 이런 지경에 이르렀으니, 신은 쇠약하고 병든 실상을 성상께 올릴 길이 없어 그렇게 된 것 같아 혼자 탄식합니다. 설령 신의 근력이 힘쓸 수 있더라도 팔십의 나이에 뻔뻔스레 도성에 들어가는 것은 이미 부끄러운 일입니다. 더구나 병들고 추한 꼴로 어찌 맑은 시대를 더럽혀 거듭 태평성대의 수치가 되겠습니까. 대궐 쪽을 바라보며 다만 혼자 슬퍼 탄식할 뿐입니다.

주서 임익원이 전유한 뒤에 올리는 서계 병인년(1686, 숙종12) 11월

注書任翊元傳諭後書啓 丙寅十一月

신은 쇠약하고 병들어 다 죽게 된 즈음에 유행하는 한열증(寒熱症)을 더 얻어서, 가슴에서 가쁜 숨이 겨우 끊어지지 않고 있습니다. 갑자기 이때에 사관이 멀리 와서 성상의 뜻을 전유하였습니다. 불러들이고 위무하는 뜻이 정성스럽고 간곡한데, 추하고 병든 신이 감당할 수 있는 바가 절대로 아닙니다.

신이 삼가 대략 인신(人臣)이 이욕(利慾)에 빠져 염치를 잃는 것에 대한 지극한 경계를 진술하고, 겸하여 미천한 신의 쇠약한 근력과 병든 몸이 힘쓰기 어렵다고 아뢰어, 자애로운 성상께서 살펴 주기를 기대하고 싶었습니다. 그러나 신의 병세가 이토록 위독하여 정신이 몽롱하고 말재주가 짧고 난삽하여 고언(苦言)과 간청을 토로하고 싶어도 하지 못합니다.

축원하건대, 성상께서는 성학(聖學)에 더욱 힘쓰고 성덕(聖德)을 더욱 증진하여, 마음을 보존하고 사물에 응대할 즈음에 천리(天理)와 인욕(人慾)의 분별을 정밀하게 살펴서 종사(宗社)와 신민(神民)의 바람을 위로하소서. 그렇게 하신다면 신은 비록 저녁에 죽어도 눈을 감을 수 있을 것입니다.

가주서 최중태가 전유한 뒤에 올리는 서계 정묘년(1687, 숙종 13) 1월 18일

假注書崔重泰傳諭後書啓 丁卯正月十八日

신은 늙고 병들어 다 죽게 되어서 정신이 황망합니다. 이제 성상의 유시(諭示)가 내려왔는데, 비록 우러러 한두 가지 충정을 진달하고 싶어도 그럴 길이 없어서, 단지 황공하고 두려운 마음만 더할 뿐입니다. 만에 하나라도 병이 낫기를 기다렸다가 외람되이 소장(疏章)으로 다시 병들고 쇠약한 상태를 아뢰겠습니다.

가주서 최중태가 다시 와서 전유한 뒤에 올리는 서계 정묘년(1687, 숙종13) 1월

假注書崔重泰再來傳諭後書啓 丁卯正月

신의 질병은 날이 갈수록 심해져 지난날 사관이 내려왔을 때에 비하면 또한 갑절 더 심해졌을 뿐만이 아닙니다. 이번에 사관이 다시 와서 전유했는데 성상의 분부가 더욱 몹시 간곡하였습니다. 신이 삼가 죽음을 무릅쓰고 사정을 진술하여 목숨이 다해 가는 실상을 드러내고 싶지만 숨이 가쁘고 기침이 자꾸 나와 감히 마음을 먹지 못합니다. 만일 위태로운 목숨을 연장할 수 있다면 삼가 전에 진달한 바에 의거하여 한 장의 상소로 절박한 사정을 다 진달해야 하겠으나 또한 감히 할 수가 없습니다. 전전반측하며 슬프고 황송한 마음을 뭐라 말해야 할지 모르겠습니다.

사관이 전유한 뒤에 올리는 서계 정묘년(1687, 숙종13) 2월 8일
史官傳諭後書啓 丁卯二月八日

신이 경삿날을 만났으나 반열을 따를 길이 막혔습니다. 감히 하찮은 정성으로 외람되게도 수복(壽福)을 비는 축원을 대신하였습니다. 다만 생각건대, 초개와 같이 미천한 신이 성상의 총명(聰明)을 더럽혔으니, 매우 참월합니다. 견책만을 기다리는데, 도리어 총애하고 장려하는 은혜를 내리고 신의 의견을 널리 받아 주셨습니다. 신은 황송하고 감격스러운 나머지 또 삼가 천근한 말을 살핀 성심(盛心)을 흠앙하였습니다.

생각건대, 쇠잔하여 다 죽게 된 상황이 명철한 감식안을 지니신 성상께 통촉을 받지 못하여 매번 불러들이라는 분부가 있었습니다. 신은 여기에서 삼가 답답함을 견디지 못하겠습니다. 신이 비록 근육과 뼈가 건강하여 채찍질을 견딜 수 있더라도 구십을 바라보는 나이에 남들의 눈과 귀를 놀라게 하는 바가 적지 않을 것입니다. 더구나 비틀비틀 절뚝절뚝 걷는 늙은이는 전혀 몸을 가눌 가망이 없습니다. 헛되이 총명(寵命)을 욕되게 하여 죄가 더욱 깊으니, 더욱 두려워 불안한 마음을 견디지 못하겠습니다.

가주서 조태채가 전유한 뒤에 올리는 서계 정묘년(1687, 숙종 13) 2월 8일

假注書趙泰采傳諭後書啓 丁卯二月八日

노쇠하고 병들어 다 죽게 된 가운데 올린 말씀에는 조리가 없을 것이 뻔하여, 바야흐로 이 때문에 황공하여 죄를 기다리고 있습니다.

뜻밖에 성상의 도량이 너그러이 용납하여 주벌을 가하지 않고 도리어 온화한 비답을 내리셨으며, 사관이 멀리 와서 굽어보며 전유하였습니다. 신이 두려워 떨며 몸 둘 바를 모르는 마음이 전보다 더욱 심해졌습니다. 야위고 쇠잔하여 목숨이 조만간 다 끊어지게 된 상황이 성상께 통촉받지 못하여, 다시 이렇게 부르는 명을 내렸습니다. 신은 더욱 황송하여 단지 태만한 데 대한 주벌을 기다릴 뿐입니다.

송자대전

제26권

헌의 獻議

자의전[1]이 입을 복제에 관한 논의 기해년(1659, 현종 즉위년) 5월

慈懿殿服制議 己亥五月

고금의 예법에 이미 차이가 있고, 제왕의 법제는 더욱 경솔하게 의논하기 어렵습니다. 여러 대신이 이미 《오례의(五禮儀)》대로 하자는 의논을 했으니, 신이 감히 다시 다른 말을 할 수 없습니다.

1 자의전(慈懿殿) : 인조의 계비인 장렬왕후(莊烈王后, 1624~1688) 조씨(趙氏)를 가리킨다.

군신이 입을 복제에 관한 논의 기해년(1659, 현종 즉위년) 5월
群臣服制議 己亥五月

신자(臣子)는 군부(君父)가 이미 돌아가신 뒤에는 다시 스스로 정성을 바칠 길이 없으니 그 인정(人情)과 예문(禮文)을 밝혀 상복(喪服)과 물색(物色 수질(首絰), 요질(腰絰), 복색의 색깔)에 맞추어 유감이 없도록 할 뿐입니다.

주자(朱子)가 고금의 일을 참작하여 예법을 덜고 보태서 오랜 세월이 흐른 뒤에도 바꿀 수 없는 정제(定制)를 만들었으니,[2] 신의 생각으로는 의심 없이 그대로 시행해야 하며, 어려울 것도 없다고 봅니다.

2 주자(朱子)가……만들었으니 : 송(宋)나라 때 주희(朱熹)가 《가례(家禮)》를 편찬한 것을 말한다.

대행 대왕의 능호에 관한 논의 기해년(1659, 현종 즉위년) 6월
大行大王陵號議 己亥六月

삼가 영상과 좌상의 계사(啓辭)를 보건대, 흠종(欽宗)의 능호가 비록 '영녕(永寧)'이라 하더라도 혐의할 바가 없는데[3] 만약 '영헌(永獻)'이라면 더욱 상관이 없다 하였으니, 비록 사람들의 말이 있다 하더라도 이미 정한 능호를 가벼이 고쳐서는 안 될 듯합니다.

3 흠종(欽宗)의……없는데 : 송 흠종(宋欽宗)의 능호가 영녕(永寧)이기 때문에 영릉(寧陵)으로 정한 효종(孝宗)의 능호에 영(寧) 자를 피하고 다른 글자로 고쳐야 한다는 말이 있었기 때문에 한 말이다.

혼전에 조석으로 문안하는 일에 관한 논의 기해년(1659, 현종 즉위년) 10월

魂殿朝夕問安議 己亥十月

《가례(家禮)》에 초상(初喪)에는 조석으로 곡(哭)한다는 말이 있고 《국조오례의(國朝五禮儀)》에도 있는데, 다만 《가례》에는 "소상(小祥)에 이르러서 그만둔다." 하였고, 《국조오례의》에는 어느 때에 그만두는지에 대해서는 말하지 않고 다만 졸곡조(卒哭條)에 "이때부터는 조석간에 슬픔이 지극해도 곡하지 않는다."라는 문구가 있습니다. 그러나 예경(禮經)을 의거해 보면 이것은 바로 초상 때의 때 없이 하는 곡을 가리킨 말이고 조석으로 하는 곡을 말한 것이 아니니, 이른바 조석곡(朝夕哭)은 《국조오례의》를 가지고 말하더라도 장사 지낸 뒤에 반드시 그만둔다는 말은 보이지 않습니다.

그렇다면 비록 제사를 행하는 날이 아니더라도 소상 전에는 마땅히 장사 지내기 전에 하던 바에 따라 의절(儀節)대로 행할 것이나, 다만 문안(問安)이란 이름을 붙이지 않는 것이 마땅할 듯합니다. 대개 이미 문안이라 한다면 인사를 올리고 안부를 여쭙는 의절이 있어야 마땅할 듯한데, 비록 "돌아가신 분 섬기기를 살아 있는 이 섬기듯이 해야 한다."라고는 하나, 예(禮)에 이미 그러한 문구가 없고, 또 그렇게 한다면 죽은 자를 산 사람으로 여기는 혐의가 있습니다. 신의 어리석은 생각으로는 마땅히 예관(禮官)으로 하여금 다시 《국조오례의》를 상고하게 해서 인정(人情)과 예문(禮文)을 밝히는 것이 합당할 듯합니다. 삼가 상께서 재결하소서.

혼전을 옮길 때 입을 복색에 관한 논의 기해년(1659, 현종 즉위년) 12월

魂殿移御時服色議 己亥十二月

혼전을 옮길 때 전하와 백관이 혼여(魂輿)를 모시고 가게 되는데, 그때의 복색은 산릉(山陵)에서 반우(返虞)할 때와 차이가 없어야 할 듯합니다. 대왕대비전께서 안에서는 최마(衰麻)를 입고 밖에서는 현색(玄色)을 쓰는 것은 매우 부당한 듯합니다. 대개 오복(五服)을 입은 사람이 상차(喪次)에서는 백색을 주로 하다가 다른 곳에서는 현색을 쓰는 것은 후세에 저질러진 잘못입니다. 그러나 보통 사람은 억압되어 굽히는 곳이 늘 많기 때문에 정자(程子)는 "슬픔을 무릅쓰고 일상의 직책을 지키는 것은 금하지 않는다." 하였습니다.

그러나 인군(人君)의 경우에는 그렇지 않은 점이 있습니다. 《춘추(春秋)》의 의리에서는 인군에 대해 말하지 않았고, 비록 육색(六色)[4]일지라도 절로 궁내(宮內)와 차이가 없습니다. 국중(國中)은 인군이 마음대로 할 수 있는 땅이 아닌 곳이 없으니, 그것으로 백성이 모두 신하라는 뜻을 보인 것입니다. 지금 대왕대비가 선왕의 상복을 입고 있으나 상복을 바꿔 입어야 하는 경우가 있을 수밖에 없으니, 《춘추》의 의리에 어긋나는 듯합니다. 삼가 성상께서 재결하소서.

4 육색(六色) : 청(青), 백(白), 적(赤), 흑(黑), 현(玄), 황(黃)의 여섯 가지의 색을 말한다. 《周禮 冬官考工記》

대왕대비가 입을 복제에 관한 논의[5] 경자년(1660, 현종1) 3월 23일

大王大妃服制議 庚子三月二十三日

신이 병들어 엎어져 다 죽게 된 터라 정신과 식견이 혼미하여 날마다 쓰는 사물(事物)도 크고 작은 일을 막론하고 모두 잊어버리는 형편입니다. 더구나 지금 의논드리는 것은 곧 막중한 제왕의 종통(宗統)에 관한 일이며 지극히 정미(精微)한 예의(禮意)입니다. 당초 망녕되게 의논한 말에 대해서 지금 대신(大臣)과 대신(臺臣)이 논박하니, 다시 입을 놀릴 수 없습니다. 당초에 함께 의논한 신하가 의견을 진술하였으니, 그 말이 바로 신의 말입니다. 더구나 외방에 있는 신하로서 감히 조정의 전례(典禮)를 의논할 수 없다면 다만 입을 다물 뿐입니다. 다만 이미 망녕되이 대례(大禮)를 의논한 실수가 있으니 감히 다시 그 곡절을 개진하여 일을 그르친 죄를 인혐하지 않을 수 없습니다.

신은 처음 해당 조(曹)의 낭관이 대왕대비전의 복제(服制)를 개정하는 일을 의논하러 왔다는 말을 듣고, 반드시 다른 근거할 만한 예율(禮律)이 있어서 전날 의심했던 바를 결단할 수 있겠다고 여겼는데, 만나 보니 원임 대신(原任大臣)과 대신(臺臣)의 의론은 참으로 위징(魏徵)

5 대왕대비가……논의 : 1659년 효종대왕의 상사에 대왕대비인 자의대비(慈懿大妃) 조씨(趙氏)가 기년복(朞年服)을 입어야 하느냐, 삼년복을 입어야 하느냐에 대한 논의이다. 초상(初喪)에는 송시열의 기년복설을 채용하였는데, 소상(小祥)이 다가오자 윤휴(尹鑴), 허목 등은 삼년복을 입어야 한다고 주장하여 복제 시비가 발단되었다.

의 헌릉(獻陵), 소릉(昭陵)의 일[6]과 비슷하였습니다.

당초 의견을 아뢸 때에 진실로 이에 대하여 《의례(儀禮)》의 소설(疏說)이 있는 줄은 알았으나 그 소설에 의심스러운 부분이 전혀 없지 않으므로 신은 '경솔하게 의심스러운 소설을 인용하여 막중한 변례(變禮)를 단정하기보다는 차라리 가까이 대명(大明)의 제도를 따르는 편이 오히려 허물이 적을 것이다.'라고 생각하였습니다. 요즈음 허목(許穆)의 소(疏)에서 끌어대어 증거로 삼은 것이 비록 많으나 그 긴요한 것은 다만 두 문단뿐입니다. 그 한 문단은 "장자(長子)가 죽으면 제이장자(第二長子)를 세워서 장자라 이름하고 참최복을 입는다."라고 한 것이고, 또 한 문단은 "서자(庶子)를 세워 후사로 삼으면 삼년복을 입어 줄 수 없는 것은 첩의 아들이기 때문이다."라고 한 것입니다. 신이 일찍이 의심하고 알고 싶어 한 것이 바로 이것이고, 허목이 명백한 증거로 삼은 것도 이것인바 지금이야말로 신이 의혹을 풀 때이니, 이보다 더 다행한 일이 없습니다.

이른바 '장자가 죽으면'이란 그가 어떤 시기에 죽은 것을 말하는지 모르겠습니다. 그러나 이미 성인(成人)이 되어 죽었다면 그 아버지는

6 위징(魏徵)의……일 : 엉뚱한 대답을 한다는 말이다. 위징은 당대(唐代)의 명신으로 자는 현성(玄成), 시호는 문정(文貞)이다. 헌릉은 당 태종(唐太宗)의 어머니의 능이고, 소릉은 당 태종의 황후인 문덕황후(文德皇后)의 능이다. 태종이 황후를 장사 지낸 뒤 후원(後苑)에 망대(望臺)를 만들어 놓고 늘 올라가 바라보다가 한번은 위징과 함께 올라갔다. 태종이 소릉을 가리키니 위징은 눈이 어두워 보이지 않는다고 시치미를 뗐다. 위징의 본의도 모르고 태종이 저것이 아니냐고 답답한 듯이 말하자 그제서야 위징은 "신은 폐하께서 헌릉을 말씀하시는 줄 알았습니다. 소릉은 신이 진작부터 보았습니다." 하였다. 이것은 태종이 어머니는 생각하지 않고, 부인만 생각한다고 꼬집은 것이다. 이리하여 태종은 울면서 그 망대를 헐어 버렸다. 《新唐書 魏徵列傳》

이미 그를 위하여 참최 삼년복을 입었을 것이며, 그 다음에 또 차적(次嫡)을 세워 그를 장자라 일컬었을 텐데 그 차적이 죽어도 그를 위하여 참최 삼년복을 입어야 합니까? 이와 같다면 "두 종통이 없고 두 번 참최복을 입지 않는다."라는 의리에는 어떻게 됩니까? 아니면 그가 어린 나이에 죽어서 반함(飯含)도 하지 않고, 증시(贈諡)도 하지 않고, 신주(神主)도 모시지 않았으며, 그 아버지가 그를 위하여 참최복을 입지도 않아서 적자(嫡子)가 될 수 없었고, 그후에 차적을 세워 후사로 삼고 그를 장자라 하다가 그 장자가 죽으면 곧 삼년복을 입는다는 것입니까?

과연 이와 같다면 허목의 말이 정론(定論)이 될 수 없을 듯합니다. 그리고 이른바 "서자를 세워 후사로 삼으면 삼년복을 입어 줄 수 없는 것은 첩의 아들이기 때문이다."라고 하였으니, 이것은 진실로 소설이나, '첩의 아들이기 때문〔妾子故〕'이란 세 글자는 바로 허목이 스스로 붙인 말이요 소설이 아닙니다. 이른바 '서자'는 진실로 첩의 아들을 말하나 차적 이하는 비록 임금의 모제(母弟)라도 그를 서자라 하므로 소(疏)에 "서자는 첩자(妾子)의 칭호인데 적자의 제이자(第二者)도 한가지로 서자라 명명한다." 하였습니다. 그렇다면 효종대왕(孝宗大王)께서 인조대왕(仁祖大王)의 서자가 되는 것이 해롭지 않습니다. 서(庶)란 말이 천칭(賤稱)이 아니요, 바로 중(衆) 자의 의미이기 때문입니다.

예경(禮經)을 상고해 보면 이러한 종류가 매우 많은데, 이 소에 '서자'라고 말한 것이 과연 첩자만을 지적한 것이고 차적 이하는 포함하지 않은 것인지 여부는 알지 못하겠습니다. 소를 낸 사람의 본의를 명백히 알지 못하고 또 다른 책으로도 증거할 만한 것이 없으니, 이것이 신이 의심하는 까닭입니다. 무릇 이 두 문단은 실로 신이 의심스러워서 감히 결단하지 못하던 것인데 지금 허목이 의심 없이 단정하니, 이 소만을 근거로 하여 그것이 반드시 그렇다고 알고 있는지, 아니면 다른 책에 증거 삼을 만한 것이 있는지 모르겠으나 다시 허목에게 물어보면 알 수 있을 것입니다.

대개 제왕가(帝王家)에서는 사직(社稷)을 지중하게 여기기 때문에 옛날에는 진실로 장자를 놓아두고 서자를 세운 일도 있습니다. 이것은 실로 성인(聖人)이 의리를 제정한 큰 권도(權道)입니다. 그러나 예(禮)를 제정하고 법을 세운 뜻으로 볼 때 윤서(倫序)를 신중히 하지 않을 수 없습니다. 그러므로 문왕(文王)이 나라를 전할 때는 백읍고(伯邑考)를 놓아두고 무왕(武王)을 세웠으나,[7] 주공(周公)이 예를 제정할 때는 반드시 장자와 서자의 분별에 마음을 썼습니다. 지금 의논하는 것이 단지 바로 예문(禮文)이니 마땅히 주공이 예를 제정한 뜻을 상고하는 것이 옳습니다.

주공이 경(經)을 세우고 자하(子夏)가 전(傳)을, 정현(鄭玄)이 주(註)를 냈으나 다 차자(次子)를 장자로 삼는다는 말이 없는데, 가공언(賈公彦)의 소에 이르러서 비로소 이 말이 있게 되었습니다. 그러나 그는 바로 명유(名儒)이고 또 황면재(黃勉齋 황간(黃幹))가 《의례경전통해속(儀禮經傳通解續)》에 수록하였으니, 어찌 감히 믿지 않겠습니

7 문왕(文王)이……세웠으나 : 백읍고는 주 문왕(周文王)의 장자이다. 상(商)나라에 인질로 가 있다가 주(紂)에게 팽살(烹殺)되었다고 한다. 장자이기는 하나, 문왕은 처음부터 훌륭한 자식을 택하는 뜻에서 백읍고의 아우인 무왕을 후사로 삼았다. 《禮記 檀弓上》

까. 그러나 정자(程子)와 주자(朱子)의 감파(勘破)를 거치지 않았으니, 그 말이 과연 허목이 말한 바와 같을는지 모르겠습니다. 혹시라도 그렇지 않다면 지금 단정하여 시행하기는 온당치 않을 듯합니다.

소설에서 이미 "차장(次長)을 세워도 삼년복을 입는다." 하였고, 그 아래에 또 "서자는 승중(承重)을 하더라도 삼년복을 입지 않는다." 하였으니, 이 두 말이 서로 모순됩니다. 그러므로 허목이 반드시 서자를 첩자라고 하여 차장은 포함하지 않았으니, 이제 반드시 차장이 서자가 되지 않는다는 명백한 문구를 얻은 뒤에라야 허목의 말을 따를 수 있습니다. 그렇지 않으면 한때의 견해만으로 경솔하게 단정하는 것이니, 또한 중대한 일이 아니겠습니까.

또 일설(一說)이 있으니, 가공언의 소에는 다만 제일자(第一子)가 죽은 것만을 말하고 제일자가 후사가 없이 죽은 것에 대해서는 말하지 않았는데, 이것은 아마도 성인(成人)이 못 되어 죽은 자를 말한 듯합니다. 이것이 바로 긴요한 곳인데, 지금 허목의 말은 글을 지은 본뜻을 자세히 상고하지 않고 갑자기 말한 것인 듯합니다. 그렇다면 단궁(檀弓)이 문복(免服)을 한 것[8]과 자유(子游)가 마최(麻衰)를 한 것[9]은 생각해 볼 거리가 못 된다는 말입니까.

8 단궁(檀弓)이……것 : 《예기》 〈단궁 상(檀弓上)〉에 "공의중자(公儀仲子)의 상에 단궁이 단문(袒免)을 했다." 하였고, 그 주석에 "중자가 손자를 놓아두고 서자를 세웠기 때문에 지나친 예인 단문을 하고 조상함으로써 기롱한 것이다." 하였다.

9 자유(子游)가……것 : 《예기》 〈단궁 상〉에 "사구(司寇) 혜자(惠子)의 상에 자유가 마최를 입었다." 하였고, 그 주석에 "혜자가 적자인 호(虎)를 폐하고 서자를 세웠기 때문에 자유가 특별히 예가 아닌 복을 입어 기롱한 것이다." 하였다. 마최는 평상복을 만드는 삼베로 만든 상복이다.

인정(人情)과 사세(事勢)로 미루어 볼 때 장자가 비록 성인이 되어 죽었더라도 차장을 다 장자라 이름하여 참최복을 입는다면 적통(嫡統)이 엄정하지 못할 뿐만 아니라, 아버지의 한 몸에 참최복이 너무 많지 않습니까. 아버지는 지존(至尊)한데도 딸이 출가(出嫁)하면 감히 참최복을 입지 못하는 것은 두 번 참최복을 입지 못하는 의리가 명백해서인데, 하물며 아버지가 아들에 대해서 이미 제일자를 위하여 참최복을 입고, 또 제이자 이하에게도 참최복을 입어 한계가 없는 경우이겠습니까. 이것은 대개 허목이 한갓 제이자가 승중했을 때 그를 위해 기년복을 입는다는 문구가 경(經)에 보이지 않는 것만을 알고, 제일자가 성인이 되어서 죽고 제이자가 승중했을 때 그를 위하여 참최복을 입어야 한다는 문구도 경에 보이지 않는 것을 알지 못해서이니, 어찌 하나만 고집하고 다른 하나는 버릴 수 있겠습니까.

또 세종대왕(世宗大王)으로 비유해 말하자면, 가령 성수(聖壽)가 무강하시어 불행히 문종대왕(文宗大王)이 먼저 승하하였다면 세종대왕께서 마땅히 참최복을 입어야 하고, 첫째 대군을 세워 적자로 삼았다가 첫째 대군이 또 불행하게 되면 또 참최복을 입고, 또 둘째 대군을 세워서도 이와 같이 하여 여덟째 대군에 이르도록 다 참최 삼년복을 입었다고 한다면, 이것은 문종과 세조(世祖) 두 대왕을 아울러 아홉[10] 차례의 삼년복이 되어 3 곱하기 9[11]는 27[12]년입니다. 비록 사서인(士庶人)이라 하더라도 마땅히 이와 같지는 않을 것인데, 더구나 제왕은 지존한 분이

10 아홉 : 두주에는 '九恐當作八'로 되어 있다.

11 9 : 두주에는 '九恐當作八'로 되어 있다.

12 7 : 두주에는 '七恐當作四'로 되어 있다.

시고 그 정통은 지엄한 데이겠습니까. 이것은 반드시 그렇지 않을 것입니다. 만약 말하기를 "제왕은 마땅히 즉위한 자를 정통으로 삼아야 한다. 그러므로 효종대왕이 이미 종사(宗社)를 주관하셨으니 부득불 그를 위하여 삼년복을 입어야 한다."라고 한다면 아마도 그렇지 않을 것 같습니다. 만약 이와 같다면 어찌 반드시 차적뿐이겠습니까. 비록 후궁의 소생이라도 다 삼년복을 입어야 할 것입니다.

가령 광해군(光海君)이 초년(初年)에 죽었다면 인목대비(仁穆大妃)가 또한 마땅히 삼년복을 입어야 합니까? 만약 말하기를 "대왕의 상사에는 비록 시마(緦麻)를 입어야 할 부인(婦人)이라도 반드시 참최 삼년복을 입어야 하니, 이것으로 대왕대비도 마땅히 삼년복을 입어야 함을 알았다."라고 한다면 역시 그렇지 않은 것 같습니다.

신자(臣子)의 지위에 있는 자는 감히 공시복(功緦服 대소 공복(大小功服)과 시마복(緦麻服))으로 대왕의 복을 입을 수 없습니다. 지금 효종대왕은 대왕대비에게 군신(君臣)의 의(義)가 있는데, 대왕대비가 도리어 신하가 임금을 위해 입는 복으로 대왕의 복을 입어야 합니까? 이것이 다 의심스러운 말입니다.

원임 대신이 "기년복이란 대개 부왕(父王)이 서자의 상(喪)을 위하여 입는 복을 말한 것이요, 모후(母后)가 승통(承統)하여 사직을 받든 적자를 위하여 강복(降服)하여 기년복을 따른다는 것을 말한 것이 아닙니다."라고 말한 것은 더욱 알아듣지 못할 점이 있습니다. 오늘날 논쟁하는 것은 다만 이 차적을 통틀어 서자라고 하는지 여부와 이미 서자라면 마땅히 기년복을 입어야 하는지 여부뿐입니다.

부왕이 이미 서자라 하여 삼년복을 입지 않았다면, 이미 승통을 하였더라도 모후가 어찌 감히 혼자서 삼년복을 입겠습니까. 이것은 예문에

"장자를 위하여 삼년복을 입는 것은 남편이 있고 없는 것을 따지지 않는다."라고 한 뜻을 알지 못해서입니다. 더구나 대왕대비는 소현세자(昭顯世子)의 상에 이미 인조대왕과 더불어 장자를 위하여 입는 복을 입었으니 그 의를 어떻게 오늘날에 와서 변경할 수 있겠습니까.

신이 예를 의논한 실수는 《의례(儀禮)》의 소(疏)의 본의가 과연 무엇을 말하는지 명백하게 알 수가 없어서 부득이 우선 《대명률(大明律)》을 따르자고 한 데에 있습니다. 그러나 《대명률》이 과연 옛 성인의 뜻에 부합하는지 여부는 알 수 없습니다만 공자(孔子)가 말하기를 "지금 주(周)나라의 도(道)를 쓰니 나는 주나라 제도를 따르겠다." 하였으니, 오늘날 《대명률》을 따라 정한 복제가 크게 어그러지는 데까지 이르지는 않았다고 늘 혼자 망녕되이 생각합니다. 지금 허목의 말이 이와 같으니, 만약 이것으로 인하여 올바른 예가 강명(講明)되어서 십분 지당하게 된다면 어찌 한때의 다행일 뿐이겠습니까.

옛날에 문순공(文純公) 이황(李滉)이 군신의 복을 수숙(嫂叔)의 복으로 잘못 정하였다가 기대승(奇大升)이 논박하여 바로잡은 말을 듣고서 깜짝 놀라 그 전의 의견을 고치며 말하기를 "만약 기대승이 아니었더라면 천고의 죄인이 될 뻔하였다." 하였으니,[13] 오늘날 소신이 허목에게 바라는 것도 이와 같습니다.

13 문순공(文純公)……하였으니 : 1567년(선조 즉위년) 7월에 조정에서 공의전(恭懿殿)이 명종(明宗)에게는 형수가 되니 복을 입지 않는 것이 당연하다고 하자 이황도 그렇게 하는 것이 옳다고 하였다. 그러나 기대승은 "형제가 임금의 자리를 계승할 경우 일찍이 군신의 관계가 되었으므로 곧 부모와 자식의 관계와 같은 것이니 마땅히 기년복을 입어야 한다."라고 주장하였다. 이에 이황이 크게 깨달아 글을 써서 조정에 보내며 본문의 인용문과 같이 말을 하였다. 《高峯全書 年譜》

대저 시비가 서로 엇갈려 피차 어긋난 곳은 정자나 주자 같은 큰 안목과 역량이 없이 한때 의견으로 제가(諸家)가 결정하지 못한 의혹을 갑자기 단정할 수는 없습니다. 마땅히 의심스러운 대로 전하는 법[14]에 따라 후세의 군자를 기다리고 우선 명백하여 의심이 없는 것만 따르는 것이 바로 의심스럽고 불확실한 것은 빼놓는 방도입니다.[15] 이것이 비록 서툴고 거칠어서 명쾌하지는 못하나 오히려 관중역문(關中役文)의 폐단[16]보다는 나을 것입니다. 그러므로 신이 감히 다시 다른 말을 하지 않고 전날에 융통성 없이 잘못되고 망녕되었던 데 대한 죄를 청할 따름입니다.

14 의심스러운……법 : 《춘추곡량전(春秋穀梁傳)》 환공(桓公) 5년 조에 "춘추의 의리는 미더운 것은 미더운 대로 전하고 의심스러운 것은 의심스러운 대로 전하는 것이다."라고 하였다.

15 의심스럽고……방도입니다 : 공자의 제자 자장(子張)이 벼슬하는 요령을 배우려 하자, 공자가 이르기를 "많이 듣되 의심스러운 것은 빼 버리고 나머지만 삼가서 말하면 허물이 적을 것이고, 많이 보되 불확실한 것은 빼 버리고 나머지만 삼가서 행하면 뉘우치는 일이 적을 것이다."라고 한 데서 온 말이다. 《論語 爲政》

16 관중역문(關中役文)의 폐단 : 고경(古經)의 내용을 자의로 해석하는 폐단을 말한다. 북송(北宋) 때의 학자 장재(張載)는 관중에 살았는데, 그의 제자들이 경문의 해석을 제멋대로 하자, 정자가 이렇게 평하였다. 《朱書節疑》

연복의 변개와 허목이 올린 도설을 변파하는 논의 경자년 (1660, 현종1) 4월
練服變改及許穆圖說辨破議 庚子四月

소상(小祥) 때에 최복(衰服)을 누인다고도 하고 누이지 않는다고도 하므로 경문(經文)에 상고해 보니 두 가지 말이 다 있으며, 소설(疏說) 및 장 부자(張夫子 장재(張載)), 황씨(黃氏 황간(黃榦))의 설을 상고해 보건대 둘 다 근거가 있으니, 진실로 그중에서 취사하기는 곤란합니다. 그러나 황씨의 《상복도식(喪服圖式)》[17]이 가장 명백하게 갖추어져 있고, 실로 주자(朱子)의 명을 받아 찬수하였으니, 이제 그 말을 따라서 중의(中衣)는 누이고 연포(練布)를 사용하여 관(冠 상관(喪冠))을 만들며, 최복은 조금 가는 생포(生布)로 만들고, 이어 갈질(葛絰)로 바꾼다면 옛날 제도에 부합할 듯합니다.

허목이 도설(圖說)을 변론한 논의를 각각 원도(原圖)의 본조(本條) 아래에 붙였습니다. 그리고 상하 대부(上下大夫)나 사서(士庶)의 아들이 가통(家統)을 잇고 제사를 받드는 것은 천자와 제후가 대통(大統)을 전하고 나라를 전수받는 것과 차이가 없습니다. 이것이 바로 긴요한 곳이고, 이 주소(註疏)가 이와 같이 분명한데, 이제 의논하는 자들은

17 황씨의 상복도식(喪服圖式) : 《의례상복도식(儀禮喪服圖式)》을 말한다. 상복 제도와 상복 복식에 관하여 도와 표로 설명한 책이다. 주희(朱熹)의 사위인 황간이 찬술하다가 완성하지 못하고 죽었는데, 이를 양복(楊復)이 뒤이어 완성하여 《의례경전통해속(儀禮經典通解續)》의 뒤에 부록하였다.

오히려 사가(私家)와 국가가 동일하지 않다는 말을 하고 있으니 신은 감히 알지 못하는 바입니다.

"서자(庶子)를 세워 후사로 삼은 것이 이것이다." 하였는데, 지금 논쟁하는 것은 이 한 문단에 달렸습니다. 대개 위아래 소(疏)의 말로 본다면 부위장자조(父爲長子條)에 이미 말하기를 "제이 장자(第二長子)를 세워도 또한 장자라 한다." 하였고, 그 아래에 또 "제이 장자를 함께 서자라 한다." 하였으며, 그 아래에 또 "체(體)이지만 정(正)이 아니란 것은 서자로 후사를 삼은 것을 가리킨다." 하였는데, 이 세 가지 말은 한 사람이 기록하고 한 시기에 말한 것으로 조리가 일관되니, 이것을 주장하고 저것을 공격하며 저것을 옳다 하고 이것을 그르다고 할 수 없을 듯합니다. 정당하게 여러모로 참조해서 위아래 문구로 하여금 서로 문제가 되지 않게 하는 것이 옳습니다.

신은 다시 우견(愚見)을 조목별로 나열하겠습니다. 이른바 "제이 장자도 장자라고 명명하고 참최복을 입는다."라고 한 것은, 제일 장자가 상년(殤年)[18]에 죽었거나 혹은 폐질(廢疾)에 걸려 아버지가 그 아들의 삼년복을 입지 않고 그런 뒤에 제이자를 세웠다면 또한 장자라 명명하고 삼년복을 입는 경우를 가리킨 듯합니다. 만약 그 제일 장자가 마땅히 전중(傳重)을 하고 죽어서 아버지가 그의 삼년복을 입었다면, 제이 적자(第二嫡子)를 세워 승통(承通)하였더라도 그를 서자라 일컫고 삼년복을 입어 줄 수 없는 것입니다.

18 상년(殤年) : 성년(成年)이 되기 전에 죽은 것을 상(殤)이라 하는데, 16세에서 19세 사이에 죽은 것을 장상(長殤)이라 하고, 12세에서 15세 사이에 죽은 것을 중상(中殤)이라 하며, 8세에서 11세에 사이에 죽은 것을 하상(下殤)이라 한다.

이와 같이 본다면 위아래의 소설이 서로 동떨어지지 않을 듯합니다. 이른바 "제이 장자도 서자라 일컫는다."라고 말한 것은, 대개 제이 적자는 모름지기 첩자(妾子)와 구별할 경우에는 적(嫡)이라 일컫고, 장자와 구별하고자 할 경우에는 서(庶)라 일컫는 것이니, 진실로 경우에 따라 호칭하더라도 해로울 것이 없습니다.

다만 이 서자를 이미 첩자와 차적(次嫡)의 통칭(通稱)이라고 말한다면 아래에 이른바 "체이지만 정이 아니다."라고 말한 서자에는 다만 첩자만 일컫고 차적은 포함되지 않는다는 뜻을 볼 수 없습니다. 이른바 "체이지만 정이 아닌 서자를 후사로 삼는다."라고 말한 것은, 대체로 이 서자는 위에서 말한 서자와 일관된 내력인데 만약 첩자의 칭호일 뿐 차적이 포함되지 않는다면 가씨(賈氏 가공언(賈公彦))가 여기에 반드시 전설(轉說 형편에 따라 달리 해석한 말)을 두어서 분별했을 것이고, 마땅히 위의 조목과 뒤섞어 한 문단으로 만들어서 후인들의 의혹을 일으키지는 않았을 것입니다. 이것이 신이 깊이 두려워하는 바입니다.

삼가 살피건대, 기복(朞服)의 소(疏)에서 "임금의 적부인(嫡夫人) 소생 제이자 이하 및 첩의 아들은 다 서자라 일컫는다." 하였고,[19] 주자는 말하기를,

"무릇 정체(正體)로서 위에 있는 자를 하정(下正)이라 하는데, 오히려 서(庶)가 된다. 정체는 할아버지의 적통(嫡統)을 말하는 것이며 하정은 아버지의 적통을 말하는 것이니, 비록 정이 아버지의 적(嫡)

19 기복(朞服)의……하였고 : 《의례경전통해속》 권1 〈상복(喪服)〉에서 경문의 "부재위모(父在爲母)"에 대한 전문(傳文)인 "공자위기모(公子爲其母)"를 설명하는 소 중에 나오는 말이다.

이 되더라도 할아버지에게는 오히려 서가 되기 때문에 그를 서라고 한다."

하였으니, 이른바 정체로서 위에 있는 자는 적자(嫡子)로 아버지의 뒤를 이은 자이며, 이른바 하정은 차적의 적자를 말합니다. 그렇다면 어찌해서 정이라 하고 또 서라고 하느냐 하면, 그것은 적자이기 때문에 정이라 하며, 차자(次子)이기 때문에 서라고 하는 것입니다. 비록 적자일지라도 차자이기 때문에 그 아들에 이르러서도 오히려 서라고 일컫는데, 더구나 그 자신이야 서라고 일컫지 않겠습니까. 지금 기복의 소와 주자의 설을 보건대, 여기에 이른바 "서자로 후사를 삼았다는 것은 반드시 첩자만을 가리킨 것이고 차적은 포함되지 않는다."라는 말에 대하여는 신은 실로 깊이 믿지 못하겠습니다. 대개 명백한 증거를 보지 못하고 갑작스럽게 입론(立論)한 것이요 혹 소를 낸 사람의 본의가 아니라면, 비단 사체(事體)에 정당성을 잃어버리게 될 뿐만 아니라 의심스러운 대로 전하고 불확실한 것은 빼놓는 뜻에 어떠하겠습니까. 그러므로 신은 끝내 감히 단언하지 못합니다. 오직 성명(聖明)께서 널리 물어서 살펴 선택하시는 데 달렸을 뿐입니다.

영릉을 고쳐 조성하는 것에 관한 논의 경자년(1660, 현종1) 7월 30일

寧陵改造議 庚子七月三十日

신은 질병으로 정신이 혼미한 가운데 갑자기 선왕의 능침의 의물(儀物)이 한쪽으로 꺼지고 또 틈이 많이 벌어졌다는 소식을 전해 들었습니다. 신은 애통하고 놀라 어찌할 바를 모르겠습니다. 또한 성명(聖明)의 하문(下問)이 초야에 미쳤으니, 더욱 황공합니다. 신처럼 어리석은 자는 비록 직접 봉심(奉審)하게 하더라도 진실로 어떻게 해야 사리에 맞을지 모를 것입니다.

더구나 지금 문서에만 의지하면 끝내 억측으로 귀결될 것이니, 더할 나위 없이 엄중하고 중대한 일에 어찌 감히 경솔히 대답하겠습니까.

신의 어리석은 생각으로는, 의당 한쪽으로 꺼져 틈이 벌어진 곳의 대소와 경중을 살펴 끝내 고쳐 다시 지을 수밖에 없는 경우에는 추후에 달구질하는 것이 미안하기는 하지만 그래도 만세토록 장구히 편안하도록 수리하지 못하여 크게 미안한 것보다는 나을 것입니다. 또 생각건대 고례(古禮)에는 천자(天子) 이외에는 모두 곧바로 파 내려가 광중(壙中)을 만드는 제도를 사용했으므로[20] 문왕(文王)의 장례도 관(棺) 위에

20 고례(古禮)에는……사용했으므로 : 《가례(家禮)》 〈치장(治葬)〉의 "드디어 광을 팜〔遂穿壙〕"의 주석에서 다음과 같이 사마광(司馬光)의 말을 인용하였다. "요즘 사람들이 장사 지내는 법에는 두 가지가 있다. 땅을 파고 곧바로 내려가 광을 만들고 관을 매달아 하관하는 것과 수도(隧道)를 옆으로 뚫어 토실(土室)을 파서 그 속에 널을 밀어 넣는 것이다. 살피건대, 옛날에는 오직 천자만 수도를 만들 수 있었고 그 외는 모두

흙을 쌓는 것을 면치 못했습니다. 정자(程子)는 선제(先帝)의 능에 목골(木骨)과 철조(鐵罩 쇠 덮개)의 제도를 사용했던 것이 형세로 볼 때 반드시 후환이 있는 일이라 여겼습니다. 그러므로 반드시 왕후의 상(喪)을 부장(祔葬 합장(合葬))한 다음 이로 인하여 철조를 철거하고 석곽(石槨)으로 바꾸고자 하였습니다.[21] 대저 철조를 철거하고 석곽을 쓰는 즈음에 반드시 크게 움직이고 크게 진동시켜 놀라게 하는 일이 있을 텐데도 정자는 오히려 그렇게 말하였습니다. 더구나 지금의 역사(役事)는 단지 지면(地面)에서만 하는 것이니, 정자의 말에 견주어 보면 그 경중이 어찌 만배나 차이 날 뿐이겠습니까. 오늘날의 의논으로는 의당 상식(上食)을 정지하는 때를 조금 기다린 뒤에 처음처럼 개작(改作)해서 한결같이 영구히 편안하고 공고하게 하는 계책을 세우는 것이 사의(事宜)에 맞을 듯합니다.

신은 이에 대해 또 특별한 소회가 있습니다만 보고 듣는 사람이 크게 놀랄까 염려스럽습니다. 그러나 어떻게 감히 군부(君父)에게 끝까지 말하지 않을 수 있겠습니까. 대저 돌로 병풍석을 만드는 제도는 단지 보기에 아름답게 하기 위한 것인데, 높고 위태로워 공고하게 하기 어려우므로 결국 기울거나 벌어지는 것은 필연의 형세입니다. 신이 삼가 듣건대, 영릉(英陵 세종대왕의 능)에는 그 제도를 쓰지 않고 단지 흙으로만 봉분을 만들었다고 하니, 이것이 어찌 후성(後聖)이 의당 본받아야

관을 매달아 하관하였으니, 지금은 이를 법으로 삼는 것이 마땅하다. 그 땅을 팔 때는 좁고 깊게 해야 마땅하니, 좁으면 무너지지 않고, 깊으면 도굴꾼이 가까이하기 어렵다."

21 정자(程子)는……하였습니다 : 《이정문집(二程文集)》 권6 〈대부필상신종황제소고(代富弼上神宗皇帝疏稿)〉에 나온다. 여기서 말하는 후환은 나무와 쇠로 만든 구조물이 훗날 부식되어 무너져서 시신이 훼손되는 것이다.

할 일이 아니겠습니까. 신의 의견으로는, 이번 일로 인하여 앞일을 경계로 삼아 뒷일을 삼가서 병풍석을 철거하고 여러 가지 의물을 한결같이 영릉의 유법(遺法)을 준행하여서, 한편으로는 능침을 영원히 공고하게 할 계책으로 삼고, 한편으로는 선왕의 인자하고 검소한 덕을 밝힌다면, 일에서나 이치에서나 양쪽 다 합당하게 했다고 할 수 있습니다.

주자(朱子)가 일찍이 말하기를 "인종황제(仁宗皇帝)는 검소한 덕이 백왕(百王)의 으뜸이었는데도 인산(因山)을 치르는 데에 비용이 이와 같이 많이 들었으니, 이것이 어찌 인종황제의 마음이겠는가." 하였고, 정자도 능침을 융숭하게 하는 것은 선제의 검소한 덕에 어긋나고 사황(嗣皇)의 효도에도 손상이 되어서 실상 아무런 이익이 없고 뒤에 누만 끼치게 된다고 했는데, 이는 모두 격언이요 지론입니다. 오늘날 이런 말을 하는 것은 삼가 중론에 크게 어긋나는 듯하니, 성상께서 용서하여 주시기만 바랄 뿐입니다.

정자각(丁字閣)의 일에 이르러서는 우선 내년을 기다리자는 말이 사의에 맞는 듯합니다. 삼가 상께서 재결하소서.

구황에 관한 논의 경자년(1660, 현종1) 9월 20일

救荒議 庚子九月二十日

신은 본바탕이 어리석고 비루하여 시의(時宜)를 모르고, 겸하여 오랜 병 때문에 정신과 식견이 혼미하고 짧아 하문하신 뜻을 우러러 감당할 수 없습니다. 신의 죄는 만번 죽어 마땅합니다.

단지 혼자 삼가 생각건대, 주자가 《주자대전(朱子大全)》에서 진술한 황정(荒政)에 관한 말이 매우 상세하고도 절실한데 수십 편에 이를 뿐만이 아닙니다. 만약 유신(儒臣)으로 하여금 오늘에 부합하는 것을 초출(抄出)하게 하여 들어서 시행한다면 절반 이상은 이루어진 것입니다. 그중에 상신(相臣)에게 준 편지에서 "조정이 백성을 사랑하는 마음은 아껴 쓰는 것보다 큰 것이 없습니다. 이런 까닭에 백성을 구제하는 일에 힘쓰기를 달가워하지 않습니다."라고 말한 것은 극히 경계하고 성찰해야 합니다. 이것은 오늘의 조정에서 유념해야 할 바입니다.

또 기억하건대, 지난해 사인(舍人) 이단상(李端相)이 호남(湖南)에서 돌아와 탑전(榻前)에 복명하며 굶주린 백성의 곤궁한 상황을 극진히 진달하자, 선왕의 얼굴빛이 비탄에 잠기고 목이 메어 말을 이루지 못하며 하교하기를 "이런 말을 들었는데, 다시 무엇을 아끼겠는가."라고 하셨습니다. 이것은 또한 성명께서도 마땅히 아셔야 합니다.

신은 병으로 슬프고 괴로운 생각이 들어 삼가 이렇게 서글피 웁니다.

부묘 때의 친제 절목에 관한 논의 신축년(1661, 현종2) 7월 1일

祔廟時親祭節目議 辛丑七月一日

신은 서증(暑症)으로 한창 괴로운 데다 급성 설사병이 발작해 쓰러져 앓느라 정신이 아득하여 지금 이 하순(下詢)하신 일에 감히 우러러 대답할 수 없으니, 죄가 만번 죽어 마땅합니다. 그러나 삼가 일찍이 기억하건대, 주 부자(朱夫子)는 “병이 들었으면 근력을 헤아려 행한다.”[22]라는 가르침을 남겼고, 《예기(禮記)》〈예기(禮器)〉 끝에 계씨(季氏)와 자로(子路)의 득실에 관한 문장[23]이 있습니다. 지금 만약 그 글을 상고하여 증거로 삼는다면 이른바 권도(權道)의 예를 마땅하게 하는 데 근거가 있을 듯합니다.

22 병이……행한다 : 《가례(家禮)》〈제례(祭禮)〉 사시제(四時祭)에 나온다. 주희(朱熹)는 여러 가지 제사 절차를 기술한 뒤에 “모든 제사는 사랑하고 공경하는 정성을 바치는 것이 중요할 뿐이니, 집안이 가난하면 형편에 맞게 한다. 병이 들었으면 근력을 헤아려서 행한다.” 하였다.

23 계씨(季氏)와……문장 : 계씨가 제사 지낼 적에 새벽부터 시작해서 날이 어둡도록 끝나지 않아 촛불을 켜고 밤까지 계속하였으므로 사람들이 피곤해서 자세가 흐트러지자 당시에 계씨의 가신(家臣)으로 있던 자로가 이 방식을 고쳐서 일찍 끝낼 수 있도록 하니 공자(孔子)가 칭찬하였다고 한다.

연평의 종사에 관한 논의[24] 계묘년(1663, 현종4) 4월 11일

延平從祀議 癸卯四月十一日

신은 몸에 생긴 병이 고질이 되었고, 더구나 이 월국공(越國公 이동(李侗))의 사전(祀典)은 실로 사문(斯文)의 중대한 일이니, 더욱 감히 의논을 드릴 수 없습니다. 다만 생각건대, 이 일은 이미 주 부자(朱夫子)의 정론이 있어 《주자대전(朱子大全)》, 《주자어류(朱子語類)》 등 책에 실려 있으니, 이에 근거하면 다른 말이 필요 없을 듯하고, 한창 병들어 누워 있는 중이므로 감히 관례에 따라 헌의(獻議)하지 못하고 대략 이렇게 의견을 진술합니다.

24 연평(延平)의……논의 : 연평은 주희의 스승인 이동(李侗)의 호이다. 자세한 내용은 《동춘당집(同春堂集)》 권5 〈사헌직잉청송조이연평급아조율곡우계삼현종사소(辭憲職仍請宋朝李延平及我朝栗谷牛溪三賢從祀疏)〉에 보인다.

비희의 옥사[25]에 관한 논의 무신년(1668, 현종9) 10월 3일

非喜事議 戊申十月三日

신은 교외에서 병들어 누워 있고 정신이 혼미하여 일을 살피지 못합니다. 지금 여인을 심판하는 일로 성상께서 재차 전교(傳敎)를 내리시게 하였으니, 황공한 마음을 견딜 수 없습니다. 신의 생각으로는, 이미 "그녀의 시어미가 그녀로 인하여 죽었다."라고 했으니, 죄의 경중은 물론이고 그녀에게도 혹 자처(自處)할 도리가 있을 것입니다.

《춘추(春秋)》에서 허(許)나라의 세자 지(止)는 약을 맛보지 않은 까닭에 아버지가 죽게 되었는데, 지는 자살했으나 성인(聖人)은 오히려 시역(弑逆)의 죄로 단정하였습니다.[26] 그러나 《춘추》는 성인이 법을 쓴 것으로, 지극히 정미(精微)한 권형(權衡)은 주 부자(朱夫子)도 알기 어렵다고 하였으니, 지금 어찌 사람마다 그것을 본받을 수 있겠습니까. 또한 허나라 세자 지의 일은 선유(先儒)도 의심을 했습니다.[27]

25 비희(非喜)의 옥사 : 죄인 성비희(成非喜)는 유학(幼學) 유탁무(柳卓務)의 자부(子婦)로서 시부모에게 불순(不順)했을 뿐만 아니라 시어머니가 화병이 나서 결국 죽게 되었다는 이유로 감사 정배(減死定配)되었다. 《顯宗實錄 9年 10月 3日》

26 춘추에서……단정하였습니다 : 《춘추》 소공(昭公) 19년 조에 "여름 5월 무진일에 허나라의 세자 지가 그 임금 매(買)를 시해하였다."라고 하였다. 《춘추좌씨전》에 의하면, 허나라 도공(悼公)이 학질에 걸렸는데, 태자 지가 올린 약을 마시고 세상을 떠나자, 태자가 진(晉)나라로 도망갔다고 하였으며, 《춘추호씨전(春秋胡氏傳)》에 의하면 세자가 약을 먼저 맛보지 못하는 등 자신의 신중하지 못한 행동을 자책하다가 한 해를 넘기지 못하고 죽었다고 하였다.

27 허나라……했습니다 : 구양수(歐陽脩)는 〈춘추론하(春秋論下)〉에서, 효심에서

《춘추좌씨전(春秋左氏傳)》의 내용이 혹 사실이 아니라면 그의 자살도 믿을 수 없고, 유사(有司)도 이 일을 인용하여 그녀를 단죄할 수 없으니, 마땅히 형률의 조문으로만 단죄해야 합니다. 그러나 그녀의 죄는 약을 맛보지 않아 아버지를 죽게 만든 사건에 비하면 차이가 있어, 범연히 불순했던 데 대한 법으로 처벌하기 어려우니, 겨우 죽음을 면할 정도의 형벌을 받아야 마땅할 듯합니다. 삼가 상께서 재결하소서.

약을 올린 허나라 세자 지를 두고 "시해했다."라고 기술한 것은 매우 불공평하고 각박한 처사라고 하면서 춘추삼전(春秋三傳)의 기록을 다 믿을 수 없다고 하였다. 《唐宋八大家文鈔》

성묘의 손익에 관한 논의 무신년(1668, 현종9) 10월 30일
聖廟損益議 戊申十月三十日

지금 이 성묘의 손익을 인습하거나 변혁하는 것에 대한 논의는 다만 중국 조정의 예법(禮法)과 선유(先儒)의 정론(定論)을 따르면 거의 허물이 적을 것입니다. 그러나 혹시라도 말하기를 "마땅히 올리거나 내치는 거조가 있어야 한다."라고 한다면, 원(元)나라의 허형(許衡)에 대해서도 선정(先正)의 논의가 있었는데,[28] 예관(禮官)이 끝내 거론하지 않았으니, 어쩌면 시세(時勢)에 불가한 바가 있었기 때문이 아니겠습니까.

대개 미천한 신의 어리석고 천박한 소견으로는, 송조(宋朝) 종묘(宗廟)의 제도는 시속을 따르고 예스럽지 못한 것이 많았습니다. 그러나 주자(朱子)는 '우선 임시방편으로 그중에 심히 어그러진 것을 차차 변경하여 훗날 국가의 형세를 회복한 뒤에 그동안의 오래된 잘못을 바로잡고 일왕(一王)의 법[29]을 성취할 것을 기약하면 또한 매우 좋은 일이

28 허형(許衡)에……있었는데 : 허형은 원나라 초기의 학자로, 자는 중평(仲平), 호는 노재(魯齋)이다. 정주학(程朱學)에 깊이 통하고, 원나라 세조(世祖) 때 벼슬이 국자 좨주(國子祭酒)에 이르렀는데, 원나라에 벼슬한 것 때문에 학자들 사이에 논란이 많았다. 송시열이 1681년(숙종7) 12월 6일에 올린 〈문묘의 종사를 논하는 상소〔論文廟從祀疏〕〉에서, 그가 호족(胡族)인 원나라에서 벼슬하였다고 하여 문묘에서 출향(黜享)할 것을 청하였다. 송시열은 상소에서 허형에 대하여 논의한 선정이 조헌(趙憲)이라 언급하였다.

29 일왕(一王)의 법 : 한 나라의 왕조(王朝)에서 시행하는 제도이다.

다.'라고 여겼던 것입니다. 오늘날의 일 또한 성상께서 스스로 역량과 사세가 어떠한가를 헤아리기에 달렸습니다.

만약 일에 완급(緩急)이 있어서 아직 제작하는 등의 일에 여가가 없다면 오늘날은 우선 임시로 행하고 그대로 두면서 후일을 기다리는 것이 좋습니다. 만약 그렇지 않다면 비록 이런 소소하게 변통하는 일이라도 예관의 의견을 따라 선비들의 마음을 위로하는 것도 하나의 방도입니다. 삼가 바라건대 성상께서 재결하소서.

파방에 관한 논의 기유년(1669, 현종10) 1월 2일

罷榜議 己酉正月二日

무과(武科)도 파방하면 무사(武士)들이 억울하다고 할 것이 진실로 염려됩니다. 다만 듣건대, 초시(初試) 때부터 뇌물을 주고받는 것이 풍속이 되었다는 말이 이미 매우 자자한데 전시(殿試)에 이르러서도 그치지 않는다고 합니다. 더구나 강서과(講書科)에서 자불(自不)의 합격이 과연 대계(臺啓)에서 논한 바와 같다면[30] 참으로 과거(科擧)의 모양을 이루지 못한 것입니다. 대저 합격해서는 안 되는데 합격한 자가 있다면, 반드시 실격해서는 안 되는데 실격한 자가 있을 것입니다. 합격한 자의 원통함도 생각해 주어야 하나[31] 실격한 자의 억울함도 살피지 않을 수 없습니다.

또한 듣건대, 무사들이 파방의 논의가 있다는 말을 듣고 시소(試所)에서 울부짖는다고 합니다. 그들의 지기(志氣)가 이와 같다면 결코 난리에 임하여 죽음을 아끼지 않는 부류가 아니니, 비록 그들을 버리더라도 아까울 것이 없습니다. 삼가 상께서 재결하소서.

30 강서과(講書科)에서……같다면 : 과장(科場)에서는 반드시 강(講)을 원하는 자는 강을 하게 하고 글을 모르는 자는 스스로 불(不) 자를 써 달라고 하는 것이 법례(法例)인데, 당시에 응시자들이 강에 응할 때 시관(試官)이 소란스러움을 싫어하여 호명관(呼名官)으로 하여금 호명기(呼名記)를 가지고 문밖에 나가 앉아 자불의 종류를 물어 이름 밑에다 적어서 들이게 하여 시책(試冊)에다 베껴 쓴 일이 있었다. 《顯宗實錄 9年 12月 30日》

31 합격한……하나 : 파방할 경우에, 정당한 실력으로 합격한 자도 파방되므로 그들의 원통함도 염려된다는 말이다.

왕세자가 묘에 배알하는 것에 관한 논의 기유년(1669, 현종10) 1월 10일

王世子謁廟議 己酉正月十日

이에 관한 앞뒤의 한 조목은 근거한 바가 없습니다. 그러나 오직《가례(家禮)》에서 아들을 낳아서 사당에 알현하는 의식은, 주인이 배례를 마치고 향안(香案) 동쪽에 서면 어머니가 두 계단 사이에서 아들을 안고 배례를 올리는 것[32]인데, 이것이 조금 근거가 될 만합니다. 삼가 상께서 재결하소서.

32 아들을 낳아서……것 :《가례》〈통례(通禮) 사당(祠堂)〉의 유사즉고조(有事則告條)에 "주인이 맏아들을 낳았을 경우 한 달 만에 알현시키되 위의 의식과 같이 한다. 다만 축문을 쓰지 않고 주인이 향탁 앞에 서서 고유(告由)하기를 '아무개의 며느리 아무 성씨가 아무 달 아무 날에 아들 아무개를 낳았습니다. 감히 알현시킵니다.'라고 한다. 고유가 끝나면 향탁 동남쪽에 서서 서쪽을 향한다. 주부가 아들을 안고 나아가서 양쪽 계단 사이에 서서 두 번 절하면 주인이 이에 내려와 제 위치로 돌아온다. 이후는 같다."라고 한 내용이 보인다.

권두추의 일[33]에 관한 논의 기유년(1669, 현종10) 1월

權斗樞事議 己酉正月

"일이 상규(常規)와 다르다."라고 말하면 괜찮지만, 마침내 "상규를 어지럽혔다."라고 말한다면 너무 지나친 듯합니다. 삼가 상께서 재결하소서.

33 권두추(權斗樞)의 일 : 좌윤 권령(權坽)은 후사로 들인 아들 권두장(權斗章)의 나이가 겨우 서른밖에 되지 않았고 그 아내도 임신한 몸이었는데, 조카 되는 권두추의 아들을 취하여 권두장의 후사로 삼은 일이다. 《顯宗實錄 9年 11月 18日》

성묘에 종향하는 명호와 위차를 상고하여 정하는 것에 관한 논의 기유년(1669, 현종10) 3월

聖廟從享名號位次考定議 己酉三月

신이 고루한 견해로 대략 표시를 붙여서 해당 조(曹)의 절충과 취사에 대비합니다. 그러나 다만 신은 일찍이 주자(朱子)가 훗날을 기약한 뜻을 취하여 계성묘(啓聖廟)[34]에 관해 수의(收議)할 때에 아뢰었으니, 지금 감히 다시 논할 수 없습니다. 삼가 상께서 재결하소서.

34 계성묘(啓聖廟) : 공자(孔子), 안자(顔子), 증자(曾子), 자사(子思), 맹자(孟子)의 아버지의 신주를 모셔 놓고 제사하는 사당으로, 서울 문묘(文廟) 안에 있으며 계성사(啓聖祠)라고도 일컫는다.

지문을 추기하여 새겨 넣는 것에 관한 논의[35] 계축년(1673, 현종14) 6월 17일

誌文追刻議 癸丑六月十七日

예전 지문 끝에 남은 곳이 있으면 그대로 추기(追記)하여 새겨 넣는 것이 매우 편리할 듯합니다. 만약 그렇지 않으면 별도로 조그마한 돌을 쓰는 것도 그다지 득이나 실이 없을 듯합니다.

35 지문(誌文)을……논의 : 이때 양주(楊州)에 있는 효종의 능인 영릉(寧陵)을 장차 여주(驪州) 홍제동(弘濟洞)에 있는 세종대왕의 영릉(英陵) 곁에 옮기려 했는데, 조정 의론이 어떤 이는 "천릉(遷陵)하는 곡절을 마땅히 원지문(原誌文)에 보태어 넣어야 한다." 하고, 어떤 이는 "마땅히 별도로 추기하여 다른 돌에 새겨야 한다." 하였다.《顯宗實錄 14年 6月 12日》

능을 옮길 때 입을 복제에 관한 논의 계축년(1673, 현종14) 8월 24일

遷陵時服制議 癸丑八月二十四日

경오년(1630, 인조8)에 능을 옮기고[36] 복(服)을 벗은 뒤에, 신의 스승 문원공(文元公) 김장생(金長生)이, 《의례(儀禮)》 및 주자의 설을 따르지 않은 것을 의아하게 여기어 문충공(文忠公) 장유(張維)에게 편지를 보내어 물으니, 문충공은 답서(答書)에서 "조정의 의론이 일치하지 않아서 이에 이르렀다. 그러나 이미 자사(子思)의 설이 있고 보면 오늘 행한 바에도 근거가 없는 것은 아니다.[37]"라고 했습니다. 이것으로 볼 때 선유(先儒)의 이론을 볼 수 있고, 문충공이 이리저리 생각했던 은미한 뜻도 알 수 있습니다.

신은 이미 전수받은 설이 있으니 다시 다른 의견이 없습니다. 그러나 또한 생각건대, 오늘 찬궁(欑宮)을 열고서 현궁(玄宮)에 내릴 때까지 단지 6, 7일 사이이고 보면 복을 입자마자 바로 벗는 것이니, 신하가 임금에게 두터운 정성을 바치는 도리가 아닌 듯합니다. 이것은 성상께

36 경오년에 능을 옮기고 : 선조(宣祖)의 능인 목릉(穆陵)을 옮긴 것을 말한다.

37 자사(子思)의……아니다 : 능을 옮기고 바로 복을 벗은 것은 자사의 설이 근거가 될 수 있다고 말한 것이다. 위(衛)나라 사도(司徒) 문자(文子)가 그 숙부의 무덤을 옮길 때 어떤 복을 입을지 자사에게 문의하였다. 자사는 "예법에 부모의 묘를 옮기는 경우에는 시마복을 입고 장사를 지내면 복을 벗으니, 아무런 복이 없이 지친(至親)을 보내는 것은 차마 하지 못할 일이기 때문이다. 부모가 아니면 복이 없으니, 복이 없다면 조문하는 복장을 입고 가마(加麻)한다."라고 하였다. 《五百家注昌黎文集 卷14 改葬服議》

서 진선진미(盡善盡美)한 가운데에서 헤아려 처리하는 데 달려 있으니, 다시 전례(前例)가 어떠했는지에 구애될 필요가 없습니다.

이어서 삼가 생각건대, 기해년(1659, 현종 즉위년) 초상(初喪) 날에 신이 고(故) 참찬(參贊) 송준길(宋浚吉)과 헌의(獻議)하여 《의례》 및 주자의 설을 따를 것을 청하며, 관질(冠絰)과 최상(衰裳)으로 복제(服制)를 이루고 별도로 시사복(視事服)을 제작하여 사진(仕進)하게 하는 것이 마땅하다고 아뢰니, 성상께서 불가하다고 하지 않고 이 의론을 조정의 신하들에게 내리셨습니다. 그때 외부의 의견은 "고례(古禮) 및 주자의 설을 오늘날 시행해야 한다."라고 했는데, 문득 조정의 의론이 일치하지 않아서 결국 전례를 따랐으니, 식자들이 지금까지 한스러워하고 있습니다.

지금 면례(緬禮)로 인하여 만약 예문(禮文)에 의거하여 세포(細布)와 숙마(熟麻)로 시마복(緦麻服)을 제작하여 흠위(廞衛 장례)와 제사에 배행(陪行)하고, 별도로 소단령(素團領), 오사모(烏紗帽), 오각대(烏角帶)를 착용하고 사무를 본다면, 임금을 위하여 슬픔을 다하는 의리에 부합할 듯하고 또한 이로 인하여 고례를 회복하는 시작이 될 것입니다.

대개 국가의 전례(典禮)는 반드시 내용과 형식이 서로 걸맞아야 하니, 그런 뒤에야 사람 마음에 아쉬움이 남지 않습니다. 신의 망녕된 견해가 조정의 의론에 부합할 필요는 없을 듯하고 이미 소회가 있으므로 감히 이렇게 외람되이 진달합니다. 삼가 상께서 재결하소서.

재궁을 여는 것에 관한 논의 계축년(1673, 현종14) 10월 1일
啓梓宮議 癸丑十月一日

어제 능(陵)을 여는 때에 비록 정리(情理)에 절박하여 어리석음을 무릅쓰고 들어가 곡(哭)을 했으나 종적이 불안한 것은 이전과 차이가 없습니다. 이제 어찌 감히 외람되게 막중한 변례(變禮)를 의논하겠습니까.

그러나 삼가 듣건대, 능풍군(綾豐君) 구인기(具仁堅)가 성조(聖祖)의 명훈(明訓)을 들은 바가 있다고 하는데, 이것은 근거가 있는 듯하니, 상세히 물어서 상의하게 하시기 바랍니다. 신은 참월한 줄 잘 알지만 일이 성고(聖考)의 마지막 일[38]에 관계되므로 감히 들은 바를 진달하며 황공함을 견디지 못합니다.

38 성고(聖考)의 마지막 일 : 효종이 죽은 뒤의 일로, 즉 왕릉을 옮기는 일이다.

공정대왕[39]의 존호에 관한 논의 신유년(1681, 숙종7) 9월 3일

恭靖大王尊號議 辛酉九月三日

소신은 아침저녁으로 죽기만을 기다리고 있어 정신과 식견이 혼미하여 일상사도 십중팔구 빠뜨리고 있으며, 더구나 국가의 전고(典故)에는 더욱 어둡습니다. 지금 외람되게도 하순(下詢)을 받드니, 더욱 우러러 대답할 바를 모르겠습니다. 하지만 전에 고로(故老)에게 들은 한두 가지가 있으니, 이것은 헤아려 채택하시는 데 조금이라도 도움이 되게 아뢰지 않을 수 없습니다.

대개 국가를 창업하신 처음에 불행하게도 간신(奸臣) 정도전(鄭道傳)의 변(變)[40]이 있었습니다. 이 때문에 태조대왕(太祖大王)께서는 한 상황(漢上皇)이 풍패(豐沛)를 그리워한 것과 같은 심정을 견디지 못하여 북쪽 땅에 청필(淸蹕)을 옮기고[41] 마침내 보위(寶位)를 공정대왕에게 물려주셨습니다.

39 공정대왕(恭靖大王) : 조선 제2대 왕 정종(定宗)의 시호(諡號)이다. 정종은 재위 2년 만에 동생인 태종(太宗)에게 선위(禪位)하였다.

40 정도전(鄭道傳)의 변(變) : 1차 왕자의 난을 말한다. 이성계(李成桂)의 여덟 번째 왕자인 이방석(李芳碩)이 1392년(태조1)에 정도전 등의 추대로 세자에 책봉되었으나, 1398년 1차 왕자의 난으로 이방번(李芳蕃)과 함께 이방원(李芳遠) 일파에게 살해되었다.

41 태조대왕(太祖大王)께서는……옮기고 : 태조대왕은 조선을 건국한 이성계를, 한 상황은 한 고조(漢高祖)를 가리킨다. 한 고조는 풍(豐) 땅에서 태어나 패(沛) 땅에서 발흥(發興)하였으므로 늘 풍, 패 두 곳을 그리워하였고, 태조는 1차 왕자의 난이 일어나자 고향인 함흥(咸興)에 가 있었다. 청필은 임금이 머무는 것을 말한다.

공정대왕께서는 스스로 멀리 정성(定省)의 예를 빠뜨렸고 또 태종대왕(太宗大王)께 풍성한 공과 성대한 덕이 있어 민심이 돌아갔으므로, 즉위하던 처음에 바로 덕 있는 사람에게 양위(讓位)할 뜻이 있었으나, 태종대왕께서 겸퇴하여 그 뜻을 받들지 않으므로, 20여 개월을 힘쓰셨는데 그사이에 백성에게 은택을 내리는 법식과 자신을 높이는 의절이 잠저(潛邸)에 계시던 옛날보다 더한 것이 없었습니다.

그러므로 태종대왕께서 이와 같은 것을 민망히 여겨 공정대왕으로 하여금 마침내 밝은 명을 받들어 한가히 지내시려는 뜻을 이루게 하셨고, 승하하신 뒤에도 태종대왕께서 평소 겸손하던 마음을 본받아 즉시 차마 존숭(尊崇)의 호(號)를 올리지 못했습니다. 공정대왕의 공손하고 겸양하신 덕과 때와 형세를 아신 총명함은 멀리 천고에 특출하였는데, 태종대왕께서 위로 그 마음을 본받아서 살아 계실 때나 돌아가신 때나 조금도 어기지 않고자 하신 것 또한 어찌 마음에서 우러난 우애가 아니겠습니까.

그러므로 세종(世宗) 이하 열성(列聖)들도 태종대왕의 마음을 따라 감히 휘호(徽號)를 올리는 의식을 추가로 거행하지 못했습니다. 그러나 지덕(至德)을 추모하는 신민(臣民)의 마음은 오래되어도 그치지 않으니, 오늘날에 그동안 빠뜨렸던 의절을 거행하여 중외(中外)의 마음을 위로한다면 어찌 훌륭하고 아름다운 일이 아니겠습니까.

그 당시에 태종대왕께서 평소의 마음을 본받으시기는 했으나 함께 태묘(太廟)에 올라 홀로 휘호를 누리시니 반드시 편안하지 못할 것입니다. 옛날 송조(宋朝)에서 희조(僖祖)와 태조를 협사(祫祀)할 때 동향(東向)의 자리를 의논하며 신하들의 의견이 분분하니,[42] 주자(朱子)가 말하기를 "한갓 양묘(兩廟)의 위령(威靈)으로 하여금 서로 강약을 다투어 받아들일까 물리칠까 의심하여 방황하고 주저하게 하는 것과 같으니, 사람으로 하여금 매우 상심하게 한다." 하였습니다. 하물며 지금은 존호(尊號)를 더하는 일인데, 어찌 다만 협사할 때에 잠시 자리를 동향하는 것에 비할 뿐이겠습니까. 이것은 오늘날 마땅히 깊이 생각하여 체념(體念)할 일입니다.

여러 신하가 의론하기로는 다시 존호를 베풀 곳이 없다고 의심을 하는데, 이것은 그렇지가 않습니다. 영녕전(永寧殿)에 이미 조주(祧主)가 있고 능침(陵寢)에는 한식(寒食)에 항상 축사(祝辭)가 있으니, 이것이 어찌 베풀어야 할 곳이 아니겠습니까.

신은 초야에 묻혀 있으면서 외간의 모든 일에 전혀 관계하지 않고 있습니다만 지금 종묘(宗廟)의 일이 중대하고, 또 성명(聖明)께서 초부(樵夫)에게 물으시는 성심(盛心)에 감복하여 죽음을 무릅쓰고 아뢰니, 황공하여 죄를 기다리는 마음을 견딜 수 없습니다.

42 희조(僖祖)와……분분하니 : 희조는 송 태조(宋太祖)의 고조이다. 태조의 4대로 선조(宣祖), 익조(翼祖), 순조(順祖), 희조가 추숭되었는데, 희조는 주(周)나라의 후직(后稷)과 같게 여겨 동향위(東向位)에 모셨고, 순조는 영종(英宗) 부묘 때, 익조는 흠종(欽宗) 부묘 때에 조천(祧遷)되었다. 효종(孝宗) 때에 이르러 희조와 선조를 조천하고 태조를 동향위에 모셔야 한다는 의견이 제기되었는데, 이에 대한 논의를 두고 한 말이다.

문묘 종사 때의 의절에 관한 논의 신유년(1681, 숙종7) 10월 14일

文廟從祀時儀節議 辛酉十月十四日

이번에 송조(宋朝)의 세 현인과 본조(本朝)의 두 현신(賢臣)[43]을 문묘에 종사할 때의 의절은, 구례(舊例) 중에서 근거할 만한 것은 그것에 따라 시행해야 하고, 근거할 만한 것이 없으면 일을 의(義)로써 일으켜야 합니다.[44] 의로써 일으키는 일에 대해 주자(朱子)가 말하기를 "훌륭한 덕을 가진 이가 행한다."라고 했으니, 더욱 초야의 미천한 신이 감히 미리 논의할 수 있는 바가 아닙니다. 또한 삼가 보건대, 신료들이 의논한 바는 모두 소소한 절목으로 그 차이에 그다지 득이나 실이 없습니다. 단지 예관(禮官)이 사의(事宜)에 따라 품지(稟旨)하면 상께서 보시고 결단하여 시행하는 데 달렸으니, 높지 못하기 때문에 믿지 않을까[45] 의심하는 데 이르지는 않을 듯합니다. 삼가 상께서 재결하소서.

43 송조(宋朝)의……현신(賢臣) : 송조의 양시(楊時), 나종언(羅從彦), 이동(李侗)과 조선의 이이(李珥), 성혼(成渾)을 가리킨다.

44 의(義)로써 일으켜야 합니다 : 《예기(禮記)》 〈예운(禮運)〉에 "예(禮)란 의의 실질이니, 의에 맞추어서 맞으면 예는 비록 선왕(先王) 때에 없는 것일지라도 의로써 일으킬 수 있다."라고 한 데서 온 말로, 예문(禮文)에 없더라도 이치를 참작하여 새로운 예를 만드는 것이다.

45 높지……않을까 : 현인들의 지위가 높지 못하면 사람들이 믿지 않는다는 말이다. 《중용장구》 제29장에 "낮은 지위에 있는 자는 비록 선하나 지위가 높지 못하고 높지 못하기 때문에 믿지 않으며 믿지 않기 때문에 백성이 따르지 않는다."라고 하였다.

영소전[46]의 연제와 담제에 관한 논의 신유년(1681, 숙종7) 7월 23일

永昭殿練禫議 辛酉七月二十三日

신은 망녕되이 방례(邦禮)를 논한 것 때문에 일찍이 흉역(凶逆)이란 이름을 뒤집어썼습니다. 비록 성상의 지극한 덕을 입어서 오늘까지 살아 있으나 징계하고 삼가는 마음은 한결같습니다. 이런 까닭에 인경성비(仁敬聖妃)[47]께서 승하하시던 날에 누차 의심스러운 예절을 하순(下詢)하셨으나 신은 끝내 감히 우러러 대답하지 못했는데, 예(禮)에 몽매할 뿐만 아니라 감히 할 수가 없었기 때문입니다. 이제 영소전의 연사(練事 소상(小祥)) 때문에 다시 외람되게도 하순의 명을 내리셨는데, 신은 황공함이 갑절 더 깊어져 어찌할 바를 모르겠습니다.

또한 삼가 생각건대, 당초에 대신(大臣)이 11개월 만에 연제(練祭)를 지내고 13개월 만에 대상(大祥)을 지내고 15개월 만에 담제(禫祭)를 지내는 예를 행할 것을 주청하였으니, 이와 같이 하였으면 오늘날의 일은 의심할 것이 없었을 터입니다. 그러나 그 설을 이미 시행하지 못하였으니, 이것은 주자(朱子)가 변례(變禮)를 논하면서 말한 "본령

46 영소전(永昭殿) : 숙종의 첫 번째 비 인경왕후(仁敬王后) 김씨(金氏)의 신주를 모신 혼전(魂殿)으로, 경희궁(慶熙宮) 안에 있었다.

47 인경성비(仁敬聖妃) : 인경왕후(1661~1680)로, 본관은 광산(光山)이고, 김만기(金萬基)의 딸이다. 1671년(현종12)에 훗날 숙종이 되는 세자 이순(李焞)의 빈에 책봉되고, 1674년 숙종의 즉위와 함께 왕비에 진봉되었다. 두 딸을 낳았으나 모두 일찍 죽었다. 1680년 10월에 천연두가 발병하여 그달 26일에 승하하였다.

이 바르지 않으면 온갖 일이 모두 지장을 받는다."라는 것입니다. 지금 비록 억지로 논의하여 혹 맞추더라도 역시 모전지과(茅纏紙裹)[48]에 지나지 않고, "수(手)가 세계 속에 나누어 몸을 바꿔 출현하는 것〔手分世界 現化出來〕"[49]으로 귀결되어 버리니, 신은 이에 그 죄가 더욱 커질 것입니다.

또한 삼가 생각건대, 무릇 연제, 대상, 담제의 의의가 살아 있는 사람이 입는 복(服)을 변경하거나 제하는 것이 주된 목적이라면 오늘날의 연제는 진실로 시행할 것이 없고, 만약 죽은 사람에게 제사 지내는 것이 주된 목적이라면 오늘날 폐지하거나 빠뜨리는 것은 진실로 서운한 것입니다. 또 예를 아껴 양(羊)을 쓰는 제도를 보전하는 뜻[50]이 없습니다. 신은 여기에서 더욱 이해할 수 없으므로 끝내 망녕되이 논할 수 없습니다. 성상의 뜻을 저버린 죄는 만번 죽어도 갚기 어렵습니다. 황공하여 두려운 마음을 견딜 수 없습니다.

48 모전지과(茅纏紙裹) : 띠풀로 감고 종이로 싼다는 말로, 구차히 예를 행하는 자가 가짜를 진짜로 여기는 행위를 이른다. 《退溪集 卷27 答鄭子中別紙》

49 수(手)가……것 : 천수관음(千手觀音)이 세계 속에 자기 몸을 나누어 화신(化身)으로 나타내는 것이라는 뜻으로, 원래는 임기응변하여 중생을 구제한다는 대승불교의 뜻이 들어 있으나, 여기에서는 근거 없이 만들어 내는 신통력을 발휘하여 제멋대로 날조한다는 부정적인 뜻으로 사용하였다. 이 말은 주희(朱熹)가 고례(古禮)를 왜곡하여 두찬(杜撰)한다는 뜻으로 예관(禮官)을 비난하면서 쓴 표현이다. 대본의 '現化'가 《회암집》 권46 〈답황상백(答黃商伯)〉에는 '化現'으로 되어 있다.

50 예를……뜻 : 근본을 유지하기 위하여 관련된 의절(儀節)을 남겨 둔다는 의미이다. 자공(子貢)이 종묘(宗廟)에 초하루를 고하는 의식에서 양을 제물로 쓰는 제도를 없애려고 하자, 공자(孔子)가 "너는 양을 아끼느냐? 나는 예를 아낀다."라고 한 데서 온 말이다. 《論語 八佾》

영소전의 상일을 지낸 뒤 상식을 할지 여부 및 능침에 곡제를 할지 여부에 관한 논의 신유년(1681, 숙종7) 10월 25일

永昭殿祥後上食及陵寢哭祭與否議 辛酉十月二十五日

신은 집에 있을 때부터 이미 한질(寒疾)을 앓았는데, 영소전의 상일(祥日)이 임박했으므로 질병을 무릅쓰고 길에 올라서 음죽(陰竹) 지역에 도착했을 때 병세가 크게 심해졌습니다. 한창 이렇게 지친 때에 사관이 제례(祭禮)의 의심스러운 문구 때문에 내려와 순문(詢問)했습니다.

신은 노쇠한 정력이 원래 혼미하고 부족한데, 더구나 이렇게 신음하며 몽롱한 나머지 마음과 정신이 마치 안개 속에 있는 듯하니, 어찌 우러러 대답할 수 있겠습니까. 오직 전에 들었던 것을 어렴풋이 기억할 뿐입니다.

이미 대상(大祥)이라 하였으면 상(祥)을 지낸 뒤에 상식(上食)을 하는 것은 예(禮)의 뜻에 어긋나는 듯하니, 이제 영소전에 그대로 이 예를 행하는 것이 어떨지 모르겠습니다. 능침의 제사로 말하자면 원래 고례(古禮)가 아니므로 더욱 의거할 만한 문구가 없습니다. 그러나 어렴풋이 기억나기로는 남헌(南軒) 장씨(張氏 장식(張栻))가 주자(朱子)와 왕복한 편지에는 삼년상을 마친 뒤에도 무덤에 올라가서 곡(哭)한다는 문구가 있습니다. 하물며 이 삼년상 안에 곡으로 제사를 지내는 것이 "예가 의심스러울 때에는 후하게 하는 쪽을 따른다."라는 의의로 헤아려 보면 아마도 어그러지는 데 이르지 않을 듯합니다. 신은 병든 마음이 어지럽고 말에 조리가 없습니다. 황공하여 대죄합니다.

하번[51] 등의 사당을 세우는 데 관한 논의 계해년(1683, 숙종9) 1월

何蕃等立祠議 癸亥正月

신이 일찍이 승도(僧徒)의 말을 들으니, "내수사(內需司)의 하인이 대대적으로 불사(佛事)를 닦는다."라면서 자랑하였습니다. 신은 진실로 그 말이 터무니없는 거짓말인 줄 알고 있습니다마는 이 말이 전파되어 유도(儒道)를 숭상하고 사교(邪敎)를 물리치는 도리에 누가 될까 걱정됩니다.

다만 생각건대, 선대왕(先大王)께서 성안의 두 사찰을 헐어 내어 성균관(成均館) 재사(齋舍)를 수리하신 뒤로부터 사림(士林)들이 기뻐하고 이단의 말들이 종식되었는데, 지금 내수사의 하인이라 할지라도 어찌 이런 어긋나는 일을 하려 하겠습니까. 이에 엎드려 한 문공(韓文公)의 〈불골표(佛骨表)〉[52]를 기쁘게 읽으셨다는 교서(敎書)를 받드

51 하번(何蕃) : 당(唐)나라 화주인(和州人)이다. 태학생(太學生)으로 있을 때 학덕(學德)이 높아 제생(諸生)이 감히 그와 대등하게 대하지 못하였다. 때마침 주자(朱泚)가 반란을 일으켰을 때 같은 학사(學舍) 중에서 그에게 붙으려는 자들이 있자 하번이 질책을 해서 중지시켰다. 그러므로 육관에 오욕을 받은 자가 없었다. 육관은 당나라 때 국자감(國子監)에 소속된 여섯 개의 학관(學館)이다.

52 한 문공(韓文公)의 불골표(佛骨表) : 한유(韓愈)가 올린 배불(排佛)의 표문(表文)이다. 당 헌종(唐憲宗) 14년(819)에 봉상현(鳳翔縣) 법문사(法門寺)의 호국진신탑(護國眞身塔) 안에 있는 석가문불(釋迦文佛)의 손가락뼈 한 마디를 헌종이 중사(中使) 두영기(杜英奇)를 시켜 궁인(宮人)과 함께 향화(香花)를 가지고 임호역(臨皐驛)에 가서 맞아 오게 했는데, 한유가 소(疏)를 올려 그 부당함을 말한 것이다.

니, 천하에 생명이 있는 무리라면 누군들 대성인의 덕의를 흠앙하지 않겠습니까.

하문하신 하번(何蕃), 진동(陳東), 구양철(歐陽澈)[53]의 사당을 세우는 일로 보건대, 대성인께서 하시는 일이란 보통 사람으로서는 상상도 할 수 없는 것임을 더욱 알 수 있으니, 또한 성인이 쇠세(衰世)를 염려하시는 뜻이 아니겠습니까. 신은 큰 소리로 외고 나서 계속 감탄하였습니다.

생각건대 주자(朱泚)가 반란하던 때에 난군(亂軍)을 따르려는 태학제생이 많자, 하번은 한낱 하찮은 선비로서 정색하고 꾸짖어서 육관(六館)의 모든 선비들로 하여금 행적을 더럽히지 않게 하였으니, 매우 장엄한 의리와 뛰어난 공덕은 이성(李晟)[54] 등 수십만 무리보다도 훌륭한 점이 있으며, 기타 소소한 여러 품행은 그의 여사(餘事)일 뿐입니다.

그러나 하번은 몸소 수양한 효행이 남달리 뛰어났기 때문에 그 성취한 바가 이와 같았던 것입니다. 옛말에 이르기를 "충신(忠臣)은 반드시 효자의 가문(家門)에서 구한다."라고 한 것이 정말입니다. 진동과 구양철에 이르러서는 송조(宋朝)가 망극한 병화(兵禍)를 당하던 날 여러

53 진동(陳東), 구양철(歐陽澈) : 모두 송(宋)나라 사람이다. 진동은 단양인(丹陽人)이며, 자는 소양(少陽)이다. 흠종(欽宗) 때 태학생으로서 글을 올려 채경(蔡京), 동관(童貫), 왕보(王黼), 이언(李彦), 양사성(梁師成), 주면(朱勔)을 육적이라 지목하고 그들을 주살하여 천하에 사죄하기를 청하였고, 이강(李綱)이 파직당하자 다시 제생을 거느리고 이강을 옹호하다가 연좌되어 죽음을 당하였다. 구양철은 숭인인(崇仁人)으로, 자는 덕명(德明), 호는 표연 선생(飄然先生)이다. 남송 고종(南宋高宗) 때 포의(布衣)로 시폐(時弊)를 논하는 글을 올렸다가 죽음을 당하였다. 《宋史 忠義列傳》

54 이성(李晟) : 당 덕종(唐德宗) 때 반란을 일으킨 주자(朱泚)를 토벌한 장군이다.

간신이 나라를 그르친 것을 통한(痛恨)하고 충신들이 배척된 것이 민망스러워서 비분강개한 소(疏)를 올려, 육적(六賊)을 참하여 천하에 사죄하고 충사도(种師道)와 이강(李綱)[55]을 등용하여 강포한 오랑캐를 물리치자고 청하다가 마침내 죽음을 당했으나 후회하지 않았으니, 그 사람들의 배운 바가 바르고 수양한 바가 충후하였음을 대체로 볼 수 있습니다. 이것은 실로 송조의 역대 임금들이 인물 배양을 심후하게 하고 원우(元祐 송 철종(宋哲宗)의 연호) 연간의 제현(諸賢)이 앞장서서 밝혀서 인도하였기 때문에 얻은 효과였습니다. 그리고 구양철이 죽음을 당하던 날에 때아닌 큰 눈이 와서 길을 막아 행인을 끊기게 한 것에서 그가 필부(匹夫)였지만 천지의 기운을 감동하게 한 것을 또한 알 수 있습니다.

오늘날 성명(聖明)께서 시대를 뛰어넘어 서로 감응하여 성대하게 숭모하는 전례를 거행하고자 하시니, 어찌 소인들의 소견으로 헤아릴 수 있는 것이겠습니까. 그러니 이 정신을 미루어 나간다면 장차 어느 곳엔들 이르지 못하겠습니까. 이제 만약 성상의 전교(傳敎)에 따라 별도로 작은 사당을 성균관의 한 모퉁이에 세워서 제생으로 하여금 보고 느끼게 한다면 어찌 세도(世道)에 크게 유익하지 않겠습니까. 그들과 함께 제사를 받을 만한 자에 대해서는, 신의 식견이 우매한데다 갑작스러운 일이라 미처 생각을 못 했으나 학사(學士)와 제생 중에 반드시 상고해 낼 만한 사람이 있을 것입니다.

"글을 지어 벼슬을 구한다."라고 하신 분부에 대해 말씀드리자면,

55 충사도(种師道)와 이강(李綱) : 송 고종(宋高宗) 때의 사람들로, 금(金)나라가 침입하였을 때 대항해 싸울 것을 주장하였다. 《宋史 种世衡列傳 師道, 李綱列傳》

진실로 이것이 오늘날의 고질적인 병폐입니다. 지금 이 한 가지 분부는 실로 정문일침이 되었습니다. 제생이 이 성상의 전교를 듣는다면 삼가고 두려워하여 고치기를 꾀하지 않을 자가 있겠습니까. 다만 생각건대, 지금 이 사당을 세우는 한 가지 일은 진실로 드물게 창시하는 법규이니 마땅히 널리 묻고 널리 의논하셔야 합니다. 삼가 상께서 재결하소서.

기년에 관한 논의 계해년(1683, 숙종9) 1월

祈年議 癸亥正月

원임 대신(原任大臣)의 차자(箚子) 내용 중에서 인용한 〈월령(月令)〉 및 《좌전(左傳)》의 설은 모두 천자(天子)의 일입니다. 그러나 《주례(周禮)》에는 "모든 나라가 토지신에게 풍년을 기원한다.〔凡國祈年于田祖〕"라는 문구가 있고, 주(註)에 "기년(祈年)은 풍년을 기원하는 것이다." 하였습니다. 그렇다면 비록 천자가 아니더라도 안 될 것이 없습니다. 이제 예관(禮官)으로 하여금 그 절목을 강정(講定)하여 시행하게 하는 것이 합당할 듯합니다. 삼가 상께서 재결하소서.

인묘를 세실로 하는 것[56]을 종묘에 고하는 것에 관한 논의

계해년(1683, 숙종9) 2월

仁廟世室告廟議 癸亥二月

신은 질병이 오래 끌고 정신이 혼미하여 일상의 수작(酬酌)에도 오히려 잘못을 저지르니, 더구나 이 종묘(宗廟)의 대례(大禮)는 더욱 감히 의논할 수 없습니다. 외람되게도 성상께서 다시 순문(詢問)하게 하시니, 신은 여기에서 더욱 황공하여 감히 다시 병으로 변명할 수 없습니다. 삼가 살펴보건대, 중신(重臣)의 소본(疏本) 및 대신(大臣)과 유신(儒臣)의 의견이 약속하지 않았으나 모두 같으니, 진실로 신자(臣子)가 성명(聖明)을 선양하는 의리에 부합하고, 또한 성상께서 선왕의 뜻을 따라 효를 이루는 도리에도 부합합니다. 신이 여기에서 어찌 감히 다시 다른 말을 하겠습니까. 삼가 상께서 재결하소서.

56 인묘(仁廟)를……것 : 인묘는 조선 인종(仁宗)의 묘호이고, 세실(世室)은 나라에서 지내는 제사의 위패(位牌)를 모시던 종묘의 신실(神室)이다.

태묘의 위판을 고쳐 쓰는 것에 관한 논의 계해년(1683, 숙종9) 5월

太廟位版改題議 癸亥五月

신이 성명(聖明)을 기망한 죄를 많이 짓고, 바야흐로 이곳에 엎드려 있으면서 유사(有司)가 조사하여 처리하기를 기다렸습니다. 그런데 뜻밖에도 성명께서 곡진하게 용서해 주고 다시 하문(下問)까지 하시니, 황공하고 감격한 사정(私情)을 어디에 비유하겠습니까. 그러나 군부(君父)께서 하문하셨는데 위엄이 무서워서 말을 않는다면 죄가 더욱 큽니다. 그러므로 감히 다시 어리석음을 무릅쓰고 진달하니, 삼가 바라건대 살펴 주소서.

신이 삼가 생각건대, 태조대왕(太祖大王)의 휘호(徽號)는 이미 존주대일통(尊周大一統)의 의리를 밝혀 시보(諡寶)와 시책(諡冊)에 썼으니, 신위(神位)에 고쳐 쓰지 않더라도 크게 문제 될 것이 없습니다만 태후(太后) 2위(位)의 신주(神主)[57]는 더욱 그전대로 따를 수가 없습니다. 공자(孔子)가 할아버지를 아버지로 여긴 잘못을 논변하면서 "반드시 명분을 바로잡아야 한다. 명분이 바르지 않으면 말이 순하지 않다." 하고, 이것을 미루어 형벌이 맞지 않는다는 데까지 이르렀으니,[58] 만약

57 태후(太后) 2위(位)의 신주(神主) : 태조의 정비는 신의왕후(神懿王后) 한씨(韓氏)이고, 계비는 신덕왕후(神德王后) 강씨(康氏)이다.

58 공자(孔子)가……이르렀으니 : 공자가 위(衛)나라에 있을 적에 마침 출공(出公) 첩(輒)이 망명 중인 자기 부친 괴외(蒯聵)를 귀국하지 못하게 하고서 나라를 다스리고 있었는데, 자로(子路)가 공자에게 만약 위나라에서 정치를 행한다면 무엇부터 먼저

성인(聖人)이 아니었다면 그 누가 명분이 바르지 않은 폐해가 이처럼 극도에까지 이르게 된다는 것을 알았겠습니까. 그리고 주자(朱子)는 온당하지 못한 종묘의 변례(變禮)에 대하여 논변하기를 "사람으로 하여금 마음이 아프고 머리가 아프게 하니, 이 세상에 태어나지 않은 것만도 못하다."라고 하기에 이르렀으니, 그 충성스럽고 개탄스러운 뜻을 천년 후에도 상상해 볼 수 있습니다.

이제 감히 종묘의 의절(儀節)은 지적하지 못하나 사서인(士庶人)의 경우를 가지고 밝혀 본다면, 가난하고 미천한 자라도 진실로 아내를 어머니라고 부른다면 반드시 화를 발끈 내며 싫어할 것입니다. 신은 매양 생각이 여기에 이르면 한심함을 견디지 못했습니다. 그러므로 저번에 미천함을 망각한 채 감히 말씀을 올렸던 것입니다.

기억하건대, 전에 인조조(仁祖朝)에서 선묘(宣廟)의 제주(題主)가 법에 어긋났다 하여 고쳐 쓴 거조가 있었는데,[59] 이것은 당시 옥당(玉堂)의 차자에 보입니다. 당시 법에 어긋났던 것이 과연 어떤 것인지는

하겠느냐고 묻자, 공자가 "반드시 명분을 바로잡겠다."라고 하였다. 이에 대해서 주희(朱熹)가 해설하기를 "이때에 출공이 자기 부친을 부친으로 여기지 않고 자기 조부를 부친으로 삼아서 명분과 실상이 문란해졌기 때문에, 공자가 명분을 바로잡는 것을 급선무로 여긴 것이다."라고 하였다. 《論語集註 子路》

59 인조조(仁祖朝)에서……있었는데 : 인조 10년(1632) 5월 11일에 예조에서 축문 서식에 관하여 의견을 아뢰기를 "한 가지 예를 들어 보면 선묘의 신주에는 '이모수유광휴연경(貽謨垂裕廣休延慶)'을 '현문의무성예달효(顯文毅武聖睿達孝)' 위에 놓았으나, 축문에는 위의 여덟 자를 아래에 놓고 아래의 여덟 자를 위에 놓았습니다. 의인왕후(懿仁王后)의 신주에는 '휘열명덕현숙장성(徽烈明德顯淑章聖)'이라 썼고, 축문에는 '장성휘열정헌명덕(章聖徽烈貞憲明德)'이라 썼습니다."라고 하며, 선묘 신주의 잘못을 고칠 것을 청했는데, 인조가 이를 따랐다.

알 수 없으나, 생각건대 또한 지금 일처럼 온당치 못한 것은 없었던 듯합니다. 만약 고쳐 쓸 때 온당치 못한 것이 있었다고 한다면 또 한마디 말이 있었을 것입니다. 그리고 예(禮)에 "우주(虞主)를 고쳐 연주(練主)를 만들고[60] 연주를 고쳐 상주(祥主)를 만든다."라는 문구가 있는데, 비록 그 의의(意義)가 각각 있을 것이나 이미 "고쳐 만든다."라는 문구가 있으니 오늘날의 일은 근거하여 행할 것이 없지는 않습니다. 신이 생각건대, 전대로 따르는 것이 고쳐 쓰는 것보다 온당치 못하고, 고쳐 쓰는 것이 온당치 못하다고 한다면 근거하여 마땅하게 할 만한 방도가 있습니다.

지금 신은 이미 한가히 물러난 몸이 되었는데 감히 여럿이 어렵게 여기는 대례(大禮)를 논변하는 것은 용서받기 어려운 지극히 큰 죄인 줄을 아나, 하문에 입을 다물고 있을 수도 없어 다시 망발을 하였습니다. 삼가 빌건대, 용서하고 살펴 주소서.

60 우주(虞主)를……만들고 : 고례(古禮)에 사람이 죽어 장사 지내고 나서 빈궁(殯宮)에 돌아와 제사 지내는 것을 우(虞)라고 하며, 우제(虞祭) 때의 신주인 우주는 뽕나무로, 소상(小祥) 즉 연제 때의 신주인 연주는 밤나무로 만든다.《春秋公羊傳 文公2年》 우주에는 글을 쓰지 않고, 연주에는 시호를 새겨서 묘소(廟所)에 모셔 두고 항상 제사를 받든다.

의정부에서 진향을 정지할지 여부 및 가례 때의 폐단을 증례에 쓰는 것이 타당한지 여부에 관한 논의[61] 계해년(1683, 숙종9) 12월 22일

政府進香停否及嘉禮時幣段用於贈禮當否議 癸亥十二月二十二日

신이 교외로 나가 엎드린 채 질병으로 다 죽게 되었는데, 이번에 예관(禮官)이 명을 받들고 멀리 와서 의심스러운 예문과 변례(變禮)로 하문(下問)하니, 황공하고 두려워 어찌할 바를 모르겠습니다.

신이 삼가 생각건대, 대신(大臣)이 반드시 진향(進香)하고자 하는 것은 대개 신자(臣子)가 스스로 그만둘 수 없는 지극한 심정에서 나온 것입니다. 그러나 "3년 동안은 고치는 일이 없어야 한다."[62] 한 것은 본래 성인의 밝은 가르침이고, 더구나 지금 재궁(梓宮)이 빈궁(殯宮)에 있고 선침(仙寢)이 아직 차가워지지 않았습니다. 또한 이른바 3년 운운한 것과는 날이 많고 적은 것이 절로 다르고, 성모(聖母)의 유교(遺敎)를 필시 전하께서는 차마 이러한 때에 어기지 못할 것입니다.

61 의정부에서……논의 : 1683년 12월 5일 숙종의 어머니 명성왕후(明聖王后) 김씨(金氏)가 승하했는데, 그 유교에 "중외(中外)의 진향을 다 정지하라." 하고, 또 명하기를 "가례 때 폐백으로 썼던 비단으로 증례현훈(贈禮玄纁)에 대비하라." 하였다. 이 논의는 신하들이 명성왕후의 유교를 어떻게 따를지에 대한 것이다. 《宋子大全 附錄 卷9 年譜》 증례현훈은 장례 때에 상주(喪主)가 폐백으로 광중(壙中)에 넣어 주는 비단이다.

62 3년……한다 : 《논어》 〈학이(學而)〉에 "부친이 생존해 있을 때에는 자식의 뜻만을 볼 수가 있고, 부친이 작고한 뒤에야 그 자식의 행동을 볼 수가 있다. 그러나 작고한 뒤 3년 동안은 부친이 해 오던 일을 고치는 일이 없어야 효라고 말할 수 있다."라는 공자(孔子)의 말이 나온다.

헌신(憲臣)의 소(疏)는 이런 조건에서 나온 듯하니, 신이 이의를 제기할 수 없습니다.

가례(嘉禮) 때의 폐백(幣帛)을 장례 때의 증례(贈禮)에 쓸 수 없는 것으로 말하자면, 예(禮)에 "시집갈 때의 염의(袡衣 활옷)는 습렴(襲斂)에 쓰지 못한다."라는 문구가 있으니, 이것이 근거가 될 만합니다. 그러나 증례에 쓸 비단을 새로 갖추지 않을 수 없고 보면 절로 유교의 뜻과 차이가 있으니, 빈전(殯殿)에 고유(告由)하는 것을 그만둘 수 없을 듯합니다.

신은 정신이 혼미하고 말이 뜻대로 나오지 않아 황공한 마음을 견딜 수 없습니다. 삼가 상께서 재결하소서.

숭릉의 전알 및 행제의 당부에 관한 논의[63] 갑자년(1684, 숙종 10) 8월

崇陵展謁及行祭當否議 甲子八月

신은 천한 늙은이로 영원히 농부가 되었고, 혼매한 자질에다 정신마저 쇠퇴하여 평소 쓰는 문자도 십중팔구는 잊어버려 집안의 모든 일도 일체 전도되는 형편입니다. 하물며 조정의 의심스러운 의(義)를 어찌 감히 참여하여 만분의 일인들 의논하겠습니까.

다만 지난번에 성상께서 민생이 궁핍한 것을 민망히 여겨 외람되게도 하문(下問)하시니, 불쌍히 여기는 정성이 말씀에 나타났습니다. 신이 감읍하는 마음을 이기지 못하여 감히 잠잠히 있지 못했으나 또 황망한 까닭에 주자(朱子)의 말 두어 가지만으로 우러러 대답하였으니, 신이 거의 죽게 된 정상을 이것만 가지고도 알 수 있습니다. 더구나 예관(禮官)이 여쭌 배릉(拜陵)[64]에 관한 의심스러운 예문(禮文) 또한 변례(變禮)이니, 더욱이 어찌 입을 놀릴 수 있겠습니까.

다만 생각건대, 특명으로 하문하신 뜻은 실로 성상의 효성에서 나온 것으로, 인정과 예문을 극진히 하여 털끝만큼도 유감이 없게 하고자 하셨는데, 신이 이러한 성의(聖意)를 우러러 알고도 끝내 한마디 말을 하지 않는다면 신의 죄는 더욱 커집니다. 그러므로 감히 대신(大臣)들

63 숭릉(崇陵)의……논의 : 숭릉은 현종(顯宗)의 능으로 경기도 구리시에 있다. 이 글은 숙종이 선왕인 현종의 능소에 배알하고 제사 올릴 일에 대하여 의견을 올린 것이다.

64 배릉(拜陵) : 임금이 역대 왕들의 능에 행차하여 절하는 의식을 치르는 일을 말한다.

의 헌의(獻議) 중에서 그 한두 가지를 뽑아내어 기타 사항을 보충하였습니다.

신이 삼가 듣건대, 《예기(禮記)》에 "허묘(墟墓)에서는 슬퍼해야 된다고 가르치지 않았더라도 백성들은 슬퍼한다."[65] 하였으니, 백성들도 그러한데 하물며 성인(聖人)의 효도야 말해 무엇 하겠습니까. 대개 허묘는 종묘와 거리가 떨어져 있기 때문에 상례(喪禮)를 지낸 지 오래되었더라도 오히려 흉례(凶禮)로 대합니다. 그래서 역대의 제왕(帝王)으로 말한다면, 중국의 예법에는 "능을 참배할 때는 흰옷을 입고 곡을 한다." 했으며, 송(宋)나라 개보(開寶 태조(太祖)의 연호) 9년(976)에 "제(帝)가 안릉(安陵)을 참배하고 오래도록 통곡하니 좌우에서 모시는 신하들이 모두 눈물을 흘렸다." 하였습니다. 선현(先賢)의 경우로 말한다면 장남헌(張南軒 장식(張栻))은 묘에서 제사 지낼 때마다 통곡했다고 하였습니다. 그러므로 오늘날 망배(望拜)할 때에 영상(領相) 김수항(金壽恒)이 아뢰기를 "소관(素冠)과 백포(白袍) 차림으로 신릉(新陵)과 구릉(舊陵)[66]에 배곡(拜哭)을 겸행해야 합니다."라고 한 것이 인정과 예문에 마땅할 듯합니다.

그리고 광(壙)의 벽을 사이에 두고 제사를 거행하는데, 신릉에만 제사를 드리고 구릉에는 궐(闕)한다면 성효(聖孝)로 헤아려 보더라도

65 허묘(墟墓)에서는……슬퍼한다 : 허묘는 임금의 무덤을 가리킨다. 백성들에게 강제로 임금의 능묘(陵墓)에서는 슬프게 여기라고 하지 않더라도 백성들이 스스로 슬퍼한다는 말이니, 즉 백성이 임금의 은혜를 생각하여 슬픔과 공경심이 저절로 우러나야 한다는 뜻이다.

66 신릉(新陵)과 구릉(舊陵) : 신릉은 현종 비 명성왕후(明聖王后)의 능이고, 구릉은 현종의 능을 말한다.

진실로 아쉬운 바가 있을 것이며, 신릉 또한 어찌 홀로 편안히 흠향하시겠습니까. 또 신릉에는 친행(親行)하면서 존엄한 곳에는 대행시키는 것도 온당치 않으니, 반드시 친행한 다음에야 거의 성심(聖心)에 흡족하실 것입니다. 그러나 예경(禮經)에 "상중(喪中) 3년간은 제사 지내지 않는다."라는 문구가 있으니, 지금 구릉에 제사를 드리는 것은 예경에 어긋나는 일인 듯합니다. 그러나 주자는 일찍이 말하기를,

"옛사람은 상중에 최마(衰麻)를 벗지 않고 곡읍(哭泣)을 그치지 않았으며 그 출입과 거처, 언어와 음식이 모두 평소와는 아주 달랐으므로 종묘의 제사를 폐하더라도 죽은 사람이나 산 사람 사이에 둘 다 서운함이 없었다. 지금 사람들은 거상(居喪)은 옛날 사람과 다르게 하면서 이 한 가지 일만을 폐하기는 미안할 듯하니 졸곡(卒哭) 뒤에는 검은 상복을 입고 평시처럼 가묘(家廟)에 제사 지내는 것이 옳다."

하였습니다. 후세에 양음(亮陰)의 예(禮)가 이미 없어졌고 보면, 주자가 "거상은 옛사람과 다르게 하면서 제사를 드리는 이 한 가지 일만을 폐한다."라고 한 것은 진실로 온당치 못한 바가 있어서였습니다. 더구나 능침(陵寢)의 예는 엄숙함이 종묘와 다릅니다. 그렇다면 신의 어리석은 생각으로는, 백포관(白袍冠) 차림으로 먼저 구릉에 제전(祭奠)을 올리고, 상복 차림으로 신릉에 제사드리기를 빈전(殯殿)에서의 의식처럼 한다면 예의 본의에 크게 어긋나지 않을 듯합니다.

신은 앞에 한 말과 뒤에 할 말을 잊어버려 말에 조리가 없으니 죄가 만번 죽어도 마땅합니다. 다만 성명(聖明)께서 다시 대신과 예관에게 물어 거행하시기 바랄 따름입니다.

대왕대비전[67]의 주갑에 행할 경축례에 관한 논의 갑자년 (1684, 숙종10) 11월

大王大妃殿周甲慶禮議 甲子十一月

신은 병든 몸으로 여차(旅次)에 엎드려 있으니 정신이 아득한데, 국가의 전례(典禮)를 어떻게 헤아려서 헌의할 수 있겠습니까. 그러나 어명이 내려졌으니 감히 병을 핑계하고 끝내 사양할 수가 없어 간략하게 어리석은 견해를 진술하고자 합니다.

공손히 생각건대, 성상의 효심이 무궁하여 자의전(慈懿殿) 주갑(周甲)의 해에 경축의 예를 거행하고자 하시니, 보고 듣는 자라면 누군들 흠앙하여 감복하지 않겠습니까.

다만 생각건대 "한 사람이 모퉁이를 향해 있으면 마루에 가득한 사람들이 다 즐겁지 못하다."[68]라는 말이 있습니다. 지금 성상께서는 상하 신인(神人)의 주인이신데 상중(喪中)의 몸이며, 또 영모전(永慕殿)[69]이 지척에 계시니, 자의전의 자애로운 덕으로 미루어 본다면 어찌 경축

67 대왕대비전(大王大妃殿) : 인조(仁祖)의 계비인 자의대비(慈懿大妃) 조씨(趙氏)를 말한다.

68 한……못하다 : 유향(劉向)이 지은 《설원(說苑)》 권5 〈귀덕(貴德)〉에 "성인이 천하 사람을 대할 때는 한 마루 위에 같이 모여 앉은 사람으로 보았다. 지금 마루에 가득 찬 사람들이 술을 마시는데 그중에 한 사람이 홀로 쓸쓸히 구석진 모퉁이를 향해 흐느낀다면 마루에 모여 앉은 사람들이 모두 즐겁지 못하다."라고 하였다.

69 영모전(永慕殿) : 숙종의 어머니인 현종 비 명성왕후(明聖王后) 김씨(金氏)의 혼전(魂殿)이다.

의 예를 편안히 받으시겠습니까. 아마도 삼종(三從)의 의(義)[70]에 어긋날 듯합니다. 자의전의 뜻이 이와 같은데 성상께서 지극한 정리에 절박하여 억지로 그분이 온당치 않게 여기는 바를 거행하신다면 또한 그 뜻을 받드는 도리가 아닙니다.

삼가 생각건대, 풍정(豐呈)[71]을 양궁(兩宮)에 겸설(兼設)하자는 논의는 지난해부터 있었는데 오늘에 와서 그 중대한 예를 홀로 받으신다면, 자의전께서는 추모하는 뜻에 차마 하지 못하는 마음이 있을 것이며, 신료들에게는 경하하여 기뻐하는 마음은 적고 슬퍼하는 정이 많을 것입니다.

신의 어리석은 뜻으로는, 성상께서 진실로 이날을 모르는 채 지나치지 않으려 하신다면 별도로 음식을 공헌(供獻)하여 경사를 기뻐하는 뜻을 바치고, 우선 영모전을 부묘(祔廟)할 때까지 기다렸다가 좋은 날을 받아 추후에 잔치를 시행하고 겸하여 장수를 기원하는 의를 보이신다면 주갑의 해를 넘긴 지 오래될수록 더욱 경사스럽고 기쁠 것입니다. 신은 곧 죽게 된 터라 정신이 혼미하여 말에 조리가 없으니 죄가 만번 죽어 마땅합니다. 삼가 상께서 재결하소서.

70 삼종(三從)의 의(義) : 옛날 여자들이 출가(出嫁) 전엔 아버지를 따르고 출가해선 지아비를 따르고 지아비가 죽으면 아들을 따랐던 의리를 말한다. 《儀禮 喪服》

71 풍정(豐呈) : 임금이나 왕비에게 음식을 풍성하게 차려서 올리는 큰 잔치이다.

경연에서 진강하는 차례에 관한 논의 을축년(1685, 숙종11) 4월

經筵進講次第議 乙丑四月

신은 늙고 병들어 다 죽게 된 터라 정신과 식견이 혼미합니다. 무릇 일상의 한가로운 일도 아득히 잊어버리는데, 하물며 이 경연에서 진강할 차례에 관해 어찌 함께 논의할 수 있겠습니까. 다만 주자(朱子)가 정한 차례가 《근사록(近思錄)》에 보이는 것으로 살펴보면, 《서경》을 읽은 뒤에 《주역》을 읽는 것이 분명할 뿐만이 아니니, 후학이 감히 이의를 제기할 수 없을 듯합니다. 《춘추(春秋)》는 비록 성인이 지은 것이나 전자(傳者)[72]들이 성인의 본지를 많이 잃어버렸습니다. 그중에 《춘추호전(春秋胡傳)》[73]이 가장 칭송을 받았지만 주자는 오히려 그의 천착을 병통으로 여겼고, 또 말하기를 "사정(事情)에 밝지 못하였다."[74] 하고 끝내 영서연설(郢書燕說)[75]과 범명우(范明友)의 무덤 속 가노(家

72 전자(傳者) : 《춘추곡량전(春秋穀梁傳)》을 저술한 노(魯)나라의 곡량적(穀梁赤), 《춘추좌씨전(春秋左氏傳)》을 저술한 것으로 알려진 좌구명(左丘明), 《춘추공양전(春秋公羊傳)》을 구두로 전한 공양고(公羊高) 등을 가리킨다.

73 춘추호전(春秋胡傳) : 남송(南宋) 호안국(胡安國)의 저술로, 중국을 높이고 오랑캐를 내치는 주의에 따라 해석을 가하였다. 당시에 송(宋)나라가 해마다 금(金)의 침략을 받아 나라의 형세가 쇠퇴한 때였으므로 《춘추》를 빌려 의도적으로 비분강개한 뜻을 붙였다. 《四庫全書總目提要》

74 사정(事情)에 밝지 못하였다 : 주희(朱熹)가 호안국의 《춘추》 해설 방식을 비판하며 한 말이다. 《朱子語類 卷83 春秋》

75 영서연설(郢書燕說) : 지나치게 천착하여 견강부회하는 것을 말한다. 옛날에 영

奴)의 일로 전자의 망녕된 해설을 나무랐으니,[76] 갑자기 이 《춘추》로 진강해서는 안 될 듯합니다. 《대학연의(大學衍義)》는 대개 사학(史學)의 책입니다. 사학의 책은 경서를 다 마친 뒤에 읽는 책이니, 《대학연의》는 혹 한가한 날에 겸하여 강독하는 책으로 삼아도 상관없을 듯합니다.

신은 아는 바가 없어서, 단지 주자의 설을 근거로 하여 말했을 뿐입니다. 성상께서 살펴보시고 취사선택을 어떻게 하느냐에 달렸을 뿐입니다.

(郢) 땅에 사는 사람이 밤에 연(燕)나라 국상(國相)에게 보낼 편지를 썼는데, 불이 어두우므로 "촛불을 들라.〔擧燭〕" 하였다. 그러자 받아쓰는 자가 이를 편지 내용인 줄 알고 편지에 '거촉(擧燭)'이라고 썼는데 이를 확인하지 않고 그대로 보냈다. 이 편지를 받아 본 연나라 국상은 이를 보고 해석하기를 "촛불을 들라는 것은 밝음을 숭상하라는 것이다. 밝음을 숭상하라는 것은 어진 이를 들어서 임용하라는 뜻이다." 하고는, 이를 임금에게 아뢰었다. 《韓非子 外儲說左上》 주희는 이 고사를 인용하여 "요즘 《춘추》를 해설하는 자는 바로 이러한 부류이다."라고 하였다. 《朱子語類 卷83 春秋》

76 범명우(范明友)의……나무랐으니 : 주희가 일찍이 《춘추》를 논하면서 《후한서(後漢書)》 〈오행지(五行志)〉의 주(註)에 "한(漢)나라 말기에 곽광(霍光)의 사위인 범명우의 가노의 무덤을 발굴하였더니, 그 종이 다시 살아나서 곽광의 집안일 및 곽광이 창읍왕(昌邑王)을 폐하고 선제(宣帝)를 세울 무렵의 사실을 빠짐없이 이야기하였는데, 그것이 《한서(漢書)》의 말과 서로 맞는 점이 많았다."라고 한 말을 인용하여 "지금 《춘추》를 배우는 자들이 이와 같이 천착한 말들을 하나 가령 하루아침에 부자(夫子)의 가노가 다시 살아나서 그 당시 부자의 뜻을 이야기한다면 반드시 이와 같지는 않을 듯하다."라고 하였다. 《朱子語類 卷83 春秋》 부자는 공자(孔子)를 높여 칭한 것이며, 가노는 집안의 종을 이른다.

영소전[77]에 음악을 사용하는 것에 관한 논의 을축년(1685, 숙종 11) 6월

永昭殿用樂議 乙丑六月

신은 늙고 병들어 거의 죽게 되었으므로 정신과 식견이 혼미한데, 더구나 이 같은 막중한 종사(宗祀)의 전례(典禮)를 감히 쉽게 하나하나 논술하여 분에 넘치는 짓을 했다는 꾸지람[78]을 범할 수는 없습니다. 다만 외람되게도 엄한 명령이 초야의 천신(賤臣)에게까지 미쳤으니, 감히 끝까지 저버려 태만한 죄를 거듭 범할 수 없어서 간략히 조금 들은 것을 하문(下問)에 답해 올리니, 재량하여 채택하소서.

대개 제사를 올릴 때의 악가(樂歌)로는 《시경》의 아(雅)나 송(頌)보다 더 갖추어진 것이 없는데, 아와 송에는 모두 후비(后妃)를 위하여 음악을 베풀었다는 문구는 없습니다. 오직 〈주송(周頌) 옹(雝)〉에 "문모(文母)"라는 문구가 있기는 하나 그것 또한 열고(烈考)에 딸린 것이니, 문모를 위하여 한 것은 아닙니다.[79] 그리고 《주례(周禮)》에 "이칙

77 영소전(永昭殿) : 숙종 비 인경왕후(仁敬王后) 김씨(金氏)의 혼전(魂殿)이다.

78 분에……꾸지람 : 예를 근거하지 않고 마치 자기가 예를 제정하듯이 말하는 것을 비난하는 말이다. 공자(孔子)의 제자 자유(子游)에게 사사분(司士賁)이 묻기를 "시신을 침상 위에 두고 습(襲)을 해야 될 듯합니다." 하니, 자유가 대답하기를 "그렇게 하라." 하였는데, 현자(縣子)가 그 말을 듣고 말하기를 "분에 넘치는 짓을 하도다, 자유여. 예를 제 마음대로 남에게 허여하도다." 하였다. 《禮記 檀弓上》

79 주송(周頌)……아닙니다 : 《시경》 〈주송 옹〉에 "이미 열고를 제사하고 또한 문모를 제사하게 하였다.〔旣右烈考, 亦右文母.〕"라고 하였는데, 열고는 황고(皇考)와 같은

(夷則)을 연주하고 소려(小呂)를 노래하고 대호(大濩)를 춤춰서 선비(先妣)를 제향한다."[80]라는 문구가 있는데, 정현(鄭玄)이 말하기를 "선비는 강원(姜嫄)이다. 후직(后稷)을 시조로 삼았는데, 강원을 배향할 곳이 없었다. 이런 까닭에 특별히 사당을 세워 제향하고 그 사당을 비궁(閟宮)이라 하였다." 하였습니다. 그러나 정문(程門 정호(程顥)와 정이(程頤))에서부터 주문(朱門)에 이르기까지 모두 정현의 말을 잘못으로 여겼습니다. 그렇다면 후비를 위하여 음악을 베풀었다는 것은 끝내 근거한 바가 없고, 《주례》에서 "선비를 제향한다."라고 한 것은 끝내 상고할 것이 없으니, 감히 억지로 말을 할 수 없습니다.

대신(大臣)이 인용한 견후(甄后)와 장손후(長孫后)[81]의 일들은 모두 말세의 독단적인 마음으로 지은 것에서 나온 것이므로 아마도 끌어대 증거로 삼을 수가 없을 듯합니다. 대개 종묘의 악가는 모두 이른바

말로 주(周)나라 문왕(文王)을 가리키며, 문모는 문왕의 비인 태사(太姒)를 가리킨다.

80 이칙(夷則)을……제향한다 : 《주례》 〈춘관종백(春官宗伯) 대사악(大司樂)〉에 나온다. 이칙과 소려는 모두 십이율(十二律)의 하나이다. 대호는 탕(湯) 임금의 덕을 기린 음악이다.

81 견후(甄后)와 장손후(長孫后) : 견후는 삼국 시대 사람으로 본래 원소(袁紹)의 아들 희(熙)의 아내였다가 조조(曹操)가 원소를 격파하자 조조의 아들 비(丕)가 그의 아름다움을 탐내어 아내로 삼아 예(叡)를 낳았다. 그러나 비가 제위(帝位)에 즉위한 뒤로 사랑이 옮겨 가므로 원망하다가 사사(賜死)되었는데, 그후 예가 제위에 오르자 문소황후(文昭皇后)라는 시호를 올렸다. 《三國志 魏書 明帝叡》 장손후는 당 태종(唐太宗)의 황후로 글 읽기를 좋아하였으며 공순(恭順)하고 예가 있어서 태종이 중히 여겼다. 한번은 태종이 상벌(賞罰)을 의논하매 "새벽에 암탉이 울면 그 집이 비색해집니다." 하며 굳이 사양하고 끝내 대답하지 않았다. 옛 부인들의 좋은 일을 채집하여 《여칙(女則)》 10권을 찬하였다. 《新唐書 后妃列傳上 太宗文德長孫皇后》

성덕(盛德)의 모습을 찬미하여 그 성공을 신명(神明)에게 고하는 것이니, 후비에게는 마땅하지 않을 듯합니다. 대개 《주역》에 "땅의 도는 이룸이 없다.〔坤道無成〕"[82]라고 한 것은, 이치가 그러하기 때문입니다. 신의 우매한 소견이 이와 같으니 감히 다시 다른 말을 할 수 없습니다.

신이 이어서 삼가 기억해 보건대, 전에 효묘조(孝廟朝)의 연신(筵臣) 송준길(宋浚吉)이 태묘(太廟) 연주의 그릇된 점에 대하여 힘써 진술하고 빨리 바로잡기를 청하자, 효종께서 천신에게 물으셨는데, 신이 우러러 아뢰기를,

> "송조(宋朝)의 묘제(廟制)가 예에 어긋나자 주자(朱子)가 '흥복(興復)한 뒤를 기다려서 천년 동안 잘못해 온 것을 바로잡으소서.'라고 청하였습니다. 지금 성지(聖志)는 바야흐로 뜻하는 바가 있으니, 아마도 여기에 뜻을 둘 겨를이 없으실 것입니다."

하니, 효종께서 마침내 신의 말을 따르시어 종묘의 중전(重典)이 이제까지 미루어져 왔습니다. 그러므로 신이 이것을 생각할 때마다 황공함을 견딜 수 없었기에 이것도 아울러 앙달(仰達)합니다. 삼가 상께서 재결하소서. 유중(留中)하소서.

82 땅의……없다 : 《주역》 〈곤괘(坤卦) 육삼(六三)〉에 "아름다움을 속에 품고 곧은 덕을 지킬 수 있다. 혹 나라의 일에 종사하여 이룸이 없더라도 끝내는 좋아질 것이다."라는 말이 나온다.

충의위[83]의 대수를 한정하는 것에 관한 논의 병인년(1686, 숙종 12) 6월

忠義代數定限議 丙寅六月

신은 원래 어리석고 형편없어 보통 사람에게도 비교할 수 없는데, 지금은 또 늙고 병들어 혼미하여 심성(心性)을 잃은 지 오래되었습니다. 일전에 상께서 《주자대전차의(朱子大全箚疑)》를 찾으시기에 죽을 각오로 힘써 사양할 줄을 몰라서 죄에 저촉되어 끝내는 자핵(自劾)하기에 이르렀고, 사명(使命)을 받들고 왔던 신하도 다시 스스로 관직에서 물러났으니, 기력을 소모하고 사리에 어긋나서 정신이 혼미하여 넋이 나간 것을 알 수 있습니다. 지금 법제를 변통하느라 중론(衆論)이 분분한 때를 당하여, 어찌 감히 다 죽어 가는 기력을 억지로 써서 더할 나위 없이 중대한 헌장(憲章)을 의논하겠습니까. 성명(聖明)께서 신의 이같이 늙고 병들었음을 헤아리지 않고 특별히 근시(近侍)를 보내 외람되게도 하문(下問)을 하시니, 신의 두렵고 당혹스러운 심정을 어떻게 견딜 수 있겠습니까.

혼자 삼가 생각건대, 정성스러운 성의(聖意)가 여기에 이르셨으니, 끝내 감히 저버릴 수가 없으므로 만번 죽음을 무릅쓰고 간략히 어리석은 견해를 올립니다. 옛날 주공(周公)이 문왕(文王)에 대한 시(詩)를 짓기를,

83 충의위(忠義衛) : 오위(五衛)의 하나인 충좌위(忠左衛)의 소속 군대로, 공신의 적장자(嫡長子)와 승중(承重)한 첩자(妾子)에게 입속(入屬)이 허용되었다.

문왕의 자손들이여 文王孫子
본손 지손 백세토록 이어지리로다 本支百世
모든 주나라의 선비들도 凡周之士
대대로 드러나리로 不顯亦世

하였습니다. 대개 문왕의 자손은 비록 지서(支庶)들이라도 백세토록 제후가 될 것이나, 그 신자(臣子)에 이르러서는 반드시 대대로 덕을 닦아야 주(周)나라와 아름다움을 짝할 수 있다고 말한 것입니다. 그 '백세(百世)'라 하고 '역세(亦世)'라 한 것은 존비(尊卑)와 빈주(賓主)의 등위(等位)가 분명하게 구분됩니다. 지금 열성(列聖)의 후예는 그 음덕을 입는 것이 한계가 있는데, 공신(功臣)들의 지속(支屬)은 도리어 무궁하게 이어 가니 어찌 어긋나고 잘못된 일이 아닙니까.

신의 어리석은 생각에는 혹시라도 논의에 모순이 있어서 끝내 공신을 바로잡을 수 없다면 차라리 주공의 시를 본받아 열성의 지파를 제한하는 제도를 없애서 오래도록 존비가 거꾸로 되는 지경에 이르지 않게 하소서.

신은 조만간에 죽을 몸으로, 성은(聖恩)에 감격하여 망녕되게 논했으나 또한 심성을 상실한 일단(一端)을 드러낸 것이라, 황공하여 죄를 기다리는 마음을 견딜 수 없습니다.

종묘의 제수를 참작하여 줄이는 것에 관한 논의 병인년(1686, 숙종12) 12월

廟享裁省議 丙寅十二月

신은 늙고 병들어 다 죽게 된 터에 근래 한질(寒疾)까지 더해져 인사(人事)가 혼미합니다. 이번에 종묘에 바치는 제수(祭需)에 관한 논의를 하문(下問)하셨는데, 우러러 대답할 수 없으니, 죽을죄를 지었습니다. 더구나 대신(大臣)이 진달한 바는 옛 성인이 만든 제도이니, 더욱 어찌 감히 속된 견해와 천박한 논설로 군말을 하겠습니까.

또한 생각건대, 주자(朱子)가 일찍이 말하기를 "절사(節祀)는 이미 경서에 의거하여 폐지하였으나 살아 있는 자는 풍속에 따라 여전히 하고 있으니, 돌아가신 분 섬기기를 살아 계신 분 섬기듯이 하는 뜻이 아니다." 하였습니다. 이제 종묘에 제수를 바치는 의례는 경서에 의거하여 줄였으나 산 사람은 아무것도 절약하지 않는다면, 논의에 참여한 자들은 끝내 경서를 빌려 거짓을 꾸민 죄를 면치 못할 것입니다. 그러므로 더욱 쉽게 입을 놀릴 수 없으니, 단지 은혜를 저버리고 명을 어긴 데 대한 처벌을 기다릴 뿐입니다.

장릉을 이장하는 것에 관한 논의 정묘년(1687, 숙종13) 9월
長陵遷改議 丁卯九月

오늘 장릉의 논의에 대해 해당 관원을 시켜 하문(下問)하지 않고 특별히 근시(近侍)를 보내셨으니, 신은 황공한 마음이 한층 더하여 어찌할 바를 모르겠습니다. 상신(相臣)이 편지를 보내 이 일을 물어 오므로, 신이 스스로 생각하기를 '지난번 나의 죄를 논하던 자는 외람되게 조론(朝論)을 언급한 것을 하나의 큰 죄로 삼았으니, 내가 지금은 마땅히 깊이 이 말을 피해야 하겠다.' 하였습니다. 문득 정자(程子)의 말을 생각하니 "임금과 대부가 물어 왔을 때 고할 수는 있다."[84]라는 말이 있습니다. 주자(朱子)는 일찍이 정자의 "그쪽이 편안하면 이쪽도 편안하다."라는 말을 읽고 측연히 감동하였으며,[85] 또 〈산릉의장(山陵議狀)〉[86]으로 임금에게 고하기를,

84 임금과……있다 : 《논어》 〈태백(泰伯)〉의 "그 지위에 있지 않으면 그 정사를 도모하지 않는다.〔不在其位, 不謀其政.〕"에 대한 주석에 나온다. 《論語集註大全 泰伯》

85 주자(朱子)는……감동하였으며 : 그쪽은 조상을 말하고 이쪽은 자손을 말한다. 정이(程頤)의 〈장설(葬說)〉을 보면, 음양가(陰陽家)의 화복(禍福)에 관한 설을 배척하고, 오직 땅 색깔이 윤기가 나고 초목이 무성한 곳을 택하라고 권하면서, "부조와 자손은 기운이 서로 같으니, 그쪽이 편안하면 이쪽도 편안하고 그쪽이 위태하면 이쪽도 위태한 것 역시 뿌리와 지엽의 관계처럼 당연한 이치이다."라고 설명하였다. 주희(朱熹)가 이 글을 읽고 측연히 감동하였다는 내용은 《회암집(晦庵集)》 권47 〈답여자약(答呂子約)〉에 나온다.

86 산릉의장(山陵議狀) : 주희가 송 효종(宋孝宗)의 산릉을 모시는 일에 관해 광종(光宗)에게 올린 주의(奏議)이다. 《晦庵集 卷15》

"시골의 친한 이웃 간에도 이러한 큰일을 가지고 의논해 왔을 때 내가 진심으로 답해 주지 않는다면 사람들이 반드시 충성스럽지 않고 미덥지 않다고 할 것인데, 하물며 신자(臣子)가 군부(君父)에게 어찌 차마 머뭇거리며 아무 말 하지 않고 잠잠히 있겠습니까."

하고, 마침내 할 수 있는 말을 다 하였습니다. 또 장사 때에 임하여 비가 세차게 오자, 또 측연히 걱정하며 탄식하기를 "찬궁(欑宮)의 너비가 네 길이니, 절로 못이 이루어지겠다." 하였으니, 대체로 군부의 산릉(山陵)에 대한 충성되고 정성스러운 마음이 이같이 깊고 간절하였습니다. 지금 신이 외람되게도 일을 맡은 대신(大臣)의 문의를 받았는데, 어찌 감히 혐의 때문에 끝내 한마디 말도 없을 수 있겠습니까. 그러나 신은 아는 것이 없고 다만 주자의 〈산릉의장〉을 보니, 그 말에,

"자손으로서 그 조고(祖考)의 유체(遺體)를 수장(收藏)하는 데는 반드시 신중하고 공경하는 마음을 다하여, 형체를 온전하게 하고 신령을 편안하게 해 드린다면 자손이 번성하여 제사가 끊어지지 않을 것이고, 혹 선택을 정밀하게 하지 못하여 땅이 불길(不吉)하면 형체와 신령이 편안치 않아서 자손마저 죽어 끊어지는 걱정이 있게 됩니다."

하였습니다. 오늘날 진실로 그 자리가 길하지 않다는 것을 분명히 안다면 누가 감히 이장(移葬)하는 의론에 의심하여 딴마음을 품겠습니까. 그러나 그것을 알기란 매우 어렵습니다.

주자는 또 "선영(先塋)의 곁에서 흙일을 해도 신령을 놀라 움직이게 하여 재앙을 끌어들이게 된다."라고 했는데, 그 곁에서 놀라 움직이게만 해도 재앙을 끌어들이게 된다면, 더구나 이장하는 즈음에야 놀라 움직이게 하는 것이 어떠하겠습니까. 그렇다면 경솔히 의논할 수 없는 것이 확실합니다.

신이 감히 이 양단(兩端)을 들어서 상신에게 답장을 했으나, 뒤돌아 생각건대, 주자가 일찍이 산릉의 일을 경솔히 의논했다고 글을 올려 자핵(自劾)했고 보면, 지금 신이 범한 죄 또한 적지 않습니다. 바야흐로 두려운 마음으로 꾸지람을 기다리고 있는데, 지금 또 청문(淸問)이 내려왔습니다. 신의 소견은 이미 상신에게 다 말했으므로 상신이 이미 천청(天聽)에 상달하였을 터이니, 신이 다시 올릴 말씀이 없습니다.

이제 또 삼가 기억하건대, 기축년(1649, 효종 즉위년)의 대상(大喪) 때에 고(故) 상신 조익(趙翼)이 상소하여 이 능(陵)을 이장할 것을 힘써 청했으나 상신 이경석(李景奭)은 옮기지 말자는 의견을 힘써 주장하니, 효종대왕(孝宗大王)께서 마침내 이경석의 말을 따르셨습니다. 지금 두 신하의 소(疏)가 마땅히 그 자손에게 있을 것이니, 바라건대 대신으로 하여금 모두 가져다가 참고하게 한다면 누가 옳고 누가 그른지를 알 수 있을 것입니다.

신이 또 기억하건대, 기해년(1659, 현종 즉위년) 인산(因山)의 의논이 오래도록 결정이 나지 않자 고 참판(參判) 유계(兪棨)와 지금의 판부사(判府事) 이상진(李尙眞)이 애가 탈 정도로 걱정스러운 마음을 이기지 못하여 계달(啓達)하지 않고 멋대로 나가 원근에서 두루 찾아보고 돌아와서 대죄(待罪)하니, 현종대왕(顯宗大王)께서 그들의 충성을 가상히 여겼는데, 오늘날 이상진이 어찌 여기에 마음을 다하지 않겠습니까. 다만 신이 선유(先儒)의 가르침을 듣건대, “어버이를 편안하게 하는 것으로 마음을 삼지 않고 오로지 후대를 이롭게 하는 것만 생각하고 있다.”[87] 하였으니, 이 말을 깊이 경계로 삼을 만합니다. 무릇 일에도

87 어버이를……있다 : 《근사록집해(近思錄集解)》 권9 〈치법(治法)〉에 “풍수설에

반드시 천리(天理)와 인욕(人慾)의 구분이 있는 것이니, 오늘날 전하께서는 능히 마음속으로 이 두 가지의 기미를 살펴서 결정해야 합니다. 그 결정이 순수하게 천리의 정(正)에서 나오게 한다면 하늘의 마음을 얻을 수 있을 것입니다. 그러나 오늘날 신자의 지극한 정이 어찌 후손을 이롭게 하는 것도 겸하지 않았겠습니까.

삼가 바라건대, 성명(聖明)께서는 아울러 살피소서. 망녕된 의론이 여기에 이르니, 그 죄가 더욱 커서 지극히 황공한 마음을 견딜 수 없습니다.

얽매이는 자들은 혹 땅의 방위를 가리고 날짜의 길흉을 결정하는 것에 미혹되는데, 심한 자는 선조를 받드는 것을 계책으로 삼지 않고 오로지 후손을 잘되게 하는 것만 생각한다." 하였다.

지은이 **송시열(宋時烈)**

1607(선조40)~1689(숙종15). 자는 영보(英甫), 호는 우암(尤菴)·우재(尤齋)·파옹(巴翁)·화양동주(華陽洞主) 등이며, 시호는 문정(文正), 본관은 은진(恩津)이다. 부친은 송갑조(宋甲祚)이고, 모친은 선산 곽씨(善山郭氏)이다. 사계(沙溪) 김장생(金長生)과 신독재(愼獨齋) 김집(金集)을 사사하여 기호학파의 종장(宗匠)이자 노론의 영수로 활동하면서 조선 후기 학문과 정치에 큰 발자취를 남겼다. 효종의 즉위 이후 청나라에 대한 복수설치(復讎雪恥)를 역설한 《기축봉사(己丑封事)》를 올려 북벌론을 제시하였고, 학문적으로는 주자성리학을 정통으로 삼아 남인 학자인 윤휴(尹鑴)와 대립하였다. 이후 남인, 소론과 갈등이 깊어지다가 효종의 천릉(遷陵), 왕실 복제를 둘러싼 예송(禮訟)으로 논핵을 받아 삭탈관직되고 덕원(德源), 장기(長鬐), 거제도(巨濟島)에서 유배 생활을 하였다. 1689년 원자 책봉 문제로 제주(濟州)에 유배되었다가 서울로 압송되던 중 정읍(井邑)에서 사사(賜死)되었다. 1756년(영조32) 문묘(文廟)에 배향되고 영의정에 추증되었다. 저서로 《송자대전》, 《주자대전차의(朱子大全箚疑)》, 《정서분류(程書分類)》, 《주자어류소분(朱子語類小分)》, 《논맹혹문정의통고(論孟或問精義通考)》 등이 있다.

선역 **정태현(鄭太鉉)**

경북 상주 화북(化北)에서 태어났다. 지산(止山) 임성무(林聖武) 선생과 봉서(鳳西) 오우선(吳禹善) 선생에게 사사하였다. 민족문화추진회 국역연수원을 졸업하고 국역부장, 국역연수원 교수를 지냈으며, 현재 전통문화연구회 고문이다. 2012년 고전의 교육과 번역 및 현대화에 이바지한 공로를 인정받아 국민훈장 모란장을 받았다. 번역서로 《춘추좌씨전》, 《당송팔대가문초 한유》, 《동춘당집》, 《한수재집》, 《고봉집》 등이 있다.

옮긴이

박대현(朴大鉉)

1961년 경북 청도에서 태어났다. 영남대학교 중문학과를 졸업하고 같은 학교 대학원 한문학과에서 박사학위를 받았다. 민족문화추진회 국역연수원 상임연구부를 졸업하였고, 민족문화추진회 전문위원과 한국고전번역원 교수를 역임하였다. 역서로는《추강집(秋江集)》,《대산집(大山集)2》,《도산제현유묵(陶山諸賢遺墨)》,《구사당집(九思堂集)1》,《포은집(圃隱集)》등이 있고, 저서로는《한문서찰의 격식과 용어》(아세아문화사)가 있다.

허벽(許檘)

1949년 대구에서 태어났다. 서울대학교 전자공학과를 졸업하였고, 한국고전번역원 부설 고전번역교육원 연수부 과정을 이수하였다. 한국고전번역원 전문역자로《향산집(香山集)》,《죽석관유집(竹石館遺集)》,《창계집(滄溪集)》 등의 번역에 참여하였다.

김정기(金正基)

한림대학교 부설 태동고전연구소와 강원대학교 국어국문학과 박사과정을 수료하였다. 현재 한국고전번역원 고전문헌번역실 교점번역위원이며, 한국국학진흥원 영남선현문집번역 객원연구원이다.

송자대전 5

송시열 지음 | 박대현 허벽 김정기 옮김

2022년 12월 31일 초판 1쇄 발행

발행인 신승운 | 발행처 한국고전번역원
등록 2008. 3. 12. 제25100-2018-000049호
주소 (03310) 서울시 은평구 진관1로 85
전화 02-350-4800 | 팩스 02-350-4994 | 홈페이지 www.itkc.or.kr

번역 박대현(제18권) 허벽(제19권~제20권) 김정기(제21권~제26권)
연구총괄 권헌준 | 연구기획 김지민 | 연구평가 성과평가실 | 자문 정선용

책임편집 하현주 | 편집진행 신진호
교정 박현진 윤옥선 | 조판 김지현 | 제작 조은지
디자인 씨디자인 | 인쇄 사단법인 에스디워크

값 20,000원
ISBN 978-89-284-0957-0 94810
978-89-284-0619-7 (세트)